国家社科基金重大项目资助成果

◎主编　徐　勇　邓大才

# 中国农村调查

## 文献类（第4卷）

◎分卷主编　刘金海

武汉出版社
WUHAN
PUBLISHING HOUSE

(鄂)新登字08号

**图书在版编目（CIP）数据**

中国农村调查. 文献类. 第 4 卷 / 徐勇，邓大才主编；
刘金海分卷主编. -- 武汉：武汉出版社，2025. 8.
ISBN 978-7-5582-7643-9

Ⅰ. D668

中国国家版本馆 CIP 数据核字第 2025A6D339 号

**中国农村调查 . 文献类 . 第 4 卷**

---

主　　编：徐　勇　邓大才
分卷主编：刘金海
责任编辑：王　玥
封面设计：刘　勍
出　　版：武汉出版社
社　　址：武汉市江岸区兴业路 136 号　　邮　　编：430014
电　　话：(027)85606403　85600625
http://www.whcbs.com　E-mail:whcbszbs@163.com
印　　刷：湖北金港彩印有限公司　　经　　销：新华书店
开　　本：787 mm×1092 mm　1/16
印　　张：32　　字　　数：790 千字
版　　次：2025 年 8 月第 1 版
印　　次：2025 年 8 月第 1 次印刷
定　　价：168.00 元

---

# 总　序

1900年中国发生了一场震撼世界的变动，即义和团运动。这一运动的失败，标志着中国这样一个庞大的农业帝国无论如何都难以应对工业文明兴起后“世界历史”的挑战。这一事件也说明制度与文明愈是悠久，其黏性就愈厚重，变革就愈困难，以至于中华民族只有到了最危险的时刻才“起来”。

进入20世纪后，起来的中国内忧外患，最基本的出发点则是一个农业农村农民国家的“家底”。这一家底是无法对抗工业文明的进入的，历史面临着“断裂”的危险，“保种保国”“救亡图存”成为仁人志士的共识。唯一出路是顺应世界大势，由农业大国向工业大国转变。但这一转变首先受到冲击的是农村和农民。以认识中国农村为基点，进而解释中国、解决中国问题的农村调查因此应运而生。

中国是一个古老的农业文明国家，但历史上从未有过专门的农村调查。进入20世纪以后，农村调查得到广泛关注，调查者之多和内容之丰富，是前所未有的，在世界上也是少见的，其成就十分突出。据不完全统计，仅仅在1925—1935年间，中国农村社会经济调查便达9000余次。总体上看，20世纪的中国农村调查有如下特点。

其一，有很强烈的问题意识，即意识到农业、农村和农民问题是一个迫切需要解决的时代问题，不能再按照原样继续下去了。而土地是农村的主要生产资料和农民的主要生活保障，在农业、农村与农民问题中具有至关重要的地位。20世纪中国农村调查最多的是与土地相关的问题。土地调查可以说是20世纪中国农村调查的一根主线，贯穿于整个世纪。

民国时期，一些教会学校中的外籍教授为指导学生实习，主持了具有现代意义的农村调查研究，最有代表性的是1920年起担任金陵大学农学院农业经济系教授，并兼任农业经济系主任的美国学者卜凯。他开启和主持了两次大规模的农村经济调查。第一次是1921—1925年间，共对7省17县的2866户农家进行了调查，出版了《中国农家经济》。第二次是1929—1933年，组织对中国22省、168个地区、16786个农场和38256户农家的调查，在此基础上编写了《中国土地利用》一书。

孙中山先生作为先知先觉者，早在20世纪初就提出了“平均地权”的主张，后来又将“耕者有其田”作为政策。由孙中山先生缔造的国民党取得国家政权以后，也意识到农村问题的紧迫性，并专门成立了农村复兴委员会，进行了大量农村调查，特别是农村人口与土地调查。

中国共产党是以马克思主义理论为指导的政党，面对的是农村和农民国家这一基本国情。经过探索，中国共产党逐步认识到农村和农民问题的极端重要性。毛泽东指出：“谁赢得了农民，谁就会赢得中国”“谁解决了土地问题，谁就会赢得农民。”[1] 因此，由中国共产党所从

[1]《斯诺眼中的中国》，中国学术出版社，1982年版，第47页。

事的农村调查主要是围绕土地问题展开。中国共产党早期领导的革命为土地革命，即围绕土地展开的革命，所从事的农村调查与土地密切相关，最有代表性的是毛泽东所作的农村实地调查。

1941年，中共中央专门作出《关于调查研究的决定》，推动了农村调查，取得了不少成果。最有代表性的是张闻天等四人进行的“杨家沟调查”。如果说以往的调查主要是一般农户，那么这一次则集中调查一个马姓地主，主要内容是土地、高利贷和商业剥削三者的结合。

由于中国共产党深刻认识到土地问题的极端重要性，获得政权与土地改革相伴随，围绕土地改革进行了一些调查。1960年代初，由于指导思想的过快过急，造成经济严重困难，毛泽东特别强调调查，并要求中央领导人亲自去农村进行调查。在这一过程中，产生了一些调查报告。有代表性的是陈云“青浦农村调查”关于自留地的调查。

1978年，一些地方出现土地包产到户和包干到户的做法，并得到中央主要领导人的支持。但是对这一做法存在很大争议。中央的农村政策研究机构专门组织人员进行农村调查，写出多份有价值的调查报告。其代表人物是号称“农村改革之父”的杜润生及其“九号院”团队。

其二，在农村调查中建立起“民族自觉”和“调查自觉”。

20世纪的中国农村调查的主题是围绕中华民族自强而展开的。因为农村问题关系到国家兴衰，促使人们从民族自强的角度认识和解决农村问题，萌生出“民族自觉”意识，并形成了“调查自觉”。

对中国的研究和农村调查最早是外国人做的。这种现象也强烈刺激了中国人的自我意识和“调查自觉”。1920年代末，在共产国际农民运动研究所东方部工作的匈牙利人马季亚尔写了一本《中国农村经济》，认为：中国自原始社会解体后，是一种由亚细亚生产方式决定的“水利社会”。在苏联留学的陈翰笙不同意这种观点，但因为缺乏对中国农村经济的广泛深入调查，没有确切有力的材料足以说服对方，从而萌生出要对中国农村经济进行实地调查研究的责任感。从1920年代末到1930年代，在陈翰笙主持下进行了一系列农村经济调查，并专门出版了《中国农村》刊物。

20世纪30年代，中国社会学家们有了学术自觉。杨开道为瞿同祖所著《中国封建社会》一书作序时，曾指出：“中国社会科学的毛病，是只用国外的材料，而不用本国的材料。尤其社会学一门，因为目下研究的朋友，大半归自美国，熟于美洲社会情形，美洲实地研究。所以美国色彩甚浓，几乎成为一个只用美国材料，而不用中国材料、欧洲材料的趋势。这种非常状态，自然会引起相当反感的。”[1] 他们积极行动起来，开始从对于“西学”“国外材料”的兴趣，转向将社会学的理论和方法与中国的社会实际结合起来，对中国农村进行调查，以自觉地倡导本土社会的研究取向。

在中共党内，毛泽东是最有“调查自觉”意识的。毛泽东早在1930年就指出：“一切结论产生于调查情况的末尾，而不是在它的先头。”“没有调查，没有发言权。”“调查就像‘十月怀胎’，解决问题就像‘一朝分娩’。调查就是解决问题。”[2] 毛泽东是在反对主观主义和本本主

[1] 转引自张丽梅、胡鸿保：《引进与再造——social anthropology在中国》，《思想战线》2015年第5期。

[2] 《毛泽东农村调查文集》，人民出版社，1982年版，第1—3页。

义的过程中，建立起高度的“调查自觉”的。1941 年 8 月 1 日，毛泽东在《关于调查研究的决定》中指出：“20 年来，我党对于中国历史、中国社会与国际情况的研究，虽然是逐渐进步的，逐渐增加其知识的，但仍然是非常不足：粗枝大叶、不求甚解、自以为是、主观主义、形式主义的作风，仍然在党内严重地存在着……党内许多同志，还不了解没有调查就没有发言权这一真理。还不了解系统周密的社会调查，是决定政策的基础。还不知道领导机关的基本任务，就在于了解情况和掌握政策。而情况如不了解，则政策势必错误。还不知道，不但日本帝国主义对中国的调查研究，是如何的无微不至，就是国民党对国内外情况，亦比我党所了解的丰富得多。”[1]

其三，产生了专门的调查机构和人员，采用多种调查方法，出现了多种不同的观点。

在 20 世纪，为推进农村调查，建立了专门的调查机构，有专门的人员进行调查。卜凯的调查培养了大批专门的调查人员。陈翰笙发起成立中国农村经济研究会，将实地调查作为研究会的重要工作。李景汉被誉为中国农村专家，先后任职的中华教育文化基金会社会调查部、中华平民教育促进会定县试验区调查部、中国人民大学调查研究室都是专门的调查机构。陆学艺先生长期任职的中国社会科学院社会学研究所，专门建立有农村调查机构。

在农村调查中形成多种方法，既有西方的“洋办法”，也有自己在实践中创设的“土办法”。总体上看，包括三类。

一是完全运用西方的社会学科及其方法，如卜凯。卜凯特别强调，运用调查方法研究中国的农村问题能否取得良好的效果，关键在于：调查表的性质，调查员的能力，与农人的自身三者……前二者尤居首要。

二是在吸收西方社会科学方法基础上进行再创设，如费孝通。费孝通的调查有两个突出特点：一是典型调查，一是跟踪调查。对“江村”进行为期数十年的跟踪调查，对“云南三村”进行了 50 年后的重访，以持续不断解剖“麻雀”。

三是在实践中自己探索和掌握的方法，如毛泽东。毛泽东没有受过专门系统的调查训练，但在调查中自创了不少“土方法”。

由于立场、出发点和重点不同，农村调查中产生的观点丰富多彩。大体上可分为：一是以卜凯为代表的“技术学派”，认为中国农村落后是技术落后，改良技术即可。二是乡村建设者的“文化学派”，认为中国农村问题主要是“文化失调”和农民愚昧。三是以费孝通为代表的“产业学派”，认为中国农村落后在于单一的农业，土地改革只能解决生存问题不能解决富裕问题。四是以中国共产党为代表的“制度学派”，认为是生产关系，特别是土地制度造成农村落后，改变农村当从改变制度入手。

其四，在调查过程中产生和强化本土意识，开始建立起本土化理论。

中国作为一个传统的农业国家，依靠的是长期历史形成的规则自我运行，没有专门研究社会发展的社会科学，知识者高于乡村社会之上。近代以来，由于传统帝国无力应对“世界历史”的挑战，只有全面“向西方学习”，当西方人的“学生”。来自外国的思想文化为中国注入了前所未有的新思想新观念，但中国的主体性会日益失去。造成中国只有引进和照搬，缺乏消

[1]《毛泽东文集》第 2 卷，人民出版社，1993 年版，第 360—361 页。

化、吸收和提升。而调查是一种立足于当地实际对实际状况进行认识的行为，它必然促进调查者从所调查的对象出发。调查过程本身就是不断产生和强化本土意识的过程，也是能够建立起本土理论的过程。

卜凯是纯粹的西方学者。从事农村经济研究的卜凯来到中国后最为困难的是不了解中国农村。在中国大学教学中完全照搬美国不可行，他为之苦恼不已。他的妻子在中国多年，深感从中国实际出发的重要性，鼓励卜凯从调查着手。正是通过调查，卜凯不仅划时代地收集了中国近代农业经济的一套最完善的调查资料，并且对中国农业经济的看法长期影响着后来的学者。

陈翰笙在苏联留学时就对国际权威的论点提出质疑，回国后又不满卜凯的见解。他从马克思主义的观点出发，批评卜凯"自封于社会现象的一种表面，不会企图去了解社会结构的本身"，"着重研究生产力而不研究生产关系"。他的调查得出了中国社会半殖民地半封建性质的结论，并认为农民受到地主、外国资本和本地官僚买办的三重剥削压榨，已经完全破产，除了造反别无出路，从而为农村革命提供了学理上的合法性依据。

费孝通师从国际人类学大师，但并非老师的"跟班"，在开展以中国农村为对象的调查中，逐步产生和强化本土意识，并建立起具有本土性的理论，提出许多经典性的观点，如"差序格局"，最集中反映于《乡土中国》一书。

中国共产党是以马克思主义为指导的政党，而毛泽东则是将马克思主义与中国实际相结合的典范。重要原因就是毛泽东从中国实际出发，而不是从本本出发，在调查中不断产生和强化从实际出发的意识。中华人民共和国成立后，对于如何建设社会主义缺乏经验，出现了照抄照搬苏联模式的倾向，如人民公社。农村改革促使中国重新思考自己的发展道路，而农村改革的成功增强了走中国特色社会主义道路的自信。其中，围绕家庭承包开展的农村调查功不可没。

20 世纪的中国农村调查取得的成就无疑十分辉煌，但由于受时代限制，也存在相当大的局限性。这种局限性构成了中国在由农业国家向工业国家转变中受到重大挫折的重要原因之一。

1. "调查自觉"及其调查缺乏连贯性。

20 世纪中国农村调查主要集中于 20 世纪二三十年代。进入 50 年代，中国全面深刻地改造传统农村，最需要也最有条件开展大规模的农村调查，在此基础上作出改变农村的决策。但是，由于多种原因，农村调查的自觉意识大为淡化，甚至连以调查为主要基础的社会学科也被取消。1950 年代作出改造农村的重大决策缺乏严格科学的调查，更多的是一种主观认识，由此导致重大挫折。直到 1960 年代初，面临严重的经济困难，毛泽东才强调实际调查。但是，这时的调查主要依靠的是领导人，包括毛泽东身边的工作人员到农村了解情况。即使是根据实际情况调查提出的独立见解，也因为不符合某种理想标准而未能对决策产生影响。

2. 缺乏大型深度的基础性和战略性调查。

20 世纪是中国从一个传统农业大国向现代工业大国转变的历史时期，是重大的历史性转变，涉及诸多基础性和战略性问题，但 20 世纪的中国农村调查在基础性和战略性调查方面相当欠缺。

一是广度不够。因为紧迫实用的需要，农村调查主要是围绕土地问题，土地问题又主要围绕分配问题。农村其他方面调查严重不足。同时，调查主要采用的是典型调查。对于中国这样一个地域辽阔发展不均衡的国家的全面调查几乎没有，特别是中西部农村的调查更欠缺。这种典型调查很容易造成以“点”概“面”。

二是深度不够。农村调查主要是现象和实际状态调查，在一个地方的调查时间不长，访谈式的步步深入挖掘的调查不够。

三是厚度不够。由于强烈的反传统精神和“经世致用”意识，农村调查未能对影响和制约中国农村发展走向的根部和底色进行调查，并寻求规律性认识，如印度和俄国调查中发现的“村社制”根基。正因为如此，土地改革后盲目照搬照抄苏联的集体农庄制。

20 世纪中国农村调查的局限是时代所致。尽管如此，大量的农村调查为后人留下丰富的文献。我们从这些文献中可以更充分和深入地了解 20 世纪中国农村状况及巨大变迁。

历史总是在过往基础上前进的。站在新的历史高点上，21 世纪的农村调查要充分吸取 20 世纪调查的经验，努力弥补过往的不足，将中国农村调查提升到与时代相匹配的高度。将 20 世纪中国农村调查的文献加以整理汇集，既能够为 21 世纪中国农村调查提供借鉴，更可为中华民族从历史断裂边缘中奋进，日益走近世界舞台中心保留下一份珍贵的历史记录。

借本文献的出版，向为中国农村调查作出艰苦努力的前人致以敬礼！

徐 勇

2018 年 6 月

# 凡　例

作为教育部人文社会科学重点研究基地，华中师范大学中国农村研究院历来重视农村调查资料的收集、整理与利用，《中国农村调查·文献类》便是成果之一。在付梓出版之际，特做如下说明：

1. 本丛编旨在对20世纪20—50年代的农村调查资料进行收集、整理与汇编。

2. 为保证所选材料的原始性、真实性和客观性，尽可能地选用最早版本或是原刊版本，不得已才用新中国成立后的版本代之。这些均在导语中做了简要介绍。

3. 本丛编收录的农村调查资料，原版文字与图表多为繁体字竖排，为适应现代阅读习惯，我们将繁体字、异体字等改为简体规范汉字（特殊含义不在此列），并采用横排；原书中未进行断句的引文，为避免改变原文语义，对这部分内容不断句、不加标点；原文已断句或未完全断句的引文，则保留原文断句或在原文基础上补齐断句，并按现代汉语习惯加标点。

4. 文献汇总编辑时力求贴近原文，尽量保持文字的原始性（如“的”“地”“底”“部份”“粘性”“化钱”等）；为防止在重排图片时出错，将原文中比较清晰的图片，直接用于选编的书稿中；原文无法识别的字，用“【】”标记，每字一“【】”；为了阅读方便，对一些序号进行了调整，或以特殊格式示之；原文献尾注，均修改为页脚注，且每页单独排序；对一些参考性的注释也进行了原文校对；表格一般选用最简自动调整格式，或是调整到适宜阅读格式；原表格后的注释或说明，均纳入表格中的最后一行显示，并在字体上加以区分；明显错误的标点符号也作了相应修改；原文自序、原契文件及原格式排版者，排版及格式亦忠于原文（特殊者除外）。另外，一些格式今古有别，全部按照现代标准进行了校正。

5. 在出版方面，项目组组建了编辑和校对小组，严格审查、校审每一篇编选的材料。

6. 由于选编的材料出版年代久远，许多材料的印刷字体已变得模糊，再加上个别材料保存时间长，出现一定程度的残损，由此造成个别字词难以辨认在所难免。

7. 由于时间紧迫和编辑人员能力水平有限，难免有疏忽错漏之处，希望海内外学者、读者提出批评和建议，帮助我们提高这套丛书的编辑质量。

# 编辑说明

第 4 卷

《中国农村调查·文献类》第 4 卷收录有关东北农村调查的原始文献 5 本，分别是《东北农村调查》（东北局宣传部编）、《奉天屯的调查》和中共中央东北局农村工作部编的《东北农村调查汇集（1950—1952 年）》《1953 年东北农村调查汇集·第一辑》《1953 年东北农村调查汇集·第二辑》。时间集中于土地改革前后的情况，也包括农业互助合作运动初期的情况。

简介如下：

《东北农村调查》是东北局宣传部在抗日战争胜利后从东北各地农村报告中收集而成的材料合集。包括两个部分：一是区、屯调查，共有 10 个区、屯的调查报告；二是个别问题调查，主要是指各阶级及家庭调查。

《奉天屯的调查》是“编者”在帮助农村麦收之余收集的材料汇编，包括 3 篇报告，对于了解东北农村阶级对立状况和农民积极分子的思想发展有参考作用。

中共中央东北局农村工作部编的《东北农村调查汇集（1950—1952 年）》反映了东北区土地改革后农村经济及其他有关方面的情况，其中 1950 年 4 篇、1951 年 10 篇、1952 年 4 篇。《1953 年东北农村调查汇集·第一辑》反映了东北农村合作化初期的情况，共有 1 篇总报告和 3 篇分报告。《1953 年东北农村调查汇集·第二辑》同样反映了东北农村合作化初期的情况，有 1 篇调查汇报纪要、1 篇总报告和 4 篇分报告。

为统一编辑和检索的需要，对一些表格进行了转置，对一些表格项目栏进行了简化。为阅读方便，去掉了数字中的千分位符号；对区间记数统一修改为带“—”的记数；还对一些段落进行了重新划分。

编辑《中国农村调查·文献类》有两个标准：一是调查单元，即以调查区域为依据；二是调查流派，以理论和人文关怀为出发点，按照“制度派”“技术派”“乡村派”等分类汇编。在整理和编辑过程中，两个标准同时采用。第 4 卷同时满足这两个标准，虽然不能完整地反映东北农村全貌，但纵穿历史，能够在一定程度上反映东北农村在中华人民共和国成立前后的阶级状况和农业经济变化。

编者谨识

2023 年 4 月 10 日

# 目　录



## 东北农村调查



## 奉天屯的调查

## 东北农村调查汇集(1950—1952年)

## 1953年东北农村调查汇集·第一辑

## 1953年东北农村调查汇集·第二辑

# 东北农村调查

# 序

《东北农村调查》是收集各地工作团调查的材料，有些是专门的调查材料，有些是从工作报告中摘下来的；有的是在报纸上发表过的，有的是没有发表过的。所有这些材料曾经帮助我们了解东北农村的实际状况起了很大的作用，这些材料对了解东北农村是很宝贵的，很珍贵的。我们把这些材料编集起来印出来，不仅想保存它的历史价值，而且对我们今天认识东北农村还是有很大的作用。

我们没有整个县，整个省的调查材料，这在我们今天的力量是办不到的，而且也不是那样需要的。我们只有各个地区的一些区，许多屯的调查。假若我们不是从统计家的观点，而是从群众工作者的观点去认识东北农村，那末这些材料已经够了。

这些材料，我们没有加以整理，看的时候不免有些零乱，我们觉得没有加以整理的必要，就是要从这种零乱的材料中，更可反映出东北农村的真实性。

很久以前就想出这样一本书，一方面是材料不够，一方面也是因为没有时间去编集，现在勉强的编出来了。实际可编进去的材料，不知比这本书要多多少倍，因许多材料还停留在工作团，县委省委，这本书所编的，只就已经收到的材料。未收进去的材料只好留待以后去补编。

中央的指示中曾经指出："我党现时在东北有一项主观上的困难，这就是大批干部和军队初到东北，对于地理民情不熟，……必须反覆教育一切外来干部注意调查研究，熟悉地理民情，……"我们无时无刻不在警惕中央这一指示。过去，调查研究是我们工作的出发点，现在，调查研究仍然是我们工作的出发点，将来，调查研究依然是我们工作的出发点。我们要以更多的时间花在了解情况上面，情况了解了，政策就容易决定，情况了解得愈正确，决定的政策少错误。

在这本书编完之后，接着我们就准备出一本《东北群众工作》。

这本书的编成，李士彬同志出了很大的力。

凯丰

1946 年 12 月 10 日

# 第一部　区屯调查

## 北安县第四区调查

杨英杰

### 前　言

我们为了比较深刻地了解黑龙江省情况，组织了一个调查组，前往北安县第四区调查，希望用这样研究典型方法，求得制定政策和检查政策的可靠根据。1 月 11 日下乡逐户访问、调查之后加以研究，同时征询县上和农会同志们的意见，这调查所得材料，难保完全确切，但据当地人和农会同志意见，大体还是确切的。

北安县是全省中比较穷困的县，第四区在北安县中比较不是最穷困的区，这一区的情况与其他区的情况，这一县的情况与其他县的情况，定会有若干不同，我没有想以第四区的调查来概括全省，我只是用研究典型的办法来作第四区调查，提供出一些工作方法与研究方法而已。

参加这次调查的，有韩昆师、燕崇光、王启良、赵纯瑕、徐国璋、呼志远、王承启、刘成章等同志。

### 第一部份　概况

第四区位置靠近北安县街的西、北、东北面，包括滨州李屯、新立屯、曹洪升屯、张万属屯、第一官舍屯、北窑地屯、李家屯、葛家屯、兴隆屯及其他等 28 个小屯子。现在住户 970 户，绝大多数为农民，此外，尚有少数窑工、铁路工人及职员等。居民中间所谓老户，是指近二三十年由别处移来的，并无居此几代的老户。土地肥沃，主要粮食为大豆、谷子、包米等。1944 年正式成立“厚生区”，即包括现在这些屯子。“八·一五”至 12 月中，区政权没有改造，直至 12 月斗争伪区长后，始成立区农会，选举新区长，改名为第四区。

第四区之建立，是由于群众清算伪区长的账目，几乎全区所有住户都卷入了这一斗争浪潮中。结果伪区长交出过去贪污、敲诈等赔款 16 万元，他本人也表示愿意改过，也就将他释放，再未追究。经过这次斗争，群众懂得应该组织起来，应该用自己力量去取得应享的权力，明白了民主政府是真正为大多数人民服务的，于是他们选举了区长，成立了区农会。此后，就是彻底执行省政府施政纲领中的将开拓团及公有土地，分给无地或少地的农民，他们分了 1200 多垧，其中有 900 多垧好地。这件事情，群众开始犹疑，因为这是自古以来没有见过的事，甚至土地分配完了，有人还不相信，直至发下地照，宣布这些土地永远属于他们了，才放了心，证实了新政府所宣布的施政纲领是条条十足兑现的。

目前人民和政府面前重大的问题是春耕的问题。

## 第二部份　第四区之阶级关系

我们所调查的，是两个时期材料：一是1944年的材料，一是1946年初的材料。要用比较的办法来研究，则问题表现得更明显，一目了然。1945年是变动的年份，一方面歉收，一方面"八一五"后就解放了，各方面有变动，因此不好拿这变动很大的年份为依据。

我们逐步研究，先来分析1944年各阶级的情形。请看第一表：

**北安县第四区各阶级1944年财富及负担表　第一表**

（此表见P6　——编者）

1944年除少数人迁移外，现在还有563户，2790口人。私有地568.5垧（内中包括出租200垧，每户平均一垧多），另外租种伪县政府关东军等所谓公地428垧（加上租种私有土地200垧共628垧），共约种地一千来垧，平均每户不足1.9垧。共收粮2621.1石，出荷即占去1899石，3/4强，即令农户对敌有所隐藏，出荷数占收入之1/2以上是无可怀疑的。负担（包括储蓄、献纳、劳工等，但出荷在外）23万多元，平均每户出418元。没有房子人家320户，为56.5%，没有土地的人家445户，为79%。

我们看看伪满洲国时代各阶级的特征吧：

（一）什么是雇农？雇农就是没有房子，没有土地，没有车马，家里多半只租一铺炕，主要特征是出卖自己的劳动力，去为别人作长工、月工、短工为生，但是一年还须交出240元的负担。

（二）什么是贫农？贫农就是有一半人家没有车马和房子，3/4人家没有土地，他们平均每家一个半劳动力，租种2垧左右土地，出荷、地租，加上456元负担，驱使他们生活陷入贫困的深渊！

（三）什么是中农？中农就是基本上以自己劳动力种地为生，即介于贫农富农之间的农民。具体说：他们半数没有土地，每户有3个劳动力，3个牲口（一般的说，此地有3个牲口，始能组成1付犁）1辆车，因此，他们耕作能力比较强，每户种10垧上下土地，可是出荷负担也占去收入一大半，在伪满洲国时代，他们地位上升是万分困难的。

（四）什么是富农？富农就是虽自己参加生产而主要以剥削所雇长工、月工、短工剩余劳动去生产的富裕农民。他们有（或租）大量土地（三四十垧），每户平均3个劳动力，7个牲口，1或2辆大车，出荷及负担，最多占去一半，加上兼营商业或运输，所以他们过着富裕生活。

（五）什么是地主？地主就是主要占有大量或较多土地，以出租土地、收入地租为生的一种人，他们还出租房子收房租，放钱收利。第四区的地主都是小地主，因为他们所有土地都只20垧左右。

（六）什么是工人？工人一无所有，主要以出卖自己劳动力为生。但每户亦有270元的负担。

（七）其他为职员、医生、拉脚的等。

以上就是1944年伪满洲国时代各阶级的特点和他们所有土地，财富以及负担情况的画图。

**北安县第四区各阶级1944年财富及负担表　第一表**

| 阶级 | 雇农 | | 贫农 | | 中农 | | 富农 | | 地主 | | 工人 | | 其他 | | 合计 | |
|---|---|---|---|---|---|---|---|---|---|---|---|---|---|---|---|---|
| 项目户数及每户平均 | 121户 | 平均每户 | 304户 | 平均每户 | 29户 | 平均每户 | 5户 | 平均每户 | 11户 | 平均每户 | 79户 | 平均每户 | 14户 | 平均每户 | 563户 | 总平均 |
| 人口 | 452 | 3.7 | 1515 | 5 | 323 | 11 | 75 | 15 | 64 | 5.8 | 303 | 3.7 | 58 | 4 | 2790 | |
| 劳动力 | 183 | 1.5 | 482 | 1.6 | 92 | 3 | 16 | 3.2 | 14 | 1.3 | 113 | 1.5 | 14 | 1 | 914 | |
| 牲畜 | — | — | 190 | — | 100 | 3.5 | 35 | 7 | 7 | — | 5 | — | 5 | — | 342 | |
| 无牲畜家 | — | — | 146 | — | 136.5 | — | — | — | 6 | — | 74 | — | 9 | — | 232 | |
| 已有地(垧)(注一) | 3.9 | — | 436.5 | — | 136.5 | 8.7 | 76 | 30 | 151.5 | 13.7 | 4.5 | 5 | — | — | 568.5 | |
| 租地(垧)(注二) | — | — | 200 | — | 25.5 | — | 76 | — | — | — | — | — | — | 628 | | |
| 收粮(石)(注三) | — | — | 1445.6 | 4.75 | 675 | 23.3 | 443 | 88.6 | 57.5 | 5.2 | — | — | — | — | 2621.1 | |
| 出荷(石)(注四) | — | — | 1145 | 3.7 | 449 | 12 | 274 | 54.8 | 31 | 2.8 | — | — | — | — | 1899 | |
| 负担(元)(注五) | 28698 | 137 | 138641 | 456 | 30005 | 1035 | 7600 | 1520 | 7235 | 658 | 21088 | 266 | 2240 | 160 | 235507 | |
| 车 | — | — | 112 | — | 30 | — | 8 | 1.6 | 4 | — | — | — | — | — | 154 | |
| 房子(间) | 31 | — | 253 | — | 84.5 | — | 31.5 | — | 53.3 | — | 62 | — | 6.5 | — | 522 | |
| 租房(间) | 73.5 | — | 174 | — | 18 | — | 22 | — | 1 | — | 36.5 | — | 3 | — | 16 | |
| 无房户 | 96 | — | 167 | — | 7 | — | 2 | — | 1 | — | 43 | — | 4 | — | 320 | |
| 无地户 | 117 | — | 224 | — | 12 | — | 1 | — | — | — | 77 | — | 4 | — | 445 | |

注一、注二:已有地项内568.5(垧),内中出租200垧。租地项628(垧)。除私有地有地租200垧外,其他皆为伪官公地。

注三、注四:收粮一项,未算收菜,出荷交菜数亦未计入,同时收粮数实际上比表上多些,当时人民隐瞒作伪的数目,未计入。

注五:负担一项,包括储蓄、献纳、劳工钱、捐税等,而去的劳工、去的勤劳奉仕人力未计入。

其次，我们来分析 1946 年初各阶级情形，请看第二表：

**北安县第四区各阶级 1946 年财富及负担表　第二表**

| 阶级 | 雇农 | | 贫农 | | 中农 | | 富农 | | 地主 | | 工人 | | 其他 | | 合计 | |
|---|---|---|---|---|---|---|---|---|---|---|---|---|---|---|---|---|
| 项目户数及每户平均 | 44 户 | 平均每户 | 516 户 | 平均每户 | 41 户 | 平均每户 | 4 户 | 平均每户 | 7 户 | 平均每户 | 48 户 | 平均每户 | 10 户 | 平均每户 | 670 户 | 总平均 |
| 人口 | 114 | 3.3 | 2372 | 4.5 | 373 | 9 | 47 | 12 | 46 | 7 | 197 | 4.1 | 34 | 3.4 | 3133 | — |
| 劳动力 | 62 | 1.4 | 816 | 1.5 | 131 | 3.2 | 11 | 3 | 9 | 1.3 | 82 | 1.8 | 10 | 1 | 1121 | — |
| 牲畜 | — | — | 364 | 0.5 | 104 | — | 20 | 5 | 5 | 0.7 | 2 | — | 4 | — | 408 | — |
| 无牲畜家 | 44 | — | 386 | — | — | — | — | — | 4 | — | 39 | — | 7 | — | 380 | — |
| 原有地(垧) | 4.56 | — | 1816 | 0.35 | 41.6 | 1 | 12 | 3 | 83.4 | 12 | 2.4 | — | 2 | — | 327.6 | — |
| 新分地(垧)(注一) | 20.55 | 0.49 | 971.2 | 1.9 | 186.33 | 4.54 | 1.3 | 0.6 | 12 | — | 21.3 | — | 14.4 | 1.4 | 1229.39 | — |
| 无地分得地户数 | 14 | — | 414(注三) | | 34 | — | 1 | — | 1(注四) | | 17 | — | 5 | — | 486 | — |
| 无地未分地户数 | 26 | — | 25 | — | — | — | — | — | — | — | 27 | — | 2 | — | 80 | — |
| 负担(元)(注二) | 344 | 7.8 | 6098 | 11.6 | 754 | 18.4 | 20 | 5 | 33 | 5 | 596 | 12.4 | 46 | 4.6 | 7891 | — |
| 车 | — | — | 20 | 0.2 | 37 | 1 | 5 | — | 2 | — | 5 | — | 1 | — | 160 | — |
| 房子(间) | 19.5 | — | 348 | — | 82 | — | 21.5 | 5 | 38 | 6 | 43 | — | 8.5 | — | 360.5 | — |
| 租房(间) | 19 | — | 336.5 | — | 32 | — | — | — | 0.3 | — | 14 | — | 4 | — | 406 | — |
| 无房户数 | 28 | — | 323 | — | 14 | — | — | — | 1 | — | 19 | — | 3 | — | 388 | — |

注一：分地一般是按人口分的，而且各屯子中每人所得数目不完全一样，因为有屯子地多，有屯子地少，地分好坏，熟荒等。

注二：这些负担是新政府成立后的负担，但当时该区长仍是伪区长未改选时摊派的。

注三：贫农无地分得土地户数为 408，加上贫农有地又分地的 6 家故为 414 户。

注四：这一家小地主分了 12 垧地，因这地是伪县政府 1945 年末给价强买去的，他无以为生，在分地时仍将原有 12 垧地分给他了。

根据上表，我们看到解放后，刚刚分配了开拓团地及公家地不久，现在各阶级的情形：

（一）什么是现在的雇农？他们是没有马，没有车没有土地，没有房子，主要以出卖自己劳动力为别人作长工、月工、短工为生的农村无产阶级，他们得到了自由，只有7.8元负担。

（二）什么是现在的贫农？他们是一半人家没有马，没有车，没有房子（租房住），但是他们以前没地的现在都分得了土地（2 垧左右），即是说，现在已经具备了农业生产上最主要的生产手段——土地了，取得向上发展的基础了。

（三）什么是现在的中农？他们多数有了四五垧土地，5/6 是刚刚分得土地，有 3 个劳动力，3 个牲口，1 辆大车。

（四）什么是现在的富农？他们拥有大量土地，3 个劳动力，5 个牲口，1 辆大车，主要的还是雇用长工，月工，短工去生产。

（五）什么是现在的地主？他们主要以所拥有大量土地出租，靠收租生活的阶级，同时他们还出租房子或放债。

（六）什么是现在工人？他们是一无所有，主要依靠出卖劳动力为生的无产阶级。

我们再往下分析，看看 1944 年到 1946 年的阶级关系是如何变化的？变化的结果如何？请看第三表。

**北安县第四区阶级关系（1944—1946 年初）变化表　第三表**

| 1946 年（各阶级共户数 670） | | | | 雇农 | | 贫农 | | 中农 | | 富农 | | 地主 | | 工人 | | 其他 | |
|---|---|---|---|---|---|---|---|---|---|---|---|---|---|---|---|---|---|
| | | | | 户数 | 百分比 | 户数 | 百分比 | 户数 | 百分比 | 户数 | 百分比 | 户数 | 百分比 | 户数 | 百分比 | 户数 | 百分比 |
| | | | | 44 | 6.7 | 516 | 77 | 41 | 6 | 4 | 0.6 | 7 | 1 | 48 | 7.2 | 10 | 1.5 |
| 1944 年（各阶级共户数 563） | 雇农 | 户数 | 121 | 21 | | 100 | | | | | | | | | | | |
| | | 百分比 | 21.6 | | | | | | | | | | | | | | |
| | 贫农 | 户数 | 304 | 1 | | 292 | | 9 | | | | | | | | 2 | |
| | | 百分比 | 54 | | | | | | | | | | | | | | |
| | 中农 | 户数 | 29 | | | 28 | | | | | | | | | | | |
| | | 百分比 | 5.1 | | | | | | | | | | | | | | |
| | 富农 | 户数 | 5 | | | | | 1 | | 4 | | | | | | | |
| | | 百分比 | 0.9 | | | | | | | | | | | | | | |
| | 地主 | 户数 | 11 | | | 3 | | 1 | | | | 7 | | | | | |
| | | 百分比 | 1.9 | | | | | | | | | | | | | | |
| | 工人 | 户数 | 79 | 9 | | 28 | | | | | | | | 42 | | | |
| | | 百分比 | 14 | | | | | | | | | | | | | | |
| | 其他 | 户数 | 14 | | | 8 | | | | | | | | | | 6 | |
| | | 百分比 | 2.5 | | | | | | | | | | | | | | |
| 1944 年后新增 | | | 107 户 | 31 | | 84 | | 2 | | | | | | 6 | | 2 | |

根据上表，我们看出：

（一）1944年的雇农121户，占21.6%，即约为1/5。但是1946年他们变了，由一无所有变成有些土地的人家了。主要原因是由于他们分得了土地。

（二）1944年的贫农304户，占54%，即1/2强，1946年他们绝对多数没有发生阶级的变化，他们还没有房子，一半人家没有牲口，生活向上还须要一个时期，须要帮助，因为过去被剥削的太惨了，而且解放只半年，但是阶级内容上已有了变化，每户取得了2垧土地，只有11元的负担，同时，还有9户贫农上升为中农。在伪满洲国时代，贫农没有上升的机会，而革命半年一下子就有9户上升中农，我们不能认为这是小事啊！这是革命的结果，这是革命引起的经济生活的向上运动，因而造成的阶级变化，今后这一程度更将明显。

（三）1944年的中农29户，占5.1%，1946年基本上没有变化，他们每户分得了4垧多土地，他们每户所分土地比贫农多约一倍，这是因为发放土地时按照人口分的，贫农人口少，平均每户4.5人，中农人口多，平均每户9人，而且有些中农土地，过去被强制“收买”去，现在分地，又发还给他了。这里我们要指出一点，即1944年中农所有土地为136.5垧，而1946年中农户数多了，但未分地前所有土地减为41.6垧，就是说减少91垧，少了2/3多。原因何在？这是公家（即伪县政府）于1945年继续强制的无代价的把土地收买去了，如果没有解放，则1944年的中农，大多数于今明年度变成贫雇农了。在1946年，中农中34户无地的分得了186垧土地，因此，中农一方面保持住了现在地位，并且获得了充分发展的条件。

（四）1944年富农5户，占0.9%，1946年有4户保特原来地位，1户变成贫农，主要原因也是伪县政府于1945年把他的土地强买去了。

（五）1944年地主11户，占1.9%，1946年却成了7户，1户变成中农，3户变成贫农，原因同上。

（六）1944年工人79户，占14%，中间有劳工、窑工、铁路工人等，1946年有42户还是工人，而28户转为贫农，主要是由于一部份劳工分得土地，我们永远废除了野蛮的劳工制度，另一部份工人也分得一些土地，他们愿意从事耕作，9户转雇农，这是职业的变迁。

（七）1944年有职员、医生、拉脚的等14户，占2.5%，1946年8家转为贫农，原因也是由于分得土地。

阶级变化的结果（除去新增加的107户计算，百分比仍然一样，雇农5.5%，贫农76.5%，中农7.1%，富农0.7%，地主1.2%，工人7.3%，其他1.7%），连新增加的107户在内，则贫雇农44户，占6.7%，比过去大大减少了，贫农516户，占77%，比过去增加了，工人48户，占7.2%，比过去减少了。其他各阶级，变化不多。这里，我附带说明一个问题：为什么不把佃农划为一个阶级？因有各种各样的佃农，他们是农民，同样受地主地租剥削，这是共同点，可是他们也像有地的农民一样，中间分为富农、中农、贫农。因此在社会科学上不能把他们划为一个阶级。假如我们有可能，再专门调查研究一下贫佃、中佃、富佃，那当然还是需要的。

我们已经分析了以上三个表，现在可以作一个综合的研究了：

在阶级内容上发生了变化，首先各阶级再也没有出荷、储蓄、献纳、劳工，其次现在的贫农已经有了自己的土地，中农亦然，虽然这些土地还未完全满足其耕种之所需，但总算有了兴家立业的根基，这些土地，政府宣布永远属于他们所有了。

在阶级变化的趋势上，是正相反的。即在伪满洲国时代，人们是日益贫困化，日益下降为中农、贫农、一无所有的雇农和工人这一过程，1945 年八一五前在加速进行，仍在强收土地，如果不是解放，则贫雇农数目还要增加。1944 年中农、富农、地主共占7.9%，贫农占 54%，雇农21.6%，工人 14%。而新政府成立不久，阶级关系，阶级内容已经起了很大变化：中农、富农、地主共8.3%，在百分比上与过去差不多，然而它的绝对数字增加了，1944 年三者合起来共 45 户，而 1946 年三者合起来共 52 户，多了 7 户，其中有 9 户中农是由贫农上升的，9 户上升不是小事，过去上升 1 户也是困难的，贫农 77%，工人7.2%，雇农6.7%，这指示着：一无所有的雇农，已经有14.9%，上升为贫农，即约有 2/3 上升了，上升为贫农乍看起来觉得可笑、可怪，实际上却包括着丰富的内容，这说明了伪满洲国剥削惨重。在关内民主地区内，改善农民生活，可以比较快地使人们由贫农上升为中农。我们这里，贫农上升为中农速度慢些，目前数目比较少些，而大量的、主要的却得经过由雇农升为贫农，由无地的贫佃农升为有地的贫农，由无牲口的贫农升为有牲口的贫农，由无房子的贫农升为有房子的贫农，这种变化没有超过贫农这一阶级范围，然而这却是极重要的变化。然后再往上升为中农，上升为新民主主义社会、民主政府下日益更多发展的吴满有式的富农。在伪满洲国时代是使人民生活趋向深渊，在资本主义也是使广大农民破产，而资本主义初期尤甚，而我们新民主主义时代则是使人民生活地位渐渐地足踏实地由地狱走向“天堂”！这也就是“为人民”的新民主主义政治的真实内容。

为人民服务。为那些人服那些务？服什么务？无疑问的，我们是为了人民大众服务（汉奸、特务、土匪在外），我们首先应该照顾大多数工人、雇农、贫农、中农，使他们享受民主，改善民生，生活地位向上，具体的说：“77%的贫农，占13.9%的工人和雇农是我们首先应当照顾的，因为他们还没有与贫困生活脱离。当然同时也要照顾地主，更要照顾富农，对于资本主义经营，因为他是比封建经营进步的，我们是奖励的。”

为人民服什么务？

第一、土地解决了一部份，但仍感不足：这点仍值得我们严重注意的（在有几千垧甚至万垧土地地主的县份，问题当然更严重了）。今天政府对土地的政策除了分配公地和开拓团地之外，为了改善农民生活，还要实行耕者有其田。

第二、牲口不足车辆不足：670 户人家，只有 408 头牲口，车辆更少。贫农 516 户，有 264 头牲口（少数人有 2 头），还有 286 户贫农没牲口，这是大问题，因为此地耕作，畜力起决定作用，通常 3 头牲口始成 1 付犁，而深耕则须用五六头，所以农民能有牲口（主要是马），有 3 头牲口，生活才有起色。大车问题，政府已经规定一律不准抓车，如果军队运辎重、给养，须用少数车辆，则必须经过当地政府或农会。

第三、房子不足：670 人家，有 388 户没有房子，于是贫农、雇农一家数口，仅能租一铺炕。在产木材的黑龙江省，居然如此，这是由于伪满洲国不许私伐木材，建房子须请许可，而事实上农民请不到许可，于是一半以上人家没有房子，而已有的房子也将坍塌。现在解决这一问题有两个办法：一是治本办法：政府准许，老百姓可以伐木盖房子，开春以来，滨州李屯百户人家，已有 30 家左右修建房子了，还有很多人家计划在他们新分的土地上建房子。我们可以预期：再过 3 年，乡村建筑定然改观。二是治标办法：因为房子少，房租高，一铺炕即须

600—700 元房租，所以要减低房租！这点已有许多地方房户协同农会作了，而且作的很好很对。

第四、春耕问题：很多户分得土地，他们耕作能力还不足，这点各地政府及农会应及时注意，帮助解决。

第五、负担问题：伪满洲国负担很重，我不重述（大家可以参看第一表“出荷”“负担”两项），那时中国人度着苦痛鞭笞的日子，喝着稀饭嚼野菜而疾病死亡！解放后的负担，平均每户不足 10 元，与过去比，实有天地之别，然而负担不很合理，不很公平：雇农负担7.8元，贫农11.6元，中农18.4元，而富农地主皆 5 元，这主要由于当时屯、区政权未改造。今后负担须采取简易、累进的公平合理负担办法，其原则是：没钱的不出，钱少的少出，钱多的多出！这次征收建设公粮，政府即决定了这个原则。

第六、衣服及日用品：在伪满洲国时代，很重的出荷，但农民也换得一点配给品，如每户平均 4 尺布，还有一些火柴、食盐等，这是事实。解放后，农民没有衣服穿，从日本鬼子那里拿一些穿上，这是应当的（当然过去大财主、大商号或官吏横发事变之财，这是与人民拿去东西自用不同的），今后，对于人民所需用的布匹、食盐及其他日用必需品，政府应当注意，组织合作社，振兴工商业及发展贸易，为人民解决问题。

以上就是我们为那些人服务、服什么务的内容。

我研究了北安第四区阶级关系后，提出以上意见，是否有当，望各界人士、社会贤达，多为指正！

# 拜泉县时中区调查

杨英杰

今年 4 月间，我和省政府 20 位同志去拜泉县时中区（伪满时代的时中村）工作了半个多月，我们了解这个区的阶级关系等，大体上可以代表全省多数农村。回来之后，事务忙些，迟迟至今始能整理出来。

现在只整理三部份材料：第一部份是“惨重的压迫和剥削”，第二部份是“少数人占有土地房屋和牲畜”，第三部份是“新政府的政策已为人民大众所拥护”。这些就是群众运动的甚础，也是我们决定政策的根据，至于群众运动本身，由于我所得的材料尚不全面，也未很好研究，加以当时只是初期阶段，正在大步前进和继续深入，因此我现在不写了。

## 第一部份　惨重的压迫和剥削

伪满十四年对于东北老百姓真是可怕：人民在流着血、洒着泪，受着屈辱的煎熬，度着牛马的生活，现将伪满时代时中村的压迫和剥削，扼要介绍如下：

时中村共辖 17 个井子（一个井子有四五个小屯子合为一个行政屯），有以下的各种组织：

村公所共 33 人：

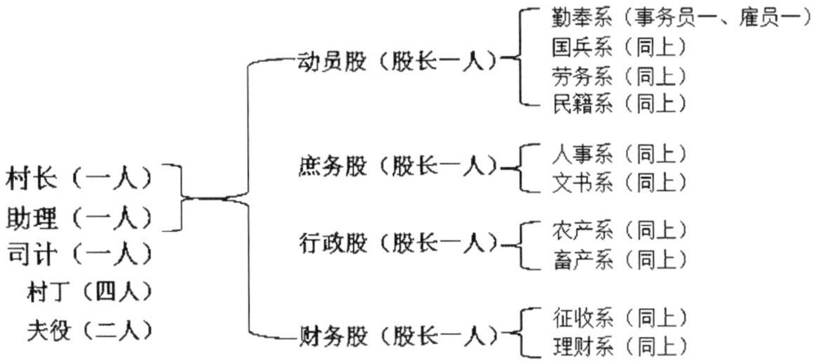


他们是日伪在东北农村中对老百姓的直接剥削和压迫者，无上权威者。过去有一句话，四大软是“消防队、自卫团、村公所、老教员”。这是从上级统治者眼光来看的，而老百姓看村公所是最硬的。村公所职员一部份是当地很有财产的人，一部份是被日本人从金复州调来的。村长、助理、司计（会计）3 人，由伪县政府直接任用，其余一切职员，皆由村长采用。村长掌管全权，助理等于副村长、司计管理金钱，动员股管理“国兵”“勤劳奉仕”“劳工”等问题。19—20 岁是国兵年龄，被选就得去当三年国兵，不够格则须参加三年勤劳奉仕队，每年四个月。23—50 岁（后来延长到 56 岁）全是劳工年龄，劳工分长期短期两种，短期是去克山等地工作，半月或 20 天；长期是去外省，为期半年。此外，还管理向人民要“官车”“官马”“官猪”等等。

庶务股，一方面管理干部——各屯长及屯之事务员、雇员联络员，另方面管理文书、信件等。行政股管理向人民要“出荷”订“契约”、催粮，另外向人民要兔子皮、狗皮和活狗、猪皮、猫皮、马皮、牛皮、鸡子、炕席及一切他们所须要的东西。财务股管理向人民催索负担本村村公所、警察分所、自卫团等等的一切费用，征收村税和门户税。

村公所一切用度、开支、薪金等，皆直接由本村各屯人民负担（日伪只配给很少一些东西）如衣布、烟卷、茶叶等。

警察分所，有所长 1 名、警长 2 名、警士 1 名，共 4 人，他们权力比村公所还大，因为他们负有“维持治安”和“执行法律”抓人的权力，决定谁犯法，谁不犯法。

自卫团 33 人，正团长 1 人，副团长 2 人，正副团长是由上级派来领导和训练团员的，其余团员 30 名是由本村抽调而来的 24、25 岁青年，进行训练，准备作为日伪在农村一支武装。

警察和自卫团，由村人民摊派柴米、油盐、菜蔬，人民还须供给自卫团制服，警察 4 匹好马。

协和会分会是管理思想和“道德”的，有书记长 1 人，书记 1 人，职员 1 人，教官 1 人，共 4 人，训练 16—18 岁的少年团。

兴农合作社分社，4 人，是管理人民出荷以后分发的配给品的。

以上村公所、警察分所、自卫团、协和分会、兴农合作社分社，共 78 人。

村公所以下，每一井子一行政屯，有屯长、事务员、雇员、联络员各 1 人、17 个屯共 68 人，在八一五倒台前最后一任屯长成份为地主 6，富农 8，中农 1、贫农 1、工人 1，因此在阶级成份上讲，是地主富农的政权，这 17 个屯长，就我当时的调查的材料，有 4 个是最坏的，有 4 个坏的，有 3 个我还没有发现他执行屯职务以外更作什么坏事，有许多老百姓说他们还不错，还有 6 个当时我们没有调查清楚，但也没有人说他们好，依此看来，他们虽不是最坏，但也不是好人。那么可见伪满屯长多是欺负压迫群众的了。

村一级 78 人，加上屯一级 68 人，共 146 人，就是这样一个庞大的、直接统制压迫、剥削麻醉人民的机构。他们怎样，用什么方法压迫和剥削老百姓呢？

## 出　荷

人民辛苦耕作的果实，几乎完全为他们夺去。在出荷之前，有上级和村公所的人来订契约，一区出多少，数目是确定了的，但张家出多少，李家出多少则可以变更的，因之订契约的人来到屯子里，大户首先把他们请至家中，杀鸡煮酒，殷勤招待，或为亲友关系，或以金钱贿赂，结果是大户契约都少订了，有种 200 垧地订 100 垧契约的，有种 70 垧而只订一垧半小麦的，大户少订的数目，就要放在小户头上负担，订契约的时候，订契约人坐在大户屋里，大户陪着吃烟、喝茶，小户蹲在窗外边，叫到谁的名下，谁就胆战心惊，报告实在种了几垧地（小户地少不好隐瞒），接着得来一纸契约，这就是判决书，有人种了 6 垧 1 亩地被订出荷 6 吨零 100 公斤小麦的，每垧约可收麦 4 石，每石为 450 中国斤、6.6垧共合 11280 中国斤，而 6 吨零 100 公斤，却合 12200 中国斤，即将全部产量交了，还欠 920 斤，这 920 斤，就得自己花钱向大户去买，有个老头只种一亩菜，也被订了 2 石粮的，有个雇农因为说了一句公平话，自己本来没种地，而被订了 1 石小米出荷的，以上是随手举出的例子，因为这是普通现象。

出荷，在伪康德九年特别厉害，那时县上派了专门办理出荷的傅理事到时中区，闹得屯上“闭户七日掘地三尺”，他们带领大车队，掘地队，在出荷契约之外，强制征集，挨家逐户，翻箱倒柜，一看谁家烟筒冒烟了，他们就进去逼着要粮，掘地队拿着铁探子，在屋前房后触地，发觉有空空声，就地挖开，把埋在里面粮食东西搬上大车，还把人带走，这样搜括，闹得鸡飞狗跳墙，家家哭哭啼啼，甚至装在枕头里的小米都被拿去，黄米面豆包也拉到“粮谷交易市场”去了，多亏土豆丰收，许多人家吃土豆子过好几个月。伪康德十年，年成不坏，他们提倡，照出荷契约交纳之外，还要“道义出荷”，这就是说要人人“爱护王道乐土的国家”多出粮食，然后多配给几尺布。

## 劳　工

劳工分两种，一种是短期，村公所将所要劳工数目和时间告诉屯长，每个屯区有不同的征集办法，有的屯是大小户平均摊钱雇劳工，小户多摊钱，大户少摊钱，屯长或有势力的人就不摊钱，被雇当劳工的，有的自愿去，有的被强制去的，去时给一部份钱，回来再给一部份，于是很多地方发现少给钱，或不给钱，钱被屯长或“先生”扣了。另一种方法就是摊派，屯长指定张家去或李家去，摊到大户，大户可以拿钱雇人，摊到小户这就使一家的主要人物远离家庭，走时还得带上几个钱，因为劳工生活更苦，准备吃不饱或生病的用费，那真是暗然神伤生离死别，恶霸和坏屯长们往往借着权势，选派劳工，有人因为看准谁家姑娘或媳妇了，就令其家主或其丈夫去当劳工，自己好对弱小无依，为所欲为。有的要占夺人产业，就派这人去当劳工，有的因为小人家言语不周，“得罪”了他们，就被派去当劳工了，在短短几年中，有的小户摊过三次，而有的大户却一次没去，有两个寡妇守一个儿子，这个儿子却被征去作长期劳工，一期未满，又加上一期，结果死去，他的媳妇又守寡了，家庭中三个无依的寡妇。类此事件比比皆是。

**要官车官马**

在八一五前不久，要得特别凶。屯子里大家摊派，每次几辆车，一个车三四匹好马，还要新套和新笼头，新喂马槽新水桶，连鞭子也得是新的，指定那一天什么时候到村公所集合，不能迟一点，正是大雨连绵的季节，道路难行，有的屯子晚到了一会，于是就命令这屯子来的10个人站成5对，两个人对面，互相打对方的嘴巴，他下命令“用劲打”名之曰“协和嘴巴”，如果有一个单人，就叫这人对太阳跪着。过去官车官马也曾回来过，回来的被坏屯长土豪所占去了，有一个贫农刚刚买了一匹马，屯长就分配给他往克山拉19个大袋子，19个袋子得4个马的大车拉3次，因为道路泥泞，而屯长两个大户亲戚每家十多匹马，都没分到一个袋子，这个小户，就要去告状，那天他正吃饭，屯长带来两个村丁进去，不由分说，上去打一顿竹板子，打掉2个大牙，满口流血，然后按在地上一顿暴打，结果答应不告状，拉袋子完事，把这19个袋子，包给屯长有车的亲戚，共合420元，而他刚刚买进那匹马却只卖380元。

**勤劳奉仕与各种动员**

比如正在天热，忽然来了命令，叫大家全家大小下地去打“乌墨”，规定一个人一定要交多少，于是不管太阳如何毒热，男女老少都得下地，他们说这是为了“增产”，交“乌墨”有配给，其实配给很少，“乌墨布”又被屯长扣留了，学生们上学的时间，主要是劳动，无代价的劳动，没有马、学生替马、大家挽犁、拉车、打场。

**要各种皮子**

要狗皮、有时缴纳整个狗，人们把心爱的狗绑上或打死，或者还没有打死，就送给县城的“家畜交易市场”，那里有各处送来的狗堆得小山一样，有时他们组织“打狗队”下乡，由朝鲜浪人率领，见狗就打，浪人吃狗肉，日人要狗皮；他们要猪皮，杀猪得剥皮才能吃肉，检查出谁家杀猪没剥皮就是犯法；要猫皮，人们得把家中养着捕鼠的小猫杀了，作为献纳；要兔皮，教员领着学生到荒郊野外去打兔子；要麻雀，于是学生就得捉麻雀。出荷以后的配给品，本来数量很少，很差，可是又经兴农合作社分社和村公所一层剥削，把好的变成坏的，把坏的换成更坏的，到了屯长这层，有时干脆就扣留不发了。有一个老头，看不惯伪满这一套，他说：“满洲国长不了。”就把他当作思想犯送进监狱而死掉了。

并不是一切人同样受欺凌和压迫，大户少出荷甚至不出，别人吃面是“经济犯”，他可以开磨坊，因为他从利润中拿出一部份给警察所长送礼，就取得默许的专卖权了；雇工只有挨欺负的份，没有和大户讲理的权，被压迫的人们要告状，压迫者衙门里有人，你要去告×××根本不用“过堂”就赏你一顿嘴巴子，“不许告状”。大户可以不出官马官车，不出劳工，有些土豪特务们在伪满时代发了财。

村公所职员、警察、屯长、事务员、雇员等都有向老百姓要东西的权力，过年过节，他们会收到许多“礼物”，他们没柴烧，叫住户给送一车去，而且告诉“不要树枝子，树枝子会把我的灶火门子别坏，要豆秸，豆秸又好烧，火又硬”，要米，要面，如果他们家里结婚、死人、孩子满月，这便来了生财机会，向老百姓要礼物。

他们都有权打老百姓，因之老百姓给他们起出绰号：“小辣椒”“活阎王”“大巴掌”“老剥皮”等，老百姓直到今天还是谈虎色变：“那年头，动不动就是一顿打呀。”

我再举几个具体例子，最后一任刘村长，伪满发了大财，作威作福，把他叔父刚结婚的妻子先是私通，后是霸占，女的父亲看不惯，说了女儿一些愤懑的话，就被送到狱里，而且不许保，老头子死在那里了。

如阎维堂那井子共1000垧地，就是阎、于两家的，阎家600垧地，5个儿子4个吸鸦片，他为了多得配给品，出荷契约订的很多，当出粮时，叫他儿子（屯长）给佃户开条子，一家代他出3垧或5垧荷，这些佃户不敢不出，名此条子为“大头票子”，他600垧地大部出租，自己雇长工种一点，关上大门打长工，有人为他作了5年长工，未赚工钱，结果行李卷反被扣下，他们种的地，几个长工忙不过来，于是警察下命令，叫外屯自动帮他种，只老道窝堡屯，在伪康德十一年就去7付犁种地，去80多工人锄地，去8辆大车，收割打场，都没有工钱，而且自带粮草。

有个薛屯长，他的土地是伪满时期置的，附近妇女都是他奸污的对象；打长工，长工误工就被穿上红背心游街，有一个老车家，家里有个在村公所当职员的，长工误工，他请警察骑马把长工用绳捆在马脖子上游屯，一面走一面打锣说“我是误工的，大家可不要学我”，前些日子被枪毙的荣福家里有当警尉的，有当屯长的，在伪满前只几十垧地，现在有几百垧，一个长工被他马踢死，未赔损失，被脱光，埋了，爷爷来看，孙子死了。老头子不敢告状，回家也吊死了，今年死人弟弟和他算账，他把这小孩毒打一顿，诬小孩敲诈他5000元钱，送来公安局，以后才查明白。他抢公家粮食，八一五时他和一个长工说“你出人力我出大车，去富强镇抢粮回来对半分”，伙计被逼答应了，结果抢来9大车共54石，而他只给伙计2斗，过去他不出荷，不负担，是地方上一大恶霸。

屯长刘玉堂过去少出荷，欺压群众，官马回来他换成牛，算自己的，去磨面，他告诉别人不要出荷麦子，要交豆子，然后他把人家麦子拉回家来开磨坊，他说上级要麻子，结果他拿去榨油，日本发下来很少一点官猪钱，他都扣下，劳工死了的钱，他吞下，他侄子叫做秃子，以胡匪吓虎老百姓，勾结土匪。

我不多写了，以上所举虽然挂一漏万，但从这些很普遍的例子，可以看出伪满统治，压迫、剥削的一般。

## 第二部份　阶级关系

新政权成立半年，阶级关系变化很少，因为这里没有开拓地及伪官公地，不像北安第四区由分地引起阶级变化，或者正确些说，这里阶级关系正在酝酿，正在开始变化。然而无论如何，现在变化还不多，现在还存着严重的急待解决之许多问题，请看时中区阶级关系表：

**拜泉县时中区阶级关系表**

（此表见 P17　——编者）

从上表中，我们可以清楚看到各阶级特征，看到农村中存在的主要问题，我们逐步分析。

## 第一　阶级特征

这个问题还有讲讲的必要，因为还存在着不同认识。首先我们以什么标准来划分阶级呢？根据列宁的学说，划分阶级，就是看他们对于生产手段的关系、谋生的方法、分得的多少而定，我们把以上三点具体运用在此地情况中，就得出下列各阶级特征。

甲、地主——他是代表封建的一个阶级，占有大量土地，不劳而获，不动而食，这就是说他们谋生的方法是依靠剥削，依靠出租土地收租子，或转为经营地主而雇长短工经营土地，但是他们与富农不同，就在于他们不参加劳动或不参加主要劳动，因而他们不是农民，他们分得的租子，或生产品很多，生活富裕。时中区有三种地主：一是不在地主，他们多为伪满时代的恶霸，现在怕算账跑了，他们有的指定管事照管房屋土地，有的根本就没有管事人；其次就是通常意义的地主，他们把土地大部或全部出租，主要依靠租子生活；最后是经营地主，雇用不少长工，经营土地，但自己不参加劳动，或不参加主要劳动。时中区 138 家地主占户口 5%，每户46.1垧土地（如果除去不在地主土地，每户也平均约 40 垧土地），5.7间房屋，1 个“劳动力”，其实这一个“劳动力”是不劳动的，经营地主每户平均雇 4 个长工，6 个牲口。地主是代表封建的势力。

乙、富农——他们是农村中的资产阶级，他们多数占有大量土地（有 25 户无地，他们为富佃农）和马匹，土地和马匹都是重要的生产手段（列宁在划分俄国农村阶级时，主要以马匹作为标志来划分的），他们谋生的方法，一方面自己和家族参加主要劳动（他们都有三两个劳动力），而虽然土地马匹多，但仍不是地主而是农民，另方面生活的来源主要又靠剥削长短雇工，因而他不是普通农民，他是农民中剥削阶级，他们分得劳动果实的大部，生活富裕，这就是富农。此地富农，有比关内某些地区大的多的，因为这里有马匹，耕种面积要大些，但是富农，耕种土地究竟还有其一定限制，如果他自己有三五百垧甚至上千垧土地，那么他自己就满可以不劳动了，他就成了不劳而获的地主了。此地富农经营，在形式看，比较中国本部北方一些省份发达，这与东北城市资本主义经营工商业，交通发达是一致的，但是农村中还是封建势力占统治地位，尤其是伪满十四年统治，更把经济生活染上了很浓厚的封建性，把剥削染上了侵略的帝国主义特点，有很多野蛮的中古剥削方法，因此我们说此地富农带有很浓厚的封建性，帝国主义压迫殖民地式的超经济剥削。时中区富农 126 户占户口4.5%，每户平均 30 垧地，12.5人，2.4劳动力5.6牲口，雇三四个长工，在锄草及收割时还雇有大量短工。我们对于富农政策，应与对地主有所不同，但是我们要取消他们封建性，与侵略性的剥削。

丙、中农——他们一半人家有土地，一半人家没有土地，但他们全体就几乎全体都有马匹这一重要生产手段。他们主要以自己劳动力谋生，有的也雇一半个长工，或一些短工，有的自己也出卖劳动力，但这都不是主要的，主要是以劳动来谋生，他们分得的结果，是自己能维持生活，生活是介乎富农和贫农之间的，时中区中农 337 户占户口12.2%，每户平均 7 垧地，但耕种16.2垧，9 口人，劳动力2.4，3.3牲口，我们制定政策和执行政策时，对于中农要特别小

## 拜泉县时中区阶级关系表（1946年4月调查）

| 阶级 | | | 地主 | | 富农 | | 中农 | | 贫农 | | 雇农 | | 工人 | | 商人 | | 教职员 | | 孤寡等 | | 合计 | |
|---|---|---|---|---|---|---|---|---|---|---|---|---|---|---|---|---|---|---|---|---|---|---|
| | | | 共 | 每户平均 | 共 | 每户平均 | 共 | 每户平均 | 共 | 每户平均 | 共 | 每户平均 | 共 | 每户平均 | 共 | 每户平均 | 共 | 每户平均 | 共 | 每户平均 | 共 | 每户平均 |
| 户数 | 实 | | 138(注1) | | 126 | | 337 | | 876 | | 1182 | | 22 | | 13 | | 15 | | 57 | | 27.1（注7） | |
| | % | | 5 | | 4.5 | | 12.2 | | 31.6 | | 42.8 | | 0.8 | | 0.6 | | 0.5 | | 2 | | % | |
| 人口 | 共 | | 909 | 6.6 | 1584 | 12.5 | 3036 | 9 | 4768 | 5.4 | 5403 | 4.6 | 96 | 4.4 | 72 | 4 | 68 | 4.5 | 202 | 3.5 | 16138 | 5.8 |
| | 劳动力 | | 134.3 | 1 | 305.5 | 2.4 | 802 | 2.4 | 1166.5 | 1.3 | 1458.5（注6） | 1.2 | 21.5 | 1 | 18 | 1 | 8 | 1 | 6.5 | | 3931 | 1.4 |
| 雇用长工 | | | 93.5（注2） | | 424 | 3.4 | 7.5 | 0.3 | 13（注5） | | | | | | | | | | | | 639（注8） | |
| 土地 | 自有 | 实数 | 6362.77（注3） | 46.1 | 3633.12 | 29 | 2337.71 | 7 | 2300.14 | 2.6 | 344.59 | 0.3 | 9.2 | | 9.5 | | 9 | | 140.49 | 2.6 | 15160.59 | 5.5 |
| | | % | 42 | | 24 | | 15.4 | | 15.2 | | 2.2 | | 0.07 | | 0.7 | | 0.06 | | 1 | | % | |
| | 租出 | | 5293.47 | | 423.6 | | 409.7 | | 330.9 | 2.1 | 224.15 | | 5.8 | | 6.5 | | 9 | | 147.49 | 2.6 | 6859.61（注9） | |
| | 租入 | | | | 1250.31 | 10 | 3520.41 | 10.4 | 1835.39 | | 248.5 | | | | 1 | | 2 | | 2 | | 6859.61（注9） | |
| | 耕种 | | 1069.3 | | 4464.9 | 35.4 | 5448.42 | 16.2 | 3705.63 | 4.4 | 368.94 | 0.8 | 3.4 | | 4 | | 2 | | 4 | | 15160.59 | 5.1 |
| 房屋 | 自有 | | 795 | 5.7 | 682 | 5.4 | 558 | 1.7 | 9645 | 1.1 | 166.5 | 0.1 | 7.5 | 0.3 | 6 | 0.3 | 3 | | 51 | 0.9 | 232.5 | 1 |
| | 租用 | | 17.5 | | 153 | | 543.5 | 1.6 | 549 | 0.6 | 1138 | 1 | 16.5 | 0.75 | 19 | 1 | 17 | 1 | 34 | 0.6 | | |
| 牲畜 | 实数 | | 243.5（注4） | 1.8 | 708 | 5.6 | 1049.5 | 3.3 | 526.5 | 0.6 | 20 | | | | 4 | | | | | | 2551.5 | 0.9 |
| | % | | 9.5 | | 27.8 | | 41.1 | | 20.6 | | 0.8 | | | | 0.2 | | | | | | % | 占全户数 |
| 无地户数 | | | | | 25 | | 171 | 1/2强 | 389 | 约1/2 | 1070 | 全 | 18 | | 14 | | 13 | | 30 | | 1739 | 52.80% |
| 无房户数 | | | 6 | | 25 | | 185 | 1/2强 | 431 | 12 | 1064 | 全 | 15 | | 15 | | 14 | | 36 | | 1791 | 61.60% |
| 无牲畜户数 | | | 66 | | | | 12 | | 491 | 1/2强 | 1171 | 全 | 22 | | 16 | | 15 | | 57 | | 1844 | 66.50% |

注1：138户地主，内中有18户经营地主，尚有约10户不在地主，土地在本区，而人不在本区，故未计入共户数。
注2、注4：地主共雇长工93.5，18户经营地主占去73个，地主共有243.5牲口，经营地主占有109个。
注3：地主所有土地6362.77垧，不在地主土地为1119.47垧，经营地主土地1072.2垧，其余为一般地主土地。
注5：贫农雇长工13个，但另有149.5人经常出去卖短工。
注6：雇农劳动力为1458.5个（半拉子算半个劳动力），其中作长工者487.5占1/3，其余2/3作短工。
注7：本区共2800余户，尚有两个小屯子约百家，我们遗忘了去调查，这并不影响我们分析与结论。
注8：各阶级共雇长工638，而雇农只有487.5当长工，其余150.5一部来自外区，一部为无家的光身汉，还有很小一部份为土豪暗中养活的胡子。
注9：租出租入皆6859.61垧，包括不在地主土地1119.47在垧内，实际上此项土地已分给贫农耕种，并不出租子了。

心谨慎，因为他们不满意地主，不满意富农，却老想上升为富农，他们是动摇的，在斗争未决定胜负时，态度往往是暧昧的，但是他们占有农村人口很大一个数目，所以我们一定要小心谨慎，使得中农了解和拥护我们的政策。

丁、贫农——他们一半人家只有很少一点土地，一匹马，而一半人家却没有土地和马匹，他们主要的自己劳动，种地为生，有时也出卖短工来补助生产和生活，他们在劳动果实份中分得很少，经常过着穷困的生活。时中区贫农 876 户，占户口31.6%，每户平均5.4人，1.3劳动力，2.6垧地，0.6牲口，他们是农村中的半无产阶级，我们政策，首先要使这些人生活条件改善，生活向上，组织和觉悟起来。

戊、雇农——他们没有土地，没有牲口，也没有房屋，依靠出卖劳动力为生，1/3 去当长工，2/3 去当短工，所得报酬是很少的，不足以养家活口，受着封建性和侵略性的压迫和剥削，受着侮辱。时中区雇农 2828 户，占户口42.8%，每户平均4.6人，1.2劳动力，此外更没有财产了，他们是农村中无产阶级，力想摆脱其贫困地位，斗争性最坚决。我们的政策，首先使这些人摆脱贫困，摆脱封建性和侵略性的剥削，使其生活逐渐向上，觉悟提高，团结起来，成为领导群众运动和生产的中心。

己、工人——主要是木匠、泥水匠、手工业等工人，共 22 户占0.8%，每户平均4.4人，1个劳动力。

庚、商人——主要是小商人、小贩、中医，共 18 户占0.6%。

辛、教职员——有些是旧职员，有些是新职员，有的是教员，共 15 户，占0.5%，关于新职员和教员生活，我们政府应当予以适当的照顾。

壬、孤寡及其他——这中间有寡妇，有老人，有残废也有扎大烟的流氓，对于孤寡我们应照顾，对于流氓要使之生产，改造他们。

以上各阶级特征，和北安县第四区调查的各阶级特征，大致相同。时中区复杂的就是地主阶级，不单有大地主（300 垧地以上）、中地主、小地主（20 垧块），又有不在地主、经营地主，土地的一半，是被这个不劳而获的阶级占有了。

### 第二　土地问题

从上表中，我们清楚看出：全区所有土地，主要是被地主，其次是被富农所占有了。占全户口 5%的地主却占土地 42%，占4.5%的富农占土地 24%，不到 1/10（9.5%）的地主、富农共占 2/3（66%）的土地。如不改变这一占有关系，就使广大的占 3/4（74.4%）的雇农、贫农永远当雇工，永远生活不能向上，这是农村中的根本问题。这一根本问题不解决，则阶级关系，不会变化，贫苦的贫农和雇农生活，将永久趋向深渊。新政权已经半年，时中区阶级关系没有大的变化，而同样时期内，北安第四区阶级关系，已经起了变化，原因何在？主要是北安第四区给农民解决了一部份土地问题，今天虽未完全解决，但解决了一部份，也使阶级关系起了很大变化。

在土地问题上，发生地租问题。租子有死租，一般是 2 石或 1 石 5 斗；有活租，四（地主）六（佃户）分、三（地主）七（佃户）分、二（地主）八（佃户）分的；有榜青，一种是佃户只去人，一切是地主出，则五五分、柴草归地主；一种是佃户出劳力、牲口，则四（地主）六（佃户）分，柴草归佃户得，这样看来租子确实重些，应当减租。

土地问题——9.5%的地主、富农占2/3土地（尤其是5%的地主占42%土地），这是一方面；另一方面，一半中农没土地，尤其是贫农，一半只有两三垧地，而一半一点土地也没有；雇农根本就没有土地。占62.8%的户口没有土地，这就是今天农村的根本问题，这就是土地问题的实质（如利字二甲十三井土地都被阎、于两大户地主占有，有的地方无地户占70%—80%）。

## 第三 牲口问题

这里牲口有牛有骡，但主要是马。

全区2551.5牲畜，户数5%之地主占去牲口9.5%（243.5匹），4.5%富农占牲口27.8%（708匹），12.2%中农占牲口41.1%（1149.5匹），而31.6%的贫农只占牲口20.6%（526.5匹），42.8%雇农，一无所有。

地主阶级，他们出租土地收租子，要牲口倒麻烦，因之不养牲口者66家，而18家经营地主却有109匹，每户6匹，富农每户5.6匹，中农3.3匹。

此地耕作离开牲口是不行的，通常三个牲口才组成一付犁，一付犁能种20垧地，全区2551.5匹马种15160.59垧地，大体上牲口还是够用的，如获地、岔地、汤地，两对犁则用4个牲口，扣地则用6个牲口，因此我们说，中农已有耕作的条件，但充分的耕作条件，只是每户有6个牲口的经营地主和每户5.6个牲口的富农才具备着。贫农，一半人家只有1个牲口，一半人家没有牲口，新分得土地。过去雇农也没有牲口，那么如何解决呢？

**解决办法**

（一）插具——这是民间固有的互助形式，二三家甚至四五家，每家一或二个牲口，自己都没有单独种地能力，就结合在一起共种地、汤地（是用牲口拉犁锄草）、拉庄稼、打场，而且插具不但解决了牲口问题，也解决了人工问题，因为此地种地须要一小队人，如获地，即须赶获把1人、点种1人、扶拉子1人、踩隔子1人，共须4人；如岔地对犁，则须要扶犁1人、赶套1人、点种的2人、扶拉子1人、踩隔子1人，共6人；扣地则须赶套1人、扶大犁1人、点种1人、踩隔子1人，共4人，所以种地须人工一小队4—6人。由于插具，解决了牲口问题，也同时解决了人工，这是一种很好的互助形式，可以大大提倡！

（二）换工——即指没有牲口的人家，与有牲口人家换工，以人工换马工，通常有以下几种（包括其他数份）：马少的地方，以一个半人工换一个马工，有地方一个人工换一个马工；工作比较深入的地方，一个半马工换一个人工。领导换工，以一人工换一个马工，其次又有这样办法，人工换人工，每个马耕作一天，给二升高粱，这样比较合适些。

（三）雇牛具一垧从揭地到打场，这一整个耕作过程，须要一大石高粱或等于一石高粱的价钱，一垧地只打四五石高粱，牛具即用去一石，这数目不算小了。

（四）群众以清算中分得恶霸的牲口，由农会照管或由中农家里喂养，中农也有使用权，主要给贫苦农民使用，或由富农喂养，当大家用过之后，富农也可以使用。

（五）政府帮助。拜泉县政府曾将军队及政府马匹，借给老百姓春耕，曾出布告：令有马大户耕完之后，帮助小户种地，合多少钱，秋收再算账、还钱。如果说解决土地问题，中农有兴趣参加，那么解决牲口问题，他们很少兴趣了，因为时中区 2771 户中只有2551.5牲口，每户平均不足一匹，而中农都有牲口，每户三四匹的缘故，但是我们解决牲口问题也决不能损害中农利益，得想其他各种办法。

牲口问题——就是经营地主和富农每家 6 头，有一半贫农只一头，66.5%的人家没有牲口。

## 第四 房子问题

与北安第四区相同。2771 户共有3232.5间房，每户平均一二间，地主与富农每户都有五六间，64.9%人家没有房子，租房子住。租房子住，一方面要拿很高的房租，雇农们许多人只能租一铺炕，另方面这就成了耻辱的标记，有地有房的地主大户们斜着眼睛看没有房子的人，“天鹅下蛋没有个着（落脚处）”！一家子人挤在一铺炕上，于是疾病很多，“穷搬家、富挪坟”这句话在此地表现得异常明白：每到正二月间携家带眷，或者借人家车辆，或者担着破行李卷，穷人在搬家，中间许多人老以为风水不好要挪动挪动，其实基本原因就于在他们没有土地，牲口和房子，“风水”是被人民所决定的。

## 第五 雇工待遇

从上面分析，我们知道此地农业的资本主义经营比关内北部还重还大，但是在农村中占统治的仍是封建势力，加以伪满十四年统治，把各部剥削建筑上了浓重的封建性和侵略性，对于雇工最为明显。长工，每年劳动十个半月到十一个月（由正月十五或二月初上工到腊月十五日下工），终年只有四天半的名义息日：即年节一天、中秋节一天、吃合班酒（一家雇几个长工都上工了）半天，这两天半是真正休息，然而还得锄草、担草、喂牲口，其余是按锄一天、按镰一天，这两天名曰“休息”，实际是整理农具，准备铲草和秋后，其余再没有休息日子了。如果你因病或必要事情误了工，误一天就扣一天工钱，误一月，扣一月工钱，毫不客气，而且按误工时工价扣，不照一年平均数扣，因之有由误工被东家扣去一半，或 1/3 的，这是常见的事。在过去有十天到半月假期，最热天放假名曰“休伏”，应当恢复。其次黑龙江的春夏白天特别长，从早四点多钟日出，到晚八点多钟，最长是九点半钟日落，长工一天劳动时间，天不亮起来吃饭，下地，到地里天刚亮就开始劳作，午间回家吃午饭，三伏天也不准睡午觉，又下地劳作，晚上日落回来，还得担水、锄草，天黑才睡觉，一天至少十六七个钟头的劳动时间。我们知道在其他地方没有起那么早，睡那么晚的，热天，过去南满都有一个多月午觉的规定，每天睡两点钟，此处也应采用。

鞋、草帽、都得自己买，而雨衣根本没有，在夏季耕作，如果遇见天雨，运气好挨近村子，还能跑去避雨，离村子远，就得挨雨淋，因此得病者不少，死亡者不少，所以东家给解决草帽，解决防雨的东西，是完全应该的。今年时中区的长工工资特别少，打头的和跟作的才只6000－7000元，而半拉子只有3000－4000元，并且上工时只能先支很小一部份，最多的1500百，少的1000或500元，雇用长工的大户会说“先少支后多赚”，理由是“你赚6000元，先支1000，工满钱齐，最后你还剩下 5000，如果你先支 2000，最后不是剩下 4000 了吗”。这是欺人之谈，因为长工上工时，要按家，要自己先做一套单衣（一年一套新棉衣、一套单衣，在劳作过程中都穿得破碎），东家不多支，他们只好以高利去借贷，还有你如果要了钱，到要下工的时候，东家打上二两烧酒，与长工赌钱翻筷子，有人就几筷子把所赚的工钱输掉了！

表中各阶层共雇长工638人（本来700多人，因为有100多半拉子，故合成638人），而雇农作长工的只487.5人（半拉子也是两个合成一个），那么638减487.5等于150.5，这150.5长工是那里来的呢？一部份是来自外区，一部份是大户养了些“光身汉”“跑腿子”，他们就成了更夫、厨夫、作活的，这些人工钱特别少，因为过年他们没有去处，也在东家家里，另一小部份，则是大户所养的流氓和胡子，平时即算长工。待青纱帐起或有事时这些人就出去了，甚至大户家里藏着枪，大户的势力，不但在经济上剥削，不但封建性很浓厚，且直接养着打手，所以现在雇工起来斗争的时候有些大户发出了狂言大话威胁进行斗争的雇农。

短工占雇农2/3，他们主要靠卖工夫为生，平常在家里挑水打柴，间或种几亩地。在他们作短工时，向大户买米，出的价钱比在街里高，大户说：“你们去街里买米，每斗120元，你们还得走路误工，合了30元，加120元等于150元，算150元一斗吧！我只卖140元!”可是既然街里120元一斗，大户去卖，不得走路误工吗？那么照此道理，不是不值120元了吗？然而在现在以前，大户经济上优势使作工的人吃亏。

雇工问题——要去掉封建性的剥削，要增加工资提高待遇。克山三三工资——即一部份钱，一部份布，一部份带二垧地的办法，是可以参考的。

## 第三部份　新政府政策已为人民大众所拥护

由于伪满时代惨重的压迫和剥削，由于土地、牲口、房屋被少数汉奸、土豪、地主、富农的占有，雇农被剥削之浓厚封建性，这就成了群众运动——特别是清算运动和调济土地的深厚基础。伪满时代有这一基础，然而那时没有如今天的群众运动，原因是伪满政府更加重对于老百姓的压迫和剥削；国民党反动派在东北占领的某些地区也有这一基础，然而由于他们政府是大地主、大资本家与大汉奸、特务、土匪相结合而成的，所以他们对于老百姓的统制和剥削，比伪满时代是差不了多少的，只有在新民主主义政府下，广大群众才能伸冤报仇，才能算一笔总账，群众才能翻身。半年来，不但在宣传中，而是群众在自己切身体验中，在他们政治与经济生活中，认识了新政府为人民服务的性质，起而拥护新政府政策。

第一：打土匪——得到各阶层拥护，今天土匪，多数带有政治性，他们的领导人多为大汉奸、特务、警官，又接受了国民党反动派的委任，害怕老百姓算账，还企图保持其伪满时代的特权地位，扰乱新民主主义社会治安，这就是政治性，因而人民自卫军就用全力清剿。这样不但有人拥护，而且广大群众也拥护，因为有些土匪是土豪们养活来欺压老百姓的。

第二：分土地——群众听到了邻近地区分配开拓团、伪官公地、大汉奸以及特务们的土地，真是羡慕！土地是兴家立业的基础，是生活向上的立脚点。时中区不在地主的土地有一千多垧，大多数为伪满时代欺人太甚害怕清算而走掉了的家伙，我们已将一份约二百垧土地分给贫苦农民，他们非常欢迎，其他广大农民都渴望着自己有土地。

第三：解决春耕——如帮助解决马匹、种子，将清算出来的粮食分给贫民，牲口交给贫民，领导插具等，今年时中区土地没有荒废，而且麦子种的比往年多。

第四：打官司——过去被欺辱与受压迫的，都可以有伸冤算账的机会，打官司用不着花钱，更不会挨嘴巴子，政府给广大受压迫受凌辱的人民作主。

第五：选举——在斗争之后，各屯子都进行了选举，选出了农会，选出了屯长。17个新屯长成份为：中农4人、贫农7人、雇农2人、小商人2人、中医2人。首先在阶级成份上，与伪满时代完全不同了，其次，这些人一般都是比较敢于向土豪等斗争、为人公正的，多数是受苦人，当然也有个别屯长是恶势力代理人，如有一个中医，当我们走后，他就乘机敲诈。

有些典型的话，可看到群众对政府的关系：

“这下子南天门可开了，下来了天兵天将”——这指出政府是帮助广大被压迫老百姓的。

“现在不是你们满洲国时代了，现在是我们民主政府的时代了。”——这是被压迫农民向汉奸兼地主斗争时说的话，他们指出满洲国是“你们的”，而民主政府则是“我们的”。“我活了70来岁，从来没有碰上这样处处为老百姓办事的政府。”——这是老年人从历史上说明现在政府的好处。“想不到我这样穷光蛋也能当上了屯长。”——这表明了屯长的成份。

“现在有我们说话的必要了！”——这是起来斗争的贫苦农民。

当然特务和土豪们反对这个政府，他们把农会会长叫“穷头”，把群众运动描成“扎大烟的抖起来了”。以各种方法来阻碍群众运动，不过大势所趋，螳背当车，是不会发生什么效果的。

伪满的惨重压迫与剥削：土地过分集中少数地主，其次富农手里，62%－67%的人家没有土地、房屋、牲口；对于雇工，浓厚封建性的剥削，新政府的政策，处处照顾到人民大众，已为群众在实际的政治经济生活中间所体验所拥护了。

这三方面，就是今天广大群众运动的深厚根基。群众运动将大大展开，伸冤报仇，算一笔总账，成为狂潮，来解决土地问题、牲口问题、房子问题、雇工待遇问题。（完）

# 宾县常安区调查杂记

李士彬

## 一、伪满时期的土地关系

常安区共7个村，2431户，12498人，其中男劳动力3473人，女劳动力2464人。耕地面积为6808垧，其中胡仙堂村完全为开拓地，379垧。根据2316户的统计，纯粹无地的农民912户39.3%；自己没有地完全租地的农民有773户33.4%；自耕农411户17.8%；自己有地，但不够种，还租种别人的地的农民，93户4%；自己的地种不完，还出租一部土地的农民，81户3.5%；纯粹出租土地的地主有46户2%。列表如下。

| 项别 | 户数 | % |
| --- | --- | --- |
| 纯粹无地户 | 912 | 39.3% |
| 纯粹租地户 | 773 | 33.4% |
| 自己地不够种还租入土地户 | 411 | 17.8% |
| 自耕农民 | 93 | 4% |
| 自己地种不完还出租土地户 | 81 | 3.5% |
| 纯粹出租地户 | 46 | 2% |
| 总计 | 2316 | 100% |

也就是说，72%的农民没有土地，只有28%的农民有土地。在这28%的有地农民中，便有17.8%的农民土地不够种；4%的农民，自己的地只够自己种；能够出租土地的只有5.5%的大、中、小地主。

另外据3个村的成份、人口和土地的统计，占人口最多的是雇农和佃贫农（指纯粹租地的无地农民），占人口总数53%，相反的人口最少的经营地主和地主（25%）却占31%的土地。兹将各阶级成份人口和所占土地、畜力的百分比列表于后，以供研究：

**农村各阶级成份所占人口、土地和畜力比较表**

| 成份 | 户数 | % | 人口 | % | 土地(垧) | % | 畜力(头) | % |
| --- | --- | --- | --- | --- | --- | --- | --- | --- |
| 雇农 | 484 | 42% | 1816 | 29% | — | — | 3 | 0.7% |
| 贫农 | 140 | 12.3% | 931 | 15% | 476 | 10% | 66 | 14.5% |
| 中农 | 96 | 9% | 694 | 11.7% | 685 | 15% | 82 | 18% |
| 富农 | 33 | 2.8% | 415 | 6% | 536 | 12% | 99 | 21.8% |
| 经营地主 | 7 | 0.6% | 65 | 1% | 265 | 6% | 26 | 5.6% |
| 地主 | 26 | 2.5% | 95 | 1.5% | 1157 | 25% | 5 | 1.1% |
| 佃贫农 | 291 | 26% | 1506 | 24% | 651 | 14% | 58 | 12.8% |
| 佃中农 | 33 | 2.8% | 415 | 6.4% | 407 | 9% | 66 | 14.5% |
| 佃富农 | 22 | 2% | 326 | 5% | 403 | 9% | 49 | 11% |
| 总计 | 1129 | 100% | 6245 | 100% | 4580 | 100% | 454 | 100% |

说明：1.佃贫农是指纯粹租地的无地的农民；
2.畜力是指骡、马、驴、牛。

假使我们用人口数字去除土地数字，便得到各阶级成份平均每口人所得土地。贫农每口人5亩1分地，中农每口人9亩3分地，富农每口人1垧3亩地，经营地主每口人4垧地，地主每口人12垧1亩地。雇农就一点地也没有，兹列表于后：

| 成份 | 平均每口人所有土地数(垧) |
| --- | --- |
| 雇农 | 0.00 |
| 贫农 | 0.51 |
| 中农 | 0.93 |
| 富农 | 1.30 |
| 经营地主 | 4.08 |
| 地主 | 12.10 |
| 总平均数 | 0.73 |

地主每口人的土地数字大过贫农将近24倍，大过中农13倍，大过富农9倍，大过经营地主3倍；大过总平均数18倍。总平均数的意思，就是以总人口去除总土地数，每口人可以有7亩3分地。

从成份和畜力的统计表上，可以看出富农的畜力最多（21.8%），中农次之（18%），再次是佃中农和贫农（14.5%），畜力最少的是地主。假使把畜力数字去除人口数字，便知道几个人可以有一头牲畜。

| 成份 | 平均几口人一头牲口 |
| --- | --- |
| 地主 | 19.0人 |
| 经营地主 | 2.5人 |
| 富农 | 4.3人 |
| 中农 | 8.5人 |
| 贫农 | 14.0人 |
| 佃富农 | 6.6人 |
| 佃中农 | 6.3人 |
| 佃贫农 | 29.0人 |
| 总平均数 | 14.0人 |

这样看，经营地主畜力最多，2.5人就有一个牲口；其次是富农，4.3人就有一个牲口；再次是佃中农和佃富农，畜力最少的是佃贫农（雇农除外），其次是地主。而佃中农的畜力从人口比例上看，比中农，甚至比富农的畜力还要多。

## 二、伪满时期的剥削关系

由于土地集中在少数地主手里，而大部份的农民，不得不出卖自己的劳动力，或者是出很大的租子，租种一点土地来过日子。

### （一）租佃关系

常安区的租佃关系有三种形式。一是定租，又叫死租。根据这里土地的好坏，可分做四等：一等地每垧（可收7石粮食）2石5斗租子；二等地每垧（可收6石粮）2石3斗租子；三等地每垧（可收4石5斗粮）2石租子；四等地每垧（可收3石粮）1石5斗租子。这种定租，不管收成好坏，都得按定数交租子。

二是分租，有的叫活租，这里叫榜青，又分里青和外青，这里一般的是外青。佃户只出人，住在地主家里，吃自己。土地、籽种、肥料、农具都是地主的，秋天打下粮食，再和地主分，这里有两种分法：一种是四六分，佃户四成，地主六成，柴草还是地主的（佃户可得一些烂柴草）。一种是对半分，也就是说，东佃各一半，柴草归东，但佃户还必须出两个垄工，也就是说白给东家做两天活，如铲草之类。

三是钱租，但不普遍，据说在八一五前，每垧地是150元，而且一般都是上打租。清算运动后，都改为分，并改上打租为下打租。

### （二）出荷

出荷是日本帝国主义统治食粮，收括民脂民膏的统治方法，而一部份封建势力，却勾结汉奸走狗，而把出荷中的种种负担转嫁在贫苦农民身上，因此，出荷中贫苦农民吃亏最大。据常安农会主任卢景彬谈，康德十一年每垧出荷粮如下：

甲等4.5石　　乙等3石　　丙等2石

而出荷粮食的规定，以大豆为例：特等每公斤10.5元，甲等每公斤10.25元，乙等每公斤10元，而配给品的规定以吨计算（2000斤）。

大豆一吨配给布30尺，高粱、谷子、麦子、包米一吨配给24尺，因为日本人奖励种豆子，故豆子的配给布特别多。

在出荷中的租佃关系是怎么的呢？康德九年，伪满收买人心，规定配给布给佃户，地主只收出荷粮价，但事实上，布都给地主拿去了，有的和佃户三七分。

在送出荷粮时也是无地和少地农民吃亏。从常安送到新甸的运费人工和牲口，都由佃户出。粮户送的粮打特等，价钱大，而穷人送的粮便打“等外”，价钱小，但佃户同地主交出荷价时，则按特等价计算，因此佃户两头吃亏。

再交粮的时候，收粮的人先要一升“样子”，要是把升子给他装满了，他可能给打头等、二等，装不满就打等外，少算价钱。

此外，在订契约粮的时候，地主少报地数，少出荷，多收租子；而这少报的地数，实际则由穷人摊派替他出荷，因为一个村的出荷粮是有一定数的，没有出够规定的数字，则由大家负担。

### （三）“特配”和“经济后犯”

配给里面规定一种“特配”，也就是专门给那些警察和当官的配给的。因此好的配给品，都被警察拿起来说是“特配”。相反的，老百姓偷偷吃点白面、大米、猪肉，过后被警察查出来了，叫着“经济后犯”，以别于“经济犯”（当面查出叫经济犯）。

此外如当“劳工”、“勤劳奉仕”、修“国道”、给警察种地、打更，甚至端盘子、烫酒之类的事就更多了。

## 三、农民自己动手解决土地问题

### （一）人民最恨的是谁

常安区人民最恨的是谁呢？从下面的几首歌谣中，便可以看出来。

能说会闹张显耀（伪村长） 溜溜舐舐孙老跳（孙万富伪副村长）
二百多斤大朱海（绰号养老院） 摇头摆尾刘梦先（伪区长）
稳稳当当李应天（伪村长） 最坏不过书记官（协和会书记薛荣）
男盗女娼张俊山（伪区长） 又肥又胖裴锡山

上面两首歌谣，除了朱海和裴锡山是作为陪衬，人民不十分【】他外，其他均为人民所痛恨。此外，农民还给他们所痛恨的人取绰号，如小阎王（曲汝翼）、刘传稀（刘福即拉稀之意）、孙大金牙（因镶了一个金牙）、邓大棒子（因他常用大棒子打人），而他的真正名字，反而叫大家遗忘了。

### （二）斗争曲汝翼

常安区的清算斗争在农会领导下，首先斗争了曲汝翼。

曲汝翼也是常安区农民所最恨的一个，绰号小阎王，曾留学日本，家里 15 口人，290 垧地，自己种 50 垧地，其它租出去，租子 2 石—2.5石。雇了 7 个劳金、8 匹马，大车 2 辆，存粮 200 石，房子 15 间，发动挖大壕，因他的地洼，水多，挖壕，放他地里的水，保护他的地。

但直接挖壕的不是曲汝翼而是穷人。挖大壕一共挖了 21 天，共要了 7 次劳工，共两千多人。最后一次劳工，死了很多人。为了监视挖壕的人，城里还派了一个青年团的中队长李意仁到常安，一天三次“宴会”，吃鸡子、大米、白面，花了两万多元，完全由老百姓负担。挖壕的人去晚了、挖的慢了就打，一个姓李的去晚了，就用两个扛子压着打。真是对待牛马一样！挖大壕出劳工的是穷人，出钱的是穷人，而挨打受罪的还是穷人！你叫穷人们怎么不恨曲汝翼呢？大家便斗争曲汝翼。斗争曲汝翼分两个阶段。第一个阶段只进行清算，算了十万块钱，他只交出了 5 万块钱；今年旧历端午节，中央胡子抢常安，而曲汝翼的家却没有抢，在中央胡子抢了常安后，曲汝翼才又拿出 5 万块钱交给农会，农会不要，为什么早没有钱，迟没有钱，恰巧胡子抢过后有了钱了，并且胡子没有抢曲汝翼，便第二次斗争曲汝翼，把曲汝翼的家抄了。他住的 15 间房的院子，由他的 7 个劳金分来住了，改名为伙计屯。

斗争曲汝翼后，各村农民便自己动手斗争汉奸恶霸，拿上橛子解决了土地问题。

### （三）土地改革后的阶级变化

经过土地改革以后，常安区的关系，起了很大的变化，又以 3 个村的成份、人口、土地统计为例，列表于后：

| 成份 | 户数 | % | 人口 | % | 土地(垧) | % |
|---|---|---|---|---|---|---|
| 雇农 | 83 | 7.3% | 308 | 4.5% | — | — |
| 贫农 | 837 | 73.4% | 4538 | 69.2% | 2339 | 67.3% |
| 中农 | 142 | 12.4% | 1145 | 17.4% | 623 | 17.9% |
| 富农 | 16 | 1.4% | 206 | 3.2% | 239 | 6.9% |
| 小地主 | 6 | 0.6% | 15 | 0.2% | 90 | 2.6% |
| 佃贫农 | 51 | 4.4% | 318 | 4.8% | 141 | 4% |
| 佃中农 | 5 | 0.5% | 44 | 0.7% | 42 | 1.3% |
| 总计 | 1140 | 100% | 6574 | 100% | 3474 | 100% |

要是把伪满时期的阶级关系和土地改革后的阶级关系对比一下，就可以看出农村阶级关系已起了很大的变化。

| 成份 | 户数 | | 人口 | | 土地 | |
|---|---|---|---|---|---|---|
| | 伪满时期 | 土地改革后 | 伪满时期 | 土地改革后 | 伪满时期 | 土地改革后 |
| 雇农 | 42% | 7.3% | 29% | 4.5% | 0 | 0 |
| 贫农 | 12.3% | 73.4% | 15% | 69.2% | 10% | 67.3% |
| 中农 | 9% | 12.4% | 11.7% | 17.4% | 15% | 17.9% |
| 富农 | 2.8% | 1.4% | 6.8% | 3.2% | 12% | 6.9% |
| 经营地主 | 0.6% | 0% | 1% | 0% | 6% | 0 |
| 地主 | 2.5% | 0.6% | 1.5% | 0.2% | 25% | 2.6% |
| 佃贫农 | 26% | 4.4% | 24% | 4.8% | 14% | 4% |
| 佃中农 | 2.8% | 0.5% | 6.4% | 0.7% | 9% | 1.3% |
| 佃富农 | 2% | 0% | 5% | 0% | 9% | 0 |
| 总计 | 100% | 100% | 100% | 100% | 100% | 100% |

说明：土地改革后的2.6%的地主为平均每口人均6垧地的地主。

从上面对比，得出以下几点结论：

1. 在土地改革后，经营地主和佃富农没有了；

2. 地主和富农减少了。从户口上说，地主减少了3/4，富农减少了1/2；从人口上说，地主减少了6/7，富农减少了1/2稍多；从土地的占有上说，地主的土地减少了9/10，富农的土地减少到将近1/2。

3. 佃贫农和佃中农也减少了。从户口上说，佃贫农减少了5/6，佃中农减了4/5；从土地数字上说，佃中农减少了6/7，佃贫农减少2/3稍多。

同样雇农也减少了5/6（户口）到6/7（人口）。

相反的，贫农和中农增加了。在户口和土地上贫农均增加6倍到7倍；而中农增加却不大。这就是说，大部份无地农民都劈到土地升为贫农了（还有4.5%的人没有土地）；部份贫农升为中农以及佃富农分得土地变为自耕中农；另外也有部份中农，在群众的土地改革运动中，部份利益受到损害，因此中农增加的数字不大。

另外一方面得出了这样的结论：

1. 地主、富农和雇农都还存在，这就说明土地改革运动并不是消灭地主和富农，也不是消灭剥削关系。

2. 佃中农和佃贫农还存在，这就说明，土地改革运动后，实行减租政策，还有它的意义存在。

## 四、分地中的几个问题

### （一）群众是公正的评判人

在伪满时期，当牌长、屯长、村长、区长的大部份是一个屯、一个村甚至是一个区的大粮户。他们不但在经济上压迫农民，并且还在政治上压迫农民。但是并不是所有的大粮户都是坏人，一律在清算之列，究竟谁是好人，谁是坏人，这只有群众来区别。群众说谁的地该劈，那就劈，一点没错。

### （二）侵犯中农利益的原因及偿还办法

在土地改革运动中，侵犯了部份中农的利益。其原因是：一、有的中农在伪满时期也作牌长、屯长之类；二、有的中农也出租一垧、半垧地。因此在群众起来后，只看政治成份，而忽视中农的经济成份，这是一；其次既然有一垧、半垧地出租就把出租的一垧半垧地误当作剥削部份劈掉。但必须说明，侵犯中农利益并不是很普遍的现象。

侵犯了中农利益，必须补偿中农利益。但不能给群众泼冷水，只能从别的尚未处理完毕的土地来偿还中农。

### （三）建立地方武装

常安有三种地方武装：一种是自卫队，扛的是钢枪；一种是土炮队，扛的是土炮；一种是扎枪队（即红缨枪），拿的是红缨枪。农会干部和积极份子扛的是钢枪和土炮；一般会员便拿扎枪。不管到什么地方去，他们都带着他们的钢枪和土炮，平时在路上亦可看见很多农民拿红缨枪走路。自卫队和土炮队还到新甸去打过几次胡子，特别是旧历端午节中央胡子抢过常安以后，农民都非常警惕的，修炮楼、站岗、放哨，不让中央胡子再一次侵犯他们的利益。现自卫队已改为江南独立团。

# 榆树县五棵树区阶级关系调查

邓立群　康云

## 一、农村的面貌

榆树县五棵树区的行政区域包括五棵树乡、刘家乡及西新乡三个乡（即伪满时三个村），土地共约51900垧，户口共约10500户，人口共约70000名。关于本区的土地关系和阶级关系，我们做过一般的粗略调查，也选择了四个典型屯子，作了比较周密的调查。下面是两个典型屯子（盟温站屯和万发屯）的阶级关系调查表：

**榆树县五棵树区盟温站屯阶级关系调查表**

| 项目 | | | 分类 | | | | | | | | | |
|---|---|---|---|---|---|---|---|---|---|---|---|---|
| | | | 地主 | 富农 | 富裕中农 | 中农 | 贫农 | 雇农 | 手工业工人 | 小商人 | 老弱残废 | 总计 |
| 户数 | | 实数 | 21 | 63 | 29 | 36 | 27 | 292 | 13 | 13 | 18 | 512 |
| | | % | 4.1 | 12.3 | 5.7 | 7.1 | 5.3 | 57 | 2.5 | 2.5 | 3.5 | 100 |
| 人口 | 男 | 实数 | 66 | 340 | 149 | 120 | 88 | 785 | 39 | 39 | 29 | 1655 |
| | | % | 4 | 21 | 9 | 7.2 | 5.3 | 48 | 2.2 | 2.2 | 1.6 | 100 |
| | 女 | 实数 | 93 | 390 | 139 | 127 | 74 | 654 | 42 | 42 | 24 | 1585 |
| | | % | 5.8 | 24.4 | 8.8 | 8 | 4.6 | 41.2 | 2.6 | 2.6 | 1.7 | 100 |
| | 计 | 实数 | 159 | 730 | 286 | 247 | 162 | 1439 | 81 | 81 | 53 | 3195 |
| | | % | 4.9 | 22.5 | 8.9 | 7.7 | 5.1 | 44 | 2.5 | 2.5 | 1.8 | 100 |
| | 劳动力 | 实数 | 5 | 139 | 64 | 54 | 44 | 407 | 16 | 14 | — | 743 |
| | | % | 0.9 | 19 | 8.6 | 7.2 | 5.9 | 55 | 2.1 | 1.9 | — | 100 |
| 劳动之雇佣 | 雇入年工 | 实数 | 71 | 97 | 4 | — | — | — | — | — | — | 172 |
| | | % | 41 | 56.9 | 2.2 | — | — | — | — | — | — | 100 |
| | 雇入零工 | 实数 | 1810 | 10380 | 1403 | 150 | 20 | — | — | — | — | 13763 |
| | | % | 13.1 | 76 | 10 | 1.1 | 0.2 | — | — | — | — | 100 |
| | 佣出年工 | 实数 | — | — | — | 1 | 3 | 113 | — | — | — | 117 |
| | | % | — | — | — | 0.9 | 2.5 | 96.5 | — | — | — | 100 |
| | 佣出零工 | 实数 | 40 | — | 40 | 240 | 230 | 14700 | — | 80 | — | 15330 |
| | | % | 0.26 | — | 0.26 | 1.6 | 1.6 | 95.8 | — | 0.5 | — | 100 |

续表

| 项目 | | | 分类 | | | | | | | | | |
|---|---|---|---|---|---|---|---|---|---|---|---|---|
| | | | 地主 | 富农 | 富裕中农 | 中农 | 贫农 | 雇农 | 手工业工人 | 小商人 | 老弱残废 | 总计 |
| 土地所有及租佃耕种 | 自有 | 实数 | 1501.5 | 472.4 | 92.4 | 111.6 | 8.7 | — | — | 2.7 | 16 | 2205.3 |
| | | % | 68.1 | 21 | 4.1 | 5.5 | 0.4 | — | — | 0.1 | 0.7 | 100 |
| | 租出 | 实数 | 1340 | 33 | 12.5 | 26.5 | 1 | — | — | 2 | 15.5 | 1430.5 |
| | | % | 93.7 | 2.3 | 0.86 | 1.7 | 0.08 | — | — | 0.16 | 1.1 | 100 |
| | 租入 | 实数 | — | 884.5 | 199.5 | 17 | 86.1 | — | — | 1 | — | 1188.1 |
| | | % | — | 74.4 | 16.7 | 1.4 | 7.1 | — | — | 0.86 | — | 100 |
| | 耕种 | 实数 | 161.5 | 1324 | 279.4 | 102.1 | 96.8 | — | — | 1.7 | 0.5 | 1.966 |
| | | % | 8.2 | 67.4 | 14.2 | 5.1 | 4.9 | — | — | 0.08 | 0.03 | 100 |
| 房屋所有及租佃 | 自有 | 实数 | 252 | 274 | 68.5 | 94 | 28 | 119.5 | 25 | 13.5 | 30 | 904.5 |
| | | % | 27.8 | 30 | 7.3 | 11 | 3.1 | 13.7 | 2.6 | 1.4 | 3.4 | 100 |
| | 自住 | 实数 | 162.5 | 241.5 | 58 | 51 | 25 | 72.5 | 14.5 | 10.5 | 11 | 646.5 |
| | | % | 25.1 | 37.4 | 8.9 | 7.9 | 3.9 | 11.2 | 2.3 | 1.6 | 1.7 | 100 |
| | 租出 | 实数 | 89.5 | 32.5 | 10.5 | 43 | 3 | 47 | 10.5 | 3 | 19 | 258 |
| | | % | 34.9 | 12.5 | 4.8 | 16.4 | 1.1 | 18.2 | 4.8 | 1.1 | 7.3 | 100 |
| | 租入 | 实数 | 95 | 107 | 39.5 | 7 | 21.5 | 289.5 | 13 | 30 | 6 | 523 |
| | | % | 1.6 | 20.4 | 7.3 | 1.1 | 4 | 57 | 23 | 51 | 1.1 | 100 |
| 牲畜农具及大车 | 骡马 | 实数 | 25 | 195 | 48 | 15 | 16 | — | — | — | — | 299 |
| | | % | 8.1 | 65.1 | 16.2 | 5 | 5.3 | — | — | — | — | 100 |
| | 驴 | 实数 | 3 | 3 | — | — | — | — | — | — | — | 6 |
| | | % | 50 | 50 | — | — | — | — | — | — | — | 100 |
| | 牛 | 实数 | 8 | 19 | 8 | 3 | — | — | — | — | — | 38 |
| | | % | 21 | 50 | 21 | 8 | — | — | — | — | — | 100 |
| | 犁 | 实数 | 16 | 143 | 14 | 8 | 8 | — | — | — | — | 189 |
| | | % | 8.4 | 75 | 7.4 | 4.2 | 4.2 | — | — | — | — | 100 |
| | 大车 | 实数 | 5 | 40 | 4 | 4 | 1 | — | — | — | — | 57 |
| | | % | 9.1 | 72 | 7.2 | 7.2 | 1.8 | — | — | — | — | 100 |

续表

| 项目 | 分类 | | | | | | | | | |
|---|---|---|---|---|---|---|---|---|---|---|
| | 地主 | 富农 | 富裕中农 | 中农 | 贫农 | 雇农 | 手工业工人 | 小商人 | 老弱残废 | 总计 |

备考 1:本屯地主 21 户共有土地1501.5垧。位在本屯者660.1垧,租给本屯富农、富裕中农、中农、贫农498.6垧,位在外屯841.4垧。另外屯地主在本屯共有土地 599 垧,分租给本屯各租佃户,不在表上地主所有土地1501.5垧之内。

备考 2:本屯各阶层共租入房子 523 间,各阶层租出房子 258 间,租入者多于租出者 265 间,这是因为地主在各各窝堡的房子没有登记在地主租出房屋数目之内。如把此 265 间加进表上地主租出房屋89.5之内,则地主共租出的房屋为354.5间。再加上地主自住房屋162.5间,则地主自有房屋 517 间。

**榆树县五棵树区万发屯阶级关系调查表**

| 项目 | | | 分类 | | | | | | | | | |
|---|---|---|---|---|---|---|---|---|---|---|---|---|
| | | | 地主 | 富农 | 富佃 | 富裕中农 | 中农 | 贫农 | 雇农 | 手工业工人 | 老弱残废 | 总计 |
| 户数 | | 实数 | 7 | 7 | 9 | 10 | 7 | 5 | 33 | — | 5 | 83 |
| | | % | 8.4 | 8.4 | 10.8 | 12.1 | 8.4 | 6 | 39.7 | — | 6 | 100 |
| 人口 | 男 | 实数 | 17 | 10 | 54 | 32 | 21 | 13 | 70 | — | 5 | 222 |
| | | % | — | — | — | — | — | — | — | — | — | — |
| | 女 | 实数 | 21 | 16 | 63 | 42 | 26 | 22 | 81 | — | 10 | 281 |
| | | % | — | — | — | — | — | — | — | — | — | — |
| | 计 | 实数 | 38 | 26 | 117 | 74 | 47 | 35 | 151 | — | 15 | 503 |
| | | % | 7.55 | 5.16 | 23.27 | 14.75 | 9.34 | 6.97 | 30 | — | 2.9 | 100 |
| | 劳动力 | 实数 | 5.5 | 4.5 | 18 | 11.5 | 8 | 5 | 31.5 | — | — | 84 |
| | | % | 6.5 | 5.3 | 21.4 | 13.7 | 9.5 | 5.9 | 37.5 | — | — | 100 |
| 劳动力之雇佣 | 雇入年工 | 实数 | — | 1.5 | 17 | — | — | — | — | — | — | 18.5 |
| | | % | — | 8.1 | 91.9 | — | — | — | — | — | — | 100 |
| | 雇入零工 | 实数 | 192 | 816 | 3590 | 680 | 8 | — | — | — | 190 | 5476 |
| | | % | 3.5 | 14.98 | 65.5 | 12.43 | 0.14 | — | — | — | 3.4 | 100 |
| | 佣出年工 | 实数 | — | — | — | — | — | — | 5 | — | — | 5 |
| | | % | — | — | — | — | — | — | — | — | — | — |
| | 佣出零工 | 实数 | — | — | — | — | 14 | 170 | 1508 | — | — | 1692 |
| | | % | — | — | — | — | 0.8 | 10 | 89.1 | — | — | 100 |

续表

| 项目 | | | 分类 | | | | | | | | | |
|---|---|---|---|---|---|---|---|---|---|---|---|---|
| | | | 地主 | 富农 | 富佃 | 富裕中农 | 中农 | 贫农 | 雇农 | 手工业工人 | 老弱残废 | 总计 |
| 土地所有租佃及耕种 | 自有 | 实数 | 77.2 | 59 | 83.9 | 45.7 | 40.78 | 4.9 | — | — | 20.25 | 331.63 |
| | | % | — | — | — | — | — | — | — | — | — | — |
| | 租出 | 实数 | 57.75 | 12.9 | — | — | 2.2 | 2.5 | — | — | 6.5 | 81.85 |
| | | % | — | — | — | — | — | — | — | — | — | — |
| | 租入 | 实数 | — | — | 151.3 | 18.9 | 3.83 | 4.5 | — | — | — | 173.53 |
| | | % | — | — | 85.2 | 10.5 | 2.1 | 2.2 | — | — | — | 100 |
| | 耕种 | 实数 | 19.45 | 46.1 | 235.2 | 64.6 | 42.31 | 6.9 | — | — | 13.75 | 428.31 |
| | | % | 4.5 | 10.8 | 54.9 | 15.3 | 9.8 | 1.6 | — | — | 3.1 | 100 |
| 房屋所有及租佃 | 自有 | 实数 | 12.5 | 13.5 | 50.5 | 22 | 19.5 | 12 | 4.5 | — | 6.5 | 141 |
| | | % | 8.8 | 9.5 | 35.8 | 15.6 | 13.8 | 8.5 | 3.2 | — | 4.7 | 100 |
| | 自住 | 实数 | 10.5 | 13.5 | 49 | 19 | 19.5 | 8 | 4.5 | — | 6.5 | 130.5 |
| | | % | 8 | 10.3 | 37.7 | 14.5 | 14.9 | 6.1 | 3.5 | — | 4.9 | 100 |
| | 租出 | 实数 | 2 | — | 1.5 | 3 | — | 4 | — | — | — | 10.5 |
| | | % | 19 | — | 14.3 | 28.6 | — | 38.1 | — | — | — | 100 |
| | 租入 | 实数 | 4.5 | — | — | 1.5 | 1.5 | 1.5 | 41.5 | | 1 | 51.5 |
| | | % | 8.7 | — | — | 2.9 | 2.9 | 2.9 | 80.7 | | 1.9 | 100 |
| 牲畜农具大车 | 骡马 | 实数 | 1 | 3 | 39 | 7 | — | — | — | — | — | 50 |
| | | % | 2 | 6 | 78 | 14 | — | — | — | — | — | 100 |
| | 驴 | 实数 | 2 | 1 | 3 | — | — | — | — | — | — | 6 |
| | | % | 33.3 | 16.7 | 50 | | | | | | | 100 |
| | 牛 | 实数 | — | — | — | — | — | — | — | — | — | — |
| | | % | — | — | — | — | — | — | — | — | — | — |
| | 犁 | 实数 | — | 1 | 11 | 1 | — | — | — | — | — | 13 |
| | | % | — | 7.7 | 84.6 | 7.7 | — | — | — | — | — | 100 |
| | 大车 | 实数 | — | 1 | 8 | — | — | — | — | — | — | 9 |
| | | % | — | 11.1 | 88.9 | — | — | — | — | — | — | 100 |

备考1:表中耕种土地多于所有土地96.68,这是4户外屯地主在本屯的土地。本屯地主与外屯地主在本屯共有土地173.88垧,因此地主所有土地占全屯所有土地428.31垧的40.6%,富农占13.7%,富佃占19.6%,富裕中农占10.7%,中农占9.5%,贫农占1.1%,老弱病残占4.7%。

根据这两个屯子的调查表，我们可以看出农村的面貌是这样的：

1. 土地所有权集中在地主手中，占总户口数40%以上的农民毫无土地。

盟温站屯是一个土地所有权高度集中的典型，该屯各阶层土地所有的关系可以制成简表如下：

| 阶层 | 户数百分比 | 占有土地百分比 | 每户平均地数(垧) | 每人平均有地数(垧) |
|---|---|---|---|---|
| 地主 | 4.1 | 68.1 | 71.5 | 9.44 |
| 富农 | 12.3 | 21 | 7.5 | 0.64 |
| 中农(富裕中农在内) | 12.8 | 9.6 | 3.15 | 0.37 |
| 贫农(小商人老弱在内) | 11.3 | 1.2 | 0.47 | 0.09 |
| 雇农及手工业工人 | 59.5 | — | — | — |

这个表还不足以充分表现该屯土地所有权的集中，因为调查中我们知道富农63户中有19户没有土地，中农（富裕中农在内）65户中有8户没有土地，贫农（小商人老弱残废在内）58户中有43户没有土地，富农、中农、贫农三个阶层中共有70户没有土地，加上没有土地的雇农与手工业工人305户，全屯没有土地的共375户，占全屯户数的71.3%。4%的地主占有全屯土地68%，而“地无一垄”的户口占全屯户口71.3%，这就是惊人的土地高度集中的简单标志。

万发屯是一个土地所有权集中程度较低，土地所有权比较分散的典型，各阶层土地所有的关系是这样：

| 阶层 | 户数百分比 | 占有土地百分比 | 每户平均有地数(垧) | 每人平均有地数(垧) |
|---|---|---|---|---|
| 地主 | 12.6 | 40.6 | 15.8 | — |
| 富农(富佃在内) | 18.4 | 33.3 | 9.5 | 1.0 |
| 中农(富裕中农在内) | 19.5 | 20.2 | 5.08 | 0.76 |
| 贫农(老弱残废在内) | 11.4 | 5.8 | 2.5 | 0.5 |
| 雇农 | 38 | — | — | — |

从此表中我们看到万发屯土地所有权的集中，较之盟温站来说虽然低得很多，但占户口12.6%的地主占有全屯土地40.6%，而占户口38%的雇农则一点土地也没有，地主平均每户有地15.8垧，而贫农每户平均只有2.5垧，可以看出万发屯的土地所有权仍是集中的。土地所有权集中这一农村土地关系的基本特点，在万发屯中仍是存在着。

土地所有权集中是存在于整个农村中的普遍事实，集中的程度则因各地各有高低之不同，例如附表一，头道屯的地主占有全屯土地74.1%，较之盟温站屯的集中程度更高，又如附表二，三道街屯占户口4.4%的地主占有全屯土地之59.3%，土地集中的程度低于头道屯、盟温站屯，却高于万发屯。

土地所有权集中另一个显著的表现，就是本屯地主与外屯地主所有土地之彼此交叉，以及地主之土地遍于各方。盟温站屯本屯地主在外屯、外乡、外区以及外县有地841.4垧，外屯、外乡、外区、外县以至外省地主在本屯有地599垧；三道街屯有外屯地主土地162.4垧，本屯地主在外屯有地 150 垧；万发屯有土地96.68垧属于外屯地主；头道屯有外屯地主所有土地526.5垧，占全屯地主阶级所有土地 98%；盟温站地主刘国珍有地 500 余垧，散于盟温站四外十余屯；西新乡地主于瀛洲有地 600 余垧，遍及四周五个屯。

2. 随着土地所有权集中而来的，在东北农村中还有一种普遍存在的房屋所有的集中。盟温站屯有房子的共 178 户约占全屯户口总数的 1/3，其中地主 21 户，富农 42 户，中农（富裕中农在内）51 户，贫农（及小商人老弱残废在内）27 户，雇农及手工业工人 38 户。没有房子的共 333 户，占全屯户口总数65.3%，即 2/3 的户没有房子，其中富农 21 户，中农 14 户，贫农 31 户，雇农及手工业工人 267 户。地主有房子 517 间，富农 274 间，中农 162 间半，雇农及手工业工人 144 间半，贫农 71 间半。4%的地主占全屯房屋 41%。最缺房屋的是雇农，他们租入的房屋共289. 5间，占各阶层租入房屋 57%。

**附表一　榆树县五棵树区头道屯阶级关系调查表**（1946.8.1 **制**）

| 项目 | | | 分类 | | | | | | | | | |
|---|---|---|---|---|---|---|---|---|---|---|---|---|
| | | | 地主 | 富农 | 富裕中农 | 中农 | 贫农 | 雇农 | 手工业工人 | 小商人 | 老弱残废 | 总计 |
| 户数 | | 实数 | — | 19 | 17 | 27 | 19 | 99 | — | 2 | 7 | 190 |
| | | % | — | 10 | 89 | 14.2 | 10 | 52.1 | — | 1 | 3.6 | 100 |
| 人口 | 男 | 实数 | 5 | 123 | 60 | 66 | 53 | 239 | — | 5 | 13 | 564 |
| | | % | 9 | 21.4 | 10.6 | 11.6 | 9.4 | 42.3 | — | 0.9 | 2.9 | 100 |
| | 女 | 实数 | 4 | 133 | 57 | 86 | 61 | 222 | — | 5 | 11 | 579 |
| | | % | 5 | 23 | 9.9 | 14.8 | 10.5 | 38.3 | — | 0.4 | 0.8 | 100 |
| | 计 | 实数 | 9 | 256 | 117 | 152 | 114 | 461 | — | 10 | 24 | 1143 |
| | | % | 6 | 21.7 | 10.2 | 13.3 | 9 | 40.3 | — | 0.7 | 2.9 | 100 |
| | 劳动力 | 实数 | 1 | 42 | 28 | 30 | 26 | 122 | — | 2 | | 251 |
| | | % | 4 | 16.7 | 11.2 | 12 | 10.3 | 48.6 | — | 0.8 | | 100 |
| 劳动力之雇佣 | 雇入年工 | 实数 | — | 29 | — | — | — | — | — | — | — | 29 |
| | | % | — | — | — | — | — | — | — | — | — | — |
| | 雇入零工 | 实数 | — | 2890 | 565 | 15 | — | — | — | — | — | 3470 |
| | | % | — | 83.3 | 16.3 | 0.4 | — | — | — | — | — | 100 |
| | 佣出年工 | 实数 | — | — | — | — | — | 32 | — | — | — | 32 |
| | | % | — | — | — | — | — | — | — | — | — | — |
| | 佣出零工 | 实数 | — | — | — | 210 | 20 | 4300 | — | — | — | 4530 |
| | | % | — | — | — | 4.3 | 0.4 | 95.3 | — | — | — | 100 |

续表

| 项目 | | | 分类 | | | | | | | | | |
|---|---|---|---|---|---|---|---|---|---|---|---|---|
| | | | 地主 | 富农 | 富裕中农 | 中农 | 贫农 | 雇农 | 手工业工人 | 小商人 | 老弱残废 | 总计 |
| 土地所有租佃及耕种 | 自有 | 实数 | 536.5 | 80.5 | 29.8 | 63.2 | 2.1 | 12.2 | — | — | 0.4 | 723.8 |
| | | % | 74.1 | 11 | 4 | 8.7 | 0.15 | 1.8 | — | — | 0.05 | 100 |
| | 租出 | 实数 | 533.5 | — | 2 | 12.3 | — | — | — | — | — | 547.8 |
| | | % | 97.4 | — | 0.3 | 3.2 | — | — | — | — | — | 100 |
| | 租入 | 实数 | — | 381 | 98 | 6 | 8.35 | — | — | — | — | 538.5 |
| | | % | — | 70.8 | 18 | 1.1 | 8.9 | — | — | — | — | 100 |
| | 耕种 | 实数 | 3 | 461.5 | 125.8 | 56.8 | 6.45 | — | — | — | 0.4 | 701.7 |
| | | % | 0.4 | 65.8 | 17.8 | 7.9 | 6.7 | — | — | — | 0.03 | 100 |
| 房屋所有及租佃 | 自有 | 实数 | — | 32 | 42.5 | 41 | 17 | 26.5 | — | — | 7 | 166 |
| | | % | — | 19.1 | 25.4 | 24.8 | 10.2 | 15.9 | — | — | 4.2 | 100 |
| | 自住 | 实数 | — | 28 | 19.5 | 31.5 | 10 | 12.5 | — | — | 5.5 | 107 |
| | | % | — | 26 | 17.8 | 29 | 9.3 | 11.1 | — | — | 4.6 | 100 |
| | 租出 | 实数 | — | 4 | 13 | 9.5 | 7 | 14 | — | — | 1.5 | 49 |
| | | % | — | 8.2 | 26.5 | 19.4 | 14.4 | 28.6 | — | — | 3 | 100 |
| | 租入 | 实数 | — | 6.5 | 19 | 12 | 31.5 | 11.5 | — | 2.5 | 4.5 | 191 |
| | | % | — | 3.1 | 9.9 | 6.2 | 16.2 | 61.2 | — | 1.4 | 2.1 | 100 |
| 牲畜农具大车 | 骡马 | 实数 | — | 61 | 14 | 3 | 3 | — | — | — | — | 81 |
| | | % | — | 76.3 | 17.2 | 3.7 | 3.7 | — | — | — | — | 100 |
| | 驴 | 实数 | — | 8 | — | — | — | — | — | — | — | 8 |
| | | % | — | — | — | — | — | — | — | — | — | |
| | 牛 | 实数 | — | — | — | — | 4 | — | — | — | — | 4 |
| | | % | — | — | — | — | — | — | — | — | — | |
| | 犁 | 实数 | — | 45 | 11 | 3 | 4 | — | — | — | — | 63 |
| | | % | — | 71.4 | 16.8 | 47 | 6.5 | — | — | — | — | 100 |
| | 大车 | 实数 | — | 18 | 1 | — | — | — | — | — | — | 19 |
| | | % | — | 94.9 | 5.1 | — | — | — | — | — | — | 100 |

备考 1:位于本屯的地主土地共有536.5垧,其中属于本屯地主者只有 10 垧,属于外屯地主者,32 户共有土地523.5垧。在此 32 户外屯地主中:5 垧地以下者 16 户共有土地 51 垧,平均每户约3.2垧;6 垧至 10 垧者 7 户共有土地 60 垧,平均每户约8.5垧;1 垧至 20 垧者 3 户共 57 垧,平均每户 19 垧;21 垧至 45 垧者 5 户,共有 182 垧,平均每户35.4垧;150 垧以上 1 户,有地173.5垧。

**附表二　榆树县五棵树区三道街屯阶级关系调查表（1946.8.1制）**

| 项目 | | | 分类 | | | | | | | | | |
|---|---|---|---|---|---|---|---|---|---|---|---|---|
| | | | 地主 | 富农 | 富佃 | 富裕中农 | 中农 | 贫农 | 雇农 | 手工业工人 | 老弱残废 | 总计 |
| 户数 | | 实数 | 4 | 5 | 11 | 4 | 12 | 17 | 34 | 3 | 1 | 91 |
| | | % | 4.4 | 5.5 | 12 | 4.4 | 13.2 | 18.5 | 37.4 | 33 | 1.1 | 100 |
| 人口 | 男 | 实数 | 9 | 22 | 63 | 11 | 25 | 52 | 84 | 8 | 3 | 277 |
| | | % | — | — | — | — | — | — | — | — | — | — |
| | 女 | 实数 | 18 | 31 | 76 | 9 | 37 | 46 | 73 | 10 | 2 | 293 |
| | | % | — | — | — | — | — | — | — | — | — | — |
| | 计 | 实数 | 27 | 53 | 130 | 26 | 62 | 98 | 157 | 18 | 5 | 576 |
| | | % | 4.6 | 9.2 | 22.4 | 4.3 | 11.7 | 17 | 27 | 3 | 8 | 100 |
| | 劳动力 | 实数 | — | 10 | 29 | 6 | 13 | 25 | 48 | 6 | — | 137 |
| | | % | — | 7.4 | 21.1 | 4.4 | 9.4 | 18.2 | 35.1 | 4.4 | — | 100 |
| 劳动力之雇佣 | 雇入年工 | 实数 | 5 | 6 | 4 | — | — | — | — | — | | 15 |
| | | % | 33.3 | 40 | 26.7 | — | — | — | — | — | — | 100 |
| | 雇入零工 | 实数 | 825 | 1100 | 3150 | 85 | — | — | | — | — | 5160 |
| | | % | 15.9 | 21.4 | 61 | 1.6 | — | — | — | — | — | 100 |
| | 佣出年工 | 实数 | — | — | — | — | — | 1 | 12 | — | — | 13 |
| | | % | — | — | — | — | — | 7.7 | 92.3 | — | — | 100 |
| | 佣出零工 | 实数 | — | — | — | — | 30 | 680 | 1800 | — | — | 2510 |
| | | % | — | — | — | — | 1.7 | 27 | 71.3 | — | — | 100 |
| 土地所有租佃及耕种 | 自有 | 实数 | 130.2 | 94.7 | 42.9 | 11.5 | 32.6 | 18 | 1 | — | — | 330.9 |
| | | % | — | — | — | — | — | — | — | — | — | — |
| | 租出 | 实数 | 64.2 | 4.7 | — | — | — | — | — | — | — | 68.9 |
| | | % | — | — | — | — | — | — | — | — | — | |
| | 租入 | 实数 | — | 13.5 | 186.8 | 11.3 | 4.5 | 22.4 | 3.8 | — | — | 242.3 |
| | | % | — | 5.4 | 77.1 | 4.7 | 1.8 | 9.3 | 1.5 | — | — | 100 |
| | 耕种 | 实数 | 56 | 103.5 | 229.7 | 22.8 | 37.1 | 40.4 | 3.8 | — | — | 493.3 |
| | | % | 11.4 | 20.9 | 46.5 | 4.6 | 7.5 | 8.2 | 0.8 | — | — | 100 |

续表

| 项目 | | | 分类 | | | | | | | | | |
| --- | --- | --- | --- | --- | --- | --- | --- | --- | --- | --- | --- | --- |
| | | | 地主 | 富农 | 富裕中农 | 中农 | 贫农 | 雇农 | 手工业工人 | 小商人 | 老弱残废 | 总计 |
| 房屋所有及租佃 | 自有 | 实数 | 395 | 47.5 | 67.5 | 9.5 | 37.5 | 52.5 | 21 | — | — | 248 |
| | | % | 15.8 | 19.1 | 27.2 | 3.9 | 15.2 | 10.4 | 8.4 | — | — | 100 |
| | 自住 | 实数 | 28.5 | 47.5 | 60.5 | 9.5 | 30.5 | 18.5 | 15 | — | — | 210 |
| | | % | 13.3 | 22.6 | 28.9 | 4.6 | 14.6 | 8.9 | 7.1 | — | — | 100 |
| | 租出 | 实数 | 11 | — | 7 | — | 7 | 6.5 | 6 | — | — | 37.5 |
| | | % | 29.2 | — | 18.8 | — | 18.8 | 17.2 | 16 | — | — | 100 |
| | 租入 | 实数 | — | — | 11 | — | — | — | 32 | 7 | 1.5 | 51.5 |
| | | % | — | — | 21.3 | — | — | — | 62.1 | 13.6 | 2.9 | 100 |
| 牲畜农具大车 | 骡马 | 实数 | 4 | 13 | 33 | 2 | 1 | 1 | — | — | — | 54 |
| | | % | 7.4 | 24.4 | 61.1 | 3.7 | 1.8 | 1.8 | — | — | — | 100 |
| | 驴 | 实数 | — | 1 | 1 | — | — | 1 | — | — | — | 3 |
| | | % | — | 33.3 | 33.3 | — | — | 33.3 | — | — | — | 100 |
| | 牛 | 实数 | 2 | — | — | — | — | — | — | — | — | 2 |
| | | % | — | — | — | — | — | — | — | — | — | — |
| | 犁 | 实数 | 4 | 12 | 44 | 2 | 2 | — | — | — | — | 64 |
| | | % | 6.2 | 18.8 | 68.8 | 3.1 | .1 | — | — | — | — | 100 |
| | 大车 | 实数 | 1 | 3 | 11 | 1 | — | — | — | — | — | 16 |
| | | % | 6.2 | 18.7 | 68.8 | 6.2 | — | — | — | — | — | 100 |

备考1：表中耕种土地多于所有土地162.4垧，这是外屯地主在本屯的土地。本屯地主与外屯地主在本屯共有土地292.6垧，占本屯全部土地493.3的59.3%；富农占19.2%，富佃占8.6%，富裕中农占2.3%，中农占6.6%，贫农占3.6%，雇农占0.4%。本屯4户地主除在本屯共有土地130.2垧外，其中之赵承恩在外尚有土地150垧。

3. 土地使用权集中在富农手中，占总户口数40%以上的农民不但没有土地所有权，而且也没有土地使用权。

**盟温站屯各阶层耕种土地比较表**

| 阶层 | 户数百分比 | 耕种土地百分比 | 每户平均耕种土地数（垧） | 耕种土地每人平均数（垧） |
|---|---|---|---|---|
| 地主 | 4.1 | 8.2 | 9户种地的<br>其中有4户种2垧以下 | — |
| 富农 | 12.3 | 67.4 | 21.0垧 | 4.6垧 |
| 中农（富裕中农在内） | 12.8 | 19.3 | 5.8垧 | 0.7垧 |
| 贫农 | 5.3 | 4.9 | 3.5垧 | 0.6垧 |
| 小商人及老弱残废 | 6 | 2.3 | 小商人中有10户未种地<br>老弱残废有11户未种地 | — |
| 雇农（手工业工人在内） | 57 | — | — | — |

**万发屯各阶层耕种土地比较表**

| 阶层 | 户数百分比 | 耕种土地百分比 | 每户平均耕种土地数（垧） | 每人平均耕种土地数（垧） |
|---|---|---|---|---|
| 地主 | 12.6 | 4.5 | 6户没有种地 | — |
| 富农（富佃在内） | 18.4 | 65.7 | 18.7垧 | 1.96垧 |
| 中农（富裕中农在内） | 19.5 | 25.1 | 6.2垧 | 0.88垧 |
| 贫农（老弱残废在内） | 11.4 | 4.7 | 2.06垧 | 0.4垧 |
| 雇农 | 38 | — | — | — |

头道屯富农耕种土地占本屯土地65.8%，中农（富裕中农在内）耕种土地占本屯土地25.7%，贫农耕种土地占本屯土地7.8%，老弱残废之耕种土地占0.03%，占户口53.1%的雇农及小商人一点地也种不上。类此情形同样存在于三道街，地主耕种土地占本屯土地11.4%，富农（富佃在内）耕种土地占本屯土地67.4%，中农（富裕中农在内）耕种土地12.5%，贫农耕种土地占本屯土地8.2%，占全屯户口40.7%的雇农手工业工人及老弱残废一点地也种不上。

由此可知农村中耕种土地的一般情形，地主耕种土地约占5%—10%，富农耕种土地约占60%—70%，中农耕种土地约占15%—25%，贫农耕种土地约占5%—10%。农村中存在着经营地主的经济，但其所经营的土地最高者约占地主所有土地的1/4，一般只占地主所有土地10%，这就是说地主对广大农民的剥削形式主要的还是封建的地租剥削形式。富农耕种土地数及百分比如此之高，大大超过其自有土地数与百分比，这是因为富农从地主手中大量的租入了土地。从四个典型屯子的调查中，我们看到盟温站屯的富农租入土地884.5垧，占地主租出土地的66%；万发屯的富农（富佃在内）租入土地151.3垧，占地主租出土地的91.5%；头道屯的富农（富佃在内）租入土地381垧，占地主租出土地的71%；三道街的富农（富佃在内）租入土地200.3垧，占地主租出土地88.8%。正因为富农从地主手中租入了大量的土地，所以富农租入的土地在各阶层租入土地中所占的百分比也最大。盟温站富农租入土地占全屯租入土地的74.4%，万发屯占85.3%，头道屯占70.8%，三道街占82.1%。

东北的地主因为土地所有权的高度集中，为了便于他的经营与管理，他们通常是以十垧二十垧以至几十垧的数量集中的租给富农，而极不愿意三两垧四五垧分散的租给贫农。土地所有权的集中与土地使用权的分散，一般的说来，这是中国封建社会土地关系的特点，但在东北却有着根本的不同，在东北，只要一提到土地所有权的集中，必然连系着的就是土地使用权的集中。

自然在东北也有地主分散出租土地的种种情况：小地主，有土地数本来很小，租出的土地当然是分散的，某些地主所有的土地本来就是分散的，他难于集中出租；本来是一户向地主集中租入土地，后来因为分了家，土地之租佃也随之分散了；由某一个佃户向地主出名租来大块土地，分租给他自己的亲戚朋友；某些中农或贫农因与地主有亲戚朋友的关系，得到“人情照顾”；某些农民出卖自己土地后，向地主租入原有小块土地。……这些分散出租的土地多数是租给中农及贫农，每户租入的土地量与全部租入的土地量，比富农都要小得多。盟温站中农（富裕中农在内）租入土地216.5垧，占全屯各阶层租入土地18.1%，为富农租入土地的 1/4，每户平均租入土地只有3.3垧。万发屯中农（富裕中农在内）租入土地22.73垧，占全屯各阶层租入土地12.5%，为富农租入土地的 1/5，每户平均租入土地1.34垧。贫农租入土地数比之中农又要低，盟温站贫农租入土地86.1垧，占全屯各阶层租入土地7.1%，约为富农租入土地 1/10 强，为中农的 1/2 强，每户平均租入土地3.2垧；万发屯的贫农租入土地4.5垧，为全屯各阶层租入土地的2.3%，为富农租入土地的 1/39，为中农租入土地的 1/5，每户平均租入土地只有0.9垧。

富农在地主面前有着租佃土地极高的能力与信用，中农贫农在地主面前租佃土地能力与信用非常低弱，这一重要事实，充分的说明了地主富农在经济上连系的密切。

土地所有权的集中是地主封建地租剥削的基础；土地使用权的集中，则是乡村劳资剥削的基础，也就是形成东北农村占户口总数百分之四十至七八十的雇农的主要根源。

4. 土地使用权的集中，经济上的主要原因就是牲畜农具大车的集中。

中农贫农为什么租进土地那样少？因为中农贫农牲畜农具大车缺。雇农因为什么租不进土地，因雇农根本没有牲畜农具，而且雇不起牛具。拿今年来说，雇付牛具种、汤、打、拉，一垧地一年 400 元，合一石高粱，租进一垧地要交 2 石租粮，连雇牛具共须去 3 石粮，一垧地平常年成可打 4 石 5 斗粮，如果靠雇牛具来种地，一垧地只能余下 1 石 5 斗粮。雇农更买不起牲口，一个普通马今年要卖 15000 元，好的要 20000 至 25000 元，而一个年工（扛活的）一年最高工价在增资以前是 9000 元，一般的是六七千元，要买一个牲口，雇农要准备两年一家人不吃饭不穿衣。地主为什么那样乐意把大量大块土地租给富农呢？就是因为富农手中集中了大量的牲畜农具，富农租进大量土地后不会把他荒掉，地租才有保障。在东北没有牲畜，就根本不要想种地，牲畜中种地顶用的是骡与马，主要的农具是犁与大车，现在我们来看看牲畜农具的所有关系吧。

盟温站屯地主 21 户中有牲畜的 7 户，共有 25 个骡马，占全屯的骡马8.4%，富农共有 195 个骡马，占全屯骡马65.1%，平均每户有 3 匹稍强；中农（富裕中农在内）共有 63 个骡马，占全屯骡马21.1%，平均每户有骡马0.97匹；贫农共有 16 个骡马，占全屯骡马5.3%，平均每户只有骡马0.59匹。犁：地主占有全屯犁的8.4%，富农占有全屯犁的 75%，中农占有全屯犁的11.6%，贫农占有全屯犁的4.2%。大车：地主占有全屯大车9.1%，富农占有全屯大车72%，中农占有全屯大车14.4%，贫农占有全屯大车1.8%。牲畜农具主要集中在富农手中，自然不是盟温站屯一个屯的特殊现象，是各地普通现象。万发屯富农占有骡马 84%，中农只占 14%，贫农没有骡马。富农占有犁的92.3%，中农占7.7%，贫农没有犁。大车：富农占有100%。头道屯的骡马，富农占有76.3%，中农占有20.9%，贫农占有3.7%。犁：富农占有71.4%，中农占21.6%，贫农占6.5%。大车：富农占94.9%，中农占5.1%。三道街的骡马，地主占7.4%，富农占85.5%，中农占5.5%，贫农占1.8%。犁：地主占6.2%，富农占有87.6%，中农占6.1%。大车：地主占6.2%，富农占87.5%，中农占6.2%。65%以上的牲畜农具集中在富农手中，与 65%以上的土地使用权集中在富农手中，恰好正相适应。

5. 与土地使用权的集中密切相连系着的一种情况，就是富农大量的雇入劳动力。盟温站屯 63 户富农雇入年工 97 个，占全屯雇入年工56.9%，零工 10380 个（一个全劳动力平均一年可作庄稼活的零工 50 个，10380 个零工，占全劳动力 2075 个），占全屯雇入零工的 76%。万发屯富农雇入年工占全屯 100%，零工占全屯80.48%。头道屯富农雇入年工占全屯 100%，零工占全屯83.3%。三道街富农雇入年工占全屯66.7%，零工占全屯82.4%。

6. 我们是马克斯主义者，马克斯主义有条简单的真理，那就是劳动者创造历史创造世界，劳动者创造财富增殖财富。这条真理放之四海而皆准，是不是也适合于东北呢？所有上述土地房屋所有的集中，土地使用牲畜农具所有的集中，它们的基础何在？地主富农的财富为谁所创造所增殖呢？回答这个问题，只要看看农村中各阶层劳动力的分布就了然了。盟温站屯的全劳动力一共 743，其中地主中小地主有 5 个，占全部劳动力的0.9%，富农 139 个占 19%，中农（富裕中农在内）118 个占15.6%，贫农（小商人在内）58 个占7.8%，雇农与手工业工人 423 个，占57.1%。中农、贫农与雇农共占80.5%，他们就是农村生产的主力军，他们就是地主富农财富的创造者。富农是农村中的资产阶级，他们受着地主的地租剥削，他们又向雇农进行资本的剥削，但他们经营生产也参加生产，他们在生产中一定的重要地位也是不容否认的。只有地主阶级特别是大地主阶级是农村中最腐朽的寄生的阶级，即以盟温站地主刘国珍来说，他占有土地 500 余垧，家有男 6 女 7 共 13 口人，雇用 20 个劳金，耕种 30 垧地，出租土地 470 余垧，他又是五棵树镇腰烧锅的大股东。这 20 个劳金是 1 个管事，1 个跑道，1 个大打头，1 个二打头，4 个跟做的，1 个门倌，1 个更倌，1 个大猪倌，1 个羊倌，1 个牛倌，1 个掌包的，2 个老板子，1 个大司釜，1 个小打，1 个浆洗婆，这一家 13 口人除了吃饭与睡觉外，再没有什么事是他们自己干的了。

7. 由于财富与贫穷向两极的发展，东北农村人口，也有两种不同的情况，一方面地主富农家庭人口众多，二三十口，四五十口，以至七八十口一百余口，几世同堂的大家庭在东北农村中是到处都有，另一方面是中农、贫农、雇农家庭人口少，雇农最大的家庭是十口人，最普通的是四五口人。试拿各阶层人口加以比较，就可以看出明显的对照。以盟温站为例：地主每户平均人口为7.6名（这是因为有几家孤寡影响了平均数），富农每户平均人口11.6名，每户平均2.2个劳动力，中农（富裕中农在内）每户平均人口8.2名，每户平均1.8个劳动力，贫农（小商人老弱残废在内）每户平均人口为5.1名，每户平均有 1 个劳动力，雇农（手工业工人在内）每户平均人口为 5 名，每户平均1.4个劳动力，雇农平均要一个半劳动力方才能养活一个五口之家，即一个全劳动力连自己在内只可养活三口人。

8. 土地所有权的集中直接联系着房屋所有权的集中，大地主有地就有房，地主有一处窝棚就是有一块地，窝棚之多少常是土地之多少的代名，房屋盖在土地上，土地所有权的集中决定了房屋所有权的集中，土地所有权的集中是基本的。地主招地户也就招了房户，通常“地户”租“地东”的地交地租，“地户”住“地东”的窝棚不交房租。东北很多富佃农“地无一垄”“房无一间”，有的就是几个牲口一个大车，用车拉着合家的人和一付家具，在这个屯种几年地，不合账时，又拉着人和家具到另外一个屯种几年地，他们有牲畜有农具有动产有钱借，但没有不动产没有土地房屋，地主垄断出了房屋土地；不愿卖出土地与房屋，有很多大富佃种了一二十年地，仍然置不上一垧地，盖不了一间房。

土地使用权的集中直接联系着牲畜农具所有权的集中，又直接联系着富农雇入大量的劳动力。有了牲畜农具，才能租进地，雇入了大量的劳动力，才能耕种地。土地使用权集中于富农，一方面依靠于富农与牲畜农具发生了所有的关系，依靠于富农牲畜农具所有权的集中；另一方面依靠于雇农与牲畜农具脱离了所有的关系，依靠于雇农丧失了牲畜农具的所有权，雇农与生产手段脱离了关系，除了劳动力外一无所有，完全依靠“抗活”“卖工”出卖劳动力来维持自己的生活。在农村中我们可以向两种人提出两个问题，一个是问富农的：“你为什么能种这么多地呢?”他的回答是：“我养活一套车，有一付牛犋。”另一个是问雇农的：“你为什么不种点地呢?”他的回答是：“我没有车马没有牛犋。”问的是种不种地，回答的是有和没有牲畜农具。土地使用权的集中，其基础就是牲畜农具所有权的集中，牲畜农具所有权的集中必然产生土地使用权的集中，而且两者恰相适应。谁有了牲畜农具，谁就种得上地，谁牲畜农具多，谁就种的地多，谁牲畜农具少，谁种的地也就少，谁没有牲畜农具，谁就种不上地。牲畜农具的所有关系，决定土地使用的关系，因之也成为东北农村划分阶级的重要标准。

土地所有权集中于地主，土地使用权集中于富农，地主富农都是农村的剥削者；因为地主的土地70%以上租给富农，因为地主富农有此经济上密切的联系，所以富农土地使用权的集中又直接联系于地主土地所有权的集中，土地所有权的集中与土地使用权的集中标志着农村中经济的二个特点，没有地主土地所有权的集中，就不会产生像现在这样的富农土地使用权的集中，在东北，土地使用权的集中，不是建基于土地从地主手中的解放，而正是决定于地主对土地的垄断与霸占。

由于土地所有权的集中，产生了有地者和无地者，地多者和地少者之间的矛盾，其中最主要的是地主与全体农民的矛盾，其次是大地主与中小地主的矛盾，矛盾的性质基本上是封建主义的。由于土地使用权的集中，产生了雇工种地者（富农）与抗活卖工者（雇农）、雇工种地者（富农）与自己劳动种地者（中农及贫农）、种地多者与种地少者之间的矛盾，这是富农与中农、贫农以及雇农的矛盾，其中最主要的是富农与雇农的矛盾，矛盾的性质基本上是资本主义的。封建主义的矛盾与资本主义的矛盾，是同时普遍、深刻、严重的存在于各个农村。因为土地所有权集中于地主，而否认富农经济在农村相当高度的存在，否认资本主义矛盾在农村普遍、深刻、严重的存在，这是不对的；因为土地使用权集中于富农，而否认地主垄断着土地垄断着农村经济，否认封建主义的矛盾在农村普遍、深刻、严重地存在，这是不对的；因为土地所有权的集中与土地使用权的集中同时存在于农村，而否认封建主义的矛盾统治资本主义的矛盾，而认为封建主义与资本主义是以同等程度在农村中存在与发展，或认为资本主义的发展已超过了封建主义，这也是不对的。因为虽然富农使用了大量的土地，雇用了大量的劳动力，农村中虽然存在着大量的雇农，但富农耕种的土地绝大部分租自地主，并向地主交纳了大量的地租这一简单事实，便已经足够的说明地主是统治着农村经济，富农受着地主的剥削，封建主义阻碍着资本主义了。

也不能认为封建主义的矛盾与资本主义的矛盾，彼此互相孤立地存在，封建主义的矛盾与资本主义的矛盾是彼此互相交叉互相关联地存在着。地主把他们土地的70%租给富农，又把他们土地的30%分租于中农与贫农，向富农、中农与贫农进行地租的剥削；中农贫农又因为缺乏牲畜农具必须向富农雇用牛具，承受着富农的剥削，同时富农以其生产规模的集中，在经济上压抑和打击生产规模狭小的中农贫农；富农一方面剥削雇农，另一方面又承受地主的剥削。富农是雇农的剥削者又是地主的被剥削者。封建主义与资本主义两种矛盾的交叉与关联，最显著地表现于富农同时是剥削者与被剥削者“一身而二任”这一特点。

## 二、农村各阶级

### 1. 地主

分为大中小三种地主，大地主占有大多数土地，他们是农村经济的统治者。盟温站屯21户地主中，5垧地至35垧地的小地主12户，共有土地189.5垧，平均每户15.8垧，其中有5户各有1个劳动力；40垧地至70垧地的中等地主2户，共有110垧，平均每户55垧；90垧地至500垧的大地主7户，共有土地1202垧，占地主全部所有土地80%，占全屯各阶级共有土地42.8%，平均每户有地171.7垧，为小地主每户平均土地数的10.8倍，为中等地主每户平均土地数的3.1倍。头道屯外屯32户地主在本屯土地523.5垧，2—30垧的小地主28户，共有土地222垧，占地主全部土地42.4%；40—45垧的中等地主3户，共有土地128垧，占地主全部土地24.4%；173.5垧地大地主1户，占全部地主土地33.1%。

大地主对农村经济的统治支配，除了拥有大量的土地外，他们还经过烧锅油房去进行支配农村经济的活动。举例来说，盟温站7户大地主中有刘国珍、刘光第、刘焕文、简晓峰、龙庆利5人是五棵树镇两大烧锅之一腰烧锅的股东。烧锅的营业除了制造烧酒外，还买卖与存放粮食、囤集批发杂货、金融借贷、开油房、开磨房等等，农村经济中各主要部分都包括在内，烧锅的魔手伸进各角落。它的关系遍及整个乡村，烧锅是地主经济的堡垒，是地主统治农村经济的枢纽。

东北农村中，相当普遍的存在着经营地主的经济。小地主中很少有经营地主，通常的原因主要的是缺乏牲畜农具，其次是没有经理人劳动力。经营地主经济多半为大中地主所经营。还可以盟温站为例：

刘国珍：3口人，有地500余垧，出租土地470余垧，雇20个抗活的，200个零工，种地30垧，自有骡马5个，犁3个，大车2个。

刘焕文：15口人，有地90垧，出租土地50垧，雇14个抗活的，200个零工，种地40垧，自有骡马5个，牛2个，犁4个，大车1个。

刘光第：6口人，有地90垧，出租土地60垧，雇12个抗活的，200零工，种地30垧，自有骡马5个，牛2个，犁3个，大车1个。

龙晓峰：10口人，有地170垧，出租土地128垧，雇4个抗活的，400零工，种地42垧，自有骡马5个，犁3个，大车1个。

龙庆利：10口人，有地212垧，出租土地200垧，雇6个抗活的，种地12垧，牛具是用佃户的。

另外还有4户大中地主，各种地2垧。

无论是谁，地主自己经营的土地都没有超过他全部土地的一半。

经营地主的经济，按其身的性质，虽然带有资本主义的性质，但就其今天在农村经济结构中的地位说，仍是地主经济的一部分，为地主所掌握，服务于地主经济，它没有起着摧毁与瓦解地主经济的作用，相反的帮助了地主经济，经过它使封建地主的地租剥削更加强化更加巩固了。

地主（地东）与佃户（地户）的租佃关系，有“吃租”与“榜青”两种。松花江南因为常遭水涝，多半采取榜青的活租形式。榜青又分为里青与外青两种，里青是地东出地，出牛具，出种子肥料，地户只出工，肥料如用钱买则由两家分担，收获的粮食四六分，地东六分，地户四分。柴草全归地东，实际上这已是雇工形式。外青：地东只出地，其他均不管，地户出牛具，出种子，出肥料，收获的粮食倒四六分，地东四分地户六分，柴草全归地户。实际上这是一种活租的租佃关系。

五棵树一带的租佃关系，最多的是“吃租子”，这是死租子，地租额因土地之肥瘠（最主要的）、地东之好坏，以及地东地户关系之好坏，一垧地有1石6斗、1石8斗、2石2斗、2石4斗的不同，最普通的是一垧地2石租，除交粮外，尚有外带秫秸谷草的，租额占收获量40%，或50%，超过60%者少。

地租形式最普通者为实物地租，交“三色粮”，即1/3高粱，1/3谷子，1/3大豆；货币地租很少。地租交纳期有上打租下打租两种，最多的是下打租，上打租的地租形式多半是货币地租，所以很少。

### 2. 富农

一提到富农与富农经济，很自然的我们便可以想到富农与富农经济的主要标志有二，一个是占有牲畜农具等农村生产的生产手段，另一个是主要依靠雇用劳动力，剥削雇农，来进行其农业生产。关于前者，已在前节中说过了；关于后者，盟温站的富农自有劳动力139个，雇入年工97个，零工10280个（合207.5个全劳动力），雇用的劳动力占富农农业生产之全部劳动力的68.8%。万发屯富农雇用的劳动力占其农业生产之全部劳动力的82.5%，头道屯占67.4%；三道街占76.7%，富农的生产2/3以上，劳动依靠雇农，自己的劳动只占1/3。富农雇用劳动力，又以零工多于年工，为一般的情况。

但是五棵树区富农经济还有一个特别重要的特点，即其耕种土地大半以上是租入的土地。盟温站屯富农共耕种土地1324垧，租入者为884.5，租入土地占其耕种土地66.7%，万发屯富农租入土地占其耕种土地53.7%，头道屯富农租入土地占其耕种土地82.4%，三道街富农租入土地占其耕种土地61%。富农耕种土地有一大半以上与地主发生了租佃关系，就是说富农经济中大部份必须承受地主地租的剥削，为了了解富农经济与地主经济的关系，我们特别做了盟温站屯、头道屯两个屯的雇农分类统计表（见本文后附表）。

根据这两个统计表，盟温站的63户富农中与地主发生租佃关系的有55户，其中耕种土地全是租入者19户，租入土地占耕种土地半数以上者23户，租入土地占耕种土地半数以下者13户。63户富农中耕种土地全属自有者8户，他们耕种土地124垧，另外尚租出土地23垧。头道屯19户富农中与地主发生租佃关系的有17户，其中耕种土地全是租入者8户，租入土地占耕种土地一半以上者8户，租入土地占耕种土地半数以下者1户。富农中耕种土地全属自有者2户，他们耕种土地20垧，另外租出土地24.5垧。由此可知，富农中的一部份，一方面雇佣雇农，进行劳资的剥削，另一方面出租部份土地，进行地主地租的剥削，但他们是富农中的少数。富农中的另一部份，一方面雇佣雇农，进行劳资剥削，另一方面租入大量的土池，承受地租的剥削，他们是富农中的多数。但不论前者也不论后者，都与地主经济有着联系，不同者在于前者是两重的剥削者，他们同时向别人进行资本主义性质的与封建主义性质的剥削，后者则是剥削者又是被剥削者，他们一方面向别人进行资本主义性质的剥削，另一方面又受别人封建主义性质的剥削。二者在社会经济发展中所起的不同作用，前者在于参加了封建主义对资本主义的阻碍，后者在于深受着封建主义的障碍。

耕种土地全属自有者是富农，耕种土地全是租入者是富佃，租入土地占耕种土地半数以上者和租入土地占耕种土地半数以下者虽是富农与富佃之间的中间形式，但前者可以归入富佃的范畴，后者则可以归入富农的范畴。经过这一分别，再来把富农与富佃加以比较，则不论是经济上所占的比重，或生产规模，或占有牲畜农具，或雇入劳动力，富佃比富农都要占着优势。就其种土地数量看：盟温站屯富佃42户，耕种土地918.4垧，富农21户，耕种土地422.5垧，富佃耕种土地为富农之2.12倍；万发屯富佃9户，耕种土地235.2垧，富农7户，耕种土地46.1垧，富佃为富农的5.1倍。头道屯富佃16户，耕种土地404.5垧，富农3户，耕种土地27垧，富佃耕种土地为富农16.1倍。三道街屯富佃11户，耕种土地229.7垧，富农5户，耕种土地103.5垧，富佃耕种土地为富农2.3倍。就其占有牲畜来说，盟温站屯富佃有骡马134个，富农有62个，富佃的骡马为富农的2.16倍；万发屯富佃有骡马39个，富农有骡马3个，富佃的骡马为富农的13倍；头道屯富佃有骡马55个，富农有6个，富佃的骡马为富农的9.15倍；三道街富佃有骡马33个，富农有骡马13个，富佃的骡马为富农的2.5倍。犁与大车的占有情形，大体与骡马的占有是一致的。再就其雇用劳动力来说，盟温站屯富佃雇入年工50个，零工6470个，富农雇入年工47个，零工3910个；万发屯富佃雇入年工18个，零工3590个，富农雇入年工4.5个，零工816个；头道屯富佃雇入年工28个，零工2680个，富农雇入年工1个，零工210个；三道街富佃雇入年工4个，零工3150个，富农雇入年工6个，零工1100个。

为了具体的了解富农与富佃经济的状况，我们做了7户富农富佃的家庭调查（因为调查所问的对象是富农，也没有一个一个从旁加以考证，材料的确实性差，但可做一般的参考）：

王文林：六男九女，自有一个劳动力。耕种土地30垧，内本地24垧，租入6垧，每垧二石一斗租子，有骡马 6 个，牛 1 个，3 个犁，1 个车。

去年雇 6 个劳金，一个打头的 4500 元，一个老板子 4500 元，两个跟做的各 3500 元，一个工人 4000 元，一个猪倌 1500 元，添零工 300 个，共用去 13500 元。劳金与零工共支出 35000 元。

今年雇 8 个劳金，一个打头的 8000 元，一个老板子 7500 元，两个跟做的一个 6700 元一个 5500 元，一个大半拉子 4350 元，一个工人（忙时下庄家闲时做饭）6000 元，一个马倌 3500 元，一个猪倌 2200 元，以上共支出 43750 元（均是增工资以前的工价）。添零工 310 个。

去年的收支情形：

每垧地平均打 4 石粮，共打粮 120 石。

收秫秸 6000 个，平均一个一元，共 6000 元，谷草 3000 捆，另外还收入高粮叉。

大车拉脚挣万余元，雇出牛具得回粮食连拉脚钱可抵了牲口吃的料（一年 25 石高粱 100 余块豆饼），大车倒动买卖挣多少他没有说。

领了配给布 100 尺。

喂了 1 个大母猪，带着 7 个小猪，另外 1 个大肥猪。

以上是收入。以下是去年他的支出：

交租粮 10 石 1 斗。

支工价 35000 元，合粮食 70 石。

全家全年吃 20 石米，合 40 石粗粮，600 斤盐（一部份是配给的一部份是买的），大肥猪自己杀吃了，高粱叉自己烧了。

添新衣服花去 8000 元，连配给布全家每人都穿上了新衣。

牲口吃的料是用拉脚与雇出牛具顶！吃 2000 捆草。

什用（农具增添修补及过年过节的香纸蜡烛，随礼，医药，零花等）10000 元。

收支相抵，据他自己说还拉了“饥荒”，但实际上这一家过着富裕的生活，而且仅从今年雇工比去年多这一点上看，今年他的生产是比去年发展了。

王庆林：九男十一女，4 个劳动力。耕种土地 25 垧，本地 13 垧半，租入 11 垧半，每垧 2 石租。有骡马 4 个（内有前年添买的 2 个），1 个车，1 个犁。雇一个猪倌，去年 800，今年 1500。添零工 180 个。

去年收支情形：

打 100 石粮

收 5000 个秫秸，2000 个谷草，还有高粱叉

喂 1 个老母猪，1 个大肥猪，自己杀吃了。

拉脚挣千余元。

以上是收人，以下是支出：

交租 23 石，支付工价合粮 23 石。

吃 36 石粗粮，烧秫秸 3000 个，300 斤盐。

买 5000 元的布和旧衣，干活的换了一套新衣。

牲口吃 20 石高粱，1600 捆谷草。

什费 8000 元。

收入相抵，如果牲口大车能拉脚雇出牛具，挣回牲口吃的料，正好相符。

王彦纯：四男四女，一个半劳动力（经管生产的老头子，他一个全劳动力的儿子今年死了）。耕种土地 34 垧，本地 24 垧，租入 10 垧，每垧地 2 石 2 斗租，有骡马 5 个，3 个犁，1 个大车。

去年雇 4 个劳金，一个打头的 4200 元，一个老板子 4200 元，一个跟做的 3000 元，猪倌 700 元，添零工 400 余。

今年雇 5 个劳金，一个打头的 8000 元，一个老板子 8000 元，一个跟做的 7500 元，一个半拉子 3500 元，一个猪倌 1500 元，今年须加零工 480 个。

去年他的收支情况是：

打粮食 140 石。

收 6000 个秫秸，外加高粱叉，谷草 2000 捆。

喂 5 个猪，卖了两个小的合 500 元，一个大肥猪自己杀吃了，一个老母猪，现在还养一个 180 来斤的大肥猪。

拉脚与雇出牛具挣钱多少不详。

以上是收入，以下是支出：

交租粮 22 石工价支出合 60 石粗粮。

全家吃了 15 石米，合 30 石粗粮；吃 300 斤盐合 5 石粮，买了 2500 元布和衣服，每人换了新衣。

牲口吃了 20 石高粱，120 块豆饼，据一般情形估计可由拉脚与雇出牛具顶，吃了 2000 捆草。

什费 6000 余元，儿子病花去 2000 多元。

收支相抵，据他说没有亏欠也没有盈余。

他父亲手里置了 16 垧地，他自己手里置了 8 垧，但“满洲国”时置不起地了。

董连臣：七男九女，4 个劳动力。耕种土地 25 垧，本地 4 垧，另外有山坡一处可出粟。押进土地 10 垧，“大押小租”每垧地交五斗租，租进 11 垧，每垧地 2 石租。土地的种法是：6 垧高粱，7 垧谷子，2 垧糜子，10 垧大豆。

去年加零工 180 个，工价 90 元。

去年他的收支情形：

打 100 石粮。

4000 多秫秸，3000 捆谷草。

山坡出柴卖了 8000 余元。

领了“配给布”200 尺。

他说没有拉上脚，雇出牛具得回粮食多少不详。

喂 1 个老母猪，1 个大肥猪自己杀吃了。

以上是收入，以下是支出：

交租粮 27 石，出工价合粮 18 石。

吃了 12 石米，合 24 石粗粮，300 斤盐，烧柴除高粱叉外秫秸烧了千余捆。

全家制上了新衣。

牲口吃了高粱 20 石，豆饼 60 块，谷草 1500 捆。

什用 8000 元。

收支相抵，如果牲口吃的有拉脚雇出牛具相抵，可余粮二十余石，现款四五千元。

李荫田：八男三女，4 个劳动力。耕种土地 24 垧，本地 6 垧，押出 3 垧，自种 3 垧，租入 21 垧，内 18 垧每垧 2 石 3 斗，3 垧每垧 2 石租子，有骡马 4 个，1 个车，3 个犁。

去年今年雇年工（劳金）一个零工 70 个。

去年的收支情形：

打粮 95 石。

秫秸 4000 个，卖了 2000 个合 1000 余元，谷草 2500 捆。

喂一个老母猪，现在还有 40 个 80 斤的猪。

拉脚挣 1000 余元。

以上是收入，以下是支出：

交 47 石 4 斗租粮，支付工价合粮 14 石。

吃了 15 石粗粮，盐 200 余斤，烧秫秸 2000 个。

买了 1500 元的布，300 元棉花。

牲口吃 20 石高粱，70 块豆饼，1500 捆谷草。

什用 3500 元。

收支相抵，可余粮十余石。

他的 6 垧本地，是四辈子以前置的。

祝振江：六男十女，3 个半劳动力，耕种土地 34 垧，全是租入者，去年租 30 垧，每垧地 2 石 5 斗租。有骡马 4 个，3 个犁，1 个车。民国十九年至二十二年，父亲种 6 垧地，自己抗活，一骡一马。二十二年至二十八年种 16 垧，3 个马，没有雇劳金，自己做半个劳金。二十八年至三十四年种 30 垧，骡马 4 个，雇 2 个劳金。

今年雇 4 个劳金，一个打头的 7000 元，两个跟做的一个 5000，一个 4000，一个猪倌 1500 元，今年须加工 350 个工。

去年收入情形：

打粮 140 石。

收 5700 秫秸，卖了 5000，合 3500 元，自己柴火打着烧，谷草 3000 个。

喂了 3 个猪，一个卖了 600 元，一个自己杀吃了，一个老母猪。

领了配给布 70 尺，领盐 150 斤。

拉脚挣 4000 余元。

以上是收入，以下是支出：

交 75 石租粮，支付 2 个劳金工价，零工 300 来个，合粮 30 石。

吃了 36 石租，外买盐 200 斤，花 700 元，买 5000 元的布与旧衣。

什费 7000 元。

收入相抵，前年欠 10 石谷子租粮，去年欠 17 石高粱租子，去年粮食之外拉 11000 元饥荒（前年谷子在内）。他的每年收支状况，据他自己说："年年拉饥荒，一年压一年。"

王彦恒：男十八女十三，6 个劳动力，另外有 2 个老头在家做些零碎活。去年耕种土地 56 垧，全是租入者，每垧地 2 石 1 斗租，有 5 个骡马，3 个犁，1 个车。这些地在去年的种法，30 垧黄豆（因为要出荷所以黄豆种得多），20 垧高粱，4 垧谷子，1 垧园子，5 亩粳子，5 亩麦子。今年耕种土地 50 垧，耕 12 垧黄豆，10 垧高粱，1 垧糜子，半垧粳子，1 垧麦子，21 垧半谷子。

去年添工 320 个，今年添工 230 个。

去年收支情形：

打粮 225 石，

收秫秸 10000 个，自己烧一半，出卖 5000 个，合 5000 元，谷草全是自己牲口吃，没有卖的。

喂 7 个猪，瘟死了 4 个。

拉脚挣二三千元。

以上是收入，以下是支出：

交租粮 112 石。

吃了 40 石粗粮，600 斤盐，买 1000 元破烂做家人的穿用。

牲口全年吃了 10 石高粱，10 石黄豆。

什费 5000 元，雇 2 个劳工花去 8300 元，"满洲国"的税捐花消 5000 元。

出入相抵，没听他说拉了饥荒。但他种 20 年地，自己没有置地，只有 8 亩房基，10 间房子。

以上材料的不确实性是显然的，我们向雇农请教了，他们中有一个说："他们的话都不能信，说的都不实在。种地户处处都是钱，处处都可以出钱。高粱叉与豆叉豆秸自己烧完全够了，秫秸全部可以卖。种一二垧小豆，每斗卖价和小米差不多，种一垧粳子，每斤大米 20 元，种 2 垧麦子，拉成面，每斤 18 元；地头地边种麻子，苞米行里种豆角，大豆榨油，养猪养羊，处处都是出钱的。牲口大车拉脚打柴，雇出牛具，倒动买卖，倒动粮食，一趟就可挣三两千，一年少到头也可挣回牲口全年吃的草料，什用花消衣服都不用愁，每家种地户都有钱往外借。"他还说："本地的（即自有地的）种地户比租地户好过。"由这两方面的材料，加以判断，我们可以知道，富农的收入主要分为三项，一个是粮食柴草，一个是副业，一个是车马拉脚雇出牛具倒动买卖，其中第一第三为最主要收入。农村中有套车马不但能种地得粮食"挣死钱"，而且可以"活动经济""挣活钱"。另外还有一个值得注意的问题，即国家税征与地方捐税摊派花消的分担，“满洲国”时一垧地出2石出荷粮，地主出1石，地户出1石，除此以外，地方捐税摊派花消，一般的情况都由地户负担，地东完全不管。

因此，富佃虽然耕种土地之数量，生产规模的大小，占有牲畜农具与雇入劳动力的多少，各方面比富农强，但由于富佃承受了地租与税收两种沉重的封建剥削，富佃在生活水平与经济上的富裕程度却不强于富农，拿雇农的话来说：“本地的种地户比租地户好过。”

富佃承受地主及其国家的地租剥削与税捐剥削，这是富佃与地主关系存在着矛盾的一面，但考查富佃还须特别注意富佃与地主关系存在着妥协的另一面。地主从40%以上没有土地的人中把某人选为他的地户，具有牲畜农具是他考虑的必要条件，是否能为他所用也必在“寻思”之中；富佃的富裕生活，在富佃的意识中，常常认为是地主赐与的。“某某人是某某人的地户”这句话，在农村斗争的初期，积极份子说出来是带着愤懑的，它包含地东地户关系的密切，也含着地户是地东的“托底人”甚至“狗腿子”的意思，事实也是这样。农村斗争中，富佃是最落后的份子，他们总是迟迟不前，不愿出头出力，汉奸地主被清算了，张罗款子的是他的地户，收集运送粮食的也是地户。恶霸被检举，地户出来联名具保；逆产土地被分配了，狗腿子地户就在农民中进行明分暗不分的活动。在农村斗争中，我们深切体验到，富佃与地主矛盾这一面虽是两者关系的基本方面，但要破裂富佃与地主的妥协关系，则须要斗争的深入，须要某些狗腿子受到打击，须要基本群众的力量已经抬头，特别须要斗争中群众已经得到利益。

### 3. 中农

中农在农村中约占户口总数20%左右，他们占有土地10%－20%，占有牲畜10%－20%，耕种土地10%－25%。他们有土地但缺少土地，他们有牲畜农具但缺少牲畜农具，他们有部份人租进一点土地，也有部份人租出一点土地，他们有些人雇出一些工夫，有些人也雇入一些工夫。

值得注意的问题是中农中的富裕中农问题，他们占有土地不一定比中农多，但他们占有牲畜农具都比中农多，他们租入土地多于中农，雇入的劳动力比中农多，因此耕种的土地也比中农多。他们属于中农阶级，但接近于富农，形式上很多的地方也类似富农，有少数正向富农方向发展，并且在一定的政治条件经济条件改变以后其中还有一部份也有可能向富农方向发展。与富农所不同的基本点在于富裕中农的农业生产主要依靠自己的劳动力，雇入的劳动力只占一少部份。例如盟温站屯的富裕中农自有劳动力286个，雇入年工4个，零工1403个，雇入劳动力占其农业生产全部劳动力的10%，万发屯雇入劳动力占全部劳动力的13.6%，头道屯占11.3%。

整个中农阶层从地主手中租入的土地，大部是租给富裕中农，富裕中农租入土地在其耕种土地中所占的地位，盟温站屯是71%，万发屯是29%，头道屯是80%，三道街是50%稍弱。这些说明富裕中农也是深受着地主的地租剥削，深受着封建主义对他们之阻碍。

### 4. 贫农

在4个典型屯子调查中，贫农最少的占户口总数5.3%，最高占18.3%。他们非常缺地，如盟温站屯贫农27户，只有七八垧地，三道街贫农17户，只有18垧地，他们租进的土地也很少，如盟温站屯贫农租入土地只有86.1垧，三道街贫农租入土地一共只有22.4垧。他们自有的牲畜农具也很少，盟温站屯贫农只有骡马16个，三道街贫农只有骡马1个。他们就是依靠上面所有的这点东西来维持其可怜的生活，他们是乡村半无产阶级，其中有一部份除了种点地外，还要出卖劳动力来补助其困苦的年月。

小商人包括豆腐房、小菜园、小什货铺，实际上可属于贫农阶级。老弱残废鳏寡孤独中除了个别是没落地主外，绝大部份都是贫苦无告者。

### 5. 雇农

他们是“地无一垄，房无一间”乡村的无产者。

分为年工与零工两种，按照流行的说法就是“扛活”与“打闲”。扛活一年以十个月计算，零工是论日，作一天算一天，“扛活”占雇农1/3，“打闲”占雇农2/3，一个“打闲”一年可作庄稼活50个（最好的劳动力）闲工二三十、三四十不等，因人及其家庭而不同。

农村中劳动力的流动性很大。农村中五六个屯或十几个屯之中都有一个工夫市，设在庙前，到了夏天，常有数十以至百十来个雇农，扛着锄头，蹲在地上，从天一冒亮就等着，等着东家的雇佣，每人都希望自己能下去，不会“歇工”。他们把一天的命运交给这个自己不能自主的劳动市场了，两方都出工夫价，但地主富农却经过庙里的和尚道士作他们的中人，来最后喊工夫价，并且由道士和尚留下每天工价的底单到每季完了时由东家取回底单，按此清结各季的工夫账。

工资额今年在增资前一个扛活的最高工资9000元，普通六七千元，半拉子2500—3500元。合成粮食最高14石5斗粗粮（今年九月的粮价：谷子900元一石，高粱500元，大豆460元，平均620元一石），普通十一二石，半拉子4石至6石。合成布一个最好的扛活的，一年只能挣60尺布。打闲全年所挣大体上差不多。

工资支付形式：扛活分为三种，一使钱，二给粮，三带地，最普通者是使钱与给粮二者合用，带地者不多。打闲工资最多的是使钱。

我们也做了4户雇农简单的调查：

王明山：三男二女，1个很好的劳动力，租入一间房子住。

去年做忙工50个，得2000元，在油坊吃劳金100天，得2240元，做泥水工20个得500元，共卖工170天，得工资5440元。

打了2个月柴，一天打20捆，大部份自己烧，卖了200余元。

5口人吃了3石小米，合1000元，50斤盐合50元，下酱的豆子花25元，菜是自己种的。什费（香、烛、黄纸、医药、人情往来、零花、小孩零吃）2500元。卖工夫者做了一套新单衣与新棉衣，共花1000元，其他四口人添补点花300元，买双乌拉鞋花100元，其他人的鞋子自己做。余600多元，给女孩买线袜子、头绳及过年的小花衫用掉了，要是没有余富就不买了。

翼玉涛：三男二女，1个劳动力，租间半房子。

去年做忙工30个得1200元，40个闲工，得800元。打12天柴1000多捆自己全烧了。挑菜挣2000元，共收入4000元。

去年吃了小米3石（吃一斗买一斗）合1500元，120斤盐（因下酱多一点）合1200元。买了3件旧衣服花450元，一双乌拉鞋120元，什费400元，年节花消300余元，去年没有吃油，今年吃了200多元的油。

李广成：一男一女，1个劳动力，女人是半残废。租半间房住。

去年全年卖工120得5000元，打柴14天，自己烧。

吃1石小米合500元，盐20斤合200元，男人做一套新棉衣、一套新单衣，共用去2650元。女人换棉衣面合200元，乌拉一双220元，“乌拉绕子”150元，什费（连治女人的病在内）共花1500元，抽烟100元，年节花了1000元。去年收支相抵，拉饥荒1500元。

今年给人抗活，春天讲的工价10个半月8000元，到7月中止已使过4000元（内还债1500元）。

给人家抗活。除管饭外，东家什么都不管，抽烟也是自己花钱，现在烟价300元一斤，一个月要抽一斤烟。没办法只有抽梗子了。和东家吃一样饭，病和误工都要扣钱。

抗活工价涨二三成不够，现在有的抗活者和东家已自动按原讲工价涨了五成，去年秋天也是按原价涨了五成。

王文德：父亲67岁残废人，屋里的30岁，2个男孩，一个9岁，一个5岁，2个女孩，一个10岁，一个1岁。靠他自己挣钱用。

租半间房，花150元。

去年抗活十个半月挣4500元。自己打100捆柴，还外买了200元的柴，不够时由屋里及小孩们收捡点，养一个猪瘟死了，赔了300元。

去年吃2石米合1000元，40斤盐（没下酱）400元。全年只吃3斤多油合50元。全家买了600元布和旧衣，外做一套新棉衣，花了1300元，没有买乌拉，买帽子花70元，年节（3斗粘米，1斗豆子，6斤肉，8斤面，1斤半油，年纸，香烛）花了1000元，人情往来抽黄烟共花500元，至年终算账，欠东家500元。

今年还是抗活，春天讲的8000元，现在（7月中）已使了1500元钱，9斗米，400元的柴，连还债已共使了3750元。用钱最多是下半年，今年又要拉饥荒，一年压一年，每年拉饥荒，这就是他们的日子。

我问他，工价讲粮不好吗？他说：“没有存粮的人家不敢讲粮。”

雇农的生活，柴米油盐没有一样不要用钱买，租这半间房一铺炕，穿的破烂衣；一年挣十来多石粮，比起关内虽说要多，但此地棉花贵（今年九月初一斤棉250元），布贵（本年9月初一尺粗布150元），盐贵（9月初一斤盐38元），除了吃，一家中只一人换上一套新衣，就要“一年压一年，年年拉饥荒”。雇农的生活最苦，被剥削也最重，零工生活最无保证。他们容易被发动被唤醒，他们没有什么顾虑，好坏都是无房无地的穷汉，也没有什么恐惧，有了两只手到处都可卖工。在一切斗争中，雇农（特别是卖零工的）斗争性最强，他们是农民中先锋。

**头道屯富农分类统计表**

| 项目 | | | 分类 | | | | |
|---|---|---|---|---|---|---|---|
| | | | 耕种土地全是租入者 8户 | 租入土地占耕种土地一半以上者 8户 | 租入土地占耕种土地一半以下者 1户 | 耕种土地全是自有者 2户 | 总计 19户 |
| 人口 | 男 | 实数 | 58 | 49 | 2 | 12 | 121 |
| | | % | | | | | |
| | 女 | 实数 | 69 | 57 | 1 | 6 | 133 |
| | | % | | | | | |
| | 计 | 实数 | 127 | 106 | 3 | 18 | 254 |
| | | % | 50 | 41.7 | 1.2 | 7 | 100 |
| | 劳动力 | 实数 | 27 | 15 | 1 | 3 | 46 |
| | | % | 58.7 | 32.5 | 2.2 | 6.5 | 100 |
| 劳动力之雇佣 | 雇入年工 | 实数 | 9 | 19 | 1 | | 29 |
| | | % | 31 | 65.5 | 3.5 | | 100 |
| | 雇入零工 | 实数 | 1420 | 1260 | 70 | 140 | 2890 |
| | | % | 49 | 43.6 | 2.4 | 4.9 | 100 |
| 土地所有租佃及耕种 | 自有 | 实数 | | 56.5 | 4 | 20 | 80.5 |
| | | % | | 70 | 5 | 24.9 | 100 |
| | 租出 | 实数 | | | | | |
| | | % | | | | | |
| | 租入 | 实数 | 231 | 147 | 3 | | 381 |
| | | % | 60.6 | 38.5 | 0.9 | | 100 |
| | 耕种 | 实数 | 231 | 203.5 | 7 | 20 | 461.5 |
| | | % | 50.4 | 44 | 1.4 | 4.2 | 100 |

续表

| 项目 | | | 分类 | | | | |
|---|---|---|---|---|---|---|---|
| | | | 耕种土地全是租入者 8户 | 租入土地占耕种土地一半以上者 8户 | 租入土地占耕种土地一半以下者 1户 | 耕种土地全是自有者 2户 | 总计 19户 |
| 房屋所有及租佃 | 自有 | 实数 | | 22.5 | 1.5 | 8 | 32 |
| | | % | | 70.3 | 4.7 | 25 | 100 |
| | 自住 | 实数 | | 18.5 | 1.5 | 8 | 28 |
| | | % | | 661 | 5.4 | 28.5 | 100 |
| | 租出 | 实数 | | 4 | | | 4 |
| | | % | | | | | |
| | 租入 | 实数 | 44 | 16 | | | 60 |
| | | % | 73.3 | 26.7 | | | 100 |
| 牲畜农具大车 | 骡马 | 实数 | 28 | 27 | 1 | 5 | 61 |
| | | % | 45.9 | 44.2 | 1.6 | 8.2 | 100 |
| | 驴 | 实数 | 4 | 4 | | | 8 |
| | | % | 50 | 50 | | | 100 |
| | 犁 | 实数 | 21 | 19 | 1 | 4 | 45 |
| | | % | 40.7 | 42.2 | 2.2 | 8.9 | 100 |
| | 牛 | 实数 | | | | | |
| | | % | | | | | |
| | 大车 | 实数 | 8 | 8 | | | 16 |
| | | % | 50 | 50 | | | 100 |

**盟温站屯地主分类统计表**

| 项目 | | | 分类 | | | | | |
|---|---|---|---|---|---|---|---|---|
| | | | 5—14 垧<br>7 户 | 15—35 垧<br>5 户 | 40—70 垧<br>2 户 | 90—100 垧<br>4 户 | 170—450 垧<br>3 户 | 总计<br>21 户 |
| 人口 | 男 | 实数 | 16 | 16 | 5 | 17 | 12 | 66 |
| | | % | 24.1 | 24.1 | 7.3 | 26.5 | 18 | 100 |
| | 女 | 实数 | 26 | 18 | 7 | 21 | 21 | 93 |
| | | % | | | | | | |
| | 计 | 实数 | 42 | 34 | 12 | 38 | 33 | 159 |
| | | % | 26.4 | 21.5 | 7.5 | 23.9 | 20.7 | 100 |
| | 劳动力 | 实数 | 3 | 2 | | | | 5 |
| | | % | 60 | 40 | | | | 100 |
| 劳动力之雇佣 | 雇入年工 | 实数 | 1 | 3 | 6 | 30 | 31 | 71 |
| | | % | 1.4 | 4.2 | 8.4 | 42.3 | 43.7 | 100 |
| | 雇入零工 | 实数 | 50 | 260 | 100 | 700 | 700 | 1810 |
| | | % | 2.7 | 14.3 | 5.6 | 38.7 | 38.7 | 100 |
| | 雇出年工 | 实数 | 40 | | | | | 40 |
| | | % | | | | | | |
| | 雇出零工 | 实数 | 45 | | | | | |
| | | % | | | | | | |
| 土地所有租佃及耕种 | 自有 | 实数 | 625 | 127 | 110 | 370 | 832 | 1501.5 |
| | | % | 4.1 | 8.5 | 7.4 | 24.6 | 55.4 | 100 |
| | 租出 | 实数 | 61 | 125 | 108 | 298 | 748 | 1340 |
| | | % | 4.5 | 9.3 | 8 | 22.3 | 55.9 | 100 |
| | 租入 | 实数 | | | | | | |
| | | % | | | | | | |
| | 耕种 | 实数 | 1.5 | 2 | 2 | 72 | 84 | 161.5 |
| | | % | 9 | 1.2 | 1.2 | 44.6 | 52.1 | 100 |

续表

| 项目 | | | 分类 | | | | | |
|---|---|---|---|---|---|---|---|---|
| | | | 5—14 垧<br>7 户 | 15—35 垧<br>5 户 | 40—70 垧<br>2 户 | 90—100 垧<br>4 户 | 170—450 垧<br>3 户 | 总计<br>21 户 |
| 房屋所有及租佃 | 自有 | 实数 | 31 | 43 | 20 | 58 | 100 | 252 |
| | | % | 12.3 | 17 | 8 | 23 | 39.7 | 100 |
| | 自住 | 实数 | 9 | 22 | 17.5 | 47 | 63 | 158.5 |
| | | % | 5.7 | 13.9 | 11.1 | 29.7 | 39.5 | 100 |
| | 租出 | 实数 | 22 | 21 | 2.5 | 11 | 37 | 93.5 |
| | | % | 23.5 | 22.4 | 2.79 | 11.9 | 39.5 | 100 |
| | 租入 | 实数 | 4.5 | 5 | | | | 9.5 |
| | | % | 47.3 | 52.7 | | | | 100 |
| 牲畜农具大车 | 骡马 | 实数 | | 4 | | 10 | 11 | 25 |
| | | % | | 16 | | 40 | 44 | 100 |
| | 驴 | 实数 | | | | | | |
| | | % | | | | | | |
| | 牛 | 实数 | | 1 | | 5 | 2 | 8 |
| | | % | | 12.5 | | 62.5 | 25 | 10 |
| | 犁 | 实数 | | 3 | | | 6 | 9 |
| | | % | | 33.3 | | | 66.7 | 100 |
| | 大车 | 实数 | | | | 2 | 3 | 5 |
| | | % | | | | 40 | 60 | 100 |

**盟温站屯富农分类统计表（一）**

| 项目 | | | 分类 | | | | |
|---|---|---|---|---|---|---|---|
| | | | 5—15 垧<br>22 户 | 16—25 垧<br>22 户 | 26—35 垧<br>14 户 | 36—50 垧<br>5 户 | 总计 |
| 人口 | 男 | 实数 | 71 | 158 | 97 | 45 | 371 |
| | | % | | | | | |
| | 女 | 实数 | 99 | 134 | 106 | 53 | 392 |
| | | % | | | | | |
| | 计 | 实数 | 170 | 292 | 203 | 98 | 763 |
| | | % | 22.5 | 38.2 | 26.5 | 12.8 | 100 |
| | 劳动力 | 实数 | 30 | 55 | 33 | 20 | 133 |
| | | % | 20.9 | 38.6 | 26.6 | 13.6 | 100 |
| 劳动力之雇佣 | 雇入年工 | 实数 | 25 | 31 | 34 | 7 | 87 |
| | | % | 25.6 | 32.4 | 35 | 7 | 100 |
| | 雇入零工 | 实数 | 1840 | 3820 | 3320 | 1400 | 10330 |
| | | % | 17.6 | 37.6 | 31.6 | 13.2 | 100 |
| 土地所有租佃及耕种 | 自有 | 实数 | 89.1 | 213 | 156.3 | 20 | 478.4 |
| | | % | 18.7 | 44.5 | 32.7 | 4.1 | 100 |
| | 租出 | 实数 | 5 | 18 | | | 23 |
| | | % | 21.7 | 78.3 | | | 100 |
| | 租入 | 实数 | 166 | 258.5 | 274 | 187 | 885.5 |
| | | % | 18.8 | 29.2 | 30.9 | 21.1 | 100 |
| | 耕种 | 实数 | 250.1 | 453.5 | 430.3 | 207 | 1340.9 |
| | | % | 18.6 | 33.8 | 32.1 | 15.5 | 100 |
| 房屋所有及租佃 | 自有 | 实数 | 58.5 | 123.5 | 72 | 20 | 274 |
| | | % | 21.4 | 45.1 | 26.2 | 7.3 | 100 |
| | 自住 | 实数 | 49.5 | 102 | 70 | 20 | 241.5 |
| | | % | 20.5 | 42.3 | 29.9 | 8.2 | 100 |
| | 租出 | 实数 | 9 | 21.5 | 2 | | 32.5 |
| | | % | 27.5 | 66.3 | 6.2 | | 100 |
| | 租入 | 实数 | 22.5 | 24.5 | 30 | 30 | 107 |
| | | % | 21.1 | 22.9 | 28 | 28 | 100 |

续表

| 项目 | | | 分类 | | | | |
|---|---|---|---|---|---|---|---|
| | | | 5—15 垧<br>22 户 | 16—25 垧<br>22 户 | 26—35 垧<br>14 户 | 36—50 垧<br>5 户 | 总计 |
| 牲畜农具大车 | 骡马 | 实数 | 51 | 64 | 55 | 25 | 195 |
| | | % | 26.1 | 32.9 | 28.2 | 12.8 | 100 |
| | 驴 | 实数 | | | 2 | 1 | 3 |
| | | % | | | 66.7 | 33.3 | 100 |
| | 牛 | 实数 | 5 | 2 | 6 | 6 | 19 |
| | | % | 26.3 | 10.5 | 31.6 | 31.6 | 100 |
| | 犁 | 实数 | 34 | 57 | 38 | 15 | 144 |
| | | % | 23.6 | 59.6 | 26.4 | 10.4 | 100 |
| | 大车 | 实数 | 13 | 19 | 13 | 5 | 50 |
| | | % | 26 | 38 | 26 | 10 | 100 |

**盟温站屯富农分类统计表（二）**

| 项目 | | | 分类 | | | | |
|---|---|---|---|---|---|---|---|
| | | | 耕种土地全是租入者<br>19 户 | 租入土地占耕种土地一半以上者<br>23 户 | 租入土地占耕种土地一半以下者<br>13 户 | 耕种土地全是自有者<br>8 户 | 总计 |
| 人口 | 男 | 实数 | 110 | 111 | 75 | 39 | 335 |
| | | % | | | | | |
| | 女 | 实数 | 124 | 138 | 90 | 40 | 388 |
| | | % | | | | | |
| | 计 | 实数 | 234 | 249 | 165 | 79 | 727 |
| | | % | 32.2 | 34.2 | 22.7 | 10.9 | 100 |
| | 劳动力 | 实数 | 47 | 49 | 25 | 17 | 138 |
| | | % | 34.1 | 35.5 | 18.1 | 12.3 | 100 |
| 劳动力之雇佣 | 雇入年工 | 实数 | 24 | 26 | 32 | 15 | 97 |
| | | % | 24.8 | 26.8 | 33 | 15.4 | 100 |
| | 雇入零工 | 实数 | 3260 | 3210 | 2750 | 1160 | 10380 |
| | | % | 31.4 | 31 | 26.5 | 11.1 | 100 |

续表

| 项目 | | | 分类 | | | | |
|---|---|---|---|---|---|---|---|
| | | | 耕种土地全是租入者19户 | 租入土地占耕种土地一半以上者23户 | 租入土地占耕种土地一半以下者13户 | 耕种土地全是自有者8户 | 总计 |
| 土地所有租佃及耕种 | 自有 | 实数 | | 124.4 | 207 | 147 | 478.4 |
| | | % | | 26 | 43.3 | 30.7 | 100 |
| | 租出 | 实数 | | | | 23 | 233 |
| | | % | | | | | 100 |
| | 租入 | 实数 | 451.5 | 342.5 | 91.5 | | 885.45 |
| | | % | 51 | 38.7 | 10.3 | | 100 |
| | 耕种 | 实数 | 451.5 | 466.9 | 298.5 | 124 | 1340.9 |
| | | % | 33.7 | 34.9 | 22.2 | 9.2 | 100 |
| 房屋所有及租佃 | 自有 | 实数 | 34 | 75.5 | 103.5 | 60 | 273 |
| | | % | 12.4 | 27.7 | 37.9 | 22 | 100 |
| | 自住 | 实数 | 29.5 | 70 | 94.5 | 51.5 | 245.5 |
| | | % | 12 | 28.5 | 38.6 | 20.9 | 100 |
| | 租出 | 实数 | 4.5 | 5.5 | 9 | 8.5 | 27.5 |
| | | % | 16.4 | 20 | 32.7 | 30.9 | 100 |
| | 租入 | 实数 | 75 | 32 | | | 107 |
| | | % | 70 | 30 | | | 100 |
| 牲畜农具大车 | 骡马 | 实数 | 68 | 66 | 41 | 20 | 195 |
| | | % | 34.8 | 33.8 | 21.2 | 10.2 | 100 |
| | 驴 | 实数 | 1 | 1 | 1 | | 3 |
| | | % | 33.3 | 33.3 | 33.3 | | 100 |
| | 牛 | 实数 | 7 | 7 | 5 | | 19 |
| | | % | 36.8 | 36.8 | 26.4 | | 100 |
| | 犁 | 实数 | 38 | 51 | 36 | 19 | 144 |
| | | % | 26.4 | 35.4 | 25 | 13.2 | 100 |
| | 大车 | 实数 | 17 | 16 | 11 | 6 | 50 |
| | | % | 34 | 32 | 22 | 12 | 100 |

**盟温站富裕中农分类统计表**

| 项目 | | | 分类 | | | | |
| --- | --- | --- | --- | --- | --- | --- | --- |
| | | | 耕种土地全是租入者8户 | 租入土地占耕种土地一半以上者9户 | 租入土地占耕种土地一半以下者3户 | 耕种土地全是自有者9户 | 总计 |
| 人口 | 男 | 实数 | 53 | 46 | 17 | 23 | 139 |
| | | % | | | | | |
| | 女 | 实数 | 32 | 60 | 20 | 25 | 137 |
| | | % | | | | | |
| | 计 | 实数 | 85 | 106 | 37 | 48 | 276 |
| | | % | 30.8 | 38.4 | 13.5 | 17.3 | 100 |
| | 劳动力 | 实数 | 24 | 23 | 8 | 8 | 63 |
| | | % | 38 | 36.6 | 12.7 | 12.7 | 100 |
| 劳动力之雇佣 | 雇入年工 | 实数 | | 3 | | 1 | 4 |
| | | % | | 75 | | 25 | 100 |
| | 雇入零工 | 实数 | 510 | 440 | 235 | 240 | 1425 |
| | | % | 35.8 | 31 | 16.4 | 16.8 | 100 |
| | 雇出年工 | 实数 | | | | | |
| | | % | | | | | |
| | 雇出零工 | 实数 | | | | 40 | 40 |
| | | % | | | | | |
| 土地所有租佃及耕种 | 自有 | 实数 | | 30.3 | 18.8 | 43.3 | 92.4 |
| | | % | | 32.8 | 20.3 | 46.9 | 100 |
| | 租出 | 实数 | | | | 12.5 | 12.5 |
| | | % | | | | | |
| | 租入 | 实数 | 108 | 83.5 | 8 | | 199.5 |
| | | % | 54.1 | 41.9 | 4 | | 100 |
| | 耕种 | 实数 | 108 | 113.8 | 26.8 | 30.8 | 279.4 |
| | | % | 38.7 | 40.8 | 9.5 | 11 | 100 |

续表

| 项目 | | | 分类 | | | | |
|---|---|---|---|---|---|---|---|
| | | | 耕种土地全是租入者 8户 | 租入土地占耕种土地一半以上者 9户 | 租入土地占耕种土地一半以下者 3户 | 耕种土地全是自有者 9户 | 总计 |
| 房屋所有及租佃 | 自有 | 实数 | 5 | 28 | 10 | 25.5 | 68.5 |
| | | % | 7.3 | 40.8 | 14.6 | 37.3 | 100 |
| | 自住 | 实数 | 3.5 | 22 | 10 | 22.5 | 58 |
| | | % | 6 | 37.9 | 17.3 | 38.8 | 100 |
| | 租出 | 实数 | 1.5 | 6 | | 3 | 10.5 |
| | | % | 14.3 | 57.1 | | 28.6 | 100 |
| | 租入 | 实数 | 21.5 | 17 | | | 38.5 |
| | | % | 55.9 | 44.1 | | | 100 |
| 牲畜农具大车 | 骡马 | 实数 | 18 | 18 | 5 | 7 | 48 |
| | | % | 37.5 | 37.5 | 10.4 | 14.6 | 100 |
| | 牛 | 实数 | | 8 | | | 8 |
| | 犁 | % | 12 | 17 | 3 | 2 | 34 |
| | | 实数 | 35.3 | 50 | 8.8 | 5.9 | 100 |
| | 大车 | 实数 | 5 | 5 | 2 | 2 | 14 |
| | | % | 35.7 | 35.7 | 14.3 | 14.3 | 100 |

# 双城县永乐村调查

何方

双城永乐两个屯的调查：这个材料里是双城县永乐村厢白五与正白四两个屯子（包括东王家、小韩家两个窝堡）的农村调查。

## 一、土地占有与阶级关系

这里土地集中的程度是很高的，大部份土地集中在地主手里，农民自耕的部份则占着很小的份量，而无地农户更占着绝对的多数，这样，就使这里土地占有与阶级关系悬殊非常的大，请看下表：

**永乐村 4 个屯子的阶级关系调查表**

| 成份 | | 户数 | 人口 | | 雇用 | 土地 | | | | 占户口 | 占人口 | 占土地 | 无地 | 无房 |
|---|---|---|---|---|---|---|---|---|---|---|---|---|---|---|
| | | | 共 | 劳动者 | 长工 | 自有 | 租出 | 租入 | 耕种 | 百分比 | 百分比 | 百分比 | 农户 | 农户 |
| 地主 | 不在 | | | | | 961.8 | 961.8 | | | | | 42.4% | | |
| | 本屯 | 21 | 72 | 全 5 | | 250.8 | 216.5 | | 34.3 | 5.1% | 28% | 11.1% | | 4 |
| | 合计 | | | | | 1212.6 | 1178.3 | | | | | 53.5% | | |
| 经营地主 | | 7 | 106 | 全 4 | 21 | 380 | 18 | | 162 | 1.6% | 4.1% | 17% | | |
| 富农 | | 16 | 213 | 全 34<br>半 2 | 20 | 287.5 | 6 | 112.5 | 394 | 3.9% | 8.2% | 12.7% | | |
| 佃富农 | | 16 | 241 | 全 36<br>半 2 | 17 | 58.5 | | 403.5 | 462 | 3.9% | 9.3% | 2.6% | 7 | 8 |
| 中农 | | 65 | 537 | 全 119<br>半 14 | | 272.5 | 22.5 | 396.5 | 646.5 | 15.85% | 20.7% | 12% | 29 | 24 |
| 贫农 | | 60 | 345 | 全 94<br>半 5 | | 58.4 | 5 | 117.5 | 170.9 | 14.6% | 13.3% | 2.6% | 50 | 51 |
| 雇工 | 兼佃农 | 109 | 604 | 全 159<br>半 11 | | | | 199.8 | 199.8 | 26.58% | 23.26% | | 109 | 79 |
| | 纯雇工 | 110 | 453 | 全 138<br>半 10 | | | | | | 26.83% | 17.4% | | 110 | 97 |
| | 共 | 219 | 1057 | 全 297<br>半 21 | | | | 199.8 | 199.8 | 53.41% | 40.7% | | | |
| 小商人 | | 2 | 5 | | | | | | | 0.46% | 0.2% | | | |
| 其他 | | 6 | 20 | 全 2 | | | | | | 1.46% | 0.8% | | | |
| 合计 | | 412 | 2596 | 全 591<br>半 44 | 58 | 2269.5 | 1229.8 | 1229.8 | 2069.5 | 100% | 100% | 100% | 305 | 263 |

各阶级的特点：

地主——靠吃租子剥削佃农的土地占有者，其中大部份为不在地主，不在地主有三四十户，他们占有的土地几等于全部土地之半。这些地主中，一部份是在关里或者南满（共8户），他们拿钱托人在这里买了大量的土地（在这两个屯子的只是他们土地的一部份，此外在别处的土地还很多），经过管事的或二地东每年向农民收租，因此大多农民每年出租，但不知道他们究竟种的是谁家的地。他们把这部份地主统名之曰“里城客”，而这些“里城客”绝大多数都是伪满时候的大官吏。不在地主的另一部份是住在本城的。他们的地也不全在这两个屯子，而是别处还有。他们之中大多兼营商业（多为伪满时经管配给的奸商）；也有过去跟日本人作事的，和少数闲居净吃的。不在地主之多，双城是很普遍的，根据其他许多地方的调查也大多如此。

经营地主——有着相当数量的土地，自家经营，但自家却不参加劳动或很少参加劳动，主要的靠剥削抗活的（长工）和打闲的（短工）。譬如这7家经营地主中有一家，自己只有七口人，经营了92垧地，自家没有一个下地的，雇了4个长工，忙时还要雇很多人打短工。

富农——种着自己的地（有的也租一点），自己一定参加劳动（每家差不多都有两三个劳动者）。但主要的是要剥削雇贫农（抗活的特别是打闲的）。他们是农村中的资产阶级。

佃富农——自己没有地或有极少数的地，主要的要从地主手里租种相当数量的地；自家有耕畜（起码一付牛犋）和劳动力（也都在两三个以上），但一定要剥削雇工。他们和富农一样，也是农村中的资产阶级。

中农——自己种着自己的土地（或租人家的），完全靠自己劳动，有时也雇点短工，大多有一两匹马和人插具，也有雇用牛具的。他们是农村中的小资产阶级。

贫农——种着自已的两三垧地（或租种人家三五垧地），有匹把瘦马，或根本没有，土地收入不能解决全部生活问题，因此就得靠出卖劳动力（作短工）以补其不足，他们是农村中的半无产者。

雇工——他们地无一垄，而藉以维持生活的则主要的或全部靠出卖劳动力（给人抗活或打闲）。大多数还没有房住，生活也最艰苦。他们是农村的工钱劳动者，是农村的无产阶级。

在雇工里有一部份人，我们把它叫做“雇工兼佃农”，因为这部份人租种了一半垧地，也有一点简单的劳动工具，但是土地收入却微乎其微，甚至有时还要赔本，由于除了要缴纳很重的租子外，还得雇用牛具，于是他们借以维持生活的主要收入就只有靠出卖劳动力了。所以他们基本上是雇工而不是贫农。

从上表我们可以看出，集中在地主（包括经营地主）手里的土地，竟占耕地面积70.5%，而农民自耕的部份却只有30%，如果把地主和富农的土地加在一起，就占全部耕地的83%，所以无地农民就占着全部人口的绝大多数，75%以上。这就是这里土地占有的大概情形。

## 二、租佃问题

既然大部土地是集中在地主手里的，那么农业生产的经营方式主要的也就是租佃方式，这里的租佃方式根据初步了解，大致可分为下面三种：

1. 死租：也叫“吃租子”，这是一种最普通的租佃形式，即在租地时规定好，佃户应在收获后缴地主以一定的租粮和秫秸。若遇荒年，一般的地主不管，收租照规定的多少，不过有时农民事先向地主要求少缴，余数或者豁免，或者定作欠租，他年补还。但也有不管农民生活要全部收的。

2. 榜青：又分为内榜青、外榜青两种

（1）外榜青——佃户租种一定量的地（每人顶少 5 垧，有十多垧的）。牛具地东出，吃粮佃户拿，种子多为两方各出一半（不一定）。农忙时加工的钱多为地主预支，秋后佃户归还，有时也干脆就由佃户出的。这样到秋后粮秸都对半分（各地规定不完全一样）。

（2）内榜青——牛犋、吃粮、工钱等一切皆由地主出，佃户只出人工，秋后酌量地之好坏作三七分或四六分，地好则三七分（地主七，佃户三），地坏则四六分（地主六，佃户四）。这种办法和抗活带地的情形相类似。

3. 现钱租：即在租地时就由佃户缴地主以现钱，此后就与地主无关，而不再缴任何其他东西了。其实这也是死租的一种，只是先缴而已，与资本主义化的货币地租还不大相同，这种形式也较少，原因是农民大多事先拿不起钱。

这里的租种地和关里一样，都不规定佃期，地主每年有权抽地，这样一则使佃户对土地的关心和经营不积极；二则，剥削也重，佃户缴租的数量和质量都得高些，否则有被抽回的危险。地租（指死租）有重至三石二的（粗粮），平均也在两石二三，但每垧地的产量平均也不过六石，而去年则因地涝关系最高产量，也没有超过六石（不过去年自民主政权建立后，大部也按年成与二五减租了，未减的只有一小部分），但无论如何租额还是很重的。

其次，二地东的剥削在了解租佃问题时也很重要，他们剥削的主要方法是“减地加租”法，就是说经过一下他们的手，每垧租额要增加一二斗，土地要减少几块，他们可以把 10 垧地当 11 垧往外转租，致使农民种的地一垧只有 8 亩。此外还有超经济的剥削，在这里通常的形式，就是农民要给地主或二地东作若干时间无偿劳动，这虽然无明文规定，但似乎已形成了理所当然的常规，不帮他做活，他就会抽地转租的。再如帮忙（地东家有事）送礼之类也很普遍。

## 三、雇工问题

从这两个屯的调查中，可以看到雇工占着过半的户口，而他们则全都没有地。

这里的雇工如上所述，其中一半是种了一半垧地的，而另一半则是纯粹的工钱劳动者。在这后一部份中又有长工与短工之别，其中以短工占着绝大多数，其待遇都是很坏的，长工，包括抗活的、跑腿的，亦即打头的（领头作活的）老板（赶大车、经营牲口）、更倌（打更晚上喂牲口有时作饭）以及半拉子的猪倌等，长工大多正月十五上工，直到腊月十五下工，其中仅清明、端午、中秋和安锄头（锄地前一日）、安镰刀（割地前）等日休息放假，此外从无休息，如果因为有事或害病而耽误工，那是要照当时的工价按日扣钱的。长工所赚工资的形式几乎全是带二垧或二垧半地，外加一两千元，带的地随年成之好坏而产量有所增减，外加的钱大多因误工被扣去了，有时还不够，因为谁能保住谁没有一点事，不害一点病呢？

短工的生活则比较自由点，有时还可种点地或干点其他营生，当工忙时工价高赚的工钱也多，但没有工时就得坐在家里闲吃。

下面是这里14户长工、96户短工的家庭生活调查：

| 雇工形式 | | | 抗活 | 零工 |
|---|---|---|---|---|
| 雇工人数 | | | 18 | 114 |
| 雇工户数 | | | 14 | 96 |
| 生活状况 | 收入(每户年平均) | 工资 | 9.05石 | 8.22石 |
| | | 副业 | 0.3石 | 0.19石 |
| | 支出(每户年平均) | 生活用费 | 7.97石 | 6石 |
| | | 其他 | 1.3石 | 0.89石 |
| | 收支相抵 | 盈 | 0.08石 | 1.52石 |
| | | 亏 | | |

注：表内是以小米作单位估价的，每石以去年价格500元计算。

上表所统计的是110户纯雇工的家庭生活，另一部份兼佃农的在下面再研究。

首先应当说明，雇工家庭的支出几乎仅指食用一项，衣服等支出几未计算在内。许多雇工直到现在还没有衣服穿，往往是三四个人只一条破被，一套棉衣穿三四冬，夏天干脆就光着膀子。其实他们穿戴还最费，但是要都穿了，吃喝便发生问题。因此他们的生活是“俭吃俭用”“年吃年用”的。若果要遇到“荒年闰月”或有点“结婚嫁娶”和“生老病死”的事，那只有“拉饥荒”借债了。所以许多雇工说：“抗他妈一辈子大活，还娶不起一个媳妇！”

在雇工中确实有不少的光棍或跑腿的，许多经营地主或富农也就不仅剥削雇工们的剩余劳动而且还想出各种各样的办法剥削他们应得的工资，这里有以下几种办法：一种是东家于农闲时在家设赌，吸引雇工去耍钱，但往往是雇工输。其次，是打伙吃东西，雇工人少，但常出钱多，譬如东家一份，雇工一份，但东家的小孩、女人也由于人情世故不能不吃，结果雇工就吃亏。所以有些雇工抗一年活，结果连被子都拿不出来，于第二年又得继续干，如此下去，有人就干脆给人家干一辈子，甚至算成东家家里的一个，也就不要钱了。

同时，这里雇工生活的调查是按通常年月计算的，在实际上伪满时的捐税还没有算。而“抓劳工”呢，却往往是在这些人头上出的。所以许多雇工被弄得“倾家荡产”“家破人亡”乃是自然的现象。

雇工们每年的收入即使有点剩余的话，那么积存数年（至十多年的）娶个老婆也就完了，而且往往不够（娶一个老婆须两万到三万元的金额）。结婚后又得养活妻小，所以就很难买房置地，上升为贫农。

## 四、牲畜问题

在目前农业技术非常落后的条件低下，牲畜（牛犋、车、马等）乃是生产中最重要的劳动工具，在划分阶级研究、农业生产与农村经济生活的时候不能不加以注意。

首先看一下这两个屯子的马匹占有情形：

| 属主成分 | 户数 | 牲畜类 | | | | | 占户数百分比 | 占马匹百分比 | 备注 |
|---|---|---|---|---|---|---|---|---|---|
| | | 马 | 骡 | 驴 | 牛 | 共计 | | | |
| 地主 | 21 | 11 | 1 | 1 | 1 | 14 | 5.1 | 4.19 | |
| 经营地主 | 7 | 37 | 6 | | 4 | 47 | 1.6 | 14.03 | |
| 富农 | 16 | 44 | 19 | | 1 | 64 | 3.9 | 19.07 | |
| 佃富农 | 16 | 59 | 6 | 3 | 1 | 69 | 3.9 | 20.6 | |
| 中农 | 65 | 83 | 20 | 4 | | 107 | 15.85 | 31.9 | |
| 贫农 | 60 | 20 | 1 | 1 | | 22 | 14.60 | 6.56 | |
| 雇工 | 129 | 9 | 2 | 1 | | 12 | 53.41 | 3.58 | |
| 其他 | 8 | | | | | | 1.95 | | |
| 合计 | 412 | 263 | 55 | 10 | 7 | 335 | 100 | 100 | |

这就是说14.5％的地主、富农竟占有着57.9％的耕畜，而68％的贫雇农却只有不到11％的耕畜。由此可见，作为农业生产中主要劳动工具的马匹也如同土地一样，主要的是集中在地主与富农手中的。

这里种地离开牲口是简直不行的，而且有一两匹都不行，因为一付犁杖起码套2个，有时汤地就得套4个，甚至5个、6个，至于拉东西也是须要不少牲口的，那么许多贫雇农，甚至中农买不起或买不起那样多的牲口怎么办呢？过去通常解决的办法有下面三种：

1. 插犋：两家甚至三家或四家的马凑在一起，大家轮流着使用，这种情形多行之于贫中农之间。

2. 换工：以人工换马工，就是贫雇农给地主富农干几天活然后换得人家的牛犋给汤一次地，这种情形较少。

3. 出雇：就是无马农户出一定的钱雇用人家的牛犋，一般规定都是从收到种全年计算，去年的价格普通每垧为300元，今年多为600元。这种办法最普遍，因为富户可以此赚很多钱(差不多每家富农都给人家捎地)。

以上三种办法除插犋（仅限于贫富悬殊不大的农户之间的）带有互助性质外，其他两种多少都含有一点剥削性，因为出雇的价格换常都较高，以去年论，300元合1石2斗粗粮，而每垧地的产量因水涝也不过三两石。至于换工则多在不等价的条件之下进行，这种不等价的交换也只对富人有利。

所以在解决了农民土地问题后，牛犋问题就有非常重要的意义了。怎么办呢？只有在互助的基础上实行“组织起来”(上述几种办法都可采取，特别是插具与换工，只是须要在平等的原则下进行就是)，同时可以实行合伙买马，或者各家买马然后插犋，其实所有这些在群众分得土地之后已经由群众自行酝酿起来了。

# 密山县半截河区调查

密山县半截河区分地前概况：下面是半截河区居仁屯和明德屯分地前的概况。材料的来源，是从该二屯的工作报告中摘下来的。

## 一、居仁屯一般概况

居仁屯总计居民129户，716人；牛马牲畜139头；耕地面积626垧。兹列表如下：

| 阶级 | 户口 | 人口 | 劳动力 | 牲畜 | 自有地(垧) | 租种地(垧) |
|---|---|---|---|---|---|---|
| 贫农 | 71 | 308 | 96 | 26 | 8 | 85 |
| 中农 | 36 | 226 | 53 | 54 | 122.5 | 68 |
| 富农 | 14 | 151 | 29 | 59 | 233.5 | 75 |
| 地主 | 3 | 14 | 35 | | 58 | 15 |
| 警特 | 5 | 17 | 6.5 | | 6 | 1 |
| 总计 | 129 | 716 | 219.5 | 139 | 428 | 244(垧) |

分别说明如下：

(一) 贫农71户：贫农成份中包括有雇农、佃贫农、贫农及农村工人和一般贫户。

雇农24户，他们完全没有土地、房屋、牲畜和财产，只靠给别人作长工或出卖零工维持生活。他们的经济状况是一家三四口人，有一个劳动力，租住别人一间半房子，平均三家可以伙喂一口猪；房前房后有小块菜地；主要的是靠挖野菜为菜食，80%的人家，没有过冬的棉衣或棉被。

佃贫农30户，总共租别人土地58垧（最多的租种3垧)，平均每户约租地1垧8亩；牲畜19头，约3户伙喂2头；他们一家五六口人，有一个或一个半劳动力；有2/3的人家缺乏单衣和过冬的棉衣。

贫农7户，种自已地或卖出地（敌人收买之军用地）1垧或2垧，每户间半至三五间房子；平均每户三四口人，有一个或一个半劳动力，其中有3户缺少过冬衣服。

农村工人、木匠、大司釜、理发匠、小商人、老绝户气（无家口的）等贫户共10户，以卖手艺为主，以种少量菜地为副，并出卖零工来维持生活。他们没有房屋土地；1/2的人家缺乏过冬的棉衣棉被。

(二) 中农36户：其中包括佃中农9户，他们完全没有土地，自已有房子3间到5间；共租地57垧，平均每户租种6垧；共有牲畜19头，平均每户有2头。平均每家有八口人，有二至三个劳动力；被服不困难，农忙时要雇短工。中农27户，共有土地122垧，租种别人土地11垧，平均每户种地约5垧（连租种11垧在内）；牛马牲畜35头，三家人约有4头牲口。每户五六口人，劳动力1个至2个（另外，他们在被日本鬼没收及卖出地近卅垧，未计算在内）。

（三）富农14户：其中富农11户，有地227垧，平均每户有地20.6垧；其中最大一户是王忠，有地70多垧；另一户赵成林有地50垧，此外有20垧以上土地者2户，有10垧以上土地者5户；其他都是5垧以下者。总共有牲畜牛马48头，其中以王忠为最多，12头，和赵成林的8头。他们主要靠雇长短工经营土地。王忠雇长工16名，赵成林雇长工4名，农忙时雇短工。平均每年雇300人至500人短工。以王忠为代表的大富农（经营地主）经济，也是政治上勾结敌伪胡匪的地方有力者。

佃富农3户，除有少量土地外，租种别人10垧左右，有牲口11头，平均每户3.7头。有2户各有劳动力3个。有2户雇用长工一人，短工80人左右。

（四）地主和小地主：地主阶级在居仁屯是相当薄弱的，拥有土地最多的是寡妇宋孟氏，她有土地40垧，全部出租。据说，她原有土地50多垧，因押给王忠，没钱赎回，故卖给王忠一部份，才作价赎出现有的40垧土地，家中只有母女2人，靠地租吃饭，在本屯政治经济上都没有地位。另外是有10垧和8垧地的小地主，没有牲畜劳动力，靠地租吃饭，其中有一家是王家烧锅外柜。

（五）伪警特务，在本屯共5户，工作团来时，有一警察，一特务，现在都跑了。

根据上述情形，可以看出居仁屯阶级划分的特点是：

第一，占全屯户口55%、人口43%的广大贫农层，只有土地8垧，占全屯土地0.02%；他们没有房屋、土地和被服，靠给人家抗活和卖短工为生。生活毫无保障。他们迫切的要求解决土地问题。

第二，“大富农”（经营地主）在本屯政治上、经济上占绝对优势，特别是以王忠为代表，他在伪满时代勾结警察、特务，任过本屯屯长，八一五事变后，任半截河区“维持会”副会长。依仗势力强占敌产很多，霸用民众“出荷粮”，开烧锅，压低本屯工价，勾结赖团胡子，强迫居民修筑工事，坚决反对自治军，反对共产党。现在屯长马全也是“大富农”（经营地主）之一，由于本屯地主力量薄弱，贫、雇农与“大富农”（经营地主）间之阶级仇恨，比贫、雇农与地主之间的阶级仇恨还要深。

## 二、明德屯一般概况

明德屯属密山县半截河区，辖5佐26牌，共279户，1711人（据伪满统计只230余户，因小户常数家伙居一房，为减少负担，只报一家，实际数目超过现在数字）。其中男909人，女802人；男劳动力438人，女劳动力326人。熟地1211垧。牲口174头。大车38辆，是半截河富裕之区，紧靠半截河街北。兹列表说明如下。

| 阶级 | 户数 | 人口 | | 劳动力 | | 牲畜 | | | 大车 | 土地 | 备考 |
|---|---|---|---|---|---|---|---|---|---|---|---|
| | | 男 | 女 | 男 | 女 | 牛 | 马 | 骡 | | | |
| 雇农 | 83 | 209 | 175 | 109 | 74 | 5 | 3 | | | | |
| 贫农 | 134 | 390 | 349 | 172 | 134 | 27 | 7 | 1 | 11 | 82 | |
| 中农 | 41 | 163 | 162 | 75 | 63 | 25 | 35 | | 13 | 224 | |
| 富农 | 8 | 65 | 51 | 38 | 20 | 1 | 22 | 1 | 7 | 253 | |
| 地主 | 7 | 70 | 69 | 38 | 29 | 1 | 24 | 2 | 15 | 652 | |
| 其他 | 6 | 12 | 16 | 6 | | | | | | | 为半农半商,种点地之外尚卖点豆腐之类,按生活水准为贫农 |
| 合计 | 279 | 909 | 802 | 438 | 326 | 55 | 111 | 4 | 43 | 1211 | |

从以上统计中，可以看出：地主反以占全屯8.5%人口占全屯 54%的土地；要是加上富农的话，便是以全屯14.9%的人口，占全屯 75%的土地。而占全屯67.5%的雇农和贫农，却只占全屯土地面积 7%。土地问题是很严重的。

# 佳木斯西竹板调查

富振声

佳市西竹板屯是经过了分配敌伪土地和反奸清算斗争的一个屯子，为了解其具体情况，我抽出了一些时间，作了些实地调查，所得的材料是粗浅的，调查时间是六月十三、十四、十七三天。参加调查会的有宋杰峰、彭起先、王思才、丁树森、高平成。

## 一、概况

西竹板距佳市西北 5 里，包括前后竹板、范家屯，322 户，1515 人，民国五六年时完全是荒地，为葛卢两家占有（占山户），他们的地从牤牛哈直到佳木斯镇。民国七八年开了一部份，“九一八”事变前才完全开齐。土地平担，鸡粪土、不渗水，据说原是【】身，打井时打出“场头”。地属中等，高粱包谷每垧可产三石，麦子则一石五六斗。伪满康德六年，开始收铁道用地、无线电台用地，八年收了寄骨寺、孤儿院、生活必需品会社、关东军等用地，至此西竹板屯既耕地的 390 垧中，除江套地 60 垧、河渠地 20 垧外，其他全部被收买了。收价每垧 65 元，但给了 50 元，其他 15 元作了 3 年的大租。此地原住 100 多户，伪康德七年彭起先等 60 户城市贫民被赶出城外，只好在前竹板安身，八年高平成等 50 余户贫民又从强家屯赶到前竹板，前竹板成了贫民的集中地。这些贫民搬来之后，无房可住，就在被强迫指定的一小块地上盖起小房，房檐比人高不多，椽子胳臂粗，房脊相连，街巷窄小。他们无地可种，夏天卖零工，冬天打柴度命。配给比人低（三等），许多贫民吃豆秸蒿草。彭起先全家饿的支不住，跑到孤儿院去住。钱水利的老婆五个孩子，自己没裤子穿蹲在炕上无法下地。夏俊生穷的无法，冬天孩子冻死在炕上。这就是伪满时代贫民的生活情况，外面人称前竹板为“穷棒子屯”。

## 二、分地

日本收买的近地好地，在伪满时租给有力的大户，这屯贫农挤不上。今年3月初，公产管理局出租土地，过去的大家又订了契约，199户贫农租不起（规定上打钱租每垧600—800元，粮租秋后交8斗），瞪着眼没办法。当时竹板屯的旧有土地关系如下表：

| 成分 | 户数 | 人口 | 土地数(垧) |
|---|---|---|---|
| 地主 | | | |
| 富农 | 6 | 59 | 26.50 |
| 中农 | 13 | 80 | 56.00 |
| 贫农 | 270 | 1328 | 0.50 |
| 雇农 | 32 | 44 | |
| 手工作坊 | 1 | 4 | |
| 总计 | 322 | 1515 | 83.00 |

从上表可以看出270户贫户，1328人，只有地5亩，雇农则更无立锥之地。

地方工作团到了该屯以后，征求农民对分地的意见，经过贫苦农民的酝酿，大家要求分地，但已租好地的大户不同意，会上争的很利害，结果贫农选出彭起先等17个代表，到市政府请求分地，市政府批准了他们的要求，于是他们回去即成立农会着手分地。其分地方法是：赤贫者与革命家属分近地一等地，贫农分二等地，中农（有车马者）分三等地，富农分四等地。大人分一份，小人三个分两份。平均每人分两亩四分二。分地总数为283.79垧。

土地分配情况可看下表：

**竹板屯敌伪土地分配表**

| 成分 | 户数 | 人口 | 土地数 | | 牲畜 | 车辆 |
|---|---|---|---|---|---|---|
| | | | 原有土地 | 分得土地 | | |
| 富农 | 6 | 59 | 26.50 | 10.1 | 13 | 6 |
| 中农 | 84 | 559 | 56.00 | 107.82 | 42 | 16 |
| 贫农 | 199 | 849 | 0.5 | 155.79 | 10 | 6 |
| 雇农 | 32 | 44 | | 10.07 | | |
| 手工作坊 | 1 | 4 | | | | |
| 总计 | 322 | 1515 | 83.00 | 283.79 | 65 | 28 |

从上表可以看出分地后阶级关系有了极大变化。

第一，雇农得到了土地，有了一点生活的基础。

第二，贫农减少了，过去是270户，现在只有199户，已有71户上升为中农。

第三，中农增加了，过去13户，现在增加到84户。

第四，富户并未受损失，特别是佃富农，过去无地，现在他已有了自己的土地。

我调查了几个家庭的情况，可看出分地后农民的生产状况。

贫农彭起先，年32岁，6口人：妻子、长子16岁、次子14岁、三子12岁、小的3岁，住一间小房，过去卖零工，去年给王延德榜青，种地3垧，因水涝颗粒未收。去春借王的食粮未还上，今年又刨青6垧。分地时，他分了1垧2亩菜地，租给王世福，钱租1200元。假如明年他自种的话，1垧2亩的菜地，就可维持生活，渐渐由贫农变为中农了。

中农高平成，40岁，15口人，2个劳动力，父亲82岁，妻、小孩5个、弟、弟媳、侄（小孩6个）。去年种地1垧。马1匹，小车1辆。今年分地2垧7亩8分，种包米1垧，谷子1垧，菜地8亩。以前他是贫农，今年就成为中农了。

富农王世福，妻、弟、弟媳、3个小孩，七口人，自有地5垧，分地2垧2亩（按其原有地每人将近8亩地，已超过每人应分地数，此次又分2垧2亩，是不合理的），房子9间，马4匹，车1辆，豆腐房1，租菜地2垧2亩，旱田8垧，钱租每垧400元，粮租每垧8斗；种小麦2垧，大麦半垧，谷子2垧，包米2垧，高粱垧半，稷子1垧，大豆6垧2亩，菜园2垧2亩。雇菜园把头一，每月劳金1200元，旱田把头、菜园把头、车老板等3个人，劳金每人每月900元，随做的5人，两个每人每月劳金700元，一个800元，两个600元，小猪官1，每月300元。这是农村中的生产方式，完全靠雇工生产，雇工工资还应该增高一点。

## 三、春耕

分地后贫民都种上了地，现在已锄了头遍。这个事实完全粉碎了反动份子说“贫民无力耕种”的谣言。他们采取下列几种办法：

（一）换工——如王世福（富农）与贫民高恒月、葛青林、司江、吴玉春等换工，扣地一垧，用5个马2个人，合价450元，人吃马喂都由牛犋主负责，以六七个锄地还工。还工时亦吃自己。

（二）合牛犋——如高平成、萧振合伙，各有一匹牲口，尚缺一匹，又由高借来一匹马，合成一付牛犋，各出两个人，各喂各马，各吃各饭，轮流耕地，又如吴延臣、刘起、王玉祥等3家有马人不足，董兴隆有人无马，他们4家合成一付牛犋，轮流耕地。

（三）雇牛犋——价约450元。

（四）贫民地出租——菜地，租价1000元，旱地400—800元，粮租8斗至1石，以上四种，换工者最多，合牛犋者次之，雇牛犋者又次之，最少者为出租。从上述情况看，换工的双方还比较合理，以6—7个锄地人工，换5个马工2个人工的牛犋工。合牛犋者，以同等的人力畜力，轮流耕作。无力耕种赤贫者，将地租给别人，拿了钱可作其他事业。几种形势是原来农村中已有的，经过农会稍加组织，即成为现在的情况，今后应从这个基础上加以提高，组织规模较大的换工队，以提高农村的生产力。

## 四、农会

农会是在开始分地时组织起来的，在农民中的信仰很高。老百姓说：“什么都得农会说了算。”事实上，西竹板屯的农会，带着半政权的性质，甲上事情得先经过农会商量。会员 110 名，占 1515 人的 17%。会员分为 31 个组。农会干部如下表：

| 姓名 | 人口数 | 土地数 | 自种或出租 | 成份 | 职别 |
| --- | --- | --- | --- | --- | --- |
| 彭起先 | 6 | 1.2 垧 | 租出 | 贫农 | 农会主任 |
| 王思才 | 5 | 1.2 垧 | 代耕 | 贫农 | 农会副主任 |
| 丁树森 | 4 | 0.97 垧 | 租出 | 贫农 | 委员 |
| 阎福海 | 6 | 1.00 垧 | 自耕 | 贫农 | 委员自卫队长 |
| 朱梦德 | 4 | 0.85 垧 | （菜地）租出 | 贫农 | 委员 |
| 高青山 | 5 | 2.00 垧 | 自耕 | 中农 | 委员 |
| 孙庆禄 | 5 | 0.97 垧 | 自耕 | 贫农 | 委员 |
| 路连九 | 3 | 0.60 垧 | 自耕 | 贫农 | 委员 |
| 景常租 | 5 | 0.97 垧 | 自耕 | 贫农 | 委员 |

注：宋杰峰原是农会干部，现已参加工作团，领导该村工作。

这个农会第一成份好，第二他与自卫队相结合（农会委员当队长），第三许多工作他们自己可以独立的作。

另外以农会为中心，成立了妇女会，主任是郭柴氏，有 3 个妇女干部，会员 60 余名，斗争曲子明时曾参加过大会。青年会主任武起成，副主任吴景海，会员数不详。

## 五、自卫队

该村自卫队是在分地中（4 月 8 日）为了保护自己利益和防止小偷土匪而成立的。普通自卫队，凡在 17 岁以上 45 岁以下农民均参加站岗放哨。另一种是基干自卫队，前竹板 18 名，后竹板 18 名，共 36 名。其成份是：贫农 20，占全员 60%；中农 14 人，占 38%；富农 1 人，占 2%。开始时只有红缨枪（约有 20 条左右），4 月 7 日由工作团发了 5 支快枪，前屯分 3 支，后屯分 2 支。晚上每屯 4 个人一班放哨，9 点上班，三个钟头一换。有动静时即加岗，有几天增加到 20 多人。曾来过 2 次“扎孤丁”的，都被赶跑了。五月节后，来了一个土匪，未带枪，自称是胡子，公开向老百姓捐钱，自卫队把他抓起来，送到公安局。直到现在西竹板太平无事。

## 六、清算汉奸秦文勋

伪满时，秦文勋与日本鬼联络，成立蔬菜组合，供给日本关东军蔬菜，强迫西竹板、三合、西门外、万发等4屯种蔬菜约100余垧，每垧强征11000斤，他由兴农合作社借给农户每垧330元贷款，去年6月间农民每垧送菜480斤。当时因鬼子去前方打仗，菜剩的很多，他却拉到自己的买卖天成号去出卖了，但老百姓的菜钱分文未给。今春桦川县政府接收兴农合作社的存款，农民们以为已出了菜，秦文勋自然应将兴农合作社的借款顶上。于是以竹板屯农会为主，联络4个屯子的农民，向秦文勋清算。5月2日各屯召集了400多人，在西门外屯集合，每屯派了2个代表，找他算账。代表在他家等着，他母亲给他送了信，于是他跑了（躲起来了）。代表回来向大家报告秦文勋逃跑的消息，群众非常愤怒，全体到天成号去，他看事不好，找出说合人，群众亦因为开始斗争，没经验，本应算出20多万元，但结果只算出199450元，每垧退出510元，除去330元之借款，每垧退回菜钱180元，农民是胜利了。

## 七、动员新兵

该屯为帮助前方战争，前期曾动员了8名新兵，已开至前方，这8名是经农会挑选年青力壮的农民，给他家庭代耕，在未走前，请他们吃饭，送手巾，肥皂，临走时由农会干部及各甲长亲自送到后勤部，新兵们异常高兴。现正积极继续动员新兵，拟在屯子中动员一个新兵连。

## 八、写在后面几句话

西竹板屯的工作，已有3个多月，现在看来已初具雏形，他的发展规律，是从经济武装再经济的运动中发展起来的。在分地中虽然有些缺点，政权也还没有彻底改造，但在初步发动群众方面是有成绩的。今后可在现有的基础上，实行“耕种者有其田”，改造村政权扩大农民自卫队。

# 呼兰县石人区石人村敖木屯调查

## 一、分地前敖木屯的土地分配状况

敖木沟是石人村的一个小屯子，共163户（其中一部住呼兰也算在内了）1072人。全屯共分八片，没有附属小部落。敖木屯的历史不十分久，住户能超过30年的不超过1/2。敖木屯本屯虽然叫“沟子”，实际上土地相当肥沃，全屯共有土地99222垧，但是人民生活还是相当困苦的。全屯土地约有71.7％在地主及经营地主手中，而占人口总数65.93％的雇农、贫农，却只中农有很少的土地。这从石人区石人村敖木屯土地分配表就可以看出来了。

**石人区石人村敖木屯土地分配表**

| 阶层 | | 项目 | | | | | | | |
|---|---|---|---|---|---|---|---|---|---|
| | | 户数 | 人口数 | 劳动力 | 土地 | 马 | 车 | 房 | 备注 |
| 雇农 | 数量 | 30 | 96 | 21 | | | | 1 | |
| | 百分比 | 18.4 | 8.96 | 12.28 | | | | 0.44 | |
| | 每户平均 | | | | | | | | |
| | 每人平均 | | | | | | | | |
| 佃贫农 | 数量 | 57 | 306 | 43 | 2.53 | 9 | | 16 | |
| | 百分比 | 34.98 | 28.54 | 25.18 | 0.26 | 7.08 | | 7 | |
| | 每户平均 | | | | 0.044 | | | | |
| | 每人平均 | | | | 0.008 | | | | |
| 贫农 | 数量 | 12 | 84 | 20 | 29.2 | 3 | | 24 | |
| | 百分比 | 7.36 | 7.84 | 11.69 | 2.94 | 2.36 | | 10.5 | |
| | 每户平均 | | | | 2.43 | | | | |
| | 每人平均 | | | | 0.35 | | | | |
| 佃中农 | 数量 | 13 | 97 | 22 | 36.7 | 23 | 3 | 2 | |
| | 百分比 | 7.98 | 9.04 | 12.82 | 3.69 | 18.12 | 16.27 | 0.87 | |
| | 每户平均 | | | | 2.82 | | | | |
| | 每人平均 | | | | 0.37 | | | | |
| 中农 | 数量 | 15 | 115 | 27 | 92.45 | 16 | 1 | 37.5 | |
| | 百分比 | 9.2 | 10.73 | 15.79 | 9.31 | 12.59 | 5.56 | 16.42 | |
| | 每户平均 | | | | 6.16 | | | | |
| | 每人平均 | | | | 0.84 | | | | |
| 佃富农 | 数量 | 6 | 85 | 26 | 35.75 | 50 | 9 | 36 | |
| | 百分比 | 3.68 | 7.92 | 15.3 | 3.63 | 39.38 | 50 | 15.78 | |
| | 每户平均 | | | | 3.96 | | | | |
| | 每人平均 | | | | 0.42 | | | | |
| 富农 | 数量 | 3 | 70 | 9 | 89.6 | 20 | 5 | 37 | |
| | 百分比 | 1.84 | 6.52 | 5.26 | 8.99 | 15.75 | 27.7 | 16.18 | |
| | 每户平均 | | | | 29.77 | | | | |
| | 每人平均 | | | | 1.37 | | | | |

续表

| 阶层 | | 项目 | | | | | | | |
|---|---|---|---|---|---|---|---|---|---|
| | | 户数 | 人口数 | 劳动力 | 土地 | 马 | 车 | 房 | 备注 |
| 经营地主 | 数量 | 2 | 24 | 3 | 56 | 6 | | 12 | |
| | 百分比 | 1.24 | 2.24 | 1.78 | 5.63 | 4.72 | | 5.15 | |
| | 每户平均 | | | | 28 | | | | |
| | 每人平均 | | | | 3.34 | | | | |
| 地主 | 数量 | 25 | 195 | | 650.37 | | | 62.5 | |
| | 百分比 | 15.32 | 18.19 | | 65.54 | | | 27.84 | |
| | 每户平均 | | | | 26.02 | | | | |
| | 每人平均 | | | | 3.33 | | | | |

此表说明：

（一）拿户数同人口数的百分比来说，雇农、佃贫农、贫农佃、中农的户数，占全屯总户数的68.72％，而人口则占全屯人口55.30％；相反的，富农和地主的户数占全屯户数18.4％，人口则占全屯人口26.96％。这就是说，贫雇农每户的平均人口少，富农地主每户的平均人口多。但是：

（二）拿劳动力来说，雇农、贫农、佃中农的劳动力占全屯劳动力61.97％；富农和地主的劳动力占全屯劳动力7.04％。这就是说，雇贫农和佃中农的人口虽然少，但是劳动的人多，差不多每个人都从事劳动，除了小孩和有残疾者外；富农和地主的人口虽然多，但是劳动的人少，而且绝大部份的人是不劳而食的，当然富农、经营地主和地主又有程度上的差别，这从表上亦可以看出来的。这是什么道理呢？这是因为：

（三）占全户数68.72％的雇贫农和佃中农，只有6.89％的土地。相反的占全户数18.4％的富农和地主（包括经营地主）却占了80.16％的土地。这就是地主阶级和富农（两者有差别）为什么可以不劳而食的基本原因，因为他们掌握着农村中的土地。而没有土地的贫雇农，便只有出卖劳动力来维持自己的生活。

（四）还可以看出，中农（包括佃中农）和佃富农的车马最多，生产力强，但是他们的土地少。

## 二、分地后敖木屯的阶级变化

在实行“耕者有其田”和群众自己动手解决土地问题以后，敖木屯的土地便部份的从地主手里转移到贫雇农手里了。在阶级关系上引起了极深刻的变化，从附表便可看出来。

**分地后敖木屯阶级变化表**

| 阶级 | | 项目 | | | | | | |
|---|---|---|---|---|---|---|---|---|
| | | 户数 | 人口数 | 劳动力 | 土地 | 马 | 车 | 房 |
| 雇农 | 数量 | | | | | | | |
| | 百分比 | | | | | | | |
| | 每户平均 | | | | | | | |
| | 每人平均 | | | | | | | |
| 佃贫农 | 数量 | | | | | | | |
| | 百分比 | | | | | | | |
| | 每户平均 | | | | | | | |
| | 每人平均 | | | | | | | |
| 贫农 | 数量 | 80 | 376 | 70 | 340.79 | 35 | | 67 |
| | 百分比 | 49.08 | 35.07 | 41.51 | | 37.56 | | 29.37 |
| | 每户平均 | | | | 4.26 | | | |
| | 每人平均 | | | | 0.902 | | | |
| 佃中农 | 数量 | 3 | 19 | 9 | 14.70 | 7 | 1 | |
| | 百分比 | 1.84 | 1.77 | 5.25 | 1.52 | 5.52 | 5.56 | |
| | 每户平均 | | | | 4.9 | | | |
| | 每人平均 | | | | 0.77 | | | |
| 中农 | 数量 | 42 | 321 | 51 | 253.73 | 38 | 5 | 83 |
| | 百分比 | 25.78 | 29.85 | 29.82 | 26.32 | 29.9 | 27.77 | 36.43 |
| | 每户平均 | | | | 6.04 | | | |
| | 每人平均 | | | | 0.79 | | | |
| 佃富农 | 数量 | 3 | 34 | 10 | 23.80 | 10 | 3 | 6 |
| | 百分比 | 1.84 | 3.17 | 5.86 | 2.46 | 7.87 | 16.67 | 2.63 |
| | 每户平均 | | | | 7.93 | | | |
| | 每人平均 | | | | 0.70 | | | |
| 富农 | 数量 | 9 | 127 | 29 | 117.0 | 34 | 8 | 66 |
| | 百分比 | 5.52 | 2.84 | 16.97 | 12.14 | 26.78 | 44.44 | 28.94 |
| | 每户平均 | | | | 13 | | | |
| | 每人平均 | | | | 0.92 | | | |

续表

| 阶级 | | 项目 | | | | | | |
|---|---|---|---|---|---|---|---|---|
| | | 户数 | 人口数 | 劳动力 | 土地 | 马 | 车 | 房 |
| 经营地主 | 数量 | 1 | 8 | 1 | 12 | 3 | | 6 |
| | 百分比 | 0.36 | 0.74 | 0.58 | 1.24 | 2.36 | | 2.63 |
| | 每户平均 | | | | 12 | | | |
| | 每人平均 | | | | 1.5 | | | |
| 地主 | 数量 | 25 | 195 | | 201.74 | | | |
| | 百分比 | 15.32 | 18.19 | | 20.94 | | | |
| | 每户平均 | | | | 8.07 | | | |
| | 每人平均 | | | | 1.03 | | | |
| 总计 | 数量 | 163 | 1072 | 171 | 963.79 | 127 | 18 | 228 |
| | 百分比 | | | | | | | |
| | 每户平均 | | | | | | | |
| | 每人平均 | | | | | | | |
| 说明 | 1.屯农会保管1台大车。<br>2.土地分配后，有28.43垧由屯农会经营。<br>3.25户地主虽分了，今年阶级划分，仍把他放在地主之内。 | | | | | | | |

（一）从阶级变化来说：完全没有土地的雇农和佃贫农（只有一两家有地），已全部（87户）获得了土地，上升为贫农；甚至部份的升为中农或佃中农。

（二）贫农或佃中农亦分得了土地，而升为中农。

（三）富农数字增多，这是由于个别中农和佃富农分得了土地而上升为富农的。

（四）25家大地主已变为小地主。从土地的数字上来说，便明显了。

（五）在分地前占68.70％户的雇贫农和佃中农，只占6.90％的土地，现在则变过来了，根本消灭了雇农和佃贫农，而贫农和佃中农则以占全户数50.9％的数字，获得了35.3％的土地了；而占全户数21.5％的富农和地主，在数字上看起来是增加了（主要是富农增加了），但在土地占有的百分比上来看，已从80.16％降为34.30％了。

（六）在车马和房屋方面亦有了变动，雇农、贫农、佃中农，不但分得了土地，而且部分的解决了车马和房屋问题。

为了进一步说明分地前后的土地关系，特列表如下：

| | 分地前 | | | | 分地后 | | | | 备考 |
|---|---|---|---|---|---|---|---|---|---|
| | 自有地 | | 租入地 | | 自有地 | | 租入地 | | |
| | 户数 | 土地数（垧） | 户数 | 土地数（垧） | 户数 | 土地数（垧） | 户数 | 土地数（垧） | |
| 1垧以下 | 4 | 4 | 20 | 20 | 3 | 3 | | | |
| 1.1—2(垧) | 10 | 17.90 | 23 | 45 | 6 | 10.95 | 1 | 1.8 | |
| 2.1—3(垧) | 9 | 27.40 | 9 | 25.60 | 36 | 98.05 | 2 | 6 | |
| 3.1—4(垧) | 7 | 26.30 | 4 | 15.40 | 35 | 128.76 | | | |
| 4.1—5(垧) | 7 | 34 | 7 | 32.85 | 28 | 127.10 | 4 | 18 | |
| 5.1—10(垧) | 15 | 113.02 | 7 | 51 | 38 | 277.33 | 12 | 88.89 | |
| 11—25(垧) | 15 | 284 | 11 | 178.06 | 16 | 285.57 | 4 | 56 | |
| 26—50(垧) | 7 | 187.6 | 3 | 114 | 1 | 33 | | | |
| 51—100(垧) | 1 | 74 | 2 | 142 | | | | | |
| 101—200(垧) | 2 | 250 | | | | | | | |
| 合计(垧) | 77 | 992.22 | 86 | 624.65 | 163 | 963.79 | 23 | 170.69 | |

上表说明：

（一）在分地前，163户只有77户有土地，86户53%没有土地，大部份土地集中在25垧地以上的10家富农和地主手里（按土地数字大致可以看出阶级成份），甚至有2家地主土地在100垧以上。分地后情形就不同了，163户都获得了土地，土地是分散了，而以2—10垧的户数最多，顶多的不过33垧（只一家）。

（二）分地前租人地种的有86家，分地后只有23家，租地户在分地后减少了。在分地前被租种的土地是624.65垧，分地后被租种的地是170.69垧，减少了453.96垧，也就是说453.96垧地不再给地主出租子了，而是属于农民自己的了。

（三）从分地后的土地关系来说，并不是实行均产，因为有1垧地的，也有33垧地的，只不过实行“耕者有其田”罢了。另一方面说明并没有消灭剥削关系，因为还允许部份出租的土地存在，而只是限制了剥削。不过这部份出租土地的地主的生活，唯一的保障是从“不劳动走向劳动”。

注：本材料是从呼兰工作报告种摘下来的。

# 穆棱县八面通调查

清和村：清和村离八面通西南15里，全村154户，共812人，为八面通全区中较大的屯子。

## 一、九一八前的概况

九一八前这一带的总地名叫清茶馆，包括现在的清和、钟山两个村，其管属范围，若以现在的清和村作中心，西南至祥顺屯15里，东南至太和屯沟里20里，东至四方台边境5里，北至老车站10.5里，西至四平屯边境3里。户口分布：小城子（即现在的钟山屯）70多户，太平沟40多户，清茶馆沟里30多户，清茶馆（现在的清和村）160多户，另有一二十户散居各处，总共约350户，1200多人。

清茶馆全区已耕土地有1200垧，计平地300垧，其中有70多垧大洞子地（次等平地），其余都是山坡地。土地都属私有。当地最大地主张昆程，父为大同县官，在本地移民开垦初期，他骑马所至，土地即归他私有，因此南至马桥河沟40里，都是他的土地。其父民国十六年死于吉林，本人亦死于康德六年，地产由其妹经理，她居住哈尔滨。在清茶馆区内，归他所有出租的熟地约120垧（均山坡地），每垧地可收2石5斗豆子，地租5斗，另有在沟里的四五十垧，因闹土匪不易耕种，又怕荒芜，故不收租，白给人种。较次的地主有阎德三，有平地50垧，半山坡地40垧，两者平均打豆子3石，地租1石2斗，大豆包米各半；何祥阁有山坡地50垧，每垧打豆子2石半，租子7斗。其余地主都是出租七八垧至十几垧的小地主。各阶级对土地占有的比重，因年代久远，无法具体统计。据各种材料看来，当时耕种10垧上下土地的中农，及30垧地以下的富农，占相当大数量，估计约占全农户数的40%，他们土地大多租自地主，自有地不足2/10。他们除自己参加劳动外，农忙时雇一两个短工，有的则雇一两个长年“劳金”。这部分农户占着较大的比重，这是由于他们来得早，先开垦或先租得了已耕的熟地，后来的移民只好给他们吃“劳金”。

## 二、九一八后所起的变化

大同二年（1932年）伪政府命令把清茶馆合并为4个屯，即小城子、清和屯、二和屯、清茶馆沟里。康德二年又归并成两个屯，即现在的钟山屯和清和屯。屯的四周掘一丈二尺阔，八尺深的壕沟，以防活跃于四周的抗日联军。康德四年更建立大墙，圈在墙外被拆的房屋有20多家。当时钟山屯有70多家，清和屯有160多家。

已耕土地，钟山屯约500垧（内平地约300垧），清和屯约700垧（内平地约100垧），其余都是山坡地。

大同二年修飞机场，占去好平地120垧（其中钟山屯为80垧），每垧给价60元。康德九年“满拓”占去180垧，尽是山地，都在清和屯区内，每垧给价80元。在这地上的耕种户没有变动，只是交租给“满拓”。每年地租20元。康德十年“关东军”又占去山地150垧，每垧给价80元（市价每垧300元），盖兵营炮台，四面钉桩，老百姓不让进去。也有部分军用地，因日本人还未使用到，原种户仍可在该地耕种，不过农作物无保障，日本人随时都可占用此地。

上述三次共占地约440垧，占钟山、清和两屯全部熟地的1/3弱，现遽能调查出的401垧土地中，除属雷峰村公所“公有地”48垧外，其余31户被占土地353垧，其中20垧以上的3户，10—20垧的14户，10垧以下的14户，平均每户占去11垧4亩。这使不少地主丧失了赖以收租的土地，不少自耕农亦成了“满拓”的佃户。

九一八后的14年中，日人允许私有土地的买卖，因为一般穷户根本无地可卖，更买不起土地，故除四份较大的土地买卖外，地权转移不大，计：

康德六年：何祥阁卖给白润之70垧，每垧价100元；

康德十一年：朱生海卖给阎鲁尊20垧，每垧100元；

康德十二年：吕殿有卖给黄村长16垧，每垧100元；

康德十二年：吴国祯卖给朝鲜人地6垧，朝鲜人又转卖给赵一昌，每垧100元。

## 三、分地前土地分配状况

分地前全屯共有154户，除一两家外，都是种地户。据现在调查，全屯共可耕熟地965垧2亩。

| 项目 | 名称 | 总数(垧) | 归本屯农户所种(垧) | 备考 |
|---|---|---|---|---|
| 私有地 | 本屯地主所有 | 146 | 全部 | 本屯地主20户,平均每户有地7垧3亩。 |
| | 外屯地主所有 | 464 | 376.6 | 外屯地主26户,平均每户有地18垧8亩。 |
| 公有地 | 开拓地 | 167 | 92.0 | |
| | 军用地 | 130.2 | 118.2 | |
| | 雷峰村公所属地 | 58 | 30.0 | |
| 总　计 | | 965.2 | 762.8 | |

从上表中看出：（一）本村境内共有可耕熟地965垧2亩，归本屯农户耕农的共762垧8亩，若再除去军用地中不能耕种部分，以70垧计，则全村154户，实耕地692垧8亩，平均每户种地不足4垧半。（二）全村154户中，有地的只20户，占全户的13%，即全村农户的87%没有土地。20户共有地146垧，其中有地10垧以上的5户，5垧以下的9户，最多的是伪满屯长赵毓昌，有地23垧，总平均每户有地7垧2亩。（三）本村内私有地的68.4%在外村地主手里，这些地主中有地较多者有以下9户：

阎德三：55垧，儿子伪满时穆棱县财务主任；

张昆程：50垧，父曾为大同县官，本人抽大烟不做事。均已死亡；

白润之：35垧，伪满时梨树镇街长；

彭静轩：35垧；

周　明：30 垧，日营福田公司掌柜；

许国庆：30 垧，伪满警尉；

谢永福：28 垧；

宋殿库：28 垧；

黄维新：20 垧，伪满八面通村长。

除上述 9 家有地 20 垧以上者外，另有 10—20 垧的小地主 9 家，以上 18 家共有地 428 垧，占本屯全部私有地 610 垧的 70%强。18 家中有 13 家是专靠吃租为生的地主，5 家本身租种一部份地。26 户外村地主，占地 464 垧，平均每户有地 17 垧 8 亩，与本屯有地户平均每户有地 7 垧 3 亩比较，超出一倍还多。这些外屯地主的土地，除一部分佃户在外屯外（共种地 78 垧 4 亩），其余佃户都在木村。即是说，本村的佃户每年要向住在外屯的地主缴纳 376 垧 6 亩地的地租，若以平均每垧地租 6 斗半计算，合粮 244 石 7 斗 9，其负担者当然主要落在无地或地少的贫农和中农身上。而这些住在八面通街上的地主，前面的表里也说明了他们的面目，有地 20 垧以上的 9 户地主，现已查明者其中 6 户都与日伪有关，或直接为其作走狗，另 3 户本人虽未直接参与敌伪机关做事，但能保持较大块土地不为敌伪占用，若与日伪中无若何依存关系，一般说是较困难的。

现在进一步看看未分地前，各阶级对土地及财富占有的情形。见下表：

| 阶层 | | 项目 | | | | | | | | |
|---|---|---|---|---|---|---|---|---|---|---|
| | | 人口 | 劳动力 | 牲畜 | 区有地自种（垧） | 已有地出租（垧） | 租地（垧） | 车 | 房子 | 备考 |
| 雇农 | 10 户 | 19 | 11.5 | | | | | | | |
| | 平均每户 | 1.9 | 1.1 | | | | | | | |
| 贫农 | 101 户 | 440 | 134 | 47 | 3.5 | | 249.8 | 19 | 107 | 无牲畜 65 家，无房 42 家，无地 99 家。 |
| | 平均每户 | 4.3 | 1.3 | | | | 2.5 | | 1 | |
| 中农 | 33 户 | 273 | 71.5 | 70 | 92.9 | 4 | 197.4 | 28 | 103 | 无地户 17 家。 |
| | 平均每户 | 8.2 | 2.2 | 2.1 | 2.9 | | 6 | | 3 | |
| 富农 | 6 户 | 64 | 18 | 19 | 20 | 6 | 81 | 5 | 31 | 无房 1 家，无地 4 家。 |
| | 平均每户 | 10.6 | 3 | 3.1 | 3.5 | | 13.5 | | 5 | |
| 地主 | 2 户 | 11 | 2 | 10 | 15 | 22 | | 3 | 6 | |
| | 平均每户 | 5.5 | 1 | 5 | 7.5 | | | | 3 | |
| 其它 | 2 户 | 5 | 1 | | | | | | 2 | 无房 1 家，无地 2 家。指孤寡和小学教员。 |
| | 平均每户 | 2.5 | 0.5 | | | | | | 1 | |
| 合计 | | 812 | 238 | 146 | 131 | 32 | 528.2 | 55 | 249 | |

从上表中看出未分地前各阶级特征：

（一）10 户雇农除劳动力外，一无所有，雇佣方式多数采取“地劳金”形式，少数出卖短工，他们多是外来的移民，在此落脚不久。

（二）贫农 101 户，占全村户口的 70%，他们平均每家不足一个半劳动力，租种 3 垧半左右土地，64%的人家没有牲口；81%的人家没有车，41%人家没有房子。101 户中只有 2 家共有地 2 垧半，就是说 98%的人家没有一亩地，他们和雇农都是农民中最贫苦的阶层。

（三）中农 33 户，占全村户口的 22%强，平均每家有 2 个多劳动力，2 个多牲口，3 间房子，耕种 6—10 垧左右土地，一半人家没有地，15%人家没有车，他们自己耕作的能力比较强，农忙时有的亦需雇短工。他们一年的辛劳，勉强够维持全家的吃穿，在伪满时代，苛重的负担逼使他们的地位日益下降。

（四）富农 6 户，平均每家有 3 个劳动力，3 个多牲口，5 间房子，耕种 10 垧以上土地，他们主要特征先雇佣“地劳金”，或较长时期的“月工”和“短工”。这一带因大量土地被日人占有及有地户都在外村的缘故，富农本身私有地很少，6 户中仅 2 户共有地 26 垧，耕种地的 80%都是租来的。6 户中有 2 户种地较多，一户 32 垧，一户 23 垧。其余都是种十几垧的小富农，他们大多因劳动力少不得不雇“地劳金”帮助劳作。其中有的人家按其一年的财富收入情形看来，境况并不比有些中农强多少。

（五）本村的大地主大多住在分屯，上表中的 2 户共有地 37 垧，自耕 15 垧，出租 22 垧，平均每家有 5 个牲口，一个半车，3 间房子。他们不仅土地数量少，而且自己也耕种小部份土地，他们不是纯粹靠租子为生的地主。

## 四、分地后的阶级变化

各阶级私有土地状况，分地前与分地后发生了很大的变化，这可从下表中看出来。

**分地前与分地后各阶级私有实耕土地比较表**

| 成分 | | 比较 | | | | | | |
|---|---|---|---|---|---|---|---|---|
| | | 分地前 | | | 分地后 | | | 参考 |
| | | 自有土地 | 租入土地 | 实耕土地 | 自有地 | 租入地 | 实耕地 | |
| 原雇农 10 户 19 人 | 土地总数（垧） | | | | 11.4 | | 11.4 | |
| | 每户平均 | | | | 1.1 | | | |
| | 每人平均 | | | | 0.63 | | | |
| 原贫农 101 户 440 人 | 土地总数（垧） | 3.5 | 249.8 | 252.3 | 264.8 | 43.5 | 308.3 | |
| | 每户平均 | | | 2.5 | 2.6 | | 3 | |
| | 每人平均 | | | 0.57 | 0.6 | | 0.7 | |
| 原中农 33 户 273 人 | 土地总数（垧） | 96.9 | 197.4 | 290.3 | 207 | 10 | 217 | 未分地前有 4 垧出租 |
| | 每户平均 | 2.9 | | 8.8 | 6 | | 6.5 | |
| | 每人平均 | 0.35 | | 1 | 0.75 | | 0.79 | |

续表

| 成分 | | 比较 | | | | | | |
|---|---|---|---|---|---|---|---|---|
| | | 分地前 | | | 分地后 | | | 参考 |
| | | 自有土地 | 租入土地 | 实耕土地 | 自有地 | 租入地 | 实耕地 | |
| 原富农<br>6户<br>64人 | 土地总数（垧） | 26 | 81 | 101 | 52.2 | 17 | 69 | 未分地前有6垧出租 |
| | 每户平均 | 4.3 | 13.5 | 17 | 8.7 | | 10.5 | |
| | 每人平均 | 0.4 | | 1.5 | 0.8 | | 1.0 | |
| 原地主<br>2户<br>11人 | 土地总数（垧） | 37 | | 15 | 20 | | 11 | 其中一家，即赵玉良土地已分，未分地前37垧中出租22垧，分地后20垧中出租9垧 |
| | 每户平均 | | | | | | | |
| | 每人平均 | | | | | | | |
| 其他<br>2户 | 土地总数（垧） | | | | 3 | | 3 | 1户教员，1户孤寡 |
| | 每户平均 | | | | | | | |
| | 每人平均 | | | | | | | |
| 总计 | | 163.4 | 528.2 | 668.6 | 558.4 | 70.5 | 619.7 | |

从上列比较表中，可看出分地后各阶级有以下的变化：

（一）10户雇农从一无所有到每人分得6亩地，奠定了他们安家立业，上升为贫农的基础；

（二）101户贫农，以前只2家共有3垧半土地，即以实际耕种地计算（租入的）平均每户只种2垧半，平均每人不足6亩；分地后情况完全改变，440人共分得土地264垧8亩，平均每户自有地2垧6亩，最少每人有地6亩，可见总数字和平均数字都超过了以前。再加上未生变化的一部份租入地，他们明年实际耕种的土地，平均每户能有3垧，每人能耕地7亩。从阶级关系上说，虽然他们还不能摆脱贫农的地位，但分得了土地，已使他们有了改善自己经济生活的可能，获得了向上发展最重要的条件。

（三）33户中农，20户分得了土地，以前平均每户只有地2垧9亩，平均每人3亩半，分地后平均每家已有地6垧，平均每人7亩半。

（四）佃富农分得了大于自己原有地一倍多的土地，而实际耕种的面积则比前缩小了。特别有2户大的佃户，分得的土地不能满足他们现有耕种能力的要求。

（五）本村地主两家，一家经清算分了地，另一家出租地9垧，分地后情况未变。以前街上少数几家大地主占有了本村大部份土地，这种情况，现在已经不存在了。

总之他们翻了身，从经济上说，最主要的标志是分得了土地，他们（除地主外）以前耕地的82%是租入的，现在相反，89%的土地是自己的，租入地只占11%。只有获得了土地，他们才能从几千年的穷困深渊中挽救出来。

注：本材料是从该地工作报告中摘下来的。

# 辽阳县首山铺调查

## 前 记

首山铺在辽阳县城西南 15 里，首山车站东 6 里，正处首山东麓。这是一个中等的农村，土质平常，有 1/4 的耕地是坡地，一部份是洼地。本来有一个黄家甸也属本屯所辖，为了调查的方便，把它舍弃了。调查的方法是逐户访问。访问之后，参照了本屯的“土地台账”和“户籍薄”，又经过侧面调查，互相对证，大体是接近真确的。但是因为旧历年迫近，调查必须匆匆结束，错误和遗漏亦自难免。原拟调查的提纲，本来包括农产量、农户收入和消费，伪满时各种负担等项，在进行中因时间有限，感到这几项最难弄清，便把这几项也都舍弃了。

关于土地买卖和典当关系，我们曾作过调查，但觉其可靠性很差，所以本文也未加叙述。只有一户富农典进 11 亩土地，把它归入租地去了。

调查的时间，是 1946 年 1 月 17 日至 29 日。

## 一、人口、劳动力

首山铺的户口是 137 户。人口：16 岁以上的 388 人，16 岁以下的 370 人，共为 958 人。参加农业劳动的共为 146 个全劳动力（包括自作及雇入劳动力，不包括雇出劳动力；半劳动力 2 个折算为 1 个全劳动力）。

本屯农户当工业工人的 66 人。计在南满路及南满路的灵山机关区作工的 34 人；在鞍山，立山弓张岭等矿山作工的 10 人；其它各大工厂作工的 22 人。此外本屯有“国兵”6 人；在外当“劳工”（勤劳奉仕）的 18 人。为什么本屯有这么多工业工人？第一，本屯离辽阳和鞍山工业区都不远；其次是日伪强抓“劳工”的结果，许多人为了逃避“劳工”而自动到各工厂去作工。“八一五”之后，本屯工业工人 66 人中还留外未归或尚继续到厂上工的不过 10 余人。“国兵”和“劳工”则已全部回家。回家的工人有半数以上希望工厂复工还继续到厂里去。另外部分则表示，本来到工厂去就是为了躲“劳工”，既然将来不要“劳工”，愿意留在家里种地。

“八一五”之后，本屯参加部队的 2 人，一在分区特务团，一在县保安队。在外赶车拉脚失踪未归的 2 人。

这样计算，本屯今年增加了约七八十个壮年劳动力，比原来全屯的农业劳动力增加了约 50%，这个变动是很大的。

除上述人口外，寄居本屯但无户籍的有 4 人，一个“古炉匠”，一个“磨剪子”的，一个学校“堂役”，一个“要饭”的。

## 二、土地所有关系

本屯所有的全部耕地是3602.8亩，平均每户可有地26亩，每人可有地3.9亩。这和辽阳全县人口、土地的平均数字大体相近。下表是土地所有的分组统计：

所有土地面积分组统计表

| | | |
|---|---|---|
| 无地 | 52户 | |
| 5亩以下 | 15户 | 零细土地 |
| 5亩以上至10亩 | 12户 | 小土地所有者共39户 |
| 10亩以上至15亩 | 11户 | |
| 15亩以上至20亩 | 9户 | |
| 20亩以上至25亩 | 4户 | |
| 25亩以上至30亩 | 3户 | |
| 30亩以上至40亩 | 6户 | 中土地所有者共25户 |
| 40亩以上至50亩 | 6户 | |
| 50亩以上至60亩 | 3户 | |
| 60亩以上至70亩 | 2户 | |
| 70亩以上至80亩 | 2户 | |
| 80亩以上至90亩 | 4户 | |
| 90亩以上至100亩 | 2户 | |
| 100亩以上至200亩 | 3户 | 大土地所有者共6户 |
| 200亩以上 | 3户 | |

按上表，若将5亩以下作为零细土地所有者，共为15户；5亩至30亩作为小土地所有者，共为39户；30亩至100亩作为中土地所有者，共为25户；100亩以上之大土地所有者共6户；无地者52户。

现再按阶级的区分进一步观察土地分配的具体情况：

**阶级及土地分配概况表**

| 阶级 | 户数及百分比 | | 人口及百分比 | | 所有土地（亩）及百分比 | | 地户 | 每户平均有地（亩） | 每人平均有地（亩） |
|---|---|---|---|---|---|---|---|---|---|
| 地主 | 7 | 5.2% | 29 | 3% | 719 | 20% | | 103 | 26 |
| 地主兼富农 | 4 | 3% | 42 | 4.4% | 849.7 | 23.5% | | 213 | 20 |
| 富农 | 7 | 5.2% | 81 | 8.4% | 703.5 | 19.5% | | 100 | 58.8 |
| 富中农 | 5 | 3.7% | 88 | 9.1% | 297.0 | 8.2% | | 60 | 3.3 |
| 中农 | 16 | 12% | 136 | 14.2% | 523.5 | 14.5% | 1 | 33 | 3.8 |
| 贫农及贫农兼杂业者 | 82 | 62% | 518 | 54.2% | 504.2 | 14% | 36 | 8 | 0.9 |
| 雇农 | 9 | 6.7% | 40 | 4.2% | 5.0 | 1.3% | 8 | 0.5 | 0.1 |
| 杂业者 | 7 | 5.2% | 24 | 2.5% | | | 7 | | |
| 共计 | 137 | 100% | 958 | 100% | 3602.8 | 100% | 52 | 26 | 3.8 |

地主 7 户（占总户数 5%），共有地 720 亩（占全部土地 20%）。地主兼富农 4 户（占总户数 3%），有地 850 亩（占全部土地 24%）。全屯有地最多的是一户地主兼富农，有地 450 亩。富农 7 户（占总户数 5%），有地 704 亩（占全部土地 20%）。以上地主、富农 18 户，共有地 2273 亩。13.4%的地主、富农，占有了 63%的土地。

中农和富裕中农共 21 户（占总户数15.7%），共有地 1000 亩（占全部土地 14%），每户平均有地 8 亩，每人平均有地不到 1 亩。贫农中没有土地的 37 户，有土地的 45 户。

雇农 9 户，只 1 户有地 5 亩。杂业者 7 户，完全没有土地。

以上就是本屯农户私有土地的分配状况。

除上述外，本屯还有屯有公地37.5亩。每年出租给本屯农户，所得地租归“屯会”支配。

伪满政府和“关东军”军部在本屯所征用和收买的土地有：(一) 国道用地；(二) 鞍山制铁所水源地用地；(三) 射击场用地。射击场占地最多，共为 200 亩以上。其中一半是 1937 年所占，已经发价；一半是 1942 年所占，尚未发价。射击场所占全是本屯最好土地。被占的农户共 12 户，其中有中农 1 户，有地 31 亩，被占 15 亩，下降为贫农；贫农 1 户，有地 6 亩，全部被占，下降为雇农。现在，射击场地尚可耕种的约 90 亩，其中部份因已掘交通壕，当时不能耕种。

## 三、土地经营

本屯农户经营的全部耕地面积是4078.4亩，比本屯农户所有土地面积多475.6亩。下表是农户经营面积分组统计：

<table>
<tr><td>无——不经营土地</td><td>14 户</td><td rowspan="2"></td></tr>
<tr><td>5 亩以下——零细经营</td><td>5 户</td></tr>
<tr><td>5 亩以上至 10 亩</td><td>21 户</td><td rowspan="6">小经营工 79 户</td></tr>
<tr><td>10 亩以上至 15 亩</td><td>23 户</td></tr>
<tr><td>15 亩以上至 20 亩</td><td>18 户</td></tr>
<tr><td>20 亩以上至 25 亩</td><td>9 户</td></tr>
<tr><td>25 亩以上至 30 亩</td><td>8 户</td></tr>
<tr><td>30 亩以上至 40 亩</td><td>14 户</td><td rowspan="7">中经营共 32 户</td></tr>
<tr><td>40 亩以上至 50 亩</td><td>4 户</td></tr>
<tr><td>50 亩以上至 60 亩</td><td>4 户</td></tr>
<tr><td>60 亩以上至 70 亩</td><td>5 户</td></tr>
<tr><td>70 亩以上至 80 亩</td><td></td></tr>
<tr><td>80 亩以上至 90 亩</td><td>2 户</td></tr>
<tr><td>90 亩以上至 100 亩</td><td>3 户</td></tr>
<tr><td>100 亩以上至 200 亩</td><td>6 户</td><td rowspan="2">大经营共 7 户</td></tr>
<tr><td>200 亩以上</td><td>1 户</td></tr>
</table>

"一条垄不种"的户口在全屯 137 户中只 14 户，其中 1 户是 10 亩地的小地主，土地全部出租，6 户是雇农，7 户是杂业者。

5 亩以下的零细土地经营者 5 户。

5 亩至 30 亩的小土地经营者共 79 户，占全屯户 85%。其中经营 5 亩至 20 亩的即有 62 户，即约有半数农户经营的土地面积是在 5 亩至 20 亩之间。

30 亩至 100 亩的中等土地经营者 32 户。100 亩以上的大土地经营者只 7 户。

现在再按阶级的区分将土地经营概况列成下表：

| 阶级 | 户口 | 经营面积(亩) | 不经营户 | 每户平均经营地(亩)(只计经营户) |
|---|---|---|---|---|
| 地主 | 7 | 125.1 | 1 | 21 |
| 地主兼富农 | 4 | 449.2 | | 112 |
| 富农 | 7 | 818.0 | | 117 |
| 富裕中农 | 5 | 510.0 | | 102 |
| 中农 | 16 | 647.0 | | 40 |
| 贫农及贫困兼杂业者 | 82 | 1504.1 | | 18 |
| 雇农 | 9 | 25.0 | 6 | 8 |
| 杂业者 | 7 | | 7 | |
| 合计 | 137 | 4078.4 | 14 | 30 |

按上表，地主7户中1户不经营，其余6户平均每户种地21亩。地主兼富农4户，每户平均种地112亩，最多的一户种地268.7亩。富裕中农5户，每户平均种地102亩。中农16户，每户平均种地40亩。贫农及贫农兼杂业者82户，每户平均种地18亩。雇农9户，只3户种地，每户平均种地8亩。杂业者皆不种地。

综合上述，本屯土地经营的特点是：第一，虽然本屯是一个附城的农村，有大量的工业工人和杂业者，但是不作土地经营的户口是很少的。据本屯农民说，在10年前本屯不种地的雇农杂业者和地主有30户，现在则几乎每户都种一点土地，没有劳动力的就使用半劳动力或叫短工，没有牲畜的“雇牛具”。这和过去比较是一个变化。其次，本屯有半数的农场是在5—20亩之间，经营规模一般都很小。这和过去比较也是一个变化。发生上述变化的原因：第一是日伪强迫要劳工，挑“国兵”，许多农民为了逃避劳工而到工厂去作工，他们只能抽出歇工的时间来种地，劳动力的缺乏使得农户不能作较大规模的经营。其次日伪的“出荷”和“粮食统制”，以及粮食的缺乏，使得每一农户不能不自己种一点地，但是种多了也是交了“出荷”，所以大多数农民种的够一家的“消费量”就不愿再多种了。

日伪对农村经济的统治办法是每年春耕之前即对全屯和每一户的作物种类和耕作面积作出具体分配（割当）。每户发给耕种票作上述的详细记载。秋收后就按“割当”数向农户要“出荷”。本屯和邻近各屯被指定为“棉花区”，有半数耕地强迫种棉。因为每户经营的面积都很少，加上“割当”的限制，不但农民不能种自己所需要的作物，而且使得“轮作”（换茬）无法进行。再加上“出荷”政策，人力、车马的无限制征发、无限制榨取，肥料的缺乏，所以土地产量都显著降低，土地经营一般都粗糙了。过去锄四遍地，近两年只能作到两遍，“撩荒地”增加，在本屯土地极为缺乏的情况下，发现的“撩荒地”有2宗，共25亩。

现在，因为“出荷”与“农业统治”的取消，农民的生产情绪大为提高。

## 四、土地租佃关系

本屯农户137户中租佃经营样式有下列统计可作说明：

| | |
|---|---|
| 不经营 | 14户，占全屯户口10.2% |
| 全部土地租入者（5亩以下不计） | 44户，占全屯户口32.5% |
| 自耕兼租入土地（5亩以下未计） | 32户，占全屯户口22.9% |
| 自耕 | 30户，占全屯户口22.0% |
| 自耕兼租出土地 | 16户，占全屯人口11.7% |
| 全部土地租出者 | 1户，占全屯人口0.7% |

根据上表，全屯自耕农30户占户口22%，佃农44户占户口32%，半佃农32户占户口23%，佃农和半佃农共占全户口55%，全部土地出租和自耕兼出租者共17户。

本屯农户租入的土地面积是1640.9亩，占全部经营面积40%，就是说，本屯有四成耕地是租入的。

本屯农户租出的土地是1165.3亩，占全部所有面积33%，就是说本屯所有的土地有1/3是出租的。

现在，再按阶级的区分将土地所有，土地租佃和土地经营综合列成下表来加以说明：

**阶级及土地租佃概况表**

| 阶级 | | 地主 | 地主兼富农 | 富农 | 富裕中农 | 中农 | 贫农及贫农兼杂业 | 雇农 | 杂业者 | 合计 |
|---|---|---|---|---|---|---|---|---|---|---|
| 全户口 | | 7 | 4 | 7 | 5 | 16 | 82 | 9 | 7 | 137 |
| 所有土地（亩） | 面积 | 719.9 | 849.7 | 703.5 | 297 | 522.5 | 504.2 | 3 | | 3602.8 |
| | 有地户 | 7 | 4 | 7 | 3 | 13 | 46 | 1 | | 85 |
| | 平均每户有地 | 103 | 213 | 100.5 | 60 | 33 | 2 | 5 | | 42 |
| 租出土地（亩） | 面积 | 594.8 | 420.5 | 44.5 | 13 | 63.5 | 29 | | | 265.3 |
| | 租地户 | 7 | 4 | 2 | 1 | 5 | 3 | | | 22 |
| | 平均每户租出 | 85 | 105 | 23 | 13 | 13 | 10 | | | 53 |
| 租入土地（亩） | 面积 | | 20 | 159 | 226 | 178 | 1037.9 | 20 | | 1640.9 |
| | 租入户 | | 2 | 4 | 5 | 5 | 63 | 2 | | 81 |
| | 平均每户租入 | | 10 | 40 | 45 | 35 | 16.5 | 10 | | 110 |
| 经营土地（亩） | 面积 | 125.1 | 449.2 | 818 | 510 | 647 | 1504.1 | 25 | | 4078.4 |
| | 经营户 | 6 | 4 | 7 | 5 | 16 | 82 | 3 | | 123 |
| | 平均每户经营 | 21 | 112 | 16 | 102 | 40.4 | 18 | 8 | | 33.1 |

土地大部或全部出租的地户 7 户，共有地 720 亩，租出 595 亩，租出地占全部所有地 83%；平均每户租出 85 亩：有 6 户是自己经营土地的，平均每户种地 21 亩；其中最大的地主 1 户，有地286.7亩，自种 35 亩。其次是有 180 亩的地主 1 户，现在正在准备分家分成 5 份。有 4 家姓徐的地主，原是 300 亩的地主，新近分为 4 份。此外是一家有 10 亩养老地的小地主。

以大量土地出租，同时又以大量土地雇人经营的地主兼富农 4 户，所有地 850 亩，租出土地 420 亩，占所有地之一半，平均每户租出 105 亩；租入土地 20 亩，其中 10 亩是菜地，10 亩是射击场地。经营面积平均每户 112 亩。地主兼富农是本屯经济力量最雄厚的一个阶层。

以雇佣劳动为主，同时经营规模较大的富农 7 户，有地 704 亩；租出土地的富农 2 户，共租出 45 亩；租入土地的 4 户，共租入 159 亩；富农租入的土地，占其所有土地 22%。

富裕中农 5 户是经营面积较大，经济充裕，但以自家劳动力为主或完全靠自家劳动的农户。所有土地是 300 亩。租出土地的只 1 户，租出 13 亩；租入土地的 5 户，共租入 226 亩，占经营面积 45%，就是说，富裕中农近一半的耕地是租入的，平均每户租入 45 亩。

中农 16 户，有地 523 亩，自己无地全靠租地的中农 1 户；完全自耕（不租入亦不租出）的中农 4 户；租出土地的中农 5 户，共租出63.5亩；平均每户租出 13 亩；租出土地面积，占所有土地面积 13%；租入土地的中农 5 户，共租入 187 亩，平均每户租入 37 亩；中农租入土地面积，占经营面积 29%。

贫农及贫农兼杂业者 82 户，有地 504 亩，完全自耕的（不租入亦不租出）25 户，占贫农户口30%；完全租入土地的41户，占贫农户口之一半；自耕兼租入地的半佃农16户；佃农及半佃农合计56户；占贫农户口70%；贫农租入的土地是1038亩，占贫农所有土地面积200%，占全屯租入土地面积64%；贫农是租地的最大顾主。自耕的贫农绝大多数不是因为土地不够种，而是因为租不到或租不起土地，只好在极小的一块土地上讨生活。租出土地的贫农3户，一户租入9亩，同时租出9亩；一户租入6亩，租出10亩，一户有地15亩，租出10亩；按他们的生活状况，都归入了贫农。

雇农9户，有地的只1户，租入土地的2户，每户租入10亩。

上述本屯租入土地面积，系包括本屯农户租入本屯的及外屯的土地所有者的土地而言。租出土地面积亦系包括本屯的土地所有者租与本屯及外屯的农户的土地而言。这一发现在有进一步研究之必要。

本屯租入土地面积为1640.9亩，其中有632.3亩是属于本屯的土地所有者而又租与农户的。就是说，本屯内部的相互租佃为632.3亩，占本屯全部租入面积40%。其余1008.6亩租地中有923.6亩，属于不在本屯的土地所有者。85亩属于特殊租佃关系。

不在本屯的土地用有者共30户，5户是邻屯蔡庄子、方家屯、八里庄、黄家甸的农户，共租与本屯土地98.6亩；2户是沈阳的商人，共租地114.5亩；10户在辽阳城内，内地主6户，商人3户，工匠1户，共租地395亩；1户是马伊屯清风寺的庙地，共100亩；3户在关内，租地119亩；其他各种地主9户，共租地96.5亩。以上计本屯租入不在本屯的土地所有者的土地923.6亩。

特殊租佃关系，包括本屯屯有地、射击场地和造林地3项。

本屯屯有地37.5亩，历年投标出租，去年租给一户富农（本屯司务员）16.5亩；今年全部出租给一户贫农，钱租3250元。

射击场地，“关东军”将其一部份包租与本屯的2户富农（前任屯长），经过他又转租给一户富农10亩，一户富农15亩，一户贫农7.5亩；以上共计62.5亩。此外本屯一户贫农从熊岳造林科租得不用的林地6亩，上交高粱5斗。

本屯全部租出地是1165.3亩，除了租与本屯农户的632.3亩外，租给外屯农户的533亩，即本屯的租出地中约有46%的租地是出租给外屯农户的。除一户地主在较远的韩家台租出地46亩外，其余全租给了邻屯的蔡家屯、东宁街、八里庄和黄家甸的农户。

这一些租佃关系，可用下列公式表示之：

（一）本屯相互租佃632.3亩加租入外屯地923.6亩加特殊租地85亩等于全部租入地1640.9亩。

（二）本屯相互租佃632.3亩加租出与外屯地533亩等于全部租出地1165.3亩。

## 五、土地租佃形式之分析

本屯租入地1640.9亩，共为115件租佃关系，按其租佃形式（租佃制度）可分为钱租、粮租、份租、顶工四种。

（一）钱租：本屯租入地中，钱租达106件，1509.9亩；其他三种租佃形式合在一起是9

件，131 亩；钱租占租入地面积 92%；钱租是本屯及附近一带最主要租佃形式。作为钱租特点之一是地租的预交，一般习惯是地一说好，或稍缓几天，就交地租。钱租的租佃双方并不订书面契约，交了地租才认为正式定局。辽阳一带本有所谓“头年房子过年地”之说，就是说租地是过年再论。不过本屯和附城各屯因为租地缺乏，佃户相互竞争的结果，绝大部份租地是在年前就都讲好了。有的佃户是一过秋收就把第二年地租送给地主。去年的钱租租额平均每“日”（本地习惯租地皆按日计算）500—600 元，能种菜的好旱田有 800 多元的，不好的平地、坡地、洼地 300—400 元，更下的地到 100—200 元的。

因为种地要“出荷”，不好的地没有人敢种，例如本屯徐姓地主在韩家台有地 65 亩。去年出租 46 亩，共钱租 800 元，其余 19 亩白送给人种。另有一家贫农，本人已去“边外”，有 18 亩山坡地找不到人种因而“撩荒”。在实行“出荷”之后，地租一般减低，特别是下地。若按去年交租时私售粮价每斗 30 元折算，则去年每“日”租额为：上地2.7石；中地1.7—2 石；次地 1—1.3石；下地0.3—0.7石（皆按辽斗计算）。按土地收获计算，则去年租额等于产量之：上地 27%；中地 25%；次地 20%；下地 10%上下。今年的地租无论按货币计算，按实物计算，比去年都增长了。上地每“日”2200 元；中地 1500—2000 元；次地 900—1200 元。因为近来粮价波动很大，所以前些天和最近说定的地，租额差别很大，上举是调查期间租地的钱租概数。若按粮价每斗 65 元折成粮食，每“日”则为：上地3.4石；中地2.3—3.2石；次地1.4—1.8石。按货币计算，上地地租增长了将近 3 倍；中地和次地 3 倍以上。按实物计算，上地增长了 7%；中地增长最大，约 8%－12%；次地增长了 8%－10%。为了一目了然，把这些列成下表：

| 地等 | | 上地 | 中地 | 次地 | 下地 |
|---|---|---|---|---|---|
| 可产量(石) | | 10 | 7－8 | 5－6 | 最高 4 石 |
| 去年地租（每 10 亩） | 钱数(元) | 800 | 500－600 | 300－400 | 100－200 |
| | 按 30 元折合成粮食(石) | 2.7 | 1.7－2 | 1－1.3 | 0.3－0.7 |
| | 地租占产量的百分比 | 27% | 25% | 20% | — |
| 今年地租（每 10 亩） | 钱数(元) | 2200 | 1500－2000 | 900－1200 | 不明 |
| | 按 65 元折合成粮食(石) | 3.38 | 2.3－3.2 | 1.4－1.8 | — |
| | 地租占产量的百分比 | 33.8% | 33%－38% | 28%－30% | — |
| 增长率以去年地租为 100 | 货币计 | 180 | 200－230 | 200 | — |
| | 实物计 | 7 | 8－13 | 8－10 | — |

需要说明：上表地租与产量的比较系假定秋收后交租，交租时至秋收后粮食价格不变而言。事实上钱租都是预交，这中间佃农因垫付地租所受利息之损失尚未计算在内。假定一户佃农租入中地一“日”，上打租 2000 元，按现在通行利率 4%－5%，借钱付租，10 个月需付息 800—1000 元，合计实交地租应当是 2800—3000 元。再假定秋收时期粮食价格不变，仍为 65 元一斗，而收获量能达到八石，共值 5200 元，地租占产量 54%－58%；若是遇上旱潦灾荒，收成减低四成，则全部收获都归了地主了。以上秋秸等副产物未计算在内，若将其计入，每

“日”地若产秋秸 1000 元，则地租亦占产量 47%—50%。一家较大的佃农（中农）说：“种地的是越种越穷，汤里来，水里去，碰上好年头，还可以剩下点；碰上旱潦虫子咬，完全白给地东种。”其实贫农所受上打租的剥削是最重的。小康旳农户还有腾挪之余地，贫农势必卖吃粮或是借钱才能租到地。虽未详细调查，发现的行息借钱交租的有两三件。

钱租的第一特点是“上打租”和不订“契约”；另一特点则是关于佃期也从未规定，而且在习惯上大多数是一年一换佃户，连租两年以上的极少。习惯如此，必然发生的现象是：第一，凡是勤劳佃农细作施肥，产量增加，或是今年种了一个好“茬口”，第二年十九会被地主收回，或是被其他佃农增租夺去；第二，因为以上，大多数佃农对于租地是不肯费工花本的，将就种上，能打多少算多少，反正地是人家的；第三，佃农的生活毫无保障，今年租到地，生活可以维持，明年租不到地，就只有去“抗活”“卖工夫”，从贫农变为雇农，或从中农变为贫农。

不预交的钱租，在本屯发现一宗，贫农一户租入另一外出贫农土地 8 亩，言明秋后交钱租 500 元，后来租户于五月节交钱 450 元了结。这种钱租是极少见的。

（二）粮租：本屯粮租只二宗，面积12.5亩，在全体中所占不过0.8%；一宗是秋后交纳；另一宗是造林地，春前交纳。

粮租在本屯是极稀有的例外。他与钱租之共通点是皆属于“定租”性质，即不论收获多少，地租皆按议定数目交纳，或不待收获即早已按议定数目交纳。二者之区别往于其地租形态上，一为货币形态，一为物品形态。

（三）份租：本屯份租共二宗，面积 61 亩。一宗是一户中农租入马伊屯庙地 50 亩，分种棉花及高粱；一宗是一户贫农租入另一外出贫农 2 亩，分法都是不论正副产物，一律平分。

份租与前述两种租佃形式的不同点是：第一，他属于“活租”或“分益制”性质，就是说份种的地租的多少并没有事先绝对量的规定，而是随着收获的多少，地租及佃户所得为同比例的增多或减少。第二，份种的地租只能是秋收交纳，不可能预交。在地租形态上，他作为物品形态与钱租相区别而与粮租相共通。

（四）顶工：以劳动代替地租，在本屯称为“顶工”，本屯农户有的把这种租佃也叫做“份种”。其实他是属于“劳役地租”形态性质而与上述之“份种”毫无相同之处。本屯“顶工”共四宗，一宗是一户贫农租入一户不在地主土地 20 亩，以代为耕种另外 20 亩土地为条件。一宗是一户贫农租入一户地主兼富农地 3 亩，以遇事代为作菜为地租报酬。另外两宗是 2 户贫农租入一户地主兼富农6.5亩及5.5亩租地，以农忙代作零工及检棉花为地租报酬。“顶工”额数大体是根据雇工工资及钱租价格而定的。

总括以上，本屯存在的四种租佃形式可以更进而分为六种。现将之列成下表，以代总括：

**土地租佃形式分类表**

| 名称 | 性质 | 地租形式 | 交租时间 | 契约有无及佃期规定 | 件数 | 亩数 |
|---|---|---|---|---|---|---|
| 预交钱租 | 定租 | 货币 | 春耕前 | 无 | 106 | 1509.9 |
| 秋交钱租 | 定租 | 货币 | 五月节 | 无 | 1 | 9 |
| 预交粮租 | 定租 | 物品 | 春耕前 | 无 | 1 | 6 |
| 秋交粮租 | 定租 | 物品 | 秋收后 | 无 | 1 | 6.5 |
| 份租 | 活租 | 物品 | 秋收后 | 无 | 2 | 60 |
| 顶工 | 定租 | 劳役 | | 无 | 4 | 49.5 |
| 合计 | | | | | 115 | 1640.9 |

## 六、今年租佃关系的变化

照本屯往年习惯大部租地是于旧历年前说好，今年在上述115件，1640.9亩租入地中，尚未说好的有52件，面积为811.5亩，即约有半数租地尚未说好。今年农村中劳动力是空前增加了，租地也是相对的更为缺乏，为什么反转有半数地还未说好呢？据有的农民说是因为粮行不稳。有的说是地租太高租不起，过年再说。

在已确定的63件、829.4亩租地中，地主收回自己耕种不再出租的11件，面积是143.5亩，占已确定租地的18%。另租给别的佃户的23件，面积是219亩，占已确定租地39%。仍佃原户的29件，面积366.9亩，占已确定租地43%；不过在这些仍佃原户的租地中有半数地租尚未说好，也未交纳，后来还会发生一些变化的。

在今年已确定的52件、686亩出租地中，“份种”地是5件，面积64.6亩，占出租地之1/10。“份种”这种租佃形式有增加的趋势。

## 七、雇佣关系

本屯习惯雇工是按季计算的。“惊蛰”前后至夏天农忙终了5个月的时间叫做“上季”。从“白露”之前到庄稼全打完2个月或100天的时间，叫做“下季”。去年“上季”工资：“打头的”和“赶车的”每人约2000—2500元；“跟做的”约1500元；一个“半拉子”约1000元。“下季”工资：“打头的”和“赶车的”约2500元；“跟做的”1800元；“半拉子”1200元。“下季”作工时间短，工资反而多的原因是由于物价的上涨。

锄草时间所雇月工叫“铲地月”，约2个月的时间，工资1600元。收割时间所雇月工叫“割地月”，今年本屯无“割地月”，工资不明。

锄草时期“日工”工资每人每天40元，收割时期“日工”40—50元。

雇用妇女老幼担负较轻劳动叫做“叫小工”，如拔草、打棉花岔等等。“小工”工资一般等于“日工”工资的一半。

检棉花（棉花成熟后收棉花）亦系雇用妇女，时间约70天，工资400－500元，检棉花打头的（亦系女工）工资700元。也有雇人检棉花按件计算，每斤籽花4毛。

此外本屯雇有“牛倌”2人，全年工资700—1000元。“大师傅”1人，全年工资3500元。

上述“日工”工资皆于当天支付，“长工”工资则于讲妥之后即可支用一部；以后陆续支用，最多一两个月内即可支用完毕。雇工对于雇主须找保人，若是雇工中途潜逃，保人须负责赔钱或代为作完工。

本屯雇工的年节“犒劳”和“休假”也有一般通例。上工的时候有一顿“上工饭”，有肉有酒。“开犁饭”是犁杖下地时吃的。四月十八吃“黄花鱼”，放工1天，进城逛天斋庙，每人发给买草帽钱，去年为10－20元。五月节下午放工半天，有粽子、酒。“处暑”有一顿“伏面”，七月十五有一顿“肉包子”，拔麦子时有4个菜，每人发2个咸鸡蛋。八月节，十四、十五两天吃好的，每人发1斤梨、4两月饼（不放工，但附城各屯有放一天工的）。打场时有一顿精米饭，场里全收拾完有一顿“关场院门犒劳”白面饺子。

雇工所得报酬，除了工钱、管饭和上述以外，再无其它。放工一年有一天半，农闲时期，季工已下了工，饭也不在雇主家里吃了。

本屯所雇入长工共计52季；本屯农户所雇出长工共27季。雇入长工的：富农23季；地主兼富农21季；富裕中农5季；地主2季；中农1季。佣出长工的：雇农16季；贫农及贫农兼杂业者11季。

本屯雇入“铲地月”共4个月，计富农雇入2月；地主兼富农雇入2月。佣出“月工”的，贫农一户，2月。

本屯只有6个雇工是本屯农户所佣出，同时又为本地农户所雇入（共6季），其余本屯所雇入的46季长工，全是本屯以外的劳动者。本屯农户所佣出的27季长工，除6季外，其余21季也是全佣出给本屯的农户。雇佣劳动力的性质是很大的。这种现象的形成，主要是由于日伪抓“劳工”，农户不敢在本屯作工的缘故。

本屯所雇入“铲地月”，也有4个月是外屯的劳动者。“日工”因为一部农户记忆不清，统计不完整，兹从略。

兹将季工的雇佣关系简列下表：

| 阶级 | 全户 | 雇入佣出 | | | | 备考 |
|---|---|---|---|---|---|---|
| | | 雇入户 | 季 | 佣出户 | 季 | |
| 地主 | 7 | 1 | 21 | | | |
| 地主兼富农 | 4 | 4 | 21 | | | |
| 富农 | 7 | 7 | 23 | | | |
| 富裕中农 | 5 | 3 | 5 | | | |
| 中农 | 16 | 1 | 1 | | | |
| 贫农及贫农杂业者 | 82 | | | 8 | 11 | |

续表

| 阶级 | 全户 | 雇入佣出 | | | | 备考 |
|---|---|---|---|---|---|---|
| | | 雇入户 | 季 | 佣出户 | 季 | |
| 雇农 | 9 | | | 9 | 16 | |
| 杂业者 | 7 | | | | | |
| 合计 | 137 | 16 | 52 | 17 | 27 | |

## 八、耕畜、大车

除了土地之外，耕畜和大车是农户最重要的生产工具。耕畜和大车的分配如下表：

| 阶级 | 户口 | | 耕畜 | | | | | 大车 | 备考 |
|---|---|---|---|---|---|---|---|---|---|
| | 全户口 | 经营户 | 马 | 骡 | 驴 | 牛 | 共计 | | |
| 地主 | 7 | 6 | | | 2 | 2 | 4 | | |
| 地主兼富农 | 4 | 4 | 1 | 4 | 1 | 4 | 10 | 2 | |
| 富农 | 7 | 7 | 4 | 8 | 2 | | 14 | 6 | |
| 富裕中农 | 5 | 5 | 4 | 4 | 2 | 1 | 11 | 5 | |
| 中农 | 16 | 16 | 1 | 3 | 10 | | 14 | 6 | |
| 贫农及贫农兼杂业 | 82 | 82 | 1 | 2 | 6 | 5 | 14 | 2 | |
| 雇农 | 9 | 3 | | | | | | | |
| 杂业者 | 7 | | | | | | | | |
| 合计 | 137 | 123 | 11 | 21 | 23 | 12 | 67 | 21 | |

全屯的耕畜：骡、马 32；牛、驴 35，合计 67。富裕中农以上农户 23 户，共有耕畜 39。中农以下农户 159 户，共计有耕畜 28。富农及地主兼富农和富裕中农，平均每户有 2 个或 2 个以上耕畜。中农平均每户有 1 耕畜的样儿。贫农及贫农兼杂业者，6 家人才有 1 个耕畜。

大车的分配，富裕中农以上农户 23 户，共有大车 13 台，中农以下农户 159 户，共有大车 8 台。若是以地主兼富农，富农及富裕中农来计算，便是 16 户农户有 13 台大车，平均每户约有 1 台大车；中农 16 户有 6 台大车，3 户有 1 台大车。贫农及贫农兼杂业者者没有大车。

雇农和杂业者，不但没有耕畜，也没有大车。

# 第二部　个别调查

## 一、各阶级个别家庭调查

### （一）地主

**农村概况调查表（绥化津河尹家乡）**

家长姓名　孙维泰

人　　口　男 11　女 28

劳 动 力　男 7　猪官、更官、下地 3 个，查边 1 个，屯长 1 个念书。

伪满时经济概况：

有地 1150 垧，租出地 850 垧，自种（经营）300 垧，每垧产量 5 石。租佃形式四六青。

房　　屋　40 间　自有 40

成　　份　大地主兼经营

牲　　畜　马 45　牛 8　猪 60

农　　具　犁杖 12　铁轮车 4　雇工 15　大司釜 1　打头 2　老板 2　跟走 8　马官 1　牛官 1

现在经济概况：

耕种土地　原有地 1150 垧　分出地 1120

房　　屋　原有 40 间　分出 30 间

成　　份　经营地主

牲　　畜　马原有 45　分出 40　牛原有 8　分出 8　猪原有 60　分出 60

农　　具　犁杖 2　铁轮大车 1　雇工 15

说　　明　大犁杖 2 人，6 个牲口；小犁杖 1 人，3 个牲口；一般用小犁杖，大犁杖秋天挽麦楂。

每人留 8 亩地，当屯长压迫人厉害。

共斗 3 次，第一次春天斗了 4 万多元；第二次斗十二三万元；第三次才分地。

存粮 1000 石，留 40 石吃粮，

完全没押过怕别的地主闻风而逃。

**农村概况调查表（克山于莲屯）**

家长姓名　许鸣周

人　　口　男10　女16

劳 动 力　男1

伪满时经济概况：

耕种土地　自有地1000　每垧产量5石

房　　屋　81间

成　　份　大地主兼经营

牲　　畜　马50　牛80　羊10　猪40

农　　具　铁轮车4　雇工20

说　　明　连房带地都分了。

许鸣周：外号“许大肚子”。

人口：

许鸣周：（西成村长，共8年）一个儿子二十七八岁，在家里经管劳金。儿媳妇做针线，不煮饭，女孩十七八岁，念书。一个老婆，均已同许鸣周逃走，孙子一个，八九岁，孙女一个，十四五岁。

许凤俭（兄）：伪满前当家，伪满时当屯长十来年，一直到去年，讨2个老婆。

两个儿子：大儿30多岁，曾在日本念书（九一八后去日本，康德八年回国）。回国后，在长春当什么局长。二儿18岁，亦在日本念书，去年才从日本回来。一个女孩10来岁。大儿媳妇有2个孩子：大的八九岁，小的四五岁。

六寡妇（许鸣周兄弟媳妇）：一个儿子二十五六岁，在日本念书，一个媳妇，一个孙子。一个女孩，十七八岁，在克山念书。

土地：

1号（潘家粉房屯）300多垧；200号（西成村）100多垧；175号（于莲屯）500多垧；共1000来垧。

原籍吉林榆树县，在榆树有地产，开油房、钱庄。老中华民国七八年到克山。未到克山前，就置好了300多垧地，雇人耕种；搬来克山后，即在200号（西成村）开油房、粮栈、钱庄；六分利，三月结一次，连本带利，再行利。

今年自己种100多垧地，顶多种过500多垧地。

雇工：最多时雇20来人。大司釜2人，老板子4人，打头2人（大打头、二打头），跟走八九人，更官1人，马官1人，牛官1人，猪官1人。

牲畜：马50多匹（完全自己用）；牛80多条（大部榜青用）；猪40来口，羊10来只；大车4辆。

雇零工顶多时：割麦时送饭都用一个大车，套两个牛，拉两个排水缸，再挂两担水桶的水饭。大家记不清有多少零工，便举这个例子来形容。

**农村概况调查表（海伦福海区前三马架屯）**（1946**年**）

家长姓名　张福生

人　　口　男27　女34

劳 动 力　男5

伪满时经济概况：

自有地 800　租出地 600　耕种土地 200　每垧产量四石　租佃形式对半分

房　屋　75 间

成　份　大地主兼经营

牲　畜　马 18　牛 34　猪 30

农　具　铁轮车 5　雇工 11

说　明　还开粉房、磨房、豆腐房，被清算。

张福生　家里人在伪满作过事的有：

张福田　当过警察署长，伦河、海北、福海大屯长；

张福德　当过大甲长、村长、海伦街长。

土地除了福海外，在官家屯、张家窝棚、张家油房、边井、伦河、海北还有土地和房子，详细情形不清楚。

自己参加劳动有：

老板子 1 人；汤地 1 人；查边 1 人（监工）；跟走 2 人。

雇劳金：

大司釜 2 人；老板子 1 人；打头 1 人；跟走 4 人；牛官 1 人；马官 1 人；猪官 1 人。

据说在伪满时张福田打死过 30 多个抗日联军的人。

**农村概况调查表（绥化津河尹家乡）**

家长姓名　李树柏

人　　口　男 12　女 23

劳 动 力　男 3　查边 1 个，一个掌柜，一个管园送饭。

伪满时经济概况：

自有地 510 垧　租出地 210 垧　耕种土地 300 垧　每垧产量 5 石　租佃形式四六青

房　屋　110 间　租出 40 间

成　份　大经营地主

牲　畜　马 42　牛 12　羊 10　猪 80

农　具　犁杖 10　胶皮车 1　铁轮车 5　雇工 25：大司釜 2　老板 1　打头 2　更官 1　马官 1　牛官 1　羊官 1　猪官 2　跟走 14

现在经济概况：

土　地　原有地 510　分出地 480

房　屋　原有 110　分出 95

牲　畜　马原有 42　分出 36　牛原有 12　分出 12　羊原有 10　分出 10　猪原有 80　分出 80

农　具　胶皮大车归区府　铁轮大车 1　雇工 25

说　明　一付小犁杖，一般种十多垧地

每人留 7 亩。在本家开杂货铺、油房、粉房、豆腐房

勾结胡匪（五卅）（原名王成）亲戚，勾结日本人，日本人给他当干儿子，可见

手腕之大，酝酿五六天

存粮　一百五十来石，分出一百二十石

（押了个多月）

打开刘玉林（五卅从庆城来打开）

震开韩冠三

李树柏接五卅

放了一挂鞭（炮）

**农村概况调查表（嫩江省富裕县宁年区）**

家长姓名　杨致洪

人　　口　男13　女13

劳 动 力　男6　女6

伪满时经济概况：

土　　地　自有地440　耕种80垧　每垧产量3石

成　　分　大地主兼经营

牲　　畜　马5　骡1　牛17　羊25　猪4

全年负担　出荷22吨

现在经济概况：

耕种土地　7垧　自有地440　分出地73垧

牲　　畜　马原有5　分出4　骡1　分出1　牛17　分出17　羊25　分出25　猪4

说　　明　只有一个人参加种地，3个当胡子，土地已分，留7垧地。

伪满经济概况是指1945年

荒地没有分出去

宁年经营地主（嫩江省富裕县）

杨致洪：共26人，男13，女13。

土地：440垧。耕种熟地80垧；草甸子360垧。

牲畜：马5匹，骡1头，牛17头（8个大牛，9个小牛），羊25只，猪4口（两大，两小）

自己参加劳动的人数：

杨致洪：种地；

杨国堂：屯里烧锅经理，当过团总，已死；

杨炳文：在关里蒋介石手下当差；

杨忠兴：伪满时期参加种地，事变后当胡子；

杨忠亚：完全参加种地，老百姓称之为很“老实”的庄稼人；

杨忠华：中央胡子，光复军；

杨忠国：伪满小学教员；

杨忠义：很早就出去了（不详）；

杨忠祥：光复军；

杨学仁：刚从学校（国高）出来，学种地。

（真正参加劳动的，只有杨忠亚一人）

雇6个劳金：

<table>
<tr><td>打头:1人</td><td rowspan="2">6000元,10个月,牛倌马倌共1人</td></tr>
<tr><td>老板:1人</td></tr>
<tr><td rowspan="3">跟走:3人</td><td>2500元,10个月,半拉子</td></tr>
<tr><td>3000元,5个月</td></tr>
<tr><td>5000元,8个月</td></tr>
</table>

土地质量不好，好年头，小麦上粪能打3石；包米3石；豆子3石。没种过高粱。不好年头，打1石多。

草甸子，一天能打2车草（每车33捆），每车50元。一进伏就打，打到九月初一日（旧历）约一个半月。因此，打草的很多，没有牲口的雇工，是不愿要地。

宁年，姜杨两家是大户，互相通亲。据说是跟吴三桂来的占山户。据说杨致洪家还有金子元宝，现在还未查出来。

以上材料根据杨忠亚本人及在杨家抗活的长工和该地工作队谈的。

割麦：雇零工58个，每工130元，到清算时还没有给零工。

**农村概况调查表（克山徐仁屯现名解放屯）**

家长姓名　赵文贵

人　　口　男8　女8

劳 动 力　男6

伪满时经济概况：

耕种土地　自有地300　每垧产量5

房　　屋　19间

成　　份　大经营地主

牲　　畜　马32　牛6　猪5

农　　具　铁轮车3　雇工多少15

现在经济概况：

耕种土地　原有地300　分出地280

房　　屋　7间　原有19　分出12

牲　　畜　马32　分出27　牛6　分出6　猪5

农　　具　铁轮大车3

赵文贵：原籍肇原，在肇原有地有房。在未来克山前，先置100垧荒，自己开，开完后，租出去。

自己参加劳动：

赵文贵：伪屯长，不下地，正掌柜；

赵文举：管理家务，支配劳金；

赵文明：下地，监工；

赵文远：伪克山县府动员科员；

赵文彬：下地监工；

赵文义：伪克山县府财务科员；

雇劳金：大司釜：1人；老板子：2人；打头：1人；跟走：7人；更官：1人；马官：1人；猪官：1人。

**农村概况调查表（克山长发屯）**

家长姓名　仇芳廷

人　　口　男9　女16

劳 动 力　男7　女7

伪满时经济概况：

耕种土地120　自有地300　租出地180　每垧产量三石　租佃形式对半分

成　　份　大经营地主

牲　　畜　马23　牛4　猪40

农　　具　铁轮车2　雇工多少12

说　　明　已被清算

今年只有4匹马，病死很多。

克山县长发屯

仇芳廷：25人。男9；女16。

伪满前是保甲长，伪满长发立村时（康德六年）当村长，直到清算时止。叔父仇长发立“长发屯”。

未分家前有700多垧土地，分家后（有七八年）有300多垧土地。自己种120垧，其它招青。

自己劳动力：

仇芳廷：伪村长，不参加劳动；

仇老二：下地看看，经管家事；

仇老三：已死；

仇德厚：当掌柜，不下地，娶一个小老婆；

仇德勤：伪牌长，不下地；

仇振三（大孙子）：下地，只是一个“样子”，半闲半忙；

二孙子：讷河国高学生。

女劳动，做针线，侍弄点园子。

雇劳金：大司釜1人，老板子2人，打头2人（大打头，二打头），跟走4人，更官1人，马官1人，猪官1人。

牲　畜：马23匹；牛4头；猪40只；大车3辆。

**农村概况调查表（克山县于莲屯）**

家长姓名　何有维

人　　口　男3　女6

劳 动 力　男1　女1

伪满时经济概况：

耕种土地　自有地270　租出地270　租佃形式3石

成　　份　大地主

牲　　畜　马4　牛1　猪8

农　　具　犁杖1　铁轮车1　锄2

何有维：原籍奉天海城人，从海成搬到克山有30多年，大爷何荫亭（外号何二皇上）在老中华民国带过大团（又说当过旅长）。父亲是庄稼人，到克山领了36方荒（一方荒3000吊，分三次缴清，两三年交1000吊），每方45垧，共270垧，那时八口人，自己4个人干活，一点一点开，开了15年才开完。

开完后（九一八事变前后）每年雇四五人。九一八事变后种了二年，父亲死后，便招户种，一直到去年。

在粮食"出荷"时，地白给人种，户出花消。

康德元年分家，父亲辈哥儿4个。自己股分了40多垧地。

今年雇了3个人，便自己种。自己只打零。雇打头1人（没讲价），跟走1人3500元，带4垧地，猪官1人（3000元）。

现在欠债：十石麦种：10000元；铲地工银：15000元；割麦工银：10000元；买谷草：1000元；买红软谷：1000元；买犁杖：500元；买铧两张：100元；其它。

**农村概况调查表（海伦福海前三马架屯）**

家长姓名　刘玉章

人　　口　男18　女12

劳 动 力　男10（没下地，一个掌柜）刘玉章正掌柜　三老板副掌柜　四老板海北校长　五老板村长　大少爷翻译（日）　念书3　闲呆2

伪满时经济概况：

耕种土地150　自有地250　租出地100　每垧产量四石多　租佃形式四六青

房　　屋　26间

成　　份　大经营地主

牲　　畜　马18　牛30　大猪4

农　　具　铁轮车4　雇工11：大司釜1　更官1　猪官1　马官1　牛官1　老板1　打头1　跟走2　半拉子2

说　　明　被清算

**农村概况调查表（海伦县福海屯前三马架）**

家长姓名　马德祥

人　　口　男11　女16

劳 动 力　男6，只有两人下地，一人趟地，一人溜边（监工），女9

伪满时经济概况：

耕种土地 100　自有地 250　租出地 150　每垧产量 5 石　租佃形式四六青

房　　屋　36 间

成　　份　大经营地主

牲　　畜　马 17　牛 7　猪 16

农　　具　铁轮车 5　雇工 10　打头 1 人　跟走 4 人　老板 1 人　大司釜 1 人　猪官 1 人　更官 1 人　马官 1 人

说　　明　马德水当过屯长，马世凡当过大屯长，马世良当过福海村长劳务系长。被清算。

**农村概况调查表（海伦县福海区么三马架屯）**

家长姓名　李奎文

人　　口　男 11　女 15

劳 动 力　男 6　老板 1　大打头 1（掌柜）　溜边 1（监工）　跟走 2　马官 1

伪满时经济概况：

耕种土地 100　自有地 185　租出地 85　每垧产量 4 石　租佃形式四六青

房　　屋　24 间

成　　份　大经营地主

牲　　畜　马 18　牛 9　猪 30

农　　具　铁轮车 4　雇工 6　打头 1　大司釜 1　老板 1　更官 1　跟走 2

说　　明　李生当过屯长、自卫团长，李芝当过警尉。家里开过粉房，被清算。

**农村概况调查表（海伦县福海区汪学孟屯）**

家长姓名　汪学孟

人　　口　男 7　女 11

劳 动 力　男 3　掌柜 1　跟走 2

伪满时经济概况：

耕种土地 40 垧　自有地131.5垧　租出地91.5垧　每垧产量 4 石　租佃形式四六青

房　　屋　25 间

成　　份　大经营地主

牲　　畜　马 4　猪 6

农　　具　铁轮车 2　雇工 2　打头 1　老板 1

说　　明　当过大屯长一年多，顶多雇过 4 个劳金，街上还有 20 来间房子。

**农村概况调查表（海伦县福海区安乐屯）**

家长姓名　王云廷

人　　口　男 3　女 5

劳 动 力　男 1（掌柜）

伪满时经济概况：

耕种土地 自有地121.5垧 租出地121.5垧 每垧产量4石 租佃形式四六青

房 屋 22间

成 份 大地主

牲 畜 马4 牛2 猪4

农 具 铁轮车1 雇工2 更官 老板

说 明 121.5垧土地，有一半荒地，完全招青，自己不种，开过粉房，当过大屯长被清算。

**农村概况调查表（克山县于莲屯）**

家长姓名 赵喜禄

人 口 男3 女3

劳动力 男1 女2

伪满时经济概况：

耕种土地 自有地67.5 租出地67.5 每垧产量5石 租佃形式对半分

房 屋 9间 自有9 租出3

成 份 中地主

牲 畜 马2 骡1 猪1

农 具 犁杖1 铁轮车1 锄1

全年负担 出荷25000公斤

现在经济概况：

耕种土地46.5 自有地67.5 每垧产量5石

房 屋 9间 自有9 租出3 分出2

成 份 经营地主

牲 畜 马原有2 分出1 骡原有1 分出1 猪原有1

农 具 犁杖1 铁轮大车1 锄1 雇工3 雇零工200多

说 明 伪满经济概况指1945年，今年雇不到人种地，撩荒一部份地

克山县于莲屯

赵喜禄：6口人，男3女3。

劳动力：男1，管理家务；女2，洗衣，煮饭。

从哈尔滨搬到克山18年了。在哈时，祖父给人家抗活，做月工。到克山买了一方半荒。每方45垧，共67.5垧荒。大同元年，雇了4个抗活的，这是雇抗活最多的一次。前年父亲去世，地租出去（对半分）。今年自己种，雇了3个抗活的（五月节铲地完了下去两个，现在只有一个。大部雇零工）。

**农村概况调查表（克山县于莲屯）**

家长姓名 于忠江

人 口 男2 女4

劳 动 力 男1 女1

伪满时经济概况：

耕种土地 56 每垧产量2.5石

房 屋 9间

成 份 中经营地主

牲 畜 马6 骡1 猪：大1 小10

农 具 犁杖3 铁轮车1 雇工5 雇零工300

全年负担 出荷三七扣

现在经济概况：

耕种土地 自有地56 租出地56 租额对半分 每垧产量2.5石

房 屋 6间 原有9 分出3

成 份 地主

牲 畜 马原有6 分出3 骡原有1 猪原有大1 小10

说 明 伪满经济概况指1945年。

克山县于莲屯

于忠江：6口人。男2女4。

劳动力：男1女1。自己只参加打零，管理家务。

雇长工5人：大司釜1人；打头1人；老板子1人；半拉子2人。

原籍热河建昌县，在建昌时祖父抗活，后搬到哈尔滨，在哈尔滨时父亲抗活，挣了几个钱赶小车。共在哈尔滨住了27年，挣了钱便到克山买了100垧荒（伪满前）。伪康德一年至四年，因胡子抢，人被打死，老娘们出门（刚搬到克山时共20多口人）。康德五年开始种十垧八垧，其余租出；康德七年种五六垧，其它未开出。直到去年还未开完，伪满时最多雇过7个劳金。

今年雇不到人，地完全租出去（招青），对半分，十垧抽一垧“秧棵地”（录音），也就是说，白给东家种一垧地。住东家房子，其它完全由东家出，柴火两家烧，但青户不能带走。

因为扣抗活的工，听点小行市，便分了他3匹马，3间房子，土地未动。

**农村概况调查表（海伦县福海区安乐屯）**

家长姓名 王云峰

人 口 男10 女10

劳 动 力 男4（王云峰当家，没有下地的）

伪满时经济概况：

耕种土地50 每垧产量4石

成 份 中经营地主

牲 畜 马7 牛4 猪4

农 具 铁轮车2 雇工7 打头1 跟走2 老板1 大司釜1 更官1 马官1

说 明 开过粉房，王云峰之子当过两个月警长

被清算。

何国增：双城经营地主（永乐村厢白五屯）：62岁，一妻，3个儿子，3个媳妇，3个孙子，4个孙女，1个孙媳妇，共16口人。“没有一个人在外面作事，没有一个人在外面念书。”

据何国增谈：原有50垧地，两弟兄分家，分25垧出去，自己分25垧地，但据另人谈，何国增有29垧地，租入25垧地，共54垧地。但何本人又说，连租地共60多垧。

马5个，大车4个，房原为15间，为三合房之大院套，分家时分出去7.5间。

雇打头1个：3垧地，2000元（后增半垧）。

跟走2个：2垧地，3000元（后增半垧）。

更官1个：1100元。

半拉子1个：1400元。

猪官1个。

自己参加3个劳动，1个老板，2个跟走。

自种地29垧：大豆14垧，每垧产量800公斤；谷子9.5垧，每垧产量800公斤；苞米2.5垧，每垧产量1000公斤；稗子3垧，每垧产量1000公斤。

租地25垧：大豆16垧，每垧产量1200公斤；高粱9垧，每垧产量1200公斤。

## （二）富农

**农村概况调查表（四方台）**

家长姓名　宋占和

人　　口　男13　女20

劳 动 力　男7　打头1　老板1　马官1　跟走3　女4

　　伪满时经济概况：

耕种土地27　每垧产量5石

房　　屋　17间　自有17　租出1.5

成　　份　富农

牲　　畜　马7　牛5　猪8

农　　具　犁杖2　铁轮车1　雇工4　跟走1　半拉1　猪官1　更官1

全年收入　粮食90

　　现在经济概况：

耕种土地　自有地27　分出地5

房　　屋　自有17　租出1.5

牲　　畜　马原有7　分出1　牛原有5　分出2　猪原有8

农　　具　犁杖2　铁轮大车1　雇工4

全年收入　粮食90

说　　明　当一年多兴农会长土地数不确，据说别处还有。

农　　具：碾子1个，磙子5个，耱把1个

**农村概况调查表（绥化四方台、赖家屯）**

家长姓名　张景兴

人　　口　男 7　女 7

劳 动 力　男 3　更官 1　跟走 2

伪满时经济概况：

耕种土地 35　自有地 35

房　　屋　12 间　自有 12　租出 5

成　　份　富农

牲　　畜　马 12　猪 6

农　　具　犁杖 1　铁轮车 1　雇工 3　打头 1　老板 1　马官 1

说　　明　自愿拿出两个马，农具有耰把 1 个，磙子 3 个，女的煮饭、锄草，存粮 5 斗。

**农村调查概况表（绥化四方台）**

家长姓名　张继先

人　　口　男 12　女 18

劳 动 力　男 4：掌柜、老板子、打头、马官带猪官　女 5

伪满时经济概况：

耕种土地 25　自有地 25　每垧产量 4

房　　屋　7 间

成　　份　富农

牲　　畜　马 7　猪 6

农　　具　犁杖 5　铁轮车 1

雇工多少　2 更官、半拉子

说　　明　原籍热河建平，祖父那代搬到绥化双河镇落户，给王正屯王增抗活，挣了 10 垧荒地，以后又买了 15 垧地，共分 5 次买的（详细情形本人不知道）。

**农村概况调查表（克山县于莲屯）**

家长姓名　赵升

人　　口　男 3　女 4

劳 动 力　男 2　女 2

伪满时经济概况：

耕种土地21.5垧　自有地21.5垧　租出地 15　租入地 15　每垧产量2.5石

房　　屋　8 间半　自有 8 间半　租出 4

成　　份　富农

牲　　畜　马 3　猪 3

农　　具　犁杖 2　铁轮车 1　锄 2　雇工 1

说　　明　未清算（没变更）

赵升：原籍榆树，曾给人放猪、做月、抗活，租种 45 垧地，搬到克山 30 多年。今年 60

岁。到克山买了一方荒（3000吊），开了四五年，那时十七八口人，自己有4个人干活，雇1个劳金，自己荒开完后，又帮刘福开了两方荒，挣了一方。九一八事变后2年分家，自己分了21.5垧（四股分，有的分30垧）。

欠债：

康德元年抬（借）许凤俭8.4石大豆，五分息，前年给了15石豆子，没算账。

欠去年抗活劳金：700元；10月结算，100元50元利息。

去年抬老肖1500元；六分息，今年2月结账，把息给了，又欠上1400元；

欠赵凤义工银：3500元；

欠今年铲地工钱：4000元；

割麦工钱：4000元；

欠蒲金有劳工钱：3000元（五分息）；

欠西成村铁匠：500元；

欠豆饼、豆油：500元；

欠五月节买猪肉30斤：490元；

其他

**农村概况调查表（纪永桢屯）**

家长姓名　王忠

人　　口　男7　女6

劳 动 力　男4　女1

伪满时经济概况：

耕种土地34垧　自有地29垧　租入地5垧

房　　屋　5间

成　　份　富农

牲　　畜　马7　猪5

农　　具　犁杖2　铁轮车1　锄4　雇工50人

说　　明　原籍吉林，给人榜青，到克山20多年，刚到克山，一人给人抗活，兄弟给人放马，抗活5年，又榜青5年，买老纪10垧地（前10年），过二年又买29垧地，每垧1000多吊钱。

**农村概况调查表（纪永桢屯）**

家长姓名　王永庆

人　　口　男8　女5

劳 动 力　男2　女2

伪满时经济概况：

耕种土地36　自有地47　租出地11　每垧产量4石

房　　屋　6间

成　　份　富农

牲　　畜　马 4　牛 3　猪 1 大　2 中

农　　具　犁杖 2　铁轮车 1　雇工 3

说　　明　自己参加劳动：老板子 1，打零 1，雇抗活 3 人：打头 1，跟走 1，更官 1，成份是根据当地工作队订的。

王永庆：原籍吉林，他父亲 47 岁时才生王永庆，因此祖父时代情形不清楚。父亲时候租人家 4 垧地，抗活 2 年，此外打闲。搬到克山 30 年。

刚到克山因没钱，没马，没有开荒，只好给人家做工夫。到克山约七八年，出嫁两个姐姐，便将两个姐姐的聘钱买了 10 垧地；到克山的 14—16 年给人家抗活，又买了 20 垧地；17—19 年给人家做工夫，自己地租出去。20 年（1936 年）买马，23 年（1939 年）又买 23 垧地；26 年（1942 年）又买 17 垧荒地。

顶多雇过 4 个抗活的（1943 年）

欠债：去年铲地工银 4000 元；四分利。官马一个 5000 元，今年铲地工银 2000 元；割麦子工银 5000 元。

**农村概况调查表（纪永桢屯）**

家长姓名　林有

人　　口　男 4　女 5

劳 动 力　男 4　女 3

伪满时经济概况：

耕种土地97.5　租入地97.5垧　每垧产量 3 石　租佃形式0.8石

房　　屋　租入房 2

成　　份　佃富农

牲　　畜　马借 3　自有 4　牛借 2　猪大 2　小 1

农　　具　犁杖 2　铁轮车 1　锄 6　雇工 2　雇 310 小工

工　　资　小工　春天 60 元，夏天 100 元。

说　　明　原籍山东登州，先到长春，3 人抗活，一二年，搬开通，4 人榜青对半分住 9 年又搬拉哈，做零工，一年搬克山，先租 74 垧地，八斗租。

自己两个人下地，雇一个打头和一个跟走，带赶车。

**农村概况调查表（纪永桢屯）**

家长姓名　刘凤

人　　口　男 7　女 3

劳 动 力　男 4　女 1

伪满时经济概况：

耕种土地 32　租地 32 垧　每垧产量 2 石　租佃形式对半

房　　屋　租房　两马架　租金　地代

成　　份　佃富农

牲　　畜　马 4

农　　具　犁杖 2　铁轮车 1　锄 4　雇工多少：马官 1

工　　资　1500 元

全年收入　粮食 75 石　牲畜：马 1

现在经济概况（1946 年）：

耕种土地75.5垧　租入地75.5垧　租额对半　每垧产量 2 石

房　　屋　租房 2　租金　地代

成　　份　佃富农

牲　　畜　原有马 5

农　　具　犁杖 2　铁轮大车 1　锄 4　雇工 2

说　　明　欠债：去年零工银 3000 元（四分利），今年工银 13000 元（没利）

刘凤：原籍绥化，祖父手里租种 5 垧地，父亲是个石匠。

由绥化搬到海伦，住 2 年，父亲耍手艺，后搬到克山街东合子三井，住 18 年；又搬到瓦盆窖，住 2 年，以上均是父亲耍手艺。以后又搬到后大里窝棚，住 6 年，弟兄 5 个给人家抗活，父亲耍手艺，又搬到朱子恒屯，住一年，抗活。又搬到张德华井，抗活一年；又搬到北大兴，租 18 垧地，四六分，住一年。又搬到纪永桢屯，连今年共 5 年。来纪永祯屯的第一、二两年，租种 20 垧地，没雇人，有 4 匹马；第三年没种地，原计到街里拉脚，未成，做短工；第四年租 32 垧地，雇了一个马官，自己 4 匹马，4 个人劳动；第五年（今年）租75.5垧地，5 匹马，自己 4 个人劳动：老板子、打头、跟走、掌柜，雇猪官、马官各 1 人。

**农村概况调查表（克山县于莲屯）**

家长姓名　张德财

人　　口　男 11　女 13

劳 动 力　男 5　女 4

伪满时经济概况：

耕种土地 70　自有地 33　租出地 33　租入地 70　每垧产量平均 5 石　租佃形式租出对半租入7.5斗

房　　屋　8 间　自有 8　租出 8　租房 5

成　　份　地主兼富农

牲　　畜　马 3　骡 3　牛 13　猪 2 大　13 小

农　　具　犁杖 3　铁轮车 2　锄 5　雇工 4　雇零工 400

全年收入　粮食 350 石

全年负担　出荷 75 垧

现在经济概况：

耕种土地　自有地 33　租出地 33　租额对半分　租入地 70　租额7.5斗　分入地 10　每垧产量 5 石

房　　屋　5 间　自有 8　租出 8　租房 5　分出 3

成　　份　中地主

牲　畜　马原有 3　分出 1　骡原有 3　牛原有 13　分出 3　猪原有 2 大　13 小

农　具　犁杖 3　铁轮大车 2　锄 5　雇工 4

说　明　出荷，立 75 垧契约，连租地在内，每垧地 730 公斤。

伪满经济概况是指 1945 年。

租入地 70 垧被分，又分给他 10 垧地。

黑龙江省克山县于莲屯佃富农

张德财：50 岁，当六七年牌长直到清算前止。

人口：共 24 人（男 11，女 13）。

劳动力：男 5：老板 1 人（四弟）；打头 1 人（三弟）；更倌 1 人（长兄）；跟走 1 人（小弟）；管理家务 1 人（张德财）。女 4：做针线，侍弄园子。

雇长工 6 人：跟走 3 人；大司釜 1 人；马倌 1 人；小猪倌 1 人。

土地：自己有 33 垧地，租出去，另外又租种别人 70 垧地。租出是对半分青，租入每垧 7 斗 5 升租。

除雇长工外，每年还需添 400 多零工。

张德财原籍义州人。8 岁抗活（那时他爷爷当家，有一垧多山坡地）。抗到 22 岁，便搬到望奎，哥儿 6 个，连父、母、妹子共 9 人。没有地。4 个人抗活（老五、老六没抗活，年龄小）抗了四五年，又从望奎搬到拜泉。在拜泉住一年，租人家 17 垧地，便两个人种地，两个人抗活。从拜泉搬到克山。租许鸣周 27 垧地，每垧地 9 斗租子（小麦、大豆、谷子三色，各 3 斗）种了七八年，便租到 70 垧地。一直到现在。

九一八事变后三四年，那时粮食贵，人工贱，租子轻，便买了吴殿臣 25 垧地，每垧地 120 元。那时一斗小米 4 块钱。1943 年又买赵升 8 垧地，每垧还是 120 元，因那时出荷，都不乐意种地。

清算时，只清算了他 3 条牛、一匹马、3 间房、一个马架，另外还分给他 10 垧地作为调剂。

（是否应该分地给他，值得考虑）

**三圣宫富强屯　富佃农**

姜兆玉 35 岁，祖母姜辛氏 78 岁，父姜明儒 67 岁，母姜李氏 65 岁，长兄姜兆林 45 岁，弟姜兆清 33 岁，嫂姜郭氏 41 岁，嫂姜陆氏 47 岁，妻姜武氏 33 岁，弟妻 28 岁，长侄姜士英 24 岁，侄媳姜蔡氏 24 岁，次侄姜士杰 13 岁，长子姜士有 7 岁，三侄姜士代 2 岁，四侄姜士长 2 岁，长侄女姜小春 14 岁，次侄女姜士范 11 岁，三侄女姜士葵 9 岁，女姜丫头 4 岁，次女姜小丫 3 岁，孙女连枝 2 岁，弟妻陈芝兰 28 岁，合计人口 22 口。

家庭劳动者：姜兆玉、姜兆林、姜兆清、姜士英全劳力者 4 名；半劳力者 1 名；计 5 名；室内劳力者 5 名。

**家庭产业（故有产业）**

1. 房屋：草正房 7 间，人住；厢碾房 2 间，仓房 3 间，计 12 间。
2. 牲口：大马 6 匹，小马 3 匹，计 9 匹。
3. 猪类：母猪 2 口，小猪仔 5 口，计 7 口。

4. 母鸡 10 个，鸭子 4 个，14 个。

5. 耕具：大犁 1 个，锡犁 1 个。

6. 自有地：6 垧（本年雇长工。租种地 42 垧）。

## 生产投资（一）种子类

1. 大豆 11 垧，每垧种子 2 斗 5 升，计种子 2 石 7 斗 5 升。每斗核洋 50 元，计核洋 1375 元。

2. 小麦 6 垧，每垧 5 斗，计 3 石。每石 1600 元，计 4800 元。

3. 高粱 3 垧，每垧种子 1 斗，计 3 斗；每斗核洋 50 元，计核洋 150 元。

4. 谷子 8 垧，每垧种子 5 升，计种子 4 斗；每斗 50 元，计洋 200 元。

5. 苞米 6 垧，每垧用种子 1 斗，计用种子 6 斗；每斗 50 元，计洋 300 元。

6. 糜子 2 垧，每垧用种子 1 斗，计用 2 斗，每斗核洋 50 元，计洋 100 元。

7. 稗子 3 垧，每垧用种子 4 升，计用 1 斗 2 升；每斗 25 元，计洋 30 元。

8. 菜园子 2 垧，春季茄子、黄瓜、白菜、320 元豆角籽，自有的秋季白菜籽 5 碗元。秋季萝卜籽 2 碗，每碗 25 元，计洋 50 元。

9. 长工代地：包米 3 垧，每垧种子 1 斗，计 3 斗，每斗 50 元，三斗 150 元。大豆 3 垧，每垧种子2.5斗，计7.5斗，每斗 50 元，计 375 元。

以上计钱数的种子，乃系春季所购买，总计洋 8000 元。

## 生产投资（二）用具类

1. 大铧 1 个、折五铧 1 个、折八铧 1 个，计 3 个。每个 150 元。可用 3 年，每年平均 150 元。

2. 修理犁杖耰耙等，共须工 10 个（木工），每个工 100 元，计 1000 元。

3. 修理锄刀用洋 300 元，买镰刀洋 400 元，计 700 元。

4. 买锄钱 10 支，需 900 元，够 3 年用，平均每年计 300 元。

5. 扬场掀及木杈子，洋计约 500 元。

6. 铁掀、二齿子、泥板子等购买，每年需洋 300 元。

7. 口袋、麻袋、筛子、面罗、椴子、簸箕、桲罗、柳罐等购买及修补，共需洋 600 元。

8. 室内用品，锅、缸、盆、碗、碟子、锅盖、菜板子、菜刀、木桶、水杓子，铁杓子、筷子、铲刀、笊篱、炕席等必须品之添补，约洋 300 元。

9. 饭桌、板凳、车辆、马套等修理，洋约需 100 元。

以上总计需洋 3950 元。

## 生产投资（三）劳力类

1. 家有全劳力者 4 名，每人约 11000，计 44000 元。

2. 家有半劳力者 1 名，每年工资约 5500 元。

3. 雇长工打头的 1 名，4500 元，增 2507 元，计洋 7007 元。

4. 雇长工跟做的 2 名，共合洋 5700 元。

5. 短工约 10 个，每个 80 元，计洋 800 元。

以上总计洋 63007 元。

### 消耗类

1. 每人一日约食米 1 斤 6 两，27 人一日计食米 43 斤 2 两，全年得米计 10800 斤（去小儿以 250 日算）。短工 10 个约食米 20 斤，长工 3 个，约食米 1440 斤（以 300 日计算），一年计食米 12260 斤，每斤 2 元，计洋 24520 元。

2. 马食草量：每马一日得食草 10 斤，8 头马一日得草 80 斤。每斤核洋 6 角，每日计 48 元，全年去放牧以 200 日计算，得食洋计 9600 元。

3. 马食料量：马一匹一日得食豆饼 6 斤，马 8 头每日得食 48 斤，全年以 200 日计算 9600 斤，每斤核洋 7 角，计核洋 6720 元。

4. 衣服费：每人一年平均约用 15 尺布（棉花钱含在布内），27 口人去小孩 5 名不算，计 22 名，共需布 330 尺，每尺核洋 50 元，计核洋 16500 元。

5. 烧柴费：造饭每天得烧 30 捆秫秸，全年以 365 日计算，烧 10950 捆，每捆核洋 1 元，计洋 10950 元。烧炕以乱柴代之，不用算钱。

6. 盐类：每人全年平均得食盐 15 斤，计 27 口人，全年得食盐 405 斤，每斤核洋 30 元，计核洋 12150 元。

7. 油类：全年 27 口人计，得食油 150 斤，每斤核洋 10 元，计核洋 1500 元。叫车、点灯油等以地头代麻子熬油补充之。

以上总计洋 81940 元。

### 担负类

1. 负公粮小米 150 斤，每斤 2 元，计 300 元。

2. 负公粮小麦 30 斤，每斤 3 元 6 角，计洋 108 元。

3. 负公粮大豆 291 斤，每斤 1 元，计洋 291 元。

4. 负谷草 40 斤，每斤 6 角，计洋 24 元。

以上总计洋 723 元。

总计以上全年之总支出额为 157610 元。

### 租种土地生产

1. 大豆 11 垧，每垧年约产 6 石，计产 66 石，以三七分租，分粮 46 石，每石核洋 500 元，核计洋 23100 元。豆秸每垧出产一车值 500 元，计 11 垧，计洋 5500 元。

2. 小麦 6 垧，每垧约产 2 石 5 斗，计产 15 石，按照三七分粮，应得 10 石 5 斗，每石核洋 1000 元，计洋 10500 元。麦秸每垧能出 25 元，计 6 垧，能出 1500 元。

3. 高粱 3 垧，每垧约产 6 石，计产 18 石，三七分粮，得 12 石 6 斗，每石核洋 500 元，计核洋 630 元。高粱秸每垧能产 1000 捆，计产 3000 捆，每捆一元，计 3000 元。

4. 谷子 8 垧，每垧约产 6 石，计产 48 石，三七分粮，尚得 33 石 6 斗，每石合洋 500 元，计核洋 16800 元。每垧出谷草 1000 捆，计出 8000 捆，每捆 4 斤计，32000 斤，每斤 6 角，计核洋 19200 元。

5. 苞米 6 垧，每垧约产 7 石，计产 42 石，以三七分粮，尚得粮 29 石 4 斗，每石 500 元，计核洋 14700 元。每垧能出苞米秸 600 捆，每捆值洋一元，6 垧能出 3600 捆，计值洋 3600 元。

6. 糜子 2 垧，每垧约产 5 石，计产 10 石，以三七分粮，尚得 7 石，每石核洋 500 元，计核洋 3500 元。每垧能出糜扬草 800 捆，计出 1600 捆，每捆核一元，计核洋 1600 元。

7. 稗子 3 垧，每垧约产 10 石，以三七分粮，尚得 21 石，每石核洋 250 元，计核洋 5250 元。每垧能出稗草 1000 捆，3 垧计出 3000 捆，每捆值洋 1 元，计值洋 3000 元。

8. 菜园子 2 垧，计出土豆、萝卜、白菜、豆荚、黄瓜等，为自用消耗。

9. 自家劳力者 4 人，可收洋 49500 元

以上总收入为 167050 元。

### 其他生产

1. 猪卖钱约 5000 元。

2. 鸡、鸭产卵卖钱约 1500 元。

3. 磨面粉约赚钱 15000 元。

以上生产收入为 21500 元。

### 自有土地生产

1. 大豆 3 垧，每垧约产 6 石，计产 18 石，每石核洋 500 元，计核洋 9000 元。

2. 苞米 3 垧，每垧约产 6 石，计产 18 石，每石核洋 500 元，计核洋 9000 元

以上计生产 18000 元，但系 3 个长工的工资代的。

### 丰歉鉴定

全年总收入为 206550 元。

减全年总支出 175610 元。

尚余 30940 元。

## （三）中农

### 三圣宫区富强屯富中农

伊汉 63 岁，长子伊惠元 34 岁，次子伊惠新 31 岁，三子伊惠周 28 岁，四子伊惠礼 22 岁，长子媳伊汪氏 36 岁，次子媳伊霍氏 35 岁，三子媳伊孔氏 31 岁，四子媳伊王氏 24 岁，长孙铁但 5 岁，长孙女苏姐 13 岁，老姑媳伊占云 15 岁，孙女党子 10 岁，三孙女松柏 8 岁，四孙女苏贵 7 岁，五孙女素琴 4 岁，六孙女小春 4 岁，七孙女树清 2 岁，四子妻李氏 24 岁，族弟伊祥

60 岁，计人口 20 口。

**劳力者**

1. 全劳力者 4 名。

2. 半劳力者 2 名。

**产业**

1. 土地 20 垧，完全自种。

2. 房屋草正房 5 间，马架 1 座，完全自住。

3. 牲口大马 4 匹，小马 1 匹，计 5 匹。

4. 猪类母猪 1 口，猪 10 个。

5. 母鸡 10 只。

6. 耕具：大车 1 台，大犁 1 个，汤犁 1 个，耱把 1 个。

**生产投资**

1. 大豆 5 垧，每垧用种籽 2 斗 5 升，计用种子 1 石 2 斗 5 升。

2. 小麦 5 垧，每垧用种籽 5 斗，计 2 石 5 斗。

3. 苞米 2 垧，每垧用种籽 1 斗，计 2 斗。

4. 谷子 3 垧，每垧用种籽 5 升，计 1 斗 5 升。

5. 糜子 1 垧，每垧用种籽 1 斗。

6. 高粱 1 垧半，每垧用种籽 1 斗，计 1 斗 5 升。

7. 稗子 1 垧，用种籽 5 升。

8. 芸豆 5 亩，用种籽 2 斗 5 升。

9. 菜园子用种籽类

(1) 白菜籽 4 碗，每碗 30 元，计 120 元。

(2) 萝卜籽 1 碗，30 元。

(3) 茄子籽 2 碗，每碗 100 元，计 200 元。

(4) 葱籽 2 碗，每碗 20 元，计 40 元。

以上计 390 元。

**消耗类**

1. 每人一日约食米大小人平均 1 斤 2 两，20 人一日食米 24 斤，全年以 360 计算食米 8640 斤，每斤核洋 2 元，计核洋 17280 元。

2. 马食草类，每马一日食草 10 斤，5 匹马每日食草 50 斤，全年去放以 250 日计算，计食草 12500 斤，每斤核洋 6 角，计核洋 7500 元。

3. 马食料类，每马一日食豆饼 6 斤，5 马一日食料 30 斤，全年去放以 250 计算，计食料 7500 斤，每斤核洋 7 毛，计核洋 2250 元。

4. 猪鸡食料，全年需约 1000 元。

5. 烧柴类，每日 20 捆，全年 7200 捆，每捆核洋 1 圆，计核洋 7200 圆。烧门灶子 4 个，以麦豆糠及乱柴等代，不化钱。

6. 盐类，每人一年大小人平均约食盐 15 斤（熬菜作酱淹咸菜），20 人计食盐 300 斤，每斤核洋 10 元，计核洋 3000 元。

7. 油类，20 人全年约食油 100 斤，每斤核洋 10 元，计核洋 1500 元，点灯、轿车以地头代麻子熬油补充之。

8. 穿衣类，大小人平均一人一年约穿布 10 尺，20 人全年可穿布 200 尺，每尺 40 元计核洋 8000 元。

9. 耕具类，犁杖、把、点葫芦、绳套、口袋、麻袋、铡刀、镰刀、锄头、铁掀、扬场掀、垛杈、木杈、泥板子、二齿子等日常必需品购买或修理，约需洋 4000 元。

10. 室内用具类，缸、锅、盆、碗、碟、筷子、锅盖、菜刀、菜板、木桶、铁勺子、饭勺子、铲锅、刀饭棹、被褥、针线、炕席及其他等必需品添购必需洋 1200 元。

以上计需洋 55430 元。

**担负类**

1. 担负公粮类小米 354 斤，每斤 2 元，计洋 708 元。

2. 担负公粮大豆 684 斤，每斤 1 元，计 684 元。

3. 担负公粮小麦 71 斤，每斤 2 元，计 142 元

4. 教育费及地方费约需洋 500 元

5. 来往人情约需洋 500 元

以上计需洋 2534 元。

全年总支出为 58354 元

**土地生产粮类**

1. 大豆 5 垧，每垧能产 5 石，计 25 石，去种籽 1 石 2 斗 5 升，净剩 23 石 7 斗 5 升，每石核洋 500 元，计核洋 11815 元。

2. 小麦 5 垧，每垧能产 3 石，计产 15 石，去种籽2.5斗，净剩 12 石 5 斗，每石核洋 1000 元，计 12500 元。

3. 苞米 2 垧，每垧能产 7 石，计十 4 石，去种籽 2 斗，净剩 13 石 8 斗，每石核洋 500 元，计 6900 元。

4. 谷子 3 垧，每垧能产 6 石，计十 8 石，去种籽 1 斗 5 升，净剩 17 石 8 斗 5 升，每石核洋 500 元，计 8925 元。

5. 糜子 1 垧，能产 4 石 1 斗，去种籽 1 斗，净剩 4 石，每石核洋 550 元，计洋 2200 元。

6. 高粱 1 垧 5 亩，每垧能产 7 石，计产 10 石 5 斗，每石核洋 500 元，计核洋去种籽 1 斗 5 升，10 石 3 斗 5 升，5175 元。

7. 稗子 1 垧，能产 10 石 5 升，去种籽 5 升，净剩 10 石，每石核洋 250 元，计洋 2500 元。

8. 芸豆 5 亩，能产 1 石 5 斗，去种籽 2 斗 5 升，净剩 1 石 2 斗 5 升，每斗 100 元，计核 1250 元。

以上计产 51325 元

**土地生产秸秆类**

1. 大豆每垧能出豆秸洋 300 元，5 垧计出 1500 元。

2. 小麦每垧能出麦秸洋 2500 元，5 垧计出 1250 元。

3. 苞米每垧能出秸 600 捆，2 垧出 1200 捆，每捆 1 元，计核洋 1200 元。

4. 谷子每垧能产谷草 1000 捆（每捆约 4 斤），3 垧计产 3000 捆，每捆核洋2.5元，计洋 7500 元。

5. 糜子 1 垧能出草 700 捆，每捆 1 元，计 700 元。

6. 高粱每垧出秸 1000 捆，1 垧 5 亩计出 1500 捆，每捆 1 元，计 1500 元。

7. 稗子 1 垧能出草 600 捆，每捆 1 元，计 600 元。

8. 芸豆 5 亩所产豆秸烧炕用。

以上计 14250 元。

**土地生产菜类**

1. 白菜能出卖洋 1500 元。

2. 萝卜、葱及其他，皆为自家消耗。

**副业生产**

1. 卖猪洋约出 5000 元

2. 磨面粉卖约赚 5000 元

3. 母鸡产蛋自己消耗

以上计剩 10000 元

全年总收入 77075 元

丰歉鉴定减全年总支出为 58354 元

本年存残余为 18721 元

1. 去年为歉年，生产将抵支出

2. 本年为中年，获益 18721 元

## 三圣宫区胜利屯

**中农**

马凤坤 54 岁，长子马国良 34 岁，次子马国祥 14 岁，妻马柳氏 52 岁，长子妻马张氏 33 岁，长女蚱子 10 岁，孙女菊子 8 岁，计七口人。

**劳力者**

1. 全劳力马凤坤、马国良 2 名

2. 半劳力马国祥 1 名

**产业**

1. 土地，自有 4 垧，佃种 2 垧，计 6 垧

2. 房屋，草正房 3 间，人住草棚子，1 间仓房

3. 牲口，牛能使的 1 头，不能使的 1 头，计 2 头

4. 猪，母猪 1 口，柯郎 1 口

5. 鸡，公鸡 1 个，母鸡 16 个

**生产投资（一）大田种籽**

1. 小麦 1 垧，用种籽 5 斗
2. 高粱 1 垧，用种籽 1 斗
3. 大豆 1 垧，用种籽 2 斗 5 升
4. 包米 1 垧，用种籽 1 斗
5. 谷子 1 垧 5 亩，用种籽 1 斗
6. 糜子 5 亩，用种籽 5 升

以上种籽具是去年所存秋收后去种

**生产投资（二）园艺种籽**

1. 白菜籽 3 碗，每碗 30 元，计 90 元
2. 葱籽 3 碗，每碗 20 元，计 60 元
3. 茄子 3 盅，每盅 15 元，计核洋 45 元
4. 萝卜籽 2 碗，每碗 20 元，计洋 40 元
5. 黄瓜籽、豆角籽为自家所有，不核钱。

以上计需洋 235 元。

**消费类**

1. 食粮：一人每日食米大小人平均食 1 斤，七口人一日食 7 斤，2520 斤，每斤核洋 2 元，计核洋 5040 元。

2. 牲口：食草一马每日食草 10 斤（含牛），计 3 头每日食草 30 斤，全年去放以 250 日计算，食草 7500 斤，每斤核洋 6 角，计核洋 4500 元。

3. 马匹食料：每头一日食料 6 斤，每日计食料 18 斤，全年去放牧以 250 日计算，计食料 4500 斤，每斤核洋 7 角，计核洋 3150 元。

4. 穿衣费：全年大小人平均每人均穿布 10 尺，七人计穿 70 尺，每尺核洋 40 元，计核洋 2800 元。

5. 烧柴费：造饭每天得烧柴 15 捆，全年计烧柴 5400 捆，核洋 1 元，计核洋 5400 元，烧炕以麦糠等乱柴代之不用核钱。

6. 食盐类：每人全年计食盐 15 斤（熬菜、下酱、腌咸菜等用），7 人计食盐 105 斤，每斤核洋 8 元，计核洋 840 元。

7. 食油类：七口人全年约食油计 50 斤，每斤核洋 10 元，计核洋 500 元，点灯、轿车等以地头代麻籽补充之。

8. 器具类：耕具修理，买镰刀、锄头，修理铡刀及添补椁罗、簸箕、扬掀、铁叉、二齿子、筷子、碗等日常必需品，计需洋约 1500 元。

以上计需洋 23730 元。

**担负类**

1. 担负公粮小米 18 斤，每斤 2 元，计洋 36 元

2. 担负公粮小麦 4 斤，每斤 3 元 5 角，计洋 14 元

3. 担负公粮大豆 36 斤，每斤 1 元，计洋 36 元

4. 其他地方教育等费约需 14 元

以上计需洋 100 元

全年总支出为 24065 元

**生产类（一）土地生产**

1. 小麦 1 垧，能产 2 石 5 斗，每石核洋 1500 元，计核洋 3750 元

2. 高粱 1 垧，能产 6 石，每石核洋 500 元，计核 3000 元

3. 大豆 1 垧，能产 5 石 2 斗 5 升，去种籽 2 斗 5 升，净剩 5 石，每石核洋 500 元，计合洋 2500 元

4. 包米 1 垧，能产 7 石 1 斗，每石核洋 500 元，去种籽剩 7 石，计核洋 3500 元

5. 谷子1.5垧，每垧能产 6 石，计产 9 石，去地东三七分，再去种籽净剩 6 石 2 斗，每斗核洋 55 元，计核洋 3410 元

6. 糜子 5 亩，约产 2 石 5 斗，去地主三七分，再去种籽 5 升，净剩 1 石 7 斗，每斗核洋 60 元，计核洋 1020 元

7. 麦秸 1 垧，能卖 250 元

8. 高粱秸 1 垧，能产 1000 捆，每捆 1 元，计核洋 1000 元

9. 大豆秸 1 垧，能产 500 元

10. 苞米秸 1 垧，能产 900 捆，每捆核洋 1 元，计核洋 900 元

11. 谷子草 1 垧，能产 1000 捆（每捆 4 斤 5 两，每斤 6 角），每捆 2 元 7 角，计核洋 2700 元

12. 糜子半垧，能产草 500 捆，每捆 1 元，计核洋 500 元

以上计出洋 23130 元

**生产类（二）副业生产**

1. 母猪 1 口，生崽可卖钱约 5000 元

2. 母鸡 16 个，生蛋约卖钱 1000 元

以上计 6000 元

全年总生产洋为 29130 元

丰歉鉴定全年总支出洋为 24065 元

全年总残余为 5065 元

说明

1. 去年为歉年，仅可收支相抵

2. 本年为中年，只有残余 5065 元

### 三圣宫区胜利屯

**中佃农**

杨维有 53 岁，长兄杨维贵 55 岁，长子杨树春 24 岁，次子杨胡宝 21 岁，三子宝太 15 岁，

长子妻杨于氏 21 岁，次子妻杨冀氏 24 岁，长孙杨占住 2 岁，计八口人。

劳力：全劳力者 4 名

**财产**

1. 牲口——乳牛 1 头（能使的），尖牛 2 头（不能使用的），借用牛 1 头

2. 猪——柯郎 1 口，约 50 斤

3. 鸡——母鸡 8 支，雏鸡 1 支，计 9 支

4. 犁杖 1 个

**生产投资（一）种籽类**

1. 大豆——2 垧，每垧需种籽 2 斗 5 升，计种籽 5 斗

2. 高粱——1 垧 5 亩，每垧用种籽 7 升半，计约用 1 斗 1 升

3. 苞米——1 垧 5 亩，每垧用种籽 1 斗，计用 1 斗 5 升

4. 糜子——5 亩用种籽 5 升

5. 谷子——1 垧用种籽 5 升

以上种子皆为去年所存者，暂作借用，收秋去种籽

附租种地 7 垧，草正房 1 间，半草棚子（仓子在内）2 间

**生产投资（二）园艺类**

1. 白菜籽 1 碗半，核洋 30 元

2. 萝卜籽 1 碗，核洋 20 元

3. 茄子籽 2 盅，核洋 50 元

4. 葱籽 2 碗，每碗 20 元，计核洋 40 元

以上计需洋 140 元

**消耗类**

1. 人食米类——每日每人以幼壮年平均一日可食米 1 斤，8 人可食米 8 斤，全年得食米 2880 斤，每斤核洋 2 元，计核洋 5760 元。

2. 马食草类——每日一马食草 10 斤，5 头马一日食草 50 斤，全年去放以 250 日计算，计 12500 斤，每斤核洋 6 角，核洋 7500 元。

3. 衣服——每人一年约需布 10 尺（大小人平均），每年得穿布 80 尺，每尺核洋 40 元，计核洋 3200 元。

4. 烧柴——每日烧柴 10 捆，全年计烧柴 3600 捆，每捆核洋 1 元，计核洋 3600 元。

烧炕以乱柴及麦糠等代用不用核钱。

5. 盐——每人平均全年得盐 15 斤（熬菜、作酱、淹咸菜均在内），8 人全年得食盐 120 斤，核洋 20 元，计核洋 2400 元。

6. 油类——八口人全年需用油 50 斤，每斤 10 元计需 500 元，点灯、叫车以地头代的麻子熬油补充之，不用花钱。

以上计需洋 22960 元。

**器具类**

1. 耕具类——大二铧1、折五铧1个、折八铧1个，计3种；大犁1个、锡犁1个，计2个；绳套、镰刀、锄板、锄刀、一木掀、洋杈、木杈、垛杈、泥板子、口袋、麻袋、筛子、面罗、掇子、簸箕、柳罐等用品修理及新添约需洋1000元。

2. 室内用具类——缸、锅、盆、碗、碟、锅盖、菜刀、菜板、木桶、勺子、筷子、镰刀、笊篱、棹凳、炕席及其他等必需品为故有者，但偶有新添约需洋300元。

3. 针线、被褥等之必需修理或新换等，约需洋200元

以上计需洋1500元

**担负类**

1. 担负公粮小米56斤，每斤2元，计洋112元

2. 担负公粮小麦11斤，每斤4元，计核洋44元

3. 担负公粮大豆120斤，每斤1元，计核洋120元

4. 担负教育费21元

5. 遇婚丧等人情来往每年约需450元

以上计需洋747元

全年总计支出25347元

**生产量（一）土地生产**

1. 大豆2垧，每垧约产5石，计产10石，去种籽5斗，于三七分剩的7石中净剩6石5斗，每石核洋500元，计核洋3250元

每垧能出豆秸一车值300元，计值洋600元

2. 高粱1垧5亩，每垧打6石，计打9石，去三七分，再去种籽1斗1升，净剩6石1斗9升，每石核洋600元，计核洋3714元

每垧出高粱秸1000，计出1500捆，每捆核洋1元，计核洋1500元

3. 包米1垧5亩，每垧能打6石，计打9石，去三七尚余6石3斗，去种籽净剩6石1斗5升，每石核洋500元，计核洋3075元

每垧能产包米秸600捆，计产900捆，每捆核洋1元5毛，计洋1350元

4. 糜子5亩，可打2石，去三七分及种籽净剩1石3斗5升，每斗核洋6元，计核洋810元

每亩能出糜杨草60捆，计出300捆，每捆1元，计300元

5. 谷子1垧，能产6石，去三七分及种籽，净剩4石1斗5升，每核洋50元，计核洋2075元

能产谷草1000捆，每捆核洋1元，计核洋1000元

以上计17674元

**（二）副业生产类**

1. 作豆腐卖一个月进600元，一个半月计进洋900元

2. 8只母鸡可产800蛋，每个1元，计800元

3. 全年磨面粉可出洋 700 元

以上计出洋 2400 元

**丰歉鉴定**

全年总收入为 26374 元

减全年总支出 25347 元

全年收入纯残余为 1027 元

1. 去年为歉年，每垧地平均产量 2 石

2. 今年为中年，每垧地平均产粮 4 石 5 斗，仅有微余

## （四）贫农

### 三圣宫区富强屯

**贫农**

沈文举 52 岁，嫂王氏 48 岁，妻张氏 41 岁，侄子沈义 12 岁，侄女小子 18 岁，侄女腊月子 9 岁，长子沈德 12 岁，次子沈有 9 岁，女儿沈玉霞 17 岁，计 9 口。

**劳力**

1. 全劳力：室外沈文举 1 名，室内王氏 1 名

2. 半劳力：室外沈义、沈德 2 名

**财产**

1. 自有土地 4 亩 2 分，租种土地 4 垧，计 4 垧 4 亩 2 分

2. 自有房屋 2 座，马架住人

3. 牲口：雇用 1 个牛具，其余向他人借用

4. 其他产业，猪柯郎 2 口，每口约 40 斤，肥猪 1 口约 150 斤

5. 雌鸡 10 个，雄鸡 1 个，计 11 个

**生产投资（一）种籽类**

1. 大豆 1 垧，用种籽 3 斗

2. 小麦 1 垧，用种籽 5 斗

3. 谷子 1 垧，用种籽 5 升

4. 包米 1 垧，用种籽 1 斗

（以上所记之种籽皆去年所存）

5. 菜园子 4 亩 2 分，种籽 5 碗，每碗 30 元，计 150 元。白菜 1 碗 30 元，黄瓜籽 2 盅 20 元，茄籽 45 元，豆角籽 5 斤，每斤 30 元，计 150 元，总计 395 元。

**消耗类**

1. 一人每日吃米以大小人平均约食 1 斤，计 9 人每日得吃米 9 斤，全年以 360 日计算食

米 3240 斤，每一斤核洋 1 元 5 毛，计核洋 4860 元。

2. 穿衣大小人平均每年每人约穿 10 尺，每尺 40 元，每人计布钱 200 元，9 人计核洋 1800 元。

3. 烧柴每日平均约需柴 10 捆，全年以 360 日核算，计烧 3600 捆，去自己打的 2000 捆尚需 1600 捆，每捆 1 元计 1600 元。

4. 油类全年约吃 50 斤，车灯约用 20 斤，计用 70 斤，每斤核洋 10 元，计核洋 700 元。

5. 盐类平均每人一年食盐 15 斤，9 人计食 135 斤（熬菜、作酱、淹咸菜），每斤核洋 15 元，计核洋 1800 元。

6. 修理用具及添补盆碗碟筷等必需品约需洋 30 元。

以上计需洋 11455 元

**担负类**

1. 公粮小米、小麦、大豆三色折扣小麦即须 150 斤，每斤 80 元，计 300 元

2. 教育费 21 元

3. 地方费 14 元

4. 其他约 200 元

以上总担负计 535 元

全年总支出费 11990 元

**土地生产**

1. 大豆 1 垧据青苗情形约产 5 石，去三七分，再去种子，净剩 3 石 2 斗，每斗 50 元计核洋 1600 元，能出豆秸一车 300 元。

2. 小麦 1 垧能产 2 石，去地主三七分，再去种籽 5 斗，净剩 9 斗，每斗核洋 80 元，计核洋 720 元，麦秸 1 垧地可出 250 元。

3. 谷子 1 垧能打 5 石，去地主三七分，再去种籽 5 升，净剩 3 石 4 斗 5 升，每斗核洋 50 元，计核洋 1725 元。

1 垧谷草能出 1000 捆（每捆 4 斤），每捆核洋 2 元，计核洋 2000 元。

4. 包米 1 垧能产 6 石，去地主三七分，再去种籽 1 斗，净剩 4 石 1 斗，每斗核洋 50 元，计核洋 2050 元。

1 垧包米秸能产 600 捆，每捆核洋 1 元，计核洋 600 元。

5. 菜园子 4 亩 2 分是自己的，不拿租，生产菜类为自己消耗

6. 全年农闲时能打柴 2000 捆作为自用

全年总收入为 9245 元

丰歉鉴定　去全年总支出 11990 元

　　　　　本年净欠 2745 元

去卖鸡蛋洋约 1000 元，再去卖猪洋约 1000 元，尚欠洋 745 元

1. 本年为中年，收入尚不抵支出，净欠 745 元

2. 去年为歉年，收入尤不抵支出，甚至故而致贫

3. 若明年为丰年，地平均每垧产粮能增二石，勉强能维持生活

**农村概况调查表（绥化四方台）**

家长姓名 王国信

人　　口 男2 女4

劳 动 力 男1 女1

伪满时经济概况：

耕种土地 2垧 自有地2垧

房　　屋 3间 自有3

成　　份 贫农

说　　明 原籍登州，父亲在双河镇抗活（哥儿3个）买的房身地（在九一八事变前买的），现在雇一付牛具，一垧地的代价，也就是说两垧地均给人种，自已收一垧地的果实。

**农村概况调查表（绥化四方台屯）**

家长姓名 赵云成

人　　口 男4 女5

劳 动 力 男3：1个铲地、1个给别人抗活、1个在农会 女2

伪满时经济概况：

耕种土地1.5 自有地1.5

房　　屋 3间 自有3

成　　份 贫农

说　　明 原籍热河建平，父亲哥儿两个卖零工，抗活买了1.5垧房身地。

## （五）雇农

**克山县于莲屯雇农秦殿武**

秦殿武今年26岁，12岁开始抗活。

12岁给汤家放猪；

13岁—14岁在家里种地，自已有1垧多地；

15岁—16岁给人家放马；

17岁抗半拉活；

18岁打闲；

19岁抗大半拉活；

20岁—23岁抗大活——打头；

24岁赶车；

25岁—26岁打头。

23岁在哈尔滨北岸抗活时，每年600元，以十一月计算，平均每月54元稍多，每天1.8元；那年便害了一次伤寒病，息工每月扣80元（每天扣2.7元），三个月扣240元，药钱70

元；兄弟病死，买棺材100元；穿衣服150元；屋里穿衣服150元，屋里吃50元。一年到头欠东家230元。

**克山县于莲屯雇农赵清林**

原籍绥化。12岁起给人家放猪，每年5吊钱，一套单衣10多吊，一套棉衣20多吊，除了吃，没有什么剩头。

15岁—16岁当羊倌；

17岁—18岁当马官；

19岁赶车赶到现在（37岁），连老婆都没有一个（三弟兄，只有弟弟说了一个老婆）。

据几个抗活的在一块闲谈，最厉害的是扣工。息一天工按一天短工扣钱。本来一年的工钱就不多，再加上扣工，到年底来再欠东家几个，遇着东家不好的，行点利，第二年又不得不给东家做活。

抗活的那一个不生疮害病的；天还没有亮就起来，吃完饭抽袋烟就撵出大门去，把大门关起来，天气又冷，想进房暖和暖和都不行。

有一次王德奎起得很早（当然是被迫起早的）走出门，在路上摔了一跤，就没有起来。到场里一看，少了一个人，原来王德奎摔下去就没有起来，在路上就睡下了。其疲劳之程度，可想见矣！

阴天还得洗马圈、拔坑、抹墙，作别的事，总之一句话：起早摸黑，两头不见太阳。

# 二、双城城内各阶层调查

李士彬

## 小学教员

因为是礼拜天，托区政府请了几个教员随便谈了一下。

育才小学校长荀国清：今年51岁，双城县立中学毕业任教30年。原籍山东，5口人。3个孩子，均念书。大孩子21岁，在哈市第一师范，女孩子18岁，初中毕业未升学，念不起了，小的16岁。从山东到双城，现在已经是第八代了。

有土地28垧，完全吃租，每垧18石。房子5间，未分。

早先靠吃租子尚能维持生活，一人一年吃一石粮，5个人吃五石粮，剩下的够穿，现在就不够了。

一月挣1100元，中心校长一月1100元，其他校长，一月1000元。首席教师一月950元，高级教师900元，初级教师850元（现在已增到一千七八百元）。

永安校长王乃清：双城人，县立师范讲习所毕业。八口人，3个小孩：大的11岁，次子8

岁，小的6岁，两个上学。一个嫂子，一个侄子30岁赶斗车，有病不能结婚。侄女16岁。

没地没房，租两间房子，每年租金，一间400元。

育德校长陈世敏：原籍辽宁金县人。今年33岁，吉林省立第三中学毕业，教界服务11年。有土地28垧（原有75垧，三股份）。八口人，一个妻子，6个小孩，大的13岁，小的3岁。原有3间房，析居，只有间半房。

陈佩芳：双城人。双城女高毕业。教界服务2年多。父亲亡故在铁岭，母亲在双城，哥在哈尔滨道外经商。租两间房，每间租金800元。

陈为贤：育德校教员。今年29岁，阿城后期师范毕业，教界服务9年。双城人。学校毕业后派到五常实习，3年转3个学校，由五常转到双城。

家庭共九口人。祖母79岁，父57岁，母亲，两个弟弟，一个在中学，一个在高小，两个孩子，一个老婆。

土地10垧租出去。一垧地1石，5斗租子，房子3间。

## 国医三四家，西医十七家

**西医：**

张文伯：51岁，开“大北医院”。圣京私立医科大学毕业。原籍奉天辽中县，民国十二年开“大北医院”，那时才400多元（哈代洋）。

两个学医的，没有护士，没有养病的地方。

没有土地。房子59间，自己住6间，租出53间，大老婆54岁，二太太27岁。大女孩32岁，已出门了。二女孩26岁，国高毕业，未作事，在家里；三女20岁，国高毕业；四女18岁，国高毕业；五女16岁，优级毕业；均在家，不升学，据说是念不起。两个男孩子，一个16岁，优级毕业，学皮鞋，一个3岁。

今年虎列拉时，防疫去了，县府每天给60元车费，药是县方的。没有治过虎列拉，鼠疫也没有发生过。一般肠胃病多，春天小孩肺炎多。

药品方面，血清类没有，接断和大手术不行。

雇一个大司釜，每月1800元；一个收拾屋子的，每月1500元，两个学徒，3年满师，穿自己，吃东家，过年的时候，给1000块钱。

饭菜柴火，小孩花销，每天600元。一天卖上六七百元，除了药品外，不够本。

53间房子，每年能吃2万多租金。

伪满治病，价钱多少还没有问题，不受统治，谈不到“经济犯”。

陈肇德：哈尔滨人，家在双城，今年29岁。伪满哈尔滨医科大学毕业。毕业后自己开药铺。小儿科。

共6口人，太太31岁，母亲66岁，女孩7岁，男孩大的5岁，小的2岁。

春天闹肺炎的多，夏天闹胃肠病的多；今年没有伤寒，去年斑疹伤寒多。

在哈尔滨有40多垧地，哥儿4个，地分没有，还不知道。房20来间，在哈市三信屯，在双城租5间房子，一年7000元租金。

一般感冒、咳嗽药，30元、20元的（可能还多）挣不了多少。平均每天能卖三四百元，尚能维持生活。

药品从哈尔滨来，或在本地药房买。

雇一个大司釜（女），每月800元。一个学徒，3年满师。

王宾升：31岁，妻33岁，4个女孩，大的13岁，二女9岁，第三个7岁，第四个4个月；1个男孩，4岁。租6间房子，租金每年5000元，自己没地，没房。

哈尔滨医科大学毕业，毕业后在市立医院小儿科实习一年多，民国三十一年开宾升医院。

雇一个大司釜（女），每月800元，带看小孩，吃“先生”（东家）。没有学徒。

双城西医成立了一个医士会，正会长是张文伯，还有副会长，理事是陈肇德，有一个书记兼会计，会费每人12元。医士会没有什么活动，如防疫、种痘、帮助医治彩号。我问他们能否合在一块开一个较完善的医院，他们说，不可能，因为没有设备，家里有小孩，不方便，并且各人信仰（指在群众中之威信）不一。

**国医研究会：**

会长刘化南：原籍奉天盖平人，民国十六年到双城，在永德堂“住地方”，每年吃劳金200多元。康德元年开始挣诊断费，康德九年自己行医。现在有一个学徒。

同仁堂是他兄弟开的，去年歇业。

家里有兄、嫂、妻、子二、侄子等，共九口人。在正白三屯有两垧地。没有房子，租6间房，去年一间租金2000多元，今年未定，街上只有药柜等。每天生活费六七百元。

春夏天事情多一些，最近每天三两人，看一次病在药内加三（30%），普通一付药，两三百元。药是从商家那里买的，一般能赚30%。

国医王九如：国医研究会理事，今年62岁，双城人。大儿36岁，儿媳30岁，3个孙子，大的12岁，次的4岁，小的3岁，共6口人。行医到现在，40来年。

自己没地没房，租3间房，每间1000元。

善治疔毒，恶疮，喉科。用朱砂、石性药、青粉、冰片等材料，草药引。自己没有药，只开药方，挣诊断费，三十五十随人给，三五天卖一付，生意好时一天卖三四付不等。

正骨科员子良：中医外科，七代世传，住南大街。原籍山西宝地，到双城200多年，先搬到热河凌原，后到双城。在这200多年中，没有买一垄地，也没有买一间房子。现在住的两间房去都是租的，租金每年 800 元。

没有别的职业，专门以正骨为生，生意不经常，“半积阴功半养神”的事，价钱也不一定，来看病的，大多是亲朋好友，顶多给过三四千元（不会给这样多），少的一两百元，还能维持生活。

家里有 5 个孩子，大闺女已出嫁了，大孩子 13 岁，第二个是女孩，10 岁，第三是男孩，8 岁，第四是女孩，才 4 岁，连他的“贱妹”（妻）在内，共 6 口人。

今年没有作过衣服，员子良的长袍还是几年前做的，他的“贱妹”穿一件空心棉袍（没有衬衫）。几个孩子也都没有棉衣。大人穿过的，改一改又给小孩穿，对付着过。

自已也没有药，到别人那里配药，从中渔利一些，多少不一定。

## 小　铺

张荆昌：28 岁，家 5 口人。母亲 48 岁，妻 22 岁，两个弟弟，一个从关里来的姊姊没有回去。

没地没房，租了一间偏厦，一间一年 700 元，草房。

卖点开水、麻花、烧饼、清酱、香瓜子、醋、甜菇娘。

去年三月开始，500 元钱的本钱，现在约 1000 多元钱的本钱，桌椅凳子都是房东的，麻花卖了后再给钱。一天能卖三百四百的。一个麻花，8 元买进，10 元卖出去，能挣 2 元。一天只卖三两个麻花。

烧饼一个，1 元 6 毛钱上的，卖 2 块钱，赚 4 毛钱，一天能卖五六个烧饼。

清酱；一斤 9 元钱上的，卖 10 元一斤，一天能卖一斤两斤，有时卖不出去。

醋 9 元一斤上的，和清酱差不多。

香瓜子，27 块钱一斤买的，卖 30 块钱。一天能卖两三斤。

开水，一两块钱一壶。一天能卖 30 来壶，现在就不挣钱，烧的太贵，也没人买。

一天吃两顿饭，吃高粱米、吃咸菜，剩的钱就花了。去年前给人家当伙计，那时家还在关里。家是去年搬来的。

王士堂，山东人。到东北 6 年，50 岁，妻 40 岁，4 个孩子，大的是女孩，11 岁。其它 3 个都是男孩。开个饭馆，卖猪头、下水。再卖点麻花、酥饼。

没房没地，租两间房，租金 5000 元（门市房）。

一个本钱也没有，借了 2000 多块钱（请会）。另在东南隅借了 2000，不知多少利，掌柜去借的。

一付下水，20 多斤，每斤 14 元，不是现钱，现价每斤 12 元。

一付下水一斤盐（70 块钱一斤盐，）30 斤板子（柴火），每斤板子两块钱，4 斤清酱，10 块钱一斤。

酥饼两块半上的，卖 3 块钱。

酒，55 块钱一斤买的，卖 60 块，一天能卖两斤酒。

以前是摊煎饼的，买一斗卖一斗。

赵阴宸：39 岁，妻 35 岁，3 个孩子，大的 14 岁，小的 4 岁。开豆腐房，光复后才开的。在伪满时买了一袋黄豆，罚了 200 块钱，还蹬了 3 天。

一个牲口，1500 块钱买的，磨是在早的，有 4000 块钱的本钱。

一斗豆子做 162 块豆腐，一斗豆子 100 块钱，一块豆腐两块钱（能卖 320 元）豆渣两挑，一挑 20 元，一天卖三斗豆子。烧高粱糠，一斤1.5元，一斗豆子烧 40 斤糠，合钱 60 元。卤水一斤 140 元，一斗豆子用 1 斤 3 两卤水，182 元。

有 6 间房子，地皮是庙上的，一个月一间 3 块钱，共 18 元。

马青山，43 岁，屋里 42 岁，3 个孩子，5 口人。大孩子 13 岁，是一个姑娘，小的 2 岁，也是一个姑娘。以前是耍油活的（大司釜），红白喜事，给人家做点东西，今年父亲死了，开屠宰。

买病猪，100 来斤，大约 200 块钱一个，杀了后卖出去，一斤 10 元，卖出去由人家煮熟卖。“一般屠户有床子，我这个没有床子，因为红白喜事还要给人家做点东西。”

## 双城大戏院

双城戏院于康德六年修成。这次成立才十来天，评剧，经理是刘起同。出场角色都是最近从三岔河来的，连家眷在内，共 30 人。

薪俸，最少的一天一人 15 元，如跑兵之类；唱一天戏挣一天钱。不唱戏就不挣钱，吃东家，穿自己。

范玉环：女，15 岁，在双城算名角了，母亲原来是唱戏的，现在有了小孩，不唱了。父亲也在班子上，其妹 12 岁是唱丫环的。一家人都在班子上。

戏班子都住在东升栈，二十几个人睡在一铺大炕上，有家室的另开“小房间”，现在七师演白毛女，没有唱戏，不能挣钱。大多数没有棉衣穿，好几个都把东西卖掉了，陈儒发说：“在伪满时候，最苦的是没有‘通账’，配给东西什么也得不着，不过伪满尚能维持生活。”有的说：“现在什么东西都能买到，比伪满好。但东西太贵。”

大多不愿改行，因生活较“自由”，“没人管”，“愿在那里就在那里”。

于守河：原籍明水。在明水那面，出来时有父亲、哥嫂、侄子侄女，在这里只有一个“家里”（妻）的。明水家里没地，哥给人家抗活。今年 35 岁，出来 12 年了，家里情形，不清楚。

唱戏唱了 12 年，学了 6 年，学的时候，吃穿师傅管，挣的钱归师傅。

唱三花脸、小生，经过六七个班子。吃死劳金，以每天计算，唱半天不挣钱，不唱不挣钱，六月、腊月是困月，没有坐，不挣钱。在三岔河那面，七月到九月，共唱了 5 天戏，挣了 500 多块钱。到双城来唱了 8 天，每天 160 元，吃柜上穿自己，吃菜吃自己（柜上菜不好），化妆品、靴子，网子都是自己的。“家里”（妻）是外行，不挣钱。

走过长春、德惠、安达、哈尔滨、呼兰、绥化、望奎等地，没念过书，在未唱戏前，给人吃“劳金”。

陈儒发：临榆人，28 岁，家在长春。有父、母，这里只他一人。家里是栓马车的。在旧中华民国时，念了一年“三民主义”。11 岁从家里出来，就参加戏班子。

家里没有地，租一间房，租金一月 1350 元。自己有一匹马，车是人家的。

唱三花脸，一天挣 160 元，光复到现在，挣 5000 元。走过长春、吉林、九台、扶余、三岔河、兴隆镇。光复前在榆树县，一年多同家里没通过信了。

吴殿喜：奉天人，家在奉天，没地，做小买卖，卖点生猪肉，没房。家里父亲，母亲俱在。

今年 26 岁，18 岁跟班子。走过营口、奉天、长春、哈尔滨、三岔河、榆树、德惠，光复前在东宁。唱小生、老生，一天挣 160 元。以前没念过书，学了 3 年。

王子云：热河平泉人，16 岁参加戏班子，今年 27 岁了。参加戏班子前在家种地，自己有两天多地，有 3 间房子。

家里有父、兄、嫂、侄子、侄女，没结婚，走过奉天、长春、吉林、德惠、三岔河、榆树、兴隆镇、扶余。没念过书。唱小生、三花脸。一天挣 80 元。

王玺廷：奉天人，今年 30 岁。家里什么人也没有了。参加班子 6 年了。三年满徒，评戏三花脸，一天挣 80 元。在双城 4 年多，在三岔河一年多，别的地方没到过。也没有念过书。

## 摇卦的

马俊山：58 岁，双城人，家里一个老伴，53 岁。没房没地，租一间半下屋。每间一年 150 元。西下屋。九一八事变时就摇卦。

右手脚有残疾，半身不遂，私塾念了九年，只好摇卦糊口。一天能挣 100 多元，下雨天不能挣钱。师父是闾山僧人，学了 3 年。“照卦书解说，心诚能算准，心不诚就不准”。

李晏芳：59 岁，义县人，到双城 30 多年。家里 14 口人。老伴 57 岁。大儿子 35 岁，卖点烟卷，大媳妇 35 岁，没有分家，也不在家里吃，也不在家里住。二儿子在齐齐哈尔开小铺，打烧饼卖，今年 33 岁，二媳妇 30 岁，也在齐齐哈尔。三儿子今年 27 岁，在双城卖烟卷，流动的，不是出床子，三媳妇 25 岁。四儿 17 岁，有病，没有娶媳妇。

大儿有 4 个孩子（2 个姑娘，2 个小子）。大小子 12 岁，二小子 7 岁；大姑娘 9 岁，小姑娘 8 岁。“都扔在双城，我（李晏芳）给他们照管。”

二儿有 2 个姑娘，一个 14 岁在家里，一个 4 岁带走了。

没有地，有5间草房，当出去两间半。一天能挣一百来块钱。

在义州时种庄稼，有两垧半地，过这边来就把他卖了。过来就学摇卦，摇了30年了。师父是张修山，老道。“也没有怎么教，就凭自己看在眼里，听在心里。慢慢地就学会了。”

“戊字为财神，生门为财，年命为主（求财以命为主）生生命宫财必有，克命之旺速来手，我命若是生克生，求财会落一场空。所谓生、克、字、化，九宫八卦。”他给我讲了一套术语。

“学卦各有所长，我师父说：‘马先生（是指马俊山）给和尚学的，和尚是我徒弟（师父的徒弟）’也有没有师父的，自己悟的就差些，不准。”

卜字就是一步行相，就是一个人拿一根棍子，一个饭瓢。“先生留下盒子章，留下后人作饭囊。”就是拿一根棍子要饭吃。

## 双城老爷庙

（城里西街）和一个老道的谈话：

“你贵姓?”我问他。“姓李。”

“你是哪里的人?”我又问他。“山东人。”

“你今年多少岁了?”“30岁。”“出来几年了?”“六七年了。”“二十几岁出来的?”“24岁出来的。”“一个人出来的吗?”“一个人出来的。”（以上均是我问，他答）

“家里还有什么人?”“有父亲、母亲、兄弟姊妹。”

“你以前在家干什么?”“念过一点书。”

“种过地没有?”“也种过一点。”

“开过买卖没有?”“也开过。”

“从家里出来就到这里吗? 还到过别的地方?”“从山东来先到绥化××庙。”“到这里（指老爷庙）多少时候了?”“到这里才几个月。”

“还走不走呢?”“住够了就走。出家人游遍名山各地。”

“你们修道最久的有多少年”“40多年。”

“有没有100年的?”“没有。”

“有没有修成的?”“古时候有修成的，现在修成的少。”

“为什么现在修成的少呢?”“现在不是没有修成的，修成的是我们看不见。”

“为什么我们看不见呢?”笑而不答。

“你们到一个新的地方，不要什么手续吗?”“不要，出家人有他的一套话语。”

“这个庙修了多少年?”“200多年。”

“200多年这样新?”“补修了几次。”

“这个庙有没有庙产?”“有，不多，20多垧地”“多归公了。”在一旁的更官说。

“这个庙的‘责任者’叫什么?”“叫监院。”“他一个人说了算。”更官又插进来了。

“看庙的叫什么?”“叫老道。”

“你们每天做什么事情?”“烧香，念经，修道，要是老百姓有什么事情（如作道场之类），就大伙儿一齐去。”

（谈话的时候，有几个老道——共有10多个——在炕上缝补棉衣、被子，有的捉虱子，有的躺在炕上，他们很少插进来搭嘴，好像与他们无关似的）

和老道李诚本的谈话：李诚本（家里有一二十亩地），河南人，今年53岁，26岁到东北，30岁在奉天千山出家。

未出家之前，在家里念书十来年，念到易经，后来在巡警训练学校毕了业。念书时准备参加北京考试，以后废止考试了，便大失所望。

未出家前曾到过上海、汉口、江浙一带。到东北时曾做生意，以后因身体闹病，便出家了。千闾二山是奉天名山，江浙一带在那里出家的不少。

道家的祖师是老君，后来有的修道修成了，便给后来留下了“派”。有所谓“龙门派”“华山派”“蓬莱派”，便是指在那几个地方修成的，李诚本便是蓬莱派。

道家戴的帽子是“经”做的，有“混元金”等。

道家称“禅”，几“禅”就是几个人的意思，到一个新庙就要“挂禅”念经，庙里便供你吃和住。

每一殿有一个“殿主”，殿主为“执事”。

每一堂有一个“堂主”，老道出门要向“堂主”请假；每堂有“执客事”，外来之人有事要同庙里交涉，先找“执客事”，“执客事”管不了，找“监院”。

开始进庙时，要“行恒”三年，打扫佛堂，算账等苦役，然后才挂经戴帽子。

道家是“古人”，言其不忘古的意思，所谓“衣冠不改旧家风”。

道家和佛家不同，道家不扔“姓”，另取法名。佛家不然，连姓都扔了。但道家同佛家在法规上又相差不多，佛家还要严格，多“闹扣”（闲谈）是不行的，吃饭不能把嘴打的响。

佛家可以到道家那里“挂禅”，道家也可以到佛家那里去“挂禅”。

“国家大事，咱们程度浅，看不透，也有能看透的。”咱们是“世外人”，不问国家大事。

关于满洲国和现在的东北，他说：“各国有各国的制度，满洲国是日本的法律，现在是中国的法律，还是中国的法律好。”

我问他：“满洲国时，你们受不受压迫？”“也不怎么的压迫。”我又问他：“有没有钱的人‘出家’？”“大多是没有钱的。所谓‘贫道贫道’就是一个‘贫’字。”

## 三、双城县东官屯各阶层调查

李士彬

东官屯在双城到周家站的汽道上，西去双城五十里，东去周家站十八里。说是一个镇，不像镇；说不是一个镇，又有几家小铺，三两家小床子。比一般的屯子要复杂一些。

“先立东官所，后有双城堡。”“东官所和双城堡一样大，东西四里四，光是‘城里’就种180垧地。在东官把衙门都修好了，就是没有砍人的地方，才向西迁五十里，修双城堡。”这是现在东官村村长李忠臣在大车上告诉我的。

东官有442户，土地1500垧。

## 东官小学

东官小学共8班。初级6班，高级2班。学生一百多人，以前有两三百人，农忙时学生都回家生产，帮助秋收，故学生减少将近一半；据说在伪满曾到过四五百学生。教员8人，征收公粮时，教员都帮助征公粮。

校长是一个女的，名叫苑英寰，冀东丰润人，中学毕业到东北7年。今年23岁。父亲60岁，以前在教界服务，在洮南中学教过书，父亲到东北来约10年。母亲57岁。兄27岁，双城粮栈作会计，高小毕业。嫂未念过书，25岁。大弟20岁，在双城教育科。二弟17岁，在兆麟中学高中部；三弟13岁，在兆麟中学初中部。3个妹妹，一个21，一个19，一个15，都是优级毕业。

在丰润有房，无地。在双城房地皆无。租了3间房子，租金不详。月薪1100元（现已增一千七八百元）。暑期曾参加工作队做了一个来月民运工作。

马凤鹭，女，20岁，双城东官村八家子屯人，双城国高毕业，兆麟中学住了半年，这学期才教书。母亲48岁，父亲去世。兄27岁，庄稼人。嫂25岁，没有念过书。3个妹妹，一个17岁，一个10岁，一个8岁。一个弟弟12岁。家里有2垧地，没有房子，租3间房。

暑期曾参加工作，做了一个来月群众工作。

韩玉荆：本屯人，哈尔滨师道学校毕业。今年22岁。妻23岁，弟20岁，母亲50岁。

有地4垧半，去年当出去了，每垧当600元。

破草房8间，也当出去了，每间1000元。

去年开始教书，伪满时当了半年教员。今年三月入双城学院学习，三礼拜毕业，暑期曾参加工作队。

洪乃赓，双城国高毕业。29岁，东官村张家屯人，距学校8里每天走来走去，父亲60岁，母亲54岁，祖父78岁。妻31岁。姑母26岁。弟25岁，弟媳24岁；4个孩子，大的12岁，其次为10岁，8岁，3岁。

自己土地14垧，自己种10垧，典出去4垧，雇1个长工，铲地，割地叫小工。

康德八年考师道学校，没考上。康德九年在拉林教书，以后转入本屯教书，今年转到东官。担任主任教员。

此外教员，温德溥有10多垧地，宋玉海有四五垧地。

教员大多在暑期参加过工作队。

这是一个中心小学，领导6个分小，每月各分小来东官一次，讨论一些学校问题。向区政府讲。

# 众东泉烧锅

“众东泉”原名“益丰涌”，光绪十七年开的，1946年9月，清算马中华后，改为“众东泉”的。

光绪十七年是一个小铺，叫马小铺，是马鸣铎开的（马中华之父）。卖点香烛纸马，油酒米面。光绪二十四年冬月十六日开烧锅，叫“益丰涌”，资本3万吊。伪满时开“配给店”。今年八月二十一日清算后改为合作社，九月二十七日改为“众东泉”。

未改为“众东泉”前，资本255000元。另外还有25万“浮存”，作为流动基金。农工会接收后，126间房子，铺垫、牛马、木料、板片共折合洋1545520元。杂货、粮担、柴草、曲子折合洋1827100元。共合洋3372620元。这就是“众东泉”的资本。

众东泉的工人：甑房6人，油房4人，粉房3人，磨房1人，厨房3人，柜房16人。

院心——更官、牛官、磨官、猪官、菜官、老板、打头、管院、门官、零活共19人。

共52人。

未改为“众东泉”前，工人吃劳金，改为“众东泉”后，实行“分红制”。东家四成（区政府二成，老百姓二成），剩下六成由烧锅员工分。叫做四六分。工人又分做四等。

头等3人：经理、曲头、甑房大司釜。分9/60。

二等8人：甑房5人，柜房3人。分16.8/60。

三等16人：油房4人，柜房5人，厨房2人，老板、打头、管院、老猪官、院心1人。分16.8/60。

四等24人，柜房年青的5人，院心17人，门官、菜官各1人。分17.4/60。

4个月结算一次，一年分3次。每月可以预支，但不超过旧有劳金。旧有劳金，顶多是7700元，最少是1800元。

一天出酒750斤（一班），6石高粱，每石高粱1300元。曲子150块，一块30元（原价15元——去年粮食），豆饼40块，一块45元。石炭500斤，每斤3元，共16900元。

750斤酒，每斤36元，共卖27000元。减去16900元，尚余10100元。再去酒税5166元，每天净余4934元，实际上还要多，因酒里还要兑水。

粉房：2个人，2个马，2个磨。一天出4驮，每驮45斤。每驮用豆子（土豆）180斤。每斤土豆2元，共360元。一斤粉25元（五家子38元），一驮漏27斤粉，共675元。除土豆外每天赚1260元。两人工资一天共200元（大约），再除去两个马吃的草料，便是赚的钱。

两个工人，一个家在山东，在这里跑腿，就算没有家了。另一个工人，家在外屯，没房没地。

磨房：据工人高永昌谈，一天磨5斗麦子。一斗麦子（35斤）磨25斤面。一斤面25元。共卖625元（麸子10斤，能卖13元，喂马用）。一斗麦子的价钱是315元，一斗麦子赚310元。五斗麦子赚1550元。

高永昌原籍奉天人，搬到这边来十余年了。在正四旗住，父亲70岁，妻子34岁，他今年36岁，一个小子10岁，没地，就靠他生活。

油房：每天出产油 190 斤，12 块豆饼。一斤油 25 元，计 4750 元。

原料：豆子 4 石 4 斗，每石 800 元，共 3520 元，

燃料未计，12 块豆饼作燃料够了。

4 个工人。一天约计 600 元。

牲畜：22 头牛，19 个马，原是 21 个，死了 2 个。

开药铺的 4 家：当医生的 3 人。

王凤鸣：48 岁，妻 36 岁，两个孩子一个 11 岁，一个 1 岁，共四口人。5 垧地，房 6 间（在周家站）。地租出去，1 垧地二石一斗租。房 6 间也租出去，前面 3 间，每间 1000 元，后面 3 间押出去 1800 元。自己租房住，去年 3 间 1200 元，今年 2 间，租金未定。

由 18 岁当医生。原籍奉天，到东官 18 年了。

赵鸿普：37 岁，老母 73 岁，妻 36 岁，两个小子共 5 口人。房地皆无，租两间半房，每年 1350 元。他的旁边就是“家理公所”。

以上 2 人被斗争，罚他“舍药”，王凤鸣七成，赵鸿普三成。穷人看病，到农工会开条子，由农工会批甲、乙、丙三等。甲等为有房有地，看病照常收钱；乙等有几间房，三五垧地，看病只收本钱；丙等房地均无，看病不取分文。

常断阁：36 岁，妻 31 岁，4 个孩子共 6 口人。房地皆无，租房两间，2000 元。

今年事少，传染病没有发生过，一般春天病多，五月节 3 天出两次门。没有诊断费，脉礼都算在药内了。

## 兽医两家

孙英礼：42 岁，4 个小孩，共 6 口人。父母在关里（河北），关里有五六亩地，到这边 11 年。兽医传家，马医学校卒业；15 岁出手。凡是牲畜病都能治。今年看病很少，药料困难。今年看了 100 多个，没有病就卖零活，拾点柴火。买了两垧地。看一次病挣百二八十的，赶到上午，还留吃一顿饭。

阎春发：3 口人，同孙英礼是 9 年伙计，挣钱共分，现在因药料困难，分伙了。自己没地，分两垧地。

## 小馆四家

师均：妻、父、弟共 4 人，弟参加自卫军，分 1 垧地，一天能卖 2000 元。雇 2 人，一个上灶，一个做面活。有炒菜，如炒肉丝、溜肝尖之类。

杨雨山：42 岁，原籍江苏铜山，没有家，一个月挣 2400 元，给师均做面活，蒸馒头，烙饼。

张海山：四口人，雇 1 个人，同王木匠共买半垧地，一天能卖几百块钱（可能还要多一些）。

张锡九：58 岁，没有家，跑腿，给张海山干活，炸麻花。一天 100 元，一月能做十来天活。没有活就呆着，吃东家。

张树珍：6 口人，一天卖几百元。雇 1 个人。

马喜林：51 岁，妻 43 岁，有 3 垧地，买十来年了，耍手艺买的。3 间房，给张树珍炸麻花。一月 1500 元。

张凤林：30 岁，共 6 口人，父母均在。有七八亩园子，5 间房子，连住家。没雇人，父亲也干活，一天卖七八百元。

## 豆腐房三家

徐茂刚：四十来岁，4 个孩子，共 6 口人。有 8 垧地，连开化子店，带卖豆腐。有 3 间房，哥儿两个分了，一人一间半。

田贵山：5 口人，无地，无房。卖豆腐，干湿都卖，老婆子去年秋天死了。

李忠臣：47 岁，九口人，无地无房，被选为东官村村长，他兄弟在家做豆腐，一天做 2 块。老婆有病，躺在床上半年多了。

## 理发匠一家

郭振义：22 岁，母亲 56 岁，大哥 32 岁，嫂 24 岁，共 10 人。有 2 垧地，租 3 间房，每间 120 元。一天能理四五个头，一个头 20 元。

哥哥是弹花匠，一天弹 25 斤，一斤 15 元。

## 铁匠两家

郭忠本：48 岁，共 6 口人。原籍山东，过来五六年，无地无房，租 3 间房子，共 2000 元。22 岁在关里种地、抗活，22 岁后学打铁。去年是 3 个人合伙打铁，今年他二人都走了。雇不起劳金，便不打了，暂时卖点零工。

于浩堂：45 岁，妻死去了，一个姑娘，一个小子，共四口人。没地没房，租一间半房，每间 500 元。今年分 1 垧地。去年还打铁，今年买不起焦子，便不打了。现在家里打点柴火，卖点工夫，卖十来个工夫了。“打铁的都会铲地，割地，”他说，“但常干干不了，铲一天挣个半拉子价钱。”

## 木匠：共七家，六家外作，一家里作。到会三家

王文福：外作。57岁，妻50岁。3个小子，大小子22岁，参军了。二小子20岁，木匠。三小子10岁，一个姑娘14岁。共6口人。18岁开始盖房，盖草房。有5间房子自己住。半垧房产。有枪锯、接锯，爷儿两个出去做工，一个工240元。自己没有材料。今年分到两垧地。自己会铲地。

徐德厚：18岁，母40岁，爷80岁，妻18岁，3个妹子，2个弟弟。共九口人。没地没房，租一间半房，共1500元。

里作。自己不作，给人家作工，一天100元（里作雨天能作，外作雨天不能作）。家在城里，母、三个妹子、妻在东官住。没有分到地。

张万庆：23岁，母亲67岁，大哥30岁，参加八路，二哥27岁，有病。自己没地，分到1垧地，自己没房，租一间房，1200元。

外作，去年才满徒。没枪锯，没接锯，在东利升店作活，会铲地。

外作一年只要3个月手艺，并发工具。其他时间可以铲地，作零活，打柴，拾粪。里作有材料就有活，没有材料就没活干。

东官原有两家木匠铺，荒了一家，一方面是没有木料，一方面家具贵；

错：700元，

铯刃子：500元，3块用一年，

锯条：250元，一年用4条，

斧子：400元。

锛子：300元，

焊子：200元，有二分、四分、五分……价钱不一，

铯子有15种，

大锯：接锯4000元，枪锯10000元，

其他如石匠，补锅匠，均不在本屯住，挑担子，从城里来，住在店里。我碰见一个石匠，他说："庙就是我的老家，再就是给谁做活就住在谁那里。他一天能砍一个磨，挣百二八十的。有时没事，均拉两天能砍一个磨，吃一个劳金钱。"

## 小　铺

王国升：卖麻花、烧饼、针线、清酱、醋，另外还开木匠铺，雇一个人，自己不会，从过年到现在，卖了5套立柜。

一套立柜要8个半工，一个工150元。

一套立柜要 12 个板，一个板 100 元（宽七八尺，长一丈二尺）。

一套立柜要油 1 斤，80 元；色 1 斤，200 元。

一套立柜要玻璃 900 元。零件 200 来元。

一套立柜卖 4200 元，剩不了多少钱。

烧饼是自己打的，一天能卖三十二十的，有时能卖五十四十的，一个烧饼能剩两三块钱。主要靠卖烧饼生活。清酱、醋现在不卖了。

王国升原籍奉天锦州人，到这里五辈子了。“来的迟，什么也没有捞着。”家共九口人。今年 35 岁，一个奶奶 67 岁。旗人。没房没地，租 4 间房，每间 1500 元。

张万国：47 岁，妻 35 岁，5 个小子；兄 50 岁，嫂 44 岁，两个姑娘（侄女），两个侄子。开杂货铺，主要卖青菜（上人家的）一天能卖二三十斤。

辣椒：一斤 10 元（7 元上的），

芹菜：一斤 8 元（6 元上的），

干豆腐：一斤 13 元（10 元上的），

大头菜（回子白）：一斤 7 元（5 元上的），

没有地，有两间房子，租出去，一间 500 元。另外租人家 6 间，租金共 3500 元。

此外，还卖香烛纸马、清酱、醋等，家里供一个财神。

辛衍山：两口子，一个姑娘，共 3 口人。此外雇一个手艺人，一个大司釜，一个伙计，一个跑腿的，一个学徒。拧麻花，打烧饼，称为“家庭铺”（不作买卖就不能维持生活的叫家庭铺，大商店不做买卖也可以生活）。

一天炸两次、三次麻花。一次 25 斤面（25 元一斤），10 斤油（25 元一斤），白矾 4 两（150 元一斤），面碱 7 两（40 元一斤），糖稀2.5斤（25 元一斤）。能炸 180 根麻花，除了断的外，以 165 根计算（断的自己吃了）。春秋两季消的快，夏天卖瓜、包米、毛豆，不卖麻花。

烧饼，省油费炭。一斤面能出 8 个烧饼。一天打 20 斤面，需要三四斤糖稀，30 斤炭（零卖 10 元一斤，趸卖 7 元一斤）一天能卖五六十个烧饼。剩下的批发出去。

## 小　店

马家店：马玉春 19 岁，母亲 60 岁，兄弟 13 岁，侄子 16 岁，哥死了，嫂走道了。无地无房，租 5 间半房，每间 1000 元。每天有三四个客人，一个客人 10 元，今年没有住过大车。

高家店：4 口人，没有儿子，过房一个侄子，29 岁，一个侄儿媳妇，20 岁。一个孙女。伪满时就开店，今年没住过大车，住挑子，一晚上一个人吃一顿饭 50 元，第二天早上不吃饭就走了。去年老毛子在河南买粮食，才安了几个槽，草料自备。这里是通哈尔滨的大道。

郭家店：化子店，郭玉海，在抽大烟中谈。

刘洪升：（化子店）57 岁，小子 17 岁，给人家放猪，儿媳 12 岁（开始我以为是他女儿）煮饭。租半间房，每间 1000 元。住店一个人 8 元。住店的化子自己煮饭吃，自己拾柴火。

住店的是下列这些人：

五常县2个：

罗振江：家里5口人，没妻；今年才出来，在这里卖工夫。据说是五常工夫贱？

初万三：家里7口人，没妻，今年才出来，在这里卖工夫。

榆树县2个，双城1个，奉天籍1人，以上4人均无家室。名字叫赵瑞清、刘洪财、王发、何庆均，在这里卖工夫，苞米，千高粱。一天挣150元。

山东籍2人：

张富志：在山东5口人，没有地，有3间房子，老婆死了，跑腿跑5年了。

袁成勇：在山东7口人，无地，有3间房，在山东有妻有子。

化子5个：

孟显顺：48岁，奉天人，到双城2年，到东官不到一个月。奉天家散灶门了，两个小子也各人干各人的了。以先是庄稼人。原有两垧地，分家时都分给他哥了。脚趾都冻掉了。康德五年腊月间的一个晚上，猪给狼抓去了，衣服鞋都没有穿就去追，没追上，回来脚趾冻掉了。以前在双城惠丰栈管账，后来人家不要了，才到东官来，要饭不几天。

宋成安：59岁。山东人，过来10年了，抓劳工过来的。家里有两个哥，一个侄子，3间房，没地要饭要五六年了。

陈天祥：河北人，过来8年，抓劳工过来的。家里一哥哥，两个侄子，没地，有3间房。今年才要饭，以前给人家抗活，因今年腿痛。

张成贵：双城眉山人。去年开始要饭，家里没有人，今年53岁。

白玉昌：46岁，双城人，没有家，要饭要十多年了。

## 抽大烟的

刘炳政：33岁，母亲55岁，兄36岁，嫂30岁，侄女10岁，夏天出一个青菜床子，现在未做买卖，以前是开饭馆的。无地无房，租一间房，一铺炕，800元租金。喝酒喝了3年了，一个大烟泡喝8天。一天喝30元。

李兆忠：36岁，6口人。庄稼人，无地无房，租一间半房，租金800元；租两垧地，二石四斗租子。以前抽大烟，现在喝药，一付药100元，已喝了四五付了。

谭永祥：47岁，妻44岁，夏天出床子；现在不做买卖，没地没房，租一间房，800元租金，一个大烟泡喝11天。喝4年了。

郭玉海：50岁，妻52岁，共6口人，没地没房，租3间房，一间1000元，开个化子店，一晚上有五六个化子。一天喝六七十的烟，喝了8年了。

石海林：七口人，家在万寿村，他在东官住店卖工夫，一天能挣一百来元（喝30元的烟，住店8元，吃小米十来元）。已喝2年了，身上披一个麻布片片。

关景明：家四口人，去年八月开始喝，以先“捣腾破烂”，现在有病，什么也不能做。无地无房。

关明海：5口人，庄稼人，有半垧园子，两间房子，招一间户，去年当劳工有病才喝上的，今春戒了，现在有病又喝上了。

关宪章：5口人，喝4年了，早有4垧地，1垧地房产。早开果心铺，现在给人家做庄稼。

傅佐州：45岁，妻39岁，共5口人，早有20垧地，康德八九年多卖了，现在有5垧地，自己叫工种，有6间房子，自己住一间半。其他租出去，租金600元。一天喝40元的烟。

高双魁：51岁，共七口人。地6垧，自己种，雇一个打头，房5间。自己住。一天喝70元，今年夏天有病才喝的。

吴宣珠：29岁，父48岁，母52岁，均喝烟，妻26岁，一个小子2岁，两个姑娘，一个8岁，一个6岁。父母在哈尔滨，父在三道街××汽船公司，康德一二年曾在双城当过农务会长，以后在东官当过村长。从前有300垧地，以后卖了，现只有19垧地（?)，雇5个人，5个牲口，2个大车。

家里是卍字炕，有炕箱、炕琴、围镜、穿衣镜、挂衣柜、被格2个、禅瓶2个、立柜3个、摆钟1个，有一间屋子是用洋灰砖铺的，瓦房，玻璃窗。

洪庆山：27岁，跑腿的，在高家店写店簿，今年喝了两个多月，现在吃药，写店簿没说作，到年底做点衣服，给一点钱。

傅文铎：38岁，3口人。以前有20垧地，康德四年分为三股，一人分6垧地，康德七年及康德十年将地卖掉。康德七年喝了一年，光复后忌了，现在又喝上了。

现在在八家子屯，庆宁村的厢黄头屯，都由农会把抽大烟的关在一个屋子里硬忌，饭由农会维持。我到八家子去的时候，几个抽大烟的正坐在炕上，有一个老头在门外晒太阳，他们说，已经10天了，没有抽过，就是开始三四天难受一些，以后就好了。东官屯也准备这样作。

## 二混子共九家，到会六家

郭端富：35岁，原籍山东，到东官7年租一间半房，租金共700元。父母都在关里，老娘们在这里死了。原是学铁匠的，学了2年没学会，现在给人家割地。割两天，挣420元。

周顺祥：29岁，母66岁，嫂44岁（寡妇)，领4个孩子，一个姑娘。妻是本屯人，大小子参军去了。领了3垧地。庄稼人，今年闹了一场病，什么也没干。念过4年书，爱看牌。租2间房。

李凤海：36岁，母亲66岁，妻32岁，共3口人。母亲同妻都有病，自己没有地，租1垧地，拣点柴火，勉强够吃，分地时领了2垧地。

李新芳：29岁，母亲68岁，弟22岁，共3口人。自己有7亩地，3间房，兄弟“参加”了，分了两垧地。他说：“把我都打成二混子了？我正在割地，把我叫来，耽误了半天工，还说我是二混子。”

何文庆：47岁，弟何文祥36岁，弟媳29岁，一个小子，一个姑娘，妻死了，母亲72岁，没地没房，租3垧地（2石4斗租子)，3间房（一间房租1200元)。做了几年豆腐。还帮人家要过账，要了十来年。现在半闲半忙。

关明治：4口人，庄稼人，没地没房，帮人家割地、铲地。爱看牌。除了看牌外，他说他不是“二混子”。

除了上面几家外，再就是那些抽大烟的，才是十足的“二混子”。

## 跳大神

徐关氏：50岁，丈夫（徐洪业）55岁，一个侄子13岁，念书。没房没地，租一间半房，原租800元，倒出200元；分两垧地。

36岁有病，病了六七年，死去活来，才供上“胡仙，黄仙”，给小孩看看病，伪满时老没出过门，一年种一垧地，自己种。大人病不懂。去年就没跳了。

吴王氏：55岁，丈夫（吴永林）57岁，小子13岁，媳妇9岁（童养媳），女9岁。25岁抽风，请大神看，以后就供神，没跳过，也不会。没地没房，分了两垧地，另租一垧地。

冯占山：47岁，一个老娘们36岁，4个孩子，没地没房，租一间半房，900元，倒回来400元。刚成立农民会时选为经济委员，第二次就改选掉了。他说：“入会后就不跳大神了，给家人办事要紧。”共跳了3年神。跳神前是庄稼人。“14岁就给人家扛活，赶车、打头。有一次，赶车的时候，拿上鞭子来就不知东南西北了，找大夫看，病说对了，吃药不见好，以后找到大神，他说供胡仙、黄仙，病就好了。供了胡仙、黄仙，病还是没好。以后又在陶赖昭赶车，4块钱带两个孩子进这个屯子，又有病，借了钱没法还，不得已跳大神。

春天跳一次神，五六十元。子鸡一个，红白布3尺，剩下的香烛纸马，供的粮食都带回自己家里了。

## 阴　阳

傅兴廉：60岁，现下都叫我“先生”。拉个方向，看个阴宅、阳宅。家里两个老伴。第一个老伴没有“开怀”，才娶第二个。现在6个孩子。自己没有地，劈到两垧地。住官家两间房子，小子在村上当职员。

看阴阳30年，念过几天书，租种七八垧地。

一般“老人”拉这几个向口：乾山巽（西北高岗）、戌山辰（北边高），亥山巳（正北）。“人家是这样拉，咱就照着这样拉，有什么好处，可说不上。”

阳宅拉壬丙向口，各屯子都这样拉，朝阳，暖和，还有什么好处也说不上。

一年拉阴宅的二十来家。拉阳宅的十来家，拉一次，三百二百，百二八十的，还有留吃饭的。

东官所海惠寺：

一个佛堂，一个殿堂，供奉如来释迦。执事2个，和尚7个。

庙产：早先有38垧地，现在还有7垧多地（连会场在内），其它均分了。

道光八年修的，那时连挂禅的在内，有10多个和尚。早先一年一台戏，也许春天唱，也许秋天唱，也许五黄六月，没准。早先一台戏就要20万硬元（七八年前），南北四旗的人都来。会首吃庙上，看戏的不吃庙上。戏班子有从双城来的，有从哈尔滨下号来的，没准。唱5天。

## 和　尚

释本院：原名李万有，今年77岁，原籍河北人。光绪十九年到关外，到东官已16年，在东官出家。未出家前是瓦匠。

在未出家前，家里有父、母、大哥、二哥（现在都已死了），没有娶过媳妇。“一个人老了，要手艺没有出路，就侍候佛爷。”

侍候佛爷有什么好处？

第一不长病；第二不长灾；第三好好侍候佛爷。

“你出家后害过病没有？”“小小的病还是害过，头脑热啦！头疼，腿疼啦！现在浑身疼，不能走道。”

“你们一天吃几顿饭？”“吃两顿饭。”“粮食是哪里来的？”“庙上粮食都不够吃，出去化来的。每年秋天庄稼下来的时候，就出去化，庙上7个人都出去化。三升两升的，一天一人能化一斗来粮，能化两个来月的时间。”

“你们每天吃什么菜？”“吃白菜、萝卜。烟酒葱蒜不动，吃豆油。荤的不吃。”

“你的师父是谁？”“安成。死了。”

心煛：原名郑光有，65岁。原籍海城人。8岁时在海会寺出家。小时候有病才出家的。出家后病是不断，腿疼腰疼。“病还能断吗?!”他反问我。

本一：俗名赵海清，60岁，榆树县人。51岁上庙，在海会寺出家。出家前是赶车的（给庙东边刘义赶车），家里无地无房，说话时口吃。

（其他几个和尚，均是四五十岁）

（每一个屯子都有庙，有的大一些，有几个和尚，或者姑子；有的小一些，没有和尚，也没有姑子。东官海会寺在屯子里来说，要算是大一些的庙了）

从双城和东官的调查里，我们看到了庙宇阴阳、摇卦的和择字、算命先生等迷信团体和迷信职业者，他们一方面是贫（一般的说），一方面又是愚昧，他们受人欺骗（受统治阶级的欺骗），而又欺骗人民。统治阶级便利用他们的贫和愚昧，正确的说，利用着迷信来作进行欺骗和统治人民的工具。而有的庙宇或迷信团体，竟成为窝藏坏人的地方，这是需要我们提高警惕的。

# 四、海龙调查

集群

在海龙了解了一些关于伪满时代“出荷”“劳工”“配给”……等情况，这些材料是片段零碎不够完整具体的，在某些具体表现上还带着地方性，但它却一般的反映了在敌人严密而高度的殖民地统治下，东北人民所过的惨痛的牛马生活。

## 出　荷

“出荷”是伪满一个主要而普遍的经济统制与剥削方式，伪中央有所谓“兴农部”，以下有“兴农支部”“兴农合作社”“兴农办事处”，此外则有实业厅、科、股各级的组织。为了强制推行“出荷”，更有所谓“生产出荷委员会”“实践委员会”“农村增产推行本部”，在县、村则派出所谓“工作班”“驻在员”等，警察、特务、协和会“弘报”机关（即敌之宣传机关）结合在这些组织里，残暴恶毒的掠夺与敲榨着东北人民。

每年秋季“出荷”之前，每省规定“出荷”的数字，名曰“契约粮”，然后再分配到县、区、村，直到每家。海龙县的情况，顶好的地押上足够的肥料，一垧地主要的出产如大豆可打3石至四五石，高粱可打8石左右，包米可打8石至9石，坏的地一垧只可打豆子1.5石，包米3石，高粱四五石。而“出荷”的数量大豆要占出产量90%，高粱与包米则60%－70%，如果种稻子则要“出荷”98%（但实际上不一定是按着这个标准），除了高粱与包米余下的可充做农民的食粮之外，如豆子、稻子等产物，余下的则查封起来留做种籽，此外必须在指定的土地上种麻，一垧地要出荷麻12斤以上（主要做火药用），后来又有所谓棉花及大麻子增产运动(用以制造火药与飞机油等)，更普及到鲜猪。猪肉、猪毛、猪皮、鸡蛋、萝卜干，土豆子干，蕨菜……等出荷，至于所谓“献纳”，如采药、采茶、血粉（猪血晒干成粉）等那所包括的就更广泛了。

根据一县一村所订的“契约粮”数字，分配到每家要订详细的“契约台账”（存根），伪满时代耕地面积会重新进行了丈量，过去10垧地有的增加到十六七垧，仍然按新的垧数来“出荷”。这当中伪地方行政官吏敲榨百出，他们自己有地的可以少“出荷”甚至不“出荷”，把食粮高价卖给缺少粮食“出荷”或没有食粮的贫民。如村里的“驻在员”，睡得炕凉了，或给他的钱少了，吃的稍差一点，都会随便在“契约台账”上多写“出荷”的数量，定“契约粮”本来要鉴别出产多少、土地好坏，由农民盖章认可，可是后来把图章一起收去，盖了章就没有什么商量的余地了。如果有一家无法照既定数字“出荷”，那么一屯、一村就要负责补足，这就是所谓“责任粮”，有的时候，也可以临时照“契约台账”上的数字再增加，即所谓“追加粮”，收成好了还要多“出荷”即所谓“报恩出荷”，当农民出产的粮食应付不了“出荷”，“出荷”了以后就没有饭吃的时候，只好卖掉了自己的车马，半夜里偷着高价买回粮食来“出荷”。而区长、村长、屯长的棍子随时都会打到他们的头上，再不然就是“拉架子”做“软板凳”或者灌凉水等等所谓“特别工作”。

每年11月以后，正是“出荷”的时候，“检问所”（检查粮食机关，由警察办）、“交易场”（即出荷之场所）便到处建立起来了，如果农民“出荷粮”经过“检问所”检查有与“出荷证”数量不符时，便有被加以“经济犯”罪名、粮被没收、人被扣押的危险。到了“交易场”之后农民以每斗高粱2元、豆子4元4角、包米1元8角（海龙情况）……代价“出荷”了自己的粮食，当把地租部分（按地主所收的租粮由佃户一起送去出荷再扣钱给地主）扣出之后，剩下的也不会再有多少了。

过去在东北农村里有碾子，特别是有磨的人家是相当普遍的，现在一个也见不到了，原来是怕老百姓用来磨豆腐、磨面和推米，而被指定为“违禁品”打碎了或埋藏了，可是老百姓也并不感到碾子、磨对于他们的需要，因为“出荷”之后，不少的人家用以充饥的，也只有萝卜干、野菜、柳树芽子……之类的东西了。

## 苛捐杂税

除了“出荷”之外，是纳不完的税捐。

根据所有土地数量，要纳“国税”（即钱粮。大都为地主出，其余杂税亦有，普遍纳者以农民为多）、“县税”（即田亩捐）以及“村税”等等。伪满时代田共分百级（级较大者而纳税亦较多），根据海龙情况，以60级田来说，“国税”要纳2元4角，“县税”则3倍半于“国税”，“村税”则为“县税”40%。另外在“出荷”之同时必须“储蓄”，杂粮“出荷”平均一吨必须储蓄费30圆，稻子出荷一吨则须储蓄费50圆，不足一吨者则按出荷量储蓄，报国公债每垧地5圆，门户捐按每户收入2.5%征收，勤劳所得税按收入3.5%征收，牲畜税如牛、马、骡按市价5%纳税，羊、猪、累按市价2.5%征收，狗要挂狗牌，每牌5圆，狗无狗牌者杀，康德五年杀不带狗牌的狗在海龙计500条，其他如“富国公债”“劳工补助费”“军事后援会费”“军猪供出费”（海龙年出军猪9000余头，限150斤以上者，无则折钱交付），后来又有所谓“生命保险金”，其中又有“满洲生命保险”“邮政生命保险”，初则劝诱继则强迫，甚至说：“不保险者缴通帐，饿死好了。”至于物和钱的所谓“献纳”则更名目繁多，最后规定妇女的头发也要献纳（每人三分重、半寸长），山城镇一个妇女说“要不是光复，头发也要献纳光了”。

## 人力的榨取

为了更严密与普遍的榨取东北的人力（包括劳动力等），敌人在伪满康德七年曾举行了一次大规模的所谓“国势调查”，该年十月一号夜12时起全伪满各地同时开始人口调查，在某些主要交通工具上也派了调查员，以后更严密的确立了户口制度，伪满康德八年十月十五日正式公布了“国兵法”。凡是满了19岁的壮丁，必须呈报，在一定时期集中，经审查合格者在规定7年“待役期”中要服兵役3年，除此以外3年服役后休伍者尚有所谓“待命役”，当时无休止的侵略战争在继续着，敌人需要大批人力做他侵略的牺牲品，壮丁征检逐年增加，在海龙最初被征检的壮丁占壮丁总数的20%，后来增加至50%、60%以上（此数是否普遍如此待查）。

在检查国兵的同时，要编所谓“勤劳奉公队”（简称勤奉队，老百姓又叫“国兵漏”）。“国兵”不合格的（疾病残废）都有“勤劳奉公”之义务，定期三年，每年须有4个月的劳动服役期间，分期编送到矿山、工厂和敌人各种建设部门中去。

较之“勤劳奉公”更广泛而普遍的，即所谓“勤劳奉仕”，又分男、女、老、少，随时都可根据敌人的需要编成“勤劳奉仕”队，就地进行锄地、割草、喂马以及其他一切后方勤务性工作。

在伪满劳力剥削上更为普遍而残酷的就是“劳工”。“劳工”又名为“勤劳报国队”，凡17—56岁（后来则至五十七八岁）都有充当劳工的义务，按其规定充当劳工期间为6个月。每日普通工资1元7角左右。由所谓“动员科”等分批编队遣送各地从事各种劳作。东北的人民，特别是广大的劳苦人民，他们的物资差不多被掠夺干了，剩下的几根瘦骨头，又蒙受了敌人在多方面劳力的榨取，不少人家儿子当“国兵”去了，只晓得“开到关内去了”，也有的听说“到太平洋打美国人去了”，也有的听说“到北边打苏联去了”，总之再也看不见自己的儿子回来，那些参加“勤劳奉公”和当劳工的，受着“队长”“工头”“把头”之类的剥削虐待，饿着肚子，围着纸袋子作工，到期满的时候，有的又转到其他地方做劳工去了，有的是用车子拉了一个病人回来，有的做工期间就病死了，在农村特别是广大的劳苦人民中间，几乎找不到没有当过劳工的人，而每一个人也都有一段惨痛的，甚至难以想象的悲惨的故事。

那些伪府官吏和敌伪有关系的人自然是能够免于劳役的，一般有钱人家在被迫没有办法的时候，只好化钱运动贿赂，有点家底的人家有的则变卖自己的田产去买人顶替（特别是劳工，有的则成为商品买卖），有的把自己的子弟放在学校里今年学法政，明年学美术，后年……因为学校学生除学校本身生产劳作外，是可暂延兵役与劳工的。也有把轻病变成重病，也有斩手足成为残疾，也有个人与全家逃亡充当无伪满民籍的“黑人”，至于农民，没有财产，没有钱，又被束缚在土地上，他们正是敌人压榨的主要对象，劳工也主要出在他们身上，一家老小没人养活，也要出劳工，生病了也要拉去当劳工，在地里耕田也会被抓做劳工，有的一个人被抓当劳工3次之多（每次6个月），有的一家三兄弟，一个当国兵，一个当“勤劳奉公队”、一个再当“劳工”，其他的人还要“勤劳奉仕”，一家的劳动力也就被剥夺光了。因为逼抓劳工而造成的人命案子，几乎是普遍在东北的每一个村庄，在抓劳工的时候有的被迫投河上吊的，在既经抓去的之后，则是鞭打、饥饿、疾病，最严重的地方如抚顺、本溪矿坑里，则是每日多至3%—6%、7%的死亡，有的人家丈夫做劳工去了，无法生活而改嫁或自杀，海龙一刘姓人家，老婆、孩子，都病了，自己被抓做劳工，6个月的牛马生活中虽弄得骨瘦如柴，总算留下了一条性命，可是回来之后孩子死，老婆散，不久就忧愤的死去了。

## 配　给

伪满时代经济统制下，没有买卖的自由，所谓“小卖联盟”统制着日用品，再定量的分配给“配给店”给商店，再“配给”给老百姓。粮食则由所谓“农产公社”“粮栈组合”等管理分配，大量充做军用，其余再通过配给店配给给老百姓，除了烧草之外，一切均在统制“配给”之列。

每家每户，都有一个所谓“生必物资购入通账”，上面规定了一定的数量的日用品，必须在一定时间拿着通账里的“购物票”，到指定的配给店里，才能买到指定的一定数量的东西，“通账”分特、甲、乙、丙四种，原来还有丁种配给通账，后来大部分都除消了。特配通账是专门配给日本人、某些朝鲜人、伪政府官吏，和某些部分的公务人员，以及与日伪有来往的奸商和官办大配给店之类，但就中也分几等，日本人、某些朝鲜人及伪府较高级官员是有大米可吃的，并随时可用通账之外的“特别配给票”领到其他物资，一般特别配给虽没有大米，但在数量及种类上包括较多，除日用品外，高粱米每人每月可配给到 30 斤。甲等配给多为一般下级官吏、普通公务员、中等以上地主商人，但对于某些有利于敌人的生产经营，为便利敌人之榨取而予以甲等配给者亦有，除日用品外，每人每月可配给高粱米 24 斤（平均每日 8 两）。乙等配给多发给小商人、小地主及小生产者，少数日用品外，高粱米每人每月可配给 12 斤。至于丙等配给，在有丁等配给的时候，还可领到有限日用品及高粱米 12 斤，后来丁等配给在某些地区逐渐除消之后，丙等配给像丁种一样配给不到一粒粮食了，这主要的是用来普遍的发给一般农民，以及贫苦游动的小商人、小工与小生产者，对于那些贫苦游动的小商人、小生产者与小工，敌人的目地就是在于把他们像农民一样的驱逐到土地生产上去以供其原料、人力之掠夺与榨取。敌人统制配给的结果使农民和他们处于较一般更严重的饥馑状态之中。

对于商人来说，他们所能往外卖的，只是配给来的少数货物，自由购买购卖则以犯“经济统制”以“经济犯”论罪，小工业生产者也不能自由出卖自己的产品，一部份廉价缴上去，只能在指定的数量以内出卖，如盐、洋火、酒精……等所谓“专卖品”，则由伪满所谓“专卖署”统制配给，就是领有专卖许可的店家，在这上面亦无利可图，不少的商店都倒闭了，被赶到土地上去，或者工厂矿山里去，有的能够支持门面的，就必须以很大的牺牲与容忍，同警察和伪方官吏拉关系，没法买“私”卖“私”，可是如果有一个漏洞没有填满的时候，就可能会倾家荡产，就会成为“经济犯”“国事犯”，到监狱里去，在商人里面，很难找到有 3/10 以上没有被加以“经济犯”的头衔而被威胁敲榨的人。发财的也并不是没有，那就是少数的大商店粮栈之类，他们都是与敌人勾结统制垄断，有的一方面是商店老板，同时也是政府官吏，也是拥有大片土地的人，当这少数人一天天肥起来的时候，其他一般的地主也好，商人也好，不少的都逐渐的走向凋敝、破产，与饥饿。

至于一般百姓特别是农民，他们的粮食，差不多都“出荷”光了，如果稍有残余的话，也很难够吃，而农民也没有粮食配给，要私买粮食，一是犯罪，二也没有钱，有时他配给到有限的布，但又常都被村长、屯长扣起来了。

即令是在指定的时间里到配给店去买东西，排成一个长的行列，往往挤了一天，还是配给不到，即或配给到了也很少是给足够的数量，要是过了时间，东西就是配给店的了。

在鞭打压榨凌辱下，吃不饱、饿不死、穿不暖这是大多数东北人民生活！

## 警　察

在任何地方，即是走到一个很小的村庄，你问起“满洲国”的警察，每个人都会痛恨而滔滔不绝的告诉你一大串关于警察欺侮压榨老百姓的血泪故事。警察——形象与具体的反映了日本帝国主义及其奴婢们对东北人民的凌辱与欺榨。

海龙的警察没有例外的，是敌人整个殖民地统制体系里分派出来的一批黑乌鸦，在九一八事变之后，到1935年，他们的中心工作是维持治安帮助日本人剿灭所谓“反满抗日”的东北义勇军，收缴民枪铁器，利用汉奸特务告密，陷害人民借机敲诈，到1936年就由治安工作转到思想工作上来了，侦察所谓“思想犯”检举逮捕有爱国思想的中国人，卢沟桥事变之后主要的则进行关于资源、地基、物质、人力调查，在敌人的步步严密的经济统制政策之下更加残暴与恶毒起来。敌人的所谓“出荷”“国兵”“劳工”“配给”……都离不开警察。

在镇市上，警察可随便到饭铺吃饭，临走说声“记上”，实则就是“白吃”，要不然那就会问长问短：“你配给的东西怎么能够卖半个月，一定是有私……”最后是送钱了事。他可以坐在警察署里叫人到店铺里去拿任何点心和水果，他可以随便到烧锅打酒再寄在店家出卖，他可以半夜三更到老百姓家里翻箱倒柜。过年了，老百姓吃块带皮猪肉就会犯两个罪（违反屠宰，违反皮革统制），加上一颗大米就是三个罪（国事犯），但警察却可以吃大米，也可以虚报人口多领配给，合伙走私，高价出卖。警察到的地方，人们都要好好的招待着，担惊受怕，惟恐稍有冒犯，除了那些伤天害理有计划的与敌伪勾结一气的奸商之外，普通商家，如果不在警察身上化钱，生意是难得做成的。警察要入股，则不能拒绝，亏空不发，赚钱分红。有的就是平时有些联络，但也往往难以免去灾难，如海龙同源祥皮靴店，同警察联络送礼，到后来总不免被警察署长抓去，说是违反皮革统制，货物没收，一家很大的买卖也就此垮台了。还有姓李的商人，与警察署长张国祥商量好了去贩梨，因利钱不多未给酬张国祥，随后即借口“私贩”而遭扣押，很多梨贩同遭害，就中有东记掌柜的就被押死了，一般商家被警察骚搅者难以数计，源昌杂货店因“经济犯”被罚10余次，没收布匹价值20万元，最后则给警察署长送钱了事。

在农村里警察对庄户人家更是狠毒倍至，抓“劳工”逼“出荷”，警察就是去做“灌凉水”“拉架子”“过电”“打训导棒”等等“特务工作”的，被打逼致死者屡见不鲜，平时警察租地种，可是耕种完全强拉农民代替，或买猪叫人喂长大了再出卖。在那里看到了年青的妇女，“门子”就串起来了，如不能奸污到手，就会全家遭受灾难陷害。海龙梅河口的铁路警察，更以狠毒闻名。坐火车的，不知挨了多少打，也不知被扣押多少，因为要往来藩阳做生意的“经济犯”，也很难算清有多少妇女被奸污，穷人家为生活所逼，不得不忍辱含愤把自己的年青的姑娘媳妇代替儿子去做生意，因为年青的妇女即或警察晓得她们是去做生意的，但即经被其污辱之后，可免于扣押、毒打、没收之难，老百姓都这么说：“火车好坐，梅河难过，不是强奸，就是挤荷（要钱之意）。”

过年过节，警察特务正是发财的机会，收到礼物一个署长有时多达数十万。一个部落里的分驻所长丈母娘死了，要叫人送礼，每年便做一个“头周年”，“头周年”做上几个，也就可以饱食而肥了。当老百姓被刮得近于枯干的时候，他们的大洋楼，便在藩阳城，镇市里盖起来，乡下是土地，城里是商店。

八一五东北光复了，同样龌龊的做法在警察也没例外，海龙的警察也同样的把牌子一翻，什么“中央军”“保安队”也就编起来了，他们最不知耻的骑着日本马，挂上日本刀，穿上日本军装，又在人民面前扬威作福了，他们并没有丢掉“好杀”的本性，海龙的青年卑鄙而讥讽这些衣冠禽兽的时候，他们就枪杀了青年。可是人民不同过去了，他们知道现在的政府是属于他们的，民主政府成立起来之后，他们协助政府逮捕了一些最坏的特务警察。

今年的年，是真正东北人民自己的年，是民主政府建立起来的地方，人们都自由平静的度过新岁。秧歌、高跷到处闹个不休，大米、白面、带皮的猪肉……是人民自己的食粮，“出荷”“配给”“劳工”“国事犯”“思想犯”“经济犯”这些枷锁都解除了。

“满洲国”的警察和“满洲国”的名字已经像黑夜一样的过去，今后是阳光灿烂，人民的天下了。

# 代编后：东北农村的状况和特点

## 日本统治下的东北农村

在日本人统治时代的东北农村，可以用两句话来说明，就是土地集中于地主，财富集中于城市。日本在统治东北的14年中并没有废除东北农村中的封建势力，虽然在一些地区吞并了一些中国人的土地，变为满拓地、开拓地及日本人的私地，但是日本人对东北农村的政策还是扶助农村的封建势力地主阶级，经过他们来统治农村。县、村、屯政权，警察特务与协和会、兴农合作社、配给所结合在一起，这些重要职务大多数是由地主担任，地主大多数与伪吏、警察特务有联系，或结合在一起，大多数汉奸警察特务就是地主。东北人民最怕的，也是最痛恨的，在东北人民中流传的一句话：“关东军、宪兵队、特务警察、协和会。”日本人采取贫农村、富城市的办法，把农村的出产、财富、劳力用“出荷”“奉仕”“献给”“劳工”的办法，搜括集中到城市里面，城市比“九一八”事变前大大的发展了，而农村则较“九一八”前大大的衰退了，贫困了。这就是帝国主义与封建势力相结合的具体事实。

在日本统治的时代，整个东北经济的性质，是军事的殖民地性质的经济，工业生产主要的供给日本军用和日本国内，工业中使用的劳动力很大一部分是抓来的劳工，纯粹的殖民地奴役，一切大小工商业操在日本人的株式会社。东北的农村经济的性质是封建的殖民地性质的经济。

## 东北土地集中的状况

东北农村土地集中的情形，在“九一八”以前就比关内各地更发展，过去东北的几个大军阀就占有东北土地的很大一部份。日本人统治东北后，并没有改变东北土地集中的情形。日本人将一部份好的土地强占，变为开拓地、满拓地及日本人的私地，这样的土地约占东北已耕地中10%－15%左右，据日本人的统计，东北已耕地约有1900万陌（每陌约13亩多），而满拓地、开拓地约占170万陌左右，满拓地、开拓地分布的情形也不一样，以东满为最多，南满、西满也有很大的数量。

东北土地集中的情形，南满与北满略有不同，北满较南满更为集中。下面是日本人的一个统计材料：

| | 南满 | | 中满 | | 北满 | | |
|---|---|---|---|---|---|---|---|
| | 户数 | 土地占有 | 户数 | 土地占有 | 土地占有数 | 户数 | 土地占有 |
| 大土地所有者 | 4.2% | 40.4% | 0.2% | 3.0% | 100 垧以上 | 2.9% | 50.0% |
| 中土地所有者 | 14.7% | 35.8% | 16.7% | 65.8% | 50 垧以上 | 3.1% | 16.6% |
| 小土地所有者 | 15.4% | 13.7% | 17.5% | 22.6% | 20 垧以上 | 8.1% | 21.3% |
| 零细土地所有者 | 33.0% | 9.7% | 16.7% | 6.3% | 5 垧以上 | 10.5% | 10.0% |
| 无土地者 | 32.5% | — | 48.7% | 2.3% | 5 垧以下 | 12.5% | 2.1% |
| | | | | | 无土地者 | 63.2% | — |

## 东北农村的特点

我们自己还没有整个东北土地状况的统计材料，只有许多个别村、屯、区及很少的个别县的材料。据我们调查的材料及下面工作同志的反映，东北土地分配的状况，与日本人的统计材料没有很大的出入。

东北农村，由于过去长期发展的历史，东北农村经济发展的特点，及日本在东北 14 年的统治，造成了东北农村的许多特点，认识这些特点，对于我们进行农村的群众工作是有很大的意义的。

### 雇农多

东北农村的第一个特点，是雇农占人口总数 40%以上。在南满约占 32%左右，在北满约占 40%以上。个别县占到 50%或 60%的。这种雇工有抗活、劳金、内青、卖工夫的。加上农村中还有0.8%—10%的手工业工人及加工业工人（即油房、烧锅、火磨、火锯等）。

造成东北农村这种大批雇农的原因有四：一、历史上移民关系，每年有大量的关内（主要是山东、河北）移民到东北，有的甚至每年达 100 万的数量，平均每年都是几十万的数量。这些移民都是贫苦的，有的带着家属到东北，初到东北后无钱、无地、无工具、无粮食，只好靠卖工夫过活；二、日本人在满洲的开拓政策，掠夺了很多中国人的土地，使地主、富农沦为佃户，使贫农、中农沦为雇农。日本人把掠夺的土地变为开拓地、满拓地，主要的并不是日本人自己耕种，而是把一些旱地改为水田，水田租给朝鲜人种，旱地仍租给中国人种；三、东北经营地主及富农经济特别发展，正因为这种经营的发展，所以就能够容纳大批的农村雇农；四、日本在关内大抓劳工，在许多工厂矿山中就是用关内抓来的劳工，使农村过剩劳工在城市找不到工做。

这一特点，是关内的农村中所没有。而北满贫农约占人口 30%左右，中农约占 15%左右。

但是东北农村雇农、抗活、劳金、卖工夫的所受的剥削是非常残酷的，以工作时间来说，每年正月十五上工，腊月十五下工，一年只有 4 天假；每天工作是两头不见太阳，雨天在地里淋，寒天在外面冻，有的无家室的，即使年终腊月也还留在地主家里过年帮闲。扣工资是东家最厉害的一条，扣工资的工价，不是照抗活的一年平均工资每天的工价扣，而是照当时的市价工资扣，因此，抗活的歇一天工，平均总要6天的工资才够扣，忙工扣忙工的工价，闲工扣闲工的工价，因此，抗活的只要有三病两短，一年的工资就会扣去一大半，原来的工资就不够养活家小，这样一来，就更不得不向东家抬（借）粮抬钱，无法还债，就只得总抗下去。所以抗活的一句流行的话："抗活不用本，越抗越加紧。"东北因气候关系，农作时间不长，大体上下种、锄草，收割一共约有4个多月的农忙时间，所以短工卖工夫的又特别多，而长工除农忙时间外，其余的时间就是帮东家赶大车做杂活。内青除分粮外，柴草全归东，此外有小份子地，那是白白的为东家种，而小份子地又都是好地，有时小份子地比挑份子地的收获量还多。经营地主收容这批破产的农民及关内的移民，长期的奴役下去，这些抗活、劳金、卖工夫的、内青，实际上是农奴，长期被束缚在地主富农家里，他们要想升为贫农或佃农是很困难的，几乎是不可能的，因为他们买不起牲畜，没有种籽，没有农具，无法独立的进行耕种。

## 经营地主

东北农村的第二个特点，是经营地主的土地约占已耕地面积40%以上的土地（包括出租的部份）。在南满可能与北满不同，南满可能没有这样大的百分数。而经营地主的人口则只占农村总户数中的4%左右。

造成东北农村经营地主发展的原因有三：一、历史上的移民关系，造成东北农村中榜青制及经营地主的发展。关内到东北占荒放荒的移民，第一辈亲自下地，发家后，第二、三辈就少下地，到第三、四辈就不下地，雇人耕种，而关内的贫苦移民初到东北，无法生活，只有靠榜青，这样就形成东北经营地主的发展。二、东北农村经济的商品化过程比较发展，尤其大豆的生产，主要的是输出，这种商品经济的发展，就形成东北大农经营（经营地主和富农经济）的发展。三、日本人对东北农业的政策，扶植和奖励大农经营，因为大农经营有资本、有农具、有畜力，便于"出荷"。日本人对扶植大农经营的办法，一方面就是采取奖励办法，如规定雇工价格，组织锄草班，另一方面采取逼迫的办法，如出荷、配给等，地主为补偿出荷的损失，不得不收回自己经营，而配给布的规定是归佃，地主为获得配给布高价出卖，这就是在出荷、配给后，许多地主都买马下乡自己经营。

经营地主经营土地的规模也有大小不同，有的经营一百多垧的，有的经营五六十垧的，有的经营二三十垧的。有的土地全部自己经营，有的大部或小部自己经营，出租一部分。其中以经营三五十垧到一百垧之间的为最多。自己经营部份的土地都是好地。经营地主少则雇三五个抗活，多则雇十几个，或三四十个抗活，也有一部份是的内青的。经营地主中也有是大地主，但最多的是中小地主，而中小地主完全以土地出租，自己不经营一部分土地又占少数，所以经营地主实质上也就是中小地主。

## 经营地主与富农

经营地主常常与自耕富农不易区别。大地主是经营地主的，这个好区别，因为土地多，目标大。经营地主是经营一小部分，而以大部出租，这个也好区别，因他主要以收租为剥削手段，最难区别的是全部或大部自己经营的中小地主。经营地主与自耕富农在剥削方式上没有区别，都是自己有土地，雇佣抗活。要区别这种经营地主与自耕富农，只能以土地占有之多少，雇用工人之多少，及自己全家参加劳动的强度及所起的作用来决定，各地情形不同，只能根据各地土地集中的状况及各地一般富农经济的大概水平，以超过当地一般富农经济水准而又有雇很多雇农并占有大量土地者为经营地主。

# 奉天屯的调查

# 前　言

这三篇材料是今年八月间我们到北安六区奉天屯帮助群众麦收时，利用空隙时间，向当地干部和群众调查来的，因为时间很短促，只住了五六天，所以了解是不够深入细致的，但一般的概况都已收集在内了。奉天屯是北安工作最成熟的一个典型屯，这些材料可以供我们同学们在学习土地改革时做一个参考。

编者

1947.9.1

# 奉天屯（自政村）的翻身

陈汉明

## 一、汉奸、恶霸地主的罪恶

自政村第一个大地主李显庭，伪满时当区的助理员，人们称他李助理。二十来年前从上荒四方台几个干人移来，来时置了一方（45 垧）地，当时是田业公司放的荒，他把和亲戚合置的一方已开了的地全部侵吞了，官司打了二年，他跟官府勾结，把巡长招到家里杀鸡招待，疏通些钱，地就归他了。

官府在当地设了一个分卡子，收木税、粮食税、牛马税等，李显庭当上了主管事的，共十来个人，设在他的院外一个马架里，他又在院上开了个大店。收税收了二年多，银洋收了很多，他就想了一计，找几个伙伴，假装胡子，下晚来抢走了银洋。后来因分赃不均，泄露风声，让官家知道了，把他和周六抓去，上刑也未招出来，李的老婆去认龙安监督为干老，送了一个走马，一支匣子枪，过一个来月，李就放出来了。出来后不干分卡子了，拿钱到吴越镇平川开地，当火【】公司经理，在那置三方地，盖房子打井，种了一年，上秋麦子遭火烧了，白搭了一年。他【】【】【】处招户，下家都不愿去，他就把地扔了。日本人来了，他领着局所（警察）打旗子把日本人接来，区上设了局所，他当助理。日本子要官车、官马、劳工、大洋套及出荷、税务……都由他管，如日本子来说：明天要十辆车拉木头，他就要十五辆，准备着有钱的通两个就不叫去了。要劳工到鹤立岗挖煤，或到黑河挖地洞，往往去了出不来，被堵死在里面（据说“八一五”解放后，光看劳工证明书，在黑河死的劳工，就有 3000 多），比方日本人说要十个，他下来，与大粮户们一商量，就找跑腿和小户们去，不去不行，照上月像片，起了证明书叫走，跑腿的没有家，就逃跑，于是又抓浮浪汉，抓人。要继续住在村上，头年腊间就得去问问他，下年在这住能行吗？他说“你给我家抗活干些事能行：还不要劳工”，要不然就得去劳工或不叫住在村上。给他抗活，小鸡一叫就吃饭下地，在地里烤火等天明，下黑看不见才回来。歇工一天，按工夫价扣钱，铲地时工夫价贵，病上一天，几天才补过来，多闹几天病，一个月就白搭了。给打头的一些小恩小惠，下雨天在家有时给炒两个鸡子热壶酒吃，说“明你少歇一回，多加些劲”，第二天抗活的这帮人干一天就够两天的了，工夫匠铲地时，稍微马虎一些，他就说：“你是要好薅，是要眼皮夹？”意思就说，你不好好铲，就叫你用眼皮把草夹起来，要不重新铲一下，就不要了。有一次伙计太累了，偷着休息一会，他后来就把伙计锁在院里，边打边骂，问：“你是挨打，是去劳工，是要押区上？”

伪满时他种 150 垧地，但只报 60 垧出荷，小户一垧也满不了，每垧地 520 公斤（约合 2 石 3 斗），出荷完了，他说：“日本人很照呼咱们，咱们还来报恩出荷，有奖状。”于是告这家出一斗来，那家出二斗，他聚拢送去，奖状他得了，布、肥皂、手巾、洗脸盆等奖品也都由他得了。警察特务来时，他就戴着白手套去接回来，小鸡、鸡蛋、白面、大烟泡，这一天仅吃好的。走了以后，明天牌长来开会说昨天垫了钱，招待费要大家摊。

出荷完了上街领出荷布，出荷一吨（1000公斤）配给45尺宽面布，由他拉回保上发，有钱的给他些钱，给他些好处，就能挑到好布，小户就只能领到坏布，并且每家都要被他们撕下几尺布头。穷人去领时还不叫进，等着，看人家有钱的从后门进去领出来。小户要是嫌布坏，他就说："你们出荷粮食不好，不诚实，我们出的粮食好，所以应该领到好布。"放洋火、白糖也要抽出一些，豆油下面是米汤，酒也兑水。这次挖财宝时，挖出七百多尺布，四百多件衣服，洋油好几大桶，盐就一车，都是克扣以后用了余下的，小户在伪满时都没有衣服穿，披麻袋、棉花套。

冬天他把小磨支上推白面，小汽车从城里来，大麻袋装的面就装上去卖，也不经济犯，小户过年拉一斤半斤就是经济犯，得偷着，出外撒尿，衣服要拍得净净的，有的正赶上特务来时，忙把饺子埋在灰堆里。

猪没养大就给号上，说："明给北岗送给国兵吃。"就得拿去。每个月村上要出猪一口，鸡四只，猪皮牛皮马皮各一张，秋天要狗皮猫皮兔子皮，还要"大眼瞪"（黄鼠狼）的皮，搞不到不拿钱去不行，一家还要五斤铁、五斤铜，还要门户费，人税、牛税、马税、猪税、狗牌子、鸡五只一架收税。官钱得早早预备着，由联络员来拿，"二天不来，三天早早的。"不拿够，"联络"上你就坏了，勒大脖子，那时小户人家死不起，活不起。

过年，李显庭家搞肥猪三四个、黄米二担，给警察所的什么李股长、白股长，和城里的一些大掌柜送礼去。警察特务来了都上他家，不到穷人家。一年有三四次查卫生时才到穷人家去，东西都搬出来扫洗，不然连骂带打，屋里"埋汰"打老娘们，屋外"埋汰"打老爷们。

李显庭的兄弟李老八，一天吃饱喝得了，穿着洋服，戴着白手套，专搞娘们，谁家娘们长好了，倒霉，遭他强奸的很多，抗活郭长庆的老婆就被他独占了。

"八一五"前三四年，李显庭当了合作社主任，收皮子、铜铁等物，捞了钱年年置些地，老高家哥儿四口抗了几年活，想买些地，屯里人商量好，就没经过他，写文书自契，得请请东邻西舍，也去请李显庭，问"什么事？""我置些地，请你喝二盅。""这是文书吗？这是揩屁股纸，没经过我能行吗？你是外来的'飞户'。"就拿起文书给撕烂了。又说："不行咱买地吗？"于是写好文书，威胁卖地的打手印，说："你不打手指绝去。"这就只好卖给他。

从以上材料中间，我们可以看到这个大地主李显庭，最初在旧中华民国时靠勾结官府，侵占亲戚家的地，给官府收税，假装胡子抢，掳了一笔横财起家。日本人来了，又腼颜事敌，认贼作父，"领着局所，打旗把日本人接来"。当了区助理，以后又当合作社主任，克扣配给，勒大脖子，残酷的剥削抗活，压榨乡邻，在这敌伪和封建劳力结合的统治下，人民的膏血便渐渐地快被熬尽，气血吞声的过着极其悲惨的地狱生活。

## 二、群众发动和斗争的过程

前年（1945年）冬天工作人员下乡，初次去该屯，走着去时，天正下雪，老百姓男女老少排队出来欢迎，身上冷得发抖，老汉鞋子都冻冰了。工作人员叫他们赶紧回去，到老乡家一住，老百姓藏起东西，坑上铺毯，吃饭做白面饼，杀猪。这时还是地主有钱管的着事，当过甲长的伪满旧人跟着工作人员，不离身子，帽子一摘，九十度鞠躬，看着规规矩矩，实际二个心。后来召老百姓开会，告诉有什么吃什么，不要招待，再不行吃面了。一召集开会，富人坐前面，较次的坐后面，穷人站在外面，富人眼睛一瞪，穷人就不敢讲话。工作人员宣传一番回去，第二次来找穷户一问，上次吃的都叫大伙摊了花费，连有钱人陪着吃的也叫大伙摊，说要不是他们招待，不知道这些八路军会干出什么样坏事来。官不像官，兵不像兵，也没有个阶级，日本人像铁桶一样都垮了，八路军有什么力量？

以后下乡找穷户开会，发动他们告状清算出荷、劳工、配给等，不让大粮户来参加，李显庭东头走到西头，西头走到东头，告穷户们说，开会千万别去，别跟八路军说话，不然会整乱七八糟了。开始穷户有冤不敢讲，以后三个二个、五个十个来告的给办，大粮户向小粮户说："你们告状告出来钱还不是官家拿去，官像官，民像民，你们告也捞不到好。"于是工作人员就把案子处理后，钱马上给老乡，这下信了，清算也就开始起来了。此时出来敢讲敢道的，是带些江湖气而又受过挤压的穷户，如石匠刘德义曾走过地方，又在抗联干过三年，此时敢于出头讲话。但清算到的还只是一些中等户，大粮户李显庭，和自治村的刘玉山、陈百禄、王廷珍等都没能清算着，白天我们召老乡开会，晚上他们召老乡开会，说什么"咱们是千年亲戚，万年邻居，老八路要走的，你们跟我们近还是跟老八路近？我们黑夜不见，白天还得见。"群众还怕着他们。

去年（1946年）7月，开始斗争，好多地主心里满不在乎，以为像过去那样算账，他拿出几万元来，没关系，腰还很直，待斗争了克东县的大地主边玉峰分了地，群众就敢起来了。但地主还硬，威胁穷户说："现在你们和我算账，等中央军来我和你们算账。我的朋友那里没有？因为你们要往后里想一想。你们要翻身，我叫你们从房顶翻下去。"李老八和一新户讲："人家要地，你可不要要，要的话，将来要你命。"有的说："我家人多，兄弟几个，拼也拼得过你们。"还有的说："于天放是我的朋友，过去在我家吃过饭，我们说得上话。"

但群众终于开始动了，地主又开始用软的，不等群众起来斗，先个别收买有仇的，给三万五万，给牲口、牛，以为这样他还是大粮户，没有问题，待群众起来了，他又用亲戚朋友狗腿来告他，他自己的姑娘也来告他要50万，想这么一来，还是分到自己人手里。另外又造谣说，"将来，将来，蒋介石一定要来"，"甜美，甜美"还要添上美国，还说"八路直发关东，扶枪而死，路断人稀"，"共产共妻，人要死光"，说中央军"一月不来二月来，二月不来三月可能来，三月不来秋后来，秋后不来封河准来"。

李显庭李老八在群众准备斗争的威力下跑了，其父已78岁，准备小鸡、白面，来请工作同志，说："我地多，要献地，新民主主义好，满洲国时候我对老百姓好。……"

还用美人计，粮户杨清让他的小老婆和村长杨金贵睡大觉（杨金贵因此撤职了）。还收买干部，李家粉房收买了清算委员刁凤山、"小叭狗"张英腾，白天是农会干部，晚上就是地主坑头小叭狗。

斗争结果分了大地主的地，李显庭家有150垧地，只报了85垧，瞒了60垧，按人口留地，一人一垧，留给45垧，只分了40多垧，房子浮产都未动。

这一时期群众见我们同志，有话敢讲了，有什么给什么吃，看来没有以前恭敬，其实开始了解我们了，穷户来开会也都敢于坐下了，地主劲头没以前大了。

直到去冬以前，选择干部时，正派的穷苦庄稼人选上不敢干，说以前我给人家抗活，不会讲话，不会写字，不能当干部，工夫也耽误不起，这说明农民思想变化要经过一个过程，几千年来农民被统治被压迫着，过去地主出来见农民看也不看一眼的，农民自己也看不起自己，一开始对自己还没有信心，同时也说明还没有充分觉悟到掌握政权的重要，而思想上也还有顾虑。

这一时期斗争完后，农民开始抬头，粮户和"满洲国"做过事都要开始低头，恶霸地主就组织起来了。过去"满洲国"倒台以后，国民党地下军就有了，那时因群众觉悟尚差，公开活动的多，这个时期就秘密了。斗争完后，李显庭因探得大伙说回来行，又回来了，向穷人说，千万别斗我，我有牛、马、粮食，还给你们算了。有当过劳工的向他要，他就今儿给这个粮食，明儿给那个马，后儿又给牛，后来要的人多，他又不干了，地主的经济基础并未打垮，李显庭说："犁杖挂在房檐上还能吃三年。"此时李显庭、刘玉山、陈百禄、董似虎、杨校长……等地主，伪满警察、股长、校长等旧的统治集团组织起来，进行秘密活动，调查干部名单，谁家分得多少东西。李显庭跑白城子、哈尔滨和国特联络，偷着散布谣言，说"封江以后早早晚晚中央军会来"，"中央军来了再算账，一个跑不了"，"还有地下军兜着呐，街上李股长（伪满警察股）到中央军那去了，以后回来杀你们"。今春农民们就布置一个人，假装在农会里把他开除了，说这人没印象（没认识的意思），不要他参加，地主就知道人接近了。一次他们在一起喝酒，用筷子蘸着水写字，谁分到多少什么，那些是"坏蛋"（干部和积极分子）。李显庭说中央来了我就发枪，你们堵住，一个不让跑。喝醉了，又吵嚷起来，"我说中央军什么时候来"，"你这家伙还要当营长，我看你不行"，又了解到他们中间分了工，有组织枪的，有准备当甲长的，有宣传搞事的……。屯里穷人们一研究，这是干啥？知道是地下军，这下反正没好的啦，中央来了也好不了，说先收拾了他们吧。于是抓了他们一群十个，李老八在城里贸易管理局住，跑了。开始问他们，不讲，以后说出来用筷子写的字，才承认了，说："不该这样做，我坦白改过。"要他们把枪拿出来，打了一顿未拿出，开斗争会，说不拿出来枪毙，于是说出房顶上的一颗手枪和地下埋的几个洋枪，再打，又说出井里两颗三八式枪，再就死也不说了，说："都说了也没有好啦！"大伙一寻思他要农民脑袋，农民还不要他的脑袋么？于是头天枪毙三个，第二天又枪毙了三个。把他们家撵出大院套，挖了浮物，地每人给留半垧，以后又斗争一个小地主李有，分了地、房子、牲口，但给他留下地比较多，粮食、衣服等其他浮物未分，现在还是中农水平，又一个在伪满当过马车组合头的富农金胜久，也被斗争了，分了地和浮物，但也给他留下较多，现在也是中农水平，另外还斗争一个中农的伪满车头和三个狗腿，但经济上都没有动，斗争果实农民按人口每人分得七亩土地，劳动力强的就多分些。如跑腿子（独身汉），一人可分到二垧。浮物按一、二、三等户来分，军属三等升二等，二等升一等，一等额外加多。总计自政府（除西园屯外）到调查时为止，共【】出土地、房屋、财宝如下：

**胜利果实统计（自政府）**

| 品名 | 数量 | 品名 | 数量 | 品名 | 数量 | 品名 | 数量 | 备考 |
|---|---|---|---|---|---|---|---|---|
| 土地 | 22285 垧 | 缸 | 10 口 | 小洋钉 | 1 小桶 | 棉花 | 8 斤 | 西园屯不在内 |
| 房屋 | 39 间 | 柜 | 6 口 | 马套包 | 107 个 | 棉线 | 3 斤 5 两 | |
| 牛马 | 41 匹 | 铁井绳 | 9 丈 | 马掌 | 2 箱 | 靰鞡 | 5 双 | |
| 车辆 | 6 辆 | 洋火 | 15 包 | 毡子 | 5 床 | 车瓦 | 1 付 | |
| 衣服 | 476 件 | 麻袋 | 78 条 | 碗盘 | 40 个 | 猪、豆油 | 28 斤 | |
| 布 | 766 尺 | 窗户 | 8 扇 | 大铁桶 | 8 个 | 伞 | 2 把 | |
| 粮食 | 1082 斗 | 坐镰 | 3 架 | 木方子 | 60 根 | 手巾 | 6 条 | |
| 现钱 | 102095 元 | 椅子 | 4 把 | 板子 | 135 块 | 井鳌 | 80 块 | |
| 金子 | 8 件 | 地桌 | 2 张 | 洋灰 | 2000 斤 | 条包 | 2 个 | |
| 银子 | 31 件 | 叶烟 | 200 斤 | 电灯泡 | 20 个 | | | |
| 猪 | 23 口 | 鞋 | 20 双 | 梳头油 | 1 大铁桶 | | | |
| 洋铁瓦 | 1007 张 | 盐 | 110 斤 | 木桶 | 3 个 | | | |
| 碾磨 | 4 台 | 铁丝子 | 30 斤 | 炕席 | 6 领 | | | |
| 农具 | 80 件 | 锄板 | 40 张 | 袜子 | 20 双 | | | |
| 谷草 | 1050 捆 | 锄钩 | 100 个 | 肥皂 | 20 块 | | | |

## 三、农民翻身后的农村新面貌

伪满时自政村（西园屯未计入）77 户中，地主 4 户，占5.2%，富农 4 户，占5.2%，中农 10 户，占 13%，贫农 24 户，雇农 34 户，合占 75%，现在 80 户中仅有被斗争的大地主李显庭一家分成的 3 户降为贫农，其他 76 户估计到今年秋后绝大部分甚至全部可升为中农，其中有 4 户可成为富裕中农，现在每家都有了地，绝大部分人家有了牛马和房屋，全村还有 30 多垧地、牛马 13 匹、车 3 辆尚未分，秋后还准备补充分给农民。

地主封建势力已彻底打垮了，恶霸大地主李显庭枪毙后，把他一家 40 多口人分成 3 家，搬出院套，给留下少于农民的地，每家 1 个马，每人 6 斗粮食，半垧地及一些浮物，现在就只好自己劳动了，因他家劳动力还有剩余，除了帮军属代种一些外，还卖零工给农民，如铲地收割等时节，不得不老老实实的干，农民给农民卖工，一天 5 升米，地主给农民卖工，一天 3 升米，如果农民给地主卖工就要一天 8 升米。农民们说过去他们剥削咱们，现在咱们叫他还债，地主地少工闲，3 升米一天也愿意干，一家被斗争的小地主，和二家未被斗争的破落小地主，都转为自己劳动了，早先农民见了地主，得摘帽子低头，眼睛看地，叫大爷、先生，恭恭敬敬问吃饭没有？地主则走路看飞机，瞧也不瞧一眼，随便答应一声“嗯”。穷人长了胡子还叫小毛小狗。地主到佃户家，佃户就出来迎接，小孩把狗抱着，又给烧水、煮饭、铺毯子，佃户到地主家去，只敢畏畏缩缩的在门外或坑头边站着，进门狗咬也不管，现在地主威风全打倒，只有农民说了算了。

一般（非恶霸）旧富农，在土地斗争深入，群众力量起来以后，都把自力耕种以外多余的地，和多余的牲口、房屋自动献出，转为中农或富裕中农了。这里举富农李国玉作为一个例子：

李国玉全家6口人（一老父亲，一妻，三小孩）。老父抗活出身，34年前即李4岁时，从南边搬来，买了17垧荒，以后满洲国时再没有买过地，置了5间房、6条牛，除了自己劳动外，还雇了一个半劳金（抗活）。一年可收70来担粮，出荷每垧520公斤，约合2担3斗，17垧地共交40来担粮，一个半劳金，带2垧地，带些钱（作为工资），约合10来担粮，还要给官家出菜、土豆子、萝卜、白菜等，还有很多花费，再或过年过节李助理说一句："我家人口多，李国玉，城里谁谁要多少黄米子，你给送一送去吧！我给钱。"这就得带他负担送礼，哪敢向他要钱，余下的刚够维持稍富裕的生活。还受过李显庭的欺压，修道路，本来该经李显庭的地，后来改经他的地，因对此事不满，还被李显庭关在院子里打了一顿。

伪满时当过短时期甲长，但没做坏事，还曾掩护过抗联干部伊有芳。

去年斗了大地主，分了地，抗活的有了地了，他雇不到抗活就自己种。种不了的5垧多地租给人种，但去年没有租子（农民起来了，反对剥削压迫，出租地的不敢向农民去要租子）。今春不叫他参加农会时，很难受，怕大家对他不好，感觉到群众的压力，今年就自动把地献出来，老百姓大伙同意就劈了，自己要求只留下7垧地、2头牛，结果老乡们给留下8垧地、4头牛，房子分出两间半，留下两间半，还献出600颗枪子子，衣服动产都没要，碾房、下屋也未分。今年8垧地秋收能打30来担粮，公粮照去年的话，一垧地交164市斤，约合三斗半，8垧地共约3担，公粮以外再没有别的化费，慰劳参军时自动的拥护些钱。还喂有肥猪2个，鸡鸭一群，李子树11颗。今年全部收获除吃穿用外（生活比伪满时好计总中今年喝10斤酒），能剩八九担粮，准备"生产上充足一些，拥军多出一些"。洗脸反省时说：今春还是蒋介石脑袋，存在正统观念和对中央军的幻想，以后我军的胜利，和土地斗争的深入对他的思想转变起决定作用，他也参加了农会。在斗争李显庭时表现不错，老乡们在他家开会，未泄露过风声，他现在对民主政府是拥护的，主要是献地以后的生活，还比伪满时好，再有，现在农村治安好，过去偷牛盗马、偷柴草、二流子、耍赌，现在随便拴着马都丢不了，这也使他满意。但虽然如此，据他自己说："拿出东西，还有些心痛。"

经过斗争和自动献地以后，现在地主和旧富农都已消灭（有一家较大的富农过去做过些坏事，要自动献地，农民不接受，不久将斗争他），差不多做到了填平补齐。没有很穷的，也没有很富的，除了零工的剥削（但工价已提高了）外，对抗活和榜青的剥削，已不存在了，至于鳏寡孤独残废无劳动力的人家，把地出租收租子，那不是封建剥削的性质，而是救济互助的性质。猪官跟旁人合着放的有。但也不是抗活，并且生活很好。

现在全部男劳动力除了被斗地主外，都已组织到生产互助小组中来，今后还准备组织妇女下地。分了土地财宝和组织起来后，农民的生产积极性提高了，挑起劳动竞赛，争取劳动英雄，二流子也改造转变了，如李春阳过去吃、喝、嫖、赌、抽大烟、偷东西，现在参加生产以来没误过一次工，还向劳动英雄李大力挑战。村里儿童团还一天四次的按家按户查懒汉，查到了一次劝告，两次批评，三次罚工帮军属，现在还没有发生犯二次的。插犋换工以后，劳动效率也提高了，如往年全屯铲地要40多天，现在只20多天就完了，互助小组中规定3个马工换2个人工，更多的照顾到无马的小户，农闲时生产小组还组织山东山里打鱼生产及其他生产，农民的生活普遍的上升着，向发财致富的方向走去。

伪满时奉天屯除了极少数几家地主和富农不缺吃外，余下都现挣现吃，或不够吃用，吃了早饭，没下午饭，勉强维持活命，八一五前一年，上半年青黄不接时缺粮，三家有一家要饭吃，铲地时人往往就饿倒了。吃的一般的是土豆白菜粥、小米稀粥。现在则吃高粱、小米干饭、黏米饽饽，家家种了麦子，能吃到面，早先男子下地因穿不上，有把花被撕下做衣服，穿的红红绿绿的，有披麻袋穿更生布的。抗活于占江，一冬就只一件破烂薄棉袄，上山里拉柴时，白天把被子当棉裤穿，老娘们，小孩更对付事，露着棉花露着屁股，一家五口人只有一条被子，无地无房无牲口狗也养不起，两条腿有人，四条腿有跳蚤，现在他家有牲口有房有地有了三被二毯，衣服、皮袄、褥子、布头还有老娘们的小皮鞋，都分到了。现在全村衣服破烂的已找不到一个。过去自政村抽大烟的有十四五个，要钱更普遍，十来岁小孩儿也能推牌九，旧中华民国和“满洲国”都未断过，现在都绝迹了，过去有好多男女的关系很混乱，现在都改正了，今冬牲口去拉山，明年可以盖房子。

过去穷人都以为命苦，时气不好，现在烧香算命都不信了。小庙也叫学生给拆了，有一次一个老乡对着小庙尿尿，可见真不信了。一个老乡说：“早先地主修庙供神，说他自己是啥保啥保，命好。斗争了他以后，我一寻思，你这回命咋没了呢？再说‘八一五’日本子都倒了，难道日本人都是一个命，第二个“八一五”地主又都倒了，穷人又都一齐翻身了，难道大家都是一个命？我就拿这看，这不是命，讲命不对！”

经济上翻身以后，教育事业也就开始蓬勃发展起来，伪满时全六区只有学校5个，现在有16个，过去自政村只有10多个小学生，现在已有73个，过去穷人子弟念不起书，家里还靠他干活，父亲、祖父都没有上过学的，现在也都夹着书包来上学了。学校不要钱，还从斗争果实里拿出钱来补充经费，给穷人子弟买笔墨。让不让地主家小孩上学的问题还发生过争论，很多人主张不能让上学，有些人主张，这些小孩子多咱不上学，多咱跟咱们两个心，要教育改造他们，慢慢才能“打成一片”。最后这个意见说服了大家。据奉天屯小学教员说，过去学校里一开始讲挖坏根，斗地主，地主子弟脸就红了。现在他们自己能说：“我老人太不像话了，怎样怎样剥削，压迫大家……我可不一样。”他们作风不好，曾有一个大孩子打穷人儿子，被农民孩子们大伙斗争了一下，以后就不敢不特别老实了。奸霸大地主李显庭枪毙时，不叫地主子弟们去看，后来李的侄子偷偷去看了死尸，穷人学生就斗争他，说你疼他，惦记他，是否你也跟老百姓反对？斗得很厉害，从那以后改了。现在地主儿子很用功，头天讲的，第二天能背。学校干劳动，选地主儿子带头多干。学生会掌握在农民子弟手中。我们遇到一个地主儿子，问他分了你家的地好吗？他说：“有地大家种，有饭大家吃，好么！”但心里怎样想就很难说了。

六区每天都有一份西满日报，每一生产小组有一份新黑龙江报，识字的就给念给讲，也有个人订报的。前方打仗打得好，他们就高兴，要是打得不好，他们就担心，也愿意知道各地斗争和生产的消息。不识字的干部已在开始认字。今年冬天据说要办冬学，教农民识字。

村政权完全掌握在基本群众手里，全部村干部（小组长以上）25人中，雇农成分占13个，贫农占9个，中农占3个（有一个最近要撤换），村农会正副主任、正副村长、民兵正副队长6人中，5个是雇农，一个是贫农，前村农会主任现升为区农会主任的于占江，即为抗活22年的正派受苦人，现任村农会主任杨春生，是个青年，正派，年长劳动的积极份子，立场明确，警惕性很高，聪明能干，富于朝气，副主任于占河是六区的特等劳动英雄，也是扛大活出身的（附村干部成份调查表）。

**村干部成份调查（自政村）**

| 职别 | 姓名 | 年龄 | 性别 | 成份 | 备注 |
|---|---|---|---|---|---|
| 村农会长 | 杨春生 | 22 | 男 | 雇农 | |
| 副会长 | 于占河 | 32 | 男 | 雇农 | |
| 村长 | 赵宝玉 | 46 | 男 | 雇农 | |
| 副村长 | 李元峰 | 39 | 男 | 贫农 | |
| 生产委员 | 李殿臣 | 39 | 男 | 中农 | |
| 副生产委员 | 齐长胜 | 37 | 男 | 贫农 | |
| 民兵队长 | 关巨祥 | 28 | 男 | 雇农 | |
| 副民兵队长 | 李春祥 | 31 | 男 | 雇农 | |
| 妇女会长 | 赵杜氏 | 43 | 女 | 贫农 | |
| 妇女副会长 | 刘宫氏 | 45 | 女 | 贫农 | |
| 妇女副会长 | 张王氏 | 33 | 女 | 贫农 | 西园屯不在内 |
| 生产小组长 | 李春和 | 37 | 男 | 贫农 | |
| 生产小组长 | 周洪福 | 46 | 男 | 贫农 | |
| 生产小组长 | 关巨成 | 28 | 男 | 雇农 | |
| 生产小组长 | 王义恒 | 37 | 男 | 雇农 | |
| 生产小组长 | 路连和 | 36 | 男 | 雇农 | |
| 生产小组长 | 刘宪海 | 50 | 男 | 雇农 | |
| 生产小组长 | 李有 | 32 | 男 | 雇农 | |
| 农会小组长 | 李春林 | 40 | 男 | 雇农 | |
| 农会小组长 | 吴成江 | 46 | 男 | 雇农 | |
| 农会小组长 | 于得水 | 58 | 男 | 雇农 | |
| 农会小组长 | 郭富 | 41 | 男 | 中农 | （最近要撤换） |
| 农会小组长 | 年洪祥 | 29 | 男 | 贫农 | |
| 儿童团队长 | 张清志 | 13 | 男 | 贫农 | |
| 儿童团队长 | 张庆芳 | 14 | 女 | 中农 | |

被斗争的地主现在不让参加村民大会，因此也没有公民选举权（但不是永远如此，将来经过长年劳动，变了脑瓜以后，可以改变的），农民对他们的行动还监视着，晚上天黑以后清早天明以前，不让他们出来，没有特别重要的事，不发给出村路条到外屯去。

现在群众觉悟提高了，选举了谁，谁就干，不怕误工，还有自己要求出来干的。在斗争中农民认识到一个人办不了事，必须一条心才有力量，现在全部组织到农会小组、生产小组里面，农民自己受理自己，什么事情也办得很好。

人民翻身以后，对共产党、解放区、民主政府非常热爱，一说起共产党八路军，就表示出无限崇敬感激与爱戴之意，村干部估计，麦收以后不用3天，公粮可全交到县政府，农民自动提出口号“好地长的粮食交公粮，不夹一棵草”，并互相竞赛，参军和参加担架队的很踊跃，去年到今年，六区7000多人口有200来人参军，自政村380人，参军的已有12个，劳动英雄于占河二次要求参军，未叫他去，还不高兴，二流子转变的李春阳，也要求参军，参加担架队，都未叫去，也不高兴，军属郭老太婆，50多岁了，大儿郭长庆，过去给人扰活的，一个多月前参军去了。他说：“我儿早就嚷呼着要去参军，我也让他去，走的时候他可乐和啦，不叫我去送他，怕我掉泪，我哪能呢！我就不去，走了我也不想他，家里分到3垧地，分到了衣服、房子，有吃有穿了，不像过去满洲国时候，咱们家仅吃地豆子汤。这还想它干啥？我脑筋早开啦，像你们同志们去打仗为啥呢？咱们不也能去吗！”现在一问他们再做第二次亡国奴愿不愿意？回答都是死也不干。那就得保卫土地，保卫果实，保卫人民翻身，因此也就觉悟到参军就是自己的事情。军属受到尊敬、优待，生活由大家照顾。发动拥军时，村上要限制一个数，不然就怕拥军数太大了。

以自政村来说，参军人数已占全部人口的3.77％，另外本村出的干部，现在区上，军区工作或学习，脱离生产的有7个，合起来共占人口6％，根据现在情形，需要的时候还可继续动员（地主、富农参军的，在自政村占到一半，3个被斗地主家属，3个富农儿子，这是个值得注意的问题）。

村上，18岁以上，45岁以下的男子都组织了自卫军，还有民兵，自政村现有18枝步枪。上次解放团来参观，临走时老乡们站队送行，奉天屯一个屯的自卫军竟超过了解放团全体参观人数（600来人），喊口号时红缨枪齐蹬，“打倒汉奸卖国贼蒋介石”！声势雄壮，表现了翻身群众组织与武装起来后的力量，解放团的同志们很受感动，有的说：“我这下看到群众的力量了。”妇女也组织武装，一个人一个扎枪，男人下地，妇女站岗放哨。农民不仅掌握了印把子，还掌握了枪把子。

总之，封建势力已被彻底打倒，农民翻身了，并组织起来，生产致富，农民掌了权，说了算，拿起武装，保卫土地改革，农民的阶级觉悟、政治觉悟大大提高了，农民群众是惊人的进步了，自政村（奉天屯）已完全呈现了一副新面貌。

# 两个农民积极分子的思想发展

史达

## 一、杨春生

杨春生，北安县六区前奉天屯农会主任，年22岁，家有5口人（父、妻、子女2），现种5垧地，分地后自己买了1匹马，又生了1小马，是该屯主要的积极分子，人颇聪明有朝气，正派，惟在工作中表现还不够老练。下面是他对我们访问的谈话：

我是在拜泉生人，爹给人扛活，我从小给人家放猪2年，放马2年，放牛半年，七八年前搬到奉天屯住，乍来那年，父子俩打柴万余斤，给李家粉房（该屯恶霸地主，名李显庭）做月（即秋收后的临时雇工）五六个月后，给李家榜青3垧来地，第二年给李久子榜青3垧半地，第三年又给李家粉房种一垧烟叶，这年因为已经通知我该挑上劳工，不敢多种地，后来只得给李家粉房做工夫，才未被挑去。第四年租关寡妇5垧地，第五年租李大扁一垧半地，另种瓜地烟叶各一垧，余下工夫打柴卖，第六年以后一直给李家粉房榜青，直到这次分地才分到了5垧地。

在“满洲国”时受过青年团训练，壮户人笨，操不好就挨打。给李家粉房榜青受的剥削可蝎虎啦，给别家榜青四六分，给他家榜青非得对半分不行，吃自己的。给他家种烟叶说好是三七分，到秋天非要对半分不行，那时李老八（李显庭之弟，伪满排长）可威风啦，谁敢不依他。我和我爹乍来就租了现住的一铺坑，那时外来户租房子都得请李老八的客，李老八还撵过我们搬房子呢？我爹是个喇叭匠，那年李家粉房到处抓喇叭匠去当劳工，把我爹吓跑了，我也成天去外边躲着。给李家粉房榜青时，一早黑咕隆咚就得来他家扫院子，收拾粪堆马圈，待天亮就赶紧吃完饭下地铲地去。那时候老百姓谁敢不溜李家粉房的须。那年春天没粮吃，向李家粉房借小米，他看咱父子能干活才借给，当时他故意不作价，到秋天粮价贵了，他却作价还工，好比：春天80元一斗米，秋天涨到了130元一斗，工夫价却涨的少，春天30元，秋天不过35元，这样穷人就吃亏老鼻子了。

那时就只知道日本子不好，盼日本子走，心里也恨地主，心想“日本子坏，你还帮着他坏?”只在背地里叽咕，当面谁也不敢讲，总认为李家粉房命好，咱们这么苦就是命不好。

前年，听说“满洲国”倒了，大伙都想着中央军来呢。那时谁也没寻思着大地主会倒台，还盼着蒋介石来了可好呢。因为早就知道中国有个张作霖、吴大舌头（吴俊升）和蒋介石，听说张作霖吴大舌头后来让日本炸死了。蒋介石一个人兵少不能打，才让日本占了东北。心里就老盼着蒋介石来打走日本。那时也知道有抗日联军打日本不投降，早二三年屯里李国玉家住了个从抗日联军下来的人（听说是赵尚志部下），给他家抗活，他常给我们讲八路军是干啥的，抗日联军是干啥的，还叫大伙反对地主，那时大伙都不敢呢。也听说热河有八路军，黑夜到屯子里开会反对日本子，白天就都变成老百姓看不见了。可是那时心里不明白，还寻思八路军抗日联军都是老蒋手下的人呢。

八一五以后，屯里有人进城还去看老蒋的像，大伙都盼着中央军来。往后中央军没来，老毛子来了，听老年人说老毛子早先也来过，很好，又听去城里的人回来说，老毛子很有钱，买东西给很多钱。老毛子走后，八路军就来了。先听说四围都到了八路军，也不知是怎么回事。后来朱政委下来了，听工作队说要分地，心里想也对，可是心里还“担心”（即获疑之意），一面信八路军好，一面还想着中央军，也不知谁是咱们自己的队伍。李老八就对老百姓讲中央军好，是咱们自己的队伍，八路军官不像官，兵不像兵，也没个阶级，大伙也信他讲的。那时，心里赞成工作队讲的分地，就是不敢要，心想八路军就这么几个人，转圈尽是中央军，要是站不住走了，把地主都分的乱七八糟了，咋办?! 工作队要大伙选干部，尽推些屯不错出去应付差使。

早先分地给老百姓，嗯一声，谁也不在乎，给多少要多少，不像现在分地争的那么起劲。谁也不去看看自己分的地是那一垄，到种地时，谁也找不上自己的地在那块。后来又分东西，穷人都分到了东西，心想“这回不干也得罪人了，反正好人也装不成了，干吧!”这才和地主撕破脸干起来了。去年七月斗争玉峰（东霸天）我也参加了，也没敢讲话，心想看看是怎么一回事。斗争后，也分给我二垧地，乍起初不敢要，后来看别人都要了，我也就要了，心想反正好几百垧地大伙都分了，中央军来了，也不能把大伙都整死。分地的第三天，我就卖了两口肥猪买了一匹马，后来又下了一个小马崽。

去年七月斗争了地主以后，有一次我和于占江（该屯积极分子，现为区农会主任）打区政府开会回来，路上商量说，咱俩出头把地主都得罪了，等老蒋来了，听中央军到了克山，咱俩就拿枪把地主都聚在一块堆，都“崩”了，省得他们找咱们报仇，后来咱们骑上马跟张部长走了，干八路军去了。那时心里都不踏实，不像现在。

十月天，区里召集贫苦干活的年青人开训练班，听人说是挑兵，不大敢去，后来区里又解释不是挑兵，心想去看看吧，那回受训了七八天，讨论穷人是怎么受穷的？我说是时气不好，怎么干也是穷。后来张部长给讲穷不是命，是地主剥削的。一想可也对，脑筋渐渐开了。

那时不信自己，扛活的在人前话也不会说，后来给选上了村自卫队长，心想不干也不行了，干吧，可又不知怎么干。也不会教操，就是给小学教员召集人，让他教，带人查夜，大伙要斗争谁，我就去绑人。那时乍办事胆子小，怕办错事，紧着问大伙怎办，老到区上找张部长问怎办，问不到就把事搁下不敢办，那时怕开会耽误工夫，出去办点事，心里老不安，舍不得活，心里老惦记着有这工夫不如在家干点活了。

那时我就到八路军挺好，来屯里的干部都挺和气的，仅给老百姓想的好事情，可是还不实在。过了年，二回斗争李家粉房以后，看到地主早先那么威风，现在穷人一齐心，就把他斗倒了，叫他怎么就怎么，一点威风也没了。又听到咱队伍在前方打了胜仗，胡子也都打没了，心想八路军是站住了，我就挺着有张部长于主任（于占江）领着，也到处跑，斗了好几家地主和狗腿子，这时心里也不怕了。

打去年七月屯子里老百姓的脑筋就慢慢开化了，今年过了年，大伙脑筋才真正开了。

今年二回斗争李家粉房后，没斗出什么来，斗争以来，我见他穿的和斗争时又不一样了，猜想他家一定要藏有东西，冷丁去了六七个人，从他家翻出了一百五六十件衣服。

刘玉山也是咱们屯的大地主，因为看到后屯没有大户，没斗争什么来，咱就让给后屯斗，在斗争会时，咱们去了四十多人帮助他们斗，又帮他们封仓，斗出了70多石麦子，连地都分给他们了。

后来又见咱屯西边园子（原属克东现属该屯）还是伪满那样，咱们干部就去鼓动他们干，他们那边老百姓都张罗着要划过来，咱们也愿意要他们，后来政府就给划过来了，咱们又帮着西边的斗了好几家地主，都分了。

今春种地后屯缺种子，咱屯又借给他们6担麦子，1担小米，还有十几个牲口，也借给外屯使用。

现在，大伙脑筋都开了，穷人翻身人多力量大，穷人向穷人，咱们要穷人都起来，都翻身，都有饭吃！

## 二、于占河

于占河是六区奉天屯的劳动英雄，现年32岁，七月六日东北日报《于占河和他的生产互助组》一文就是叙述他的生产劳动事迹，本文是记他关于自己思想发展的谈话。

我是本屯生人，原籍望奎，和李显庭（该屯恶霸地主）还是姑表兄弟呢。他打望奎来这里占荒，叫我们也带块荒，我们就用一块银子一匹马占了17亩荒地，父子三个流血流汗开成了熟地，他把地照领了不给我们，打官司也打不过他，被他霸占了。我爹只好扛活倒月（即做短工）照顾着家。不久，我娘死了，父子三个打了个跑腿窝棚，缝缝连连都没有人。事变（九一八事变）我哥哥成家，不久我也成家了。日子过得很苦，哥俩都给人扛活。我给李显庭家扛活好几年，前年在他家扛活，说好一年3500元，我到春天一合计不上算，粮食，布都涨了，零工也涨了，这样干，挣不出吃穿来。那年我周身生疮，歇了几天工，他照工夫价扣我工钱，我一赌气就不干了，掌柜的说："你不干就不干吧，你头脚回去了，赶后脚就打发人来抓你的劳工。"我没法又只好干了。那年正割着麦子呢，听说苏联红军进街了，我当天就不干了，下午就进了北安街，苏联军让我捡了几件日本人衣服。我回家后，李显庭左一次右一次的找我，说不干不行，我说："这回咋的也不干了，你送我的劳工吧。"他没法，不给我算账，过了些日子，他老爹找我去算了。我打上工差8天不到5个月，他按5个月算的，要按8天的工夫价扣我的。我在春天上工时先支了1500元使，这么一算我得倒找他400多元，这时苏联进街了，我可不怕他了，我就不应承这么算法，到底他也没扣成。

八一五复国后，听大地主说中央军到哈尔滨了，蒋介石要来了，那时心里也盼着他来，中央军来了，老中华国就恢复了。不久，八路军坐火车来了，大伙还说去接中央军呢，后来又说不是中央军是八路军，早先也听说过八路军抗日联军，可也不知道是怎么回事。这时就听说八路军来了要共产，没房子没地的分房子分地，我想这还不大离，活好几十年了，都没有过地。直到去年七月才分了两垧半地连青苗。

早先也听说过蒋介石打不过日本，把这地方卖给日本了。吃了日本人的苦，也恨蒋介石这杂种操的把地盛卖给日本了，吃这苦真够呛。后来又听大地主说，中央军来把日本打跑了，心想这还不大离，你卖给日本的，你再把他打跑。

那节骨眼吃的苦，心里就恨日本子，认为地主干的坏事都是日本人叫干的，直到工作队来讲了，才明白地主坑我们，大地主说你们穷小子命不好，时气不济，自个也就认是命吧。没房没地就干给人家干吧。打去年工作队开会讲剥削，心里一想着说真是那事，地主是剥削咱穷人的，咱们是一个手养活自个，一个手养活人家地主，就不认命了，地主是命好，怎么现在他也没了。

工作队乍来，大伙都躲着他们，该干活的还是干活，都怕和他唠嗑。虽然也常开会，大伙总破不开情面。后来工作队左一回右一回的讲，大伙才慢慢想开了，我心想李显庭过去你对我们不论亲戚意思，那么我们也不论亲戚意思了。我也就提了给李显庭家扛活受剥削的事，他霸占我们家地的事，大伙都提了以后，工作队就问："现在咋办呀?""他得还我们。""他能给吗?""他不给，他不有房地产吗?"我一想对呀，他不给分他的房地产！大伙就把他家的地给分了。我也分了两垧半地。分地以后，大地主就讲中央军到那到那了，你们穷小子分了我的地，将来都得给我。我心想你讲你的吧，我担下粮食来，吃完再说。你愿意谁来谁来，咱是穷小子，怕啥！那节骨眼大伙思想都差呢，都是死脑筋，分了地谁也没想怎么好好理治地。

打今年二三月间，大伙常念报，听说前方打了好多胜仗，收复那见了，又打下那儿了，才信八路军能站住了。又住了两回训练班，张部长也常常讲，心里慢慢的开了，才懂得共产党是什么个意思了。

头一回住训练班，我一句话也不会说，就记住了不受大地主的骗，给穷人想办法办事，大伙组织起来种地的法。大伙选我当了生产组长，我说："都是庄稼人，谁还不会种地呀?"大伙要我组织十来家，都要好好做活，多挣钱，我想这倒是个好法。回来我就给大伙讲，大伙都不大注意，也是说谁还不会种地。我就又给大伙讲"早种上一天，早收上五天"，"早先就是你有一个牲口，还要给人家商量着插犋，现在大伙组织在一块，就都把地种上了"。"早先单个人干也不乐意干，现在大伙团结在一块堆干，有说有笑，就干的快。大伙铲一天的，够自个铲十多天的，往年得划四五十多天的地，今年二十多天就都划完了"，"早先你得先给别人铲，自个种二三垧地都撩荒了，现在一看谁的地荒了，大伙都去了，一天都铲完了，谁也不用出去卖零工了。"大伙一乐意，就组织起来了。

生产小组组织起来了，没有犁杖、套子，点种口袋都由我家给做了，也不用大伙掏钱。种麦子了，大伙缺麦种，我给想法借来，让大伙都种上了，我再种，春天往地里送粪，我说我家牲口闲着，也不用还工啦，大伙就都把粪送上地里去了，小组里有人嫌他的马不好使，也不乐意喂，我就把大牛给他换了。铲地时候先铲大伙的地，后铲我的地，早先没下雨了好铲，只要四个工的，轮到我铲下了雨，就得七八个工了。虽然吃点亏，大伙也知道，大伙帮他都铲了，他也不好意思要尖不给大伙干了。

我是想着，穷人过好了跟咱们过好了还不一样吗?人家有法想还向咱们提困难吗?人家有困难，咱们给他解决了，给穷人办了事，穷人才能信咱们的话。一月前，屯子里把我选上农会副会长，大伙说你说说自个任务，我说："不用说了，我反正啥事都给大家办!"

# 三、结语

从以上两个积极份子的思想变化中，可以看出两个问题：

（一）真正的积极份子必须是出身劳而又苦，为人正派，大公无私的青壮年。杨春生、于占河是奉天屯两个最好的积极份子，农会的主任与副主任，杨是榜青户出身，于是抗大活出身，都是父子相传的穷苦农民，因而现在两人当了干部也还“是惦记着干活”。杨更出名些，是青年农民的典型，于更朴实些，是老实农民的典型，现在是全区的特等劳动英雄。两人都能积极为贫苦农民利益想办法办事，而不计较个人的利害。但在斗争开始时，他们都是有顾虑不出头表现很平常的。

（二）由于这种成份出身，就决定了他们的思想发展，表现了如下的特点，而这种特点虽然并不会面，但却大致反映了类似他们的农民积极份子的一般思想发展规律：

1. 他们过去是深受封建势力与敌伪互相勾结的压迫痛苦，地主阶级欺骗他们说这是“命”，他们也就信为这是“命”，这是说明他们阶级觉悟被蒙蔽了。然而在他们内心中却深恨日本帝国主义及其走狗，深恨封建地主帮助日本帝国主义迫害他们，他们民族觉悟是最高的，爱国心是最强的，他们对封建地主的阶级仇恨也是深藏在内心，虽然当时他们是无力反抗，但于占河一听到苏联进了街，马上就不给地主干活了，这是一种自发的反抗。谁说农民对地主的斗争是共产党人制造出来的呢？

2. 他们是怀念祖国的八路军，特别是抗日联军的斗争对于他们是有些影响的，但由于敌伪的封锁与封建地主的蒙蔽，他们不明真象，八一五后，封建地主更给他们灌注了相当深的正统观念，他们幻想中央军蒋介石来解救他们。由于他们地处北满，没有亲身受到国民党中央军的“二满洲”统治，因而这种幻想，就一直要到他们的阶级觉悟提高了，认识了封建地主原来是跟蒋介石中央军一气的（奉天屯在斗争中暴露了大地主李显庭、陈百禄等勾结国民党中央胡子阴谋翻把的事实），体会了共产党真是为他们穷人办事的，民主联军站住了不会走了，于是这种幻想才能打破。

3. 他们一开始听说要给没房没地的穷人分房子分地，就从心里赞成，这证明了共产党到土地改革政策是完全符合像他们这样广大农民的迫切需要，取得他们的拥护。尽管当时从现象上看，他们是不敢要地，他们是随声附合的斗争地主，要地并不积极，也无心去好好侍弄土地，这是由于他们心里有顾虑，怕共产党虽好却站不长，怕中央军势力大，怕地主翻把，然而由于他又太穷苦了，他们迫切需要吃的穿的，因而还是要了地要了浮物，他们的想法是先打下粮食吃了再说，反正不能大伙都整死，杨春生分地以后更去卖猪买马，打算好好耕种，这是说明了问题的本质，农民是迫切要地的。

4. 据他们自己的叙述，他们阶级觉悟提高的关键有二：一为打破宿命观点，认识到封建地主的剥削压迫是使他们受穷受罪的根源，认识到封建势力根心辣手的翻把阴谋，这是由于工作队干部的日常谈话，训练班的教育，对地主的连续斗争与揭露，而更明确了对地主的阶级仇恨，因而才能理直气壮的斗争地主，分地分房挖财宝，以至斗倒地主以后更进一步对地主实行监视统治。另一为相信自己的力量。打破他们“变天”的顾虑。有两个有利的因素：一个因素是从彻底斗倒地主的过程中，亲眼看到过去那么威风的地主也被大家斗倒了，另一个因素是民主联军捷报频传，发现民主联军不会走了，更提高了斗争勇气。

5. 由于他们阶级觉悟提高的结果，他们表现了为人民服务的高度自动性、积极性。斗争刚开始，他们是不愿出头的，也不相信自己能办事，尽推些“屯不错”出来当干部，即在被群众推选为干部之后也是束手束脚的，推一推动一动，那时工作按他们自己说法是“不像现在实在”（杨春生语）。现在不同了，现在不同了，现在是大胆泼辣的主动的挖地主财宝，挖枪，帮助农民解决生产困难，帮助外屯农民翻身了。于占河并且三番两次的要求参军上前线打反动派，要求参加担架队去抬运伤兵，他认为这是最光荣的。他们阶级觉悟的提高明显表现为两方面：一方面是对地主阶级的阶级仇恨加深了，阶级警觉性提高了，对地主监视的很严，对自己内部个别分子的动摇表现观察的很锐敏，对蒋介石中央军很仇恨；另一方面是对共产党、对人民军队、对人民政府的真情热爱，对自己穷哥儿们的阶级同情心，不仅要自己起来自己翻身自己有饭吃就算了，而且要“穷人向穷人，穷人都起来，都翻身都有饭吃”（杨春生语），因为“穷人翻身人多力量大”。正是由于这一觉悟，所以他们才能大公无私，牺牲自己利益，一心一意为农民服务，正像于占河当选农会副主任以后当众宣誓那样“啥事都给大家办”。

最后，杨春生、于占河以及其他几个积极份子与农民都是说，从去年七月以后，大伙的脑筋才慢慢开了，特别是从今年过年以后，才不怕地主了。这是农民群众给我们东北党从去年七月以来开始的土地改革运动以及煮夹生饭斗争与自卫战争胜利的真实评语。

# 地主的剥削方法

陈汉明

## 一、对抗活的剥削方法

1. 讲一年雇11个月，谈好全年工资多少，以后有病歇工时，不是按平均每天应得多少工资扣，而是当时工夫价扣，铲地、割麦……农忙时，零工贵，往往病一天得要十天或五六天白搭，过年扣不够，小行李留下拿不出来。

2. 抗活的干了一些时，地主家就借给他一些钱："先使上些，不要买衣服吗?"抗活的衣服费，一年得穿2套，上街买衣服，歇工给写上扣工夫价，没米吃，就说："你是不是贷些钱买米?"找保贷了，说是小份的钱，利钱一月8分，先3个月，以后上涨利，到秋往往一钱没剩，有时还得把行李留下。

3. 地主把抗活的半夜叫起，鸡叫吃饭，实际到了地里还看不见苗，做不了活，还要在地边等一点多钟，地主为的是早把抗活的赶到地里，就是走的最慢最晚去的人，到地时也误不了。早起爬半夜"两年睡一年的觉，一年点两年的灯"。

4. 抗活有抗地活，有抗钱活的，钱活多，地活则一年11个月带二三垧地，由抗活的挑选得给先种、先割、先拉、先打，牲口、种子都是东家的，出荷由抗活的出，领些布，还被地主撕去些布头，看时气，年头。年头好，遇到不太狠的人家，可以较钱活多挣一些，遇到坏狠的，抗活的挑了好地，庄稼长好了，他就叫你黑夜白天的干活，顶不住了，困了，病了，耽误几天，或者他啥活也叫你干，那样活不会时，他就不叫干了。算账，按别到抗钱活的伙计的钱数算，如果挑的地差，或年头不好时，抗地活太吃亏，也得要干下去，如不干要歇工，他就说："干吧，一年的时气，过年就好了，上秋给你买顶帽子，到秋还行能多打哪，反正是时气，时气好时一挑能打十麻袋粮。"要真不敢，那就来硬，去劳工，抓浮浪者。

5. 一天七气活，头晌歇两气，下午歇三气，头一气顶小半天，足有三四个钟头不休息：工钱每气都一样，"庄稼活好学，头一气难熬"，稍微顶不下来的，只得不干了，干不到一气，就算白干。

要是天阴，看不到日头，那就清早到10点算一气，头气更长了。

当日赶来的零工，10点多钟吃饭算中饭，下午干大半天只算半天。

如果头晌下雨，下了又停了，就赶紧提早吃饭，吃完下地，也只算半天。

最后两气时间最短，日落时下雨已快收工了，但仍照五气算。

工夫匠来时，稍过了一气（才开始不久），这气也算白搭了。

6. 庄稼拉回家时，半夜即叫起来，从睡下到起来，还不到烧热一锅土豆子时间，日出时已拉回五六次。

7. 有不愿给当地地主打零工铲地的，想那贵那去，地主就想法主动的借东西给他们，问“有米吃吗?”“没有。”“到我家去么一斗。”过节就说：“你这一帮小孩不吃面吗? 去我那砍几斤肉，秤点面。”还说：“守着大树不挂霜。”到铲地时，就说：“给我铲地去，不铲就还钱，我那钱是准备顶工夫的。”如是 1 元的工夫价，8 毛也得给铲，铲完地再要借小米，那就绝对没有门。

8. 铲地 3 天一市，铲完 3 天，东西头地主一合计，就欺行霸市，人家旁处 1 元工夫价，他就说降到 8 毛吧，工夫匠到东头工夫市一问，地主说 8 角是按西头工夫市的，到西头去一问，地主说是 8 角是按东头工夫市的，也就只好 8 角了。

9. 街上来工夫匠（街上闲人多）明明 8 毛行市，就说 7 毛，说上一市是 8 毛现在掉了，告诉别的已经雇来的工夫匠瞒着，“你们只说 7 毛”，不给瞒下回就找你毛病。

10. 开铲早如 100 垧地铲剩四五垧时，他就抗工了，有不能行的雇工留下在家慢慢铲，其余的人都给别人家铲去，行市马上就涨到一元二，这使中、富农也吃亏，到他家铲二遍的时候，行市就又掉了。

11. 较比小些的地主，富农和中农，就不敢出行，尽听大粮户给把持着，要不然你出 8 毛我出一元，你出一元我出二元五，给你顶上，但他只叫一个两个，说：“看谁顶不住，给他涨坯。”所以叫不起，只有听他行市。

奉天屯只有李、刘二家大地主出行互相不顶，商量勾结着办。

12. 给打头的一点小恩小惠（如铲地时给点烟吃、酒喝，吃饭时不与其他抗活的一块吃，另给他好的吃），使打头的放量快，半拉子挑水罐子送水时把磨快的镰刀拿到半途，在打头的垄上给撩下，打头的赶上后就悄悄的换了把镰刀，割的就快，打头的两边就按上两个大半拉子，每个大半拉子都偷偷的给打头的捎带一些（叫做捎苗眼），如此使打头的很快，工匠就赶，赶不赢的就半途走了，特别是头气时间长，速度紧，最难熬，半途走了就算白干，奉天屯于占江说有一次四五十人号走了一半，有一次 8 个工夫匠，下场走了 6 个，地主另外有骑马叫工夫的人，即使有很多人赶不上，下去了，叫工夫的人马上又叫第二批人来补上了。有一个地主，一年春季换了 3 个打头的，在地里干的又猛又快，许多扛活的累的吐血，不能再干下去。

清早到吃晌午饭的三气，赶不上的干了三气，不干了要工钱，就说，没赶上得补上垄走，这一补就得给下半天补完了。

13. 雇零工做活时，下雨天，不能下地，雇的人即须给他在家做零活，做一切准备工作，但不给工钱，不算工。

14. 下雨天抗活在家要做起粪、挖壕沟、摸大墙、砌马圈……等活，同样捞不着休息，但要是看牌赌钱，那就可以不干活，赌钱二八抽红，给地主，地主自己不赌，在旁边看。

铲地回来时，地主就拿着牌，叫“谁看牌”，有麻将、牌九、骰子。工夫匠看牌的话，地主给牌子（筹码），赌完了扣工夫钱算账，劳金看牌地主给他钱，就在账上。

15. 大粮户家雇半拉子多，泯墙、赶车等零工一人顶一人，一样的做，就差便活拿不起来，整的伙计割 6 垄，小半拉子就割 3 拢，大半拉子就割 5 拢，铲地时半拉子二回铲一垄，半拉子只给一半工钱，这样的剥削就更重。

16. 抗活的工资给扣光了，还倒欠他，所以换不了地方，得继续给他抗下去。

17. 有的地方，房子大部分或全部是大粮户的，抗活的不给他抗了，他就不让住房，还告附近十里八乡的地主不行留，所以贵贱也得抗，还有最厉害的就是以抓劳工威胁，“你头里回去，下后就抓你劳工”。

## 二、对榜青的剥削方法

1. 榜里青：土地、牲口、种子、住、吃，都由地主家供给，零活要给做，和抗活差不多，但收获照对半分，柴草不分给佃户，一垧地每年要出三个到五个官工（抹墙、打炕、填圈、打场等），白干活不能给钱。

2. 榜外青：使地主土地、牲口、种子由地主垫，秋后还给，不吃地主家饭，不住地主家，住地主房子得给钱，不给地主家做活，收获对半分，柴草也对半劈。

3. 里青外榜（或叫里青外冒烟）：土地、牲口、种子都是地主的，也给地主做零活，收获和柴草都四六分，主四佃六，自家吃饭，住自家。

4. 地主的牲口要等地主的地先做完了，才给佃户用，所以往往佃户得借人家的牲口，又得换工，如反翻把斗争剧中，佃户收割后的粮食还在地里，地主不给车拉。

5. 分的时候，地主往往照规定多分一点，分好粮，一种粮中间又挑上风粮。

6. 榜外青的，佃户往往还要帮助地主家干活，如给铲地，不然不叫种，一年一搬家，铲地还叫小户给他先铲。

7. 佃户的配给布，往往被地主撕下布头四五尺，五六尺的，晚上喷水，用力把布拉长，好的布自家得，红洋布、花洋布给佃户，地主要佃户种的地先出荷，他自己的地第二次出荷，第二次报恩出荷，领的配给品就多，第一次领的少。

农户布不够穿，向他照黑市价买。有时给欠一欠钱，好叫农民给他种地。

8. 地主租出的地，有好渣口的（如豆渣、包米渣）就收回自己种，省力，另外把自己种的坏渣口地（如麦渣），再租给小户，租出去的地如佃户上了粪，即收回自己种，另租出未上粪的。

9. 佃户过年过节要给地主送礼。

10. 榜青的住地主房子的，无马无车，搬家困难，到新房子打炕打灶，泥房也麻烦，给地主损坏或改造了的，得修理恢复，往往要误十天半个月的工，如果东家太坏，或者今年年头不好，明年粮食一定贵，想往年头好的地方搬，但地主怕佃户搬了，旁处更没有人搬来，所以处处留难，使佃户搬不成，还给他干下去。

11. 榜青的有句话：“养活小孩不认得爹。”他爹出去早，回来晚，一天给人家干活，白天不回家，老婆子常叫人家搂着。很多大地主招榜青的，看家里的女人长的漂亮不，有漂亮的女人干的长，无漂亮女人干的时间短。

## 三、对一般小户的剥削方法

1. 大粮户要送出荷时，故意说没人打场，不能早送，警察就叫小户大伙帮他干，不花钱。

2. 和小户换工蹚地，一匹马顶二或三个人工，最少顶一个半。

3. 大粮户，打场拉地时，小户得给白搭帮工，他说："你给拉几天麦子。"或者弄点酒菜请客"说他拉不上来，求大家拉几天地"，这就得去。

4. 从场里往家抗粮入仓时，小户大伙都得来替地主抗送，要有没来的，就以后叫他外屯住去。

5. 春耕时小户借地主、富农马工，当时他不要还人工，当铲地时人工贵了，才叫小户还人工。

6. 地主的副业由小户帮助做（如漏粉等），不算工，小户必须去，不去怕地主以后难为他，摊劳工。

7. 地主家有婚丧喜事，大伙都去挑水、烧火、端盘，帮他侍候客人，以及派人上城里抬扎纸。

8. 大粮户家人多，有的四十多口人，养孩子、满月、下奶、周岁，死人周年、二周年、三周年，姑娘出门等等都要送礼，一年往往四五回，穷人家甚至几十年也没有一次。

9. 小户要卖地得先问地主要不要，如果小户卖给小户，地主知道了，就说我随上多少垧，小户没有钱买不起，地就归地主买了，就是小户出的价高，地主出的价低，也得卖给地主，所以地主的地就容易增加。

10. 小户的地挨着大粮户的，往往被大粮户占了边去，或者仗势力要把小户的地买去，叫小户给他抗活，不然就以抓劳工来威胁，或者地主设法把小户四周的地都占去了，把小户的地圈在当中，不准从他地里经过，这样逼迫小户，只好卖地给他。

11. 人家种一垧两垧的出荷，花销可老鼻子了，大粮户依仗敌伪政治势力，隐瞒黑地，不出荷，把他们的负担加重到小户身上。要官马时，小户的马要种地，不能去，大量户养着有马群，他的马去，要大家摊钱，本来值一千、一千五的，就要摊两千。

12. 高利贷盘剥，贷款月利三分五分，借粮，春借一斗，秋还一斗半至二斗，还不出，或是按当时粮价还工，"买青"趁农民急需吃粮或用钱时，低价"买青"，收粮时还用大斗大秤。

北大荒地主"开荒占草"办法。

旧中华民国即张作霖时代，与胡子或官府勾结占地，伪满时与敌伪勾结占地，如克东的老边家，一千多垧地，过去是靠一个营长，带一营人来帮助他占的地。有叫"骑马卖荒"的，在马上一指，从这一河根到那一河根，从这到那，又往往一块地卖五六个主，地照满天飞，以后打官司，或找卖荒的给指断，有力的就捞到了，没捞到的就给人抗活，这叫做"指荒骗财"，又叫"扯大谎"。有的"占山户"给官家"上"两口大肥猪，荒地就归他所有了，农民从"上荒"移来，两手磨出血泡，开出地来，得认他地东，给他拿租（头三年不交租），还得给他打井盖房，或是有钱的占了荒找人开，指出两块地，说你开出这块，那块就给你，如十垧地得二垧、三垧或四垧，先把他的开了，随后他就把工具收回，穷人没工具，没吃穿，就向他高利借钱，不用一二年工夫，地就被他吞并了。

附注：这个材料是从北安县六区奉天屯调查来的，其中有几种剥削方法，是从别的地区搜集的。

# 东北农村调查汇集
# （1950—1952 年）

# 前　言

为了便于各地领导机关和农村工作同志了解土地改革后东北农村经济及其他有关方面的发展情况，特将1950年至1952年期间，各地的有关调查材料，汇编成册。

这些资料主要反映了恢复时期东北区农村经济及其他有关方面的情况，如与1953年的农村调查材料联系起来研究，就能更清楚地看出几年来东北区农村经济发展情况及今后趋势，对做好农村工作是有一定作用的。但其中有些问题的提法，可能有不妥之处，请同志们注意纠正与提出意见。

编者

1954年6月

# 黑龙江省望奎县通江区调查

在1950年12月间，为了了解农村经济情况和问题，以便提高农业生产、农村工作，特组织30多人到望奎县通江区作了一次调查。通江区土地是中上等，工作中等，可以作为望奎县的代表。现有12个村（包括通江街——街只有数十户小商铺，基本是农村），4622户，25233人，13285垧土地。

## 一、农村现状的分析

具体情况是我们政策和工作的出发点。现在农村情况究竟是什么样子呢？就通江区调查研究，我们应当从两方面进行分析，如果只抓一面，就会发生错误。

### （甲）与伪满时期比较

现在比起伪满时期，在许多方面有了显著的不同，经济生活上升了。

从生产上看：过去是“吊儿郎当混大荒，不上粪也打粮！”最多上粪不超过30%，而今年则全区上粪65%，施肥10%。现在选种比过去普遍得多。过去铲蹚遍数少，仅20%土地铲蹚三遍，其他多为两遍，甚至有一遍者，而今年绝大多数是三遍，很少数两遍，同时有10%以上土地是四遍——四铲四蹚，且有个别五六遍者（克山、海伦、绥化有七八遍者）。过去打场太晚，打到开春，一般也得腊月十五才打完；而今年则阴历十月就都打完场了。过去全区马匹和牛共3107头，而现在为4006头。现在土地13285垧：比过去多了。每垧平均产量如下表：

| 粮种 | 大豆 | 小麦 | 高粱 | 苞米 | 谷子 | 备注 |
|---|---|---|---|---|---|---|
| 1943年每垧产量(石) | 5.3 | 4.0 | 7.0 | 7.5 | 4.5 | |
| 每斗重量(华斤) | 45 | 45 | 44 | 42 | 39 | |
| 1950年每垧产量(石) | 6.0 | 4.5 | 7.5 | 8.5 | 5.5 | |
| 每斗重量(华斤) | 47 | 48 | 46 | 46 | 42 | |

在全省说起来，有许多地方每垧产量赶上并超过伪满生产水平，但也有一部分则未达到，总产量未达到伪满最高水平，主要原因是许多开拓团土地未能耕种。

从经济生活上看：1945年全区4316户，内有雇农1982户，占45.9%；有贫农1465户，占33.9%；雇贫农共占79.8%，即4/5。现在户数4622户，经济生活比过去上升户占4033户，占87.2%。现在没有雇农了，现在贫农也都有房有地，一般不缺吃的。1945年无地户占61.9%，无房户占58.6%，无牲口户占65.4%；而现在无地户为0.6%，无房户为3.6%，无牲口户为44%以上（参看附表第一、二、三、四、五、六、七各表）。吃的：比过去好多了，能吃干的，而且年节吃大米白面，大部人家杀猪，吃粮不足者只有几户。穿的：现在全区除了几户人家外，是都穿上了棉衣；而过去估计冬天穿不上棉衣者，至少占15%—20%的人口。住的：过去没房户是年年搬家，受人讥笑鄙视，地主老爷们说："这些穷棒子，真是天鹅下蛋，没有个着落！是溜房檐的家伙。"现在都有了自己的房子。过去负担占产量一半以上，现在全区平均占实际产量21%左右。劳动：过去45%雇农为地主富农干活，是终年劳动（正月十五上工，腊月十五下工），不管阴晴，非常惨重，而现在减轻多了。

从政治与社会生活上看：就更显著了。地主被打倒，雇贫中农掌握了政权，有许多阶级觉悟高、工作积极的农民加入了共产党。而过去是帝国主义和大地主像石头一样压在人民头上，官吏警察经常打农民，他们向农民要"出荷粮"说："庄稼人的脑袋属点葫芦的，不打不下粮食！"过去是地主打农民，农民打老婆，老婆打孩子，女人不被当作人，土地改革后，妇女地位有些提高，但主要是1950年婚姻法公布后，妇女才基本上取得了平等地位。在婚姻法公布后全区有49起离婚事件，绝大多数农民认为那些是办得对（只对其中二三件案子不大同意），现在很多是自找对象，自由结婚了。现在很多女孩子读书，过去很少。过去一般都是17岁（即不满16周岁）结婚，甚至有十五六岁出嫁的，那时"穷人养不住十八岁的姑娘"，女人生理发育不健全，种下了一辈子各种疾病的原因，而现在是在18岁以上才可以结婚。现在妇女当干部，学习识字，参加劳动。过去雇贫农家里的妇女都是自己推碾子，现在可以用牲口代替了。有个老乡今年要卖一口猪，与其妻子商量，妻不同意，说秋后猪大了可以卖更多的钱，结果照女人意见做，果然不错。他慨然说："过去男人和女人商量事叫做'怕老婆！'而现在男人和女人商量事，则叫做'尊重妇女，男女平等！'"男人再也不敢打骂欺侮妇女了。青年人也开始取得他们应有的社会地位，老年人也开始懂得尊重青年，那种讲"嘴上没毛，做事不牢"的闲话大大减少了。文化：过去学龄儿童读书者最多30%，而现在75%以上，同时冬学、识字班大大展开了。卫生：过去死亡率大，有病请大神，现在跳大神绝迹，有病请医生，而且知道打扫卫生了；过去喂猪喂狗都在屋里，现在很少了；妇女生小孩，有的还请助产士收生；过去扛活长工一月洗一次脸（因为没时间），而现在一天洗一次脸。社会秩序是特别安定：伪满胡子没断过，每个村子都有几个抽大烟、扎吗啡的，小偷很多；经常有赌局：牌九、麻将、纸牌、甚至宝局，这些都绝迹了；过去常失火，现在很少。

过去劳动人民好像是特别笨和愚昧；而现在人民聪明起来了。

在土地改革后短短三年当中，由于共产党和人民政府政策的正确，各级干部的努力，特别是劳动人民本身的努力，获得如此伟大的成就，我们决不可小视低估。正由于这些，因此，面对着美帝国主义的侵略，掀起了农民志愿参军参战高潮，是完全合理的，他们要为了抗美援朝保家卫国而贡献出一切。

## （乙）现在还很不足

以上的情形，农民以及区村干部是看得清楚的。但是许多区村干部甚至部分县干部，就以此而满足了，这却是十分不对的。

我们从另一方面实际来考察，就发现十分不足的地方。

首先从生产上看：马匹数量虽增加，但是质量仍差。过去约有70%上等马，20%中等马，10%下等马；而现在约有40%上等马，30%中等马，30%下等马，因为还有人不会饲养的缘故。而且现在有44%无牲口户（看附表六、九），这是大问题，其中有的未分到马，有人分马后不会饲养把马死了，有些人因各种原因把马卖了。新式农具还是刚刚推行，车辆及其他农具仍是不足，1950年全区40台铲蹚机，只用了22台，这数量是太小了。因此，人们在铲蹚秋收中的劳动强度仍然和过去差不多的。耕作方法，已有改善，但也仅是开始。

其次从经济生活上看：有余粮。如以厢红头村为例，302户，共收入粮6217石，钱24亿元，支出则为粮4459石，钱35亿元，收支相抵，共可余300石粮。而现在生活状况除吃的外，其他可以说还在贫困状态中；如穿的：冬天穿上棉的了，但其他就谈不到，正如一位农民劳模说："现在是刚缓过气来，衣服还谈不到单夹棉四季！"穿棉衣一般都是空心棉衣，以厢红三村为例，全村458户，2294人，现在只穿衬衣397件（衬衫、衬裤都算一件，多数衬衫），仅占人口17%。其中有223户根本没衬衣的。被褥还很缺少，仍以厢红三村为例，共有被1021床，褥子43床，褥子占人口5%。住的：条件还很差，一般是3间房间4家人，南北炕，很不方便；有些人家分得地主房子，如7间上房，现在许多人家住，住里屋的就把锅台搭在里屋了，于是烧火时冒烟串气，一家小孩吵闹，别家不能睡；多数没有幔帐，妇女想弄水洗洗澡，也是不可能的；院子也小，没放零星家具地方，许多粮食放在屋里，女人就免不了为喂猪、喂狗、鸡下蛋而吵嘴。这一条农民感到很不方便。但这是仍须多年工作才能解决的问题。家底子都还不厚，受不起灾害的打击，如有一年大灾荒，即须救济。

因此，现在农村经济发展还很不足，这一个方面，不是所有的同志都很清楚的。恰恰相反，许多村区甚至部分县级干部，是多少有些满足于已得成绩，看不清不足的方面，因而未能更加积极地兢兢业业地为发展生产增加产量而去努力。

### （丙）小结

现在农村情况，比伪满好多了，为今后农业生产开辟了一条光明前途，因此，农民为了保卫这种生产生活和前途他们可以贡献出一切。另一方面，我们应当指出现在还是十分不够，决不可自满，要正视这一现实，还得长期奋斗，而为了使农民过文明的富裕的生活，那还得更长的时间。因此，我们结论是：在现有的基础上，巩固已有成就，为发展经济、改善农民生活而努力。具体说来，就是为增产粮食，增加财富而奋斗！为增加马匹，推行新农具而奋斗！为增加衣服、被褥而奋斗！为改造和增建房屋而奋斗！

## 二、增产方面

从第一部分农村现状的分析，我们已经清楚认识现在比伪满时期虽然强的多，但是在生产与生活许多方面还有很不足的地方。如何解决这些不足呢？主要是增加产量，增加财富。

增产可以从四方面着手。

## （甲）开荒，旱田改为水田

从通江区看，有几个村有荒可开，特别是坤南村，1950年修起沿河大坝，就圈出许多好地。因之，对有开荒条件的地方，仍应提倡开荒。但是，开荒仅占增产的一小部分，通江区如此，全省也是如此。改旱田为水田有些地方可以，通江区则困难，因为河低地高，引水困难。

## （乙）精耕细作

无论就通江区来看，或是就全省来看，这都是增产的主要方向。这个问题，由于1950年农民的创造，已经有了新的内容。

第一是选种。这点很显著。望奎县豆子多为平顶香，农民称为"小嘟鲁豆"，但仍不如满仓金，豆子多为粒选。高粱多为大蛇眼，多为田间选种，穗选。谷子，则颇不一致，种类繁多，尚无定论，一般是田间选种，穗选。苞米是火苞米，金顶子，主要为穗选，卡头去尾。小麦，克华麦不多，去掉油麦。选好种子，多打好粮食，这一条已为农民接受。

第二是上粪施肥。通江区农民，对于这点从实际经验中认识得很清楚。1950年上了65%的粪，10%肥料。上滤粪把粪，经过县委提倡，使用大粪，晒干碾成面，下到地里多打粮食。高粱子拌猪血泡，三升高粱拌两个血泡，很借力。

第三是多铲多蹚。这一条，已不止三铲三蹚，通江区已有10%以上是四铲四蹚，甚至有五遍者。全省范围有六、七、八遍者。由多铲多蹚，而显著的多打了好粮食。

第四是打场挑选与保管。这条也很重要，因为这里粮食大部分都是商品粮，而且是国外贸易的，因而严格讲求粮食质量规格。一斤好大豆4000元，一斤等外大豆1800元没人买。所以，自1949年发动农民挑选大豆以来，现在除了缴公粮时，妇女小孩在挑选，而且有的人家为了卖大豆而进行挑选，这不是浪费人工，这是在创造价值，下了劳动，就使粮食价值增加了。保管也同样重要。

上边所讲这些就是精耕细作，也就是集约耕作法，这应当是我们增产的主要方向。现在再进一步说明：

首先用事实来说明。我随便举几个通江区的例子。如厢红头村的尹富和6亩高粱，大蛇眼种，上的口粪，开了一遍苗，用福民号铲蹚机铲蹚4遍，结果打了5.8石，即约一垧地10石粮。比平常多打2.5石。4亩谷子铲蹚4遍，另外薅2遍，打2.8石，一垧合7石，而一般的只打5.5石。厢红头村支书齐占坤7.2亩大豆，种的早，平顶香，铲蹚3遍，薅1遍，打了6.3石大豆，外有2.2石苞米（豆子带苞米），如此一垧地合10石大豆，而一般地只打6石。谷子9.6亩，刀把齐，铲蹚4遍，薅1遍，打了10.5石，质量成实，而一般只能打5.5石。高粱7.6亩，大蛇眼，上大粪掺土，铲蹚4遍，打了8.3石好高粱，外加1.2石带帽子的，共9.5石，每垧合13.6石多，而一般地一垧为7.5石。又如厢白头王凤有，谷子1垧，白沙谷，种的早，上了18车滤粪，用铲蹚机铲蹚4遍，薅2遍，还上追肥大粪，结果打9石，质量好，出七个米；而附近高臣的地（同级）一垧谷子，上粪稍少，未追肥，铲蹚3遍，打了6石，出六个米。王凤有高粱8亩，大蛇眼，用两个猪血泡拌种，上大粪，铲蹚4遍，打了10.5石，则一垧合13石多，而且没壳，子粒重，笨碾子出十个米。附近胡家同样地，高粱1垧，铲蹚3遍，没拌血泡没上大粪，打6.7石，笨碾子出七个半米。又如通江街吴常海，高粱1垧，大蛇眼，拌猪血，上大粪、炕洞土，铲蹚4遍，放1遍秋垄，打12石，子粒好。一般则打7.5石。另外，我再举一个克山的例子（克山今年受灾特别重，只有三四成年景），杨显廷全组七铲七蹚地共16.8垧，比少铲蹚的地多打粮。如王贵臣七铲七蹚谷子8亩，打4石5斗，每垧合5石6斗，质量85%好粒，出六个米，每斗重43斤；宋福林（同级地）谷子8亩，三铲三蹚，只打2石，每垧合2石5斗，质量有75%好粒，出四个半米，每斗重38斤。两者相差一倍。又如杨显廷一垧高粱，七铲七蹚（用人力四遍，产蹚机三遍，交叉进行），打7石，质量成实，屁股没有折，每斗重51斤；吴文学（同级地）7亩高粱，五铲五蹚，打4.5石，每垧合6石4斗，质量稍差，屁股有折，每斗重47斤。高明山（地还高一级）4亩高粱，三铲三蹚，打2石，每垧合5石，质量差，屁股有折，每斗重45斤。我手头还有海伦孟庆余组八遍及绥化潘学义高凤志组八遍的材料，我不再多引用了。以上用事实（这种事实普遍存在）证明了：上粪施肥，特别是多铲多蹚，就可以多打粮食，而且抗旱抗涝（如杨显廷组），质量好。多铲多蹚：在四遍以上的谷子，用人力铲，一个人工可以产1垧，三个马一个人可以2垧，用铲蹚机则更节省人力，铲蹚七遍比铲蹚三遍每垧地多费工资为五斗粮食，但是多收获3石到5石好粮食，这是1950年农民的创造。

其次用理论来说明。精耕细作，也就是集约耕作法。马克思在资本论卷三论地租的许多章中，讲到对差地租第二种形态，就是讲使等量诸资本“连续投于同一土地上”的情形。比如说在资本主义社会用四个100万元，投在甲、乙、丙、丁不同丰度土地各一垧上，这样产生不同数量的粮食，有不同的地租和利润，这是对差地租第一形态。而用这四个100万元连续投在这一垧地上，这就叫作集约耕作法，就是对差地租第二形态。在我们这里，可以举个简单例子，比如一垧地投资100万元，仅可做到上粪，产蹚三遍，收获5石，我们再增加100万元，即一垧地共投入200万元，如此，可以肥料拌种，可以上粪，可以追肥，可以铲蹚七八遍，可以薅苗拔草，如此，可以收获10石，甚至收获10石以上。比如一垧地投资100万元，仅可做到上粪，铲蹚三遍，收获5石。我们再增加50万元（不增加100万），即一垧地共投入150万元，如此可以肥料拌种，上粪，追肥，可以铲蹚七八遍，可以薅苗拔草，如此可以收获10石，甚至10石以上。我举的许多事实都符合于后边的例子，因为再追加投资时，不要再增加种子了，不要再增加种地时的人工马力，主要是用于肥料和铲蹚上了。为什么会这样呢？“所以会如此，是因为这种土地含有较多量的丰饶的自然要素，只要加以利用投在这上面的资本，就大有希望获得更多的利益”（资本论卷三）。

再次用土壤来说明。很可惜我对土壤是门外汉。但是1950年曾来黑龙江省一队土壤考察专家，他们证明黑龙江的土壤在中国是最好的，他们去望奎，证明望奎的土壤是最好的土壤。如此，通江区土壤既然很好，而每垧打粮不过6石7石，而关内河北山东一带，每亩（小亩）平地普普通通也打粮2石左右。这说明什么呢？说明那种较差土壤，是比较精耕细作的耕作方法，可以收获得高于土壤优良的黑龙江土地3倍以上的产量。同样也说明我们虽有好的土壤，但未能精耕细作，因而只收获得于较差土壤的1/3产量。这说明什么？这说明了我们的客观，土壤条件充分优良，只要多加投资，精耕细作，就会给我们更多的收获，“劳动是物质财富之父，土地是其母”（资本论卷一），多加投资和多加劳动，会加倍提高产量的。

最后从土地所有权来说明。在土地被地主所占有时，租地农民无心改进土地。举例：一垧地可产3石粮，地主要租子1石，而农民用劳动与投资改善了土质，使一垧地可产5石粮了，则地主明年出租这块地，就不止要1石租子，而是要2石甚至2石5斗租子，就是把农民劳动攫为己有，因此，那时农民无心改善土质。现在不同了，土地归诸农民所有，农民用投资与劳动改善土质的结果，都归自己长远所得，因而他们上心改善其土质了。土地改革后的事实给了最好的证明。

上边所讲精耕细作，集约耕作法，特别多铲多蹚，要大大提倡。

## （丙）组织起来

组织起来是一种经济形态，是我们的政策，同时它也是增产的方法。我在“乙”节中所举打粮多的例子，都是参加了生产互助组的，尤其是使用新式农具。单干而使用新式农具者，尚未发现。如果七铲七蹚，没有铲蹚机那是办不到的。组织起来就多打了粮食。如坤南村刘英组，始终在组内的李德山，高粱1.2垧，铲蹚四遍，打12石，谷子1.2垧，铲蹚四遍，打9石，每垧8.2石。而春耕后即退组单干的赵贵，自己3个劳力，一牛一马，又租入2头牛，组成一付犁，但高粱一垧，只铲两遍，打3石，谷子2垧铲三蹚二，只打4石。主要是铲蹚不及时，或数少因而结果少打粮食。今后固然一个马的要组织起来，否则没法种地，没法铲蹚，就是三马两马的，多数也要求组织起来，如不组织起来，则势必少打粮食。关于这个问题，我曾和许多小组谈过。尤其是今后为了增产，为了多打粮食，争取铲蹚五、六、七、八遍，则不组织起来，不使用新式农具，是做不到的。而且现在又发生新问题，通江区志愿参军与担架队，1950年已去386人，占全区劳动力的8.1%，这也要求组织起来（当然，此地我并没有否认单干的意思，不过单干的确打粮少，我也不是否认新富农，因为新富农在通江还未发现）。

在此地，我还附带说明三点：一是新式农具，特别是铲蹚机，会有其广阔前途的，在新民主主义社会农村的工具变化，即从铲蹚机开始，铲蹚机将代替那种简单的原始锄头，因此要掌握这个技术。二是马力，以深耕细作来考察，过去所说一马能耕六七垧地的旧标准、旧概念，应逐渐打破，而要求一马耕四垧五垧、三垧四垧甚至两垧三垧地。三是过去一个劳力可以种四垧五垧地的旧标准旧概念可以逐渐打破，而转向精耕细作。这就是说：新农具大有前途，马力、劳力还很不足（现在有种议论说：多余劳力无处施展了）。

## （丁）副业是正业的继续

我们绝不能把副业看作可有可无，过去所谓半年生产半年闲，应当逐渐改变。副业生产，同样是可以生产粮食。如坤南村地洼豆子质量差，但他们副业条件好，搞了副业卖钱，买豆子缴了公粮，这问题主要是在于认识上，没有认清农民之不足，因而未能兢兢业业去领导农民增加收入。其次，对于有条件的地方，如通江坤南村，有草甸子，有鱼，有猎可打，有苇子，但副业自流，而其他各村条件差些，就更未去组织领导。其实农民已在自发地搞，如养猪、鸡、家织麻袋、编席等。总之，问题在于提倡和具体领导。

还有，在全省讲，应当大力提倡牧畜业：养马、养牛、养羊，特别在有草甸子各县。农业厅这个意见是很好的。

总之，我们应当兢兢业业去领导农民增产，用开荒、精耕细作、组织起来、农副结合这些办法，其中特别是组织起来精耕细作，应当作为主要方向。

## 三、供销问题（略）

## 四、人民民主与人民文化

人民民主专政，在通江区看，也还正常，是党领导着雇贫农（今天主要是贫农中农）为主的区村政权。在1950年10月抗美援朝保家卫国运动以来，虽然曾有谣言，但不久平下去了。旧地主富农，多数并不希望美帝国主义来，至少没有表现出来，他们说“飞机炸弹不认得成分”，“美国来了，也得我们先遭殃，你们雇贫农还不是先收拾我们吗?”蠢蠢思动者是极少数。中农在参军参战中，有些人又想到土地改革被斗而不满，但一般还好。因此，在1951年遵照党的政策、政务院的决定与通江区实际情况，我认为一个村子将三年来安分守法劳动生产的富农三四家与个别小地主，按其经济生活水平，划为贫农中农，是有好处的。是更加分化他们，是给被斗的地主、富农以出路。这条我曾经征求过许多农民意见，他们认为如此办是有好处的。

村人民代表会议，自1950年1月改选以来，这个制度是坚持下来了。通江区有12个村，其中5个村较好，而且正蓝二村人代会，还能在开会之前发下通知，由各小组提意见，由代表带来，会上能把中心问题与具体问题结合起来。有6个村一般能按时开会，但会议多为村干布置工作，代表来领任务。有一个村最差，是厢白二村，会召集不齐，来人睡觉，没有讨论。由此可见：绝大多数村，都能将重要工作拿到代表会上讨论布置。这制度坚持下来了，但是内容还不够充实，不够活泼，中心与具体工作、上级要求与群众要求还未能很好结合，今后当往这方面努力。同时，今后代表与政府委员会，应当注意两条：一是在政府委员会中过去非党员较少，今后要适当规定比例。二是现在村中无马户、困难户，应有代表。

其次，人民迫切要求文化。学校22处，学生2850人，约占学龄儿童75%左右。区上中心校有高小生3班。1950年12月底，已办起冬学29处，参加人为1457人，区上计划冬学36处，可达2600人，现正继续设立中。在经济恢复发展情况下，人民迫切需要文化。过去雇贫农衣食不足，无力送子弟求学，现在则不但送其子女求学，而且自己也迫切感到读书识字的重要。一个农民对我说：“我有4个孩子，有3个在上学，1个大的已经由学校出来做事了!”这类例子是很多的。许多村干部过去都是农民，现在多数识一二百字，且有能写信、记事的了。黑龙江过去文化落后，现在经济在恢复，在发展，就格外感到文化太赶不上需要。因之，在财力许可条件下，要适当满足人民这一正当要求。

人民要求改进卫生条件，特别是女人生育小孩，要求助产士以及改造过的产婆。

# 五、区村领导

首先讲区的领导，主要是讲区委领导。这是根据通江区的经济、政治、文化生活，现存问题，组织情况等等，而提出来的几条问题。

## （甲）区委主要要做哪些工作

当然，全省的各级党委、政府，都要做支持前线、生产、供销、人民民主专政的工作，我这里是讲，区委会更着重做哪些事情？通江区委是很忙的，工作是负责任的，干部是积极的，作风是朴素的。他们很忙，做了一般的工作。但是对于有些主要事情还有很不足的地方：工作做了没有总结；来事就做，计划不够。

这些缺点一个主要来源，就是对于区委本身主要工作还不熟悉。那么，区委主要工作，在目前阶段，应当是哪几条呢？我了解为：

第一是领导支部工作，研究与贯彻党的一切政策、决议、指示（保证政府法令）在本区实现。

因为区委是最接近群众的一级地方党的组织，中央以及各级党委的政策决定，必须经由区委领导支部，结合本区具体环境去在人民中实现。目前支部工作基础还不坚强，还不能独立进行工作，因而区委对支部领导作用就益发重要。对支部如何领导呢？主要是教育党员，充实组织生活内容，提高支部工作能力，培养干部。通江区党员，多为公开建党时的党员，之后很少发展。1950年一年中，只上过7次党课：第一次是春耕，第二次是夏锄，第三次是党员教材，第四次是整风，第五次是形势转变，第六次是参军参战，第七次是参军参战总结。可见，不能说没有教育，但确实太少了，而且上过7次课，有5次主要是布置工作的，因而，党员对党的基本认识，如什么是共产党，党员与群众的关系及区别，共产党的奋斗目标，党员的权利义务，则认识的较差。这些问题，我曾亲自考试（口试）过8个党员。过去要求党员就是在各时期各工作上起带头作用，很少注意提高党员的觉悟水平。关于宣传委员的工作，区委同志们说："宣传委员工作是：讲党的宣传教材，领导文化娱乐，业余剧团，中苏友好，通讯写稿，研究口号，机关学习等。"而对于最基本的党员教育和支部教育，则未谈到。可见实际工作上也是很少注意这方面的，今后应当加强。省委正编党员课本，以便系统的进行教育。

党的组织工作，有些业务不清。对于党员个别谈话是很少很少的。全区1950年开除4个党员（都应开除），但没有在支部进行教育。有的党员应当处理，也没有处理，还不明不白的拖着。小组会每月三次，定期开会，但是内容多是批评汇报，没指定讨论什么问题，好的党员，没有受到表扬奖励，这些都是应当改进的。各支部组织委员，能起应有作用者不多。

区委对于支部如何进行工作，研究得少。区委常下乡，但对于支部工作帮助差，主要是自己去试点取得经验，或者找支书村长一道去干，而很少教导支部如何进行工作。

区委会细心研究讨论上级党委决定指示的事，是很少的；而讨论政府的带时间性带数目字任务的次数到是很多的，而且讨论这些具体任务后往往区委亲自动手去做。因此，我们提出区委应当把支部工作以及研究贯彻党的决定，保证政府法令（经过政府去实现，党起保证作用）当作第一条工作。

第二是领导各种非党组织，经过各非党组织去实现党的政策。

党必须加强对农业生产及各非党组织的领导，但不是代替它，不是把应当归政府做的许多具体事务都揽在区委身上来。通江区委虽然一般注意了这个方面，但是毛病也恰恰在这一方面。如此一来，区委被事务事情缠住了，而提高各非党组织工作能力就差了。区委对青年团抓的还紧，因而青年团工作就活跃。区委对于妇女会领导不足，因而1950年妇联方针（从做好教育妇女，妇婴卫生，改造旧产婆，宣传婚姻法等项来配合中心工作）就未能在通江区实现；主要是区妇联两个同志自己努力做了一部分工作。区委对于合作社问题，很少正式讨论，因而使合作社某些问题拖了很久。区委对于民兵，一般还注意。对于某些委员，业务不熟，未能给以指示。

总之，区委作为领导组织、要领导这些部门去工作，做得不够，很为生疏，自己只像其他部门一样，做了一些工作。这是须要加以改善的。

第三是计划检查与总结工作。

通江区委工作很忙，但是计划差，来了事情就做。如春耕时期曾有一个计划，但是夏锄、秋收、冬藏时期都把春耕计划忘了；通江农业生产今年比较好；原计划七万二千多石粮，秋收八万六千多石，超过原计划一万四千多石粮。但是没有好好总结这个经验，如下种、施肥、铲蹚、组织起来，都有很好的创造，但是没有总结。如副业计划，订的不够慎重，不是真正由各村做出计划，而是区上一个大略的估计，就写出来了；区上也未根据此计划去帮助各村订出计划，而且计划如何实现，也未讨论出确切办法。还有，各部门的工作计划，区委研究讨论的也不够，有的部门甚至未有计划，像"老牛赶山"一样往下推，来了什么做什么。

当计划确定了，当工作布置下了，区委的责任就应当紧跟着检查。检查这一计划或工作是否合乎实际，执行时是否有偏差，执行时有何新创造等等。如公粮布置下去了，岗地与洼地每垧都要缴纳一样的大豆，这样一来，西部三个洼地村子（坤南、坤头、坤前二）就很吃力，因为那里今年霜来的早，豆子质量差；但是多数岗地村子则颇不费力。这种情况，区委未能立即检查，予以纠正，直到送缴有了问题，也就那样了。

对于总结工作，是提高工作、提高干部的最好方法之一，认识不足。以为总结很困难，不知讨论出三条五条优点缺点，找出优点缺点原因，就是总结。如这次参军工作，做得很好，但是做完就完成任务了，没有总结，因之，工作提不高，干部提不高。

第四是不断的提高群众的生活与觉悟。

我们目前工作中心，就是要抗美援朝，发展生产。不论抗美援朝也好，发展生产也好，都须要从不断提高群众生活与觉悟做起。通江区委，能够和群众打成一片，密切联系，一般也能注意群众的要求。但是如何不断地提高群众生活，则十分不够，而且相反，似乎觉得群众目前生活已经很不错了，有些满足的味道。这是对于农村现状，未能加以全面了解和具体分析，因而只看到比伪满时代好的方面，而未看到我们现在尚有很多不足的方面。因此，兢兢业业，多用脑子，研究多打粮食，搞好副业的劲头就不足。人民的觉悟水平，是比过去高得多了，但是这主要是由于他们的实际切身生活体验而来的，我们有意识，有系统地进行宣传教育则很不足，自1950年10月以后好些；今后应当把提高人民觉悟水平的工作经常化，要办好冬学，办好识字班，办好读报组，而且应有专人负责这个宣传教育工作。

区委如果把以上四项工作做好，则其工作就会显著提高一步。

## （乙）区委工作中的几个主要问题

区委工作中的问题是很多的，但是目前带普遍性的问题，我了解有以下六个。

第一、关于中心工作与部门工作。

“在农村里，一年四季，按照季节就自然而然规定了中心工作：春耕、夏锄、秋收、公粮、副业等。这些中心工作，要求各组织各部门都围绕着它，把它彻底做好。同时我们工作开展了，各部门工作必须建立和健全起来，否则，不但满足不了发展着的形势和工作需要，而且，由于部门工作不健全，就影响着中心工作完满的完成。因此，现在部门工作必须加强。这个问题，通江区委做得还好。如区政府组织和工作都较健全，各助理员工作也建立起来了，而且公安、财粮、民政、文教等助理，不但积极工作，而且推动了下边村里的各委员，因而，村政府就不单是村长一个人，而是公安、财粮、民政、文教，这些干部多数都负责进行工作了。如青年团的工作也较活跃，村的青年团更活跃；武装委员工作好，村的武装也起作用；合作社也能推动各村社；妇女会，则差些。总之，由于这些组织健全且有其本部门工作，因而从各不同方面完成了中心工作，同时，也适应了工作发展的需要。通江区委，当着下乡的时候，总是征求这些部门意见，问他们愿意到哪个村子去，这些部门的人下乡，也能把自己部门工作做好，同时完成中心工作的。

第二、经常工作与突击工作。

所谓经常工作，是指围绕生产的一切工作而言。这方面区委已经有了三年大生产的经验，对于本区情况也较熟悉，因而一般尚能按部就班进行工作。可是来了突击任务，如这次的参军担架慰劳等，时间紧迫，火急出动，于是把经常工作以及制度打破了。如通江区上，抽出四个干部，还未补上，影响工作；打破了下乡与回机关的制度，使中心工作与部门工作脱节；抓住突击“单打一”，影响了对于生产的领导。这种情况，通江区委有两个月尚未恢复。今后，不可“单打一”，突击工作完了，应当立即转入经常工作。

第三、关于点与面的问题。

如何在点取得经验，以推动全面，同时又不是“蹲坑”“蹲点”，忽视面的领导。通江区下乡的时候，注意了吸收点的经验，去推动面；但严格讲：颇为一般化，成熟点的经验不多，因为下乡规定去几天，马上又要回区，所以很难摸出成熟经验来。如对于互助小组、劳模的培养，也是一般化，没有能够对于一个小组、一个劳模，一年到头给予系统的培养。培养典型这一条，须要大大提倡，一个区，应当养成二三个全区带头的劳模与小组，以这些现实的活生生的小组和人物，用他们的生动事迹，推动全区生产和工作。

第四、关于机关工作与下乡工作。

区干部是经常在乡下工作的，如何妥善解决机关工作与下乡工作，是个问题。过去通江区委，把12个村子划为三片，规定了“三七”制，即在机关三天，七天下乡。如此，很为匆匆忙忙，下乡去走路半天，回来又得半天，而且五天一汇报，到七天又要回区，这样走了形式，问题不能深入。今后是否可以实行“五十制”：即在机关五天，以便研究上级指示决定，各部有时召开联席会（如宣传委员联席会、民政委员联席会等），区委可以从会上来进行领导与教育，以及进行总结，进行学习等；10天下乡，可以深入研究问题，切实帮助支部，取得经验，领导全区。当然不可太死板。

第五、关于工作与学习。

通江区委、群众团体、区政府干部共26名，他们中间只有一个中学生，有四五个读过小学的，其他都是农民出身。在这几年繁忙工作中，他们由不识字，而都认识了一些字，多数能看懂黑龙江日报、简单文件，能记简单事情和写信写报告了。我问他们工作中都有什么困难，他们几乎都说：“没有文化是太困难了！”这是应当给予适当解决的。区书区长也都是雇农出身，他们在省党校及行政干部学校受过训，因而他们了解问题的程度就更好些。经与他们研究，认为实行“五十制”，在机关五天，可以请中心学校教员来教课，每天两小时文化，下乡时再去复习；在区机关还可以学点政治时事等。总之，区干部学习，必须县委给予最大的关怀与注意，应当作一个规定：即县委委员到区，必须负责给区干部上课。因为这是切实提高区干部的办法。

第六、关于工作与生活。

大家工作紧张，改俸给制后，家中困难多少得以解决；规定了村干到区吃饭粮食由省报销，这样推动工作也顺便了。但是仍有几件事情，须要注意解决。一件是治病问题。通江26个区干部，有5个重病：一个妇女干部与她男人打吵子，闹得得了失眠症，几夜不能睡，治了一个时期未好。另一个女干部得了精神病，入医院尚未治好。一个生产助理员，由于领导民工修治河堤，日夜不睡，过度紧张，因而得了失眠症，住了一次医院，现在又住医院。副生产助理员刚上任几天，去厢红二村，恰恰遇见省府防火布告发到各村，厢红二村老乡对防火不重视，支部书记宣传无效，支书就在夜里把自己场院的柴火垛（小垛）点着了，全屯人们前来救火，副生产助理员一着急就把耳朵急聋了（因为他想：我刚工作，到村子就起火，真是没负起责任），现在仍不能工作。另外一个公安助理员，有时抽疯。从以上情形来看，区干部有病者所占百分比是不小的，值得注意，给以切实休养和治疗。其次是回家制度。区干部绝大多数都结婚了，只有两个未结婚，都住在区上，有少数人是本区的，他们有时下乡回家；而多数人是外区的，没有一个回家的制度，今后应当规定一下：半年放几天假，是很必要的。再有就是文化娱乐，也应适当提倡。

前边所举六个问题，是现在区一级工作较普遍的问题，如能恰当解决，区的领导可以提高一步。

## （丙）领导思想及工作方法——群众路线

区的领导，在以身作则、刻苦工作这一点上，那是很好的。在领导与推动组织起来工作，特别是领导与推动各种非党组织（如政府、合作社、青年团、妇女会等）是很不够的，目前这是一个急须解决的带普遍性的问题，因此，我在前边也着重讲到这一问题。在掌握与执行政策上，特别是掌握与执行农业的全面生产政策上，是注意了组织起来，而对于其他则比较差些；对于组织起来的目的（为了多打粮食、增加收入），以及组织起来的新问题，研究也少。在思想领导上，比较弱，当然我们不能要求太高，目前主要应当贯彻一个思想即依靠群众的思想，反对两方面来的偏向：一方面（主要的）反对强迫命令、单纯任务观点，这种毛病，各地方在十月以后文有发展；另外要防止和纠正放任自流、尾巴主义的毛病。

区的领导，工作方法可以有很多，如下乡、会议、汇报……等等。但是过去曾经发生过一些毛病：强迫命令，或者放任自流，或者官僚主义，或者尾巴主义……这些毛病，都是由于没有掌握住基本工作方法——群众路线而来的。

通江区的领导，今年村干部参加生产领导生产，密切了党政与人民的联系，工作方法上大有改进。比如在参军工作中，这应当是农村工作中比较最艰巨的工作，但是在三年来大生产运动人民生活有了显著改善的基础上，在人民经过了几年来教育而觉悟程度提高的基础上，在抗美援朝的时事教育后，加上用群众路线的工作方法（如组织参军委员会，说服动员，鼓动年青人自愿参军等），结果这艰巨的任务，得以顺利的完成，而且绝大多数新兵情绪高昂，很少逃亡。这就充分说明：既然如此艰巨任务，有群众路线方法就能完成得如此好，那么，其他担架、公粮、生产等等工作，用群众路线方法，就会完成得更好。而且，过去经验在证明，离开群众路线的方法，是一定会出毛病的。1950年，由于工作方法大大进步，因而区干部感到群众和我们相近，而不是相远。有人错误的认为：人民经济发展了，因而就会与我们远了；而事实都相反：人民经济越向上，他们就越拥护我们。问题是：我们应当用好的群众路线方法，去完成各种工作。

关于区的领导，我想就讲这些吧。

下边讲一讲村的工作：

村的工作，当然与省、县、区的工作相一致，都是为了生产、供销、支持抗美援朝斗争、人民民主专政等。但是更具体来讲，还是有它特殊内容的。

（甲）支部。这是村的领导组织，这是我们党在乡村的堡垒（全省尚有几百个村子没支部又无党员，应当在工作中慎重的但又是积极的建立支部）。通江区每村都有支部，几年来在生产运动各方面都起了作用。问题是支部对工作范围模糊，工作方法尚待改进。

第一、应当确定农村支部几条主要工作。一是：教育党员，领导党的组织生活。把基层的组织搞得更健全，把党员觉悟水平更加提高。二是：团结全体人民起堡垒作用，和群众密切联系，清楚人民的要求和情绪，从各种实际生活生产中，取得群众拥护。三是：讨论和执行上级党的决议和指示，这一条，各支部做得很差。四是：研究和保证政府法令工作的实现，这一条，常是支部代替政府，而不是动员政府中党员去实现党的主张，也不是动员支部、党员以人民先进分子资格来拥护政府法令的实现，而多是支书等自己出面，自己代替政府去布置工作。五是：推动和领导各非党组织（如政府、青年团、妇女会、合作社等）工作。

第二、支部怎样进行工作。我们提出下边几条：一是：健全支干会，充实小组会，提高党员水平，起模范作用。现在情况：支书多数很好，支干会多数未起作用，小组会经常开，但是多为批评汇报，常了党员感到收获不大，党员受到党的教育少，有些疲沓。党员是起了模范和带头作用，但是仅只强调模范而不提高党员，他们就不明白这个模范的意义，常了有些党员认为当党员吃亏。二是：培养支干各委员、各团体负责人的工作能力，并通过各组织去工作。过去做得不够，如许多宣干许多组干，业务不清，工作不起劲，用不上劲，未能在支部中讨论帮助他们。对于各组织领导，代替时间多，有的支部召开了支委会也就是召开了村政府委员会，因为村政委员多为支部委员，只有两个非党员，通知一声也就算了，结果等于取消村政府委员会；有村（坤前二）的村长副村长都是非党员，则开各种会（包括人民会、政府委员会在内）都是支书用自己名义盖自己图章写通知；有的人代会，支书去布置工作，村长做几句补充。支部对于妇女会领导更差，妇女主任来请示，支书说："你们女人的事，我们也不懂，你们看着办吧！"这实在是放弃关于妇女工作的领导。对于合作社工作，支部正式的讨论少，主要是理事会讨论，因为支书兼理事会主任，有一个支书叫合作社主任赊账借钱（给军属），合作社主任不同意，支书说："我是代表群众的，你不听我的意见，我代表群众撤换你！"这一方面的问题发生不少。三是：计划检查和总结工作。这对于支部说来，同样是重要的。现在是来了什么事做什么。

（乙）村政府工作。村政府工作任务是明确的。但是应当如何进行工作呢？一是：计划检查与总结。通江区12个村，只有正蓝二村有具体的生产计划，其他11个村都没有。这样就没有工作方向。检查工作，还是做了一些，而总结工作则差些，这主要是上边没有教导与帮助的原因。二是：健全村政府委员会，推动小组长。现在政府委员会中的财粮、公安、民政、文教多数干部都能工作，这条一方面是工作需要，工作进步了，加上去冬各县轮训村干，今冬各县又轮训，这确是使干部积极工作的重要原因。而调解委员能工作者少数，原因是区上民政助理偏重领导村民政委员，未能很好领导调解委员；卫生委员，起作用的还不多，因为多为男子，而农村卫生实际操在妇女手中；生产委员多数找不清自己工作，因为区委、区府、支部、村政府都是做生产工作的，那么生产委员又做什么呢？这得将生产委员工作规定几条具体事情。因此，现在村中已不只是村长在工作，而是有许多委员在工作。对于公民组长生产小组长，领导很差，今后应当用定期会议等等领导起来。三是：开好人代会。四是：领导生产，参加生产，研究技术，培养典型。应当坚持干部参加生产，领导生产这一条，1950年有很大成绩了；但也发生了有的干部只去生产而不去领导生产了。因而是否反过来，改为领导生产参加生产。研究技术很关要紧，现在农村开会，特别是关于春耕、夏锄、秋收，干部一多解释，群众就不耐烦说："你们别多讲了，还不是生产吗？通知吧！"因为老一套没新内容；而当干部介绍农作法等等，则农民很愿意听。因之，今后领导生产，非讲技术不可。培养典型，要求一个村培养一两个劳模组。五是：用群众路线方法完成工作。六是：尊重党的领导，取得其他组织（妇女会、青年团、合作社）协助，因为有的村长能力强，他就不听支部领导，这是要防止的。

（丙）群众团体工作。

这是指青年团、妇女会、合作社、民兵等组织，这些组织是在支部领导下、政府法令下从各不同方面来完成中心工作，这方面做的还好，只合作社配合生产还不够，但这些组织对于他们的独特的工作如妇女卫生，本身利益，青年的活动，学习及文化娱乐等则做的较差。

（丁）各种临时委员会。如公粮委员会、副业委员会、新兵委员会、识字委员会等，这是党或政府领导下联合的临时性的为了一定工作而组织的委员会，一般还起作用，但做完这一工作，也未宣布结束，就放下了。如果把这些委员会工作总结出三条五条，那就会提高工作了。

关于目前农村问题，我写了五部分，这仅是就我了解通江区的情况（也参照了一些别区的材料）而提出的问题，其中定会有许多不妥不周，希望同志们指正。

1950年12月

# 黑龙江省白城县农村调查

## 一、农村经济发展的新情况新问题

### （一）农村经济已有显著的恢复与发展

根据白城县镇西区三个典型村：胜利村（先进村）、新发村（一般村）、新立村（落后村）的调查，土地改革后由于消灭了封建剥削关系，农民生产积极性空前提高，因此经过土改后三年大生产，农村生产力一般已恢复和超过了解放前伪满最高的（1943 年）生产水平，这就给进一步发展农业生产造成有利条件。就三村的统计：1943 年原有耕地1138.4垧，1950 年耕地已达1560.2垧，已超过战前 37%，粮食总产量 1943 年3552.1石，1949 年5120.7石，今年因旱灾歉收尚达4353.5石，亦超过战前产量 22%。但今年每垧平均产量因旱灾均不及 1943 年生产水平，按 1949 年计算先进村已超过战前12.9%，一般村刚恢复到战前水平，落后村仅恢复到战前 95%强，如新立村（落后村）战前每垧产量 3 石 5 斗 1 升，1949 年为 2 石 7 斗 2 升。1950 年为三石三斗四升（该村今年比去年产量高），每垧尚差 1 斗 7 升。牲畜数量上虽增多，但驴多骡马少质量尚不及战前，就三村统计：1943 年骡马 159 匹，牛 76 头，驴 50 头，共 285 头。1950 年骡马 126 匹，牛 72 头，驴 278 头，共 476 头（不能使小牲畜均未计）。大车农具亦已超过，就胜利、新立二村统计：1943 年大车 35 台，犁杖 84 个，耰耙 34 个，小农具 568 件。1950 年大车 99 台（内胶皮车 1 台），犁杖 152 个，耰耙 49 个，小农具 1484 件。这就说明在现有基础上，进一步发展农业生产的条件已经具备。

随着农村经济的发展，农村新的阶级关系已起了根本变化，农村中农已逐渐增多。就三个村的调查分析，农村新的阶级关系是：三个村总户数 332 户，富裕中农 32 户，中农 180 户，合计占总户数63.8%，贫农 109 户占总户数32.9%，雇农 5 户占1.5%，其他 7 户占2.1%。中农在农村经济中已占着支配和领导地位，中农已成为农村经济发展的标志，也已成为农民生产生活走向富裕的象征。中农在农村已占人口总数67.3%，占男劳力69.5%，占有畜力87.5%，占有土地75.5%，占有大车86.4%，占总产量76.8%。胜利（先进村）中农已占户口70.7%，占人口77.1%，占劳力78.9%，占有土地81.5%强，占有产量81.5%。中农在农村一般是人强马壮，他们均具有扩大生产的条件，因此在新的阶级基础和新的生产关系上，领导农民发展劳动互助，提高农业技术，开展大生产运动，进一步提高农业生产力，已成为农村工作中新课题。

经过三年大生产运动，在土地上使用劳畜力和耕作条件已起了很大变化，新的农业生产技术已经逐渐采用和推广，伪满一个马要种 10 余垧地，现在一个马仅能种 7 垧地，驴种 3 垧半到 4 垧；过去一个劳力种六七垧地，现在仅种 4 垧半到 5 垧地。伪满上粪平均 20%，现在上粪施肥 60%，有的还上追肥。伪满一般铲蹚“一遍五”，今年一般做到了三铲三蹚，个别有产蹚四五遍。1943 年每垧地平均用人工 18 个，1950 年平均每垧地用人工 29 个。而且新的生产技术和选种、试种、种子消毒、施肥，与病虫害作斗争（抓虫、拔乌米、灰丹），多铲多蹚等，在农村已普遍推广试用，仅选种一项即能提高产量 80%以上。改良农具因推广不慎，质量不好，在生产上尚未起到显著作用。由于妇女参加生产逐年增加，农村剩余劳力已逐渐增多，土地改革前妇女很少参加劳动，1948 年三村已有 164 个妇女参加生产，1950 年已有 302 个参加生产，内常年参加生产的 116 个，不经常参加生产的185.5个，如常年参加生产的按 3 个、余按 4 个女劳力折算 1 个男劳力，则胜利村劳力负担3.91垧地，新立村每劳力仅负担 2 垧 2 亩地，新发村每劳力仅负担2.76垧。

随着经济的发展，农民购买力已逐渐提高了，农民生活已有了相当改善，部分农民已有了余粮积蓄。如新发村 1948 年购买力为 100，1949 年为 168，今年因旱收入减少，购买力为 142。三个村有余粮的有 87 户，占总户数26.6%，共有余粮 449 石。余粮在 1 石以下者 7 户，2 石至 5 石者 49 户，5 石到 10 石者 17 户，11 石到 20 石者 13 户，有余粮 25 石者 1 户。够吃够用的 174 户占52.4%。三个村三年来共盖新房 86 间，农民生活均已超过战前水平，仅胜利一村即打洋井 21 个，富裕的农户，每家即有一个洋井。再如 1943 年中农平均每年每人穿布 15 尺到 20 尺，贫农 12 尺到 14 尺，1950 年中农平均每年每人穿布 35 尺到 50 尺，贫农 25 尺到 30 尺；1943 年中农每年每人吃粮（包括油、盐、肉、白面、大米）1 石 9 斗（60 斤一斗），贫农 1 石 7 斗 5 升，1950 年中农吃粮每人每年平均2.25石，贫农 2 石，虽生活上的提高，先进村和落后村还极不平衡，但现在的贫农均已超过了战前中农的生活水平，基本上改变了过去更生布，甚至贫雇农妇女小孩冬天穿不上棉衣的生活状况。现在中农已男女大小孩均有一床被子，今年添作新被子的已不少。

几年来农村经济迅速恢复发展，农民经济上升的主要原因是：（1）从 1948 年底人民解放战争在东北基本结束，农村战勤负担减少，公粮负担固定了比率，使农民具备了和平生产的条件；（2）大城市与工业被国家所掌握，国营商业和合作社的发展，物价的稳定，新的城乡关系的建立，布贱粮贵均给农村发展生产造成了便利条件；（3）土地改革后，党的奖励生产政策的贯彻，执行了组织起来实行劳动互助，克服了困难，发展了生产。几年来经验教育了农民和干部，凡劳动互助搞得较好的村屯，生产发展和经济上升得较快，凡未组织起来，或不参加换工互助的，经济上即多发生停滞或下降；（4）由于农民本身的勤劳生产，精耕细作，改进技术；（5）许多经济上升较快的农民副集收入较大，重视了副业生产，增加了收入，改善了生活，扩大了农业投资；（6）农村工作领导上的逐步深入和改进，特别是干部参加生产，领导生产，生产带头，工作深入联系了群众，消除了农民顾虑，激发了生产热情。

## （二）农村阶级开始新的分化，但一般农民生产条件还不充实，还不巩固，部分农民生产尚有若干困难

经过三年的大生产运动，农村经济虽然有了很大的发展，但就全县来讲仍未恢复到 1943

年生产水平，1943 年全县产量是132.398吨，1949 年全县打粮近 45 万石，1950 年因旱产量达近 40 万石，如按去年产量计算仅恢复到 1943 年的93.4%，明年计划全县打 60 万石粮，则超过 1943 年20.8%。同时仍有百分之三四十的农民经济上仍处在贫农水平，如落后村——新立村还有41.5%的农户经济上仍停滞在贫农水平。而且他们还缺少必要的耕畜农具，生产生活上还有困难，三个村还有21.4%的农户明年吃粮不足，还有16.1%的农户没有牲畜。还有9.6%的农户因生产生活困难欠有外债，还有 41 户农民（内有 15 户因迁移）因劳畜力缺乏被迫出租土地。其次31.5%的贫农仅占有畜力12.5%，占有土地23.6%，占有产量22.8%，占有大车13.6%，今年还有许多自由来的移民，没有土地牲畜和农具（三个村即有 12 户）。随着农村经济的发展，农村阶级分化虽然不可避免，但如何提高和扶助3.40%生活生产上仍有困难的贫农经济上升，使绝大多数农民过富裕的生活，仍是我们农村工作中的重大问题。

同时随着农业生产的恢复与发展，农村阶级关系相对的已有了新的分化，这主要表现在，大部农民经济迅速上升，少数上升缓慢、停滞，以至下降，新富农虽然很少，但已有占农户9.6%的富裕中农出现。他们中的大部分有轻微剥削，或放债取利，其次，农村阶级的分化还主要表现在农村土地牲畜的买卖和集中，新的雇农出现：(1) 三个村已有 5 户主要靠出卖劳动力为生的雇农，出雇的原因有 3 户因土地房屋全部卖掉，靠出卖零（短）工维持生活，冬季编席，打鱼搞副业。有一户移民因无土地牲畜给人放猪，另一户因无畜力农具给人放马；(2) 有 11 户出卖土地，占总户数3.3%强，共出卖土地 25 垧 6 亩 2 分地；占总土地数的1.6%。出卖土地原因是：调整土地者 1 户（远地换近地），转业迁移者 4 户，这都是生产中间的正常现象，对整个发展生产还是有利的，另有 3 户全部出卖了土地房屋，其中 2 户因懒土地撩荒，卖地缴公粮，1 户娶媳妇，还有 3 户卖掉一部分，因缺乏劳力、水灾欠收缴公粮而出卖；(3) 三村三年来有 25 户出卖车马，占总户数7.5%，共卖掉马 11 匹，牛 1 头，驴 13 头，共 25 头，车 1 台。出卖的原因是，转业迁移者 2 户，因灾害、疾病、缺乏劳力，造成生产生活困难而出卖土地牲畜者 17 户，因歉收缴公粮卖掉车马者 2 户，二流子不事劳动者 1 户，情况不明者 3 户。这说明由于农村干部未正确掌握公粮负担中的减免政策，致使农民因缴公粮而卖掉土地马匹影响生活生产，有的甚至全部卖掉土地而流为短工；(4) 农村阶级的分化一方面表现为一部分农民失掉土地、牲畜经济下降，另一方面表现为土地牲畜的集中，在先进村由于开荒发展生产，部分农民占有的土地已超过全村平均数的一倍至两倍，如胜利村富裕中农罗景富 5 口人，现有土地15.1垧，超过全村每人平均数（1.01垧）的两倍；赵文荣 4 口人，现有土地8.7垧，超过全村每人平均数一倍以上。在落后村则由于土地的买卖，使少数农民占有的土地超过全村平均的 1—2 倍。如新立村杨玉禄 3 口人现有地4.8垧，原分得2.25垧（买入 2 垧 5 亩 5 分），超过全村每人平均数（5 亩 2 分）2 倍。其次三个村占有 3 个驴或 2 个马（1 付犁牛犋）以上的 57 户，占总数的17.6%强。

根据我们的考查研究，农村阶级分化，部分农民经济停滞和下降的原因，除客观上因受天灾人祸不可抗御的灾害外，主要是：(1) 组织起来没有搞好，或未参加劳动互助，互助运动处于自流状态，如工作较落后的新立村换工互助领导自流，生产小组春插夏散，插犋不换工和临时换工较多，劳畜力得不到调剂和互助。因此经济停滞和下降的较多，因生产生活困难而被迫出卖土地牲畜者亦较多；(2) 农村信贷不发展，农民遭受灾难打击后，得不到信贷的扶助，使农民没有“缓气”的机会，不得不被迫出卖自己的土地牲畜；(3) 区村对落后村、屯和困难户领导帮助很不够；(4) 部分农民本身不够勤劳，生产技术低；(5) 某些农民有些自满，不注意副业生产，只靠农业收入解决生活生产和负担等费用，必然要有困难。

从农村经济的发展与变化中，已给我们农村工作领导上提出了许多新问题与要求，需要我们研究解决，才能进一步提高农业生产力：(1) 随着农村的生产发展，农民经济的上升，生产困难减少，除少数较巩固的模范小组外，劳动互助逐年减少，插犋不换工的逐年增多，春插夏散，小组名义上虽在，实际上劳力已经单干。劳动互助组所以呈现“散花”萎缩“垮台”的原因：是领导上没有及时研究解决劳动互助内部的新问题，没有提出新的内容去加以提高，许多区村干部认为劳动互助就是如何评分记账“跑工票”的问题，孤立的死扣两利和组织形式的大小，有的孤立的培养典型，而放弃甚至排斥大量存在的季节换工组的领导。另一方面在经济上升较快的农民中产生了要单干“独立”发展生产的情绪；(2) 为了扶助经济上仍有困难的农民经济发展和上升，必须有计划有领导的发展农村信贷合作，组织农民互助互济，这也是组织农村剩余资本投向扩大农业再生产的正确方向，也是农民的切身要求；(3) 在妇女半劳力普遍参加生产后，农村剩余劳力已经逐渐增多（战勤动员以后部分地区劳力已感不足），应组织剩余劳力用于精耕细作，开荒增产，有条件的多种特产（如麻、烟、菜等费工多收入大，还可吸收妇女半劳力参加生产），发展副业与家庭的和合作的手工业生产；(4) 随着生产的发展在部分干部群众中产生了自满情绪，他们满足于现在生活比伪满强，他们只看到几个先进村、屯和模范小组生产的高涨，工作中一般号召多，放弃了对落后村、屯和困难户的领导，因此克服盲目自满情绪，加强对落后村、屯和困难户的领导，才能进一步提高和普遍发展农村生产力。

# 二、劳动互助问题的调查

根据白城县3个典型村的调查，关于农村劳动互助问题，有以下情形，供参考。

## （一）劳动互助的现状

根据恢复和发展农业生产的需要，在毛主席“组织起来”的方针下，经过我们几年来的艰苦工作，农村劳动互助有普遍发展，但从下面调查材料看来，也还存在着一些问题值得注意。首先从劳动互助的组织程度看：1948年组织起来的户数占三村户数的84%，1949年占78%，今年占80.4%，1948年组织起来的劳力占76.2%，1949年劳力占68.8%，今年劳力占68.9%。畜力：1948年占97.7%，1949年占96%，今年占77.4%。从劳动互助的组织形式看：常年互助组1948年占组织起来的户数36.6%，1949年占34.7%，今年占21%。季节性换工互助组1948年占组织起来的户数22.2%，1949年占29.8%，1950年占40.8%。临时性的插犋换工组（包括一部分插犋不换工）1948年占组织起来的户数41.2%，1949年占29.8%，今年占37.5%。单干户1948年占三村户数的9.3%，1949年占11.7%，1950年占14.5%。他们劳畜力也逐年增加：1948年占三村劳动力7.7%，1949年占11.7%，1950年占14.4%，畜力1948

年占9.1%，1949年占15.8%，1950年占18.9%。这说明三年来农民大多数组织起来了，但在组织程度上却逐年减少，特别是劳畜力；组织形式常年互助组是逐年减少，季节性的换工互助逐年增多，临时性的插犋换工组占相当大的比重，单干户逐年增多。此种变化在不同村有不同情况，先进村（胜利）今年长年互助组即占全村组织起来户数33.6%，劳力占37%，畜力占31.8%；季节换工互助组占组织起来户数64.3%，劳力占61.4%，畜力占66.2%；临时换工组占户数21%，单干户占全村户数17.4%。一般村（新发）1950年长年互助组占全村组织起来户数10.8%，季节性互助组占户数27.8%，临时性换工和插犋不换工组占60.8%，单干户占7.2%，落后村（新立）1950年常年互助组仅占组织起来户数5.6%，季节性换工互助组占22.7%，临时性换工和插犋不换工组占71.7%，这就是由于工作基础的不同，在组织起来发展趋势的比重上也有所不同。先进和一般村常年互助组初具基础但为数尚少，而季节性换工互助组却占多数，较低级的临时换工组在落后村和一般村所占比重较大，数量最多，该县农业科的调查、统计也符合上述情况，和发展趋势。春天全县各种类型的小组8573个，至秋收则为7080个，占春耕时的82.5%，减少1695个。组织形式：春耕时常年互助组3033个，秋收减至1513个，占春耕时49.8%即减少了一半；季节性换工互助组春起3515个，秋收时3318个，占春耕时44.3%；临时换工组在春耕时2027个，秋收增至2249个，比春耕增216个，单干户春耕时2295户，秋收时增至6658户，这说明一方面组织起来了，但随着三年来生产的发展也带来了许多新问题。

根据调查了解，农民一方面感到“互助组是好东西”，回忆，1947年、1948年战争和土地改革时期，互助组帮助他们克服了劳畜力困难，“种上了地”；不满意的是“强迫编组”和“全面组织”，但都及时得到纠正。1948年至今三年来大生产运动，自愿两利组织起来的方针逐步贯彻了，领导也逐年改进，故劳动互助的巩固程度一般是逐年增强的，一般在恢复发展生产上，起了很大作用。1950年有的小组多打了粮食，增加了收入，则劲头高，小组巩固，但此类小组数量不多；不参加互助仅参加临时换工则发展停滞，甚至下降。另一方面，也由于农村生产的迅速恢复与发展，劳动互助的领导上未能提出新的内容，存在问题也未能及时得到恰当的解决，故有些农民对劳动互助表现劲头不大，有的地方互助组呈消沉解体现象，这种小组则较多也较明显。而基础较差的村，农民对“组织起来”问题更多，这就是1950年劳动互助的一般状况。

## （二）存在问题及其原因

根据此三村的考察，农村劳动互助，1950年除少数较巩固的小组外，一般呈松懈萎缩现象。有的是春插夏散秋垮台，农民反映说：“今年（1950年）不赶去年，一年不如一年，要说生产真提高一步，要说互助组就很松懈!”部分上升较快的农民觉得“现在组织起来就是为拉帮穷人”。落后村农民说：“组织起来为了拉平，不插尖，也得担叶子。”觉得“在互助组是好，就是发家致富有点影响，在组内翅膀有点铺拉不开”，觉得参加互助不自由不如单干好，他们不愿和劳畜力弱的互助，认为力量弱的“沾巴他”（沾光的意思）而一部分发展较慢，劳畜力不足的农民有互助要求，但也怕麻烦觉得“不如临时插犋换工自在，工顶工谁也不找谁的!”

有的反映："互助组好是好就是跑工票不好，三天五天一算账太啰嗦！不说跑工票，互助组还能多些，一说跑工票都怕麻烦。"我们觉得最重要的还是互助组内部确有未得到解决的实际问题，首先是妇女和半劳力不能发挥，孩子老小旷工，要是单干，老婆孩子就可齐下地。很多小组反映：组织起来的只是整劳动力，妇女老头小孩都甩在组外，理由据说是"嫌麻烦不整齐，他（她）们做不了什么活"，有的是怕找工钱。因此人口多的农民乐意单干，忙时老婆孩子齐下地，一个整劳动力在互助组家庭旷工吃亏（这是否换工组松懈的最重要原因，值得考虑。——编者）。我们认为这是夏铲时小组容易散花的主要原因之一。其次是劳力强弱和技术高低的悬殊，农民说："硬的是一个整劳力，软的也是一个整劳力，硬是一天，软也是一天，做起活就不一样，铲地开高粱苗，会开的匀净，不会开的苗留的就不正，不匀净，不同意的地方就太多啦！"所以硬和软的在组内常起矛盾：一个嫌他活干的不好，一个说我也不少干，一个也不好好教，一个不服气。结果因技术高低，互不信任，往往影响小组"散花"。有的地方就这样"咬牙瞥气干了一年"。

在领导上也有问题："希望全村都搞起互助组，每个小组都评分记账，整整齐齐的"，"常年互助组才叫互助，季节插犋换工组和临时插犋换工不叫互助，叫'胡涂组'，'乱组'"，有的认为自愿两利小型为主，"只要多打粮就行，不用领导"，又说："干部参加生产领导生产，那有工夫领导小组。"新立村村干部检讨说："打春天组织起来以后，一次也没有检查过，小组问题也没及时解决。"有的地方死扣"两利"，孤立强调跑工票，群众不接受，干部假报告，"不说实行工票吧可耻，说实行工票吧真没实行，只好汇报说：'都评分记账啦。'把典型组的情况往上一汇报，由点到面。"区干下村一来就钻到典型组，经验没介绍，还放弃了对一般组的领导。

根据上述情况，我们认为目前劳动互助组，一般是有"人在互助组心在单干"的涣散松懈现象，其原因：第一是互助组内部问题未得到合理解决，较突出的是妇女和半劳动力的发挥问题，和生产技术强弱悬殊的问题。第二是多种多样的两利办法、制度的提高与贯彻问题。第三是组织起来领导上存在有较严重的一般化不深入形式主义，要求过高与放任自流的毛病。

## （三）有关"组织起来"的几个具体问题

1. 大小型问题：问题的实质不在于大小，是在于一定的生产条件，群众觉悟干部能力决定。1950年小型为主的方针，群众反映很好，说："今年比往年强。"但在执行中过分强调"一付犁杖为主"，硬拆散已有数年基础的少数二三付犁杖小组，群众则不满。如胜利村商百珍小组硬被拆散至今不满。同时在克服了强迫命令之后，1950年有些地方确有自流，农民对此有意见，"一付犁杖作单位，咱们这地方三个毛驴就能套一付犁杖，你们强调一付犁杖为主，实际上鼓励了单干，今年互助组松懈在这里"。我们认为小型为主的方针是正确的，根据群众觉悟与生产条件，1951年组织形式仍应坚持小型为主的方针，一般可以提倡两付犁杖。一付犁杖不能否定，只要群众自愿，三付犁杖也不要硬拆散。农民说："这样都能接受"，他们认为，两付犁杖，一车，四五户，五六劳力，能耕种应时，铲蹚结合，割拉撵上，还能搞副业。一付犁杖力量太单薄，劳畜力得不到调剂，人马有病就撂荒地，蹚跟不上铲，容易不应时。故在贯彻小型为主的组织方针下不宜过分强调一付犁杖为主，但也应防止脱离群供搞大组命令主义作法。

2. 组织形式问题：（1）常年互助组：从春到秋，忙闲一起，送完公粮为止，有的冬季副业还在一起干，其特点：①有骨干组织领导较强，生产带有计划性，有技术分工；②农副业结合。白城子吉庆岗村高洪才小组农副业结合已搞 19 石粮，占今年农业生产 26%，到 1951 年还能搞 20 石粮，合占农业生产 61%；人多出活，能深耕细作，提高技术，已有初步集体劳动习惯，劲头高；③两利较好，此类小组好处较多但数量不多，领导上要及时总结经验教育其他，目前应谨慎提倡。（2）季节性换工互助组：一般有组织领导，有初步分工，较常年互助组计划性差些，两利形式较简单，灵活。缺点农副业不易结合，妇女及半劳力不能充分发挥，但这种小组大量存在，群众普遍接受这种组织形式，说“灵活”，“干活一样干，不像常年那样细在一起不自由”，领导上应着重此类小组的巩固与提高，如自流容易发展成为临时换工。（3）临时性的插犋换工组，或插犋不换工：这类形式较低级，不能达到互助劳动发挥生产力的目的，只能把地种上，这部分小组一般是劳畜力较弱，有些困难的农民或被互助组扔下的，他们自己也不愿参加前两种互助组，“嫌麻烦”，“受气”，存在“地也能种上也能打粮”的思想。这种形式在落后村或一般村较多，对此类形式应认真加强领导，进行教育，逐步提高，否定、歧视、或放任自流都是不对的。

3. 龙找龙、熊找熊的问题，农村已经存在硬找硬、软找软的偏向。硬的得软的扯住他干不快，“吃亏”，软的有时“也不愿意受气和往外找工钱”。这样就把劳畜力较弱的抛在组外，劳畜困难户得不到互助，使一部分农民发展停滞甚至下降；有经验的老农也抛在组外，在技术互教互学受到影响，也使妇女和半劳力不能发挥，形成劳力浪费。我们不能重复过去强迫命令“拉帮穷人”“十个和尚夹一个秃子”平均配搭的做法，但也不能过分强调“龙找龙”“熊找熊”，应在自愿两利基础上提倡强硬软弱，适当匀搭，互助生产中流行之“人合心马合套”口号，在说明自愿原则下组织起来的精神是正确的，但过分强调了“人合心马合套”，实际上也助长了“兵对兵，将对将”，“强找强，弱找弱”。故今后应提出“自愿两利互助生产”，少提上述类似口号为宜。

4. 组内外工资问题：据调查有的组内工资低，组外工资高，春起一人工顶一马工，马就吃亏，一般一个半人工顶一马工。有的组内雇牛犋 1 垧 3 斗，这样太低，不如组外卖工夫，又是现钱现粮，此问题如不合理解决也容易成为促进互助组解体的因素之一。我们了解这几村工资形式：一般忙时钱 5 万（按合作社粮价折合），有人马换工“工顶工”：妇女、半劳力参加互助组顶工，也有除自己劳力耕种多余土地出工资在组内耕种，也有一部分人怕出工资即不愿互助的。此问题应根据当地当时情况民主商讨合理解决。

5. 农具公有问题：据调查农具公有的小组还普遍，主要是大件：车、犁杖、耪耙、铧等。胜利村 11 个车 12 个小组公有，新式农具也是公有，犁铧一般按地拿钱，有的组因这问题解决不好群众也有反映，一般应按股评分，合理解决，它可以促进小组巩固，如购新式农具提高技术。

6. 党员单干问题：一部分党员本人在组内思想有严重斗争，有时本人带头互助，家庭不满，常起矛盾，有的已出组单干。这是农民单干思想在党内反映，对农村党员仍应坚持带头参加互助组不应单干，在党内应反复透彻讲清农村经济发展方向和党在农村中的组织起来政策，表扬那些在互助组内真正带头搞好了小组多打粮食的党员和干部，说服那些思想上有矛盾的同志，安心在组内搞好小组，已出组单干的也应教育使其回来积极参加小组。家庭矛盾是群众教育问题，基本依靠党员本人说服家庭。总之这一问题急躁滥用组织手段和无原则迁就都是不对的。劳动互助是党在今后农村中提高生产力的方针，党员要带头去实现，互助不好要积极参加进去搞好，而不能消极退组单干，在这个问题上要坚持党的领导；不能把党员思想降低到小生产者自由自在个人单干的水平。

1950年

# 辽东省凤城县黄旗村经济调查

黄旗村是凤城县一个中等村庄，由于特产多，水田面积的增加，因而经济发展较快。全村335户，1774人，土地面积4677亩，烟草30房，烟田547亩，柞蚕87把剪子，水田417亩。按当前农村经济条件，不算穷村，可以代表一般的村落。但工作基础较差，支部工作弱，党员在群众中威信不高。从今后大力发展生产着眼，还存在着若干问题须予解决。

## 一、经济发展及阶级变化状况

根据该村335户所做的经济调查，土地改革后经过了三年的大生产运动，已呈现了新的面貌。经济上一般的已恢复和超过了解放前1943年的水平，群众的生活亦大有改善。这就对今后进一步发展生产打下了良好的经济基础。

首先从该村耕地面积来看：1943年为4293.6亩，1949年为4470亩，比1943年增加了耕地面积176.4亩。1950年4677.8亩，超过了解放前1943年土地面积384.2亩，也就是增加了耕地面积8.1％。从每人平均量来看：1943年每人平均2.4亩，1949年每人平均2.59亩，1950年每人平均2.63亩。水田面积更空前扩大，1943年水田不足50亩，1949年280亩，1950年扩大到417亩，较1943年增加了8倍多。特产也有显著的扩大，1943年仅有烟草9房，烟田129亩，1949年烟草23房，烟田367亩，1950年烟草扩大到30房，烟田547亩，超过1943年422亩21房，据区村干部谈，今年还能增加一倍。柞蚕也历年恢复，该村可放养面积130把剪子，1949年63把剪子，1950年已经恢复到87把剪子（春34把秋53把）。由于政府对特产的奖励，贷款扶助，价格相宜，今后特产及水田更会大量发展。

再以农民总收入来看：1943年收入1573110斤，其中普通作物收入1014360斤，占总收入64.9％，特产收入（柞蚕、烟草折成苞米计算）119860斤，占总收入7.6％，副业收入438800斤，占总收入27.5％，每人平均883斤。1949年收入1920212斤，其中普通作物收入1255956斤，占总收入65.4％，特产收入271506斤，占总收入19.3％，副业收入292750斤，占总收入15.3％，每人平均1115斤。1950年收入2283007斤，其中普通作物收入1346096斤，占总收入58.9％，特产收入为609332斤，占总收入26.8斤，副业收入327579斤，占总收入14.3％，每人平均1344斤。从总收入来看，1950年已超过1943年709897斤，即45.5％。比1949年增加了18.8％（362795斤）。每亩地平均产量：1943年每亩产量244斤，1949年为280斤，1950年为290斤。粮食每人平均：1943年576斤，1949年729斤，1950年759斤。

从几种主要生产资料来看：全村除骡马1950年比1943年无增加外，其他也都增加了。如骡马：1943年38匹，后在国民党侵占期间由于抓车抓马，有的群众就将车马变卖了，有的被抓走了，因而土地改革时只剩24匹。1950年恢复到28匹（由于群众仍存在着怕出战勤及负担不公顾虑，所以不愿积极买骡马，因而恢复较慢）；牛：1943年270头，1949年305头，1950年336头（其中能使用者258头）。超过了1943年66头，比1949年增加31头。1943年每1.5户有一头牛，1950年平均每户就有一头牛，每头能使用的牲口，须耕地19亩。从全村平均量来看，牲口是够用了，但因占有情况不同，据统计仍有51户没有牲口，125户只有1头牲口，又因饲养不好，牲口质量也不佳。铧子：1943年每户1个，1950年还是1个。镐头：1943年每户1把，1950年每户1.5把。镰刀：1943年每户1把，1950年每户1.5把。大车：1943年全村58台，土地改革时只剩46台，1949年已恢复到53台，1950年达到70台。

从住房来看：据统计，1943年全村583间，每户1.7间，每3.7人住一间房子。1949年730间，每户2.1间，每2.3人住一间房子。1950年754间房子，每户2.2间，每2.3人住一间房子，超过了1943年171间，也就是增加了29%。比1949年增加3.4%（24间房子）。

群众生活水平也显著提高。以该村各阶层历年每人平均生活消费额表现出来，1943年雇农：每人平均用布6.6尺，豆油6两，食盐12斤，白面1.5斤，吃肉4斤；1950年，每人平均用布19尺，豆油2斤，食盐18斤，白面2斤，吃肉15斤。贫农：1943年，每人平均用布8尺，豆油7两，食盐16斤，白面1.5斤，吃肉5斤；1950年，每人平均用布23尺，豆油5斤，食盐20斤，白面2斤，吃肉17斤。中农：1943年，每人平均用布8.8尺，豆油7两，食盐17斤，白面1.5斤，吃肉10斤；1950年，每人平均用布25尺，豆油1斤，食盐23斤，白面2斤，吃肉18斤。地富：1943年，每人平均用布38尺，豆油3斤，食盐20斤，白面4斤，吃肉25斤；1950年，每人平均用布18尺，豆油2斤，食盐18斤，白面2斤，吃肉10斤。

随着农村经济的发展，新的土地买卖、租佃及雇佣、借贷关系，日趋恢复，农村中的各阶层亦起了新的变化。中农占农村中的大多数，中农经济已占着支配和重要地位，并且中农阶层内部也在不断的变化着。变化的情况统计如下：

（1）土地改革前的成分：雇农31户，占总户数9.2%，贫农182户，占总户数54.2%，中农105户，占总户数32%，地富16户，占总户数4.6%。

（2）土地改革分地当时形成的成分（即分得土地与斗争果实后形成的成分）：贫农105户，其中由雇农上升者19户，由中农下降者9户，地主降为贫农生活者7户，富农降为贫农生活者8户，原来成分未动者62户。下中农99户，其中由雇农上升者11户，由贫农上升者71户，由中农变化者17户。中农137户，其中由雇农上升者11户，由贫农上升者49户，原来中农未动者77户。其他成分3户，其中原来是贫农者1户，原来是中农者2户。中农与下中农占总户数67.4%。

（3）1949年的成分：（注：是以土地改革分地后形成的成分，为衡量阶级升降的标准）。贫农76户，其中由下中农下降者10户，由中农下降者5户，贫农未动者61户。下中农66户，其中由贫农上升者32户，由中农生活下降者3户，下中农未动者31户。中农184户，其中由贫农上升者12户，由下中农上升者55户，中农未动者117户。富裕中农4户，其中由下中农上升者2户，由中农上升者2户。其他成分5户，其中由贫农分化者1户，由下中农分化者1户，原来未动者3户，中农、富裕中农与下中农，已占总户数75.8%。

（4）1950年成分：贫农58户，其中由下中农下降者13户，由中农下降者5户，1947年的贫农未动者40户。下中农51户，其中由贫农上升者29户，中农变化者5户，原来未动者

17户。中农214户，其中由贫农上升者36户，由下中农上升者68户，中农未动者110户。富裕中农8户，其中由贫农上升者1户，中农上升者7户。其他成分4户（包括小学教师、工人等），其中由下中农分化者1户，原来未动者3户。中农、富裕中农与下中农，已占总户数81.4%。

从历年阶级变化中看出，大部分农民都成为中农，至1950年，中农已占农村的80%以上。他们当中有一部分是有人力、畜力及其他生产数据较充足，生活也较好，有余粮和积蓄。但其中仍有一部分下中农，生产资料仍感缺乏，生活也不富裕。

该村就1950年情况，各阶层升降的主要原因有以下几种：上升的原因：(1) 经过了土地改革，解放了生产力，占有了生产资料，在这个基础上，加以辛勤劳动；(2) 在农业生产上，进行了精耕细作，增加了单位产量，发展了特产与扩大了水田面积，搞经常性的副业生产；(3) 善于经营，自己干活有计划；(4) 自己劳动力多，干什么都有人手；(5) 实行了互助组织，大体上解决了生产中的劳力、技术困难。下降原因：(1) 由于天灾或丧失了劳动力，如生病、死人、死亡牲畜等，这样下降的有9户；(2) 经营生产缺乏计划，种特产不懂技术，成本高，产量歉收，这样下降的有3户；(3) 个别二八月庄稼人，不愿干活，好吃懒做，或其他浪费者，这样下降的有4户；(4) 每年只靠分得的2亩多旱田，不种特产，没有副业，生活日渐下降，这样的有6户。

## 二、供销情况

农村经济的发展，农民收入的增加，因而购买力也即随之逐渐的提高了，农民对供给及推销上相应提出了新的要求。据统计：该村1943年每人平均购买力265斤（折成苞米计算的），1949年每人平均购买力369斤，1950年每人平均购买力已达545斤，超过1943年每人平均购买力将近一倍以上（1943年的数字不太准确）。今后需要购入的生产资料与生活资料会更多。该村1943年出售粮食14720斤，1949年即增加到77480斤，1950年出售粮食为115300斤。根据该村情况，农民购买力是以特产为主，其次是副业。

1951年夏锄前（1月—7月），农民需要出售的主要有：粮食58.1石，柞蚕374000粒，烟草2940斤，猪120口，草包750个，鸡蛋19850个，猪鬃猪毛82斤，其中粮食、猪、鸡蛋、草包等，销路不广，要求合作社帮助找销路，及时推销出去，而合作社这方面没有很好的来做，只注意供，而没注意销。

需要购入的主要有：牲口31头（主要是牛），大车16台（自己能制做一部分），铧子219，镐头147把，镰刀204把，锄板312块，肥料20277斤，豆饼43930斤，布24472尺（做夏衣），豆油1933斤，盐26050斤，火油1158斤，白面2301斤，胶皮鞋339双，线222.1斤，其中主要是牲口、大车、布、肥料须要合作社有计划的及时供给。关于农具要求质量好、耐用、价格公道。

根据这个材料，今后合作社帮助群众，大力推销农（尤其是粮食）、副业产品，极为重要，如果剩余产品销不出去，即影响生产至巨。从该村夏锄前需要购入的物资来看，群众迫切需要的还是生产资料，其次是生活资料，虽然一般农民生活状况上升了，但仍有部分群众生产有困难，牲口、车辆不够使用。尚有51户没有牲口，仅有一头者125户，平均5户一台花轱辘大车，也不敷应用。

## 三、关于土地买卖、租佃、借贷、雇佣等问题

（一）土地问题：地权确定后，部分群众因迁移、丧失劳动力和个别二流子而出卖了土地，并且逐渐增加着。1949年卖出者5户（雇农1户、贫农2户、中农2户），15.5亩；1950年6户（贫农2户、中农4户），32亩。购入者：1949年6户（贫农5户、中农1户）；买地18.9亩；1950年8户（贫农4户、中农4户），34.9亩。土地租佃在该村还很多，据统计出租者：1949年雇农6户，29亩，贫农22户，113.6亩，中农10户，50.4亩，富农3户，9.1亩，地主3户，9.7亩，合计44户，211.8亩；1950年出租者：雇农6户，36亩，贫农27户，139.2亩，中农9户，166.1亩，富农4户，50.7亩，地主4户，17.8亩，合计50户，409.8亩。出租原因：(1)因迁移，地离家太远不便经营者10户；(2)分地远，把远的地租出，再在附近租入耕种，或者开荒，这样情况较多有22户；(3)因无劳动力或者有劳动力已去工厂者7户；(4)把地租给种烟的户，租额很高（4户）；(5)把地出租，自己转业搞副业或商业者只有2户；(6)有的家里人口多（小孩多），劳动力少，分地太薄，面积大，本人再懒一点，而部分出租者5户。租入的：1949年雇农7户，19亩，贫农40户，211.6亩，中农22户，70.9亩，富农2户，5亩，合计71户，306.5亩。1950年：雇农10户，32亩，贫农44户，256.8亩，中农23户，82.2亩，富农2户，6.1亩，地主1户，2亩，合计80户，379.1亩。租佃形式与租额有以下几种：(1)对半或四六、三七分种，看土质好坏议定，这样形式较多；(2)死租：在租地时两家当面讲死多少租子，秋后不论丰收和歉收，都得交上原租；(3)上交租；(4)大押小租。

（二）雇佣关系：该村雇长工的只有3个，一般的工资3－4石粮（吃雇主的穿自己的），因为种烟和放蚕，雇零工和小工的很多；据统计：1949年雇入零工和小工201个，1950年1015个。出雇者：1949年长工3个，零工和小工1425个；1950年零工和小工1876个，长工1个，工资一般是整工50000元，小工25000元。

（三）借贷关系：该村不多，群众存在着两种思想顾虑：贷出钱怕说是高利贷剥削；现钱出手，不定什么时候能收回来。故一般的不算活跃，1949年借出者5户，150万元；1950年只有4户，570万元，利息最高五分，最低三分。

## 四、当前农民主要思想情况

据了解农民思想大体上有以下几方面：

(1)从积极方面看，经过了三年的大生产运动，一般的打下了家底，绝大多数的农民都是

有信心过好日子，也想把自己的生活搞好，新近已改变过去以“穷”为光荣的空气，连转变过来的二流子也说：“生活再过不好，那就怪自己了。”

（2）怕战争长期打下去，有的群众这样讲：“别的什么都不怕，就怕打仗，天下不太平，就直接影响了生产和生活。”加之出战勤，不愿买骡马或少买骡马，只对付一头牛、驴就行了。

（3）虽想把日子过好，但另一点仍怕“冒尖”，争取生活的目标，一般态度是不比别人穷，也不比别人富，不落后也不突出。有的仍顾虑放债、土地买卖能不能算剥削，在冬季贪黑起早干活的很少，有的说：“过去给地主干活受够了苦，现在该享点福啦。”

## 五、今后应注意解决的几个问题

（1）加强农业技术指导。根据该村情况，适宜于发展特产，烟草、柞蚕都有发展条件，现在的问题，就是缺乏技术指导，老办法即不易提高特产质量和产量，急须研究加以解决，群众也有提高技术的要求。

（2）劳动互助问题：该村在过去忽视了对劳动互助的具体领导，因而已有的互助组织均陷自流状态，生产困难减少了互助组织也跟着减少了，今后如果发展了特产，劳动互助更显重要，以解决技术问题与劳动力的调剂。

（3）供销工作：农村购买力逐年在提高，农民要求购买的东西就多了，土产数量亦有增加。供销合作社应有计划的来解决这样要求，并鼓励私商亦参加这种土产的经营。为了使农民余资投入扩大再生产，办好土产内销却是一件大事。

（4）信贷问题：现在农村借贷不灵活，群众已感到很大不方便，如果有个紧要事（如婚、丧、添车、买牲口等），就得“鳖死”，故农村间的社会借贷关系，尚应阐明政策，使其正常起来，除此建立农村信贷，通过合作社办理，应从试办力求逐渐推广。

（5）加强对困难户的生产领导。一般的来讲，农民经济上升了；但尚有51户没有牲口的，仅有一头者125户，仍有58户尚停留在贫农生活水平，23户从原成分中下降了，他们家底子仍不厚，稍微不注意，就要下降的，因此在农村中，加强对困难户的生产领导，不容忽视。

（6）加强对农民的时事宣传和发展农业生产的政策教育，打破其一切对于发家致富的思想顾虑，以鼓励其生产积极性，努力生产。

1950年

# 吉林省盘石县团结村经济调查

## 一、特点

该村的群众觉悟、土地质量、经济上升情况能代表全县一般村庄，离城近（10 里），便于拉脚，牲口、胶皮车较多。

## 二、经济概况

### （一）全村现在占有财富的情况

团结村财富占有情况统计表

<table>
<tr><td rowspan="2">副业收入</td><td>占农业收入%</td><td>30%(强)</td><td colspan="2" rowspan="2">有牲畜户</td><td>占总户数%</td><td>66.5</td></tr>
<tr><td>数量</td><td>238.5 吨</td><td>数量</td><td>151 户</td></tr>
<tr><td rowspan="2">房间</td><td>平均每户房</td><td>1.2 间</td><td rowspan="7">畜牲</td><td colspan="2">不能用</td><td>87 头</td></tr>
<tr><td>数量</td><td>274 间</td><td rowspan="6">能用</td><td>计</td><td>154 头</td></tr>
<tr><td rowspan="2">农产量</td><td>每人平均收入</td><td>0.815 吨</td><td>驴</td><td>7 头</td></tr>
<tr><td>数量</td><td>779.75 吨</td><td>骡</td><td>25 头</td></tr>
<tr><td colspan="2">平均土地等级</td><td>11.4</td><td>马</td><td>68 头</td></tr>
<tr><td colspan="2">每垧平均产量</td><td>6.5 石</td><td>牛</td><td>54 头</td></tr>
<tr><td rowspan="3">耕地面积</td><td>计</td><td>479.74 垧</td><td>计</td><td>284</td></tr>
<tr><td>水田</td><td>0.55 垧</td><td colspan="2" rowspan="3">劳动力</td><td>妇女劳动力</td><td>100.5</td></tr>
<tr><td>旱田</td><td>479.24 垧</td><td>半劳动力</td><td>57</td></tr>
<tr><td rowspan="2">有车户</td><td>占总户数%</td><td>40.5</td><td>整劳动力</td><td>205</td></tr>
<tr><td>数量</td><td>92 户</td><td colspan="2" rowspan="3">人口</td><td>计</td><td>951 人</td></tr>
<tr><td rowspan="4">车辆</td><td>计</td><td>88 台</td><td>女</td><td>389 人</td></tr>
<tr><td>地车</td><td>36 台</td><td>男</td><td>562 人</td></tr>
<tr><td>花轮车</td><td>39 台</td><td colspan="3">户数</td><td>227 户</td></tr>
<tr><td>胶皮车</td><td>13 台</td><td colspan="4"></td></tr>
</table>

续表

说明:(1)妇女劳动力是按二折一合成劳动力。
(2)地车是一个牲口拉的小木车,仅能载重500斤左右,上街卖柴用。
(3)所有男女老少都穿上棉衣,大部是新面,增加棉花,家家户户都有棉被。
(4)副业大部是拉脚,养肥猪,打柴,全年共收入118500万元,按高粱每斤2500元(东北币)折合,则为238.5吨。
(5)全村有22户是单身汉。

这里农民在生活上最感困难的是房子缺少,多是三四户住两间房,农民迫切需要修盖房、马棚、粮仓、井筒、学校,制造木农具,但没有木料。

## (二)三年来生产发展情况

在我党正确的生产政策逐渐贯彻下,农民生产积极性也随着提高,大部分牲口都由坏换好,破烂车换成好车。1949年该村才有3台胶皮车,1950年就新买入11台(仅卖出1台坏胶皮车),上粪1948年是30%,1949年75%,1950年是80%。铲蹚:1948年大部分铲蹚两遍,豆子一遍。1949年大部分是二铲三蹚,豆子两遍。1950年大部分是三铲三蹚,一部分三铲四蹚,豆子二铲三蹚。选种去年不注意,仅换了500斤豆种,今年秋高粱、苞米、谷子都是穗选,大豆做到粒选,因此产量逐年增加。今年天旱岗地歉收,洼地产量平均都在4000来斤;平均每垧产量为3250斤,不及去年,但全村总产量还是增加了。

**团结村生产发展情况调查表**

| 项别 | | 年度 | | |
|---|---|---|---|---|
| | | 1948年 | 1949年 | 1950年 |
| 户数 | | 204户 | 218户 | 227户 |
| 牲畜 | 数量 | 224头 | 238头 | 241头 |
| | 增加指数 | 100 | 106.2 | 207.6 |
| 车辆 | 数量 | 35台 | 63台 | 88台 |
| | 增加指数 | 100 | 180 | 251.4 |
| 耕地面积 | 数量 | 426.2垧 | 444.4垧 | 479.24垧 |
| | 增加指数 | 100 | 104.2 | 112.4 |
| 每垧平均产量 | 数量 | 4.7石 | 7石 | 6.5石 |
| | 增加指数 | 100 | 148.8 | 138.3 |
| 总产量 | 数量 | 1001570斤 | 1555400斤 | 1557530斤 |
| | 增加指数 | 100 | 155.3 | 155.5 |
| 副业收入 | 数量 | | 135.6吨 | 238.5吨 |
| | 增加指数 | | 100 | 176.6 |

## （三）三年来农民的经济地位

随着生产情绪的提高，财富的增加，也绝大部分上升了。目前在经济上相当于中农地位者已占全村户数的70.6%，在上升面上看，原雇农34户，现在升为中农者15户。土地改革后没有大发展，仍居于贫农地位者19户，其中单身汉有11户。原贫农144户，现在升为中农者95户，富裕中农者5户，还有44户仍居贫农地位。以上这些贫农在生活上是有吃有穿，多是没有畜力，缺乏农具，除生活上消耗外，无甚剩余。原中农32户，升为富裕中农者10户，未动者21户，原富农9户，土地改革后积极生产，发展为中农者已有8户，原有1户地主，土地改革时间较彻底的，现也升为中农。

**团结村阶级变化调查统计表**

| 原成分 | 经济地位 | | | | |
|---|---|---|---|---|---|
| | 贫农 | 中农 | 富裕中农 | 新富农 | 合计 |
| 雇农 | 19户 | 15户 | | | 34户 |
| 贫农 | 44户 | 95户 | 5户 | | 144户 |
| 中农 | | 21户 | 10户 | 1户 | 32户 |
| 富农 | 1户 | 8户 | | | 9户 |
| 地主 | | 1户 | | | 1户 |
| 贫民 | | 1户 | | | 1户 |
| 合计 | 64户 | 141户 | 15户 | 1户 | 221户 |
| 占总户数% | 29 | 63.8 | 6.8 | 0.45 | |

说明：该村户口登记为227户，其中有6户单身汉，已和他户同居，共同生产生活，故计算经济时，合并为221户。

这里可以看出贫农、富农发展的快（在别处也证明这个情况），中农发展的慢，什么道理呢？我们了解中农负担重，如这次出战勤担架19个，旧中农即有10个，一轮胶皮车是5户旧中农凑成的。再即平时在生产中歧视中农。富农所以上升的快，除了他们一般善于经营外，再就是负担轻。一个富农占了便宜还卖乖，说："我这个成分，花多少钱也买不着呀！"在别处有的错斗纠偏过来的中农，要求村干"我还划成富农吧！你们不要团结我了"，中农因为在经济利益受损失，为此影响到农村基础群众的团结，给地富、坏人挑拨离间造下空隙，特别是时局也有波动时，常受地富利诱不向雇贫农靠拢，因此影响农村统一战线的巩固和造成工作上不应有的困难。

# 三、农业生产中几个问题

## （一）农村余粮的使用问题

全村农产量为779.75吨，农业税占19.8%，食料、饲料等消耗粮占 42%，余粮占38.2%。如再减去养猪、喂鸡及村财政杂花，最少余粮要占农业产量 1/3 多。

**团结村余粮调查统计表**

| | | |
|---|---|---|
| 农产量 | | 779.75 吨 |
| 消耗情况 | 农业税 | 152.8 吨 |
| | 占农产量百分比 | 19.8 |
| | 食粮 | 285.3 吨 |
| | 占农产量百分比 | 36.5 |
| | 饲料 | 38.4 吨 |
| | 占农产量百分比 | 4.9 |
| | 籽种 | 5.6 吨 |
| | 占农产量百分比 | 0.6 |
| | 消耗合计 | 482.1 吨 |
| | 占农产量百分比 | 61.8 |
| 余粮数量 | | 297.65 吨 |
| 余粮占农产量百分比 | | 38.2 |

说明：

1.农产量是每垧地平均产量 3250 斤（6.5石）高粱与耕地面积479.85垧相乘所得积数。

2 农业税包括公粮、地方粮及运费粮。

3. 食粮按每人一年平均食用 600 斤（1.2石）高粱，按全村人口 951 人计算所得值。

4. 饲料：能使用的骡、马每头一年饲料，按 500 斤高粱，牛按 300 斤高粱，驴及不能用牲畜皆按 150 斤计算。

5. 籽种皆系补足其原留籽种之不足数量。

农民怎样具体使用这部分余粮呢？根据 16 户的典型调查，他们的余粮占35.08%。

**典型户余粮调查统计表**

| 项别 | 阶层 | | | | |
|---|---|---|---|---|---|
| | 贫农 | 中农 | 富裕中农 | 新富农 | 合计 |
| 户数 | 5 户 | 8 户 | 2 户 | 1 户 | 16 户 |
| 人口 | 16 人 | 63 人 | 23 人 | 6 人 | 108 人 |
| 农产量 | 16.7 吨 | 43.56 吨 | 16.65 吨 | 10.33 吨 | 87.24 吨 |

续表

| 项别 | | 阶层 | | | | |
|---|---|---|---|---|---|---|
| | | 贫农 | 中农 | 富裕中农 | 新富农 | 合计 |
| 消耗 | 农业税 | 3.55吨 | 9.5吨 | 2.58吨 | 1.75吨 | 17.38吨 |
| | 食粮 | 4.8吨 | 18.5吨 | 6.9吨 | 1.8吨 | 32.4吨 |
| | 饲料 | 0.25吨 | 3.65吨 | 1.75吨 | 0.575吨 | 6.225吨 |
| | 籽种 | 215斤 | 400斤 | 250斤 | 250斤 | 1115斤 |
| | 计 | 8.775吨 | 32.25吨 | 11.355吨 | 4.25吨 | 56.63吨 |
| 余数 | | 7.925吨 | 11.31吨 | 5.295吨 | 6.08吨 | 30.61吨 |
| 余粮占农产量百分比 | | 47.4 | 25.9 | 3.7 | 58.8 | 35.08 |
| 说明 | | 从现在的经济地位上看，中农及富裕中农余粮还不如贫农及新富农多，原因是他们牲口多，饲料消耗大，但加上副业（拉脚）收入都大大超过贫农，新富农因为他地多，他1户，6口人，即有6垧（包括开荒，买入土地），其他各阶层户，每人只有5亩左右地。 | | | | |

他们对余粮使用的情形，我们是按从去年四季度到今年三季度为农业生产的一个年度，这一年内大宗的生产支出情形如下：

**1949年四季度—1950年三季度，典型户生产支出调查表**

| 余粮 | | 38.6吨（71735斤） |
|---|---|---|
| 生产支出 | 数量 | 15.58吨（31175斤） |
| | 占余粮% | 40.34 |
| 添购车辆 | 胶皮车 | 10725斤（1台） |
| | 花轮车 | 8000斤（3台） |
| | 占生产支出% | 60 |
| 修理车 | 用粮量 | 1750斤（2台） |
| | 占生产支出% | 5.6 |
| 买牲畜 | 用粮量 | 6000斤（2头） |
| | 占生产支出% | 19.2 |
| 调换牲畜 | 用粮量 | 2500斤 |
| | 占生产支出% | 8.2 |
| 买农具 | 用粮量 | 2200斤 |
| | 占生产支出% | 7 |

说明：用粮都以高粱折合而成。

就此已占余粮43.4%，用在生活上的如布、棉花、油、盐等，都记不清楚了，很难具体计算。1950年四季度，正是农民换季时候，买布、棉花、靰鞡等，统计用在生活上的占其余粮27.8%，用在生产上的占10%；但生活需要已基本上满足了，还有5户正在计划买牲口和换强牲口，计算很粗糙，但可以看出，农民把余粮投入扩大生产的比重是相当大的。

## （二）如何组织农民将余粮投入广大农业生产？

我们号召农民添车买马扩大生产，农民是十分拥护的。但关键问题在于把农民余粮推销出去，使农民手里有钱购置车马农具，能周转起来。该村余粮据16户调查：1950年四季度已卖出他们余粮的77.7%，因此便利了农民生产投资。但该村在余粮问题上不能代表一般情况，因为该村离城近，车马多，国家购粮能抢先；一般离城较远的村屯仅销出余粮不到1/3。农村迫切需要货币，但粮食卖不出，农民埋怨我们“天天叫增产，打了粮没人要”。国家购粮数字不大，常有行无市，钱款来的不及时，又不能全给钱，给布给盐已不是农民现时需要，农民为了买车马，不得不把粮食卖给私商，私商乘机压价。如盘石街上国家收购高粱价格平均价为2950元，私商购买只用2200元。大豆一等5100元，大豆二等4600元，大豆三等4100元，大豆四等3700元，私商购买只用2500元左右。苞米平均价为2650元，私商购买苞米只用1200元左右（以上都为东北币）。

**典型户余粮销售情况调查表**

| 粮食种别 | 供给对象 | | |
|---|---|---|---|
| | 国家商店 | 合作社 | 私商 |
| 大豆 | 4.6吨 | 1.5吨 | 2.6吨 |
| 苞米 | 0.25吨 | 1.2吨 | 1.4吨 |
| 高粱 | 1.0吨 | 1.3吨 | 0.5吨 |
| 计合成高粱数量 | 7.07吨 | 4.15吨 | 4.23吨 |
| 占卖出粮% | 45.7 | 26.8 | 27.5 |
| 16个典型户卖出粮15.45吨，占余粮（19.86吨）77.7% | | | |

特别是在没有合作社的村屯，不但粮价低的厉害，且又没人买。“谷贱伤农”大大影响农民生产的积极性。农民为了换钱，不惜大量用粮喂肥猪，卖肉。因为猪肉有销路，这是多大的浪费？有些农民提出，要求国家银行允许老百姓贷款，买牲口农具，以后卖粮分期偿还给利，这又很难做到。因此目前中心应是组织各种经济力量解决农民的供销问题。

## （三）农民要求我们告诉他种什么才有利？

明年种什么有销路是农民普遍要求解决的问题。农民反映：“上级号召我们种什么，归了是打什么！”号召多种大豆，规格要求那么高，“交公粮，挑得头昏眼花”。有的个别农民（如吕顺合，60多岁，跑腿户）卖了地。在有水田的地方农民普遍反映，稻子折合率低。加上征、购粮干部的单纯任务观点，不和群众利益相结合，使之农民更加很不满。有些余粮卖不出，因此，有些村干部提出“和国家订好合同，上级要什么粮，多少，什么样的（规格），咱们照数种地，打粮除吃外全卖给国家”，这在目前粮食生产过剩（特别是粗粮）的情况下，领导上只注意改进技术提高产量是不够了，还须注意质量，应有计划的提倡种植工业原料如棉、麻，多种商品粮如大豆、小麦等，这样才能增进农民的财富。其次注意在荒山丘陵上造林与栽培果林，有草甸子的地方提倡马、牛、羊群，这都不能性急，要注意创造典型，使群众从经验中能看到利益，逐步发展，不然，就会好事做坏。

# 黑龙江省海伦县第十六区<br>永安村、西安村经济调查

这两个村的特点：

永安村是十六区有名的富村（旧名孟母庙），地主多，占全村户数19.5%，占有全村土地94.4%，土地改革时农民分得果实多。西安村是有名的穷棒子岗，只有一户小地主，全村95%的土地都是外地主的，土地改革时贫雇农把中农都错斗了，但是也没分得什么果实。永安村合作社工作不好，离街十二三里路，农民还不断的上街买卖东西。西安村仅离街二三里路，但合作社工作很好，是县模范社，农民的买和卖，几乎全部都被村社做了。永安村土地肥沃，旱涝保收，每人分8亩地，西安村地次，每人分6亩地。它们的共同点是周围都没荒地扩展，生产互助组工作都差。

## 一、土地改革后生产发展的概况

在不同的基础上，农业生产都逐年提高了。两村统计如下：

永安村

| 项目 | | 年代 | | | |
|---|---|---|---|---|---|
| | | 1948年 | 1949年 | 1950年 | 1951年 |
| 耕地面积(垧) | 数量 | 1018.83 | 1052.63 | 1129.98 | 1179.41 |
| | 指数 | 100 | 103.3 | 110.4 | 115.7 |
| 单位产量(石) | 数量 | 5.6 | 5.9 | 6.48 | 7.0 |
| | 指数 | 100 | 105.4 | 115.7 | 125 |
| 耕畜 | 数量 | 216 | 247 | 272 | 290 |
| | 指数 | 100 | 118.1 | 125.9 | 134.3 |
| 车辆 | 数量 | 57 | 72 | 79 | 92 |
| | 指数 | 100 | 126.3 | 138.6 | 161.4 |

**西安村**

| 项目 | | 年代 | | |
| --- | --- | --- | --- | --- |
| | | 1948 年 | 1950 年 | 1951 年 |
| 耕地面积(垧) | 数量 | 467.81 | 540.8 | 539.09 |
| | 指数 | 100 | 115.6 | 115.2 |
| 单位产量(石) | 数量 | 5.34 | 6.9 | 7.21 |
| | 指数 | 100 | 129.2 | 135 |
| 耕畜 | 数量 | 160 | 158 | 175 |
| | 指数 | 100 | 98.8 | 109.4 |
| 车辆 | 数量 | 31 | 37 | 55 |
| | 指数 | 100 | 119.4 | 177.4 |

注:永安村单位产量是自然粮,西安村为标准粮。

副业生产没大发展。

**副业占全年总收入的比例**

| 村别 | 年代 | | | 说明 |
| --- | --- | --- | --- | --- |
| | 1948 年 | 1950 年 | 1951 年 | |
| 永安村 | 10.5% | 8.3% | 6.5% | 这是 20 户的典型调查,该村副业主要是养猪、鸡,其次,给合作社拉脚仅有数的几户。1951 年是上半年的,估计到年底也超不过 10%。 |
| 西安村 | 14.6% | 14.4% | 5.8% | 这是 11 户典型调查,该村副业主要是打柴、苫房草、养猪、鸡,少数户有编席、打围、打鱼,收入也不多。1951 年是上半年的,今年雨水大,甸子上水,打柴、打苫房草等将受损失,估计年底也超不过 10%。 |

土地改革彻底摧毁了封建桎梏，解放了的农民在我们党的正确政策领导与贯彻下，生产积极性大大提高，生产投资的增加，逐年添车买马，从而扩大了耕地面积，提高了单位产量。但在副业生产上为什么没大发展呢？主要原因是区、村领导干部不重视副业生产的组织领导，把农村副业的根本内容：喂猪养鸡这种带有普遍性的——一面增加农民收入，一面直接改善农民生活——视为不关重要，认为不靠山林，不靠河流，没啥特产，就没啥副业可搞。其次是猪、鸡历年来死亡率很大，大部分农民没在这方面取过利，因之也不敢大胆发展。据 1951 年上半年统计：成猪（克郎）死亡数占 11%，鸡、鸭、鹅死亡数占 69%，其中下蛋鸡的死亡数达 86%，这对农民副业生产的积极性，受到一定的影响。

这样的村怎样扩大再生产？

耕地面积的扩展，已受到了阻碍，地头地尾坑边壕沿都垦植完了，那么扩大农业生产的出路是什么呢？有两条路：

一是改进农业生产技术，提高单位产量。

在旧民国年间各种作物的平均产量都在 10 石以上。过去地主掠夺式的耕作方法，种地贪多莳弄差，施肥少，地力逐渐递减了。土地改革后农民增加施肥面积，改变过去三年一楂粪，达到两年一楂粪，平均多铲蹚了一遍，仅永安村平均产量即提高了25%，这说明农业中还存在着很大的潜力，如果进一步普遍推广优良品种，施行种子消毒，增加畜力深耕半寸到一寸，当然还能更大的提高农业产量，这就是说，在今天的条件下——使用着旧式生产工具，在一定的时期内，还可以继续提高农业单位产量。永安村支部书记说："土地打粮，还远没到份上。"这是完全对的，可是大多数农民并不是这样认识，他们对提高技术，"冒高打粮"硬是不相信，反而说："让他们吹牛腿吧!"没有在他们眼前的示范样子，想只用宣传动员，叫他们改进技术，是难以使农民迅速接受的。例如王铜消毒，发给农民后许多不使，搁置作废，有的潦草的用了，由于使用方法不得当，没生效，反而藉为实例，宣传"王铜也瞎胡闹，白胡弄人钱"，所以深入技术指导，做好样子示范，是教育农民提高农业技术的重要问题。

广泛的召开各种农业生产技术的老农座谈会，一方面交流经验，一方面以他们的实际例子教育群众。有真正成功经验的农民，应给以奖励，请他们传授，农业部门应搜集这些证明成功方法，印成小册子，教育干部，教育农民。

二是扩大工业原料与商品粮的耕种面积。

在农业上扩大工业原料和商品粮是使我们国家工业化与发展农村经济的根本问题。但在目前自给自足的小农经济生产情况下，扩大商品粮与工业作物的面积是有很多障碍的。一、是小农经济的本身限制，他首先要解决自给的各种需要，种苞米、谷子、高粱解决食粮、烧柴、马草、马料，种各种菜蔬，还要种糜子、稗子、麻籽、线麻等，以调剂生活，解决灯油、车油、绳套，补充马草，这样就占去了他土地的大半。二、其次才考虑种豆、麦，但还受槎口的限制，并不是想什么就种什么。三、很多农民家底薄，担不起事故，种小麦是十年九不收的，种子贵，用的种子多，常有亏本危险。去年种豆，早霜豆发青，公粮质量要求高，许多农民以一千二三百元卖出自己豆，另以4000多元买好豆交公粮，因此有些户卖马抬粮亏累下来。四、技术和设备的限制，如防止小麦起病，须要提早播种，防止乌麦须要用王铜拌种，由于深入宣传与技术指导不够，农民经验主义对科学技术的抵抗思想，虽有些是简而易行的事情，但都未能贯彻推广。种亚麻需要有草帘子等设备，以防雨淋，但一户种个三亩两亩，他不值得下本钱，因而降低了亚麻等级。像这许多问题，都障碍着商品粮与工业原料的播种面积的扩大。

此外是发展副业生产，增加农民收入，这里有条件搞猪群、羊群、编席、拉脚等，这些都是在这里农民经验证明能增加收入之道，但须解决下列问题：

首先是组织起来，搞好合作互助，才能有计划的使用剩余劳畜力，合理的进行分工分业。

其次是提倡科学的饲养方法，交流农民之间的经验，减少死亡率，能刺激农民的积极性，大胆喂猪养鸡。农民中养猪不死，并以此发财的大有人在，问题是我们干部没有总结他们的经验，及时推广。

第三、搞好合作社工作，积极组织农民搞副业，西安村社虽能将农民的农副产品，有啥销啥，但还未能有计划的积极的组织农民搞副业，如该村离车站近，粮食公司每年都需大批席子，可以与粮食公司订合同，组织农民编席，但他们没这样做。

要想搞好副业生产，必须转变干部轻视、忽视对农民副业领导的思想，纠正单纯的认为"领导生产就是种好地"的思想。扩大生产，增加农民收入，应因地制宜的从各方面组织领导农民生产，解决困难，总结经验，更大的更多的发展农村经济。

# 二、关于商品经济发展情况及问题

这里农业商品经济过去是相当发达的。东北解放前粮食市场历来被外商（俄、英、日）操纵，豆、麦价格高，苞米、谷子、高粱不值钱。那时土地集中，地主都以50%土地种大豆，30%种小麦，雇工的工资都讲秋后给三四垧地豆子。地主可以省工多种地，雇工也高兴。说：大豆来钱快。因此商品粮面积常在80%以上。日寇统治东北后，海北设亚麻工厂，亚麻播种面积发展到10%—12%，豆、麦面积也未大缩减。

土地改革后，农民从封建地主经济统治下解放出来，变成小土地所有者。农民生产的积极性提高了，经过三四年的大生产运动，耕地面积、产量，都超过了1943年的情况。但是分散的小农经济，商品粮却大大减少了。

## （一）商品作物的发展，基本上是自然状态

先看永安村三年来各种农作物的播种比例：

| | 播种面积(垧) | 小麦 | 大豆 | 高粱 | 谷子 | 苞米 | 亚麻 | 其他 |
|---|---|---|---|---|---|---|---|---|
| 1949年 | 1224.81 | 20.8% | 19.9% | 6.5% | 17.8% | 15.4% | 3% | 16.3% |
| 1950年 | 1182.23 | 13% | 24.7% | 8.3% | 18% | 17.6% | 1.1% | 16.9% |
| 1951年 | 1188.5 | 21.7% | 25.7% | 9% | 13.5% | 15.6% | 1.6% | 12.1% |

以上情况说明，豆麦面积1951年最多，才占耕地的47.4%。几年来是随着自然槎口的变化，一年多一年少。

其次看西安村近二年播种比例也是如此。

| | 播种面积(垧) | 小麦 | 大豆 | 高粱 | 谷子 | 苞米 | 亚麻 | 其他 |
|---|---|---|---|---|---|---|---|---|
| 1950年 | 540.8 | 14.0% | 25.1% | 6.4% | 18% | 20.5% | 3% | 13% |
| 1951年 | 539.9 | 31.1% | 17.9% | 7.6% | 15.2% | 16% | 1.7% | 19.5% |

## （二）农民为什么不能像过去一样多种商品粮（豆、麦）呢?

原因是多方面的，基本原因是小农自给自足经济的分散性，他们样样都种点，苞米、谷子是大宗，解决吃粮、烧柴、马草需要，其他更零星，如永安村1951年其他面积为144.2垧（往年都比这多），种什么呢？有糜子22垧、稗子44垧、线麻10垧、土豆35.2垧、向日葵2.8垧、菜地22垧。凡家庭生活需要的都种，农民思想是“宁肯少收点，总比买人家的强”，因此土地浪费是很大的，如果互助组搞得好，按地基评标准产量，集中的合理的使用土地，有计划的多

种豆、麦，还可以扩大一些。

其次是槎口及自然灾害的限制，这也是目前障碍商品作物大量发展的另一个原因，农民普遍反映多种豆、麦调不开槎口，既不能重槎又不能迎槎，这是农民的经验主义。当然今年在这块地上种大豆，土壤中的适于大豆植物吸收的养料已被摄取，明年再在这块地上种大豆，土壤中已缺乏大豆生殖的营养，所以长不好，少打粮。但是只要多施肥，同样可以年年保收。如永安村有三户农民在一块地上连续种豆，有重槎的也有迎槎的，庄稼很好，去年收成不次于一般。我们研究了他们的耕作经验，就是一条，年年上满粪，其他什么都不多于他人。区政府今年在一排地上种了二十垧大豆，代么槎口都有，庄稼长的一样好，同样是因为上了满粪。据那些开荒来的老户谈，初开荒后都连续种四五年大豆，然后再种苞米等调槎口，什么道理？就是土地肥沃，大豆植物所吸收的养料三四年用不完，归根结底，就是施肥问题。事情很简单，没人总结推广。如能进一步研究出大豆所摄取的是什么性质的肥料，使用适当的化学肥料，那就更好。

麦子不怕重槎，但是不保收，小农经济一般的担不起灾害。农民种麦叫“压孤丁式”的闯运气，他们经验是“麦收九十九，不收一百一”，即从清明到暑伏如是 99 天，就收麦，101 天就歉收。今年是 99 天，所以小麦面积普遍大增，西安去年种麦75.8垧，今年种麦167.9垧，增加了121.5%，今年是抓住了，麦子平均打 4 石，但灰包是普遍比过去厉害了，农民说：“这里老早没有，康德十一年曾发生一次，不多，伪满政府曾命令叫小学生下地拔除，有奖。”从 1949 年又发生了，黑穗平均不过 1%，去年就多了，今年更多，平均有 10%，个别严重的有 37%—46%的。这样严重的灾害，我们未及时组织领导农民拔除黑穗。如果早做好了这一工作，不仅今年能有更大的丰收，对来年麦种更有很大的好处，因此明春深入动员组织小麦的选种消毒还是一件严重的工作。

农民对自然灾害是采取消极的方法，“庄稼不收年年种，不收这样收那样！”这也是农民各种作物都种点的原因。我们应向农民宣传米丘林的精神：与自然作斗争，向自然要东西，不是求自然给东西。提高技术，预防与抵抗自然灾害，特别是我们农村工作干部首先应提高农业技术水平，把科学技术与农民经验结合起来，抓住简而易行的普遍推广，提高技术，保证丰收，农民才敢于大量种商品作物。

再即我们公粮负担政策，尚未能有计划指导农民向商品粮发展。这里农民过去很少种高粱。仅是有牲口人家种点作马料，由于公粮负担的加重，就促使了农民发展高粱。如永安村 1949 年高粱面积比例6.5%，公粮负担量的比例占 22%，1947 年、1950 年高粱面积8.3%，公粮负担26.83%，1951 年高粱面积则达到 9%，农民反映种少了交不够公粮。高粱质量差，一斗 45 斤还不好吃，别处都一斗 50 斤，高粱米好吃，为什么不可以在那出高粱的地方多收点高粱，让这里多种点大豆呢？

过去我们公粮的折合率与国家价格，都看不出种豆、麦有显著利益，据永安村老户座谈会反映，九一八前各种粮的市场价格如下：（单位：石；钱：吊）

| 粮种 | 大豆 | 小麦 | 高粱 | 苞米 | 谷子 |
|---|---|---|---|---|---|
| 价格 | 2500 | 4600 | 1500 | 1000 | 1000 |

可以看出来种豆、麦是显然利厚，所以地主富农拼命的扩大豆、麦面积。

再看我们国营价格与公粮折合率。

| 年代 | | 粮种 | | | | | 说明 |
|---|---|---|---|---|---|---|---|
| | | 大豆 | 小麦 | 高粱 | 苞米 | 谷子 | |
| 国营价格 | 1949年 | 6500 | 11000 | 5600 | 3800 | 5600 | 1.海伦县海北车站粮食公司每公斤的平均价格。2.东北币。 |
| | 1950年 | 8000 | 13600 | 5600 | 4600 | 5600 | |

| 年代 | | 粮种 | | | | | 说明 |
|---|---|---|---|---|---|---|---|
| | | 大豆 | 小麦 | 高粱 | 苞米 | 谷子 | |
| 1949年 | 单位产量 | 2760 | 1125 | 3450 | 4140 | 2795 | 1.单位产量:斤。2.永安村各种粮的平均单位产量。 |
| | 折合率 | 0.75 | 0.5 | 1.0 | 1.3 | 1.0 | |
| | 折高粱 | 3680 | 2250 | 3450 | 3184 | 2795 | |
| 1950年 | 单位产量 | 2688 | 1575 | 3280 | 4140 | 2580 | |
| | 折合率 | 0.7 | 0.5 | 1.0 | 1.25 | 1.10 | |
| | 折高粱 | 3840 | 3150 | 3280 | 2312 | 2252 | |

从以上情况看，种豆、麦虽有好处是不大的，但豆、麦秫秸很少，豆秸比较值钱，一垧地仅有一车。高粱一垧地能收2000捆秸，一捆值钱150元，苞米一垧地收下750捆秸，一捆值钱200元，这样一算账就看不到有什么多大的好处了。特别种苞米保收成，农民说："一家种一垧地苞米，一年吃烧都有了。"

比较看来，我们对发展豆、麦的刺激性，还远不如旧民国时代那样显明有力了。

## （三）扩大商品粮是农村经济迅速发展的主要因素

我们在这两村调查中，有不少的户都是多种豆、麦发家。从两个村比较看，永安村土地改革时差不多户户都分得牲口，人人都分得银元、衣服、布匹、家具等很多，土地肥沃，旱涝保收，每人分得8亩地，从土地改革时起，农民在生产生活上的困难就不太多，基础可谓良好。西安村，1948年春全村不到100匹牲口，斗争果实很少，每人才分得6亩地，阴坡地多，不如永安村地平坦，在生活基础上和永安村比，显然是差远去了。

从几年两村发展的对比上看，西安村是不亚于永安村的：

| 村别 | 年代 | 户数 | 人口 | 耕地面积 | 牲畜 | | | 车 | 农具 | 房屋 |
|---|---|---|---|---|---|---|---|---|---|---|
| | | | | | 马 | 牛 | 小牲畜 | | | |
| 永安村 | 1948年 | 225 | 1278 | 1018.83 | 180 | 36 | 28 | 57 | 152 | 344 |
| | 1951年 | 233 | 1402 | 1179.41 | 212 | 78 | 67 | 92 | 254 | 372 |
| | 增加% | 3.5 | 9.7 | 15.7 | 17.8 | 116.6 | 139.3 | 61.4 | 67.1 | 8.1 |

续表

| 村别 | 年代 | 户数 | 人口 | 耕地面积 | 牲畜 | | | 车 | 农具 | 房屋 |
|---|---|---|---|---|---|---|---|---|---|---|
| | | | | | 马 | 牛 | 小牲畜 | | | |
| 西安村 | 1948 年 | 155 | 723 | 467.81 | 105 | 55 | 14 | 31 | 77 | 180 |
| | 1951 年 | 161 | 919 | 539.09 | 116 | 59 | 70 | 55 | 127 | 202 |
| | 增加% | 3.9 | 27.1 | 15.2 | 10.4 | 7.3 | 400 | 77.4 | 64.9 | 12.2 |

为什么穷底子西安村，经济发展也不慢呢？劳动互助工作一样不好，副业生产条件也差不多，供销合作社都是 1949 年成立的，不过西安村社工作好，除了给国家与上级社收购的各种农副业产品外，什么废铜烂铁、碎麻绳头子、站干麻、质量差的粮食等等，都能主动的帮助农民推销出去，并换来农民需要的东西，而且价格便宜。特别是今春给农民解决一万多斤麦种，使该村多种了四五十垧地小麦，是最受农民拥护的一件大事，这当然对该村经济发展是起了它相当大的作用。此外再看两个村种商品粮的情形：

| 年代 | 村别 | | | |
|---|---|---|---|---|
| | 永安村 | 西安村 | 西安村典型调查 | 说明 |
| 1948 年 | | | 45.9% | 西安村典型调查是 17 户的统计。西安村每年种线麻也多，今年种 17 垧，占耕地面积 3%，每垧麻收入等于 3 垧地的粗粮。 |
| 1949 年 | 40.7% | | 46.1% | |
| 1950 年 | 37.7% | 39.1% | 44.6% | |
| 1951 年 | 47.7% | 49.0% | 52.0% | |

西安村历年种豆、麦都比永安村多（特别是西安村地少，商品粮比重大，平均每户就更多），豆、麦变钱快，便于周转，我们认为这是西安村经济所以发展迅速的主要原因。

# 三、阶级关系变化及各阶层的思想动态

## （一）中农日渐成为农村多数，贫农日渐减少，新富农开始产生

**永安村土地改革后逐年情况**

| 经济地位 | 年代 | | | |
|---|---|---|---|---|
| | 1948 年 | 1949 年 | 1950 年 | 1951 年 |
| 总户数数 | 225 | 225 | 230 | 233 |
| 雇农 | 4 | 4 | 3 | 4 |
| % | 1.78 | 1.78 | 1.31 | 1.72 |

续表

| 经济地位 | 年代 | | | |
|---|---|---|---|---|
| | 1948年 | 1949年 | 1950年 | 1951年 |
| 贫农 | 123 | 82 | 76 | 67 |
| % | 54.67 | 36.44 | 33.04 | 28.75 |
| 中农 | 95 | 131 | 124 | 117 |
| % | 42.23 | 58.22 | 53.93 | 50.22 |
| 富裕中农 | | 4 | 21 | 34 |
| % | | 1.78 | 9.13 | 14.59 |
| 新富农 | | | 1 | 3 |
| % | | | 0.42 | 1.29 |
| 其他 | 3 | 4 | 5 | 8 |
| % | 1.32 | 1.78 | 2.16 | 3.43 |

**西安村土地改革后与1951年的情况**

| 年代 | 经济地位 | | | | | | | | | | |
|---|---|---|---|---|---|---|---|---|---|---|---|
| | 总户数数 | 雇农 | % | 贫农 | % | 中农 | % | 富裕中农 | % | 其他 | % |
| 1948年 | 155 | 3 | 2 | 105 | 67.7 | 46 | 29.7 | | | 1 | 0.6 |
| 1951年 | 161 | 10 | 6.1 | 48 | 29.8 | 85 | 52.8 | 15 | 9.3 | 3 | 2 |

说明：一、经济地位是土地改革后，根据他们占有生产资料多少，确定相当于什么成分。二、永安村1951年其他8户中，有木匠3户，教员2户，小土地出租者3户。西安村其他3户中，教员1户，汉医1户，政府职员1户。其生活水平都相当于中农。三、原成分及逐年各阶层的具体变化见附表。

## （二）永安与西安两村阶级上升面及其原因

| 村别 | 1948年经济地位 | 户数 | 1951年经济地位 | | | | | | 各阶层上升% | 各阶层未动% | 各阶层下降% | 备注 |
|---|---|---|---|---|---|---|---|---|---|---|---|---|
| | | | 雇农 | 贫农 | 中农 | 上中农 | 新富农 | 其他 | | | | |
| 永安村 | 雇农 | 4 | 1 | 1 | 2 | | | | 75 | 25 | | 1.1948年其他3户内有教员2户，木匠1户；1951年其他7户内有教员2户，木匠3户，小土地出租者2户。<br>2.土地改革后新迁入及分居者8户未列在内。 |
| | 贫农 | 123 | 3 | 46 | 64 | 6 | 1 | 3 | 60.2 | 37.4 | 2.4 | |
| | 中农 | 95 | | 15 | 50 | 28 | 1 | 1 | 31.6 | 52.6 | 15.8 | |
| | 其他 | 3 | | | | | | 3 | | 100 | | |
| | 计 | 225 | 4 | 62 | 116 | 34 | 2 | 7 | 472 | 44.9 | 8 | |

续表

| 村别 | 1948年经济地位 | 户数 | 1951年经济地位 | | | | | | 各阶层上升% | 各阶层未动% | 各阶层下降% | 备注 |
|---|---|---|---|---|---|---|---|---|---|---|---|---|
| | | | 雇农 | 贫农 | 中农 | 上中农 | 新富农 | 其他 | | | | |
| 西安村 | 雇农 | 3 | 3 | | | | | | | 100 | | 1.其他1户，土改后系中农，现在是职员家属，生活上升，计入上升户中。<br>2.土地改革后搬入6户未列在内。 |
| | 贫农 | 105 | 4 | 41 | 59 | 1 | | | 57.2 | 3.9 | 3.8 | |
| | 中农 | 46 | | 5 | 26 | 14 | | 1 | 32.6 | 56.5 | 10.9 | |
| | 其他 | 1 | | | | | | 1 | | 100 | | |
| | 计 | 155 | 7 | 46 | 85 | 15 | | 2 | 48.4 | 45.8 | 5.8 | |

以上数字说明，在1948年的土地改革基础上，经过三四年生产运动，农民中已有47%、48%都有了显著的发展，还有45.3%的农民生产生活同样有了改善，但未有添车买马，是所达到改变他原来的经济地位。他们大部分正在准备添车买马，前进一步，不能否认尚有半数左右因客观困难（劳力不足，自然灾祸的危害）不能上升或者说上升困难，并有6.9%已经下降，当然这种现象在今天的条件是不可避免的分化，问题是我们应如何促进绝大多数农民上升，减少分化，那就是毛主席很早指示的"组织起来是由穷变富的必由之路"，组织起来合作互助才能使绝大多数变为丰衣足食的农民。但是这里组织起来劳动互助工作是很差，因此上升面不够宽。

西安村生产基础差，为什么在数字上看来比永安村还发展的快呢？一方面是穷底子从无到有看得明显，西安村中农的富力实际上不如永安村，耕畜质量不如永安村强。另方面从发展上看，西安村确比永安村快，其原因主要是种商品粮多，及供销合作社工作好。

在农民间发展快慢的原因，据西安村调查：全村48%的上升户中，发展最快的有15户，其中在土地改革前7户是雇农，7户是贫农，1户是医生。土改的结果都成为中农，现在都是富裕中农，他们发展快的原因，综合起来有三条：（一）劳力强，土地改革时就有牲口或分着牲口，有些家底、农具，具备了发展生产的条件。（二）种商品粮多，他们都连年种2/3以上的豆、麦。如张文彬4垧多地，从1949年以来都种2垧半地麦子；齐海祥10垧9亩地，今年种4垧麦子，能收20石，3垧豆，1垧地线麻，因此来钱活便。（三）肯干也会经营，如张文焕、戴中林等家专门养骡马、乳牛，养肥猪。同时他们富了，干啥也方便大胆，所以愈富愈发展。

另外9户下降与7户发展慢的原因：因缺畜力、死牲口、死人的4户；因缺劳畜力或因病丧失劳力7户；因遭天灾（种水田未得着水与失火）2户；因分家、结婚3户。

在农民中间常有一时灾害，亏累下来，再想兴旺就不易，农民说"一步赶不上，步步赶不上"就是这个道理。他们迫切要求组织起来互相发展生产，但因缺劳畜力，自己又没有号召力。

## （三）中农已成为农村经济、政治上的中心人物

中农在农业生产上是主力军，由于他们占有绝大部分生产资料。如1951年两村统计，中农占两村户数63.5％，占两村人口66.5％，占两村劳动力72.9％，占两村土地71.6％，实耕面积占两村耕地面积77.4％，占两村房屋74.2％，占两村耕畜80.3％，占两村车辆83.8％，占两村农具的84％。所以今后国家公粮主要负担者是他们，供给城市商品粮与工业原料的也要依靠他们。中农已成为农村经济发展的主流，是研究农村经济发展的中心人物，也是我们决定农村经济政策的主要对象。

中农不仅在经济上是起着决定的作用，同时在政治上他们也是农村的领导骨干，据永安村统计：全村17个党员中有富裕中农8个，中农9个。9个团员中，有富裕中农2个，中农5个，贫农2个。11个政府委员中有富裕中农3个，中农7个，贫农1个。24个人民代表中有富裕中农7个，中农13个，贫农4个。农村中占据领导地位者几乎都是中农：因此，贫困农民的问题在村领导中很少有人反映到上级去，国家银行给农民的贷款也大半被他们所享用。

中农是劳动者，是生产者，对目前我们的勤劳生产的政策是积极拥护的。同时中农是私有者，时时刻刻在想着走旧富农路线，他们对组织起来发展生产不习惯也不感兴趣。在他无力单拴犁杖时不得不与人插犋种地，有了两个牲口，就极力想法再买一个牲口单干，两村三个牲口以上的36户中，只有2户是插犋换工，1户还准备着明年单干，其中很多占用不住三马。他不想与无马户组织起来换工互助，经常盘算着租入、买入别人的土地，等待着甚或有意识的促使着别人贫穷起来租出卖出土地。因此对买不到土地埋怨："这算什么国家，想发财也发不起来。"在不少富裕的党员中，同样存在着这样思想，这就是当前农村中农的思想。

## （四）农村贫雇农问题

中农是农村中的多数（占66.3％，内有其他2.8％），这个阶层还在继续扩大，将来可能达到80％，但是在现阶段中农村贫农总是要有的，而且正是他们要求要前进一步发展为中农。今天农村贫农比例还是相当大的，两村有115户，占总户数29％。他们在生产和生活上还有困难，可是他们在农村中被人们鄙视，被评为"都是一样翻身，为什么他们过不好，不是二流子就是懒蛋"，在生产互助组里，由于他们没马或马弱缺乏农具受排斥，说了不算。他们很憋气，有些贷粮买马想在互助组里争一口气，却有的赶上倒霉，庄稼没收好，或牲口死了，跌落为雇工。

雇农有14户，占两村户数3.5％，永安村另有10个非雇农当雇工者（如贫农与个别中农的剩余劳力给人当雇工），这部分人在农村里更没地位，经济上受人剥削，工资普遍比伪满低，扛整活最多者挣二垧地，一般只八九石粮（伪满都是十二三石粮），误工扣工资。在政治上，村里开什么会都没有他们的份，农村开会惯例是一户来一个人，雇主去了，雇工没权利，因此雇工的政治觉悟经常低于一般农民。这就是目前贫雇农所处的低下的地位。可是县、区、村党委没人讨论他们的问题，因此农村领导生产运动，实质上是单纯的领导中农的生产运动，中农

是生产的主力军，应当重视它，团结它，不损害它的生产积极性。但是对贫农的生产问题，隔过去不管不问不负责，一味的对中农负责，虽然今天的中农绝大部分是过去的贫雇农，但对这部分经济上发展快的贫雇农何厚，而对那些生产有困难仍处在贫雇农地位的何薄？应当说这种现象是不对。斯大林同志在1925年联共十四次代表会上关于贫农问题曾说："摆在我们目前的基本任务，即与中农联盟不容破坏，同样也不能忘掉贫农，像有谁经过贫农头顶去努力建立与中农巩固的联盟，同志们这是愚蠢的，但这是事实，因为确有这种情绪，只要一天有贫农，我们应当与贫农联盟。"这个指示今天对我们来说，是多么恳切而恰当呀！

那么我们对贫雇农应做些什么工作呢？第一、应确定对他们的物资帮助，农贷的对象应是他们，仓谷使用对象也应是他们，牲畜保险，应给以减价或免费优待，认真的在可能条件下给以各种物资援助。第二、确定雇工工资及生活政治待遇条例，县区成立雇工工会，村成立雇工小组，保证雇工的政治自由与经济利益，建立主雇契约制度。第三、加强党对贫雇农的领导，农村支部应经常对贫雇农生产困难问题及时帮助解决，反对互助组中排斥无马户现象。第四、同时要注意纠正贫雇农的依赖心理，批评单纯依靠国家援助而不积极生产的思想。

## （五）新富农出现后，组织起来的任务就更显得迫切重要

新富农在永安村有3户，他们有4个半劳力，9个能用的牲口（马4牛5），3辆车，各种耕种农具俱全，自有20.7垧地，租当入7.46垧，今年共耕种着28.16垧，显然是劳力不足，畜力有余。他们不参加互助组，雇工（一户雇2个，两户各雇1个）单干，每年都向外抬粮放账。

农民羡慕人家"干啥也得劲"。由于这个村领导对组织起来劳动互助放任自流，虽有几个互助组被评为县区模范，可是在生产上他们都未显出比单干的优越性，名义上是村的生产旗帜，但村里农民实际的奔向不是他们的道路——组织起来的道路，而是思慕着富农道路。这是不能否认的客观事实。这样，新富农出现后，发展生产两条道路的竞争，在农民思想上，特别是在有了三四个马的富裕农民中走那条道路，就更加踌躇徘徊（因为他们有了单干条件），劳动互助搞不好，他就趋向单干的路，这也是必然的。

农村经济的迅速发展，三马以上的户逐年增多，如永安村1948年7户，1949年19户，1950年20户，1951年就26户。我们劳动互助工作跟不上形势的发展，所以单干户逐年增多，参加换工互助的户逐年减少，这是严重的自流现象。因此，加强互助组领导，在多打粮食，多种商品作物，增加副业收入等实际行动上显著的胜过单干，引导农民（特别是多马户）走向组织起来发展生产的道路，已是农村工作者日益加重的任务。

# 四、关于借贷关系问题

## （一）借贷在农民中已普遍开展，由此活跃了农村经济，发展了农业生产

借贷关系在农村中是逐渐开展起来的。如永安村统计：（单位：石）

| | 1948年 | | 1949年 | | 1950年 | | 1951年 | |
|---|---|---|---|---|---|---|---|---|
| | 户数 | 粮数 | 户数 | 粮数 | 户数 | 粮数 | 户数 | 粮数 |
| 借入 | 38 | 68.82 | 38 | 108.79 | 81 | 227.18 | 108 | 359.71 |
| 借出 | 14 | 6.2 | 14 | 6.2 | 37 | 108.05 | 68 | 220.73 |

说明：借入户，粮较确实，借出户因有顾虑未报与少报，与实际情况相差很远，实际借出数将大于此数一倍，另借出户也有的同时又是借入户。

这个材料说明，今年该村中已有73.4％户数发生了借贷关系。其中大部是中农之间的借贷关系——借入户中农为65户（占借入63％），贷出户中农为42户（占贷出户61.7％）。西安村今年借贷情形同样，在75户借入当中，中农57户占76％。借出户（61户）中农49户占80.3％。其次是贫农，再次是新富农仅有贷出粮，没借入粮。

农民借入粮做什么用呢？1951年永安村调查统计，借入者93户，借入粮359.71石，其中用于生产者193.52石，占53.8％。用于生活者94.3石，占26％。用于婚丧者15.22石，占4.2％。用于换好公粮豆及其他者56.67石，占15.8％。许多农民贷粮买车马，换好马，作种子，以扩大再生产，特别是中农贷粮91％投入生产。这对发展农业生产是起了积极推动扶助作用。

## （二）农村借贷关系开展后，利息应做适当调整，以刺激投资扩大生产

在借贷粮种上，主要是大豆，它起着货币作用，如民间春天买卖车马都以大豆作价，按50％行息，秋后还豆。在一般借贷利息上，永安村是五分利的（即春借一斗秋还一斗半）占60.7％，四分利的占27％，亲友借取无利者占11％，也有少数六分利与三分利者。西安村五分利者占93.5％。这就是目前农村借贷利率的情况。

我们在永安村调查中发现，有20户完全靠出租土地向外借粮过着相等中农的生活，他们多是军属、干属，人口少，缺乏劳力或劳力不强，将土地代耕粮和余粮贷出。县工会主席丁克家一口人，半劳力，出租2.4垧地，贷出大豆10多石，还有8石粗粮，五分利。区委书记谭玉振家五口人，没劳力，出租5.3垧地，贷出20多石粮，其中大豆占5000斤，三分利（区委书记动员家庭减低的），这样出租土地的收入即可以过着丰衣足食的生活，向外抬粮完全是利上滚利年复一年的生息。同时发现有7户卖马换豆向外贷粮，他们有劳力，有三四垧地，可以养

着牲口，深耕细作，积肥多上粪进行生产。但是他们认为养一个马需要 1 垧地的谷草，两石料，还得搭人工侍候它；卖掉马换 13 石豆，放贷利息可获 6 石 5 斗豆，三四垧地雇牛犋价仅用两三石豆就够了，比养牲口种地有利得多。

这种现象是在破坏着农村生产，增长着人们的剥削思想。这种情况据县委书记谈其他村也有。因为借贷可以进行高利剥削，所以他们就不积极从事投资扩大再生产。在刚结束土地改革后，农民顾虑抬粮放账被斗争，因之使贫困者借贷无门，农村经济停滞，障碍了生产发展。为了活跃农村经济，土地改革后开展农民间的私人借贷是必要的，但在今天农村经济已由恢复生产转入为发展生产阶段，借贷关系已普遍开展的情况下，借贷利息就有重新考虑的必要。不然，会促使一部分农民不走生产致富的道路，而想依靠高利贷剥削别人发财致富。

现在提出适当的降低农村借贷利息有没有条件呢？是有的，第一农村情况不同了，经过几年来大生产运动，农村有余粮户增多了，贫困户减少了，特别是农村党员在带头生产中多数都富裕了，其次有国家银行农贷可以支持，再即每区都有逐年增多的仓谷粮。如果领导上能很好的组织使用这几种经济力量，以国家银行为领导，仓谷粮救急并教育党员带头低利借贷，压低高利贷是完全可能的。

但这里须解决两个问题：一是银行农贷路线问题，应该扶助什么人进行生产，是贷款给那些缺乏耕畜、农具、食粮、种子、生产困难的农民呢？还是贷给那些有车有马的农民让他们更大更快的发展呢？我们认为应该贷给前者，使他们在国家援助下，也能迅速上升为中农。可是银行过分强调“谁能还得起贷给谁”。谁是他们认为能还得起的人物呢？即现在有车有马的中农。而现在急需借款的贫农却借不着款，特别在农村中有一种错误的宣传，说贷款到时候还不上，一倍罚十倍，村干部怕沾包，对贫农使贷款不担保，因此就大部贷款给中农与富裕中农。如永安村农贷 465 万元，使贷款者 42 户，中农 21 户（占 50%）贷入 248 万元（占53.3%），富裕中农 7 户（占16.7%）贷入 72 万元（占15.4%），贫农 14 户（占33.3%）贷入 145 万元（占 31%）。西安村贷款 39 万元，贷给 21 户，中农、富裕中农 17 户（占77.2%）贷入 2366 万元（占71.2%），贷给贫农 4 户（占22.8%）贷入 66 万元（占28.8%），这里尤其值得注意的，是那些富裕的农民将自己余粮以五分利贷出去，而以一分多利使用银行贷款，在忙时雇零工，更有的用作马保险，批粮、典地，进行倒把活动，并没有达到扶助农民生产的目的，这样现象必须纠正。

二是反对农村党员放高利贷的思想和行为，永安村调查，绝大多数党员向外放粮，都是五分利，还有个别的要六分利。我们在调查中，有一个党员，是村合作社主任，家里雇一个半拉子，向外抬 20 多石粮，问他几次，隐蔽不报实数，他 5 口人有 5 垧 5 亩地，一大马、一小马，每年打粮吃用不了，今年抬粮利息收入十几石，明年即能有 50 石粮贷出，剥削思想在这些党员中渐渐滋长，这样情况不是个别的，而是相当大的一部分党员。因此在农村中必须首先教育党员低利借贷，以他们的模范作用去影响群众，这是必要的也是应该的。

# 五、土地租佃典当买卖关系

## （一）租佃关系发展中的问题

永安村土地租佃关系统计：

| | 全村户数 | 租入户 | % | 租入地数（垧） | 租出户 | % | 租出地数（垧） |
|---|---|---|---|---|---|---|---|
| 1948年 | 225 | 15 | 6.6% | 21.1 | 28 | 12.4% | 50.38 |
| 1949年 | 225 | 41 | 18.2% | 94.6 | 20 | 8.8% | 33.56 |
| 1950年 | 230 | 62 | 27% | 122.94 | 25 | 10.87% | 45.83 |
| 1951年 | 233 | 89 | 38.2% | 163.96 | 39 | 16.74% | 79.13 |

注：租入地内，1949年后，有区政府及学田地50垧，未计入租出户内，租出户有些户搬走，未能统计在内，地数户数都不确。

西安村土地关系统计：

| | 全村户数 | 租入户 | % | 租入地数（垧） | 租出户 | % | 租出地数（垧） |
|---|---|---|---|---|---|---|---|
| 1948年 | 155 | 13 | 8.38% | 14.38 | 20 | 12.92% | 21.81 |
| 1951年 | 161 | 18 | 11.17% | 66.91 | 24 | 14.9% | 39 |

注：1951年租入地数中有迁走的12户，27.91垧地未统计在内。

以上情况说明租佃关系日渐发展起来，租入和租出户都多了，象征着农村阶级分化开始发展，但要求租入者多，出租地户只要一透出口气，租地者即蜂拥而来，因此租额随着争夺租地逐年提高了。1948年一般是几斗租，有些简直不要租，代交公粮即可；1949年一般是6斗到1石租，代交公粮现象没有了；1950年普遍涨到1石到1石2斗租；1951年一般是1石2，并且都讲有一半豆、一半粗粮，有的是1石豆。

出租土地不固定，租出租入者谁也不施肥，造成地力递减，据1950年情况，租地一般少打5斗到8斗粮。如此租入户除交租、公粮外逐渐感到租地不合算。有些租佃关系已改死租为四六分粮（租入者要六成），公粮负担也如此分担，比较合理但上粪问题仍未解决。应提倡双方协议，建立较长期的固定租佃契约，促进租入者多施肥，以保持地力。

租入地者大部是中农，永安村中农租入地数占84.7%，西安村中农占86%。永安村中农有46%户租入土地。出租地者多是贫雇农，中农为了调剂土地，也有出租者是少数。

出租土地的原因：没有或缺少劳力者占38%，畜力不足者占29.3%，转业者占12%，调剂土地者占12.9%，临时有病者占7.4%。这种情况，如果劳动互助搞得好，除少数转业调剂土地者外，其他困难者能解决，完全可以不出租土地。

## （二）土地典当情况

| | 当入户 | 地数(垧) | 情况 |
|---|---|---|---|
| 1949 年 | 15 | 25.14 | 其中只有 1 户贫农当入 4 亩，其余中农 12 户当入 19.74 垧，富裕中农 2 户当入 5 垧。 |
| 1950 年 | 14 | 21.14 | 中农 10 户当入 12.92 垧，富裕中农 3 户当入 3.1 垧，新富农 1 户当入 5.12 垧。 |
| 1951 年 | 21 | 32.4 | 贫农 4 户当入 3.05 垧，中农 10 户当入 13.27 垧，富裕中农 6 户当入 10.92 垧，新富农 1 户当入 5.12 垧。 |

| | 当出户 | 地数(垧) | 情况 |
|---|---|---|---|
| 1949 年 | 6 | 9.64 | 其中贫农 5 户，因病、缺劳力者 4 户，二流子 1 户，共当出 9.14 垧，中农 1 户因死人买棺材，当出 5 亩。 |
| 1950 年 | 6 | 8.04 | 贫农 4 户，原因同上，中农 1 户买马，1 户回关里，共 3 垧。 |
| 1951 年 | 11 | 15.86 | 贫农 8 户，害病，缺劳力、食粮，当出 12.26 垧，中农 3 户买马、交公粮。 |

总起来看，当出地贫农占 80%，当入地中农 75%。农村耕畜的增多，中农要求长期当地便于施肥，当价每垧地一般在 20 万—25 万，当入地后，一年收获即够当价，当出者的损失是很大的，所以非在万不得已时，不愿当出土地。

## （三）土地买卖情况

永安村 14 户买入土地19.47垧，其中 13 户是中农，仅 1 户贫农买入 8 亩 7 分地。卖地者 6 户，卖出8.7垧，其中 5 户是贫农，仅 1 户中农卖出 2 亩。西安 6 户买入7.79垧，其中 5 户中农，1 户贫农买入1.16垧。卖地者 6 户，卖出7.79垧，5 户是贫农，1 户中农仅卖出 8 亩 2 分地。以上情况清楚的说明，土地正从贫农手中向中农集中。卖地原因：多数是老跑腿子和部分遭天灾的户，如有一户投资很大种水田，水田遭灾没收，被迫卖地还贷粮，个别是二流子与回关里家者。土地是命根子，农民只要能想出办法，就不卖地，这是基本思想。

# 农村工作的新情况和新问题——从讷河向阳村经济调查谈起

1951年底，我们在讷河向阳村作了一次经济调查，从讷河向阳村经济调查，我们看出农村工作有了新的情况和新问题，1951年底和1950年底相比较，是有些新的变化，或是有了更明显的变化，这是值得我们在1952年特别提起注意的。

什么是农村工作的新情况呢？我想有这四方面：

## （一）由于新技术的使用，生产工具——新农具的较大规模的使用，这一生产工具的变化，引起农业生产（使用这些农具的地区）的显著提高

根据农业部向阳村技术推广站调查，使用苏联新农具提高生产，可以达到这样地步：

同样的地，同样的麦种，农民张树宽用旧农具种小麦每垧打4石，马庆福用新农具，小麦每垧打7石，增产3石，约66%。李仁波的小麦使用旧农具每垧打4石，任士衡使用新农具，每垧合6石5斗（他种3亩小麦，打880斤，合每垧2930斤，即6石5斗）。

1951年全讷河县小麦收成不算好，而马庆福组小麦能够平均打到7石，使用新农具是一个主要的原因，他这一组有省里贷给的苏联新农具半套，农业部推广站有两套苏联马拉农具，帮助他们播种、铲蹚、收割和打场。另外，全村还有综合号铲蹚机12台，这是与众不同的地方。

使用新式农具，所以能够多打粮的原因：

①达到深耕的目的，可以深达20公分，即6寸；而旧式农具不过十几公分，一般的三四寸深，深耕有什么好处？

（甲）旧犁总是翻土浅，翻来翻去只是地表的一点土，翻不出下边的肥土来，而新农具则可把下边的肥土翻上来；

（乙）深耕可以消灭病虫害；

（丙）可以消灭杂草。

②用新式农具播种，是密播、垄密，苗眼宽，就多打了粮食。

③使用综合号铲蹚机，也可以蹚的深，可达20公分，而且在霪雨天，消灭杂草快，加上1951年综合号铲蹚机特别好使，得到农民欢迎，与1950年到处埋怨就大不相同了！

除了新式农具外，向阳村还使用根瘤菌拌种十余垧，试验结果，最低的增产达10%，最高的达21%。造粪则使用扎扎菌，这都是新的技术。至于选种，仅黄豆一项，试验结果增产15.6%，这已不是新问题了，以向阳村裕民屯四五组为例，1950年打粮每垧平均2石9斗7，1951年，每垧平均5石6斗4，除气候的因素外，新的技术的运用，是一个重要的原因。生产

工具的变化，新的技术的运用，促进生产力的发展这不过是一个开端。

## （二）农村经济发展了，农业生产合作互助组织更加提高，农村阶级分化更加显著

向阳村470户，土地改革前地主25户，富农10户，中农78户，贫农171户，雇农184户，其他2户，那时雇贫农合计355户，占总户数75.5%。经过土地改革，大生产以及1951年的丰产运动，特别是贯彻党的组织起来的政策，经济发展了，现有新富农5户，占1.1%，富裕中农53户，占11.5%，中农238户，占50.6%，贫农141户，占30%，雇农25户，占5.3%，其他7户，占1.5%。就是中农、富裕中农、新富农合计是63.2%，连同其他教员、木匠、小贩等等共为64.7%。这还是因为向阳村有71户移民迁入，否则中农数字还会更多的。因为组织起来，能够富裕，马庆福组编制大犁组开荒70多垧，充分发挥人马劳力，多打粮食，马庆福组平均每垧打粮6石3斗7，1952年他们就进一步组织农业生产合作社，打破地界共同耕种，全村有些较好的组，都纷纷要组织这类合作社，1952年这一农业生产合作社，如果经营得当，积累了经验，到年底一定还会出现更多的农业生产合作社的。全省截至1951年也只有4个农业生产合作社，但这是一个新的问题，是一个星星之火！

阶级分化，不是从1951年开始的，但1951年却来得更加显著，向阳村已有25家雇入伙计、有30个劳动力当雇工，出现了5户新富农，农村阶级分化，有35.3%是贫雇农。特别是有些党员和干部因为经济上升，剥削阶级思想的滋长，王福思想的发展，达到相当严重的地步，以至个别支部书记也变成了新富农。我们对农民的前途教育还很差，有些农民对于前途发展的方向还很模糊，这是一个大问题，这对于领导上更应引起严重的注意！

## （三）农业生产更需要有计划有明确目标

在向阳村我们帮助农民订立了五年计划，最初还没有预料到它会引起农民的重视，和对于工作能发生推动的作用。

但是订立结果，却出于意料之外，农民认为有了奔头了，更“心盛”了，生产情绪更高了。

这样一研究，农民增产的劲头就大了，制订农村五年计划初步体会：

（1）最主要的是要发动群众，依靠群众来制订计划，计划要从群众中来，到群众中去，经过群众充分的讨论，使每一个人都尽可能参加意见，才能成为广大群众行动。

（2）一个村的五年计划必须要有一个村的生产建设方面基本数字，作基本数，好以此为基础，向前推算发展的数字，不是凭空做起。

（3）做计划以前，必须要有充分的思想酝酿，开党员、干部、积极分子的会议，详细交代清楚制订计划的目的是为了爱国增产，大家富裕，不是为了别的目的，否则会引起一些不必要顾虑。

（4）解除思想的障碍，主要的是保守思想，一个老头叫马维贤他说：“从打我顶胎毛那天

起，也没听说一垧苞米打20石。”又说：“我们这组有三个会吹空气的，计划就订成功了。”打破保守思想的主要办法，就是要想多打粮的办法，算计多上粪，增产多少，选种多打多少，苞米杂交多打多少，使用新农具多打多少。现成的例子：关绍仪组给军属赵广达代耕苞米一垧地已打14石，经过五年技术提高，20石是满可以达到的。

（5）订五年计划，一般是订出五年的奋斗目标，重点则应放在1952年的计划，因为这是目前的，群众容易看到的。在结合春耕准备工作，是可起推动作用的。

（6）根据向阳村制订五年计划的经验，全省重点村，工作有基础的，可以有计划有领导地制订，在一个村内的小组虽不能普遍地制订，但也可有重点地有步骤地制订，逐渐推广。

制订好五年计划，可以提高党政的威信，密切干部和群众关系。如向阳村的群众说：“共产党人民政府连我们修茅楼的事，住南北炕的事都关心，真和已往的政府大不相同!”

（7）订好五年计划，可以推动工作。如向阳村制订五年计划，研究用什么办法可以提高产量呢？结果大家一致认为只有搞好互助组，发挥力量才能多打粮，完成五年计划。

有步骤有领导地制订五年计划，这是今年与往年不同的新情况。

## （四）爱国增产节约运动

经过爱国主义教育，农民的生产热情空前提高，1952年则是爱国运动更加深入更加广泛展开的一年，毛主席在政协会议全国委员会“继续加强抗美援朝的工作、增加生产、厉行节约，以支持中国人民志愿军”的伟大号召，将成为千百万农民的实际行动的力量。

根据1951年这四种新情况，给我们1952年在农村工作方面提出一系列的新问题：

第一、由于新的技术的使用，生产工具——新农具的较大规模的使用，在黑龙江省1951年铲蹚机不过3000多台，今年又增加6000台，合计约10000台，农具站今年将增设30个，这些新的农具的使用，就使我们在领导方面要考虑：（甲）农具的制造要精良，而且一定要合乎规格，尽可能早些发到农民手中。（乙）农具技术人员，必须要有计划的培养训练，以免农忙时临时措手不及，省农业厅应制订训练技术人员计划。（丙）农具站必须要配备一定的较强干部：如向阳村农业部的技术推广站站长或副站长，县人民政府应派一区长或副区长级干部兼任该站长或副站长，以密切联系，步骤一致，要注意技术与群众相结合。县、区领导必须加强对技术推广站的领导，总结经验，根据国家计划，新的农具三五年内还要大量发展，领导上要及早注意，争取主动。

第二、由于农村经济发展，农村生产合作互助组织的提高，和农村阶级分化的更加显著/也给我们提出新问题。

组织起来是农民由个体经济过渡到集体经济的道路，也是由贫困到富裕的道路。

由于新农具的使用，它就要求：（甲）互助组要向大型发展；（乙）要打破地界，发挥机械力量；（丙）在私有的基础上，共同耕作，劳作更加集体化。这就给我们的农村将来走向社会主义，创造有利的条件。因此我们十分注意像向阳村裕民屯农业生产合作社这一类合作互助组织的组成与它的发展。

组织农业生产合作社要：（甲）有较好的常年互助组的基础和骨干；（乙）必须自愿两利；

（丙）必须要订立劳动纪律，以免“人多靠”；（丁）县、区、村必须加强对它的领导，及时总结推广经验，因为这是一个比较新的较高级的合作互助形式，我们在这方面的经验还不多。

在新民主主义阶段，要完全避免阶级分化，是很困难的，但由于阶级分化，的确给领导上提出一些新问题，如：

（甲）农村党员出现了新富农，而且如向阳村的支书赵金山就变成了新富农，这样支部就须改组，有三个党员雇伙计，有些党员和干部存在着严重的剥削阶级思想，贪污蜕化，甚至带头破坏党的组织起来的政策。党的农村支部是党在农村中的堡垒，对于农村工作起决定作用，因此在整党中要进行教育与整顿，整掉党员和干部的剥削阶级思想，提高党员和干部的政治水平，是很主要的。另外对农民前途教育，社会主义远景教育，从现在农村阶级分化情形来看，更是十分迫切的问题，要教育农民走新道路，不能走旧道路，这是农村中思想改造的问题，应该在整党中，时事宣传教育中，各种会议中，对农民普遍进行教育，这是响应毛主席号召一个具体步骤。

（乙）人民代表会议的成分，基本上变成中农和富裕户的代表：如向阳村 34 名人民代表，其中中农 20 名，富裕中农 9 名，新富农 1 名，其中只有贫农 3 名，其他 1 名，这 3 名贫农“有若无”。1951 年全年开十三次人民代表会议，没有一次讨论贫困户的问题，因此村人民代表会必须在改选时按人口比例选举贫困户代表。而且在备耕时，必须讨论一次贫困户的生产问题，具体反映他们的意见，解决他们的困难。

（丙）由于阶级分化，富裕户易于扩大再生产，贫困户如不注意给他们解决困难，将很难上升，解决之道，就是组织起来。除此以外，还要采取一些有效步骤，如：（甲）认真贯彻公粮减免政策；（乙）合作社迅速建立信贷部，免使他们受高利贷的剥削；（丙）政府农贷首先用于困难户；（丁）保护雇工的权利，组织雇工小组乃至雇工工会，工资要合理；（戊）人民代表会议要有贫困户的代表；（己）对区、村干部要进行注意困难户工作的教育等等。这些都是 1952 年农村工作刻不容缓的事。

第三、由于农业生产更需要有计划，有明确目标，如制订五年计划的农村，农民就向我们伸出手来，要政府更有计划的做物质上和精神上的准备。

向阳村订了五年计划，农民来年就要 22 台综合号铲蹚机，一万棵树栽子，全村九百来口猪，没一个泡卵子，他们要巴克夏猪种，要好马种、好牛种，要医生等等。自然要木头是老问题，更是普遍的要求。和农民订了五年计划，领导上就必须要认真切实负责来解决这些问题，否则就使计划难于实现。

另外，五年计划的制订，必须要明确，中心是提高单位产量，要完成计划，就必须抓住用什么办法来达到单位产量的目的。

第四、爱国增产节约运动，还须大力地在农村深入地广泛地展开，这是 1952 年一切工作的推动机，自然也是农村工作的推动机。

（甲）要求一切宣传机构、人民团体、人民代表会议、一切工作人员、各种训练班，都要深入讨论爱国增产节约的具体实行计划作出样子来。并研究如何在农村做到家喻户晓。结合爱国增产节约运动，必须把反对贪污蜕化，反对铺张浪费、反对官僚主义的精神，灌输到农村党员、干部中间去，以移风易俗，成为广大群众的力量。

（乙）改订爱国公约，在公约中贯彻爱国增产节约精神，可与调整互助组，制订小组增产节约计划结合进行。

（丙）为了有力地贯彻毛主席的爱国增产节约号召，要考虑在黑龙江省农村展开千村万组的新纪录运动，全省15万个小组，1951年订丰产计划的有5万个，今年这些组都可根据各自的条件，规定新纪录田，这样会给1952年爱国丰产运动以很大的推动。

至于1951年的成功经验，如训练小组长，贯彻小组新内容等，我们还可继续发扬的。

总之，1952年的农村工作，有了新情况、新问题，我们应该深入地钻研，随时注意掌握新情况、新问题，打破领导上的保守思想，主动地解决这一系列的问题，争取在1952年响应毛主席的伟大号召下，把黑龙江省的农村工作提高一步。

# 松江省呼兰县孟井村经济调查

孟井村属呼兰县第二区管辖，是一个大自然屯，距康金镇（呼兰北半部经济中心，是个车站）8里地，是个平原区，副业条件较差，但土地肥沃（全村平均地级25.5级），从经济发展上看是个中等村。

该村现有234户，1260人，718.24垧土地，127匹耕畜，男劳动力160人（半劳力2个折为1个）。每人平均土地0.57垧，每个劳力平均种4.49垧（全县平均约为3.83垧，按正常情形，最强的劳力只能种4垧），每一耕畜平均种5.66垧（全县平均为4.65垧，按正常情形可以种5垧）。劳力畜力均感不足。

## 第一、农村济发展的新情况

### 一、农业生产总收入增加

该村无荒地可开，几年来耕地面积没有变化。同时耕畜、劳力不足，新式农具也没有，领导上对推广技术重视不够，故几年来的单位产量，受自然条件的影响，互有增减（见附表一）。但农业生产的收入，还是一年比一年增加的。

1949年农业生产总收入为844.2吨（苞米不包括秸秆——下同），1950年为1419.7吨，1951年为1707吨。1950年较1949年增加68.2%，1951年较1949年增加102.2%（见附表二）。总收入增加的原因，是由于商品作物及工业原料作物播种面积的扩大。

### 二、商品作物发展情况

#### （一）播种面积发展变化情况

本村过去播种商品粮及工业原料作物很少，土地改革后仅有大豆、小麦两种，占总耕地面积的20%强，农民生产主要是为自己消费，而不是为出售。自1950年，由于政府的号召，才开始种甜菜、青麻，但数量并不多，商品粮和工业原料作物播种面积，仅达30%。由于价格上的刺激，今年才有了大的发展。

四年来商品粮及工业原料作物播种面积百分比如下：

| 年别 | 种类 | | | | |
|---|---|---|---|---|---|
| | 甜菜 | 青麻 | 大豆 | 小麦 | 大田 |
| 1948年 | | | 13.9 | 10.0 | 76.1 |
| 1949年 | | | 15.5 | 5.8 | 78.7 |
| 1950年 | 3.9 | 0.7 | 19.7 | 5.5 | 70.2 |
| 1951年 | 9.0 | 5.4 | 27.0 | 8.6 | 50.0 |

从上表看，商品粮及工业原料作物的播种面积，除1949年外，是逐年增加的，尤以今年（1951年）发展的速度为最快，甜菜、青麻、大豆，历年均有增加，小麦今年虽未达到1948年水平，但比1949、1950两年还是增加很多。其原因：

1. 由于政府的提倡及专业部门的组织与指导（如糖厂组织群众种甜菜）。

2. 由于价格上的刺激。由于工业原料、商品作物产量多，价钱高，比种大田有利，如去年（1950年）每垧甜菜的纯收入等于4垧大田（苞米、高粱），青麻（都按三等算）等于3.5垧大田，大豆等于2垧大田弱，只有麦子由于歉收获益不如大田。

### （二）两年来商品作物的比价

商品作物是有利的，从去年和今年几种作物的成本、产量、价格、利润等几方面看（见附表），今年除麦子外，利润率普遍降低。下降最多者为甜菜、青麻，其原因：

(1) 成本比去年高。主要是工资、马草上涨（劳力不足及谷子种的少）：上涨率达58.3%—95.6%。种子只有小麦上涨（由661元涨至814元），约23%。

两年来工资、马草的比价：

| 年别 | 项目 | | | | | |
|---|---|---|---|---|---|---|
| | 各种工资 | | | | | 谷草（100捆） |
| | 种地 | 产地时 | | 秋收时 | | |
| | | 大工 | 小工 | 大工 | 小工 | |
| 1950年 | 3158 | 5263 | 3158 | 5263 | 4210 | 17890 |
| 1951年 | 5000 | 8400 | 5000 | 10000 | 8000 | 35000 |
| 1951年较1950年工价上涨% | 58.3 | 59.6 | 58.3 | 90.0 | 90.0 | 95.6 |

由于工价上涨，故费工的作物成本提高的最多，如甜菜每小垧（7亩2分）平均需工74.5个，比大田费工1—1.5倍（大田30—37个工），比小麦、大豆费工4倍（麦、豆平均18—19个工）。青麻是最费工的，虽因今年产量低，用工较往年少，但还超过大田3—4倍，超过小麦、大豆6倍。由于工价的上涨，故费工作物利润率就下降最快，甜菜利润率由去年的415.5%降为61.8%，青麻就由201.8%降为36.7%（青麻主要是减产），详见附表。

2. 产量比去年低。甜菜产量比去年减少17%，青麻37%，大豆10%，只有麦子丰收，较去年增产39%。甜菜减产主要是由于虫灾，苗不够。青麻主要是夏天雨水多，天气凉的缘故。

大豆虽减产但因今年种的都是满仓金，故质量比去年高。

3. 价格上互有消涨。今年小麦、大豆上涨最多，青麻、甜菜落价最大。计小麦比 1950 年涨45.9%，大豆涨24.7%，青麻落 11%，甜菜名义上提价，但今年运费由农民负担（每斤平均25 元），故实际上比去年降低20.76%。

4. 由于以上各种原因，故除小麦外利润率普遍降低。降低最多者为青麻，比去年降 78%（折粮后比较）。青麻由于产量降低 37%，价格上又落 11%，故利润率降低最多，但如果够等，还是比种大田有利。每垧地较去年增加收益1.8倍。

虽然今年利润率普遍下落，但种商品粮及工业原料还是比种大田有利，今年一垧甜菜的收入等于3.37垧苞米、5.56垧高粱的收入。青麻虽歉收，1 垧青麻（按三等计算）还等于2.4垧高粱、1.45垧苞米的收入。1 垧大豆等于6.2垧高粱、3.75垧苞米的收入。1 垧小麦等于 3 垧苞米或 5 垧高粱的收入。

### （三）甜菜、青麻的产销情况

当前主要是青麻推销问题。去年青麻在收购上，等级较宽，价钱也高（去年青麻一等25000 元（东北币），二等 23000 元，三等 22000 元，等外麻也按三等给价），同时收购者也多，坏麻也能推出，今年由于雨水多，天气凉，青麻的产量、质量均不及去年，价格上也较去年低。在东北麻粮比价未公布前，松江在预购时规定三等麻 1650 元（人民币），听涨不听落，麻粮比价公布后，一等麻 2300 元（人民币），二等 1900 元，三等 1500 元，价格是落了，同时规格比去年提高一等，群众感到不如去年，怕往回退预购钱。而且等外麻很多，合作社不收，又不能外运，种麻多的农户，感到工资、公粮、人吃、喂马没法解决，目前为开付工资，有卖豆子、卖猪的，故等外麻的处理问题，是当前最迫切的问题，农民对收购甜菜的意见，主要是感到运费高，平均每斤运费 25 元（卖户负担），而去年运费则由糖厂负担。

青麻由于今年产量低，不收等外麻，故明年都不愿种了。甜菜虽还有利（比其他各种作物利润高）但成本高，播种面积也不易发展（少数产量特别低的，明年不愿种了）。如支书李占魁说："如国家不强迫，谁也不会种麻了。"

大豆今年全部改为满仓金种，春耕时群众思想不易接受，秋收时看到满仓金成熟早，质量好，都很满意。麦子是十年九不收，主要怕起痹，不敢多种。但今年麦子丰收，加之大豆、小麦价格提高（豆子比去年提高24.7%，麦子提高45.9%），故来年种大豆、小麦情绪甚高。

## 三、生产资料增加

生产资料的增加，表现在耕畜、车辆、农具上。

（1）耕畜：1948 年全村能用的耕畜共 121 匹（内牛 3 头），1949 年增至 130 匹（内牛 4 头），增加 9 匹，1950 年 134 匹（内牛 4 头），又增加 4 匹，1951 年 127 匹（内牛 5 头），较 1950 年减少 7 匹。今年较 1948 年马增加 4 匹，牛增加 2 头，增加的速度不快，现在全村的畜力还不足。但今年较去年反有减少，主要原因是由于马匹负担较重及军属依赖包耕而卖马的缘故。

（2）车辆：车是历年增加的，1948 年全村共 26 辆，今年为 40 辆（另外还有兜车一辆），增加 14 辆。车辆中，铁车增加较慢，四年中仅增加 3 台，花轮车增加较多，增加 11 台（外今年增加兜车一台），胶轮车还没有，因离车站近，不能搞运输，胶车用处不大，同时成本也太高。

（3）农具：农具历年均有增加，1948 年共 82 付（内犁杖 48 付，耱耙 34 付），今年为 105 付（犁杖 64 付，耱耙 41 付），较 1948 年增加 23 付。新式农具还没有（因过去粗制滥造的影响），现已有 7 个生产小组，计划买铲蹚机。

从生产资料的增加上看，农民是愿意在生产上扩大投资的，而且现在已计划买胶轮车及铲蹚机，同时马力也不足，还是需要增加马匹的，现在主要是如何调整马匹的负担，增加马匹的收入，使养马户感到养马有利，才能增加马匹，方能解决畜力不足的困难。

## 四、农民生活已较前富裕，购买力有了提高

### （一）农民生活有了改善

随着生产的发展，收入的增加，农民生活已较前改善，布匹、面粉、肉类、鸡蛋、豆油的消费量逐年都有增加，三年来每人平均消费量变化如下：

| 品名 | 年度 | | | | |
|---|---|---|---|---|---|
| | 1949 年 | 1950 年 | 1951 年 | 1950 年较之 1949 年增加% | 1951 年较之 1950 年增加% |
| 布(尺) | 21.1 | 25.8 | 26.3 | 22.2 | 1.9 |
| 白面(斤) | 10.9 | 11.8 | 12.5 | 8.2 | 5.9 |
| 肉(斤) | 8.9 | 10.1 | 10.7 | 13.4 | 5.9 |
| 蛋(个) | 10.0 | 13.0 | 14.0 | 30.0 | 7.6 |
| 豆油(斤) | 6.0 | 6.2 | 6.5 | 3.3 | 4.8 |

### （二）各阶层农民总收入比较

由于生产的发展，农民的收入有了增加，但各阶层的发展速度是不一致的。我们调查了 5 户贫农（包括上等生活的 1 户，中等生活的 3 户，下等生活的 1 户），7 户中农（包括上等生活的 2 户，中等生活的 3 户，下等生活的 2 户），4 户富裕中农（包括上等生活的 1 户，中等生活的 2 户，下等生活的 1 户）的收入及购买力情况，看出各阶层的发展速度是不同的。

**三年来各阶层每人平均收入变化比较表**

| 阶层 | 年度 | | | | |
|---|---|---|---|---|---|
| | 1949年每人平均收入(元) | 1950年每人平均收入(元) | 1951年每人平均收入(元) | (比)1949—1950年增加% | (比)1950—1951年增加% |
| 富中 | 429719 | 588119 | 800739 | 36.8 | 36.1 |
| 中农 | 419615 | 523089 | 683386 | 24.6 | 30.6 |
| 贫农 | 381494 | 503039 | 573695 | 31.8 | 14.0 |
| 平均 | 414771 | 544715 | 705556 | 31.32 | 29.52 |

就这16户的调查统计，总收入逐年增加，每人平均收入较1949年增加70.13%。

就各阶层的发展来看，以富裕中农上升最快，自1949年至1951年收入提高86.33%，中农居次，提高63.84%，贫农较慢，提高50.63%。

### （三）推销情况

由于商品作物播种面积的扩大，国家价格政策的领导，农民在推销农、土、副产品上有了新的变化。

1. 季节上的变化（阴历季节）：

| 年度 | 第三季度 | 第四季度 | 第一季度 | 第二季度 |
|---|---|---|---|---|
| 1949年三季度—1950年二季度 | 25.9 | 44.8 | 22.3 | 6.9 |
| 1950年三季度—1951年二季度 | 33.9 | 33.9 | 21.7 | 10.4 |

从上表可以看出：（1）第三季度的推销比重增加，由1949年的25.9%，增至1950年的33.9%，计增加8%，其基本原因是由于国家预购工业原料及农民增种商品作物（小麦——按小麦收割在第三季度），从而将农民收入可观的一部自第四季度提前到第三季度。（2）第二季度推销比重的上升自6.9%提升到10.4%，计增加3.5%，这个新情况是由于农民收入增加，有了余粮，但在现在尚未开辟新投资的条件下，在收购价格还逐步提高的情况下，便观望、期待高价出售。

2. 国营经济的经营比重增大：

**两年来各种经济经营比重比较表（%）**

| 年度 | 各种经济 | | | |
|---|---|---|---|---|
| | 国营 | 合作社 | 私商 | 农民间 |
| 1949年 | 26.1 | 10.5 | 45.5 | 17.8 |
| 1950年 | 35.8 | 18.4 | 19.4 | 26.4 |

农民推销产品是选择对象的，而价格是他选择的唯一对象，各种经济收购比重在1949年以私商为首，达全部推销总额45.5%，国营居次，农民间又次，合作社最少。1950年比重便发生强烈变化，农民推销以国营为主，占推销总额35.8%（主要是工业原料作物的比重增大），农民间交换居次，私商降为第三，合作社最少。

从以上比例数字即可看出，私商在1950年由于国营经济领导良好的结果，比重显著下降，这一点对改善农民生活的意义最为重大。至于农民间比重增加的主要原因则系耕种作物不平衡所致，有的耕种工业原料较多，而食粮不足，便不得不在乡间之间求得调剂，合作社在孟家井村来看，因其址设在康金镇，且镇上设有粮食公司，便只能发挥其“助手”作用而已，比重虽增加却始终处在落后地位，同时该合作社还存有以下几个问题，也影响其发展。

（1）合作社对零星的副业等注意不够，如今夏农民手中拥有大量鸡蛋销不出去，合作社不予重视，又如当地可能发展的编织业，也不予组织等。

（2）合作社压低等级农民为之不满，例如1951年秋农民以大豆捐献飞机大炮，合作社即均以三等计算，而农民拉到粮食公司则验了个二等，影响合作社收购任务的完成。

（3）等外粮食不能及时想法处理，私商钻空子，如苞米不够等级拒绝收购，农民只好求售于私商。

（4）购买力提高。

由于商品作物的发展，农民购买力逐年有了提高，各阶层以富裕中农为最快，中农次之，贫农又次之，各阶层购买力如下表：（各阶层平均每人购买力不包括非物资购买部分，今年第四季度至明年第二季度是根据实际需要计划的）

| 阶层 | 贫农 | | 中农 | | 富裕中农 | | 各阶层 | |
|---|---|---|---|---|---|---|---|---|
| 年度 | 平均每人购买力 | | 平均每人购买力 | | 平均每人购买力 | | 平均每人购买力 | |
| | 金额（元） | 提高% | 金额（元） | 提高% | 金额（元） | 提高% | 金额（元） | 提高% |
| 1949年三季至1950年二季 | 116475 | 100 | 153193 | 100 | 154486 | 100 | 144775 | 100 |
| 1950年三季至1951年二季 | 175026 | 150.26 | 191362 | 124.91 | 213843 | 137.77 | 188038 | 129.8 |
| 1951年三季至1952年二季 | 224939 | 193.12 | 296909 | 193.81 | 334191 | 216.33 | 281111 | 194.2 |

农民购买力的提高还表现在生产、生活资料的购买上，下面为16个典型户几年来购买生产、生活资料的比较：

| 年度 | | 1949年三季度至1950年二季度 | 1950年三季度至1951年二季度 | 1951年三季度至1952年二季度 |
|---|---|---|---|---|
| 16户总购买力 | 金额 | 15790196 | 23002006 | 35283480 |
| | 提高% | 100 | 145.67 | 223.44 |
| 生活资料 | 金额 | 12953861 | 19516330 | 28478570 |
| | 占本年% | 82.04 | 84.85 | 80.71 |
| | 提高% | 100 | 150.66 | 219.85 |
| 生产资料 | 金额 | 2687335 | 2839676 | 5590310 |
| | 占本年% | 17.02 | 12.35 | 15.84 |
| | 提高% | 100 | 105.3 | 208.02 |

续表

| 年度 | | 1949年三季度至1950年二季度 | 1950年三季度至1951年二季度 | 1951年三季度至1952年二季度 |
|---|---|---|---|---|
| 建筑材料 | 金额 | 149000 | 246000 | 1214600 |
| | 占本年% | 0.94 | 1.06 | 3.44 |
| | 提高% | 100 | 165.1 | 815.17 |
| 其他 | 占本年% | | 1.74 | |

这个村的农民几年来一般是以80%－85%的资金用到生活资料方面去了，其中棉布占第一位，约占生活资料总支出的40%以上，副食品占第二位，约占25%以上，日用品衣着类次之。

生产资料方面主要是牲畜（换好马的多），约占生产资料总支出的37%－48%，其次是农具，约占33%－41%。

从这十几个典型户的调查材料中看出，贫农每年只够年吃年用还稍有不足，生产资料也极缺。中农的生活虽较充足，因不习惯常年储蓄，也还是经不起较大的波动，购买某种资金较大的商品，还是心有余而力不足。富农较有部分剩余，他们有的用作放贷，有的留作机动使用，而没有发挥资金的最大效能，总之当前政府一方面应积极扶持贫农摆脱高利贷的剥削，另一方面应组织剩余资金的使用，使其投入扩大再生产，增添生产资料。

（5）1952年第一季度购买力估计：

明年第一季度农民的物资购买，占全年比重的36.8%，主要是购买牲畜，占资金40%，其次是棉纱布类，占资金的26%，再其次为副食品、嗜好品、饲料等。农民第一季度的物资购买主要是为了准备春耕生产。

但实现这一计划，现在有了困难，原因：①青麻推销不出去，而且大部分青麻还未沤。②甜菜钱交银行储蓄了（三月后才能取出），这对明年第一季度的购买力，有很大影响。

（6）农民的几项要求：

①由于生产发展的需要和收入的增多，对新式农具（综合号铲蹚机）胶轮车的要求已经萌芽。

②工业原料、商品作物播种面积的增加，以全部或大部土地耕种工业原料的户，需外买全部或一部人吃、马喂，但目前在本村还能互相自动调剂解决，另外一方面对肥料的要求也较迫切，要求城镇里的大粪下乡。

③对木板的要求极其迫切，如耙子杆、叉把一类的小农具用材最感困难，建筑材料要求有较次的材料即可，如椽、檩和一些木板等。

④布匹才开始普遍要求质量好的，主要是结实的，上季做面子，下季能做里子，如斜纹布等。富裕中农要求较高，有直接赴哈尔滨成匹买布的。

⑤火柴、煤油、豆油、豆饼这几种商品，由于群众需要量增加，加之我们的估计不足，曾造成市场的供不应求现象（火柴从1950年第二季度开始，煤油从第三季度开始，问题至今还存在，急需采取有效措施）。

# 第二、农村阶级有了新的变化

## 一、阶级变化情况

该村在土地改革前，贫雇农占75%强，人民的生活是很苦的，经过土地改革及几年来的生产运动，人民的生活有了上升，中农（包括其它职业者）已达65%。

兹将土地改革前的成分与现在的情况列表如下（见附表一、二）。

孟家井村阶级变化情况（表一）

| | 成分 | 雇农 | 贫农 | 中农 | 富裕中农 | 富农 | 地主 | 合计 | |
|---|---|---|---|---|---|---|---|---|---|
| | | | | | | | | 户数 | % |
| 土改前 | 户数 | 124 | 53 | 40 | 1 | 9 | 7 | 234 | |
| | % | 53 | 22.65 | 17.09 | 0.41 | 3.85 | 2.99 | | 100 |
| 1951年成分 | 雇农 | | 2 | | | | | 2 | 0.86 |
| | 贫农 | 46 | 13 | 15 | | 4 | | 78 | 33.33 |
| | 中农 | 54 | 24 | 19 | 1 | 3 | 6 | 107 | 45.72 |
| | 富中 | 12 | 5 | 4 | | 1 | | 22 | 9.40 |
| | 富农 | 1 | | 1 | | | | 2 | 0.86 |
| | 其他小计 | 11 | 9 | 1 | | 1 | 1 | 23 | 9.83 |
| | 工人 | 6 | 4 | | | | | 10 | 4.21 |
| | 自由职业 | | 1 | | | 1 | | 2 | 0.86 |
| | 小土地出租者 | 2 | 1 | | | | | 3 | 1.28 |
| | 军人 | 2 | | | | | | 2 | 0.86 |
| | 小手工业者 | 1 | 2 | | | | | 3 | 1.28 |
| | 职员 | | 1 | | | | 1 | 2 | 0.86 |
| | 商人 | | | 1 | | | | 1 | 0.43 |
| 土地改革前与1951年比较 | 上升 | 124 | 38 | 5 | | | | 167 | 71.37 |
| | 下降 | | 2 | 15 | 1 | 9 | 7 | 34 | 14.53 |
| | 停止 | | 13 | 20 | | | | 33 | 14.1 |

**孟家井村阶级变化情况（表二）**

| | 成分 | 贫农 | 中农 | 富裕中农 | 富农 | 自由职业 | 军人 | 小手工业 | 合计 | |
|---|---|---|---|---|---|---|---|---|---|---|
| | | | | | | | | | 户数 | % |
| 1948年 | 户数 | 146 | 81 | 4 | | 1 | 1 | 1 | 234 | 100 |
| | % | 62.39 | 34.60 | 1.72 | | 0.43 | 0.43 | 0.43 | | |
| 1951年 | 雇农 | 2 | | | | | | | 2 | 0.86 |
| | 贫农 | 69 | 9 | | | | | | 78 | 33.33 |
| | 中农 | 55 | 51 | 1 | | | | | 107 | 45.22 |
| | 富中 | 3 | 16 | 3 | | | | | 22 | 9.4 |
| | 富农 | 1 | 1 | | | | | | 2 | 0.86 |
| | 小计 | 15 | 5 | | | 1 | 1 | 1 | 23 | 9.83 |
| | 工人 | 7 | 3 | | | | | | 10 | 4.26 |
| | 自由职业 | 1 | | | | 1 | | | 2 | 0.86 |
| | 小土地出租者 | 3 | | | | | | | 3 | 1.28 |
| | 军人 | 1 | | | | | 1 | | 2 | 0.86 |
| | 小手工业者 | 1 | 1 | | | | | 1 | 3 | 1.28 |
| | 职员 | 2 | | | | | | | 2 | 0.86 |
| | 商人 | | 1 | | | | | | 1 | 0.43 |
| 1951年与1948年相比较 | 上升 | 75 | 17 | | | | | | 92 | 39.31 |
| | 下降 | 2 | 9 | 1 | | | | | 12 | 5.12 |
| | 停止 | 69 | 55 | 3 | | 1 | 1 | 1 | 130 | 55.57 |

从上表看，现在和土地改革前比较，71%的户数上升了，上升最快的是贫雇农，雇农124户中有37.1%。上升为贫农的生活水平，62.9%上升到中农的生活水平，有一户升为富农（高利贷者）。贫农中71.1%的户上升到中农的生活水平，停滞的占24.5%，下降者仅2户（一为新来的移民，一为破落地主）。中农停滞的占61%，下降者占36.6%，上升为富农的1户。富农降为中农的占55.5%，降为贫农的占44.5%。地主全部降为中农。

从土地改革前和现在比较，停滞户以中农居多，其次是贫农，这些停滞户，从生产资料的占有上看，几年来没有或很少变化，但从生活方面看，是比过去提高了，现在除部分困难户外，都能“年吃年用”，能种上地，少部分户还有剩余。

经济上升主要是由于土地改革摧毁了封建的束缚，提高了农民的积极性，其次是由于商品粮及工业原料的播种面积扩大，增加了农民的收入。

除上述主要原因外，上升户本身还各具有以下有利条件：一种是劳动力强，能干，占有稍多或足够的生产资料并且善于经营计划的，都普遍上升了，这样的户约占上升户的50%，他们土地莳弄及时，地的质量好，单位产量多，因而能逐年扩大生产投资，个别添车买马，并购买土地；一种是劳力强，播种商品作物工业原料较多的农户，皆因收入增加而上升了，这样户约占上升户30％强，有少数是由于从事副业（如养猪、采伐）或兼业（剩余劳力流向城市，或林区、铁路）收入增加而上升的；至于依靠余粮放债，或其他剥削方式而上升的只是极少数。

下降户中绝大部分是缺乏劳力，缺乏生产工具的农户，现在互助组织未能满足这类农户生产上的基本要求，甚至被排斥于互助组外，生产被动，其趋势是向下的。少数是由于天灾病疫，劳力丧失而下降的。极少数则是由于缺乏计划好吃懒做而下降，下降户与停滞户中缺乏劳力和生产工具的农户同是农村中的困难户，生活向下，需要扶持。

停滞户中约有50％是缺乏生产资料（主要为牲畜）的农户，有30％是劳力弱或人口多劳力少的农户，这些户无力深耕细作，未搞副业，简单农业再生产限制了向上发展。此外约10％的农户因天灾病疫而不能上升，部分因人口增加，土地相对减少，经济分散而未能上升。至于因外债剥削懒惰而未上升的是少数。

总的来看，这些户虽未上升，但一般看来，生活上多比过去好，家底比过去多了。

上升户中包括15户贫农转业户，停滞户中包括5户中农转业户（如工人、职员……），这些户约半数是由于人口少、土地少，无农具养车养马不合适而转业的，有1/4的户，是土地少农业收入不能满足需要，自己稍有技术而转业的，极少数则是缺乏生产工具，缺乏劳力的小土地出租者。转业户是目前农村中主要的土地出租者，他们的生活一般在中农水平。

## 二、生产资料的占有不平衡

该村除土地房屋外，其他生产资料是历年增加的，但趋势是集中的。现在生产资料95％以上集中在中农阶层手里。计雇农2户，土地、房屋、生产资料毫无；贫农78户中，有72户无耕畜，76户无车、无犁杖，77户无耢耙，现贫农阶层只有4又1/4匹马，1/3辆铁车，1/2辆花轮车，2付犁杖和1付耢耙。

虽然95％以上的生产数据，集中在中农阶层（包括其他职业者），但中农阶层中占有也是不平衡的。152户中农中，有耕畜的只有117户（其中最少的只有半匹马，最多的有3匹马或4头牛，以1匹马的居多），有车辆的92户（其中最少的只有1/6的车，最多的也只有1辆车，多数是只有1/3辆车），有犁杖的只有69户，有耢耙的只有54户。这就是说中农中，还有30％的户无马，40％的户无车，50％以上的户无犁杖、耢耙。

## 三、土地房屋买卖情况

土地房屋的买卖，从去年开始发生，去年买卖总数量，土地为9.9垧，房屋为4.75间，今年土地为4.9垧，房屋为2间。

出卖土地的，主要是贫农，共卖出11.34垧，占卖出总数的76.6％；其他阶层（迁走及转业户）卖出3.46垧，占23.4％。买入土地的计贫农买入1.27垧，占买入总数的8.6％；中农买入13.53垧，占91.4％。出卖房屋的计农会卖出1.25间，贫农卖出3.5间，其他阶层（迁走户）卖出2间，共为6.75间。全数都是中农购买了。出卖土地及房屋中的一户贫农，已下降为雇农。

土地买卖价格，以折成苞米计算。1950 年每垧最高为2.45石，最低为1.66石；1951 年最高为1.66石，最低为1.25石。房屋 1950 年每间最高为4.8石，最低为3.2石；1951 年只有一笔买卖关系，每间为7.3石。两年中的买卖价格：土地 1950 年高于 1951 年，土地价格低的原因是由于迁移及转业；房屋则 1951 年高于 1950 年，原因是工价和木料等上涨了。

出卖土地、房屋的原因，有以下几种：(1) 好吃懒做，不事生产，逐步走向贫困因而出卖的，如贫农李维经已将分得的土地和房屋尽数卖出，现已下降为雇农。(2) 因建筑房屋而出卖了一部分土地。(3) 因迁走或转业而将土地或房屋出卖了。

## 四、土地租佃情况

土地出租数量，除 1949 年仅少于 1948 年外，是逐年增加的。1948 年出租数为18.22垧，1949 年为16.5垧，1950 年为41.98垧，1951 年为72.52垧，今年出租土地数占全村耕地总面积的 10%强。

出租原因（从 1951 年度来看）：主要是转业出外而出租的，其次是缺劳力和缺畜力的户。

## 五、雇佣关系

雇工情况很少，现在仅有 3 户，但变相雇工的不少，即通过互助组来雇工。

## 六、私人借贷情况

孟井村的私人借贷情况，从土地改革以来，是逐年发展着。从发生借贷关系的户数上看，1948 年 35 户（借贷双方合计），今年即达 143 户，为 1948 年的 4 倍。从数量上看，1948 年借入总数为25.9石（苞米），今年为434.5石，为 1948 年的 16 倍强。

私人借贷发展的速度很快，其主要原因是由于土地改革后，经过几年来的生产运动，翻身农民由贫困走向了富裕，他们有一部分余粮，未能找到适当的出路，同时借贷利率较高，因而投向了放债。另一方面，一部分富裕户，为了扩大再生产，和一部分贫困户因家底空、因病、因吃粮不足，特别是 1948 年该村有 1/4 强的农户因火灾或为吃粮为盖房，故借贷者甚多。

(1) 各阶层历年借贷情况

贷出方面：除贫农 1950 年贷出数量比 1949 年稍有减少外，其余都是历年增加着，增加最快的是富裕中农与富农。现在贷出户主要是富裕中农，如富裕中农张连元今年贷出 73 石，富农徐永清贷出 37 石，两户的贷粮数，即占了全村今年抬粮总数的 25%以上。

借入方面：各阶层借贷户数，及借入粮数是历年增加。现在主要借贷者是贫农与中农两个阶层，如张甲德（贫农）因被火烧及不会经营，从 1949 年起借贷，今年即借入 45 石。李增（贫农）劳力差，好吃懒做，好赌钱，1949 年起即借贷，今年借入 20 石。

(2) 各阶层借债使用情况

各阶层借债使用方面，全村几年来总的情况是，用于生活方面多于生产方面，但用于生产上的比重是逐年增大，用于生活上的逐年减少。

| 用途 | 年度 | | | |
|---|---|---|---|---|
| | 1948 年 | 1949 年 | 1950 年 | 1951 年 |
| 生产方面 | 22 | 22.1 | 17.4 | 32.1 |
| 生活方面 | 78 | 71.7 | 65.4 | 51.4 |
| 其他方面 | | 6.2 | 17.2 | 16.5 |

注:其他方面包括公粮、包耕费等。又 1949 年歉收,所以买吃粮占的比重大些。

从阶层上看：（以 1951 年为例）贫农借债用于生产上占14.5％，生活上占79.1％，其他占6.4％，中农借债用于生产上占37.9％，生活上占50.4％，其他占11.7％，富裕中农借债使用于生产上占72.1％，生活上占27.9％。按以上各阶层借债用途来看，用于生产方面的比重是富裕中农大于中农，中农大于贫农，可以看出富裕了的农民是肯在扩大生产上多投资的。

（3）利息

一般是五分利，1948 年最高五分利，1949 年起，出现了六分利，但数量不大，多数还是五分，也有部分无利的。四年来每年平均利息，1948 年为4.4分，1949 年为4.75分，1950 年及 1951 年为4.9分强。名为年利，有许多只有 8 个月、半年或更短时间，故实际利率要达 8—9 分。

农村私人借贷对扩大农业生产和临时帮助贫困户解决生活困难，虽然起了一定的作用，但是由于放债利息较高，影响了部分农民对农业生产上的投资。如种大田的利息约为6.7分，马的利息约为1.8分（因马的收入少，负担重）。故现在有一部分农民感到养马里小，还得出官车，不如投入高利贷生息。

由于放债比投向农业生产有利，所以出现有以放债起家的，如徐永清，土地改革后成分贫农，现已上升为富农，几年来即靠放债，1949 年贷出17.1石，利息收入即占其总收入的 50％以上，1950 年贷出26.4石，利息收入占其总收入的 70％以上，1951 年贷出36.7石，利息收入已达其总收入的 100％。借入户中因逐年本利相滚，生活急剧下降，如崔文焕 1949 年因换马，1950 年因治病，1951 年因缺吃粮、马料，历年借债，本利互滚，今年即负债7.4石，今年其总收入约为 25 石，除去人吃马喂等开支外，今年只能付息，尚不能还本。如李增，1949 年起即借贷，今年共欠债 20 石粮，而今年其总收入仅十石强，吃穿尚不足，更无力还债。又如张甲德，因遭火灾及不会经营：1949 年起即借贷，今年借入 45 石，其总收入约 12 石，全部家底卖了，也还不起债。如潘殿臣，1949 年为娶儿媳，1950 年为借种子，1951 年为盖房，连年借贷，现欠外债28.6石，其总收入约为 42 石，除去人吃马喂等开支外，利息能还上，本还是还不起的。这些借债户，连年被债利所压，生活不但未能上升甚而下降，因此造成了放债者逐年是在富裕，借债者逐年愈加贫困，势将加速阶级的分化。

# 第三、劳动互助组的情况

互助组是在土地改革后的第一年（1948年）即组织起来的，也发生过强迫命令及某种程度的自流现象。但几年来互助组仍是有发展的。常年换工的六马组由去年的1个发展为3个，三马组由1949年的17个发展为22个；插犋组则由前年的25个减为12个，互助组在农业生产上起了一定的作用。但内容还比较单纯，同时由于生产资料占有的不平衡及此种现象今后还将继续存在，由于劳动力转向城市和技术作物的经营势必随着国家经济的发展而日趋增加，要求互助组进一步发展与提高，现在的问题是在于如何教育农民提高对互助组的认识，如何逐步的增加互助组的内容。

## 一、必须增加新的内容并解决现存问题，互助组才能巩固与继续发展

（一）互助组历年来虽有发展，但“组织起来一年散”的现象还严重存在（今年尚占有互助组数的20%）。主要原因是把互助的内容仅仅局限于种上地，只要种上地和大致不误夏锄秋收，互助的目的就算达到了。此外，始终没有增加新的内容，而该村可以与必须通过互助来解决的迫切问题又是突出存在的，如：

（1）单位产量，历年来没有提高，除劳力，耕畜不足外，互助组关于改进技术注意不够，是很重要的原因。全村最高与最低产量相差悬殊（土地等级相近的，甚至是一个互助组内的），如甜菜高低产量相差12倍，青麻、小麦7倍，高粱、大豆6倍，苞米、谷子3—4倍，互助组亦不总结和推广，反而认为“打的多是碰上了”“谁也想多打粮，碰不上不行”。又如该村东西两边有两条小沟，因受水而少打粮食的土地有20多垧，受水的农民都要求挖沟顺水，因人单力薄终不能动工，互助组也不组织这一工作。

目前必须把提高单位产量作为互助组的首要任务，否则互助组的优越性便不能表现出来，因之也就很难进一步的发展。

（二）互助组没有结合运输与副业生产。而本村在运输上是存在着严重问题的，如送甜菜，今年开始时每斤运费20元，最后竟达30元，占卖价的1/3；有车有马户乘机发财，随意提高运价，无车无马户则不得不忍痛吃亏，种地时彼此之间是互助关系，运甜菜时则成为不公平的交易关系了。

本村副业较差，但编席、编草鞋、打柴、拉脚等还是有出路的，但互助组并不组织，人、马冬季多半闲看“猫冬”，无代价的消耗着农产收入（合作社也注意的很差）。

结合运输与副业不仅可以促进互助组经济的上升，也是巩固互助组的重要因素。有多方面的经济联系（如农业、副业、运输、生产工具等）的互助组，是比较容易巩固与便于提高的，现在，各组已有一部成员要求添车买马，只是缺乏组织动员，领导上应予以注意。

（三）互助组的整劳动力是不够的，但却把妇女及半劳力关在组外，使大批的妇女及半劳力不能在互助组内发挥作用。同时并影响全村20%的农户不能参加互助组。这些农户的情况

是：有一个整劳动力，有一些妇女及半劳动力，如单干，全家老小一齐动手，尚可将地种上，如参加互助，妇女及半劳动力既要废弃，还得向外找工钱，因此只好不参加互助组。而互助组对于妇女儿童劳动力又是非常必要的，如修理甜菜、剥青麻是需要大批小工的。

这些问题不被做为互助组的内容，不仅大大削弱了互助组成员之间的经济上的联系，而且相反地促进了互助组的分化（半劳力多的只好单干，有车户，产量高的户都努力经营自己的经济，不关心小组的发展），特别在经济作物发展（甜菜、麻）需要劳力畜力较多的情况下，更易促成自由追逐利润的自流倾向。

互助组除了增加以上的内容以外，还必须解决现存的两个主要问题，才能循着正确的道路发展下去。

第一应当纠正有马户排斥无马的贫困户的现象。本村贫农中92%以上是缺乏耕畜的，20%—30%是缺乏人力或劳力弱的，他们的基本要求是通过互助组来进行自己的生产，但互助组是“强找强，弱找弱，瘸瞎鼻痔没人要”，参加互助组得有三大硬——人硬、马硬、农具硬。“三硬受欢迎，三软没人管”，贫农恰是三软，或二软，因而贫农在互助组里是被排斥。本村被迫弱者与弱者插在一起的小组有6个。他们每个生产季节都落在别人之后，这样不但对贫农的生产不利，且有碍于农业生产的全面发展。

第二应当逐步的改变小组内部存在着的雇佣关系。在互助组内，一般是有马户与有马户人畜均互相换工，无马户虽也是互助组的成员，但与有马户之间实际则是雇佣关系；无马户雇有马户的畜力，有马户以互助之名雇无马户的人力。富裕中农大部是极力买地租地，通过互助来雇人耕种。举5户为例：

| 姓名 | 成分 | 畜力 | 劳力 | 耕地面积(垧) | | | | 雇入互助组劳力(日) |
|---|---|---|---|---|---|---|---|---|
| | | | | 自有 | 租入 | 买入 | 实耕 | |
| 张鸿广 | 富裕中农 | 3 | 2 | 6.93 | 2.88 | | 9.81 | 80 |
| 吴春荣 | 富裕中农 | 1 | 1 | 2.76 | 0.76 | 0.84 | 4.36 | 50 |
| 金永贵 | 富裕中农 | 2 | 2 | 4.97 | 3.93 | 包耕 1.44 | 10.34 | 75 |
| 高景山 | 富裕中农 | 2 | 2 | 7.94 | | | 7.94 | 85 |
| 高启真 | 富裕中农 | 0.5 | 1 | 1.8 | 2.6 | 2.031 | 6.45 | 220 |

有的则在互助组中挂个名字，根本不参加劳动，土地全部由互助组经营。有的则雇长工参加互助组（2户）。这些在互助掩盖之下的雇佣关系，虽与旧富农雇长工有所不同，但其中是存在着剥削成分的，因此，必须防止这种雇佣关系的继续发展，并逐步的改变雇佣关系为互助关系。

## 二、发展与提高现有互助组的必要步骤

第一、必须做出样子来，这个问题，领导上是重视的，而且该村过去也曾做过样子，皆因缺乏具体帮助与骨干而垮了台。如支书李占奎同志，热情，积极，甚至不惜牺牲个人经济利益，想做出一个样子来，两年来他都组织了一个大组，也有一定成绩，并当选为县劳模，得过

奖状，但该同志，注意形式（搞大的换工组）多，加之领导不强，计划不周，农业技术上又无改进，庄稼并不比其他群众长的好，因之该组两年都垮了台。这个教训说明了，做样子，必须是在具体事实上（如提高单位产量，多打粮食，增加收入），做出良好的成绩，而不能搞形式，也只有真正做出成绩，群众才会跟着学，关于选拔劳模，必须首先是本村本区的榜样，而且要切合实际，这样作用才会大，群众才会信服，并向他学习。此外，各级领导应具体帮助劳模，首先是在政治上和生产技术上去帮助。

第二、必须培养骨干。该村在几年来的合作互助运动中，曾涌现出一大批生产积极分子和好的小组长（计党员 5 人，干部 4 人，生产小组长 4 人），他们都极力想把互助组搞好，有着饱满的热情，愿意起带头作用，不惜牺牲个人的利益，这些骨干分子已经起了一些作用；但是他们缺少办法和经验，而不能提高，必须给以帮助，教育提高。同时党员干部和组长中，也有一部分不起作用，如村长曹玉金几年来从不参加互助组。全村 22 个大组长中，有 6 个专门能“抗会”而被落后群众选举上来的，对此也应加以整顿教育。

第三、要使互助组这种经济形态在农村中生存成长，必须银行、合作社、农场及政府有关部门在经济上、技术上予以有力的支持，以促进这种经济力量的更加迅速发展。现在注意的很不够。

# 松江省阿城县共和、常胜、海红三个屯经济调查

共和、常胜、海红三个屯共 366 户，1816 口人，343 个劳力，土地1057.2垧，耕畜 300 匹，车 106 台，房子603.5间。经济发展状况：常胜、海红两屯可代表阿城平原区上中等，共和村可代表中等。生产条件共同的特点是土地少无荒可开，没大的牧场，靠近中心城市和铁路线；海红屯靠近阿什河可发展一部分水田。从生产发展上，共和、海红两屯商品粮及工业原料增加较快，常胜屯运输较多。

## 一、商品经济发展，中农比重增大

根据共和、常胜、海红三个屯调查，农村生产经 1948、1949 年两年恢复阶段，1950 年开始已走上迅速发展时期。从农副业收入耕地面积以及车马上看，均有大量增加。

附表（说明：生产价值折高粱计算）：

| 项别 | | 年度 | | | | |
|---|---|---|---|---|---|---|
| | | 1943 年 | 1948 年 | 1949 年 | 1950 年 | 1951 年 |
| 户数 | | 363 | 362 | 364 | 366 | 366 |
| 总收入 | 数量 | 1560.3 吨 | 1513.81 吨 | 2068.3 吨 | 2259.85 吨 | 2377.28 吨 |
| | 增加指数 | 100 | 97 | 136.4 | 145 | 156.4 |
| 牲畜 | 数量 | 245 头 | 209 头 | 251 头 | 287 头 | 300 头 |
| | 增加指数 | 100 | 85.3 | 102.6 | 117 | 138 |
| 农具 | 数量 | 70 台 | 67 台 | 75 台 | 93 台 | 106 台 |
| | 增加指数 | 100 | 95.7 | 107 | 133 | 147 |
| 耕地面积 | 数量 | 964 垧 | 900.38 垧 | 991.62 垧 | 1039.32 垧 | 1062.47 吨 |
| | 增加指数 | 100 | 98 | 103 | 106.7 | 110.2 |
| 农业收入 | 数量 | 1342.07 吨 | 1288.51 吨 | 1854.3 吨 | 1996.85 吨 | 1926.28 吨 |
| | 增加指数 | 100 | 96 | 138 | 147 | 145.7 |
| 单位产量 | 数量 | 2726.30 斤 | 2864 斤 | 3738 斤 | 3780 斤 | 3600 斤 |
| | 增加指数 | 100 | 105 | 139 | 139.9 | 132 |
| 副业收入 | 数量 | 218.23 吨 | 225 吨 | 214 吨 | 290 吨 | 451 吨 |
| | 增加指数 | 100 | 103 | 98.1 | 132.9 | 206 |

农村经济发展的基本特点：

（一）商品经济大量发展。首先是商品粮和工业原料的生产有了显著的增加：

附表：（说明：折合高粱计算）

| 项目 | | 年度 | | | | |
|---|---|---|---|---|---|---|
| | | 1943 年 | 1948 年 | 1949 年 | 1950 年 | 1951 年 |
| 总耕地面积 | | 964 垧 | 900.38 | 991.61 | 1039.33 | 1062.47 |
| 农业总收入 | | 1342.07 吨 | 1288.21 | 1854.3 | 1969.85 | 1926.28 |
| 商品粮及工业原料的耕种面积 | 数量 | 429.8 垧 | 327.28 | 376.37 | 451.18 | 523.45 |
| | 增加指数 | 100 | 76.1 | 876 | 105 | 121.8 |
| | 占总面积% | 44.5 | 36.2 | 37.9 | 43.4 | 49.2 |
| 商品粮工业原料的总收入 | 数量 | 719.67 吨 | 677.45 | 1095.32 | 1171.93 | 1220.35 |
| | 增加指数 | 100 | 94.1 | 152.3 | 163 | 170 |
| | 占总面积% | 53.6 | 52.5 | 59 | 59.5 | 63.35 |

增加较快的共和屯，1951 年商品粮工业原料耕种面积已占总耕地面积的57.87%，收入已达农业收入的71.3%。其次是运输业开始活跃，1950 年运输收入 2600 万元，1951 年收入已增至 12000 万元，占农业收入 15%，最活跃的是长胜屯运输业收入已占农业收入的 31%。这主要是国家经济建设发展和城乡物资交流活跃的结果。最后猪鸡副业收入的商品部分逐年加大，折合高粱计算 1949 年为 100 吨，1950 年为 150 吨，1951 年为 100 吨。1951 年减少主要是受猪鸡瘟影响，否则生产总值将达 400 吨，占农业收入的 30%，出卖部处将增至 250 吨，占猪鸡生产总值的 60%。

商品经济大量发展不仅标志着与加速了农村经济的上升，同时也给农民带来了日渐富裕的生活，主要表现在购买力大为提高：

附表：

| 项目 | | 年度 | | | | |
|---|---|---|---|---|---|---|
| | | 1948 年 | 1949 年 | 1950 年 | 1951 年 | 备考 |
| 生产总值 | | （略） | | | | |
| 数量 | | 3014.3 万元 | 4445.5 万元 | 5205.7 万元 | 7876.9 万元 | |
| 总购买力 | 上升指数 | 100 | 147 | 172.8 | 261.2 | |
| | 占生产总值% | 33.3 | 37 | 39 | 55 | |
| 每户购买力 | 数量 | 832500 元 | 1221400 元 | 1450000 元 | 2152160 元 | |
| | 上升指数 | 100 | 146.8 | 174 | 257 | |
| 每人购买力 | 数量 | 160000 元 | 245400 元 | 286700 元 | 444000 元 | |
| | 上升指数 | 100 | 148 | 172.7 | 267 | |

（二）中农比重日益增多。随着农村生产的发展，农村阶级关系已起了根本变化：

附表：

| 年度 | | 土地改革前 | | 1951年 | | | | |
|---|---|---|---|---|---|---|---|---|
| 新成分 | | 户数 | 占总户数% | 贫农 | 中农 | 富裕中农 | 手工业工人 | 公教人员 |
| 原成分 | 合计 | 366 | 100 | 108 | 201 | 47 | 7 | |
| | 占总户数% | | | 29.5 | 55 | 12.8 | 1.91 | 0.79 |
| | 雇农 | 19 | 5.2 | 7 | 6 | 5 | 1 | |
| | 贫农 | 227 | 62 | 65 | 127 | 30 | | 1 |
| | 中农 | 69 | 19 | 13 | 44 | 11 | | 1 |
| | 富农 | 38 | 10.4 | 19 | 17 | 1 | 1 | |
| | 地主 | 11 | 3 | 4 | 7 | | | |
| | 手工业工人 | 1 | 0.2 | | | | 1 | |
| | 公教人员 | 1 | 0.2 | | | | | 1 |

中农已成为农村生产的主体。

附表：

| 项目 | | 成分 | | | | | |
|---|---|---|---|---|---|---|---|
| | | 合计 | 贫农 | 中农 | 富裕中农 | 手工业工人 | 公教人员 |
| 户数 | 数量 | 366 | 107 | 202 | 47 | 7 | 3 |
| | % | | 29.2 | 55.2 | 12.9 | 1.9 | 0.8 |
| 人口 | 数量 | 1816 | 362 | 1126 | 296 | 17 | 15 |
| | % | | 20 | 62 | 16.3 | 0.9 | 0.8 |
| 劳力 | 数量 | 343.5 | 56 | 227 | 60.5 | | |
| | % | | 16.3 | 66.2 | 17.5 | | |
| 土地 | 数量 | 1057.29 | 194.07 | 673.27 | 182.36 | 5.09 | 2.5 |
| | % | | | | | | |
| 耕畜 | 数量 | 300 | 12 | 200 | 86 | 1 | 1 |
| | % | | 4 | 66.7 | 28.7 | 0.3 | 0.3 |
| 车 | 数量 | 106 | 7 | 69 | 30 | | |
| | % | | 6.6 | 65.1 | 28.3 | | |
| 房屋 | 数量 | 603.5 | 105.5间 | 362 | 129 | 6 | 1 |
| | % | | 17.5 | 60 | 21.3 | 1 | 0.2 |

他们一般的都是人强马壮，秋收后都握有百万余资，据海红屯的统计，76户中农握有扩

大生产资金19666万元；握有400万以上的9户；握有200万－300万的51户；握有50万－100万的16户。目前由于土地少技术低资金分散等条件的限制，因而产生了投资的苦闷，增加马力吧，土地少占用不了；拴胶皮车吧，一家又拴不起；大量发展牧畜吧，顾虑瘟灾；增加土地投资吧，自己又想不出好办法。因此中农的基本要求是组织资金投向扩大再生产。此外还有一部分农民上升较慢，缺乏必要的耕畜和农具，秋收后虽能积累一部分资金，但能买起马的户仅是个别户，多数马不成用，仍需组织起来。特别是其中有1/3的农户不仅缺乏必要的耕畜和农具，而且缺乏劳力，需要互助组更好的吸收他们并充分发挥其作用，能放猪的放猪，能喂马的喂马。

随着国家经济建设的发展，农村劳力已逐渐向工矿转业，三个屯的统计：1950年5名，1951年31名。土地买卖虽已发生，但多是由于转业或搬家，基本是正常的调整。

## 二、组织资金，投向扩大再生产问题

农民投资的苦闷主要来自两方面。一方面由于商品经济的发展，农民的扩大生产资金迅速增加，在有限的土地上维持现有的生产水平，已不足以容纳农民现有的资金。另一方面农村扩大生产资金虽有迅速增加，但主要是分散在广大农户手里，而单个农户占有的生产资金不但数量有限，而且时间上也不是一齐可以集中起来的，尚不足以有效的投入扩大再生产。据海红屯的调查，19666万元扩大生产资金，分散在108户手里，而每户占有又零星，分散在三个时期里，即：麦秋、大秋、冬季副业，这就迫切要求领导上及时指出扩大生产的投资方面，恰当的解决组织资金问题，满足农民扩大再生产的要求。

根据该地区的自然条件和生产特点，扩大再生产资金主要应侧重如下几方面：

1. 有计划的扩大商品粮工业原料作物。根据国家需要及该地区土质气候特点及群众习惯，主要应发展大豆、甜菜、葵花、青麻、篦麻、小麻籽等作物，有水利条件地区可发展水稻。

2. 改进农业技术，增加土地投资（略。后面谈）。

3. 发展运输业。该地区靠近中心城市和工业区，发展运输颇有条件，长胜屯1951年运输业收入将达13个亿（四季度计划算在内），占农业收入46.2%，因而刺激买马20匹，添车8台，直接支持了农业生产的发展。相反的由于运输业没有开展起来的共和、海红两屯，农民便不敢增添马匹，怕地少吃穷了，海红屯1949年以来仅增加一匹马，基本上陷于停滞状态，这充分说明发展运输是增强农业收入，支持农业生产发展的重要内容，也是国家经济建设不可缺少的一部分。

4. 发展家庭饲养，扩大肉蛋毛皮生产。西部平原牧场有限，大量发展牛羊受自然条件的限制，只能在有条件的村屯适当发展，但靠近中心城市交通便利，有利于发展家庭饲养。据长胜屯三户典型调查，1950年猪鸡收入即达402万元，占农业收入的24.8%；积肥4垧，占施肥面积40%，由于养猪收入的补助姜文买了一匹辕马，黄盛宽换了一台车，这说明发展猪鸡是扩大农业投资增加粪肥的重要来源，也是国家重要的出口物资。因此任何认为猪鸡是可多可少的副业生产不加以领导是没有根据的。

由此可见平原区生产，并不像一般群众和干部所说的那样“没啥可搞”“没大发展头”，相反的随着工商业经济的日趋发展，生产内容是丰富的，发展前途是广阔的，问题在于我们能否积极去开展和组织。

组织资金可通过以下几种形式进行：

1. 根据生产需要以互助组为基础，在自愿互利的原则下组织资金合作，购买牲畜、改良农具、拴胶皮车，提高农业技术，发展运输业。

2. 供销合作社应发展信贷合作事业，集中分散资金，扶持互助组发展生产。

3. 国家银行应在农村有重点的设立营业所，以扶持农村合作信贷事业，掌握农村金融。

4. 调整私人借贷利息限制高利贷。该三个村借贷利息过高，一般都是月利20%，每个月一打利，四个月本利平，超过正常生产利润的一倍，群众谓之“大头利”，严重的影响生产。长胜屯已有4户把马卖了放高利贷。为了发展正当生产而借贷的很少，多数是搞投机事业和临时堵窟窿，几天就还或由于天灾人祸生活困难不得已。计：全屯共19户借贷户（小串换不在内），用于治病者5户，雇牛犋者2户，结婚者2户，补助添车买马的10户多是临时堵窟窿性质，而借给私商投机作买卖的钱（户数不清），则占贷款额30%。产生利息高的原因，并不是由于借贷不活跃，供不应求，相反的就长胜屯来看，贷出数量是超过借入数量，长胜屯21户贷出1420万元，而19户仅借入860万元，那么原因何在呢？据我们的调查，主要是受城市借贷利润影响。随着商品经济发展，农民有了余资，由于农村借贷事业没有及时的开展起来，因而被私商钻了空子，向农村插了一脚，吸收农民余资，搞投机买卖，结果过高的提高了借贷利润，现在阿城街里出现一种专门捣借金融的“钱贩子”，转手余利，从中剥削。长胜屯多数放贷户都和他们发生关系。为此除应通过以上办法掌握与调整农村借贷利息外，在政策上应给以适当的限制，以利于集中农村分散资金，支持发展生产。

## 三、互助组问题

### （一）互助组发展的基本趋势

互助组经过几年来的努力，不但在数量上发展，而且在质量上也不断提高，互助组发展的基本趋势是由小到大，由季节到常年，由插犋种地到改良农业技术，农副业结合分工分业；由组织人畜换工到组织资金，吸收妇女半劳力参加生产。三个屯除3户单干外全部组织起来，1951年共组织起来674个小组，6匹马以上的小组占50%，比1950年增加20%；常年换工占40%，比1950年增加25%，一般都进行满仓金粒选、花选，扩大施肥面积等改进农业技术，有20个组在农闲期初步结合了运输业，有7个组采用改良农具，有3个组开始分工分业。

互助组发展的结果大大加速了农村经济的上升，但反过来农村经济的发展又给互助组提出了新的要求和任务。

随着商品经济的发展，农村经济已走上全面发展的道路，不仅农业生产在迅速的上升，运输、牧畜也在加速发展，供销事业空前活跃起来。中农比重日渐增多，农民扩大再生产的能力日渐增强，但目前农村扩大生产资金虽有迅速增加，主要还是分散在广大农户手里，尚不足以有效的投入扩大再生产。大规模的改进技术，发展运输、牧畜，均不是单个农户所能及。这就要求互助组适应新的情况，把单纯生产上的合作互助推广到改革农业技术、运输、牧畜上去，把人畜力上的换工互助进一步推广到资金合作上去，不仅要进行农业生产上的技术分工，而且要发展各种生产上的分业；不仅要担负起组织人力、畜力的任务，而且要担负起组织资金的任务。组织资金分工分业，广泛吸收各种劳力参加生产，不仅代表广大中农的要求，同时也代表上升较慢户的要求，因为只有这样的互助组才便于充分发挥他们有限资金和人力的作用。

## （二）目前存在的问题

1. 3个屯，64个互助组中只有3个初步开始了分工分业，其余61个组，基本上还是简单农业生产上的互助换工，随着农村商品经济发展，中农比重日趋增多，这类组已满足不了群众扩大再生产的要求，迫切需要加强领导，充实互助内容，向组织资金合作，提高农业技术，分工分业的方向发展。

2. 雇牛犋的小组占4%，互助基础较差的长胜屯，28个组中16个组是雇牛犋，形式虽有不同但他对生产和互助组所起的不良作用，基本上是同样的：(1) 互助组的组成以有马户为主体，一般是两三户有马的先插起来，然后再挂上一两户无马户，或是够一付犁杖的有马户外揽一付牛犋，有马户是当然组长，换工生产有马户说了算，无马户处于附属地位。(2) 雇牛犋限制互助范围的扩大，影响深耕细作，提高技术。生产内容事先讲死。超出范围另外加钱，如共和屯，雇一垧地牛犋15万元，只管种上，蹚两遍拉打到家，多蹚一犁2万元，送一垧地的粪10万元，因而雇牛犋户三铲三蹚的根本没有，有13户没马户土地改革到现在一搓粪没上过，那××去年积了3垧粪肥，由于没钱雇车只好白撂了一年。而且没马户主要是和揽牛犋户单独发生关系，而不是和全组发生关系，因此即限制了互助组统一计划，合理分工。(3) 有马户特别是多马户通过揽牛犋的方式束缚和剥削无马户，牛犋价的高低，作工或折钱，都是有马户说了算，多数是上打牛犋钱，困难者有的抬钱或用地换牛犋，春耕夏产一般的是先可有马户，特别是用工换牛犋的，得先还够牛犋工，然后才能轮到无马户。最显著是够一付犁的户，自立小组，自任组长，揽进几户劳力硬土地少的无马户，自己购买或租入一部分土地，用牛犋换工经营。搞副业则把无马户扔在一旁。如阿城县共和村那国臣，有1个劳力3匹马，自己有5垧地，租入4垧，买入2垧，共种11垧，揽3户牛犋，3劳力6垧地，全组平均每个劳力耕种4.25垧。这样那国臣用马换工种土地，超过自己劳力负担的一倍半，剥削分量已超过30%以上。(4) 在这种生产关系的基础上，很明显只有利于有马户的发展，而不利于无马户的发展，不可能培养起真正的互助骨干和群众合作互助的观念。不但严重的束缚着农村生产力的提高和互助组的发展，反而培育着资本主义的因素。因此应采取坚决的态度，有计划有步骤的改造这类的互助组，通过充实互助内容扩大生产，刺激农民添车买马，对资金有限个人买不起的户，应组织其合资买马，实在买不起的户，也应在小组中加强互助合作教育，贯彻民主原则，改变这种束缚不平等的关系。

3. 互助组领导骨干弱。64个组长中，初步能领导互助组制订与实现生产计划的，只有25名，其中还有的嫌麻烦不愿干，其余只起开会跑腿作用，特别是雇牛犋组的组长很少考虑如何领导全组搞好生产，多是考虑怎样对自己有利。这个问题不解决提高互助组是不可能的。

## （三）抓住环节加强领导

为此，今后围绕扩大互助范围、增添新内容这个中心环节，抓住如下几点加强领导：

1. 通过制订1952年互助增产计划，有步骤的分别把增加商品作物，改革农业技术，发展运输、牧畜等内容具体充实到互助组里去，组织资金扩大再生产，解决进一步的组织形式，互利以及领导等问题，把互助组在不同的基础上提高一步。这件工作必须在冬季结合副业生产把他作好，否则一到年关，有限资金很容易被浪费掉。种地时或过了旧历年再整顿互助组的老做法是不适合农业生产规律的，事实农民对自己来年的生产计划，准备与投资都在冬季决定，而农民的生产计划准备和投资金又和互助组的提高存在着直接密切的关系。

2. 培养提高互助骨干，是提高互助组的关键。为此首先应通过训练班和评比参观等方式，加强对互助组长的训练，提高其政治觉悟与组织能力，明确组织起来的方向，掌握必要的技术，具体教会如何领导群众，制订与实现小组计划，发扬民主解决小组中的问题。其次应发挥农村党团员的组织保证作用，支部应把检查互助组爱国丰产的好坏，做为检查党团员工作标准，列为生活内容之一，使党团员主动形成互助组的骨干与核心。

3. 加强爱国丰产与组织起来的教育。由于互助组的逐年发展、壮大，因此多数农民对互助组是信仰的，但这不是说群众彻底接受了组织起来的方向，当一个新内容的提出，群众对他顾虑是很多的，只从狭隘的个人利益出发，看不到共同发展的前途，斤斤计较怕前怕后，对互助组没有长远打算。小生产者的本性，随着经济上升而有某些滋长，特别是在互助组基础差的长胜屯更为明显，号召集股买胶皮车时群众说："一家最好；两家将就；三家根本不行。"因此必须加强互助组的政治工作，开展爱国主义丰产教育，提高农民政治觉悟鼓励其生产积极性，不断总结生产实效，教育农民明确组织起来的方向，改造小农自私的保守思想，树立集体劳动观念。

4. 加强合作社对互助组的扶植。商品经济的发展迫切要求与市场密切结合，合作社应广泛的采用合同形式，通过搞好供销，积极组织互助组发展运输牧畜造林，提高农业技术，种植商品作物与工业原料，从各方面创造财富支持互助组的发展，社员小组应以互助组为基础，使生产供销有机的结合起来。

5. 搞好典型示范，对共和、海红已经有先进典型组的屯子，应加强对典型组的培养，提高其政治觉悟与爱国热情，系统的总结其经验，帮助其制定1952年增产计划，发动群众学习，广泛宣传扩大其影响。对长胜屯没有先进典型小组则应先从培养典型树立旗帜入手，逐步推动一般互助组向前发展。

# 四、提高农业技术问题

农村生产的发展，特别是商品粮与工业原料的发展，对农业技术改革文进一步提出了一系列新的要求：

（一）解决“重槎”“迎槎”减产问题。今年正白屯已有42垧大豆不得不种“重槎”，长的很不好，估计每垧地较一般大豆要减产200－300斤，明年即使维持原有耕种面积，也须有20%的大豆要“重槎”“迎槎”，这个问题不解决，将影响明年以及将来大豆耕地面积的扩大和产量的提高。“重槎”“迎槎”减产主要原因是：旧耕作法翻土浅，施肥量少，不足以改良土壤，增强地力，因而种过一年，便被作物把土壤中所含有自己所需要的养料吸收尽，来年再种同样作物当然要减产，农民对此只能采取“调槎口”的办法解决。因此解决“重槎”“迎槎”问题实质就是解决深耕施肥，增强地力的问题，必须逐步解决改革农具改良耕作法，深耕施肥改良土壤的问题。目前可在旧的耕作基础上，增加马力，推广优良农具，争取深耕一寸到二寸，提倡秋翻地，大量造粪施肥，改良土壤，提倡小垄改大垄。据长胜屯调查一尺六到一尺八的小垄地占总面积70%，影响深耕深蹚，既不抗旱又不抗涝也不抗风，使用锄草机还容易伤苗，该屯齐风林由于把一尺六寸的垄改成一尺九寸的垄（还小）作到深耕一寸，1950年就每垧地增产一石粮，今年垄挨垄的地，他哥哥地涝坏了，他的地就没涝坏。

（二）防治自然灾害。商品粮和工业原料一般的特点是抗灾力弱，这是群众最担心的，共和屯种小麦十年九不收，主要是锈病厉害，今年丰收，群众说：“这宝压正了”，估计明年要大量增加。今年大豆普遍起蚜虫，甜菜起赤虫，没法治，群众说：“光种值钱的不行，种地都得样样都种点，这样不收那样也还保本呢。”因此解决小麦锈病、蚜虫、赤虫等自然灾害是发展商品粮与工业原料的重要环节。

（三）改良种子。共和村今年小麦种子杂花，群众要求优良麦种，大豆已普遍推广满仓金，但纯度仅达75%，仍需不断精选纯化。

# 五、供销问题

商品经济发展，中农比重增多，在城乡交换关系上，也引起了新的发展和变化。

首先是农民购买力中的生产资料比重已超过了生活资料的比重，据共和、长胜两屯的调查，生产资料比重，1948年为15.2%，1949年为32.7%，1950年为46%，1951年已达到56%，生产数据增长的基本趋势，不仅一般生产数据在迅速增加，而且工业产品也在相对的增长，综合号铲蹚机，1951年3台，1952年计划需要15台，历年没有用过的胶皮车，1951年秋收后的计划，购入11台。

其次是开始出现了种地的农民需要负吃粮，买马草，买马料，买烧柴的新情况，由于商品粮及工业原料耕种面积的扩大，自然粮面积缩少，海红屯今年屯内串换除外共购入食粮26000

斤，烧柴15000斤，马草15890斤，马料豆饼1195斤，高粱2384斤，今年自然粮耕地面积较去年缩减11%，明年粮食、烧柴、马草料的购入额将随之增加。

所有这些需要购买的东西，都需要出卖土副产品来解决，因此商品经济发展，迫切要求与市场结合，给农村供销合作社带来了日加繁重的任务，同时给地方工业与手工业生产也提供了新的内容。

1951年

# 辽西省黑山县二区崔家屯村经济发展情况调查

崔家屯村1948年春耕前结束土地改革，全村土地3925亩，人口1307人，男劳动力232个，女劳动力253个，耕畜116头。经济特点是：地少人多（无开荒余地），土地分散，劳动力有剩余，各农户除饲养猪鸡外，其他土副业极少，一般生活不够富裕，再加1949年遭水灾影响，生产发展较慢，近二年来，种植棉麻特产面积增多，生产面貌有新的变化，该村可代表黑山县中等村，但村工作基础较好，群众觉悟比一般村高，有党团支部领导，又有村供销合作社和省劳模杨春生、赵德林等6个互助组。

## 一、三年多农村经济发展现状和涉及到的几个问题

### （一）经济发展现状

1. 从生产资料占有的变化来看，1947年全村252户，占有耕畜102头（骡马25头、驴76头、牛1头），车辆59台（铁车29台、木车30台），1951年耕畜116头，比1947年增加13头（其中因刚土地改革后，雇贫农家底空，骡马卖掉16头，添进毛驴25头），车辆65台，比1947年增加6台。土地改革前，占全村总户数11.9%的地富，却占全村土地57.40%，耕畜27.48%，车辆22.14%，而占全村总户数64.7%的雇贫农，仅占15.34%的土地。经土地改革后，农民占有了生产资料，又经三年多的大生产运动，大多数雇贫农上升为中农，目前中农在农村经济上已占着主要地位。中农土地占总数的50.61%，耕畜占总数的88.14%，车辆占总数的89.3%，农具占总数的87.60%。农村中农的增加，已成为农村经济发展的标志。

2. 从逐年生产总值的增加看，1943年（伪满康德十年耕地面积391垧）农业生产总值1466300斤（折粮）；1950年耕地面积392.5垧，农业生产总值1300401斤，达1943年的88.69%；1951年丰收在望，预计农业生产总值达2485080斤，超过1950年粮食总产量的91.9%，超过1943年粮食总产量的69.5%。

3. 从购买力的提高看，仅以1951年、1952年为例：1951年全村购买力258504810元，每人购买力平均197936元，生活资料占总购买力的85.9%，生产资料占总购买力的14.1%。从阶层看，贫农的购买力占全村的32.64%，其中生活资料又占88.97%，生产资料占11.03%，贫农每人193521元，雇农的购买力占全村的0.96%，其中生活资料又占96.25%，生产资料占3.25%，雇农每人214432元；中农的购买力占全村的53.1%，其中生活资料又占86.1%；生产资料占13.9%，中农每人217668元；富裕中农的购买力占全村的4.06%，其中生活资料又占63.97%，生产资料占36.03%，富裕中农每人250050元；富农的购买力占全村的6.16%，

其中生活资料又占90.1%，生产资料占9.9%，富农每人130382元；地主的购买力占全村的2.76%，其中生活资料占99.67%，生产资料占0.33%。1952年全村购买力556705418元，每人购买力平均426268元，生活资料占总购买力的66.19%，生产资料占总购买力的33.81%。

从阶层看，[①] 贫农的购买力占全村的32.47%，其中生活资料又占69.8%，生产资料占30.2%，贫农每人414893元；雇农的购买力占全村的1.09%，其中生活资料又占99.11%，生产资料占0.89%，雇农每人300798元；中农的购买力占全村的51.96%，其中生活资料又占64.4%，生产资料占35.6%，中农每人457738元，富裕中农的购买力占全村的5.7%，其中生活资料又占38.11%，生产资料占61.89%，富裕中农每人755410元；富农的购买力占全村的5.6%，生活资料又占83.58%，生产资料占16.42%，富农每人248075元；地主的购买力占全村的3.15%，其中生活资料又占93.33%，生产资料占6.67%，地主每人303750元，两年中全村购买力对比，1952年比1951年提高115.3%；各阶层对比，贫农比1951年提高114.3%，雇农提高141.8%，中农提高110.3%，富裕中农提高202.1%，富农提高90.3%，地主提高147.1%。各阶层购买力增加指数以富裕中农为最高，各阶层对生产资料的需要一般均较1951年增加，但也以富裕中农占增加比重最大。

## （二）随着经济发展，农村阶级已起了新的变化

经过三年多的大生产运动，生产得到发展，雇贫农多数上升为中农，农村阶级已起了新的变化。土地改革前，雇农原成分46户，现在上升贫农者31户，上升中农者11户；贫农原成分117户，上升中农者43户，下降为雇农者1户；中农原成分61户，上升富裕中农者6户，下降为贫农者6户，从阶级变化中看，1951年仍为雇农者5户，仅占全村总户数的2%，贫农111户，占总户数42%，中农103户，占总户数的40%，新富裕中农出现6户，占总户数2.5%，中农、富裕中农合计占总户数43%。

就该村1951年情况考察各阶层上升的原因，除因土地改革后解放了生产力，继之贯彻了保护私有奖励生产发家致富政策，就是扩大了棉、麻特产，提高了农业技术，参加了互助组，实现了粮棉比价，妇女参加了劳动，村级党政的积极领导。据三户新上升的富裕中农的调查：(1) 种棉、麻多，三户6.5垧土地，棉麻占38.3%，比一般农户多种7.3%；(2) 进行了精耕细作改良了技术，多打了粮食，三户的特产均完成六铲六蹚，放一遍秋垄，追一次肥，掐尖、打杈、打土叶、打水蔓四次，打药两次；(3) 参加了插犋、换工互助组，克服了生产中的困难；(4) 过日子有计划；(5) 妇女参加了农业生产和副业生产。

农村经济虽有了发展，多数农民经济上升，但从各阶层的经济现状看，尚有5户雇农依靠扛活或打短工为生活主要来源，还有42%的贫农，他们生活上虽不像土地改革前那样的缺吃少穿，但还缺乏必要的耕畜、农具。全村111户贫农中，仅有驴8头，铁车、木车四五台，木犁、双轮犁、喷雾器等10件，平均14家一头驴，24家一台车，11家一件农具。在中农中，生产资料仍感不足，生活也不富裕的仍不少，迄今能拴两马一车者尚无一户。农村阶级分化虽

① 此处或上一段开头可能有误，但无法查证。——编者。

然是生产发展的必然趋势，但如何扶助和提高44%的雇贫农经济上升，满足雇贫农在生产上的积极要求，使绝大多数农民过富裕的生活，仍是我们今后领导发展生产的重要问题。

据该村3户中农下降的原因：（1）未种特产的2户，种特产少的1户；（2）出卖了土地的2户；（3）雇牛犋、叫工夫；（4）劳力缺乏或因病灾丧失了劳力；（5）土地改革前吸大烟，不会侍弄庄稼的一户。

## （三）随着农村经济的发展，新的土地买卖、租佃及雇佣、借贷关系已日趋恢复

1. 土地买卖关系：地权确定后，从1949年开始土地买卖的变动较大。据调查，1949年卖出者15户（雇1、贫12、中2），53.2亩，1950年20户（雇2、贫12、中4、富2），88.5亩；1951年14户（贫9、中4、地1），51.8亩，合计共出卖土地者49户（雇3、贫33、中10、富2、地1），193.5亩，出卖土地户数占全村总户数的18.9%，出卖土地亩数占全村总亩数的5.03%，阶层以贫农最多，年度以1950年为甚。土地出卖原因：（1）因天灾、害病的11户；（2）娶媳妇、死人的2户；（3）还旧债的12户；（4）无劳力或缺劳力者4户；（5）作买卖亏本者3户；（6）买口粮者1户；（7）因串换土地发生买卖关系的6户；（8）好吃懒做的9户。买入土地的共55户（雇1、贫15、中38、富1），203.2亩。

2. 租佃关系：该村将土地出租者13户，占全村总户数的5%强，其中贫农4户、中农1户、富农2户、地主6户，共出租土地8.46垧，占全村总亩数的2.17%。租额13.85石，平均每垧地租额1石6斗3升（每均地常年产量6石），多数讲死租，不管年景好坏，交租子春前秋后两种，公粮也全由承租户负担。各户出租具体原因如下：（1）因双目失明不能劳动者2户；（2）因当教员出租者2户；（3）根本无劳动力者1户；（4）因犯罪住监牢者1户；（5）全家搬走将土地出租者1户；（6）地主逃之未归者1户；（7）在外经商出租土地者2户；（8）无劳动力地富2户。承租户17户，有本村14户（贫4、中9、富裕中农1），外村3户。租佃户，采用伙分粮办法。

3. 雇佣关系：该村1950年做长工的一户一人，1951年两户三人，其中一人带地抗活，雇工时间由春耕起到秋收前止5个月，工资最高3石3斗，最低2石8斗，和土地改革前比工资未增加。雇主均为富裕中农：邵喜文，2垧地，本人在合作社当会计，从1950年起雇活；赵德明，2垧地，本人在沈阳织腿带；王忠臣，4.7垧地，一个劳动力。

4. 借贷关系：该村借贷关系很活跃，主要以粮食为主，群众对借贷政策没顾虑，但有粮户怕说是高利贷剥削，不愿意露名。仅在150户群众会上调查，其中贫农13户，借粮23.2石，中农18户，借粮31.9石，合计31户，借粮55.1石。放粮债者29户，其中本村中农17户，贫农4户，富裕中农1户，外村7户，利息最高五分，最低四分，有1户借自互助组，无利息。

## （四）文化教育的发展与农民思想问题

1. 随着农民在经济上的发展，农村新的文化教育高潮已与过去任何历史时期不同：（1）

伪满时期：初小学生184名，高小22名，入高小者贫农仅2名；（2）国民党时期：初小85名，高小11名，入高小者贫农仍仅2名；（3）1951年，初小295名，其中雇贫子弟74名，高小40名，其中雇贫子弟16名，超过伪满、国民党时期8倍，中学15名，其中雇贫农子弟3名，过去雇贫农子弟上中学是很少见的，如今却不同了。雇农杨春生的儿子，十岁前给地主放猪，1947年才入小学一年，中途升级，今年已考入中学。从学生数目的增加看，也是空前的。1951年初完小学生比1949年超过136%，比国民党时期超过249%，比伪满时期超过81%，农村是凡适龄儿童均已入学。此外，农民对文化教育建设也是异常关心的，该村在1951年7月28日的人民代表会议上，提出33件提案，其中有关学校教育问题的11件，占全部提案的33%。

2. 农民一般的皆认为发家致富是光荣的，由贫农升为中农，自豪的以为“升了一级”，对穷认为是“丢人”的事，没上升的雇贫农，遭到群众舆论：“为什么分了地后，几年还没有过好呢?”这就是说：过去农民中所谓“穷光荣富麻烦”的混乱思想已不存在了，但一般还不知道今后农村经济应向那里发展，绝大部分农民存在“富裕了，有余钱买地”，借贷虽自由，但认为是非法的，怕说是“高利贷剥削”。有极少数的农民（如有的劳动模范、村干部）虽然体会到组织起来的好处，知道了将来要走到社会主义，实行集体农庄，但采取什么步骤和方法走到社会主义，却弄不清楚。据调查6户富裕中农的情况，明年计划买地的3户，雇长工的2户，参加互助组的只1户。再6个互助组的调查，2个是共产党员当组长（全村7名党员，4名参加互助组），一个是张祥（党支部书记）互助组，实际是个人卖套性质，一个是董万和（党支部宣传委员）互助组，是今年由杨劳模（非党员）组织带动起来的，这就是说，农民对农村经济发展方向认识不清，基本原因是目前对农村经济发展方向，或将来如何走向农业生产集体化的宣传教育不够，和没有坚强的党的支部领导所致。

## 二、有关农村经济发展的几个问题

（一）发展农特产：农民分得土地后，领导农民多种特产（棉麻）是发展该村经济提高生产力的关键问题。就该村的特产发展看，1943年植棉80垧，洋麻10垧，1950年植棉416垧，洋麻1.4垧，1951年植棉107垧，洋麻16垧，1951年棉麻特产面积超过1950年168%，超过1943年的37.7%，预计1952年植棉增至150垧，洋麻增至20垧，将占全部耕地面积的41.21%。事实证明，越多种特产，农民收入越会无比增加，生产发展也越快，1951年全村种棉麻123垧，其生产总值就超过1950年全部农业生产总值的24.4%，超过1943年全部农业生产总值的70%。如何发展了特产与提高了农民种特产的情绪呢？主要是国家实行了合理的粮棉比价政策。伪满时代，强迫农民种棉花，按配给价格，一斤籽棉只能换4斤6两高粱。按黑市价格一斤籽棉不过买半斤高粱，我们现在的国家用一斤籽棉平均能换7斤7两高粱，到处听到农民高兴说：“伪满种棉花，挨凉水灌，如今晚种棉花是爱国，咱们国家给高价钱，又发财又自由。”

（二）提高农业生产技术：改良技术，向一切自然灾害作斗争，提高了单位产量与质量，是该村达到增产保产的基本问题。该村1943年大田三铲三蹚，棉花四铲三蹚，1950年大田四铲三蹚，棉花四铲三蹚；1951年大田四铲三蹚，春前深耕一遍，棉花五铲五蹚。放一遍秋垄。施肥量1943年每垧地上粪240堆（每堆150斤），1950年每垧地上粪280堆，1951年每垧地上粪300堆（每堆200斤），施肥面积，1950年为耕地面积的70%，1951年为85%，追肥以前未有过，1951年棉花有80垧追了豆饼，45垧追了硫安，政府只贷给硫安6500斤未够。打药1950年一次，1951年两次，并普遍做到打尖两次、土叶子一次、水蔓一次。此外，棉花在下种前，普遍做到粒选和用小灰拌种，少数使用龙汞消毒。由于耕作技术改良，1943年每垧棉田单位产量1500斤，洋麻1000斤，1951年每垧棉田能产1606斤（按地质好壤与棉花现状估计），每垧洋麻能产1214斤，棉田单位产量比1943年增加0.66%，洋麻比1943年增加21.40%，农民明年要求多买喷雾器（35台），多买豆饼硫安，对棉药要求在效能和质量上提高，这些如获得解决，单位面积产量将更提高了一步。

（三）互助组问题：该村的劳动互助组织在逐年发展，1948年土地改革当时，46%的户是旧式搭犋，其次是人工换畜工、雇套等形式，1948年土地改革后春耕开始，新的换工互助组即有1组4户，1949年2组9户，1950年3组25户，1951年6组35户，占全村总户数的13.6%，如再加上获得巩固和提高的插犋组，户数已占总户数的51.20%，而独犋单干户1948年2户，1951年3户，三年中只增加1户（其单干条件是一马一车或二驴一车，拴独犋）。

换工互助组所以得到发展，因为参加互助组能迅速发展生产，是农民由穷到富的必由之路。该村6个互助组，原成分贫雇农29户，中农6户，其中贫雇农已上升中农者14户，平均上升48%，全村一般雇贫农平均上升36%，雇贫农参加互助组比未参加的上升率超过12%，同时互助组搞的时间越长，几年不散，上升的也越快。杨春生组坚持了两年，8户雇贫农上升了5户，上升率占64.5%，比一般雇贫农上升率超过28.5%。互助组在扩大特产上也超过了一般农户，1951年全村特产面积占全部耕地面积的31%。互助组却占全组耕地面积的50%强；1952年全村计划扩大特产面积占耕地面积的50%，而互助组计划扩大特产面积占全组耕地面积的80%。互助组在生产资料上的占有也占着优势。6个互助组有耕畜18头（马2、牛1、驴15），占全村耕畜数的6.3%，全村有木犁64付，互助组占19付；双轮犁6台，互助组占5台，另有1台综合号新式农具；全村喷雾器30台，互助组占12台，1952年6个互助组计划买马3头，木犁、任发犁各添1台，喷雾器添8台。

另外，互助组在生产上贯彻了爱国与兴家相结合的思想，增加了铲蹚遍数，改良了技术，保证了增产计划实现，今年互助组棉籽全部粒选，纯度达90%，并带起全村都实行了粒选。互助组的棉田原计划四铲四蹚，后响应抗美援朝总会号召，制订了增产捐献计划，为完成捐献现款138万元，高粱1375斤，6个组的棉田，全部完成六铲五蹚，半数完成七铲六蹚，立秋前，棉田起红蜘蛛，全组棉花打三次药，现在棉花桃结的又大又多，平均每垧能拣1800斤，比一般农户每垧多拣200斤，杨春生、赵德林两组的棉花，每垧能拣2500斤。由此可见，互助组在发展农村经济中的优越地位。

在6个互助组中，以杨春生互助组为最好，1950年春天由7户组成，现在9户。10名男劳力，10名女劳力，其中村干3名（村长、优抚、财粮），小组现在人强力壮，生产资料充足（驴6头，铁车2台，综合号、双轮犁、耕锄穰耙各一、木犁3付），明年还计划扩大生产，5

户以驴换马，全组合买双轮犁1台，喷雾器2台（原有4台），现在有三户个体农民要参加他们互助组。

（四）搞好供销、加强合作社的领导（从略）。

（五）妇女参加生产，在扩大特产，发展生产上起着重大作用。该村土地改革前，妇女劳力257名，参加生产的117名，占45.5%，1951年参加生产的已增至200人，占79.1%，过去妇女春天只参加埋豆，秋天掐高粱、掐谷子，现在的妇女是凡点种、锄地、割秋、侍弄特产、打棉药等全部农业生产过程都参加了。妇女积极参加生产的原因，主要有两个：（1）由于妇女在地权、财权上的巩固，因而普遍发挥了妇女的生产积极性。现在的妇女不论离婚或出嫁都带地；仅崔家屯村妇女带出土地2.6垧，带进土地2.89垧；（2）提高了妇女在家庭中的经济地位，改变了过去“妇女吃婆家饭，穿娘家衣”的旧习惯，张祥行政组10户中有4户没儿媳妇，其他6户有儿媳妇，儿媳妇姑娘在穿衣吃饭上是完全一样了。康绍贤家里供儿媳妇穿的，儿媳妇下地干活，康给其工资不要，并说“穿的是家里还要啥工钱”。给儿媳妇衣服穿这就是解决妇女参加生产的最好方法。

1951年

# 辽东省通化地区四个村调查

通化地区是山地多平地少的地区，土地较分散，但副业及土产种类很多，商品作物不大发达。根据辉南东台屯（代表平原区），柳河新世村，临江胜利村（代表一般区），临江横道河子（近似山区）等4个村调查，可说明通化地区经济发展的一般情况。

## 一、三年来农村经济有了迅速的发展

在农业生产上，耕地面积已有增加，1949年为8391亩，1950年则为8660亩，较1949年增加3%，1951年因防护山林，30度陡地开荒受限制或因雨水冲刷，较1950年减少101亩为8559亩。1951年粮食总产量是2616310斤，较1949年增加11%。每垧单位面积产量亦有提高，1951年比1949年增加16%。

随着工业的发展，商品作物面积逐渐扩大，商品作物收入大大增加。

| 年别 | 商品作物面积占总耕地% | 产品作物收入 | |
|---|---|---|---|
| | | 斤数 | % |
| 1949年 | 23.40 | 967566 | 100 |
| 1950年 | 25.20 | 998904斤 | 103 |
| 1951年 | 26.40 | 1277832斤 | 187 |

此外牲畜、车辆不仅数量增多，质量亦有提高。1949年有牲畜299头，1950年增到349头，1951年为362头，且有大部分群众把小牲畜换成大的，把弱的换成强的，把驴换成牛，部分群众把牛换成骡马。1949年有车37台，1950年为57台，1951年则增加到61台，较1949年增加65%，1950年全是大车，1951年增加了2台胶皮车。

副业生产有了很大发展，由于通化地区基本是属于山区，土地质量较薄，因此，副业成为农村经济很重要的一部分。主要的副业有30多种，如养猪、养鸡、打猎、打柴、挖药材、编织等，冬季是副业的主要季节。三年来由于大多数农民组织起来，得以抽出一部分劳动力，以更多的时间从事副业生产，特别是建立了大量的农村供销合作社，及时给土产找到了销路，因而使副业生产也有了很大的发展，四个村统计副业收入的总值1949年为325961斤高粱，1950年为589520斤，较1949年增加81%，1951年为663067斤，则较1949年增加104%。辉南东台村副业收入占总收入的比重，1949年是11%，1950年是13.6%，1951年是27.8%。山区横道河子村副业的比重更大，只养猪一项，1949年是311口，1950年494口，1951年就增加到1000口。很多农民用猪买了牛和车，中农刘成富现养肥猪15口，猪的收入超过了他的农业收入。

由于生产力的提高，商品作物面积的扩大，副业收入的增加，就使农民的生活水平不断提高。从购买布匹上看，1949 年共买布 26585 尺，每人平均为 16 尺，1950 年共买 46201 尺，每人平均就增加到 23 尺，1951 年每人平均更增加到 30 尺；再从房子的增加上看，辉南东台村 1950 年新筑木房 19 间，1951 年又新盖了 18 间。

## 二、阶级关系开始有了新的分化

虽然农村的生产力有了提高，农村经济也有了比较迅速的发展，并且也超过了伪满的水平，但是发展还不平衡，大部分生活比较提高了，而且其中一部分是比较富裕了；但一部分农民的生活还比较困难。

四个村阶级分化表：

| 土地改革时原成份 | | 新的分化后的成份（1951 年 8 月） | | | | | | | |
|---|---|---|---|---|---|---|---|---|---|
| 成份 | 户数 | 贫农 | 中农 | 富中农 | 新富农 | 上升户 | 不动户 | 下降户 | 附注 |
| 雇农 | 55 | 24 | 31 | | | 55 | | | 阶级成份的划分是按政务院决定之标准。 |
| 贫农 | 253 | 81 | 164 | 8 | | 172 | 81 | | |
| 中农 | 93 | 10 | 62 | 18 | 3 | 21 | 60 | 10 | |
| 富农 | 15 | 8 | 6 | 1 | | 7 | 8 | | |
| 地主 | 5 | 3 | 1 | | 1 | 2 | 3 | | |
| 总计 | 421 | 126 | 264 | 27 | 4 | 280 | 130 | 10 | |

从上表可看出，土地改革后三四年的生产过程中大部分农民的经济都上升了，上升户占总户数的 66％（雇农分得土地后自己经营就视为上升，地、富现高于贫农者，皆视为上升）。中农已成为农村中之多数，土地改革前旧中农仅占总户数 23％，现在的中农已占69.1％（其中新中农占总户数48.2％，富裕中农占6.4％）。并且出现了 4 户新富农占总户数0.95％。但另一方面，还有 30％的农户停留在贫农的水平上，其中有 4％左右是土地改革后下降的，现在他们还没有耕畜和大的农具，有的只得以人工换畜工，有的卖短工，个别的又给别人扛活了，还有的欠债很多，有的出租土地或出卖土地。

| 原成份 | 土地指数 | | 牲畜指数 | | 车辆指数 | | 房间指数 | | 总收入指数 | | 买入布指数 | |
|---|---|---|---|---|---|---|---|---|---|---|---|---|
| | 1949 年 | 1951 年 | 1949 年 | 1951 年 | 1949 年 | 1951 年 | 1949 年 | 1951 年 | 1949 年 | 1951 年 | 1949 年 | 1951 年 |
| 雇农 | 100 | 113 | 100 | 113 | 100 | 200 | 100 | 137 | 100 | 171 | 100 | 90 |
| 贫农 | 100 | 110 | 100 | 125 | 100 | 200 | 100 | 104 | 100 | 124 | 100 | 150 |
| 中农 | 100 | 90 | 100 | 117 | 100 | 130 | 100 | 105 | 100 | 120 | 100 | 104 |
| 富农 | 100 | 93 | 100 | 92 | 100 | 125 | 100 | 140 | 100 | 95 | 100 | 92 |
| 地主 | 100 | 110 | 100 | 150 | | | 100 | 187 | 100 | 104 | 100 | 80 |

上表是各阶层经济变化的情况，从这里看出各阶层都在生活和生产上有了程度不同的提

高，其中贫雇农因过去家底子薄，又加土地改革时分得了较多的生产资料，前后对比起来，提高的较为迅速而明显，旧中农因过去生活与生产水平较高，虽然三年来经济也提高了很多（已有3户上升为新富农），但前后对比起来还没有贫、雇农那样迅速，至于按现在占有财富的平均来看，旧中农阶层还是超过于原贫、雇农阶层的。如下表：

| 土地改革原阶级 | 每人平均耕地 | 每人平均耕畜 | 每人平均车辆 | 每人平均房间 | 每人平均总收入 |
|---|---|---|---|---|---|
| 中农 | 4 亩 | 0.19 头 | 0.043 台 | 0.35 间 | 2.313 斤 |
| 贫农 | 4.4 亩 | 0.18 头 | 0.025 台 | 0.36 间 | 2.170 斤 |
| 雇农 | 4.8 亩 | 0.12 头 | 0.014 台 | 0.28 间 | 2.970 斤 |

四个村尚停留于贫农水平的126户中属于原贫、雇农者106户，占目前仍停留于贫农者总数的84%强，属于原中农者8%，属于原地富者8%。据调查这些经济不能上升户，一般由于下边这些原因：(1) 没有劳动力或缺乏劳力；(2) 二流子或懒汉；(3) 病灾；(4) 浪费。原贫、雇农多是一个劳力的，土地改革时虽分得了一些果实，但家底子还不如旧中农厚，遇有以上各种原因时，就不容易上升。如辉南东台屯雇农王永增三口人，一个劳力，土地改革时分得13亩土地，三家分了一马冬天就死去，1949年闹病而雇工种地欠债4石，1950年副业收入17石，付债息和一年开支尚有亏空，1951年又遭水灾。贫农于廷喜五口人，两个劳力，分15亩地，因1947年大铺大张娶媳妇欠了10石粮的债，1948、1949、1950年因付债息连自己的吃粮都不够，1951年开始出去抗活。大部分旧中农因家底子厚，劳动力多，经营家务有经验，三年来在经济上比过去都有了更大的提高，但其中一少部分因土地改革被削尖，纠偏也没能恢复原状，如再缺乏劳力或病灾等，就必然低于土地改革以前的生活。如胜利村旧中农张林，九口人，3个劳力，原有100亩地，土地改革被侵犯，纠偏后只留地34亩，现在3个劳力都60岁以上了，1948年只能种23亩地，收粮12石，不够吃，1949年收20石，因付债无剩余，1950年欠收，到现在还很困难。这当然最初是因为没有很好执行纠偏政策的问题，但后来同样被侵犯的中农大部分又都上升了，只有少数因为这些特殊原因才下降的。地富中有劳力和肯劳动的也都上升了，但一部分劳力弱和个别懒惰成性的分子，仍然停留在贫农的水平。另外，大部分新中农的家底子还不厚。如有两匹牲口以上的中农仅占总户数的10%，一头牲口的47%，无牲口户占43%，有车户仅占总户数15%。

## 三、农村的土地买卖租佃借贷雇佣关系有了新的发展

由于经济发展的不平衡以及保护私有财产政策的贯彻，土地的买卖、租佃和借贷、雇佣等现象，比起土地改革当时有了一些发展。在借贷方面：如临江横道河子村，1951年通过村干部有15户共借出22石4斗粮，有8户在合作社存款，有67户在合作社借款，借贷额470万元。辉南东台村放粮户占总户数16%，借粮户占总户数26%，借款额205石7斗。在雇佣方面：如横道河子雇长工有3户，出雇的有5户，放粮和雇人多半是新升到富裕中农以上的户，借款和出雇者大部分是停留于贫农水平的困难户。如东台屯现已达富裕中农的刘甲顺，1951

年就放粮30石，并雇长工一名，而现在仍为贫农的于廷喜就有一个劳力出去抗活，并借粮3石1斗。另外在土地的买卖和租佃关系上也有了发展，但主要原因是部分农民的流动性而引起的自然调整，因无劳力和经济困难而出卖或出租土地的还是少数。如临江胜利村1951年有31户，占总户数12.8%的原贫农和雇农出卖了228亩土地，占总土地数6.5%，其中有18户搬家回山东（因原籍山东，稍有富裕就愿回家乡）卖地143亩，转业到矿山的6户，卖地32亩5分，换地的（卖了再买）2户，卖地19亩，不会种水田一户卖地5亩，因这些原因出卖土地占总卖数92.3%，因生活下降无力耕种卖地者4户，17亩7分，仅占卖地总数7.7%。

同村出租土地的共24户占总户数10%，出租土地207亩，占总土地数5.9%，原因：搬走2户，20亩，转业4户，28亩，其他3户，18亩，无劳力7户，75亩。其中特别是农村劳力的转业现象已日渐增多，胜利村1949年转业21人，1950年转业26人，1951年转业24人，共计71人，已达全村总劳力的24%。

目前在借贷利息上多半是年利五分（春借一斤秋还一斤半），比起国家贷款的利息，当然要高的多，但按现阶段农村的供求关系上，以及乡村手工业者资金的利润上来比较，还是正常的。在雇佣的双方关系上也不同于过去，多半以“青分”方式，雇主负担牛、粮、籽种和土地，被雇者出劳力，秋后对半分粮，这种工资据我们研究，在目前尚属合理。土地的价格还比过去贱的很多，据调查出卖土地的价格多数相当于一年到两年的产量，土地改革前一般都相当于四年到五年的产量。地租也比土地改革前为低，最上等地，地租一般是产量的30%，佃户得50%，公粮20%，一般平地或较好山地的地租是产量的10%，佃户得70%，薄地是无偿（佃户只负担公粮）耕种。

目前这种情况虽然有了发展，但在整个农村经济的比重中还是次要的，并且是不可避免的。在发展农村经济中，还有他一定的好作用。但我们的区、村干部对此种情况，只是存在“消极的反感”，而不是大胆的正确的贯彻政策，又不是研究如何改进自己的工作来引导其向正常的道路上发展，致使一些农民产生了思想顾虑。如有的村，村干部听到有雇人的就不高兴，有人有余粮不敢往外借，借出了也不敢叫别人知道，怕说剥削，有余款存在合作社也不要利，也怕说剥削雇主和被雇者双方都保守秘密，特别是对一些因转业而出卖与出租土地的正常现象，也没有明确的认识。

有领导的发展农村自由借贷和信贷关系：现在借贷关系不正常，利息高低不平，一部分还处于秘密状态，这不但易于浪费有用资金，而且能加重困难户所受的剥削。所以应有领导的发展自由借贷关系（并辅以国家贷款），来解决部分农户生产资金的困难。如东台屯分到烟地的原贫、雇农，因无资金，不得已把烟地换给中农种，影响了自己经济的发展（国家应有重点的贷款予这些人）。

农村剩余资金，剩余人力、畜力的出路问题：目前约有5.9%的户已发展到富裕中农和新富农和一部分较富裕的中农，他们有一批剩余资金，亟待找出路，但农村自由借贷关系不够发展，部分农民有顾虑，怕把放贷说成剥削，因而有的积压资金形成“死资”，有的不敢大胆而偷着放贷。

1951年

# 辽南四个村阶级关系变化的调查

（这是辽南农村典型调查四部分中的一部分，包括海城3个村，盖平1个村的材料。其中两个为先进村，两个为落后村）

## 一、土地改革后农村阶级的变化采取着新的规律

少数富农和雇农出现，中农一直增加，成为多数。这是新民主主义经济的新规律。海城管饭寺、驼龙寨、王二官屯，盖平暖泉村等四村1948年均受重灾，土地不收，但以后两年多，就迅速发展。管饭寺、暖泉村，共988户，现在雇农5户，占0.5%，贫农357户，占36.24%，中农611户，占61.74%（内富裕中农占总户数11%，下中农占13%），新富农15户，占1.52%。中农成为生产中之主力，富农经济力量不大。以管饭寺村为例，全村68户，占74%的中农有79.09%的人口，占有86.24%的牲畜，92.13%的车辆，89.16%的农具。而占户数的1.39%的人口，3.74%的富农，占有牲畜8.46%，车4.49%，农具4.39%。四个村中雇2个长工的仅有2户。下降户达8%的驼龙寨，富农占2.2%，但下降户1.04%的管饭寺，富农却占1.39%，而高于王二官屯（下降户占2%）的1.2%。管饭寺本村出外抗活的逐渐减少，1949年没有，1950年9个，1951年6个，1952年只有2个。驼龙寨则逐年增多，1949年4个，1950年4个，1951年9个。这就表明了工作好的村则下降户逐步渐少，反之则逐步增多，如何帮助贫困户上升，仍是一件大事。

## 二、阶级变化的具体形式和特点

阶级分化表现在雇佣、租佃、土地买卖上（但已不完全是它的表现形式）。

### （一）关于雇佣关系问题

1. 雇佣关系发展得很迅速。1948年没有雇佣现象，1949年以来逐年增多：

| 项目 | | 屯名 | | | |
|---|---|---|---|---|---|
| | | 管饭寺 | 苏马台 | 驼龙寨 | 王二官屯 |
| 1949年 | 雇二人户数 | | | | |
| | 雇整工个数 | 2 | | 3 | |
| | 雇半拉子个数 | | | 2 | |
| | 雇短工户数 | 16 | | 39 | |
| 1950年 | 雇二人户数 | | | | |
| | 雇整工个数 | 15 | 17 | 8 | 2 |
| | 雇半拉子个数 | 4 | | 4 | 2 |
| | 雇短工户数 | 26 | | 33 | |
| 1951年 | 雇二人户数 | 3 | | | |
| | 雇整工个数 | 27 | 24 | 10 | 7 |
| | 雇半拉子个数 | 2 | | 10 | 6 |
| | 雇短工户数 | 35 | | 24 | 40 |

注:雇月工三四个月的算人,一二月的未计。

雇佣是阶级关系变化的集中表现，所以能雇人，是与土地租佃、借贷、土地买卖、雇卖牛犋等关系分不开的。因此靠雇佣经营的土地数量也就相当大，王二官屯8户雇工（内5个牛倌干活很少）种地232.6亩，40户靠零工种824.18亩，共为1056.78亩，竟占全面积的48.4%。王二官屯虽离镇近，有些特殊条件，但这是很值得注意的。

2. 但雇佣真正属于扩大农副业经营者不过一半，以今年管饭寺、苏马台、王二官屯的112户为例：其中无劳力者27户，多种地者或兼开粉房、豆腐房扩大经营者5户，兼营他业者21户，入工厂者6户，教员1户，拉脚1户，不干活1户，担负工作者5户。

3. 雇工中无法进行生产被迫抗活者也不过一半。三个村56人统计，本村16人，外村38人，外县2人，关内1人。其中受灾者13人，无力耕种14人，地少劳力多有剩余劳动力者15人，单身汉2人，父子不和出外抗活者1人，与妻不和者1人，躲战勤扩兵者7人，开小差战士1人，其他2人。受灾与无力耕种者占48.21%，非因困难者占一半。再以3个村本村出雇的17人为例：单身3户，两口人地少不够种者5户，家庭不和（父子，夫妻）3户，劳力多余3户，军属因代耕而劳力剩余1户，无力种地者5户，被困难所迫者占47%。劳力多余着，如驼龙寨贫农李树章，父在家种地，自己一连抗了3年活，明年还想抗，“老庄稼人，也不会搞啥副业（指捣登买卖），就会个抗活”（这自然和组织互助工作很差有关系），这些雇工均未破产，都有一块土地，这也就形成了雇工的不固定性。

4. 雇佣关系上，目前主要问题是雇工无政治地位。

## （二）关于租佃问题

1. 发展的趋势各阶级出租户数均在增加，落后村多于先进村，1950年出租户数占总户数的11%，1951年即达20%弱。全部出租户占出租户数的一半以上。

| 项目 | | 屯名 | | | |
|---|---|---|---|---|---|
| | | 管饭寺 | 苏马台 | 驼龙寨 | 王二官屯 |
| 1949年 | 户数 | 7 | | 36 | |
| | 地数(亩) | 49.70 | | 182.05 | |
| 1950年 | 户数 | 23 | 7 | 55 | （缺） |
| | 地数 | 207.35 | 77.26 | 303.87 | |
| 与1949年地数之百分比 | | 417% | 100% | 161% | |
| 1951年 | 户数 | 42 | 29 | 76 | 31 |
| | 地数 | 306.71 | 278.75 | 479.90 | 228.31 |
| 与1949年地数之百分比 | | 617% | 358% | 253% | |
| 占耕地总面积之百分比 | | 6.62 | 7.88 | 10.87 | 10.45 |

2. 出租地并不集中，出租户少租入户多，租入户比租出户多17%—20%。租入土地者多是中农。

3. 好村与落后村发展不同，坏村除中农外，各阶级相对租出量均在增大，好村则均在缩小，说明坏村生产不好，政策未贯彻。

4. 租额一般未赶上过去（但还是上涨趋势），基本原因是地不上粪，地力减退。但特产区地租超过以前，并且跟着开始有解决上粪问题的。一般地租为常年产量的30%—40%，钱租为20%。管饭寺等村棉田，今年也比一般租额提高20%—25%，张文秀1950年租的地2.5石租，负担双方出。1951年悄悄被别人租去，提为3石租，公粮也改佃方出，这对孤寡户自然是有利的。

5. 土地租佃的原因如下表：无力耕种者逐年增加，1949年至今年增加一倍，占出租户的9%。其中包括为换牛犋的3户（去年1户），因婚丧而生产困难者3户（去年1户）。王二官屯还多，也有因欠债而出租的。

| | 1949年 | 1950年 | 1951年 |
|---|---|---|---|
| 三村出租总户数 | 43 | 78 | 118 |
| 无劳力种 | 19 | 27 | 35 |
| 经济困难 | 5 | 8 | 10 |
| 懒惰 | | 2 | 2 |
| 兼营他业 | 3 | 4 | 12 |

续表

| | 1949 年 | 1950 年 | 1951 年 |
|---|---|---|---|
| 入工厂 | 13 | 33 | 40 |
| 调剂土地 | 1 | 2 | 10 |
| 当干部公务员 | 2 | 2 | 2 |
| 教员 | | | 2 |
| 躲战勤 | | | 5 |

6. 可看出租佃政策未贯彻：（1）地富全部出租的不少，（2）两户懒汉出租土地，（3）二官屯出现一户指转放高利贷生活而出租土地的。此外，一般出租地不上粪，地力渐减，仍不好解决。

## （三）关于土地买卖

两种情形：一种是调剂性质。管、苏、驼共有 12 份，地换地盖房 9 份（管、苏），地换房 2 份，牛换地 1 份。值得注意的是另一种，即破产性质如下表：

（此表见 P270 ——编者）

其卖地原因：生活困难者 11 户（内无劳力 3 户），因欠旧债者 5 户，因盖房而欠债者 2 户，搬走者 2 户（一为潜逃之公安队员，一为死妻之独身），父死，妻病又有旧债者 1 户，好吃懒做要钱者 10 户，特殊原因 2 户（一户寡妇出嫁人地先卖过去，一户开店丢失客人 5 套辕马家什）。

地价颇低。由于这些地区群众发动的不够，一般群众把土地分两种出卖，“红契地”（自有地）平均每小亩上等地价3.5石，中等 3 石，下等2.5石。“白契地”（土地改革分得地）上等 2 石，中等1.4石，下等1.2石。“白契地”比“红契地”价格相差一倍以上。一般比伪满时卖价至少低 50％（据说今秋价能提高点）。

3. 沿习旧法，有“地媒”，按“外三里二”得佣钱，买房也要中间人，双台子王玉清卖给王春芳半间房，孔令文（已被逮捕）即得王玉清两条烟，王春芳一斗大米。买地户并请村长地媒吃饭，亦不税契。

4. 土地开始出现集中，最突出着如驼龙寨孔祥起四口人，原富裕中农。现地19.5亩，一驴一铁车，买进杜德昌 10 亩，孔凌凤 5 亩。又非法从地主孔子厚手偷买 3 块地（已分给贫农之地），合共49.5亩，每个人平均12.375小亩，合8.22大亩，比全村每人平均2.107亩多二倍半以上。

5. 村干部对此认识模糊，或则如驼龙寨一律不准买卖，结果以租佃形式出现，或则地富和二流子卖地均可，不关心卖地户困难，更谈不到给以帮助。更有甚者，如双台子村长、支书每次“立契饭”必到，并以为自得，驼龙寨支书且代沈阳商人买地（得何好处不明）。还有地富翻把偷卖分给贫雇农的地者两份。

| 村别 | 时间 | 卖地户数、亩数 | | | | | | | | | | | | 买地户数、亩数 | | | | | | | | | |
|---|---|---|---|---|---|---|---|---|---|---|---|---|---|---|---|---|---|---|---|---|---|---|---|
| | | 雇 | | 贫 | | 中 | | 富 | | 地主 | | 计 | | 贫 | | 中 | | 外地商人 | | 不明成分 | | 计 | |
| | | 户 | 亩 | 户 | 亩 | 户 | 亩 | 户 | 亩 | 户 | 亩 | 户 | 亩 | 户 | 亩 | 户 | 亩 | 户 | 亩 | 户 | 亩 | 户 | 亩 |
| 双台子 | 1948 年 | 1 | 3.01 | | | 3 | 8.93 | | | | | 4 | 11.94 | 1 | 3.05 | 4 | 8.89 | | | | | 5 | 11.94 |
| | 1949 年 | 3 | 3.20 | | | 6 | 23.45 | | | | | 9 | 35.65 | 4 | 15.07 | 5 | 20.58 | | | | | 9 | 35.65 |
| | 1950 年 | 3 | 21.78 | 3 | 27.13 | 6 | 20.16 | | | | | 12 | 69.07 | 5 | 35.91 | 8 | 33.16 | | | | | 13 | 69.07 |
| | 计 | 7 | 36.99 | 3 | 27.13 | 15 | 52.54 | | | | | 25 | 116.66 | 10 | 54.03 | 17 | 62.63 | | | | | 27 | 116.66 |
| 驼龙寨 | 1948 年 | | | | | 2 | 7.7 | | | | | 2 | 7.70 | 1 | 3.20 | 1 | 4.50 | | | | | 2 | 7.70 |
| | 1949 年 | | | | | | | 1 | 2.13 | | | 1 | 2.13 | | | | | | | 1 | 2.13 | 1 | 2.13 |
| | 1950 年 | | | | | 1 | 4.00 | 2 | 8.00 | | | 3 | 12.00 | 1 | 4.00 | 1 | 5.00 | | | 1 | 3.00 | 3 | 12.00 |
| | 1951 年 | 1 | 5.00 | 2 | 11.40 | 1 | 3.00 | 1 | 0.50 | 1 | 10.00 | 6 | 29.90 | 2 | 8.60 | 1 | 10.00 | 1 | 7.80 | 2 | 3.50 | 6 | 29.90 |
| | 计 | 1 | 5.00 | 2 | 11.40 | 4 | 14.70 | 4 | 10.63 | 1 | 10.00 | 11 | 51.73 | 4 | 15.80 | 3 | 19.50 | 1 | 7.80 | 4 | 8.63 | 12 | 51.73 |
| 王二官屯 | 1951 年 | 1 | 6.15 | | | 1 | 6.15 | | | 2 | 12.30 | 2 | 12.30 | | | 2 | 12.30 | | | | | 2 | 12.30 |
| | 计 | 1 | 6.15 | | | 1 | 6.15 | | | 2 | 12.30 | 2 | 12.30 | | | 2 | 12.30 | | | | | 2 | 12.30 |
| 合计 | | 9 | 48.14 | 5 | 38.53 | 20 | 73.39 | 4 | 10.63 | 1 | 10 | 38 | 180.69 | 14 | 69.83 | 22 | 94.43 | 1 | 7.80 | 4 | 8.63 | 41 | 180.69 |

备考：

1. 1950 年中农买地的户数中有 1 雇农与人合买，未统计在内。实际卖地者 24 户，因有 1 户中农两年全卖，未统计 25 户。

2. 1949 年卖地中有 3 户是换地者。

3. 1951 年一中农连青苗卖出。实际卖地者 9 户，因有一富农连续三年全卖，一中农连卖两次，故统 12 户。

## 三、借贷对农民经济起着两重作用

几年来农村借贷关系逐年增加：

管饭寺、驼龙寨、王二官屯合共 264 户，占总户数的31.9%。其中借出 122 户（占46.3%），借入 142 户（占53.7%），借出是分散的。三村合计：借出，雇农 23 户，占19.7%，贫农 56 户占45.9%，中农 41 户占32.6%，富农 1 户，地主 1 户。借入，雇农 35 户占24.4%，贫农 69 户占48.9%，中农 38 户占26.7%。管饭寺的借出中有，大洋、金器、粮谷共折合高粮28079 斤中，中农占27.83%（平均每户976.7斤），贫农占 59，94%（平均每户731.8斤），雇农占10.75%（每户平均 604 斤）。借入 40821 斤中，贫农占52.01%（平均每户 663 斤），中农占37.98%（平均每户1160.8斤），雇农占10.01%（每户平均 511 斤）。第三、借贷用途主要是解决生活困难。管饭寺王二官屯合计用之生产者 21 户，用之盖房 10 户，用做吃粮者 33 户，用之婚丧疾病 10 户，74 户中，用之生产者占6.4%，吃粮病困占58.1%。第四、借出的特点：一是借的零散，二是外村多本村少，以减小目标。第五、比旧时借贷有改进：旧时借贷要大钱、抽大烟不少，现正用多。但浪费也有，有为人情分子借贷的。过去要以房照地照做押，现不了。有的已开始不用中间人了。

目前的问题是高利盛行，利息均高于伪满，促使困难户下降，并且以银洋做本位，价涨价落影响人心。利息高低不一的规律是：用钱急利越高，越贫利越高。高利情况：伪满时粮利一般三分，钱利三四分（旧中国时二分），现粮利一般“春借秋还”五分四分，钱利一般月利八至十分。

目前农村借贷除部分调剂金融促进生产外，对农村阶级分化起着很大影响。

## 四、贫农生产上的困难很多

35%左右的贫农，基本困难是没有马匹种地，因而地种得不好，因为没有牲畜粪（据管饭寺典型调查，富裕中农每亩地上21.5堆粪，95.6斤大粪，不养牲口的只有6.3堆，大半还是草沤的土粪）。因此他们一般未达伪满产量。其次农业生产不好，不能增加农业投资，种棉打不起药，借钱打利，还往往买晚了。

因南满地少单为种地养牲口不合算，加以特产发展谷子面积减少，谷草太贵，故养牲口户不能有北满那样多。因此雇牛犋问题便比较突出。无牲畜户目前仍有47.47%（管饭寺）至65.6%（驼龙寨），独犋以上不过占户数的5.2%—13%。无牲口户种地除少数借牲口外多采雇牛犋办法。有钱的雇老牛犋上打租，随叫随到，半季的差点，种地前拿不出的，就雇现牛犋，就完全等人家干完活才行，更无办法者，甚至以地或抗活雇牛犋，也有按四分利先给利的。今年下列三个村雇牛犋的情况如下

| | 雇老牛犋户数 | 雇半季牛犋户数 | 雇现牛犋户数 |
|---|---|---|---|
| 管饭寺 | 40 | 36 | 14 |
| 驼龙寨 | 1 | 164 | 11 |
| 王二官屯 | | | 70 |

雇牛犋存在的问题：一、多数种的不好，一是种蹚浅，二是不应时。揽牛犋的两个心，自己地“鞭杆插下去都能站住”，别人地种蹚均很浅。管饭寺孙久洪 3 亩高粱至挂锄还未上。甚有藉此实行额外剥削。后暖泉陈永安雇陈永福现牛犋，其二子给人“绑定”打药水三遍。有的中农揽地过多，张连芳自己只一个牛8.2亩地，就揽了 10 垧地牛犋，根本干不过来。而王二官屯的张洪满6.3亩地，去春雇牛犋种的太晚，加以没粪，只收一石多粮。故如今年后暖泉头等棉花 16 户中，富裕中农占 7 户，中农 6 户，只 3 户贫农，而最不好的 10 户中，就有贫农 6 户，中农 4 户（内 1 户下中农）。现在提高单位面积产量的困难，就是出租地和雇牛犋种地问题，除积极组织互助外，对揽地数量应有限制，主雇双方应订契约保证种蹚及时。二是牛犋价开始上涨。旧中国老牛犋一垧 1 石粮或 1000 斤谷草，现在1.5石，远地1.8石，半季1.2石，都是蹚三遍，多蹚一遍加钱。“现牛犋”耧种一垧 2 斗粮，蹚一遍 3 斗粮，比“老牛犋”贵 10%（以上均指小垧）。故贫户希望牛犋钱秋天给，贵点也行。

# 五、农民下降原因

农民经济停滞与下降原因基本一样，现在从管饭寺、王二官屯、后暖泉三村的 46 户下降户来分析一下下降原因：因受天灾 4 户，劳力少吃饭人多者 6 户，游懒、要钱、吃喝而不大劳动者 6 户，年老无力或劳力丧失者 14 户，人口剧增（娶寡妇带孩子），而地很少者 5 户，劳动也不好者 4 户，捣生意赔钱 5 户，特殊情形者 2 户。下降前他们许多受着一点剥削，下降后普遍地受着更大的剥削，如雇牛犋卖工夫，其中特别是高利贷剥削。

对这些困难户，只要做许多具体工作，搞好合作互助采取扶助政策，并适当限制高利贷等，下降率是可以大大减少的。目前的问题是村的领导，除后暖泉为困难户想了办法外，一般均不注意对下降户的领导和帮助。后暖泉支书反映：“区干来村就是督催生产，从没有问过困难户的问题，完全放弃领导。”这是急待改变的。

1951 年

# 旅大农村经济发展情况

## 一、旅大农村经济发展的历史情况

旅大市有着较大规模的工业设备。工农业生产总值约为9：1。人口共约百万，城乡各半。地势较高，丘陵起伏，土地面积较少，每人平均3.6亩，全市共有耕种土地118000垧，仅占东北总耕地面积0.6%。

“八一五”解放之前，由于旅大农村的接近大城市，农业上着重于商品作物的生产，如苹果、葡萄、蔬菜、花生等；在某些经营耕作上也有着比较科学的设备，如电井、农药、化学肥料等。但当时农村土地大多为地主、富农和官僚资本家所占有，据（1942年）统计，“官地”占5.3%，农民土地占4.7%。在农民土地中，地富土地占29%（1950年土改时统计），广大农民受着极其残酷的剥削与压榨，太平洋战争爆发前后，苛捐杂税共达69种，在征收“出荷粮”之后，更使农民走向破产。

解放后的农业生产是和城市工商业的发展紧密地、有机地结合在一起发展起来的。

解放之初，由于战争的影响及国民党海上的封锁，工业是处于维持看管阶段，部分失业工人和城市贫民无以为生，走入农村。在党和人民政府领导之下，经过了反奸清算、分配敌伪“官地”（12万亩）和减租减息等运动，部分地解决了贫农和流入农村的失业工人、城市贫民的土地问题，封建剥削被削弱，普遍组织起互助组，并以互助组织解决了流散的失业工人、贫苦农民的生产困难，完成了农业生产上“种上地”的任务。

1948年党与政府号召“组织起来，多开荒多打粮食”，并发放大量农贷大力支持和扶助。农村党员和广大农民群众积极响应了这一号召，终于获得了大丰收，克服了粮食的困难，粉碎了敌人的封锁。

1949年以后，随着全国与东北解放战争的胜利，粮食大批输入，1950年初实行土地改革，封建残余被最后消灭，农村面貌为之一新。农民要想富裕必须改变对土地的利用，党对农业生产提出了“大力整顿互助组，恢复与发展经济作物、园艺作物”的方针，改变多种粮食作物为多种经济作物和园艺作物。

1951年旅大农业生产的方针是组织力量提高技术；大量发展经济作物（特别是棉花、花生）及园艺作物（特别是蔬菜、果树）；提高粮食作物单位面积产量降低生产成本。农民以实际行动响应了这一号召，因此，经济作物播种面积远远超过了计划，如棉花计划6000垧，完成了7480垧，超过24.67%，为去年的6倍。

# 二、目前农村的基本情况

在爱国丰产运动中广大农民把个人利益和国家利益结合起来，热烈响应了人民政府的号召，积极参加生产，发展经济作物和园艺作物，因而农村出现了新的情况，其具体表现在如下几方面：

## （一）经济作物园艺作物有着较迅速的发展，单位面积产量亦在逐步的提高

全市经济作物和园艺作物的耕地面积1949年为19314.3垧，占总耕地面积的15.8%，1950年为28701.6垧，占总耕地面积24.4%，1951年已达42449垧：占总耕地面积的36.7%，超过日寇统治时代（1942年）最高耕种面积的65.46%。同一面积之土地，由于种植作物不同其生产总值亦随之变化，如以苞米一亩生产总值作为100计算，则一亩地瓜的生产总值为200%，水稻为250%，棉花为300%，花生为350%，洋麻为400%，蔬菜为1000%，洋梅、苹果为1200%，西瓜为1500%。根据目前生产情况预计今年全市棉花生产5596吨，比去年增加725.4%；花生41484吨，比去年增加158.3%；洋麻675吨，比去年增加1546.3%，蔬菜219761吨，比去年增加67.35。共计折合粮食326148吨，占农民总收入59.5%，较去年增加171.2%，因而农民对于发展经济作物、园艺作物的接受较快。

各种作物的单位面积产量，亦获得了普遍的提高，根据今年收成估计：棉花每垧平均产量为1496斤，比去年增加49%，比1942年增加64.3%；花生每垧平均产量为4458斤，比去年增产65%，比1942年增加145.6%，苞米每垧平均产量为3386斤，比去年增加4.2%，比1942年增加72.1%；小麦每垧平均产量为2794斤，比去年增加6.3%，比1942年增加85.7%；蔬菜每垧平均产量为96000斤，比去年增加0.3%，比1942年增加187.5%；苹果因为本年歇枝，仅为去年的82.3%。全年农业生产总值据初步预计，可折合粮食548000吨，较之1950年增加54.6%，比1942年提高120.2%。

## （二）农民已开始走向富裕

旅大农村经济经过几年来的大生产运动，已经获得初步的发展，各种作物的产量，均已大大超过“八一五”前的最高水平，现在农民是开始走向富裕了。农民对自己富裕过程的反映是：“前年台风跌一跤，去年坐起来，今天站起来了。”今年全年预计，全市土地生产总收入为4713亿元，每人平均收入为102.5万元，折粮2382斤，如果加上副业，数目则更大。今年全市副业生产尚无全面统计，就其主要者，如养猪共56701头，其总值可折合粮食4万吨，鸡和鸡蛋的收入总值，可折合粮食3500万斤，其他如作零工、搞运输、推粉、打油等收入，为数亦很大。据金县几个典型村全年10个月的统计，平均占土地收入15.78%，加上今年冬季收入会更有增加。

由于农副业生产的发展，全市农民的剩余平均可达其全年总收入30%左右，在金县马蹄子村每人平均收入可剩余43%，全村全年土地总收入为241000万元，副业总收入为41400万元，共折粮食7811100斤，每人平均2663.6斤。全村总支出，包括食用粮1749440斤，占43.1%；衣用杂费折粮264880斤，占6.5%；农具和土地投资折粮1305480斤，占32.2%（简单补充农具88000斤，占2.1%），其它折粮包括公粮水田租735460斤，占18.2%。共计折粮4055260斤，每人平均开支1530斤。依此条件统计两个村的情况，共771户，今年余两个月至半年者占11.5%，余半年至一年者占23.2%，余一年至一年半者占23.9%，余一年半至三年者占3.1%，年吃年用者占33.5%，不够用者占4.8%。农村较富裕的农民已占61.7%。

由于这种富裕情况，农民生活水平有着显著的上升，根据几个典型村的各种类型的典型户之不完全统计（菜园、果园、棉花、大田等），1950年生活资料支出平均占总支出的48.8%，1951年占53.3%，今年生活资料总支出与1950年比较提高41.1%，在金县两个村统计，今年生活资料的支出平均占着总支出的50%。因此，反映到农村供销工作上，大米、布匹、煤炭供应不上。最近农村要求买小孩衣服、自来水笔、精装笔记本、牙刷、牙膏、点心等，也在逐渐增多。

随着这种富裕情况，农民的扩大再生产亦有变化，仍以上例各种典型为例：1950年生产资料支出占总支出的24%，1951年占26.3%，1951年生产资料支出较1950年支出提高40.8%，金县几个典型统计中，1951年生产资料支出，占总支出32.1%。因此，豆饼、硫安、农药、铁铧、喷雾器、铲蹚机等，农民均在争购。近来菜园户要求打电井、安电缸、供给胶皮车；花生、棉花户要求席子、麻袋。根据农林局统计，1951年土地平均施肥量比1950年增加18.9%，并在80%以上的土地上施行追肥，棉花一项追肥600吨（硫安），农药超过1950年三倍，打井650眼，喷雾器推销1150台（去年未推销）。

农村阶级情况亦产生了新的变化，中农以上的户数，占着绝大的比重。据金县较好村的统计，中农以上户数占89%，较之去年土地改革当时中农占34.9%增加了54.1%，一般村庄占77%，较差的村庄亦占61.7%。因此目前农村，中农以上户数，平均约在75%左右；如按年吃年用即为中农的标准，平均约占95%左右。这就是目前农村新的情况，这种情况为今后农村经济发展上，造成了更加有利的条件。

与此同时，还必须指出农民的富裕是在开始，生产条件还不具备，在少数农民中生产发展还有困难。根据农林局今年七月统计，全市所有牲畜为66465头，较1950年增加381头，但增加数多为牛驴，马和骡子却减少了2000头。在金县马蹄子村1951年与1950年之增减情况，牛增加46.2%，驴增加24.1%，猪增加111.3%，铁车增10.7%，马减少21.5%，骡减少21.3%，胶皮车减少31.3%，骡和胶皮车减少的现象，说明着农民生产条件还不完备，生产工具和牲畜才开始增加，过去缺者现在补充，过去弱者，现在增强。目前要求添车买马者，还多属于互助组和富裕农民。

在农村经济迅速发展的情况下，大部农民已经上升，但还有部分上升迟缓和少数生活尚有困难的农民（较过去亦有改善），必须引起注意。根据金县两个村的统计，上升迟缓者平均占总户数33.5%，生活困难者平均占8%；这些农民主要是缺乏劳动力和有疾病等，其中个别的户是因不勤劳所致。

## (三)劳动互助组织有了新的气象(节录)

生产合作社性质的互助组:土地改革时一部分菜园、果园和水田曾以互助组为单位分配使用,在公有土地的基础上集体按户投资,合力经营,按劳分配,进行生产,1950年为单纯合股经营,1951年计划提缴公积金,以发展生产。这种生产合作社性质的互助组不论在生产数量上,单位面积产量上,均较一般单干户超出很多,根据金县几个典型组的统计:在菜园平均一人种5亩,较一般菜园户生产效率提高66%,产量平均每亩1581斤,超过一般互助组中最好的单位产量一倍到两倍;在果园方面平均一人侍弄172棵,较今年规定标准提高22.9%,产量也有超过,这种生产合作社性质的互助组目前在全市还不多。

劳动互助组:其特点是在私有财产的基础上自愿结合,全组畜力、车辆一般均实行集体劳动等价交换,各组根据土地、人、畜、车辆不同的市价,民主评议,订立公约,按公约实行,他们之中,大多数有简单的生产计划,较好的组还有一定公有财产之积累。在产量上,最好的组每亩平均可达1000斤,较好的组平均每亩可产700斤(折合苞米),单干户一般平均每亩产200—250斤(折苞米),超过180%—350%,但这样的互助组亦不多,约占10%左右。

在整个劳动互助组织中,以第一、二两种类型的互助组所起作用较大,他们不仅接受了互助政策(组织起来提高生产),而且更重要的是接受了发展经济作物、园艺作物的政策,大部分互助组均在70%以上的土地上种植经济作物和园艺作物,一部分互助组竟达100%,有的农民虽地薄也要种棉花,他们反映"每棵结两个桃还可胜过粮食产量一倍半"。其所以首先响应政府号召,是经过爱国主义农业丰产运动的教育,把农业生产的丰产问题认识到不仅是自己的发家致富问题,且与抗美援朝、保家卫国、发展工业、促进城乡商品交流的国家利益结合起来。因此,在执行三项爱国号召时,以互助组为单位,修改爱国公约,争取捐献,作好优抚工作,这对一般农民生产情绪的影响,和进一步推行爱国丰产运动上都起着很好的作用。

在一部分已经组织起来的互助组,尤其是较大型高级的互助组,今后如何巩固和提高已感苦闷,有的要想土地入股,有的已将牲口合买、合喂、畜草垛在一起,有的已抽产量5%—10%的公积金,添置农具、经营副业,但到底如何作法则很模糊,今后如何领导,土地怎样入股,如何分配,公积金抽多少合适,怎样使用,应该进行慎重研究求得稳步的提高,从而带领群众前进。

# 三、关于农村经济的发展问题

随着旅大城市居民的增加,工商业的日趋发展,人民生活水平的日益提高,对农村要求更好的供应各种农产品,如棉花、花生、杂粮、蔬菜、水果、肉、蛋等,其中特别是蔬菜、水果、肉、蛋等副食品。因此,必须继续开展爱国丰产运动,增强国防力量,进一步发展农村经济,我们的基本方针:

(一)为了加强城乡间的商品交流,大力满足城市副食品的供应,必须保证各种园艺作物的生产在各种农产品中有着更加迅速的增长。其中主要是蔬菜的增产，据初步的统计，全市人民全年约需蔬菜30万吨（城乡人口每人每天按一斤半计算），而1951年之实际产量，仅为20万吨，因为供不应求，造成菜价上涨（高时曾达四斤粮换一斤菜之不合理现象）。1952年计划指标初步确定增至30万吨，今后必须视人口增加状况逐年增加，以迄适应城市发展的供应，果树宜于我市之土质和气候，应大量发展，目前必须大力育苗，作好准备工作。

经济作物的生产，主要是棉花和花生，要积极准备农具、农药、技术、饲料等条件，争取大力发展。目前之重点，应是改良技术，增加单位面积产量，提高质量增加收益。

粮谷作物，目前在农业生产上还占有很大比重（大豆、苞米、小麦、杂粮），亦应以提高单位面积产量为主。

在提高技术方面：首先是推广新农具，今年的试用铲蹚机和推广喷雾器已获农民欢迎，在耕作上生产效率平均提高50%，明年计划推广者，将有小型铲蹚机、果园锄草机、棉花锄草机、改良拉锄及洋犁、钉齿耙等。为了便于推广，要设立农具推广站，实行技术指导，国营试验场要在这方面起着更大的指导作用。

（二）由于城市劳动后备之急需和经济、园艺作物的正在发展，要求更加发挥农业劳动潜在力量，提高生产效率。根据1952年预计生产指标计算，城市工业方面，仅工业局即需增加1万人左右；农业生产方面，依据现有耕种条件估计需17万多人，较1951年增加28%，比农村现有劳动力14万人，尚缺3万多人。今后的情况，当会愈加变化，因此必须贯彻组织起来发展生产的方针，大量发展并稳步提高劳动互助组织，进一步改进农业技术。从金县各种类型互助组织节省人力与试用新农具，提高效率的状况，已经指出这条必由之路。根据今后大量发展园艺经济作物的方针和目前我市劳动互助之发展状况，对劳动互助组织的发展：

首先必须继续认真贯彻自愿两利原则，大力引导各种初级的互助组织发展成为长期定型的互助组。

其次是在园艺作物的生产上，大量组织各种互助组，这方面除在公有财产基础上组织起较高级的互助组外，尚无真正有领导有培养的成功的典型互助组，因此在领导上应注意作好样子吸取经验。

第三、已经成为长期定型的互助组，应进一步充实内容，改进农业技术，发展副业，有条件的实行分工分业，合理使用劳动力。为了扩大再生产的需要，根据组员的完全自愿，可以组织资金或提缴一部分公积金增购公有农具和牲畜。公积金数目，现在为5%—10%，有些太多，依中央指示1%—5%为宜。各组必须民主议定公约，规定收益如何分配，退组怎样清算及必要的简明易行的生产管理制度和劳动纪律，送交村人民政府备案，农村党的支部要切实掌握。

第四、生产合作社性质的互助组织是一种很好的农业生产方式，可在公有土地的条件下加以提倡，至于在私有土地基础上组织生产合作社，因为互助组织基础较差，可选择较有基础之互助组，进行研究试验。

第五、对各种各样定型不定型的临时或固定的低级互助组织，仍应提倡，以便引导单干户组织起来，提高生产。

在各种互助组织中，必须注意组织妇女及半劳动力，参加互助组，并逐渐使之固定化。目前有的互助组，吸收妇女参加劳动，按劳动强度定分计工算账，已经起着刺激妇女参加生产的作用，应予推广。

在改进农业技术方面主要是加强技术教育：各地组织之技术研究会或称改进会，对技术研究与改进上，收到一定作用。今年农民更通过技术研究会，统一采购农药，代订推销合同，现在这种组织已较普遍，这将是今后开展群众性技术运动的基础，但因为是技术研究会，所以在领导成员上，多为旧技术人员，各级党委和政府，应加强其领导，以求在技术指导上发挥更大的作用。另外要办好农业技术学校，和举办各种训练班，以达培养干部、提高干部之目的。

（三）为了提高农业的发展水平，和满足必要数量的畜产品，要求各种牲畜，及畜产品更快的增加。1952 年初步的计划指标：马的繁殖增至 3679 头，较 1951 年提高 8%，猪增至 85501 头，较 1951 年提高 50%，牛乳蛋类增加亦大，这是必需的，其中特别是耕畜的发展，尤应注意，以达节省人力之目的。为了保证牲畜的繁殖，目前必须增设畜种场、配种站，大力繁殖并改善饲养，组织防疫，举办牲畜保险，从而提高群众的积极性。最近中国人民保险公司旅大分公司，于金县推行牲畜保险颇受群众欢迎，今后应大力推广。

随着牲畜的发展和经济作物、园艺作物的增加，还必须扩充饲料生产，保证畜草供应。

（四）加强国营农场，从农业上发展社会主义经济成分，旅大市现有机关、企业 28 个单位经营着 50 多个农场，共有土地1592.26垧，约占全市总耕地面积1.3%（占东北全区国公营农场 1%），其中国营占 55%，机关经营占 45%，要求国营农场的农业产品总值，以尽快的速度增加，因此，必须实行民主管理，合理经营，依靠农业工人，提高觉悟发挥其生产积极性，对农业试验场，应大力培养优良种子和优良畜种，试验合于当地耕作的新农具，研究各种防病防害办法，总结群众生产经验，加以科学分析，使之推广，争取在农业生产领导上起着更大的作用。对目前各企业经营之农场，要纠正“只取不予”的偏向，今后应统一计划加强技术领导，以利发展，对经营不善土地荒芜之某些农场，应由政府收回经营，否则不仅会使现有基础遭受破坏，且在群众中亦起着不良影响。

（五）加强各种防灾防害设施：目前最重要的是兴修水利、育苗造林、防止自然灾害，兴修水利应以提倡打井、开水田、扩大灌溉面积与组织疏河筑堤为主。

育苗造林方面，全市尚有荒山 8 万垧，今后要大力造林，这不仅可以涵养水源，防风防砂，且可种植各种山果、水果，供应城市，目前在育苗上，已开始准备，争取于 5 年内完成荒山造林任务。

1951 年

# 吉林省关于农村经济的综合材料（摘要）

## 一、农业生产情况

全省耕地的施肥面积已达全耕地的56％（超过伪满时代两倍多），普遍做到铲蹚三遍或铲三蹚四。耕地面积大体已达1943年的数字。去年总产量为402万吨，比1943年超过8万吨，单位面积产量2668斤，较当时超过232斤。几年来商品作物逐渐发展增多，今年播种商品作物1017196垧，占耕地总面积32.24％（其中工业原料作物播种面积152269垧，超过去年99％），而1943年仅占当时总耕地面积26.49％。商品作物中以大豆为最多，水稻和小麦次之；烟、麻、棉占总耕地面积2.43％，也超过了1943年水准。

## 二、党的工作与农民思想的几种情况

（一）一部分村、屯由于党的工作较强，区、村领导对新民主主义经济的发展道路认识得较清楚，因而发展了劳动互助和供销合作社工作。这种半社会主义性质的经济居优势地位，绝大多数农民的经济生活不断提高，思想上也充满了前进的信心，关心国家和政治。如保安屯（蛟河县属）进行社会主义前途教育时，农民们反映“咱们这条道走得正对”“用小机器（指马拉农具）种地，一垧地多打一石粮，用大机器还要多打，那个日子你看得过吧”！少数富裕农民的单干经营和一部分中农的资本主义思想虽有发展，但影响不大。在这里党员思想比较清醒，支部比较团结巩固，各种工作也比较易于推行。

（二）在另一部分村、屯，未大量开展劳动互助与合作社工作，富农经济在迅速抬头。大多数中农中间发展着资本主义思想，并趋向旧富农的道路；苦于上升困难的一部分人，则失望、不满。党员的思想涣散（有的党员只顾单干发财，有的贫困无力则消极不满），支部工作没有力量。

（三）在一部分半老区的农村中，有的政权不纯，地主、富农在经济上恢复与发展起来。富农经济在迅速发展，合作社经济还没有头绪。广大农民在政治上未翻身，在生产上也受到不同程度的束缚；因而对国家政治、前途表现为怀疑与冷淡。镇压反革命提高了他们的情绪，但未彻底解决问题。

## 三、劳动互助的发展情况

（一）各种形式的劳动互助和它们的特点：（1）插犋组、季节性的变工互助组在不同的季节约占农户的30%—40%，其特点为“有需要就组织，无需要就解散”，其缺点是局限性大，且将随着农民的马匹、农具增多而使互助不能继续下去。（2）常年集体劳作互助组（在全省约占农户的20%左右），大多数是农副业结合或种植商品作物，收入增加，能接受新的生产技术。这种互助组的扩大而成为大型的劳动互助组或联组（约占全省农户的5%）：有的实行分工分业（如韩恩的互助组分为四种专业的小组：新农具组、旧农具组、水田组、副业小组），在掌握新的技术上日益熟练起来。由于使用新农具从而促进了劳动互助的提高（如韩恩、何凤山等组因使用马拉农具而打破地界）。（3）大型互助组或联组的发展提高，有的已成为农业生产合作社的雏型或初具规模的生产合作社（在全省约有100户左右）。延吉县金时龙的互助组经过评工记分、标准工、产量保证制，在今年进而采取了土地入股办法。克服了组员间个体利益与集体利益的矛盾，积极性提高了，社员收入较一般互助组多30%—40%，较个体农民多出一倍。千钟云、岳彩辉等互助组都有类似的特点，韩恩互助组已具备了发展为农业生产合作社的必要条件（分工分业、组员组织性和觉悟的提高、组内公共财产——新旧农具的聚集）。但是，金时龙等组还存在一些问题（入股分红、劳力与资金分配比率、生产劳作方法）需要研究，在目前尚不能大量推广。

（二）在劳动互助发展和提高中存在的问题：（1）有些地方未根据本地特点充实劳动互助的内容，单纯追逐大型、小型的组织形式，收入不能增加，互助组就呈现了解体的现象。（2）部分农村干部、党员好高骛远，一心组织“大联组”，结果使一些曾已著有成效的小组因缺乏领导而消沉下去。（3）有的地方领导落后于群众，对群众创造的新方法采取放任自流的态度。（4）区、村党的领导思想模糊的地方，劳动互助组在解体当中。

（三）几点主要经验：（1）从吉林农业互助合作的发展进程（季节性换工互助—常年集体劳动互助小组、大组、联组—初具规模的农业生产合作社）中，已可看出互助合作的发展道路。（2）从一个小组做起，培养与创造条件乃是发展联组的基本方法。（3）哪里的劳动互助搞的好，哪里的经济就发展的快。如韩恩的屯子原有的21户农民都过着中农生活，金时龙的屯子22户农民中只2户还是贫农。（4）劳动互助组织较好的地方，正是得到供销合作社支援的地方。（5）劳动互助的发展也改变着农民们的思想意识。保安屯仅24户农民就捐献900万元。而劳动互助的发展也正是由于党支部的巩固。

## 四、农村供销合作社的发展情况

（一）一般情况：全省有农村基层合作社2025个，占行政村的49%；社员362万人，占农村人口55%；共有资金1275亿元，其中33%为公积金。去年年底统计，合作社为社员推销了

4617亿元的农副产品（占农民商品生产总值的50%），供给了5741亿元的生活、生产资料（占农民需要的50%左右）。业务工作范围逐渐扩大（已有农具修理、粮油加工等工厂、作坊397处，信贷部、小型医院、大车店、果园、牧场等多处），各级合作社共有职工16073人，内中党员3293人，团员2200人。

（二）各村合作社的发展极不平衡：第一种，因大力扶植社员群众的生产事业而组织与团结了群众，社员达到农村人口80%以上；聚集了雄厚的资金；依靠国营经济发展了业务；初步地建立了一些经济核算制度，供销上能满足社员群众的要求。这种社约占农村基层社20%左右，多在老区。第二种，由于限制入股、不分红利、不做非社员生意和资金不足，还不能在供销上满足社员群众的要求，与群众生产结合较差，发展迟缓；但他们在不同程度上建立了自己的工作基础，领导骨干有了一些工作经验。这种社约占65%左右。第三种，在经营上缺乏群众观点，单纯为了营利，有的则贪污浪费，致使合作社严重地脱离群众甚至垮台。这种社约占15%左右，多在新区。

（三）存在的问题：(1) 对分散在广大农村中合作社的基层组织，还缺乏正常的领导。农村党的组织只重生产不重供销（合作社工作），上级合作社常常忙于本身的“大搞业务”，放松对基层社的领导，这也是不能与国营商业密切结合，向私商作斗争的原因之一。(2) 不能从实际出发去发展业务，如许多合作资金力量单薄，但不去更多地吸收股金增加积累以扩大供销；有的却又盲目地增设作坊和企业部门。(3) 在合作社的领导上，还不能把自己的工作与党在农村中的方针、政策相结合，正滋长着单纯业务观点。有的基层社有意无意地给予单干的富裕农民以各种便利条件，如为了易于收回，而把肥料、粮食和银行通过他们发放的农副业贷款，先给那些单干的富裕农户，而贫苦的农户、军烈属则很少得到支持。他们对协助农村劳动互助的发展，缺乏明确的认识。纠正了以行政命令的方法排挤私商的偏向之后，又发生了不管市场情况、放松斗争的现象。工作有了成绩，不能告诉群众这是集体组织的优越性的表现，而常常被群众单纯地了解成是某些个人的功劳。(4) 大多数农村合作社，未建立起经济核算制度，采购、推销都缺乏计划性，且不断发生贪污浪费现象（据21县的统计，贪污的款数达12000余万元，丢失被盗1亿余元）。他们没有实行社员定货单的制度，只凭估计去作计划，且迟迟不交；因而既妨碍国营经济的计划工作，也影响到产品购销的时间性和多样性。只注意经济工作，忽视自己应做的群众工作（许多地方社员代表会、监事会流于形式）。

## 五、农村阶级变化和雇佣、借贷、土地租佃、买卖情况

（一）阶级变化：贫雇农大部成为中农，现在中农在户数上占全体农户的百65%左右，占人口的70%有余，在劳动力上占70%左右，占有土地75%—80%，占有耕畜80%—90%。其中富裕中农约占10%，大部是由旧中农、佃中农及一部贫雇农上升发展而来的，劳动力较强，生产资料较充足（一般有二三头牲畜，有车辆），不愿参加劳动互助组织；他们以买入或租入土地、雇短工或雇半拉子进行扩大再生产，并以余粮进行批青、借贷，有轻微剥削。一般的中农约占50%，占有1—2头耕畜，生产和生活都较充裕。其余40%的中农，在生产和生活上尚

有若干困难，经不起风吹雨打，如夏家村已有20％的中农下降为贫农。新富农占全体农户的1％：除自己参加主要劳动外，还雇用长工或多量的短工，并以大量余粮进行批青、借贷。其余农户为贫农（自种土地兼卖短工，生活、生产都困难，其中孤寡或丧失劳力的贫困农户占20％）和少数雇农。

（二）雇佣：雇佣现象逐年增多，如蛟河县井沿村今年雇佣劳动者的户数由1949年占总户口1.56％增至6.3％。雇工种类与土地改革前差不多，但有一些隐蔽的雇佣关系（如以寄居、伙种等做为名义；有的是原来富农又将其劳金、青份找到一起，名义上叫“换工组”）。雇工中多数是原来的贫、雇农。全省有将近200个农村党员雇用长、短工。雇工的经济生活：长劳金在管饭之外，全年工资是六七十万元，折高粱不足10石（伪满时一个长劳金是12石到16石）；青份与伪满时相同，除掉粮食份（给雇主代种的地），所打粮食对半分；雇工有病或有事误工一律扣工钱；劳作时间比过去略有减少，雇主不敢无理克扣工资。雇主一般不许雇工参加各种政治活动，雇工在政治上处于毫无权利的地位，觉悟很低。现在必须解决的问题：（1）应有劳动保护的规定，因劳致疾及婚丧误工者须照付工资，假日得休息；（2）雇主不得限制雇工参加政治活动的自由。在雇工较多的地方，政府中应有雇工的代表人物；（3）雇工多的地方应以村、数个村或区为单位组织雇工工会；（4）以劳资合同的方式，来保证雇工的经济政治待遇，正确解决劳资关系。

（三）借贷：多采取半公开或隐蔽的方式。从借贷关系的发生占总农户的比重来看，各地高低不一（高者占总农户的73.8％，低者占42％），但都是逐年增加的。从借贷用途来看，多用于扩大再生产方面。贷入者以中农、贫农居多，贷出者多系余粮较多的中农。据两村调查，77％的贷出户乃是农民间的互相串换，专门靠高利贷吃利的富裕户，占贷出户的5％。在工作薄弱的村、屯当中，放高利贷的现象较严重，利息高（春借一斗秋还二斗，批青——如舒兰县苞米每石10万元，批青苞米只4万元，贷款利息高者达月息30％，一般在10％左右），数量也大，在某种程度上助长了农村阶级的分化（如榆树县解放村一家富裕农民去年贷出粮食100石，收进押地6垧；何家村中农史文才，前年贷入5斗麦种（大加一利），连本带利滚到今年折成大豆7石5斗，约占今年收成一半还多，只得计划秋后卖马。

我们认为：（1）对正常的借贷关系（春借一斗，秋还斗半）允许公开发展。（2）对高利贷剥削应由政府明令禁止。采取群众调解的方式，对于还未偿还的，除还本外，一般按银行利息或以农民所习惯的春借一斗秋还斗半的办法付利。对批青也这样处理，押了土地的应追回土地。（3）应大力发展国家银行在农村中的信贷工作，凡是工作基础较好、资金较充裕的农村供销合作社，皆可办理信贷工作。今年秋后，应办群众性义仓，以备荒年。

（四）土地买卖和租佃：发生土地买卖、租佃关系者一般的各占总农户的7％－9％左右，同时又是逐年增多的（例略）。卖出或租出土地者，多为孤寡和缺少劳力或生产资料的贫雇农、军烈属。目前没有土地大量集中的情况和趋势，租佃关系还正常。地价旱田每垧50—100万元（水田为旱田的一倍或三倍），地租约占总产量1/5。

## 附：今后五年的奋斗目标和1952年农村经济计划（草案）

吉林农村经济，在全省范围内，已基本上结束了它的恢复阶段，在老区和新区当中，都已先后开始了向前发展的新时期。由于我们伟大祖国的日益巩固和繁荣，特别是社会主义性质的国营工业的巨大恢复和发展，我们的国家和党的各种政策的正确实施，将更加加速农村经济的发展，从而将有力地发挥新民主主义的农村经济的各种潜在力量。

这样，也就使我们具备了充分的可能，在今后五年当中从现有基础上把我们的农村经济改变一个新的面貌。

这个新面貌的出现，则将为我们迎接由于国家工业的巨大发展所带来的新的生产工具和随之而来的农村生产上的革命和改造，创造更加有利的前提和条件。

我们是处在这样一个历史新时期，我们必须认清我们在农村工作中的重大的历史任务，看不清这一点，我们将落在客观实际的后面甚或迷失了我们前进的方向。

## 第一、我们确定在今后五年当中，以下列数项为我们的奋斗目标

一、争取在三年到五年当中，大力发展农村半社会主义性质的合作社经济，以农民的劳动互助组织、生产合作社和供销合作社把绝大多数农民组织起来，从而不断增长合作社经济的因素和力量，使之在农村经济的发展当中，占居巩固的优势地位。

（一）这样，对我们现有的农村劳动互助组织，必须加以有力的领导，使之继续发展和提高起来，充分发挥地区的特点、条件，在农、副业结合的生产中，逐步实行分工分业，并有计划地根据它们巩固和发展的程度。参加成员的觉悟以及接受和使用新式农具和新的生产技术的情况部分地提高成为农业生产合作社。

根据国家计划，在今后五年当中，在我省农村推广新式马拉农具2.5万套，争取这些新式农具都能给予上述组织较好的大型劳动互助组织，并争取从中组织700－1000个农业生产合作社。

应在每年冬季对劳动模范和互助组长普遍集训一次，每一季节集会一次，以便总结交流经验并加强政治教育。

（二）对农村供销合作社，应争取在五年当中，在所有较大的村庄里普遍建立起来，发展社员占农村人口的70％－85％，以扩大股金和经营积累的方法，在现有基础上把资金增大到约合每个农民社员的购买力的十分之二三。并争取在合作社资金总数的绝大部分为社员群众的公积金，不断吸收农民余粮和农村游资，用以由少聚多，日积月累，在农村中形成巨大的半社会主义的经济力量。

大量训练合作干部和其他业务人员，除轮训外，创办合作专科学校，每年应训练和培养3000－5000人。

这种供销合作社的业务应以供销为主，大力供应社员和群众的生产、生活资料，推销他们的农副产品，以扶助与便利农民的生产事业和减轻私商的中间剥削。而在资金发展壮大的情况下，合作社的联社与设在区镇上或较大的基层社，应在供销有余的情况下，办理生产、信贷、医药、卫生或其他社员福利事业。

农村供销合作社不仅应紧紧依靠社会主义性质的国营经济主要是国营商业部门，经常取得它们的扶植和支持，且应与社员群众的劳动互助组织生产合作社紧密结合起来。大力支持和援助社员群众的生产事业。

县和地区性的合作社的联社组织，应有计划地在一县范围内，在党和政府的领导之下，支持和扶助几个大型的农业合作社，在供应、推销以及干部、会计技术和经济核算、资金等方面给以帮助和指导，同时，在自己资金逐渐增大的情况下，也应创办农、副、土产和建筑、畜牧、菜园、家禽等各种生产合作社，以发展生产并更好组织和推动社员群众的生产事业。

（三）总之，在五年当中，不仅要使我们在新民主主义的农村当中，具有强大的半社会主义性质的合作社的组织和经济力量，有不同形式的农民劳动互助组织，而且有了农业的生产合作社组织，这样，也就能够根据毛主席所指示我们的，引导广大农民，走向逐渐集体化的道路。

二、在半社会主义性质的供销合作社和劳动互助组织以及农业生产合作社的扶植和组织之下，大力发展农业生产，发展土产、副业、畜牧、水利、造林、推广各种新式农具和改良农业生产技术，争取在三年到五年当中，达到以下目标：

（一）争取在五年当中，粮食作物产量每垧达到1600公斤，按1951年每垧产量1282公斤，增产24.8%。全省总耕地达到319万垧，内中开改水田计21145垧，争取全省农业总产量达480万吨。

（二）发展各种土产、副业，如养猪、喂鸡、养蜂、放蚕、编织席子、草袋及山产副业人参、鹿茸、木耳、蘑菇、榛子、各种皮张等，达农业总产量之25%，亦即120万吨粮食。

以上农业、副业共合600万吨。

（三）大力发展畜牧业，在五年当中净增殖马牛及骡驴等657847头，增殖山羊、绵羊15万头，增殖奶牛3200头。同时，争取在五年当中，彻底消灭鼻疽牲畜。

（四）在五年当中，完成磐石、九台、永吉、郭前旗、长春、新开河和延边古洞河等8处水利灌溉工程并开改灌溉水田21145垧。完成对舒兰亮甲山、磐石兴隆村水库和布尔哈通河的勘测计划。同时完成拉林河堤防、伊通河防洪及桦甸堤防等治水工程。在全省各个河流增设水文站33处。

（五）在三年到五年当中造林80万垧，内中国营造林12万垧，合作造林48万垧，其他20万垧，建设苗圃56处，育苗5000万平方米，合计育苗25亿株。封山育林50万垧，清理林场7万垧，人工林抚育1万垧，天然苗移植1万垧，同时加强护林防火设施，大量建设林区电话，恢复与重建林道1700公里。

（六）在五年当中建立一个每年能生产5000套（播种机、洋犁、碎土机）马拉农具的工厂。除新式马拉农具之外，推广洋犁、综合号铲蹚机及水田锄草机等各种改良农具。同时，以大力普及优良品种，除杂粮外，争取食粮作物（包括大豆、水稻、高粱、谷子、苞米）全部播种优良品种，施肥面积争取达到全耕地的70%。广泛推广农药并结合群众性的防虫治虫办法，防治各种病虫害。在使用新式马拉农具的地方，逐步实行深耕细作，改良耕作法和提高农业生产技术。

三、加强社会主义性质的公营农场的建设工作，大力发挥示范作用，广泛设立农业技术推广站，办好农业专科学校，大量培养农业技术人材。

（一）在今后五年当中，除办好九站试验农场和前郭旗水田农场，增设专业试验场，同时，也要办好各县的公营农场，这些农场的工作，应以推广优良品种，推广新农具和对农民进行农业技术教育，帮助与指导农民，首先是组织在劳动互助组当中的农民进行选种、杀虫和使用新式农具、农药，藉以提高农民的生产技术。同时，在当地党政领导之下，扶植与培养典型的农业生产合作社。

（二）在现有农业专科学校之外，在今后三年到五年当中应再增设二所到三所初级农业技术学校，争取每年能训练500—1000名农业技术人员，以应客观需要并为将来农业经济的发展准备条件。1952年专业短训一年至一年半1343人，三个月到四个月370人，在职干部轮训半月至一个月903人。

四、改善农民生活，开展文化卫生工作，帮助农民进行修盖房屋。

（一）在进行上述各种工作中，争取在今后三五年内，做到农村中80%的农民丰衣足食，不仅能顺利地发展生产，并且使多数农民都能修盖新房，猪有圈、马有棚。

（二）在大部的区或集镇上都有一个卫生所或小型病院，一个接生站，大量训练接生员。减低农民和婴儿的疾病和死亡率。

（三）帮助农民修建他们的小学，和农民学校，使他们的儿童不因寒冷和没有校舍而失学，使农民群众有集会、学习和公共娱乐的场所。

### 第二、1952年农村经济计划

一、在互助合作方面，我们除了大力发展和逐步提高各种小型的变工互助组织，还应有计划地提高和发展农副业相结合能够进行分工分业的大型劳动互助组。同时在一县之内根据已有条件，创办一两个农业生产合作社。

二、农村供销合作社在明年一年当中，应大力扩大自己的资金力量，争取在现有基础上全省扩大与积累资金500亿元，扩大社员50万人。老区每区创造与培养1个模范的供销合作社，半老区每县创办与培养3—5个模范合作社。争取在明年正式创办1所合作干部学校，培养和训练各种干部人员800到1000人。

三、在副业生产方面，争取全省副业产品的生产总值合粮80万吨，占农业总产量的20%。

四、牧畜业：增殖耕马31710匹，牛增殖83196头，羊增殖16526只。消灭鼻疽牲畜3万头。建立以羊为主的种畜场，扩大种马场。

五、兴修水利，完成郭前旗第一灌溉区的一期工程和桦甸堤防工程，完成对长春太平池、九台石头口门等5处工程的勘测工作。增设15处水文站。

六、全省造林5万垧：建设苗圃35处，培育树苗3亿株，封山育林5万垧，清理林场1万垧，人工林抚育及天然移植各500垧。

七、提高技术和推广新农具：

（一）推广优良品种：大豆、水稻、小麦、高粱、谷子、洋麻、棉花等共1040410垧，占其全部播种面积的32.74%。

（二）全省施肥面积，达到全耕地的61%。

（三）建立一所农具工厂，推广新式马拉农具68套，综合号铲蹚机3500台，洋犁1371台，水田铲草机1500台，打稻机700台。

八、建立专业试验场8处，并有重点的设立农业技术的推广站，以补公营农场之不足。

九、除现有农业专科学校之外，明年专业短训一年至一年半的1343人，三个月到四个月的370人，在职干部轮训半月至一个月的903人。

1951年

# 热河省典型村经济情况调查

我们根据热河地区经济发展很不平衡的情况，选择北票（可代表朝阳等3个较富裕县旗）、宁城（可代表喀喇沁等13个一般市县旗）、隆化（可代表围场等3个较困难县）三县，在三个县里各选择能代表较富裕、一般、较困难的三个村进行了较系统的调查。综合这九个典型村的材料，经过我们研究分析，认为大体上能代表热河的经济情况。调查材料说明：热河农村经济只是开始恢复，并且发展的很不平衡，由于今年又遭旱虫灾，估计全省农业生产量将比去年减产20%左右，明年部分地区农民生活生产上仍存有较严重的困难；换工互助组工作，除少数点外，还很少改进，存在着自流现象；农村购买力随着农村经济的改变，开始提高；由于重点试用新式农具（小洋犁、铲蹚机）成功，农民迫切要求添购新农具（合作社及公营农场问题另有报告）。

## 一、农村经济情况及阶级变化

### （一）农村经济开始恢复

土城子、海丰庄头营子、皇姑屯（代表北票县较富裕、一般、较困难村）、九神庙、王家营子、红庙子（代表宁城县较富裕、一般、较困难村）、朝梁沟、三道营子、哑叭店（代表隆化较富裕、一般、较困难村）等九个村，共1938户，9273人，男劳动力2345人，女劳动力2011人，共有耕地26867亩，每人平均有耕地2亩8分9强，每个男劳动力平均负担耕地11亩4分。共有骡111匹（其中不能使的2匹），牛577头（其中不能使的186头），驴620头（其中不能使的80头），平均每头耕畜负担耕地25亩8分。共有各种车辆141辆，犁1037付，其他小农具9466件。

这九个村经过土地改革解放了生产力后三四年的生产运动，农村经济已开始恢复，主要表现以下几点：

1. 耕作技术提高了。在耪蹚遍数上：土地改革前一般都是二耪一蹚，现在一般达到三耪一蹚。在施肥面积与数量上：土地改革前这九个村平均施肥面积占耕地面积70%，平均每亩施肥量约1000斤，现在施肥面积已达耕地面积85%，每亩施肥数量约3000斤。在选种与种子消毒上：土地改革前这九个村都没有精选种子和消毒习惯，一般都是在场院里选种，有的临种时再风选一次。土地改革后，由实行田间选种到实行玛选、粒选，逐年细致。今年由于政府大力推广用王铜给高粱、谷子、小麦种子消毒的办法，这九个村有60%的高粱、谷子、小麦种子实行了王铜消毒。在与各种自然灾害做斗争上：这九个村今年有80%的耕地打净谷楂，对减少谷子钻心虫害上起很大作用。今年这几个村旱灾都很严重，棉花、高粱、豆子普遍发生蜜虫，所有男女整半劳动力在党与政府领导下展开了“抗旱灭虫”运动，减轻了旱、虫灾的损害。并改变了大部群众认为“天灾没办法”的思想。

2. 在农业生产量上：1948年和1949年，因过去战争影响，农村经济已受到损害，特别是隆化县的三个村受蒋匪摧残较重，农民家底空虚，又加上连遭风、雹、水等自然灾害，致形成严重的灾荒。但在共产党与人民政府领导与大力扶助下，不但胜利的渡过了灾荒，由于大力领导农民生产自救，在严重的灾荒情况下，达到了精耕细作，提高了农业生产技术，使1950年取得了较好的收成，这九个村1950年的农业生产量已达到1943年水平。今年虽然普遍的遭受了程度不同的旱、虫灾，但由于农业生产技术的提高，全力进行抗旱灭虫的结果，这九个村平均还有六成左右年景。北票县的三个村因为种植棉花面积的增加，农民实际收入与去年（丰收年）收入比较，只减少了3%强。这九个村几年来农业生产量变化情况如下表。

## （二）中农增加，阶级开始分化

随着农村经济的开始恢复，中农亦开始增加。这九个村1938户中，土地改革前共有中农657户，贫雇农1139户，绝大部分贫雇农在土地改革后分得土地和部分农具，并有部分贫雇农分得牲畜，虽然在1948年（指1948年秋收后（10月1日以后）至1949年秋收前（9月末））和1949年（指1949年秋收后（10月1日以后）至1950年秋收前（9月末））因灾荒关系，部分农民生活、生产上发生困难，但农民的生产积极性是普遍高涨的，经过1950年的丰收，即有30%的贫雇农上升到中农生活水平。目前这九个村共有中农1161户，已成为农村中的多数。其中有的户因为生产条件较为优越，加上勤劳会过日子，生活已趋富裕，有的户则添车买牲畜、盖新房子，有的户则添买了土地。这九个村已有富裕中农91户。有的上升户上升后就雇活单干，目前这九个村即有36户上升户雇活35个。这只是上升的一面。与此相反在过去受灾严重的村子（主要是隆化、宁城的6个村），对困难户生活、生产困难，虽经政府不断的用贷粮来扶助，但不够充分，8个村统计在1948年和1949年灾荒中，仍有207困难户卖掉了827亩5分土地，使一小部分中农户下降为贫农，65%的贫农仍停留在原来水平没有上升。

## （三）农村经济发展不平衡及其原因

农村经济发展不平衡成为热河农村经济主要特点之一。由所调查的九个村来看：北票县的三个村1950年的农业生产量超过1943年的63%；1951年虽遭旱、虫灾，但因棉花种植面积增加，所收棉花折成粗粮时仍超过1943年的58%。在牲畜数量上：北票县的三个村1943年共有牲畜556头，现在共有牲畜609头，超过1943年的9%强。在农民生活程度上看：这三个村868户中，有7户上升过着新富农生活；有111户过着富裕中农生活；有601户过着中农生活；只有140户因天灾或疾病丧失主要劳动力，生活有困难，过着贫农生活。与此相反，隆化县的三个村1950年农业生产量仅达1943年水平。但这三个村的山沟地区，原来即要赖养羊、牛、采杏核来补助将近半数的生活费用，因过去受蒋匪抢掠，牛损失40%以上，羊损失70%以上，加上近三年来杏核歉收，所以减少了不少收入。这三个村1943年有牲畜659头（包括牛303头），羊3382只。现在只有牲畜374头（内包括牛162头），仅占1943年的56%强，羊790只，仅占1943年23%强。所以产生这种不平衡现象的原因：除北票地区土质较好并较多外，主要是北票地区在近两年来大量的种植了棉花。隆化地区则因过去受蒋匪摧残较重，现在除大川靠河村庄，因大量开垦稻田（隆化的三个村即种1700余亩稻田），经济情况开始好转外，至于小山沟里的村庄，则仍处于贫困状态（60%以上的农民生活、生产上存有困难）；在主观上则是过去领导上对恢复困难山沟地区经济缺乏明确方针，未能及早的给予必要的物资扶助，如根据这次调查隆化县的山沟村庄都具备发展牧畜（羊牛）的条件，但过去隆化县的领导上，则只注意了发展稻田（主要是大川有稻田），对稻田扶助物资也较多，但对改变山沟地区贫困面貌问题，则始终未找出妥善办法，即对省关于在山沟地区多种土豆（多产作物）的指示也没有认真执行，所以一直到现在隆化县的小山沟地区仍是很贫困的。

### （四）严重的旱、虫灾拖延了困难村经济恢复，今后的工作仍是艰巨的

如隆化较困难的三道营子、哑叭店，宁城的红庙子等三个村，1950年农业生产量为779822斤，1950年10月1日至1951年9月末副业收入293341斤，共收入1073163斤粗粮，每人平均得粮食427斤，平均只够9个月的吃用，缺3个月的吃粮。该三个村587户中有461户（占三个村总户数的78%）生活、生产上存有困难。今年因又遭严重的旱、虫灾，不但没有恢复，农业生产量比1950年还减少了102054斤（减少13%。但调查以后旱灾继续发展，实际要减少20%以上），估计这三个村由现在至1952年9月末副业生产能收入313938斤粗粮，共收入991706斤，每人平均得409斤粗粮，平均够九个月的吃用，还缺三个月的吃粮，估计今年（指1951年10月至1952年9月末）还有460余户（占三个村总户数79%）生活、生产上存有困难，今后的工作仍是艰巨的。

## 二、换工互助组情况

### （一）一般情况

土城子等七个村的换工组都是于1949年春季由区、村干部强迫编成的。如土城子村干部一晚上就编了54个组；宁城王家营子村按行政组的大小、户的居住远近编成21个组，这不仅违反了组织起来的原则，并使农民认为：组织换工组就是为了拉帮穷人，因而很快的全垮了。1950年纠正强迫命令后，随之又产生了放任自流的偏向。如哑叭店村1950年春耕时又重新组织起来19个组，但由于领导上放任自流，换工组内缺乏领导骨干，春耕后又垮了13个组，只有6个组坚持到夏锄后散伙。1951年仍没有引起领导上（主要是区、村领导）的足够重视，自流现象仍然存在，大部分换工组只是人畜力进行季节性或临时性的换工互助，没有充实新内

容，因此，组织起来的作用也就不很显著。较好的哑叭店村杨富组，该组是在今年备耕中由杨富（共产党员）带头组织起来的，在春耕前该组普遍的进行了春挑地，过去不选种，今年也普遍做到了选种，种子全部用王铜粉消毒，春耕比单干户早完成 15 天，夏锄中亦做到了多榜多蹚。如全组 20 亩地，过去大部分是一榜一蹚，今年达到了三榜一蹚，有的四榜。为解决夏季吃粮不足困难，每户平均种两分地蔬菜，每人栽 70 棵角瓜，渡过了青黄不接时的生活困难。施肥过去每亩不足 2000 斤，今年每亩平均 3700 余斤，并在夏锄空隙中压绿肥6.2万斤。全组由 4 月至 7 月抽出 3 个人搞副业赚米 1120 斤。该组已初步做到省工多出活，并结合副业，增加收入。

### （二）目前组织起来存在的几个主要问题

1. 区、村干部对换工互助组工作尚未引起足够重视，好多党员、村干部还站在换工组之外，存在严重的自流现象。据北票三个村调查：在 63 名党员干部中，不参加生产的 3 名，参加生产而未加入换工组的 51 名，参加组而未起领导骨干作用的 9 名。其中以土城子村为例：全村 10 名党员干部中，连续雇三年活的 2 名（支部书记、治安员），连续雇两年活的 2 名（生产委员、民政委员），大量雇短工的 2 名。如村长于 1951 年就雇了 210 多个短工，自己完全脱离了生产。宁城王家营子村 24 个党员干部中，只有 2 个参加了换工组。因此，组织起来的工作落后于农村经济的发展。有些农民经济上升了以后，即对组织起来感到没有兴趣，而自己单干。更有的中农上升户认为："参加换工组，不如单干雇工发财快。"如北票土城子村 12 户中农调查（可代表全县一般中农），1950 年秋收前参加临时换工组的有 9 户，雇短工的 3 户，而 1951 年参加换工组的减少到 5 户，雇短工的增到 4 户，开始雇活的有 3 户，据了解 1952 年想要雇活的有 5 户，想雇短工的有 4 户。

2. 目前在人畜不足的一部分农民中，对组织起来要求还很迫切，但由于区、村领导上没有深入领导，有些户虽然组成插犋组，而仍停留在人畜力换工上，没有充实新内容。参加换工组的户也觉得参加换工组解决问题不大，因此影响了换工组的巩固与扩大。如宁城王家营子村换工组，仍停留在几榜几蹚的口号下，生产上没有计划，而且组织起来只能在农业生产上换工互助，没有与副业结合，不能更多的增加收入。同时换工组内大部分是人畜较强的户，没有吸收妇女及半劳力参加，发挥所有男女整半劳力作用。

## 三、关于农民购买力情况调查

### （一）购买力变化情况，及需用生活生产资料数量

1950 年因年成较好，是土地改革以后农村购买力较高的一年，根据 8 个村的调查：农民购买布、棉花、盐等生活资料，锹、镐、锄、镰、车辆、牲畜等生产资料共用粮 3036644 斤，平

均每人347斤9两粗粮。其中北票县的三个村因经济较富裕，故农民购买力比较高，每人平均为595斤；隆化县的三个村较困难，购买力比较低，每人平均93斤1两粗粮。除因地区经济情况不同，购买力有高低之差外，经济较富裕地区农民购买生产资料较多，如北票县三个村农民购买生产资料使用的购买力占总购买力的27%强；隆化县三个村农民购买生产资料使用的购买力，只占总购买力的5%强。

今年因年景不如去年，农业生产量比去年减少，农民购买力亦将随之降低，估计将比1950年减少10%左右。因地区经济情况不同，北票县三个农村农民因较有家底，并因多种了棉花，补救了年成歉收，大部农民仍将按自己原订计划购买各种生产、生活资料，宁城、隆化的六个村，因农业生产量比去年显著减少，购买力比去年减少4%左右（调查后继续天旱，估计购买力将比调查时降低），但为了满足现有需要，减少私商中间剥削，大力搞好供销工作，仍极重要。

### （二）农民购买力使用季节，及各种生产、生活资料供销规律

秋季是农民购买力最多的季节，一到秋季一般农民都要买布买棉花准备冬衣，买食盐腌咸菜，买窗户纸糊窗户，买镰刀、杈子等收秋打场，买镐头准备开荒、刨楂子，并要修理车辆拉庄稼，至于富裕户打下粮后还要添车买牲畜，估计约有40%的购买力用在秋季；其次是春天，要买布准备单衣，还要接铧尖，买铁锹，修理犁杖，添买绳套等农具，准备春耕生产，估计约有30%的购买力用在春季；冬夏两季只买些锄、镰（平时打柴、割草用）等生产资料，及食盐、针线等生活资料，两季合计约占总购买力的30%左右。

### （三）农民在购买生活、生产资料上的要求

农民在购买锹、镐、锄、镰等农具上，酷爱好使而坚固耐用的，即使价钱高些，农民也愿意买质量好的。如北票县三个村的农民，宁愿用23万元买上海制的喷雾器（好使），不愿买6万元的东北制的喷雾器；隆化朝梁沟村7户农民为了挖稻池今春花294万元（东北币）买了7张好使的象牌洋锹。

## 四、关于发展农村经济的几点意见

（一）重视换工互助组工作，加强具体领导。这几个村换工互助组工作主要是存在着放任自流的偏向。“强迫编组”现象已经没有了，但现有的换工组则多是仍停留在临时插犋，或按季节换工的小型组的低级阶段，虽有个别组有党员、村干部作骨干，坚持的时间较长，但也未能提高一步。主要原因是县区领导上没有经常的向党员、干部、群众宣传组织起来的发展方向，没有认真贯彻“作出样子，真正使组织起来能省工多出活，多打粮食，胜过单干”的指示，致使中农户一有单干能力，即都要单干，劳动力不足即雇短工，富裕户则开始雇活。今后

对农村经济发展方向问题，领导上应十分重视，并深入下去，具体领导，培养典型，作出样子，用省工多出活，多打粮，从各方面增加收入的实际例子教育、带动广大群众，使农民接受组织起来的发展方向，逐步把绝大多数农民组织起来。教育并帮助村党员干部参加并搞好换工组，成为换工组骨干。政府、银行则应用贷粮、贷款、贷耕畜、农具等优先的扶助换工组，认真解决生活、生产的困难，保证换工组在物质上（主要是生产资料上）具有胜过单干的条件。经验证明，合伙添买使用新式农具，是巩固提高换工组的有效办法。但在这点上我们作的还非常不够，如所调查的9个村，所有换工组中只有1个综合号铲蹚机。

（二）继续提高农业生产技术，发展特种作物。土地改革以后由于大力领导，农业生产技术上，确实比过去提高一步。仍还远赶不上形势的需要，必须继续改进提高。特别是特种作物大量发展的情况下，提高农业生产技术，更成为重要问题。如隆化县的哑叭店村，有66户头一年种棉花，因不懂技术，没有棉药和喷雾器，结果被虫害损坏了65%的棉苗，收成受到严重损失。在土壤气候等条件上看，隆化、宁城都可发展棉、麻等特种作物，目前唯一的问题，即是如何普及并提高植棉技术。多种棉花、洋麻不但可以供应国家工业需要，亦是改变热河经济面貌，使农民走向富裕的办法之一，如北票县的三个村，都是因为多种棉花才使经济迅速地上升了。至于隆化县较富裕村则是因为大力兴修水利，防止了水患，并开垦大量河荒为稻田。这些恢复发展农村经济的经验，都是值得推广的。另外在大田耕作上，只在多榜多蹚、多施肥、选种、种子消毒、刨谷楂、消灭钻心虫等方面，较过去提高一步（当然不能满足，还需要继续提高），但农民已不满足于这些。不少农民由于见到使用铲蹚机、小洋犁等新式农具的实际利益，迫切要求买到这些东西，特别是经济较富裕的村庄，需要公营工业有计划的生产，以满足农民这一新的要求。

（三）搞好城乡交流，满足农民生活、生产上的需要。特别是上升地区，因为供销关系发生新的变化（主要是需要生产资料种类和数量增多），更需要有计划的完成。如北票县的三个村，今年秋收后即计划购买大小胶皮车32台，花轱辘车24台，骡马40匹，牛驴73头，铲蹚机42台，小洋犁27台，喷雾器129台，水车9台，洋井29个。另外北票县的三个村棉田面积增加，谷草与烧柴感到不足，其中烧柴群众自己由北票运煤可解决，但谷草必须统一筹划由外地运入适当供应。

（四）搞好副业生产。这9个村副业生产收入约占农民总收入的17%，其中特别是地少人多的山沟村，则约占50%左右，因此搞好副业生产应是增加农民收入发展农村经济的主要办法之一。领导上应经常注意领导这一工作，贯彻因人、因地、因时制宜，与市场需要相结合的副业生产方针，并须贯彻目前利益服从长远利益政策，纠正因打柴烧炭破坏山林的偏向。

（五）大力发展牧畜业。根据这次调查了解目前很贫困的哑叭店村，虽然山多地少，农业生产只供半年吃用，但该村有广大的山场，可以放牧大量羊、牛，具有发展牧畜的有利条件。目前这个村因牧畜业遭受敌伪破坏，全村只剩75只羊，73条牛。所有耕地因粪减少，打粮也少了，并因连年遭受自然灾害，群众生活亦很贫困，恢复羊群、牛群是该村群众迫切的要求，除领导群众对现有羊、牛好好放牧饲养外，并应有计划的予以大力扶助。

（六）贯彻政策，开展自由借贷。由于几年来农村生产政策的逐步贯彻，尤其是从去年热河省党员代表大会后，较富裕农民顾虑减少，农民间自由借贷关系已较过去大大活跃，为了更进一步开展自由借贷，活跃农村经济，仍应广泛宣传自由借贷政策，认真纠正过去发生的某些强借及有借无还的偏向。至于利息问题，主要是由双方协商；不宜规定，对利息高者，只能进行说服，不能进行限制，不然则将阻碍刚刚开始的自由借贷关系的发展，一待自由借贷关系较普遍的开展起来，利息过高现象也自然会正常起来。

1951年

# 黑龙江省克山、海伦、肇源三个县五个村的调查

在1952年12月间，为了进一步了解当前农村经济发展情况和问题，以便更切实地贯彻东北局农村工作会议决议，进一步提高农业生产，改进农村工作，我们组织了所属有关部门50余人，分别在克山、海伦、肇源三县5个村进行经济调查。克山民立村、肇源孟克里村、海伦济民村3个村是先进村，肇源沿海村、克山工农村是落后村，兹将5个村调查了解的主要情况和问题分述于下：

## 第一部分　关于农村经济发展和阶级关系变化

五个村共1055户，5530人，男劳动力1174人，女劳动力814人，耕种土地面积4327垧，除肇源两村是黄沙土外，其余三村都是黑土和黑油土，土质好。耕畜1103匹（头），1952年这五个村都丰收，产粮24932.11石，超过1951年粮食总产量66.14％，单位产量5.6石，超过1951年67.57％，收成最好是肇源孟克里村，1952年该村粮食产量超过1951年97.5％，单位产量超过108％。因为丰收，1952年五个村农民余粮占总产量17.43％，较1951年超过9.1％。四个村的商品粮（缺沿海村），占该四个村粮食总产量42％。余粮最多的是克山民立村，占总产量27.24％，商品粮最多的是海伦济民村占产量的48.6％（注：商品粮是指需要经过流通过程的粮食，所提余粮，是指农民全部开支外的剩余部分）。五个村农业生产上的主要生产资料1952年较1951年均有增加。耕地增加1.89％，耕畜增22.58％，大车增4.2％，主要农具增1.98％，农民几种主要的生活资料的消费量较1951年也增长了。如：布超过1951年6.19％，棉花超过17.4％，盐超过5.1％，火柴超过1.27％，豆油超过25.9％。农民生活消费购买力较1951年提高了16.65％。阶级关系有了新的变化：五个村中农（包括富裕中农）占户数71.67％，较1951年71.26％增加0.39％，中农比重最多的是肇源孟克里村，占82.7％，最少工农村占54.58％。在中农阶层中的富裕中农占五个村户数的23.31％，较1951年增加了4.27％，最多民立村富裕中农占户口30.33％，较1951年增加了7.18％。新富农占户口3.03％，较1951年增加了0.18％，先进村如民立村占1.42％，落后村工农村占5.58％，贫农和雇农占户口24.27％（雇农2.56％，贫农21.71％），较1951年增加0.43％。先进村孟克里村占15.8％，落后村工农村占37.72％。由此可见：农村经济有了很大的发展，表现在：粮食总产量与单位产量大大提高了，农民商品粮和余粮增多了，生产资料数量质量也都增多和加强了，其直接结果就是购买力的提高，农业扩大再生产的物质条件更加充分。由于经济有了进一步的发展，引起的阶级变化的特点是：中农继续占农村户口绝大多数，从表面看较1951年发展无显著变化，但其中富裕中农的发展，在农民中是发展较快的一个阶层。新富农有了新的发展，贫困农民占一定比重，可以看出先进村阶级变化两极分化的比重很小，而落后村阶级向两

极分化的比重则较大，这是值得注意的一种新情况。各阶层的具体情况如下：

一、中农情况：五个村中农（包括富裕中农）占户口71.65%，劳动力占73.2%，土地占80.59%，耕畜占89.63%，车辆占87.79%，农具占89.4%。中农余粮据四个村统计，占四个村余粮总数91.39%，他们的商品粮占商品粮总数87.67%，中农不仅在经济上占绝对优势，在政治上亦占优势，五个村人民代表，中农、富裕中农占78.73%，三个村政府委员中，他们占77.4%，互助组长两个村统计占74.4%，三个村党员的家庭成分是中农和富裕中农占三村党员数的83.27%，两个村青年团员中农和富裕中农成分占两村团员数80.8%。

二、富裕中农：占五个村户口的23.31%，较1951年增加了4.27%，富裕中农占中农阶层的49.11%，他们的耕地占五个村耕地的67.02%，耕畜占80.9%，大车占71.74%，他们生活资料齐备，质量也好，一般土地在7—12垧，耕畜在2—5匹马以上，他们是农民中力量最强的阶层。从这五个村看，具有以下特点：除生活富裕、生产资料齐备，一般有轻微剥削，且较隐蔽，所谓轻微剥削是指：（一）雇少量短工，或雇半个青份或一个猪、马倌；（二）租入较多土地入组，或在组内土地较多，利用马力换较多人工；（三）以余粮余资放债，或向外雇套子，有的用猪肉、批粮、分养猪等办法变相剥削。但也有一部分富裕中农生产富裕、人马力强，劳力土地相等，参加了农业生产合作社或好的互助组没有上述剥削形式。他们已成为农村中最有权威最引人羡慕的阶层。我们在研究各种剥削形式时，常碰到富裕中农头上，其中一部分确已成为农村自发发展的资本主义趋势的带头人。

整个中农阶层绝大多数有扩大再生产的要求；一般中农积极要求添车买马、增补农具、多打粮食、撵上富裕中农，他们对组织起来，走新道路基本上是满意的，认为能多打粮食，富裕中农少部分人在较好的常年组或生产合作社中，得到了新道路好处，积极扩大生产，坚决走新道路，一部分人也打算和正在积极经营牛、马、羊、猪牧畜业，搞手工作坊、运输业等，他们之中另一部分人有些苦闷，对扩大农业生产存在顾虑，较流行的是：对发展方向认识不明确，“不知将来到什么份上”，不托底，怕归大堆，有“发展到头”“维持现状”“等一等贫困户”的消极思想，他们误解：“不许放高利贷，不许搞投机倒把，不允许带长工入组……就是不允许发展了。”“留恋旧道路，要发展就得剥削点。”他们参加组织起来有些勉强，公开雇人单干又不敢，形成了目前存在的某些苦闷。有人把余粮余资大部分用到生活消费上去“吃点、喝点、穿点、得点”，搞假分家“怕树大招风”。另一些人想发展，但对经营方向不明确，发展农业为主，提高技术扩大土地投资兴趣不大，总想“快门来财”！表现重资本轻劳动，搞什么“五坊”（粉坊、油坊、豆腐坊、磨坊、糖坊）、拉脚、商业小买卖等。我们分析其原因：一方面是农民本身，随着经济的上升、自发发展着资本主义趋势，他们熟悉旧道路，留恋旧道路，新道路好是好，又不完全相信，因此表现一定的苦闷和犹豫。另一方面是我们工作和政策贯彻执行中存在缺点和问题：从这几个村看，主要是：1. 1952年春季征购余粮数量过多和某些区、村干部强迫命令方式，以及后来调剂粮食中无利调剂的做法确有很大影响。2. 宣传与执行党的政策有片面性，有人笼统提出“不许雇人，不许剥削”，宣传社会主义前途只讲生活如何好，提高生产讲得不够，在互助组内两利贯彻不够，有些互助组、农业生产合作社，盲目摆摊子，扩大公共财产，搞车马农具作价归公，对他们有很大影响。3. 农业为主的经营方针，提高技术，扩大土地加工，在实际工作上抓得很不够。4. 信贷合作事业落后于农村经济发展。5. 互助合作内部，鼓励组织农民私人不断地添车买马工作做得不够。因此，消除这部分中农，特别是富裕中农的顾虑，引导他们积极扩大农业再生产，是目前农村经济发展中一个新问题。经我们研究，可从以下几方面着手：1. 正确宣传贯彻执行党在农村的全面政策，坚持保护私有，坚决贯彻在互助运动中自愿、互利、民主的政策，在互助合作内部限制富农剥削，反对平均主义、命令主义，执行贯彻“积极领导，稳步前进”的方针，克服盲目冒进偏向。允许富农在社会上合法经营，团结单干户，扶持贫困户。2. 反复指出组织起来，提高技术，多打粮食，大家富裕走好新道路的方向。3. 强调与抓紧技术增产，鼓励与组织农民余资添车买马，增补农具，购用农药，扩大土地加工，抓紧农业，适当有条件提倡搞牧畜业。4. 发展信贷合作事业。

三、新富农情况：新富农占五个村户口的3.03%，耕地占4.43%，耕畜占10.23%，车辆占8.39%，农具占7.36%，男女劳力占3.29%。先进村组织起来占绝对优势，新富农比重小，民立村占1.42%，落后村组织起来薄弱比重较大，工农村占5.58%，在先进村他们公开雇佣劳动等，隐蔽剥削多，且不大定型，剥削形式大体有：暗地放高利贷，“明讲暗利”，搞投机倒把（如倒卖牲口倒卖粮食等），雇工经营副业以入小组做掩护，在组外叫工到组内换工，以招亲戚养跑腿为名实为雇活，大量叫短工。其影响是：一部分富裕中农暗中羡慕，大多数农民鄙视，开始受到群众道德抵制，民立村新富农孙焕祥有病，群众讽刺说：“他是利皮大损德损的。”在落后村新富农剥削则甚猖狂，也很露骨，如工农村，6户新富农即放出占全村贷粮总数的48%，高利贷均在五分利以上，5户富农，公开雇7个长工，这五个村共同情况是：某些区、村干部在口头宣传上“不许剥削人、不许雇工”，表现很左，但在实际工作中对富农非法剥削的限制则很放松，对隐蔽形式认识不足，有的干部说他们是“富裕中农”，而不少富农都自称为“富裕中农”，在富裕中农外衣掩饰下进行富农剥削。我们研究认为：革命现阶段农村富农的存在和有某些发展，不可避免也不可怕，夸大了富农的危险性，提出“消灭剥削”，“不许雇人”是错误的，另方面忽视富农的危险性，对其非法剥削不进行限制，在实际工作中不抓紧互助工作，对富农隐蔽剥削麻痹，听任富农自流发展，让富农经济自由泛滥也是错误的，上述两方面错误目前农村都存在，必须克服。

四、贫困农民情况：贫农占五个村户口的24.27%，劳力占18.77，耕地占14.23%，耕畜占4.35%，大车占4%，农具占3.24%。他们经济发展迟缓的本身原因：一是无劳力、残废、伤力、死人、疾病占贫困户15.52%，二是移民、灾民占29.9%，三是旧债多底子空占8.62%，四是盖房子娶老婆操办大占9.22%，五是无马、死马占15.5%，六是瞎捣登占10.77%，七是劳动不好与不会劳动占17.67%。若从工作和政策上检查，影响贫困农民经济上升还有以下几点：1. 互助合作内部两利政策贯彻的不够，组内普遍存在歧视排斥贫困户，在生产轮作. 人马换工等方面不合理，富裕户处处占便宜，贫困户吃亏，造成贫困户庄稼莳弄不应时，耕作粗糙，少打了粮食，甚至扔地。2. 互助组农副业结合不够，有车有马单干，不带贫困户。3. 国家银行、信贷部在农贷方面有平均主义、零碎分散的毛病，贫困农民借得少，中农、富裕中农借得多，而贫困户借的贷款生活资料多，生产资料少，不能从根本上有计划地解决贫困户生产资料问题。4. 农村某些负担政策不合理，在公平合理原则下照顾贫困户也不够。如公粮社会减免不应减免的中农被减免了，应减免的贫困户反而没有得到减免，有些花费应按劳力、土地、马匹、车辆合理负担，结果平均按地亩摊派。5. 区、村党政领导上对扶助贫困农民生活上升组织上有毛病，片面夸大少数贫困户缺点，不从全面分析其上升迟缓原因，工作上被动零碎，缺乏计划，没有经常性。从这几个村调查看：1952年扶助贫困户经济上升工作做了不少，如调整互助组内部人马工比价，信贷部贷款，党内教育等，已收效果，今后在彻底贯彻扶助贫困农民这一政策中，我们和农民研究主要应抓紧下列三条：1. 互助合作内部彻底贯彻自愿两利政策，从计划生产上、耕作适应农时上，农副业结合上诸方面给予贫困户以有计划的常年的平等待遇，反对歧视排斥。2. 部分信贷部资金应有计划的投放，主要部分应借给贫困户，帮助他们解决马匹、农具及其他等主要生产资料问题，克服平均主义。3. 区、村党政领导上经常有计划进行这一工作，党员干部要起模范作用，影响教育群众，在自愿互利原则下，扶助贫困户是光荣的事情，应形成风气，教育贫困农民勤劳生产，自力更生，迅速赶上中农。

这几个村丰收后的新情况是：农业生产合作社农民普遍上升。海伦贾润堂社10户社员即余粮100石，克山杨显亭社18户社员有16户1952年实际收入超过了1951年，参加互助组的农民也一般提高了，贫困户生活上也有提高，但在生产资料上基本变化不大，原因是小组没搞好，或未参加组织起来，没有资本，细粮（大豆、小麦）种的少，旧债多。部分贫困农民把1952年少部剩余压到大组内“公共财产”上去了。各阶层对扩大再生产一致迫切要求，要求明确方向，要求建立与发展信贷合作事业，要求供销工作赶上去，要求新农具。希望通过经济方式购粮。

由于几年来生产发展有了基础及互助合作运动的推行，加上1952年丰收及互助合作有了显著提高的条件，这几个村原阶层的财富占有都有了新的增长，中农特别是富裕中农有了很大的发展，新富农有增加，旧道路的剥削形式日益隐蔽，贫困农民经济地位有改善但经济上升仍极迟缓，随着扩大再生产的要求而来的问题，给我们提出了许多新的要求，都值得我们注意的。这就是五个村阶级关系变化的总情况。他相当的代表了我省目前农村一般的经济发展与阶级关系变动的新情况。

# 第二部分　关于互助合作运动

从五个村的调查看来，互助合作运动是逐年提高的。特别是1952年经过爱国主义与新旧两条道路的教育，农民觉悟有了显著提高；加上爱国丰产竞赛运动的开展，使互助合作运动在不同地区获得了新的发展与提高。表现在：组织起来农户劳力增多，组数减少，质量提高。1951年五个村组织起来农户占86.6%，1952年则占94.5%；1951年互助组为148个，1952年则减少到132个；组织形式亦由低级向高级发展，1951年常年组占组织起来的7.43%，1952年占20.3%，三大季组1951年占38.5%，1952年则占23%，临时组1951年占54%，1952年占56.8%（注：上述情况如从全省来看：常年组占20.3%，合乎实际情况；而三大季组过少，临时组过多，不大符合，因1952年组织起来工作已经基本上改变了春插夏散秋垮台的趋势的情况）；并出现了4个农业生产合作社（其中1个自发社），农户占0.7%，基本试办成功，单干户1951年为99户，1952年减少到57户，比1951年减少42.4%；互助范围逐渐扩大，由一般劳动互助发展到经济互助，开始结合了技术供销和信贷，许多常年组和部分三大季组实行了分工分业，孟克里村在互助合作基础上开展了技术增产运动。现将互助合作运动中的主要情况与问题分述于下：

1. 农业生产合作社的出现，引起了互助合作运动的重大变化。

五个村共出现4个农业生产合作社，除1个自发社外，其余3个基本上是试办成功的，多打了粮食，增加了收入。海伦贾润堂社平均每垧产量10.96石，大大超过常年组，社外影响很好。肇源彭希江社以“能节省就节省”的原则，年来只开支570万元，因而保证了社员的实际收入。克山杨显亭社1952年全社18户中，有16户超过1951年实际收入，由于农业生产合作社多打了粮食，吸引了周围农民，这几个村的农民搞生产合作社的劲头很大。在经营管理上这些社都初步地取得了经验：克山杨显亭社实行短期包工制，证明是提高生产效率的好办法，有力的克服了窝工、旷工与“油瓶倒了没人扶”的现象，各社初步的建立了生产责任制与政治工作制度。但试办中还有许多缺点和问题，如生产计划性不强，专责制执行的不够好，政治工作不够经常，尤其是公共财产搞的太大，摊子搞得多，如海伦贾润堂社公有财产花销占生产总值的35.9%，杨显亭社占46.1%，搞胶皮车拉脚、粉坊、豆腐坊等，影响农业，浪费不小，值得今后特别注意。1953年这五个村除巩固提高现有4个社外，另试办4个社（民立村3个、孟克里村1个）81户；加原来4个社和75户，共8个社156户，占农户的15.6%。在巩固提高现有社和建立新社中看到有以下几个问题值得注意：（1）原有社应以巩固提高为主，不能因为周围农民纷纷要求而盲目扩大，至于原来社就小，势必扩大者，须防止选择对象时重视车马多的户，不吸收贫困户的偏向；（2）原有社一定要坚持以农业为主的经营方针，克服乱摆摊子的不务正业偏向，一定要坚持逐步由少到多的积累公共财产的方针；（3）新建社必须坚持“积极领导，稳步前进”的方针，切实掌握建社条件，不能勉强，并强调上级批准，公开告诉那些要搞假合作社的农民安心搞好互助组，不许搞“私营合作社”；（4）充分发扬民主，贯彻自愿互利原则，正确处理入股分红，掌握一切生产资料取得合理代价，实行计工取酬、按劳分红的原则，要作到人人愿意、家家赞成，防止包办简单化；（5）建社时一定要注意对外影响，不能“插旗招兵”，影响别的小组散花，或过远的吸收社员；（6）建社前后县区党委必须亲自领导，严格审查重点分布、训练骨干带头试点，这是保证办好的关键。

2. 互助组存在的几个主要问题：

（1）不顾条件，盲目搞大组、搞公共财产的偏向较普遍。说：“互助组不是新道路，不时兴了……”要“轰轰烈烈”，有的几年来都是临时组也要搞大组，搞自发社集体攒粪，打开地界，大搞公共财产，说这样“带劲”是“抄道”，“旧形式新内容”，海伦济民村齐景春组已将全组车马作价归公，还买两台胶皮车，不少互助组亦有类似情形，富裕户把地车马作价归组，按地摊钱、美名曰“公共财产”，贫困户背债说新道路好是好，就是债摊不起。

（2）轻视互助组，放弃低级组的偏向较普遍，特别是薄弱村屯，临时组几年来一直是占优势，他们自己的口号是：“春插种地，夏插蹚，秋插拉打，冬插送公粮。”因而组长不固定或轮流担任，组员觉悟低，信心不足，竞赛很少参加，处处有落后表现，他们自己说“我们是骑老母猪，耍高粱叶，人不强马不壮”“武大郎卖棉花，人熊货也‘囊’”，加上区村放松领导，甚而讽刺歧视他们，影响这类互助组的迅速提高。

（3）组内两利制度贯彻不够，并有隐蔽剥削行为。主要问题是富裕户在组内要尖，歧视贫困户，自私自利花样繁多，表现在人马换工上，轮作次序上，结账找工上，对贫困农民不平等待遇，甚至搞变相剥削，如大量以马力换人工多种地，拣地出租招青，养亲戚招跑腿，供吃穿不给报酬，暗放高利贷等，因此少数小组变质，特别是薄弱村屯旧道路占上风，互助组两利“稀里胡涂”。

(4) 农副业结合不够，有相当一部分互助组是“农业团结，副业单干”“农忙互助，农闲自由”，如民立村18个互助组，冬季副业只5个是组织起来搞的，13个组是有车有马户单搞，无车无马户在家干呆。

(5) 技术增产结合不够，不少互助组的增产计划、竞赛评比条件缺乏技术增产内容，技术增产空气稀薄，对肇源丰产经验半信半疑，保守思想还相当严重，这5个村除孟克里村技术增产贯彻较好外，一般村还没技术研究组织，互助组内技术组长不普遍，特别薄弱村屯和低级组更差。

3. 如何提高互助组？我们研究认为：

(1) 坚持互助合作运动“积极领导，稳步前进”的方针，克服盲目冒进的偏向，坚持由低级到高级、由小到大、由少到多、循序渐进的原则，用已有的经验教训，广泛教育农民，搞好互助组；但另一方面也必须严格控制自发，坚持条件，不准搞私营合作社，并切实防止与纠正盲目搞大组，盲目搞公共财产的偏向。

(2) 加强低级组的领导，是提高互助合作运动的重要一环，首先整顿提高领导，固定小组长，定期集训低级组长，帮助低级组制订增产计划，特别是技术增产计划；更重要的是区村领导重视低级组，定期召开低级组骨干会议，切实帮助他们解决实际问题，并随时批判那种认为“低级组不是互助组，是旧道路”等错误认识。

(3) 认真贯彻两利政策，合理解决组内轮作制度，特别组内贫困户与富裕户之间必须贯彻在自愿互利原则下平等待遇。夏锄时应以苗大地荒为轮作根据，雨后多费工全组负责，在人马换工比价上必须克服马工高于人工的不合理现象，互助组内的隐蔽剥削必须予以适当的限制，不能任其自流。

(4) 农副业结合是提高互助组特别是季节组的重要环节。目前有三种办法：一是全组集体搞、统一分；二是统一领导分工搞，按班分红；三是统一计划、单搞单分。这三种以第一种为好，第二种可提高，第三种不宜提倡。为此必须克服农闲放松，领导带头单干的现象，以致影响小组散花，冬季副业必须提前组织，争取主动。

(5) 提高互助组必须与改进技术相结合，并作为互助组主要内容之一，应加强思想教育，建立技术组织，按期召开技术训练班，作到村村有大片丰产田，组组有小块新纪录地（土地是个人的，经营归全组，保证个人一定收获量，超产部分归全组。以解决土地个人私有与全组更多劳作与投资的矛盾）家家推广肇源丰产经验，并充分运用已有的形式——竞赛，评比，典型参观等——开展技术改革运动。

(6) 加强政治思想领导是巩固提高互助组的重要保障，据调查目前有三种形式，第一，读报、上课、讨论、座谈；二是按季召开一两次解决思想问题的民主检讨会；三是开展组内外的流动红旗竞赛。这些都是开农民脑筋，不断巩固提高互助组的好办法。

# 第三部分　关于爱国丰产运动

1952年这五个村在丰产运动中均取得一定成绩，特别是孟克里村成绩显著。据三个村（缺工农、沿海村）统计，上底粪占耕地面积55.6%，施肥占50.8%（其中追肥占20.2%），计粪肥占106.4%，比去年上粪增加15%左右，施肥增加30.1%。间苗占耕地16.2%（2个村），因而保证了今年的丰收。海伦济民村平均每垧产自然粮7石，超过去年的29.6%，肇源孟克里村平均每垧产量12石4斗，超过1951年产量一倍以上，并创造了119垧地大片高额产量，占全村土地的23%：其中够中央奖励条件的17户，占全村户数9%；够本省标准的125户，占全村户数63.1%，在粮食质量上也有很大提高，谷子、豆子达到了52斤一斗。

孟克里村是肇源推行"等距宽播、间苗保苗、分期追肥"新耕作法的重点村，值得吸取的经验是：（1）用实际的教育方法，解决了群众的保守思想。开始时由于脱离实际，空讲道理，他们碰到了许多钉子，人们说"干部没事干了""发疯了""吹牛""扯蛋……"，后来用算细账方法、算弓口、称谷穗、到地里实际检查研究，进而召开老农、妇女等座谈会，找出少打粮的原因：技术不高、上粪少、种的粗、稀厚不均、苗眼窄小等，这样就提醒了许多农民，有的说："种了一年地就少收了一匹马的粮。"基本上扭转了"种在地上、收在天上、不种千垧地，难打万石粮"的认识；（2）按季抓住了技术增产的主要环节，种地时发现不少人，不温汤消毒，怕烫死麦种，嫌大粪臭，不愿宽播等，经党团员带头动员群众打铧耳子，解决了宽播问题，间苗时群众最不容易接受的是黄豆，经实地示范，组织参观教育了群众；（3）广泛发动妇女是实现间苗的关键。他们一方面解决轻视妇女现象，另一方面帮助妇女解决带孩子问题，成立临时托儿所和带孩子组，故全村妇女88%参加间苗；（4）通过竞赛、评比，引导运动不断深入开展，全村22个常年组有12面流动红旗，有力的推动了丰产运动；（5）组织内外参观30次，鼓舞了丰产热情，使运动不断深入提高。

其他村如：济民、民立等村在红旗竞赛按季节评比上大体贯彻了春、夏、秋三季，有成绩，但因技术增产指导不够，技术增产一般化、抓得不突出，有的发生用王铜抹墙治臭虫，根瘤菌来的晚没用上，以及间苗、追肥，新纪录除合作社外推广很少。特别薄弱村"如工农村上粪不足20%，追肥不足10%。秋收后这些村对肇源丰产经验日渐熟悉，有的村、屯经过几次宣传算细账教育，群众对此兴趣很高，普遍接受欢迎，纷纷表示如果我们早知道两年，生活一定提高，证明肇源丰产经验适合于各地应用。但推广中有以下几个问题急待解决：（1）干部对肇源丰产经验十分生疏；（2）组织起来发展不平衡，基础不强；（3）肇源经验向群众宣传的不深不透，许多妇女还不知道；（4）物质准备不够，如粪肥、种子、农具改良等。因此必须：大张旗鼓地向群众宣传；根据组织起来的程度分别要求制订计划；开展竞赛运动；作好推广肇源丰产经验的物质准备，如粪肥、训练技术员、发动妇女、改良农具等。必须通过广泛的群众运动，采用肇源方法来推广肇源经验。

# 第四部分 供销工作与信贷工作

## （一）供销工作

从海伦永兴村、肇源孟克里村、克山民立村3个供销社看：

1. 1952年做了许多工作如：（1）通过供销基本上满足了农民的生活需要和扶助了生产，同时扩大了国营和合作社的销售市场。如孟克里村社1952年完成供销总额51390万元，占原供销计划76.5%，其中供应额占52.83%，推销额占47.17%，在供应额中生产资料占21.91%，生活资料占78.09%。（2）供销社和农民签订了预购和结合合同，按时完成了购粮任务，如孟克里村社1952年春季购粮任务是45吨，提前完成了65吨，超过计划44%，第四季度购粮任务为175吨，至年终已完成210吨，超过计划20%。农民反映极好，认为通过供销社收购粮食既自愿又两利，因此有余粮户纷纷将余粮卖给供销社。

2. 存在的几个主要问题：（1）资本主义的经营思想和经营方式，这几个社仍然存在，重生活轻生产的单纯营利观点较普遍，如海伦永兴村社生产资料仅占全年供应额22.32%，有些生产资料质量差，不应时，种完地才来大豆根瘤菌，在推销方法上是卖出不管，不积极向群众宣传使用办法，结果发生王铜用水拌，抹墙药臭虫，大豆根瘤菌炕上炕。克山民立村社在收购粮食上压等级，群众影响不好，该社收小麦105916斤，共营利455万余元。（2）社员少，资金小，业务开展较慢：三个社共有社员3454名，资金共9668万元，海伦永兴村社社员仅占人口的36.23%。孟克里社流动资金占62%，固定资金仅占38%，由于资金小，供应不足，满足不了社员需要。如海伦永兴村社1952年冬棉花、布匹供应不上，农民需要毡袜，供销社一双没有，群众反映说："到社买不着货。"（3）盲目经营，缺乏计划，造成资金积压：经营盲目性大，对社员新的要求了解不够，孟克里村社社员迫切需要宽播的磙子，宽播点葫芦，折三铧子，花布和斜文布，而社内没有。永兴村社全年供销额276250万元，流动资金5000万元，经常占国家贷款3亿元，平均流动资金为3亿元，1952年仅周转9.2次，目前积压冷货1700万元，占流动资金34%。（4）供销社工作人员责任心不强，关心社员群众财产不够，工作方法简单化，打坏了玻璃，烂掉豆饼、荞麦，牲口祸害粮食，无人过问，有的干部发展社员扩大股金不耐心宣传，简单化，引起群众不满，如说："扩大股金进门就写，连两岁小孩都给写去了。"

3. 改进意见：（1）农村党、政要切实加强对供销社的领导、帮助改善经营管理，贯彻经济核算制，搞好生产资料的供应，加强计划性，克服盲目性，加强政治思想教育，克服资本主义经营思想。（2）定期召开社员代表大会充分发扬民主，展开批评与自我批评，依靠社员总结工作，制订供销计划，继续推广与互助组、农业生产合作社之间结合合同，推行包购包销，通过社员小组民主提出货单。（3）在自愿原则下适当的动员新社员扩大股金，以便进一步满足社员需要。

## （二）信贷工作

根据克山民立村、海伦永兴村、肇源孟克里村信贷部的调查，有如下情况和问题：

1. 信贷部在发展农业生产、活跃农村经济、解决农民困难、打击高利贷、促进农业合作化起了很大的作用。克山民立村信贷部于1952年贷出粮食及牲畜总值21036095元，其中用于解决生产资料贷款占69.7%，用于解决生活资料贷款占30.3%，夏锄时贷出粮食2.3万余斤，解决了82户、400余人缺吃粮问题。孟克里村信贷部1952年贷出粮食9200余斤，及时解决了贫困农民的生产和生活上的困难。信贷部在群众中的威信很高，反映很好，说“信贷部借劲真大，有困难不怕”，富裕户也愿意把余粮余款投向信贷部，这几个村自成立信贷部后，高利贷是大大减少了，一部分私人借贷也自愿转入了信贷部。

2. 目前信贷工作中还存在的问题是：（1）贷款有分散零碎、平均主义的毛病，对扶助贫困农民经济上升表现无力，中农借到贷款多，贫农借到的少。（2）吸收存款不普遍，如克山民立村中农存粮户只40户，仅占全村中农户数24.5%。资金少，不能更多的解决贫困农民生产资料上的困难。（3）领导无力、缺乏计划、组织不健全、手续混乱，影响信贷工作的发展，如永兴村信贷部只在供销社门前挂上了牌子，群众去借钱，主任说：“信贷部还未成立呢，挂上牌子是让大家知道一下。”因此信贷部成立后，私人借贷仍很活跃，据在济民村调查，1952年全村179户中有借贷关系的即有76户，借户多为贫困户。

3. 根据以上情况，在现有工作基础上进一步提高信贷部工作关键，则是：

（1）农村党支部必须加强对信贷工作的领导，正确宣传信贷政策，使农民认识开展农村信贷工作的重要意义，特别是使中农引导他们将余粮余资踊跃投向信贷，通过信贷扩大农业再生产，有计划的扶助贫困户经济上升。

（2）健全信贷组织，订立存贷制度。已成立信贷委员会者要求切实发挥作用，未成立信贷委员会者应迅速成立，信贷委员会应定期召开会议，研究检查、总结布置信贷工作，互助组与农业生产合作社均应建立信贷小组，信贷部要加强对信贷小组的领导，在各级信贷组织中贫困户应有一定比例之人数参加，订立切实可行的各种存款制度与手续，防止信贷工作中的平均主义与形式主义的偏向，切实掌握借贷双方有利，保本保值的政策，确保信贷部的信用，以有利于信贷部业务的发展。

# 第五部分　关于薄弱村的工作

从肇源沿海村、克山工农村两个薄弱村的调查看，我们深切感到提高薄弱村的工作、改变薄弱村经济发展迟缓的状况是进一步提高农村工作全面的发展农村经济的重要环节之一，如果我们把全省现在尚有15%左右的薄弱村基本上求得改进，那么我省的农村工作将是一个很大的提高，农业潜在力量将能进一步发挥。

这两个薄弱村情况于下：

## （一）情况和特点

1. 经济发展迟缓，阶级分化大，贫雇农上升迟缓，中农比重较一般村小，其中富裕中农发展快新富农多，表现了严重的两极，1952年，这两个村的阶级关系是这样情况：贫雇农共占两村户口的32%，多的如工农村占37.4%，少的沿海村占25.69%，中农共占39.23%，沿海村占38.53%（1951年占45.97%，1950年占48.04%，是逐年下降的趋势），工农村占40.08%，富裕中农共占两村户口22.6%，沿海村占31.63%（1951年占20.64%，1950年占20.29%，逐年上升的，1952年最快），工农村富裕中农占农户的15.32%，两者合计沿海村中农（包括富中）占70.1%，工农村占55.4%，新富农1952年两村共占户口4.9%，工农村占5.58%，沿海村占4.12%，两村在1950年以来新富农都是逐年上升的。

2. 旧道路占上风，贫困户受剥削，该两村的新富农，富裕中农普遍存在打着新道路旗帜，走的是旧道路，“一挂车，大院套，当长包，自己干”的思想，他们采取多种多样的隐蔽的公开的剥削形式：(1) 最为活跃的是高利贷，工农村6户新富农放出高利贷就占全村私人贷出粮49.7%。(2) 公开雇工，或以招跑腿、招亲属为名雇工，工农村1952年五户新富农雇7个长工，400个短工。(3) 搞投机倒把，如捣登牲畜，工农村新富农刘子云从1948年到1952年只捣登马40多匹，1949年一年就挣4匹马。两村贫困户除缺乏劳力、马匹，移民家底空等原因外，主要是：①打粮少债务多，严重的被高利贷剥削，如工农村94户贫困户，其中59户抬粮借债，利息均在四五分利以上；②互助组两利极不合理，土地仍莳弄不上，以致撂荒，工农村77户无马，贫困户撂荒50垧地，占全村撂荒地80%，出卖劳动力受人剥削。

3. 互助合作的基础薄弱，互助小组形式低，单干户占一定比重，两村组织起来户口占该两村58%。3匹马以上和没插上组的单干户占12%，两村占组织起来8.1%。季节组占32.43%，临时组占57.46%，两个生产合作社“一个是自发社，一个是批准试办社”，少数互助组变质，工农村富农李有贵，种22垧地，2劳力9匹马，成立1个互助组12户，其中无马贫困户8户，说是“人马换工互助组”，实质上是富农剥削。大部分互助组内两利未贯彻，人马工比价未贯彻，轮作制极不合理，无马力地莳弄总是落在有马户后头。不结账不找工，富裕户在组内家长式的领导贫困户受欺侮。

4. 农业耕作粗糙，自然灾害袭击，影响生产发展，工农村1949年以来每年都有撂荒地，产量是逐年下降的。沿海村1952年因受水灾影响收入。

## （二）原因

1. 党的领导薄弱：一部分党员有严重的富农思想和剥削行为，有的已蜕化变质；沿海村14名党员未参加剥削只有2名妇女党员，5名党员雇工，5名党员放高利贷，支书郭忠孝连雇三年大活。他“要成立郭家大院”。这两村党员共同特点是：党员对党的互助合作政策不执行，带头插临时组，带头单干，带头搞什么“两人合作社”。对上假报成绩、对下压迫群众，表扬新富农、排斥贫困户，工农村10名党员，9名在地主家吃过饭，前村长张日福贪污救济贫困户小米，群众对他们极为不满；沿海村老乡反映："不怕天旱地涝，就怕冯江来到。"（冯是副村长）工农村群众对干部贪污不满说："近水楼台先得月，朝中有人好做官。"

党、政府、青年团等组织不纯，有的是钻进了坏蛋，有的是被富农篡夺了领导权。

2. 党的政策被歪曲、被破坏，互助合作即以"旧道路"帽子到处乱卡人，连"不服从领导都是旧道路"，实际工作放弃互助组领导，表面上到处号召群众盲目搞大组，成立生产合作社，购粮公开宣传平均主义："高的削一削，矮的提一提，不高不矮等一等。"不是限制富农非法剥削，而是支持富农非法剥削，不是积极扶持贫困户，而是打击贫困户，负担政策不公平合理。结婚先请干部吃一顿饭，年龄不足就可以结婚。群众思想紊乱，严重影响了农民的生产积极性。

3. 互助合作极为薄弱，技术增产未能贯彻。

4. 这两村经整党后，工作有提高，但作用不显著，有一般化的毛病。

5. 县、区常期放弃领导或领导不够，区干部不能去薄弱村，有时去了不深入不解决问题，满足于单纯任务，轻信假报告。

## （三）改进薄弱村工作的意见

1. 薄弱村整党应集中力量进行，密切依靠本村群众，结合本村工作检查，充分发扬党内外民主，分清是非功过，彻底从思想上、组织上解决问题，这才可能密切党群关系，真正提高群众觉悟与党员觉悟，纯洁组织，如马马虎虎，一般化的整一整，不能解决问题，是会影响薄弱村工作在今后常期内不能提高的。

2. 深入广泛的正确宣传与贯彻党在农村各方面政策，结合自下而上的群众性民主运动，结合村选解决存在问题（如解散村公所伙食单位，取消群众额外负担等），澄清群众思想，挽回影响，提高农民搞好生产的积极性。

3. 切实整顿互助组搞好低级组的领导，纠正盲目搞大组、搞自发合作社，有条件的建立信贷部，允许合理自由借贷，禁止与打击高利贷剥削。国家银行及信贷部可多拨款给薄弱村，应着重扶持贫困户购买生产资料。

4. 县、区领导上应订出计划，要求在一定时期内，把薄弱村工作水平赶上一般村，组织上应有专人负责薄弱村工作，经常深入薄弱村帮助村的领导，解决问题，积累经验，防止先紧后松。

提高薄弱村工作不能等闲视之。搞不好，将是农业生产农村工作的"死角"，将成为资本主义发展的温床，将影响农村经济，互助合作的全面发展与提高。只要我们能抓紧，采取一个重大步骤去进行，薄弱工作面貌一定会改变的，薄弱村群众是热烈的要求与等待我们去加强工作的。

# 第六部分　农村文化、卫生工作和农民要求

（一）文化发达了：经过几年来的生产发展特别是1952年的丰收，随着群众生活的提高，

文化要求也大大提高了，据四个村的统计（缺沿海村）有学校5座，共有学生716名，教师14名。就孟克里村统计169名儿童入学占适龄儿童的80%以上，该村几年来升学的有22名，从事社会职业的有16名。有的学校准备明年盖房子，实行五年一贯制，还有的学校要增班，如工农村通过县文教科批准1953年附设完小。

农民对学习文化的劲头很大，特别是学习速成识字法，据四个村的统计共有学员127名，如济民村有的小女孩子未批准入学而痛哭，转业军人因为未被批准和支书哭闹，工农村错误的规定了“不满15岁的青年男女和打头的、老板子一律不准入学”。但群众入学情绪依然高涨，在开学前做了不少准备工作，准备棉鞋棉帽，开学时举行了开学典礼，十分隆重，献旗戴花、发胸章，支书讲话，学员学习情绪非常饱满，保证坚持学习时间，如孟克里村妇女主任于平说：“从前咱们妇女不识字，受压迫，现在共产党领导咱们翻了身，又学文化，叫咱们睁开眼睛，一定要好好学习。”问题是：速成识字法的教师供不应求，缺乏教室，农村适龄儿童越来越多，新的校舍和教师缺乏。农民要求解决。

（二）卫生开始讲究：一般还很好，如孟克里村每早有人拣粪，村政府并有爱国卫生组织，每星期检查一次，通过红蓝旗来推动卫生工作，好的挂红旗，不好的挂蓝旗，推动了卫生运动持久经常。但有的村卫生情况并不好，环境卫生和个人卫生很差。如济民村、工农村、民主村特别是工农村粪便满街，没有厕所，也没人拣粪，房子冒烟串气很严重。农民说：“我们住的屋子是伸手不见掌，对面不见人。”多数小孩害咳嗽病，十余天死了三口人。出生婴儿很多，据济民村调查今年降生婴儿52名，但死亡18名，占降生的35%，原因是接生不良，该村没有一个改造过的旧产婆，我们在调查期间就有一个妇女因接生不良死亡，另一个原因是临产时产妇不注意，使小孩受风死去的也不少。这问题应引起注意，使爱国卫生运动深入普遍的开展起来。

（三）居住条件，村子里房子不够用，三年来据济民、民立、工农三个村的统计，盖44间房子，工农村后五家屯和小伙房屯共130多户，除极少数人口过多的一户有2—3间房外，一般的都是7间房住6家人，每家一铺炕紧连着锅台。烧火做饭就冒浓烟蒸气。据农民说，木料困难，马圈也少，马有病的不少，要求适当解决。

（四）新的婚姻制度：已在贯彻，一般的执行了婚姻法，多数已不要彩礼并已有新式的自由结婚。孟克里村有二三十对自由恋爱的新夫妇。济民村团结屯也有两对新式结婚的。大部分女方出嫁都带地。但落后村婚姻法贯彻的不够，如工农村不到年龄结婚的现象仍然存在，还有的过去买卖婚姻规定的彩礼现在仍要如数过给；自婚姻法颁布三年来，该村没出现一对新夫妇，只有一个寡妇改嫁是自己找的对象，因此进一步贯彻婚姻法在薄弱村更为重要。

（五）工业品下乡：现在群众用肥皂、手巾比较普遍，一般青年男女都脖系花围巾，如济民村干部、出车老板、喂马更夫都手持电筒，新式交通工具自行车有三台，并且农民已经开始置办缝衣机，派青年男女学习缝衣，供销合作社附设有服装部，做衣服者颇多，穿胶皮鞋做棉大衣的也很多。

但随着农村经济的发展，广大农民需要的物质供应日渐繁多。特别是青年、妇女、学生的需要更加迫切，农村基层供销社应在这方面要做更大的努力。

1952年12月

# 黑龙江省克山县民利村经济调查

克山县北兴区民利村距县城西北90华里，是个先进的村子，全村211户，949人，男女劳动力343，土地117302垧，黑油沙土较肥沃，耕马206匹非耕马48匹，耕牛49头，非耕牛13头，大车65台。阶级情况，雇农5户，占全村户口2.37%，人口占2.19%，劳力占1.45%。贫农38户，占18%，人口占13.6%，劳力占14%，土地占7.41%，马占2%。中农99户，占全村户口46.92%，人口占41.8%，劳力占41.98%，土地占43.68%，马匹占36.22%，大车占24.6%。富裕中农64户，占30.33%，人口占39.3%，劳力占41.12%，土地占45.89%，马匹占59%，大车占69.23%。新富农3户，占1.42%，人口占1.9%，劳力占1.45%，土地占2.33%，马匹占2.78%，大车占4.63%。其他2户，占户口0.96%，人口占1.3%，土地占0.71%。1951年雇农5户，贫农43户，中农104户，富裕中农户47，富农2户，其他2户。这就是民利村简单的经济概况。下面分两部分来分别叙述：

## 第一部分　关于农村经济发展问题

### 一、进一步积极的组织中农（特别是富裕中农）扩大农业再生产，是现今农村经济发展的基本要求

（一）农村经济较前愈益发展了，扩大农业再生产的条件已充分具备。今年民利村丰收：产粮5821石4斗8升，超过去年4564石5升的27.54%。1952年单位面积产量每垧平均4.954石，超过1951年3.89石的12.73%。全村212户，中农、富裕中农163户，占全村农民户口的77.27%，较去年74.38%的增加了2.89%，其中富裕中农占中农户口的30.33%，较去年23.15%增加了7.18%。他们占有农村基本生产资料的情形：土地占全村土地89.55%，耕畜占92%，主要农具（包括大车、犁耧）占92.85%，劳动力占81.11%。富裕中农生产工具数量较齐全，质量亦较好，他们土地一般是7.5—13垧，马2—5匹，且兼营若干牧畜业、手工作坊及其他副业，中农已是农业产品主要生产者，1952年在5821石4斗8升粮食总产中，中农产粮即占80.1%，全村余粮1586石2斗，其中中农即占余粮的89.45%，而30.33%的富裕中农余粮则占全部余粮的48.09%。今冬各项副业收入折标准粮1172石4斗，估计1953年春耕前仍能收入962石6斗粮。占中农户数的96.32%已参加了互助合作，其中59.2%户是在农业生产合作社，和常年互助组。这就是扩大农业再生产的物质条件和组织条件。

（二）绝大多数中农有扩大再生产的要求，但其中少部分人特别是比较富裕的农民中的一部分人，尚存有若干消极因素，必须予以消除。

一般中农有一定的生产资料，但数量、质量均不够，而余粮也不多，他们有添车买马，提高马的质量，增补农具，多打粮食的积极要求。一部分富裕中农也在积极经营豆腐坊、粉坊、油坊，拉脚等副业，有的打算发展牧畜业，养牛、养猪、养羊，他们说："这不是走旧道路，又合乎政策，这买卖干得。"1952年全村中农已买进18匹马、6头牛、3台车，有的正在积极串换，他们中多数在思想上也都表现愿意"走新道路"，认为剥削人走旧道路，是极不光彩的事，中农李凤常说："没有互助组，就没有合作社，没有合作社就没有集体农庄，没有集体农庄就不能到社会。"新富农孙焕祥闹病，群众讽刺说："他是利皮大损的！"三大季低级组的中农奔常年组劲头大，常年组积极要求建立农业生产合作社，不少互助组在积极准备条件。有少部分中农已将余粮余资的一部分投向信贷合作，全村有45户中农投入信贷部1100万元，很多富裕中农经过宣传政策后，愿意将余粮余资投向信贷部，我们在该村召开富裕中农布置今年信贷任务会议上，动员存粮，当场就有几户中农自愿报名，四车、三马入信贷，并有信心保证明年存粮存款任务的完成。但他们在发展上也存在若干问题：1. 一部分中农特别是一部分富裕中农对农村经济发展方向不够明确，愿意走新道路，但怎样走新道路没解决，有很多顾虑，表现怀疑，以及某些不满意情绪，扩大再生产劲头不足，有"发展到头""维持现状""等一等"的思想，对旧道路尚有很大留恋，他们说："1948年、1949年那时年成又好，自由发展没人管。"有的富裕中农说："要不走新道路，我早就拴上了胶皮车。""走新道路影响了咱们的发展。""要允许自由发展这两年发展可大啦！"他们对党的某些政策有误解和不满（有的是我们在政策执行中有毛病，有些是不正确的）。对购粮，认为是"招尖""拉平"，发牢骚说："购粮把嗓子眼里粮食都购去了，再购就要购到肠子了。""饿死姓富的，饿不死姓穷的。""穷人拉白屎，富的拉青屎。"富裕中农李中海很坦白的说："春天购去了我7石5斗粮，吃粮不够，在亲戚家借点粮，夏天又给我调剂出1斗，这不是掐尖、拉平是啥？从这以后，我就没心发展了，不再好好干了，扯这个干啥，吃点穿点得点，小麦一下来，我就拉了7斗，买350尺布，棉衣全新，做3床新被，三年我没舍得买一顶帽子，今年买了顶新帽子。"对扶助贫困户，他们认为是负担，说："春借子种，夏借口粮，秋借余粮，不敢要利。""购粮找你，调查余粮找你，入信贷找你，缺吃粮还找你。"他们在社会舆论上，互助合作内部均有排斥、歧视贫困农民的思想和行为，普遍认为"贫困户都是好吃懒做，不好好干，五马捣六羊，捣登穷的"，在组内贫困户耕作普遍落后，莳弄不好，少打粮食，甚至有撂荒地。富裕农民认为贫困户"褦襶""绊脚""麻烦""不如富裕户在一起干的心盛"，说："不跟他们在一起，政府还不让，说不讲团结，跟他们在一起真掯不起！"个别卖车马，不少人大吃二喝，把余粮主要部分投向"吃喝穿戴"等生活消费上，新富农孙富余24石粮，吃喝穿戴就花了10石，有的把余粮余资流向外村外地，囤积，借贷，有的卖马存粮，卖粮存布。对供销社强制扩股，购粮压等级，赊购6种商品（白糖、胶皮鞋、麻袋、玻璃、洋火、布），当时价高，现在降低，还按当时价扣钱等表示不满。对人十马八车一分半、无利调剂粮食也不满，对"不许雇人、不许放高利贷、不许搞商业投机、不许剥削人、不许走旧道路"印象很深。总之，他们认为：这一两年是停下来了，没有发展前途了。2. 经营方向不明确，对提高技术，主要发展农业把主要资金投向土地提高单位面积产量方面做得不够，对豆腐坊、粉坊、油坊、磨坊、小铺子等手工作坊，商业运输业有很大兴趣，现全村有4个豆腐坊、2个粉坊、1个油坊、1个小铺子，牛旺屯明年打算成立3

个粉坊。有的放松秋收打场即外出拉脚，有的正想拴胶皮车常年拉脚，其原因是利大，无税，加上下面盲目提倡对提高技术，提高单位面积产量，投资土地兴趣不大，只有租地、多开荒，“不种千垧地，难打万石粮”等打算。牧畜业经我们宣传研究后，他们说：“以前没注意，这可是个好道。”根据以上情况，我们研究认为一方面：是小农自发的资本主义走旧道路的趋向被阻止后，如何走新道路尚不十分清楚，因此，发生了暂时的徘徊、犹豫和苦闷，留恋旧道路，不相信新道路。另一方面是我们工作、政策执行中尚有问题和缺点，表现在：(1) 新旧道路的宣传教育有极大成绩，但也有片面性毛病和错误的地方，远景社会主义幸福生活讲的多，提高技术多打粮讲的少，有人宣传“成立合作社才是新道路，互助组不是新道路”，甚至有以“旧道路”帽子乱扣人现象，如说：“兑地，租地，出租房子，做小买卖，组内换工不给钱，自私自利，有粮不往外借，不服从领导，不响应政府号召都是旧道路。”富裕中农彭山说：“旧道路可真多，我们左也转不得，右也转不得，左右两难，一动就是旧道路，叫我们往哪走啊！”有的农民说：“你们宣传一有打葫芦语的地方，咱们就来了顾虑。”“新道路到底怎样走，咱们没解决。”(2) 今春购粮数量过多与某些强迫命令的方式以及后来在调剂食粮中曾发生无利调剂等问题确有影响。(3) 政策宣传与实际执行中，确已发生党对党员的要求与党在社会上的政策混合起来的错误现象，如有五不许：不许雇人，不许放高利贷，不许剥削，不许投机捣把，不许走旧道路的口号，在村子里很流行。其中有些是对的，有些是党内外不分的。1951 年北兴区武装部长在该村公开帮助解雇一户新富农所雇的工人，干 6 个月判决照发一年工资，对该村农民影响不小。(4) 技术增产这一环节抓的不够，一些富裕农民对“四坊”、拉脚劲头大，对提高技术、投资土地加工，兴趣不大。(5) 信贷合作事业在与农村经济发展情况联系起来看，是迟了一步，现在信贷部的存粮存款业务还是很少的，还赶不上经济发展要求。(6) 党内一部分经济上升为富裕中农的党员，确实有富农思想和行为，他们带头有顾虑，埋怨新道路妨碍了他们的发展。

（三）引导中农、特别是富裕中农积极扩大再生产的主要办法，经研究有以下几点：1. 正确的宣传党在农村发展农业生产的全面政策，端正政策执行中的某些偏差（如限制富农，团结中农，扶助贫困户等方面），强调农村实际工作中执行政策上的全面性与准确性，确是件大事。搞好以经济方式的购粮，调整工农产品的价格，在互助合作中贯彻自愿互利政策，重申保护私有政策，是清除一部分农民思想顾虑的主要方法。2. 指出组织起来，提高技术，多打粮食，大家富裕是当前走新道路的主要实际步骤，引导农民把余粮余资投向农业生产特别是技术增产，强调添车买马，提高产量，增补农具，购买新农具及化学肥料，实行新耕作法，间苗翻地，间苗不是没有人工，而是舍不得投资，翻地势必要增加马匹，提高马力，要改变“上大荒，吊儿郎当，吃点窝窝头，喝点豆芽汤，打不打粮就凭它”的粗糙耕作方法，转变存布、存粮、资金外流现象。3. 积极发展牧畜业，办法有：互助组内集股买牛、猪、羊或与其他组合群抽人饲养，土地组内耕种，实行换工，私人三两家集资合伙养牛，买羊、猪加入牛群、猪群，雇牛、猪官，出工资。生产合作社实行提倡社内集股按份养牲畜或将私人牲畜入社份养办法分红，有的私人牲畜入社由社饲养本人出草料、出工资也可以。问题是要洋猪种，防猪瘟。4. 有条件的开荒，和适当的发展手工作坊与运输业。5. 投入信贷合作，动员后中农说“比在家强”“要时借劲”，同意互助组内建立信贷小组说，“这个经验正用”。6. 切实提高互助组，充实新内容，实行技术结合、信贷结合、供销结合与农副结合。

## 二、切实扶助贫困农民使其经济迅速上升，是进一步提高农民生产的重要任务之一

（一）贫农有上升但较迟缓，全村尚有43户贫困农民，占农户20.42%，由1951年占农户23.62%减少为今年20.42%。就是说已有3.2%贫困农民上升为中农，但总的说来他们经济上升较迟缓。1952年43户贫困农民贫农38户，雇农5户，无马38户，有一匹弱马5户，其中最近两三年由外地迁来之移民16户，占贫困户37.1%，他们没有分得土地改革果实，基本生产资料缺乏。本村27户贫困户上升迟缓的本身原因为：死牲口（不善于经营管理居多）、死人3户占贫困户6.9%，长期闹病影响生产收入少的5户，占11.6%，缺劳力5户，占11.6%，捣登马匹、经营小商业亏本6户占13.92%，盖房子、结婚操办大没缓过气来的8户占19.19%。

（二）1952年农村党在扶助贫困农民经济上升方面曾做了很多工作，表现有3%的贫困户上升，若除去1952年新迁来之7户移民，则该村1951年贫困户为48户，1952年为36户，就是说：1952年贫困户上升了12户，占1951年贫困户的11.5%，但也存在若干问题和缺点，如在：1. 互助合作内部，调整了人马工价，有18个小组贯彻了人十马八比例，占全村互助组的100%，改变了过去人工贱马工高贫困户吃亏的现象，互助组内轮作制也有改进，在组内轮作上优先或平等待遇有12户，由过去排斥贫困户于组外转变为有计划吸收入组，减少了贫困户参加互助组的流动性。2. 国家银行农贷、供销社附属之信贷部，在解决贫农生产、生活困难上，起了很大作用，占贫困户45.3%（24户），借信贷部贷出总金额的21.8%。3. 党员、干部、进步的农民对扶助贫困户的认识提高了，“扶助贫困户是光荣”的空气在增长，责任心加强了，这是部分贫困户得以上升的主要原因。另一方面，在扶助贫困户的工作和政策执行上的缺点和问题是：1. 国家银行与供销社之信贷部在农贷方面有零碎平均主义毛病，未能把主要资金有计划投向帮助贫困户有重点的解决问题。资金贷出较分散，如今年银行与信贷部贷出85户，只有45.3%的贫困户借到贷出总金额的21.89%，还有54.7%贫困户未借到，而37.4%的中农和富裕中农却借到贷出资金总额72.11%。而贫困户借到之21.89%的资金，其中生产资料占19.76%（一匹马），生活资料占80.024%，未借到的贫农则反映，“银行借给信贷部，信贷部借船小组，小组借给生活好的”，“越困难的越捞不着”，“贷款收回穷的早富的晚”。2. 负担政策上有不够公平合理的地方，公粮减免政策上有毛病，今年全村社会减免5户，其中中农2户，贫农3户，2户中农不应减免的减免了，还有更困难的贫农没有得到减免，例如贫农于惠士6口人，没吃的，要出公粮600斤，雇农孙先富一大垧小麦打1石7斗受灾未减免，富裕中农肖士奇、刘东海大豆却减免了。今年灾情减免不是按照作物有灾减免，而是平均按常年产量计算，这样中农、富裕中农种的细粮多，得到减免，贫农种的细粮少，粗粮多，平均达不到减免要求，同时贫农又要以粗粮串换细粮交公粮。在其他负担上，如应按劳力均摊，按地均摊了，应按马匹摊派按劳力摊了，如军属代耕，拉砂车，应按有车有马户多摊，结果按地亩摊，一垧1000元，今年已摊三次，贫农反映说：“别看穷花销那趟没落，有些花销穷户都拿出了，

富裕户还不知道呢!”3. 互助合作内部还有排斥贫困户的现象，主要是轮作不合理，贫困户庄稼莳弄落后，铲蹚遍数少，甚至扔地。其次两利贯彻不够，如有些互助组人在全组换工，马在小插犋换工，副业有车有马单干，不带贫困户。4. 在政治地位上，贫困户尚未得应有的提高；11名政府委员无一贫农，一年来村党政会议上讨论与反映贫农问题较少，在社会舆论上受歧视，流行的是“一样翻身，为啥过穷”“好吃懒做”。5. 村党政对扶助贫困户工作，缺乏计划，“没有经常性”，处于被动，临时解决其口粮、籽种具体问题多，对农业生产轮作制方面扶助有计划深入贫困户帮助订立生产计划、安家立业做得不够，一部分党员、干部对贫困户认识上有毛病，过分夸大，个别贫困户的好吃懒做或不会经营落后方面的缺点，全面的分析贫困户经济发展迟缓的原因不够，因而有“不饿死就行”“有信心不足——”的现象。

（三）扶助贫困农民经济上升的办法：

1. 主要应从互助合作内部，加强扶助贫困户，继续贯彻人十马八比价，在自愿两利的原则下，在农业季节生产上给贫困户以平等地位，保证其耕作应时抓紧农闲季节的农时结合，吸收贫农参加，从组内领导上贯彻帮助贫困农民计划生产，安家立业。

2. 国家银行信贷合作，应有计划有重点有步骤的帮助贫困户，解决其基本生产工具，如马、车等问题。

3. 从公粮、购粮、负担、利息政策等方面，照顾减少其负担以促其经济上升。

4. 提高贫困户的政治地位，吸收贫农一定人数比例参加人民代表会议、政府委员会、生产组的领导，加强对贫困户的自力更生、勤劳生产的教育，加强对农民的教育，在自愿两利原则下发扬阶级友爱，帮助贫农经济上升是光荣的事情，应形成风气。

5. 农村党的支部应提高认识，分工负责，起模范作用，扶助本村贫困户经济上应作为支部一项经常重要工作和有计划进行。

## 三、正确的贯彻限制富农剥削的政策

（一）新的富农经济业已发生，比重甚小，影响颇大其形式分散隐蔽；民利村已有新富农3户，占全村户口1.42%，劳力占1.45%，土地占2.33%，马占2.78%，主要农具占4.81%，粮食产量占全村2.48%，余粮占全村余粮6.03%。工农村新富农14户，占该村户口的5.58%，土地占6%，马占11.9%，他们占农村经济比重较少，但对农民特别是一部分富裕中农影响甚大（一部分群众和干部对富裕中农暗中羡慕），剥削形式大致于下：1. 放高利贷、明借（有的暗借）暗利，如富农孙焕祥以10石好豆子在外村换20石青豆子，不拉回家就借出去了，他反而在本村借进1石粮装穷。有的榜青形式。工农村6户新富农放出128石3斗3升，占该村贷出粮49.7%，均为五分利。2. 以养跑腿、招亲属、扶助贫困户等名义雇工，而形式又都为贷地榜青和披着互助组外衣。有的在组外大批叫短工在组内换工，有的以拉脚挣的钱在组内大量开发工资。3. 利用搞副业开粉坊、油坊以入小股子形式雇劳金。新富农孙富利用合股开粉坊雇3个工（二拉磨一粉匠）吸收入小股份，另每月工资33万元，有的大批养猪，雇猪馆。4. 抬牛、马春做粮价，秋后归还，大头加一。5. 捣登牲畜、卖空买空从中取利。

（二）从这两村看来，在先进村，由于互助合作运动强大，新旧道路教育深入，限制富农剥削收效极大，但有限制过严过死的毛病，如提出：不许雇人，不许剥削，公开解雇等。在经济发展落后的村，富农剥削则自由泛滥，无人管问。另一方面在宣传上有笼统的党内外不分；有的“左”“消灭剥削”“不许雇人”的口号，在实际工作上则放松对富农新的隐蔽分散形式的注意，而认为他们“是富裕中农”。而富农都以富裕中农的面目，在群众中进行剥削活动。

（三）因此正确的贯彻限制富农剥削政策，基本上是搞好互助合作。但必须：1. 在先进村防止在宣传上、实际工作上对富农限制过严过死的毛病，防止把党内要求与社会政策相混合，以免影响中农发展的积极性，同时也要克服宣传的“左”，实际对富农隐蔽剥削形式注意不够右的现象。在落后村主要克服对富农剥削自流放任右的倾向，同时也要防止“左”的平均主义，盲目搞大组和旧道路“满天飞”错误。2. 纯洁互助合作内部，不许富农搞假互助组或带长工入组，不许组外叫工到组内换工或以营商挣的钱开发工资。3. 贯彻反高利贷法令，信贷不得超过三分利，积极发展信贷合作。4. 引导与教育富农把余粮余资投向牧畜业，和正当的土地投资在其放弃剥削条件下，可吸收其入组入社。

# 第二部分　关于进一步提高互助合作运动问题

## 一、民利村的互助合作运动，今年有很大提高，表现在

1. 农民愿意走新道路，不愿走旧道路的思想觉悟，有很大的提高。走新道路的空气在该村很浓厚，认为：“新道路是奔社会光荣！”互助组长于如海说：“常年组是合作社的桥梁，合作社是集体农庄的桥梁。”对杨显亭合作社的认识由过去“打远不打近”转变为愿意学习它，不少组积极创造条件，购置公共财产，增添车马、房子、柴火、粪肥，准备成立合作社，许多季节组，都在积极搞农副结合，准备过渡到常年组。两户新富农中一户觉得单干剥削人，名声不好，要求加入杨显亭合作社。为什么该村农民走新道路的思想得以提高呢？

去年春天该村整党教育，吸收群众参加听党课，作用很大，全村有90%以上成年人都参加整党学习，农民高宗贵说：“听过党课之后我不光知道新道路，党员八条我都明白了。”有的说：“明白了发展方向。”

其次是很多互助组内，都有一定的思想教育，如读报和民主检讨会制度，去年一年许多组都开过两三次有教育意义的检讨会，对组员印象很深，如于如海小组在夏锄时批评了高风亭不在全组换工，单个铲园子地的自私自利思想。贺志才组也批评了组长不应该无故卖掉自己大车的错误行为。

加上一年来全村范围的各种重大政治运动的教育和影响，如爱国售粮运动，“五一”“十一”“中苏友好月”等都在不同程度上，解决了农民思想问题，提高了他们的觉悟。

特别是杨显亭农业生产合作社今年贯彻了技术增产，发挥了新农具作用，多打了粮食，增加了收入，对全村影响甚大。

2. 组织起来的农户增多了，范围扩大了，互助形式提高了。1951年全村参加互助组的农

户占85.1%，1952年占90.05%，1951年28个小组，仅一个常年组，1952年出现了一个农业生产合作社，12个常年组，6个季节组，同时经县、区批准，又成立了3个农业生产合作社，该村的劳动互助渐趋定型，农户生产的流动性基本消灭，互助组内容较以往丰富，一般都有全年、季节、临时三种生产计划。据调查统计：三种计划都有的4个组，有季节与临时计划的8个组，有临时计划的6个组，记工结账，也较前普遍提高，18个组按季结账找工的14个组，按月结账认真找工1个组，17个小组参加了爱国红旗竞赛，参加了贯彻全年的三次评比运动与互助组的鉴定工作。妇女参加生产较1951年为多，据调查经常下地1951年为70人，1952年为82人，忙割下地者1951年为88人，1952年为107人。组内扶助贫困户工作也有进步，有的组创造了“前三天计划”的办法，解决了因轮作不合理常引起纠纷的问题。部分组结合了副业和信贷，18个组有5个组在一起搞副业和调剂了一部分口粮。

3. 开始注意结合技术增产，全村全组都有不同数量的新纪录地，出现了本村高额丰产10起。全村谷子间苗18垧，追肥74垧8亩，使用各种化学肥料及农药1914斤，上粪面积占43%，有改良农具与马拉农具的小组13个，共计33台综合号铲蹚机，与3套半新农具，5个常年组秋翻地147垧，给1953年技术增产打下了基础。

4. 在爱国丰产、互助合作运动的领导上有所提高。该村1952年全年贯彻了爱国红旗竞赛，先后进行评比三次，五面红旗流动奖励优胜小组，评比委员会按期进行检查，小组亦按季总结工作，明确优缺点，推动了小组耕作应时，扶助贫困户，发动妇女等工作。村以党、政领导1952年实行了点面结合，分工负责等方法，以杨显亭生产合作社、贺志才等常年组为典型，在各个季节有意识的要他们带头先种先铲先割。通过与互助组长联席会议通报等形式，推广经验。同时支委按屯分工负责，党员负责本组，及时解决了互助组内部发生的问题。如夏锄口粮困难，支委齐作君背着口袋帮助贫困户调剂粮食，支委张友到于富小组去过四次，帮助解决了因不两利引起散花等问题。

## 二、该村互助合作运动存在几个问题亟待解决

1. 技术增产结合不够，至调查时止，该村农民对技术增产认识很差，技术增产的空气稀薄，对肇源经验不大知道。我们宣传后半信半疑者多，一般采取保守态度，如提出间苗，他们说：“非得扔地。”提到改小垄，有的说：“我们垄底子二尺二寸正好。”说到今年怎样多打粮，他们说：“主要靠上粪，间苗不间苗没啥，种时点稀点就行。”调查时我们问组长刘凤阁：“肇源丰产经验你们知道是怎么回事?”答：“那挺好，使火犁头种地——解放劳动力。”另一个组长补充说：“那确实不错，一个火犁头挂六个钢铧，拉起来嗡嗡的!”全村新纪录地春耕时确定了50垧地，到夏锄时节一般莳弄，起作用的仅20多垧。杨显亭合作社新纪录地到秋猪吃了。全村没有技术研究组织，互助组内技术组长不普遍，技术推广站技术指导也很差，技术水平低，常犯错误，刘副站长曾在张占贵组，错误的用硫安拌种，群众至今不满说是“饭桶”，他们到互助组去的少。在几个新农具组，有时也不能解决问题，杨显亭社脱谷机轴烧了站长也没办法，技术增产的空气在该村不突出，相当一部分中农在谈到扩大生产时说：“扩大生产就得剥削人，不剥削人就不能扩大生产。”对余粮余资投入土地提高单位面积产量的劲头没有，经

营四坊；粉坊、油坊、磨坊，拉脚的劲头大，有“发展到头了”“够过了”的维持现状思想。而谈村的土质好，均为黑油砂，现在的产量并不高，有很大增产可能性。我们觉得提高技术，提高单位面积产量，不仅是互助合作必须解决的一项主要新内容，而且也是中农扩大农业再生产的主要方向，把他们的余粮余资引导投向土地加工增添车马农具及粪肥是件大事。

2. 农副业结合生产准备结合不够；该村18个组，至我们调查时止，在一起组织起来搞副业的只有5个组，另外13组则是有车有马单搞，无车无马在家干呆，贫困农民说：“翅膀硬的都飞出去了，翅膀软的在家抱蹲。”有的说：“人家有车有马的出去拉脚，我们打柴没车拉，编炕席不会，干啥？就得干呆。”据我们了解，挂锄、麦收后，和秋收打场阶段以及打完场这一段不少互助组都曾经呈现过松劲，“裂纹”现象，其主要特点就是农业互助，副业不互助，“农忙团结，农闲散心”，由此可以看出：春紧夏松秋垮台的现象基本扭转，但农忙紧，农闲松，农业互助，副业单干，已成普遍现象。这种农副业结合不够，农闲松懈的问题，我们研究，实质上是对互助组的领导问题，和组内中农、贫农在两利原则下团结互助问题，也是季节组提高的主要问题。首先小组领导有“农闲松点到时再说，忙了一年应该歇歇”的思想，是散心直接原因。其次是搞副业的统一领导、计划分红等问题，确实也缺乏经验。此问题必须解决。

3. 组内互利政策贯彻不够，仍存在许多问题：其主要问题是富裕农民在组内占便宜，自私自利表现在人马换工上、轮作次序上、结账找工上、对贫困农民不平等待遇，具体有：(1)人在组内换工，马在小组插犋换工，有的且保持组内独犋，全村18个小组，有13个小组采用了上述办法，形成组内马换工上“龙找龙，熊找熊”，据调查了解，很多组内都有由贫困户软马组成的郎当组，例如：支书赵殿五所在的刘凤阁小组，高玉坤有4匹马，自己独犋，李忠海自己1付独犋，刘凤阁、刘凤山自己1付犋，支书赵殿五和他的哥哥赵殿文一付犋，其余贫困户耿乃忠、吴殿君、王子珍、陆德富3头马1付犋，平时人工在全组换，马在各小犋活动，个别时要用马，不是拆散原犋，而是整犋开来，贫困户软马不用，富裕农民说它的好处是：马不乱窜，老板子使用熟习方便，其实并非这样，我们研究它的毛病是：①有马户先种、先趟、先拉，贫困户马弱犋少落后，耕作不应时，少收成，有的扔地，反而全马全人换工，贫困户人马使不上，多开付工；②不能充分发挥人、马力作用，妨碍改进技术深耕细作，提高单位面积产量；③结果造成少打粮食，妨碍贫困户经济迅速上升，助长农民抱独犋思想，破坏了组内人马换工互助的原则。人为什么在大组换工呢？①富裕农民马多地多，劳力少，为避免雇短工落剥削名，愿在组内换工；②还可以单抽出去搞副业，以副业所挣的钱在组内开发工资。(2)轮作制度不合理，下雨天给贫困户铲地，铲和趟脱节，晚种晚拉，强调先还马工，再换人工，感情用事和组长靠近的先干了，贫困户提点意见就是“捣蛋”后干。(3)人马不分强弱，都算整工，有账不记工，结账不找工。

4. 小组家长制领导，缺乏民主较普遍，小组领导很多是富裕中农。18个组长，11名富裕中农当组长，他们大都兼揽行政事务，排解纠纷，摊派花销等在组内威权很高，其中有的人确实自私自利，常以本身利益出发决定问题，对贫困户排斥即是证明，加以我们训练组长个人多，成批连串训练组内积极分子少，因此组长一人说了算。

5. 村对低级组深入具体领导不够，如对董子林组即未去过，支委、党员，均有分工，各顾本屯本组，多对全村外组确实帮助进行点滴建设工作不够。

6．有盲目搞大组情绪，要“轰轰烈烈”，村长齐作君现正在本屯编大组，要“轰轰烈烈”地，说：“人家韩政委初来克山时怎样干的，朝鲜前方打仗爬冰卧雪怎么干的，一定要发挥一下轰轰烈烈，更动更动，集体集体，押就押，共产党员铲除就铲除。”

## 三、关于提高各类互助组的意见，根据我们和农民研究须从以下几方面着手提高

1．提高技术，贯彻技术增产，应是各类互助组的主要内容，特别是常年组有此要求：(1) 首先从思想上加强教育，克服怕“费工”、“先算本钱”、“没整过”、不相信妇女半劳力在技术增产中的作用等保守思想与靠天吃饭的迷信思想。(2) 建立技术组织，训练技术骨干，村建立技术研究委员会，互助组、生产合作社普遍增设技术副组长和技术员，民利村没有上述组织，我们帮助建立了。(3) 加强技术学习与技术领导，技术推广站工作，应克服过去只蹲少数新农具组，对互助组技术指导不够的毛病，普遍推行技术推广站、互助组之间的技术互教互学合同与互助组之技术组长建立起业务联系，按季节召开会议训练他们，研究新旧技术贯彻到生产中去。(4) 继续普遍开展新纪录地运动（这应与大片丰产新纪录地相配合），可以提出：“村村有大片丰产田，组组有小块新纪录地”的口号。根据民利村的经验教训，春有新纪录地，夏天就是哪块好哪块是，要解决互助组留新纪录地的分粮办法，要解决全组莳弄，一家分粮和全组分粮一家出地的矛盾，办法：民主评定该土地常年产量或同年同级地产量，超过部分大家分，人马工大家摊，本主也出一定人马工，按工分粮，“本组有样子，大家不吃亏”，他们对这个办法很同意。可引导组内余粮余资投向技术增产。

2．农业、副业结合已是提高互助组特别是季节组的重要环节，经研究有以下几种办法：(1) 全组集体搞副业，按劳力，按其副业活件计分，按分分红。如拣一车粪一个劳动日，打柴50捆4拿个，一个劳动日，编炕席一领三人八个劳动日，拉脚人十马五，有的是车三马二。这种较高级。(2) 统一领导分工搞副业，人、马、车在家、外出、有技术、无技术均按自愿需要，分班进行，按班分红。(3) 统一领导计划按期检查，单干单分。(4) 全组经营的副业，按全组劳力出资本，按劳动分红，如油坊、粉坊，总之，互助组搞副业须注意解决互助组领导思想，他们认为：“忙了一年应该歇歇。”要强调统一领导、计划，分工进行，在两利原则下，互助搞副业，不提倡单干，要把农闲搞副业和生产准备同时都搞好。克服农闲放松，领导带头单干，以致小组散花的现象，冬季副业要提前组织，争取主动。

3．贯彻两利政策：(1) 合理解决农忙时组内轮作次序，方法：①民主订立短期轮作计划（3—5天），可以克服临时吵架。②按地荒净民主评工，雨后多费工全组负责。③条件好的常年组有重点提倡包工包产。(2) 在自愿互利原则下改变人全组换工，马在小犋换工的形式和给贫困户平等待遇。(3) 认真结账找工。

4．加强常年互助组的政治工作，进行经常的思想教育，从民利村看，互助组内部的思想教育，大体是从两方面进行的，一方面是组外全村范围的政治活动，如整党教育、爱国售粮、“五一”、“十一”、中苏友好月等，另一方面是以党员、干部、积极分子为骨干，经常在组内进行政策、法令、党内公开的决议的讨论与学习，以及读报、民主检讨会等，根据研究，在常年

互助组及一部分较好的季节组可以建立一定的政治工作制度，具体要求有以下几点：（1）按季节召开一次至两次思想问题的民主检讨会，进行自我教育，开得好对农民教育很深。（2）一月一次到两次的读报和讲课。（3）组内展开常年的组员之间竞赛，按季节评比一次，年终可以得红旗与物质奖励，这样可以把组与组之间的红旗竞赛，深入到组内组员与组员之间群众性的竞赛。（4）组内党团员积极分子开会回来一定要详细传达，重要的组织讨论学习。（5）组内思想教育、思想批判应围绕下述几个内容：①坚定组织起来，提高思想多打粮食，大家富裕思想，反对自私自利，只图个人发财，个人利益的尖头思想。②树立接受新技术运用新技术，克服不接受新技术的保守思想。③批评不遵守劳动纪律"不受组织"的散漫现象，树立服从领导，遵守纪律思想。④反对对政府、党的号召采取应付态度，树立认真响应政府号召的爱国主义思想。⑤克服对小组不关心只顾个人的现象，发扬团结友爱，关心全组的思想。

5. 培养互助组内积极分子，提高互助组领导，办法：（1）把积极分子都组织起来，在组内担任一定的责任。（2）成批连串的训练。（3）组内应有积极分子会，村应有各类积极分子的业务会议。（4）小组领导上要提高积极分子威信、积极分子条件，能积极响应政府号召，在劳动中起带头作用，团结与推动本组组员。经验证明积极分子多的组，组内贯彻任何决议都比较顺利，积极分子少，只有组长一人，贯彻一件事情困难就多。民利村较好的组内都有3—8个积极分子。

6. 提高低级组问题：在民利村的低级组，即较差的季节组（临时组没有）领导弱，组长领导力量薄弱，人不强，马不壮，组员觉悟低，互助内容简单。提高意见：（1）过于人弱马软的组，应适当的在自愿原则下调整或联组，使之能参加到人强马壮的小组中去。（2）调整骨干，区、村领导上应注意培养低级组的骨干，吸收其骨干参加。（3）提高低级组，区、村领导思想要重视低级组工作，应制订计划与分工负责。

## 四、关于1952年杨显亭农业生产合作社经营管理经验

民利村杨显亭农业生产合作社，1952年基本上办得还好，多打了粮食，增加了收入，全社种地118.1垧，全年农副业总收入折标准粮为863.64石。多种作物折自然粮623.68石，平均每垧产粮5.59石，超过本村垧产4.9石的14.1%，超过当地较好互助组产量的21.7%。除去开支、及缓还债务部分，每户平均可分标准粮15石，全社18户，16户社员超过1951年实际收入，仅2户少于1951年收入。但也存在很多问题，取得不少经验教训，分述于下：

（一）抓紧提高，多打粮食，证明是办好农业生产合作社的主要一环，杨显亭社1952年贯彻了技术增产，上粪100%，拌种肥和追肥占耕地80%，谷子及其他作物间苗50%，耕种应时、细致，加工、耰地5人，压2遍，铲蹚4遍，耙翻地平播小麦发挥了新农具作用，小麦平播秋翻地（65垧）收割小麦、搂草机搂柴火、脱谷机脱小麦等均起了作用。问题是社内修理保管技术赶不上，脱谷机正工作时烧轴即停工，技术推广站人员流动，下半年技术指导作用差。经验证明，在社内要贯彻技术增产，一定要经常进行技术学习加强教育，克服保守思想。同时领导要抓紧贯彻全年。

（二）发挥劳动效率，克服窝工、旷工、浪费现象，一年来事实证明：1. 劳动组织要严

密，生产责任制要坚持，旧的封建地主经营土地榜大把青方式必须废除，把劳动力固定在生产队里是正确的。根据现在社的规模以10个男劳力一队为适宜，有组长无固定组员，劳动力流动性大，对生产有害无利。2. 试办常年包产超额奖励制，普遍提倡短期包工，按活定分，坚持按劳取酬原则是提高与发挥劳动效率主要办法。一年来该社由春天平均主义计算劳动，到按死分和按季节标准分死定活评，发展短期包工然后提出常年包产，超额奖励，社员有信心实行。

（三）要有计划的领导生产，计划除要有五年远景计划外，并应有全年、季节和短期计划，杨显亭社上半年有季节、短期计划，且屡次实现，社内生产劲头高，秋收放松计划领导“自流向前推”结果打场较社外延长了一个月，应有两场院打场，只有一场院，打了“闹道场”结果处处被动，计划落空该社原打算翻地90垧，结果翻了65垧，原订秋前打完小麦，结果拖到秋后，原计划秋前把仓子修好，结果落空，加上盲目开豆腐坊、粉坊，拉脚，人力分散，以致出事故，死牛，冻坏了土豆，牲口祸害了粮食。因此今后社的计划领导必须要把技术增产，使用新农具改变耕作法，这一新情况估计进去。一定要坚持全年抓紧小组计划。

（四）经营方法上一定要坚持农业为主，农忙抓农业，农闲抓有助于农业的副业，搞好生产准备，有条件的有步骤的发展畜牧业，过早盲目铺摊子，搞公共财产，放松农业，搞副业，人力分散，影响农业的做法是错误的。杨显亭社下半年盲目搞起豆腐坊、粉坊、拉脚，还要搞磨坊，本来地多劳力少且弱，这样劳力更不够用，最少时只有五六人下地，副业收入不多，浪费很大，影响农业拖延时间糟损粮食，影响很不好。

（五）严格财务管理，禁止浪费，厉行节约，减少开支，建立日清月结与贯彻定期公布账目制度。开支经费的批准制，现金会计要分开，实行专款专用，禁止私人借款，凡无故浪费、损坏公共财产实行惩罚制度。社员不统一计划安排个人及家庭生活消费，除农忙不搞常年集体吃饭，在财务上要自立更生，不依靠援助，多生产少背债，坚持由少到多逐步积累公共财产的方针。

（六）要加强政治工作，思想教育，社内红旗竞赛、短期评比、上光荣榜、季节夺红旗、全年评模范社员、半月上课读报制、两周一次检讨会等形式，应充分利用，思想教育中心反对：1. 自私散漫，不爱护社内公共财产的思想，建立爱护社内公共财产，关心社的利益的集体主义思想。2. 克服极端民主，不遵守劳动纪律，不服从组织领导的思想，建立积极生产遵守纪律的思想。3. 克服不民主，家长制，资本主义经营方式的思想，树立坚持农业为主，依靠社员办好社的思想。4. 打破不讲技术的保守思想，贯彻改进技术。

（七）管理民主化：依靠社员办好合作社是社内经营管理上一项重要原则：反对家长制、少数人包办；反对形式上民主，建立贯彻一切重大问题通过全体社员及家属的民主制度，凡有关生产计划经营方向，大批财政开支、分配、基建、奖励、惩罚、出社、入社、改变劳动组织、改选理事会、建立或废除各种制度时，都要经过认真的民主讨论决定。

（八）县、区党的领导必须加强，经验证明区委领导上自流放松或不够深入，不解决问题时候，社内问题就多，党的领导抓紧时问题就少，杨显亭社上半年生产顺利，社员觉悟不断提高，生产有计划，和区委切实帮助有关，下半年放松了，社员情绪则低落，思想混乱生产就缺乏计划，而党的领导和帮助又必须是从旁协助，不能代替包办，要通过社内骨干自己解决问题，只有这样才能培养干部提高社的领导。

## 五、克山北兴区民利村一带1953年新建立农业生产合作社工作中的几个问题

（一）克山北兴区新建立14个社基础一般尚好，领导控制较严；根据11个社调查：199农户，1121垧地，耕畜218匹，男女劳力419名，平均每社19.9户，112.1垧地，21.8耕畜，41.9男女劳力，7套半新农具，36台铲蹚机，秋翻地271垧，基本上以10个常年互助组为基础，后参加45户有4年互助基础2个，5年基础4个，6年4个，其中包括2个省模范组，5个县模范组，2个区模范组，1个村模范组，党团员75人，平均每社7个半。建社分布的也主要在基础较好的互助、民利、尖山三村。上述建社对象，县委于1952年7月间即召开过建社骨干分子会议，9月训练一次会计，区委在9、10两月召开过两次建社骨干分子会议，经先后详细串查两次后报县批准的。此次区委书记、副书记负责，于12月初集中新建社骨干20余人在民利村试点，通过试点创造经验，训练骨干。12月10日后各村回去开始正式建社，区委以民利村为重点，进行具体领导，12月中、12月末，先后召开过三次骨干分子会议，每次均提出各种具体问题，详细讨论，统一认识，统一办法后回去贯彻。而讨论与确定的各种办法、做法一般是正确的。

（二）在他们建社工作中，有以下经验和问题：

1. 坚持了充分酝酿，入社自愿，克服了干部变相强迫简单草率从事的现象，互助村支书刘英在动员组员报名入社大会上见报名人不多着急说："要不是共产党，你们那来的幸福生活，吃水忘了打井人，地富打垮了你们看见没有？都想奔旧道路，奔死亡路去吗？"不是用组织起来，提高技术多打粮食走新道路的道理来说服群众，而是用"报恩"刺激办法来强迫农民入社，有的村在宣传合作社生活好，讲的过分，提高生产讲的少，宣传社内一切问题处理集体讲的多、照顾私有两利讲的少，发现后，及时进行了纠正。事实表明，农民入社是一场激烈的思想斗争，应给予充分时间考虑，对各种疑虑要耐心说明，入社不仅本人自愿，一定要做到全家自愿。如提出："马吃亏吗？""马挨累则不行卖马？""小孩吃饭怎办？""多留一亩园子地行不行？""人马吃的什么时候拿，没有怎么办？"普遍有怕累、怕不自由、怕领导不好、怕马吃亏、怕花钱不方便、怕社内浪费大……等问题，切需一一仔细说明，民主讨论解决。有的农民为了入社全家几宿未睡好觉，太盛村王友昌社，苗昆一家四条心，老苗头想留两垧地自己种瓜，老太婆要留她拿私俸钱买的两条牛，儿子要留大马入小马，媳妇乐意入社，有的丈夫乐意，老婆不同意，儿子要入，儿媳不让入，哥哥想入，弟弟不想入，因此一定要反复酝酿，不能操之过急，不要限定时间，不许捆在家报名，才许外出，他们确定了不许人家外出搞副业，在明年春耕之前都可以申请入社，有的社限制时间，急于报名，不允许组员考虑，不顾家庭自愿，这些错误做法都应得到纠正。

2. 充分发挥民主，合理确定入社分红问题，事实表明：入社后社员最关心的是入股与分配问题，特别私人生产资料取得合理代价问题，要认真放手发扬民主，圆满解决，这样可以提高社员觉悟。他们的马匹土地都确定租借，固定代价，死租活给，地马均民主分成等级，按等

吃租。一等二级8.8斗，二等一级8.6斗，三等一级8.4斗，三等二级 8 斗，大车原作价留社，以后扭转吃死租，其他如人马病、军属代耕地、公益金、公积金、农副业分红、秋翻地人马工、会计主任补工、开荒地入社、贫困户拿不起口粮籽种、不能使的老马、两岁子小马驹、妇女入社、小农具等问题，均经详细讨论，取得每一户同意后才作出决定，就是通过这些具体问题的讨论和确定，体现农业生产合作社半社会主义性质，它一方面在私有基础之上，另一面按劳取酬，处理这些问题，必须贯彻自愿互助。企图少数包办，一个会议就解决问题，那种草率的做法必须反对。过早积累公共财产更是不委的。

3. 保证党的领导，新建立社一定要在区、村党的领导之下进行动员，党员起模范与保证作用，防止脱离本村支部领导的现象。纠正少数党员在建社工作中急躁，带头作用不够，甚至起反作用等的毛病。有的村已发现少数党员不带头参加合作社，推托说家庭不愿意，怕自己马多吃亏。有的不积极帮助建社，反而暗中勾几户出去，企图成立新社，有的非党积极分子建社不但不帮助，反而讽刺、挑拨是非。也有的建社骨干认为，只要县区委批准就行，不积极靠近本村支部，取得领导。上述问题，他们都及时注意了。

# 第三部分 信贷问题

几年来农村生产运动蓬勃开展，农村经济迅速发展，特别是农村互助合作工作逐年提高与巩固，已使农村约占 80%左右的农民摆脱了土地改革当时的贫困生活，上升为中农，有个别农民则上升为新富农。另外仍有一少部分农民因受自然灾害，婚丧疾病及高利贷盘剥等影响，经济上升迟缓，目前仍停留在雇贫农的地位。据民利村的阶级情况调查，全村共 211 户，其中新富农 3 户，占总户数1.4%；富裕中农 64 户占总户数30.3%；中农 99 户占总户数46.9%；贫农 38 户，占总户数 18%；雇农 5 户占总户数2.4%，其他非农业户 2 户占总户数 1%。说明农村阶级分化已经形成，此点应引起农村各级党的领导同志的重视。为了防止农村阶级的过激分化，必须正确贯彻党在农村“扶助贫困户经济上升，团结中农扩大再生产，有条件限制富农非法剥削”的政策，以求全面发展农村经济，保证五年内我省基本实行农业合作化。为此，搞好农村信贷工作是非常重要的。

据我们在克山十四区民利村信贷部的考查，目前农村信贷工作上存在如下几个问题：

## 第一、借贷部成立前后

民利村信贷部于 1952 年 4 月成立的，属于村供销社领导，有专职主任一名。在成立之前，全村高利贷是极为活跃的，据不完全统计 1951 年全村有 27 户贷出粮食 99 石，有 2 户贷出现款 41 万元。一般是春借秋还，月利四分或五分，个别的还有大加一。高利贷的形式是多种多样的，并且有些是分散的隐蔽的，如郝永顺今春买豆饼 150 块，借给缺马料户，规定春借 2 块豆饼秋还 1 斗豆子，共赚利息 75 万元；寇××杀一口猪，卖 200 余斤肉，规定赊 4 斤肉秋还 1 斗麦子，每斤按市价多获利 2250 元，两个月共赚 45 万元，按月利计算为大加三。许多有余粮余款的富裕户认为放高利贷是“铁杆庄稼，旱涝保收”“放出钱愈多，愈借劲”，不愿将余粮余资投向农业扩大再生产，因此，在信贷部成立之后，许多富裕户还怀念着高利贷，认为“信贷部利息低”，部分的有顾虑，认为政府是“拉帮穷人，掐尖并平”“怕说富裕，显眼拿负担重”，副村长齐作君（富裕中农）讲：“别人不入没啥，我得带头，这回是肉包子打狗，有去路没回路。”王连明存在供销社200多万元现款，一听说成立信贷部，马上就取回去了。根据这种情况，在信贷部成立之后，村级党政领导同志曾通过各种会议反复动员解释，特别是信贷部主任王宪臣亲自深入到各屯有余粮户进行个别访问宣传教育，具体交代存借双方互不吃亏，保本保值的政策和信贷工作的前途之后，富裕户始转变了认识，克服了顾虑，纷纷将余粮投向信贷部。据9个月来的统计：除银行农业贷款1400万元外，并吸收49户农民余粮总额12433000元，其中有富裕中农24户存马、牛、粮食等共折款5079600元，占总额45.89%；中农16户存马、牛、粮食共折款5704900元，占总额40.81%；贫农9户存粮折款1649200元，占总额13.3%。由于几个月来，正确贯彻党在农村中信贷政策，信贷部在群众中的威信树立起来了，群众对信贷部反映极好，农民开始认识到开展信贷部的好处。富裕户普遍托底。一般认为：(1) 将余粮余款存入信贷部不吃亏，有把握，“不能吃大片肉”“放秃尾巴鹰”。(2) 减少了浪费，增加了积蓄，为进一步扩大再生产准备了物资条件。(3) 获得了走新道路的好名声。多数贫困户也反映：(1) 今年如无信贷部贷吃粮、种子，就得扔地；(2) 不受高利贷剥削了，缓口气，今后只要劳动好，过家有“韬略”，发家算有指望了；(3) 不用托亲求友讲人情向有粮户贷粮，今后借贷有路，不用天天为缺吃粮、种子发愁了。

## 第二、信贷部的作用

（一）扶助了农民生产，解决了农民生活困难

该村1951年部分农作物受灾，今春一部分农民缺乏麦种、豆种，特别是贫困户较严重，富裕户“拿把”，贫困户借贷无门，信贷部曾贷出麦种9000斤，豆种3000斤，马12匹，牛3头，谷草1500捆，马料大豆2500斤，一间房子木料。夏锄时部分农民缺乏吃粮，信贷部当即贷出小麦4086斤，苞米5710斤，谷子7288斤，土豆5000斤，荞麦4000斤，稷子2500斤，解决了全村82户400余人缺吃粮的困难。群众普遍反映：“今年有了信贷部借劲大了！”贫农徐振清今年借473斤麦种，种1垧6亩小麦，收获7石，除缴公粮外，旧债基本还清，他常讲：“曲麻菜救活了我，别说曲麻菜苦，没有信贷部的扶助，我是喘不过来气的。”中农于儒海夏锄时缺吃粮，四出想办法无着落，后由信贷部借给苞米3斗、小米1斗、小麦1斗、荞麦1斗、大豆半斗、白面20斤，保证了及时铲蹚，今年种6垧3亩地，打粮30余石，他感激地讲：“没有信贷部的扶助，我今年得扔地，共产党的政策真好，我要鼓励我儿子入团，永远跟着毛主席走。”

（二）打击了高利贷，活跃了农村经济

信贷部规定贷出粮款利息为年利三分，月利二分五厘，得到了全村农民的拥护，特别是困难户表示满意，如困难户李兴华前年借了老霍头2石粮五分利，两年来本利已缴4石，而今年利息仍未还清。他说：“过去哪有不穷的，起早贪黑的干，都给人家赶网了，现在有了信贷部，

该着走好运了。”经信贷部宣布了法定利息之后，在农民中间震动很大，特别是有借贷关系的农民中间都双方自动协议取消过去的高利贷，按信贷部规定利息计算，即使仍有个别坚持高利贷的贷粮户，当受借方之驳斥后，也自然按法定利息计算，由于信贷部工作日益开展，今年一部分私人借贷转入了信贷部者 6 份，计谷子 29 石 6 斗，豆子 4 石，另外有经过信贷部调解，双方同意，将高利贷降为法定利息者有 4 份，如王文林卖给张广和一匹马，春买秋还定 13 石豆子核人民币 325 万元（当时马价值 220 元），经信贷部调解，双方同意改为秋给 9 石豆子，核人民币 250 万元。

## 第三、今年信贷工作中应注意纠正的几个缺点

（一）贷款对象不明确，贷款未集中使用。东北局于 1952 年 3 月 27 日关于农业生产贷款指示中讲：“发放贷款大体分配比例：1/2 贷给互助组（其中一半贷给参加互助组的贫困户），贷给未参加互助组的贫困劳动者 1/4；其余 1/4 贷给农业生产合作社与示范农场。”根据这一指示精神，检查今年民利村信贷部借贷方针是有缺点的。今年民利村信贷部贷粮及牲畜予 85 户农民，总值 21036095 元，其中有富裕中农 21 户，贷款4655000元，占贷款总额22.13%；中农 40 户，贷款 11776235 元，占贷款总额55.98%；贫农 22 户，贷款 4434560 元，占贷款总额 21.08%；雇农 2 户，贷款 170300，占0.81%。从上述比例看，有 78%强的贷款，贷给了中农，而困难户所得贷款则是少数的，对扶助贫困农民经济迅速上升所表现作用不大，同时在贷粮中有平均主义的偏向，富裕中农董子林家有 7 头牛种 6 垧 6 亩地有余粮，还借得信贷部苞米 4 斗作吃粮，富裕中农高凤岐生活较富裕有 2 匹马，还贷得 1 头牛，群众意见很大，其次是今年生产资料贷款占贷款总数69.7%，生活资料贷款占贷款总数30.3%。但借款户较多，贷款分散，许多用于零星消费，未集中力量解决农业扩大再生产中一两个主要问题，如全村有 38 户困难户无耕畜，今年信贷部仅贷给一匹马。

（二）吸收存款户不普遍，中农存款户 40 户仅占全村中农 163 户的24.5%，大犁屯 14 户富裕中农只存 6 石粮，存款不多，不能满足农村扩大再生产的要求，特别是不能完全解决雇农生产上和生活上的某些困难，致使高利贷在农村仍有活动的条件。

（三）信贷委员会未成立，全村 18 个生产互助组仅有 7 个信贷组长，多未负起责任，部分村干部和信贷部主任不经调查研究，即随便批准贷款，致使有的应该贷予户未贷，不应贷予户贷之，应少贷予户多贷，应多贷予户少贷。

（四）干部调动频繁，主任调换两次，会计（供销社会计兼）调换三次，业务不熟，手续很乱，存款户没有收执，群众不托底，有的反映“官凭文书私凭印，存了粮食连个执照都没有，到秋天向谁要呢?”目前账未结清，本利未还，贷出 4000 多万元（包括兴华村），目前只收回 300 余万元，新换主任去区搞信贷试点，借粮户还粮找不着人，存粮户拿空头利息有怨言，部分存粮户心里发慌，有的讲：“还粮期限早过了，现在信贷部还未有通知，今年本利不一定还齐了。”

## 第四、1953年民利村信贷部工作计划与改进方法

1953年民利村信贷部贷款方针：主要是扶助互助组与贫困户（单干的贫困户也在扶助之内）。反对单纯救济观点，强调扶助生产，以使参加互助组的各种成员特别是占全村20%的贫困户经过贷款扶助，具备上升与扩大农业再生产的物资条件。

一、存贷计划

经过调查研究民利、兴华两村367户有余粮余款，可以投入信贷者共有110户左右，根据较低估计1953年春可吸收存入粗粮四五十石，小麦、大豆200石，马3匹，牛4头，车4台，总值12000余万元（现已存入一部分）。今年决定以贷款之90%解决生产资料，10%解决生活资料。具体分配数字为：(1) 种子：今年豆、麦歉收，选种较差，因此准备换进克华麦种60石（可种百垧），紫花四号豆种90石（可种300垧）；(2) 肥料：根瘤菌300斤，硫安2400斤，王铜100斤；(3) 马料：豆饼700块；(4) 耕畜：马30匹，牛10头。民利、兴华两村共有无马户90户左右，就现有信贷工作开展条件，可以争取在两年内基本消灭无马户。

二、健全信贷组织，订立存贷制度

目前已成立了信贷委员会，民利、兴华两村共选出19名委员，党、政、群、团干部，有存款能力的中农和困难户各占1/3，两村生产互助组均已选出信贷组长，规定每月召开一次信贷委员会议或扩大会议，研究信贷工作，同时建立了有关存款各项制度，规定一石以上者存入信贷部（不应限制一石，以广泛吸收农村游资——编者注）；一石以下者可由信贷组长负责在本组范围内调剂，如本组无借粮户可由数户凑成一石以上，存入信贷部。为了照顾困难户借贷方便和保证贷款之大部集中解决贫困户扩大再生产问题，在借贷手续上规定贫困户可以不经信贷组长批准，有直接向信贷部请求贷款之权利，而中农借贷则经小组评议，信贷组长批准后，信贷部方可考虑决定。贷出大批款物须在信贷委员会讨论通过，此外在简便易行条件下并建立了存贷票据制度，以确保信贷部的信用。

三、正确宣传信贷政策

应针对群众对信贷部的误解和怀疑，经常进行宣传教育，使全村农民了解农村信贷工作的主要意义。要深入各富裕户宣传信贷政策，使之解除顾虑，踊跃的将余粮余款投入信贷部。事实证明，只要做到了正确宣传，农民是易于接受的，如在全村信侦工作会议上由工作组进行了新道路的教育和交代了信贷政策后，会上就吸收了3匹马、4台车存入信贷，党员要求带头，富裕户作存粮计划，副村长齐作君说："这样一来，明年两村存款1200万元的托划，我们一个村就能完成计划。"

## 第五、几个问题的研究

（一）1952年民利村信贷部曾采用了五种存贷折算方法，如：(1) 存实折现还现；(2) 存实还实保证质量（大粮评等级，小麦评尼克）；(3) 存现还现；(4) 存现折实还实；(5) 存现折实还现。农民多系存粮，但在春秋两季粮价稍有波动，这五种计算方法均难做到保本保值，

目前农民多习用前两种，因方法简便易行，同时受粮价波动影响较小，经研究后还可以沿用。

（二）农村一般是冬天存粮多，春耕、夏锄时借粮多，在冬春之交的两三个月，信贷部多是拿空利，影响信贷部工作很大，经该村信贷工作会议研究，可采用两个办法解决：（1）借给供销社周转；（2）买牲畜和其他生产资料及早贷出。富裕户存马问题，一般不提倡，如有特殊原因，在未贷出之前可由马主经管，草料自备，待信贷部找到买主之后，再办接交手续。

（三）贷出牲畜因价格较大，借主当年还不清者可限两年还清，但必须当年还一半马价，利息结清，明年再还一半另拿利钱。信贷部由其他存款偿还存马户。

（四）有些私入借贷转入信贷部，可根据情况，借方当年可以偿还者，可以允许转入信贷部，如当年无偿还能力者，不准转入信贷部。

1952年

# 热河省典型村经济情况调查

为深入了解丰收后农村的新情况，1952年11月，省委组织了6个调查组，调查了朝阳郭家窝铺村（代表大川、组织起来工作薄弱、种棉多、经济上升较快村）、凌源宋杖子村（代表大川、组织起来工作较强、经济上升较快村）、喀喇沁旗大西沟门村（代表半大川、半山沟的一般村）、丰宁南岗子村（代表山地过去受灾贫困，经几年生产运动与互助合作运动的开展，经济已恢复并开始上升村）、兴隆花石村（代表山地老根据地过去受敌伪摧残严重，人民生活贫困，经过几年生产运动和政府扶助，经济开始恢复并上升村）、敖汉海力王府村（代表沙窝地区，虽经1950年丰收，经济开始恢复，但近两年连遭旱灾，农村经济无甚发展村）。

综合6个村的调查材料，首先可以看出生产有显著提高，所调查的6个村，除敖汉海力王府村停留在战前水平外，其他5个村农林畜牧业均有显著的发展，其中上升快的郭家窝铺村生产总值超过战前92%，连过去很贫困的花石和南岗子两村还比战前水平上升了25%－29%。因为生产逐年提高，收入逐年增加，农民购买力亦逐年增加，生活亦逐年上升。调查时6个村已有68.2%的户过中农生活，其中富裕中农占19.4%，并出现了1.2%的新富农。随着经济的发展，文化高潮已经到来，6个村已有75%的学龄儿童上学念书，76%的男女青壮年入民校学习。但经济发展的还不平衡，如朝阳郭家窝铺、凌源宋杖子两村农民每人平均1082斤原粮。80%以上户过中农以上生活；兴隆花石村每人只平均561斤原粮，仅有64%户过中农生活。

其次互助合作运动也有很大发展和提高，6个村的互助组数比去年增加两倍多，还有3个农业生产合作社（因6个村中有2个互助合作重点村，故互助组数，比一般村增加的多，一般村只增加一倍），但互助合作运动开展的也不平衡，有半数左右临时组还很不巩固。在贯彻自愿两利、民主管理、组织劳动等方面还有不少问题急待解决。

第三、关于农村私人借贷、土地出租和买卖、雇工等政策，尚须进一步贯彻。

第四、区村领导上：主要是号召多，具体组织工作少，不善于用典型示范的方法，推动全面工作。因为领导上布置任务多，交代政策界限与工作方法不够，所以区村干部中强迫命令现象也很严重（强迫命令不只区村有，省县也有）。大部分区干部不懂农业生产技术，还不钻研、学习。部分区干部还不会组织领导互助组和农业生产合作社。因此，提高区村领导，搞好基层工作，将成为完成农村各种工作的主要一环。

今将6个村的调查材料分述如下：

## 一、生产发展情况及群众思想动态

（一）6个村的基本情况：所调查的6个村共1488户，7139口人，男劳动力1680名，女劳动力1509名，能使用的牲畜1142头（其中骡79头），不能使的牲畜729头（其中骡45头），共有耕地26029亩9分，每人平均有耕地3亩6分4厘，每头耕畜负担耕地22亩8分，共有车214辆，新农具26台，犁367付，水车4台。

这6个村经过近三四年的生产运动，生产技术逐渐改进。如施肥面积由过去的60%增加到90%（其中海力王府村施肥面积较小）；施肥量由过去的2000斤增加到4000斤。过去没有追肥习惯。1952年追肥面积达6个村耕地的50%。秋翻地由过去的55%，增加到80%，并较普遍的做到选种和种子消毒。在抗旱、除虫与自然灾害做斗争方面也取得初步经验。由于农业生产技术的提高，农业生产量也显著提高。1952年6个村农业收入为9793475斤原粮，超过解放前（1943年）68%；超过1951年33%。

牲畜也恢复并开始发展了。6个村共有能使的牲畜1142头，超过解放前（1943年）1.7%。其中牛超过25%；驴超过12%；骡恢复到9%；马恢复到45.7%。不能使的牲畜（幼畜），超过1943年57%；羊恢复到战前45%。

（二）随着农村经济的发展，农民生活水平的提高，农村的文化教育也有很大发展，据6个村调查：有75%学龄儿童入学学习，解放前只2个村有学校，共70左右名学生，现6个村均有学校，共有656名学生，超过解放前8倍多。1952年冬计划有400人参加扫除文盲运动。

（三）随着农村经济的发展，已有68.2%的农户过着中农生活，其中富裕中农占19.4%，并出现了1.2%的新富农。土地改革前6个村共有雇农254户，占总户数17.1%；贫农584户，占总户数39.2%；中农516户，占总户数34.7%；富农62户，占总户数4.2%，地主72户占总户数4.8%。土地改革后，少地、无地的贫雇农分得土地、耕畜和农具，经过几年生产运动，大部贫雇农已上升为中农。现在6个村共有中农1015户，占总户数68.2%，新富农18户占总户数1.2%，但仍有30%的户过着贫农生活。部分农民所以没有上升的原因是：家底空虚、缺乏劳动力、农业上遭受自然灾害较重、因疾病、死亡突然丧失劳动力、劳动不好、过日子缺乏计划等。其中一小部分，则卖掉一部分或全部土地或其他生产资料，靠卖工维持生活。因各村工作基础强弱不同，组织起来工作基础较好的宋杖子和南岗子村阶级变化分化则较缓和。如宋杖子村仅有1%的新富农；原来贫困，由1952年秋后经济开始上升的南岗子村还没有新富农。与此相反，组织起来工作基础较差的郭家窝铺、海力王府村，阶级分化则较显著。如郭家窝铺村有1.8%的新富农，海力王府村有2.2%的新富农。

（四）农村经济虽有发展，但不平衡。朝阳郭家窝铺村，是土地较好的大川村庄，种棉花多，农民收入多，比较富裕。凌源宋杖子村也是土地较好的大川村庄，组织起来工作较好，在改进农业生产技术上较有成绩，故农民收入也较多，比较富裕。这两个村每人平均收入1082斤粮食，农业生产总值，超过解放前73.9%。朝阳郭家窝铺的一般户每月能吃上两顿细粮。全村有70%的青年男女穿细布衣服。1952年过八月节时全村买进白面2336斤，买月饼290斤，杀猪17口。9月到11月三个月中，即有38户成袋买白面。该村第四闾共63户，有45户下扇窗户安上玻璃，有48个人买了手电筒。兴隆花石村，是山多地少的山沟村庄，因过去受敌人摧残严重，解放后经过几年来的生产运动，农村经济虽有发展，但人民生活仍不富裕。1952年农业生产总值仅超过解放前25%，每人平均有561斤粮食，只能维持生活。敌伪侵占前，该村农民靠养羊收入，做为部分生活费用，但经敌伪擒掠，使羊损失殆尽。解放后经政府扶助，羊虽然显著增加，但仅恢复到敌伪侵占前的59%。养羊收入是该村次于农业收入的重要收入之一，今后应继续扶助其发展。根据该村经验证实：继续提高农业生产技术，提高单位面积产量，多养牛、羊，封山育林，发展果树，养蜂，放柞蚕，是使山区经济迅速上升的主要办法。

（五）各阶层思想动态

（1）大部分富裕户对农村经济发展方向没有认识，他们一方面拥护政府发展生产的政策，一方面对政府节制资本主义的政策抱不满。他们心里想当富农，但又怕“露富”，怕别人说“有剥削”。部分新富农采取隐蔽的方式进行剥削，变雇长工为经常雇短工，有的雇佣亲友做活做为“家里人”，更有的混入互助组，但不参加劳动，利用互助组给自己干活，把互助组变为“雇工组”，有的偷着放高利贷。如朝阳郭家窝铺村1951年雇活的48户，占总户数17.9%，1952年增至54户，占总户数20%。敖汉海力王府村1951年雇长工的24户，雇半拉子的5户，雇月工的3户，雇短工有60个以上的约20户；1952年雇长工的减少到9户，雇半拉子的2户，雇月工的7户，雇短工60以上的25户。兴隆花石村孔庆芳（原贫农），生活富裕后，便不参加农业主要劳动，今年也雇半拉活。总之农村中资本主义思想仍很严重。

（2）大部分过中农生活户，迫切要求改进农业生产技术，扩大生产，增加收入，继续改善生活。他们拥护政府的各项政策，当他们实际看到组织起来的好处后，对组织起来抱着欢迎的态度，要求领导。但亦有一小部分中农户，对组织起来抱着观望态度，还不相信组织起来能比自己单干多增加收入，更快的走向富裕。

（3）有劳动力的贫困户迫切要求组织起来，首先种好地，农闲期有副业可搞，增加收入，维持住生活。山地的困难户，则要求政府贷上几只羊，做“养生”。这些户生产上都很积极，有信心在党与政府的领导下，摆脱贫困走向富裕。但也有小部分劳动不好的贫困户，存有严重的依赖思想，他们说：“穷人有三宝：贷粮、贷款、贷棉袄。”

## 二、农村购买力情况及供销工作中存在的问题

### （一）农村购买力新情况

（1）伴随着农村经济恢复与发展而来的新情况之一，是农村购买力的显著提高。下表是6个典型村调查的综合情况，从里面可以看出农民购买力是在逐年增加。

6个典型村几年来购买力情况

| 项目 | | 年度 | | | 说明 |
|---|---|---|---|---|---|
| | | 1951年 | 1952年 | 1953年 | |
| 生产总值 | | 5367347.8 | 6559980.4 | 7190480.3 | 1953年的生产总值与购买力的计算，是预计数字。单位是标准粮(高粱)斤。 |
| 购买力总值 | | 1555.44 | 224324.9 | 2400406 | |
| 总购买力 | 上升指数 | 100 | 135.9 | 154.3 | |
| | 占生产总值 | 24.4 | 29.21 | 33.4 | |
| 每户购买力 | 数量 | 1046.7 | 1430.8 | 1613.2 | |
| | 上升指数 | 100 | 135.7 | 154.1 | |
| 每人购买力 | 数量 | 226.8 | 286.1 | 336.2 | |
| | 上升指数 | 100 | 126.1 | 148.2 | |

从表中看出来的一个新情况是：明年购买力将显著增加。在各个不同经济情况的地区里，除敖汉因去年年景不好，今年比去年降低了9.4%，但明年预计提高110.6%（以1951年作基数），其他地区的购买力均在逐年上升。这种上升的突出特点是：组织起来工作较好的地区上升指数是飞跃发展，如宋杖子村的购买总值以去年为基数，今年上升了87.3%，预计明年可提高到44.3%。经济情况有了恢复发展的地区是稳步渐进地上升着，如南岗子村的今年上升指数是132。大西沟门村是158.7（均以去年为基数）。

种植经济作物地区的购买力比粮谷作物产区高，产棉区郭家窝铺村今年每户平均购买力2930斤，每人平均519斤，购买力总值占生产总值的39.5%，粮谷作物产区大西沟门村每户平均购买力908斤，每人平均192斤，购买力总值占生产总值的20.7%。

（2）购买力的提高，农民的生活也起了显著的变化。生活水平较高的郭家窝铺村，以前占总人口80%的人穿土布，今年70%的人穿细布。依据该村63户的调查，秋后买布2500尺，每户平均40尺。全村有63户整袋子买白面，58户使用“珠光”和“人民”牌肥皂，63户买玻璃灯。有45户的窗户安上玻璃，冬学里88名女学员中，有25%的学生穿列宁服，55%有围巾，60%的人有自来水钢笔。代表全省一般地区的大西沟门村，拿穿布来说，1949年每人平均8尺3寸，1951年增加到10尺6寸，今年是16尺5寸。上瓦房供销社今年第四季度推售的布匹中，花布、斜纹占30%以上。去年该社有20双胶皮鞋没人买，今年卖了200双。去年有十几顶冶狸皮帽子一顶没卖，今年一入冬即被抢购一空。又增添了450顶毡帽头和布帽子，亦未满足群众需要，生活水平较低的南岗子，今年一次就买进180匹土布，秋后共做了35床新被，2床新褥子。在海力王府村，因农民购买力的提高，历史上遗留下的“掌子鞋、破皮袄”的现象，逐渐绝迹。在农村中以前找不到主顾的细布、斜纹等，今年不但畅销，现已感有供不应求的趋势。

（3）在购买力的使用上，根据各地经济情况的不同，出现的一般规律是：经济发展较快，农民生活富裕或组织起来工作好的地区，用于购买生产资料占有比重大，并逐年增加；经济情况发展迟缓，农民生活还未迅速上升的地区，用于购买生活资料占有的比重较大。郭家窝铺村农民购买生产资料的开支，占购买力总值的50.7%，宋杖子农民1951年购买生产资料额占购买力总额的19%。1952年上升到31%，明年预计增到35.9%。而丰宁南岗子村用于购买生产资料的开支，仅占购买力总值的14.6%。大西沟门农民购买生活资料的数目超过购买生产资料的266.1%。而各个经济情况不同地区的各种类型户，在购买力使用上也各相异，经济条件富裕而组织起来工作差的地区，富裕户购买生活资料的开支大于购买生产资料，一般户购买生产资料所占的比重大。经济情况相同，组织起来工作较好的地区，上升户和一般户购买生产资料的比重大，贫困户购买生活资料的比重大。经济情况还处于一般或较贫困状态的地区，上升户是忙于购买生产资料，一般和贫困户以购买生活资料为主。

(4) 农民在购买物资上，随着在经济生活水平的提高，也出现了新的要求。在生产资料上：各地农民，特别是合作互助组织普遍要求添置新式农具，买大牲畜，平川地区主要要求买马。地少的山区，农民渴望发展畜牧事业，购买牛、羊。买药和肥料中，特别是肥田粉，经过今年推广，农民非常欢迎，因而，农民也建议政府大量准备，以备农民之需。在生活资料上：在以农民普遍要求既美观质量又好的花布、细布、斜纹布。经济情况较富裕或一般地区，农民要和供销社增添大米、白面、粉条等。各地农民普遍要求增加日用必需品的种类。质量好坚固耐用的东西，是农民所酷爱的，只要质量好，不怕钱多。

## （二）供销工作中存在的问题

农村供销业务，随着农村购买力的提高，逐年发展了。在农民生产、生活资料的供应和农副产品的推销工作上，获得了一定成绩。但由于国家贸易部门和各级供销社对目前农村所出现的新情况认识不足，基层供销社干部的业务不熟悉，加之某些干部尚有单纯营利观点，致使农村供销工作存在着极为严重的问题：

首先是从对农民生活必需品的供应上看，还远远落后于群众需要。特别是今冬的棉花供应工作，不仅非产棉地区的农民买不到棉花，就在种植棉花的宋杖子村农民也买不到棉花。群众反映："种棉花，卖棉花，买不到棉花。"产棉区的郭家窝铺村供销社，在青黄不接时供应不上粮食。八月节供应不上白面。海力王府村供销社的"丰年乐"、"柳叶青"、大斜纹等布匹，从11月初卖光后，农民就再也买不到了。南辛营供销社现有250种货物，距离群众所需的500种货相差一倍。

在生产资料的供应工作上，供不应求的现象尤甚。所调查的5个区、村供销社，多偏重于生活资料的供应，轻生产资料的供应。郭家窝铺村供销社今年三个季度的供应总额中，生产资料仅占18%，其中还包括政府拨给的肥田粉、棉子在内（占生产资料供应额的95%）。社里连铧子都没有，王玉清翻地打了3个铧子，跑了三趟朝阳街，农民急所需要的牲畜饲料——豆饼供应不上。海力王府供销社除有几张铁锹外，其他农具则没准备。宋杖子区供销社里农民需要的齐头锹、水车、口袋等均没有。

与上述情况相反的，即是群众所迫切需用的物资供不应求，但有些供销社的商品，是所备非群众所需，致积压资金，影响供应。郭家窝铺村供销社一次买了群众根本不需要的"扑克牌"154付。南辛营供销社的葡萄酒和蛋糕卖不出去，蛋糕都放干了。在城镇销售较快的暖水瓶和磁铁杯，积压在乡村的上瓦房供销社中，变成了冷货。海力王府村供销社有些连群众日常必需的碱都供应不上，但社里却摆了些花鼓洋号等非群众所需或找不到销路的大批冷货。

其次，在供销社基层组织本身，也存在着几个问题，这些问题是造成上述情况的基本根源：(1) 组织不纯，郭家窝铺村供销社混入6个商人，2个伪警察，海力王府村供销社，主任是个贪污分子，会计是新富农，统计员给反革命分子藏过枪；(2) 重业务，轻社务，不积极发展社员，扩大股金，形成摊子大，如宋杖子村供销社家底空，即有27个干部，股金仅有2700万元。因而形成单纯依靠国营支持；(3) 经营方针不明确，重生活资料供应，轻生产资料的供应，单纯营利观点。郭家窝铺村见到经营粮食有利，则忽视生产资料的供应；(4) 不召开社员大会，听取社员的意见与反映，理事会、监事会有名无实，不起作用，因而便不能在供销上满足于群众要求；(5) 业务不熟悉，会计制度混乱，账目不清等。

### （三）如何搞好农村供销工作

搞好农村供销工作，满足农民购买力提高后新的要求，首先要正确认识与估计目前农村经济发展的新情况，认为热河地区困难的观点，已经脱离现实了，为适应农村经济发展新情况，今后必须：

(1) 扭转重业务轻社务的思想和作法，使这两方面有机的联系起来，积极发展社员，增加股金，扩大业务。争取在现有基础上明年发展社员，占具备入社条件人口的70％－80％。

(2) 在积极扩大供销业务的基础上，纠正重生活资料供应，轻生产资料供应的错误观点。深入农村调查、了解，根据当地经济情况农民不同的要求，加强供销工作的计划性，特别是与农业生产合作社和互助组订立结合合同，防止盲目经营和单纯营利观点。

(3) 加强对基层社的领导，及时整顿基层社，主要加强干部为社员为发展农村生产服务的教育，对其中不堪改造的分子，要加以清洗。

## 三、互助合作工作情况

凌源宋杖子等6个村互助合作运动均比去年有很大发展和提高。今年共有互助组128个，比去年增加两倍多。还建立起了3个农业生产合作社，组织起来的户数853户，占总户数57.3％。但发展的很不平衡，村与村之间差别很大。如互助合作工作较好的宋杖子和南岗子村共组织起来48个互助组，还试办了3个农业生产合作社，有404户组织起来，占2个村户数的81％。与此相反郭家窝铺、海力王府两村互助合作工作基础则很薄弱，2个村共有互助组25个，参加户数只占2个村总户数32％，并且临时季节组占绝大多数。

试办的农业生产合作社和一般的互助组在生产上都显示了优越性，如春耕播种、耪蹚均比单干户适时，选种消毒比单干户做的好，积肥、追肥比单干户施的多，特别是在抗旱、捕虫运动中，组、社人多力量大，可以互助担水座水播种，可以合作打井、开渠，可以互助捕虫，收效甚大，均是单干户所不能做到的。如南岗子村翟明岐农业生产合作社，在今年夏季抗旱时，与互助组合伙开一道水渠，使 80 亩旱地浇上水。一般互助组和农业生产合作社，均比单干户多打了粮食。如翟明岐农业生产合作社每亩粮谷作物平均产 500 斤，超过该村单干户粮谷作物平均产量 60%以上。该村互助组的粮谷作物平均产量也超过单干户 9%。

由于互助组和农业生产合作社，开始注意改进农业生产技术，多打了粮食，使农民群众实际看到组织起来的好处，这给今后大量发展合作互助组织打下了思想基础。宋杖子村计划明年组织起来的户数达到村总户数 90%。南岗子、花石两村计划达到总户数的 85%，互助合作基础较差的郭家窝铺村亦计划达到总户数 60%。

从这 6 个村来看，今年互助合作运动虽较往年有所发展和提高，但丝毫也不能满足，仍存在下面几个严重的问题，需要今后迅速加以解决。

（一）在领导上存在着重合作社、轻互助组、重常年组、忽视对低级组领导的偏向。县、区干部下乡常到互助合作较好村去，并多是着重于合作社和常年互助组的领导，放松了对互助基础薄弱村和低级组的领导。如宋杖子村有 2 个合作社常年有县里干部领导，但对这村一般互助组却很少过问。因此，有 10 个三大季节组变成两大季组。南岗子村较好的邵海互助组也有区里干部经常领导，可是该村低级组存在的许多问题则很少研究。因此，使低级组不能很快的提高。另外，区、村干部没有注意学习与研究关于组织起来的政策，因此，有许多区、村干部不会领导组织起来，工作上缺少办法，遇见问题也不能给予适当的解决。如丰宁某区妇女干部下乡只知道找村干部要组织起来的数字，互助组要叫她给开个会，她说："我不会。"村级干部更缺乏办法。如大西沟门、花石两村的互助组都是今春村干部在群众大会上编成的，结果绝大部分流于形式。

（二）没有认真贯彻互利原则，主要表现在以下两方面：第一、劳力不分强弱一律顶十分，这种现象的发生主要是在互助基础薄弱的村子和低级互助组较为严重。如大西沟门、海力王府 2 个村今年组织起来 44 个互助组中，都不按劳动力强弱、生产效率高低评分记工，全是做一天活顶一个工（妇女顶半个工），畜力亦不分强弱一律顶 2 个人工。大西沟门村春耕时就有 7 个互助组，因为顶工不合理而散伙单干。其次，还有些临时组不按时齐工找价（如海力王府村的 16 个临时互助组）。个别合作社也存在着评工不合理的现象。如宋杖子村刘国明社由于领导上存在着怕麻烦的思想，在日常生产中只是在去的早晚上加以区别，不按劳动强弱、效率高低合理的评分记工，所以就不能发挥社员的劳动积极性。如劳动强的李盛从在农业季节里劳动了 138 天，即顶 138 个劳动日，每个劳动日分 16 斤 8 两原粮，共分 2318 斤原粮。60 余岁的李荣贵劳动了 127 天，从他劳动效率上看，和李盛从比只能顶 7 分工，但也照样顶 10 分工，按 127 个劳动日，分了 2130 斤原粮。因此，李盛从感到吃亏，劳动积极性受到影响。

第二、个别村干部不根据群众自愿而强迫编组的现象依然存在。如花石村村干部，在今年春季为了叫全村群众普遍组织起来，在一次群众大会上就编了 28 个组；大西沟门村村干部在今年春耕前按全村户数以一付牛犋为核心编了 27 个互助组，结果大部分都流于形式。宋杖子村村干部硬把全村 16 户无劳力困难户分配互助组中去带动。海力王府村亦有这种现象。

（三）互助组中领导骨干不强，缺乏民主作风。这 6 个村的互助组内普遍存在着领导骨干不强，组长能力弱，支配不开全组的工作，不善于运用民主等问题。如今年这 6 个村的 128 个互助组中（不包括 3 个合作社），领导骨干较强的组（即是组内有二至三名党员，组长作风民主，并能支配开全组的工作，组员拥护的)，只有42个组（内常年组15个，季节组14个，临时组13个)，其余组均没有领导骨干，组长能力低，支配不开全组的工作，且缺乏民主作风，并有些组长严重的自私自利，因而不能使互助组巩固和提高，甚至有的因之垮台，这一类组共有26个（内常年组15个，季节组14个，临时组57个)，占总组数64%。如大西沟门村今春组织起来的27个组中，因领导骨干不强，组内存在问题不能解决，未等春耕结束就垮台了7个组，夏锄因争先铲后铲，组长分不开工，因此又散伙了6个组，到秋中只剩8个组。有些组长自私自利，作风不民主。如互助组长李士贵种地、播种都先让组员给自己做，轮到给别人做活时则经常不去，小组未种完就垮台了。全村30个组春耕后就垮了22个。

（四）劳动组织不严密，生产上普遍地缺乏计划性。如南岗子村翟明岐农业生产合作社，有活计时，临时分派，一时计划不周造成严重地窝工现象。如春天种地时，事先没把磙子修理好，用时现修理，结果4个人浪费了半天工。全年当中因指挥不当（活少去的人多)，共浪费了人工200多个，宋杖子村的2个社在春季亦有此种现象。互助组中普遍是缺乏计划性，如南岗子村全村19个互助组中只有4个互助组有生产计划，如郭明组因生产没计划到夏锄中大家都要争着先榜地，组员董万明因此赌气退组。郭家窝铺、大西沟门等互助组较弱村的绝大部分互助组没有生产计划。这种现象在这几个村中普遍存在。

今后工作意见：

（一）搞好区、村干部的训练工作，并注意领导区、村干部进行有关组织起来文件的学习，提高区、村干部领导互助合作的能力和政策水平。通过整党纠正部分农村党员的富农思想，提高政治觉悟，使其认清农村经济发展方向，而自觉的参加互助组或农业生产合作社里去，发挥骨干带头作用。此外，并要不断的组织干部进行有关组织起来文件的学习，区可以利用下乡回区时间以上大课的方式对所有干部进行教育。村支部应结合上党课时间进行组织起来和社会主义远景教育，不但要叫党员干部认识组织起来的重要，还教会他们领导互助合作的领导方法。

（二）对不同地区和不同互助组应有不同的要求和重点。组织起来开展较好的地区，主要任务应是巩固提高；组织起来较落后的地区应主要是打开局面，大力开展互助合作组织，把群众旧有换工形式，提高为有领导有组织的互助组。目前有些地区只注意好区，忽视组织起来差的区，只注意较好组、社的领导，放弃了对低级组的领导是不对的。对农业生产合作社和较好的常年互助组，除领导其加强生产计划性外，应领导其根据本组、社的具体情况，进行分工分业建立劳动生产上的责任制，以便于学习提高技术。对三大季互助组除注意两利问题外，主要是帮助他们做生产计划，不但要有常年计划，还要有详细的季节生产计划。如根据生产需要（土质、苗大小、草多少）或劳力预先民主确定做活次序，防止农忙季节发生纠纷自行散伙现象。低级组主要是培养和训练骨干。同时，在领导互助组中，在每个季节中亦应注意容易出问题的环节，如春耕中注意人、畜工比价的检查；夏锄中特别注意解决先榜后榜问题；挂锄期间注意积肥、评比进行教育；秋冬中应事先根据庄稼生长情况民主制订收割、打拉秋翻相结合的秋收计划；秋收后注意积极找副业门路等，只要注意了每个季节关键问题的领导，就会防止某些互助组垮台而使其不断提高。

（三）加强农业生产合作社和互助组互相团结和团结单干农民争取其入组入社的教育。纠正农业生产合作社社员和较好互助组组员中的骄傲自满看不起其他互助组组员或互助组歧视单干户的现象。加强组、社员社会主义远景教育，叫他们认识只有组织起来的户数不断增加，范围不断扩大，互助组织形式不断提高，才对自己更有利。使他们主动的团结教育单干农民走向组织起来，特别是农业生产合作社应通过技术方面的互教互学，吸收较好互助组员和单干农户参加社的有关会议，以及在自愿两利条件下，加强和单干农民的联系，和单干农民进行换工，扩大互助合作影响。同时亦可通过以上方式有计划的培养后备社员。

# 四、关于农村私人借贷、土地出租买卖、雇工等问题的调查

## （一）私人借贷政策问题

随着农村经济的发展，私人借贷也有了相当的发展。6 个典型村统计：1952 年有 89 户借给 158 户粮食 37115 斤。发生借贷关系的占 6 个村总户数的16.5%。多是在“青黄不接”时，借粮食做吃粮，仅敖汉海力王府村有的借牲畜换粮食，朝阳郭家窝铺村个别户借银元。数量上都不多，放粮的每户平均 400 斤，借粮的每户平均 230 多斤。28%的由于亲友关系或数目过少无利息外，72%的借贷有利息。正当的借贷，对活跃农村金融，扶助贫困农民生产上是起了一定的作用。但开展的还不够活跃、不平衡。较好的村借贷关系已占全村总户数 20%（凌源宋杖子），较差的村仅占总户数 7%（敖汉海力王府村）。放粮户 60%是土地改革时的贫农，有些富裕户思想上还有顾虑，怕“露富”、怕“打开借贷大门关不上”、怕说“剥削”，因而有余粮不敢大胆往外借，甚至有些资本主义思想较严重的，还想“别出”（即有粮不往外借，别困难户贱价出卖东西或付与高利贷）。也有些户不敢公开的向外借粮食，为了保守秘密，借给外村不借给本村，多是零星或夜间偷偷运出，有的双方都不承认有借贷关系。凌源、朝阳、敖汉的 3 个村就借到外村去 9500 多斤粮食，并由外村借入粮食 6840 斤。同时高利贷也多，72%的有利息中，有 48%的是超过了春借秋还“钱三粮五”，占总借粮数33.5%。有的是夏借秋还 3 个月也是五分利；有的是春借一斗小麦，秋还两斗小米；春借一斗大麦，秋还一斗高粱；借猪还米，借猪分肉，都相当于“大加一”“一个俩”的利息。因而破坏了农村经济的发展，喀喇沁旗大西沟门村李才 1951 年八分利借一斗小米，押给一亩地，还得行息。为什么农村借贷不够活跃、不公开、高利贷又多呢？主要的是：对农村自由借贷政策还没有认真贯彻，对借贷不活跃地区，缺乏深入具体领导。如敖汉海力王府村，今年青黄不接时，旗、区干部不很好宣传，解除富裕户的思想顾虑，就召集富裕户开会，动员互助互济，7 个晚上只从 10 户中动员借出粮食 1500 斤，牛 1 头，驴 1 头，也没有说清利息和还期。因而加重了富裕户思想顾虑，有 30 户余粮百多石不敢往外借，姜振发偷偷借给外村 8 石多。在借贷已开展起来的地区，怕富裕户有顾虑，不敢批判高利贷，喀喇沁旗大西沟门村放粮数比去年增加了 50%，有一半是高利贷，区、村干部对此现象不闻不问。其次是：有些对农村经济发展方向认识不清的农民，隐蔽放高利贷，怕公开了受限制。并有的企图“警出”，如敖汉海力王府村党员刘凤山有余粮不往外借，与刘振发托买困难户的石槽。

目前农村还有30%的贫农户在生活、生产上还有困难，除国家银行适当贷款扶助外，主要要靠认真贯彻农村借贷政策，把对党内与群众的政策分开，正当的借贷与非法高利贷分开，解除农民思想顾虑，在农民自愿两利基础上，按政府规定利息，开展正当的自由借贷，并结合互助合作运动，在有条件的村成立信贷部，以活跃农村金融，有效的扶助生产，打击高利贷。

## （二）土地租佃政策问题

6个村调查：土地租佃关系逐年增加。1949年有34户，租出土地128亩9分，1952年有122户，租出土地791亩6分。出租土地户占6个村总户数的8%，出租土地占总耕地面积的2.8%。一般出租土地的是：转业到工矿和革命职员家中缺少或无劳动力户；没有劳动力的老弱残疾户；无力耕种的贫困户；移民、逃荒保留土地户；不劳动的懒汉户；进行富农剥削户。前两种较多，后四种较少。一般租入土地是：劳动力有余户；租地种特产作物户；地远、地坏进行调换户；租地雇工进行富农剥削户。前两种较多，后两种较少。地租：分死、活两种。租额：除凌源宋杖子村贯彻了东北规定的地租（不超正常产20%），互助组、农业生产合作社推翻了过去“对半”，改按“二八”“四六”分粮外，其余村都是按农民旧有的习惯，活租是秋后“对半”分粮。土地投资（畜力、种子、肥料等）由租入户负担，出租户不分秸秆；如由双方负担的，或种棉双方负担农药、硫安的，秸秆亦由双方“对半”分。死租多是上交租，秋后收多收少不变。至于公粮的负担，死租多由租入户负担，活租多由双方按分粮比例负担。根据典型户调查：死租：出租户所得相当于土地常产的50%—60%。活租（对半分粮的）：出租户所得相当于土地常产的70%。种棉分棉、栽红薯分红薯的，出租户所得则超过大田的实产，相当于常产的120%。因而出租的土地90%的是活租，非太贫困或地过远过坏，一般的不做死租。朝阳郭家窝铺村出租土地60%种棉花，兴隆花石村34%种红薯。租佃期间：一般的不固定，秋后任何一方提出来均可停止。由于租额过高，租期不固定，影响了劳动力的积极性和生产量的提高。有些户将土地出租后，即不参加劳动，专靠地租过生活。朝阳郭家窝铺村、喀喇沁旗大西沟门村就有2户懒汉，将全部土地按活租出租。出租户多打多分，因此，租入户对土地投资、精耕细作、抗灾均不积极。朝阳郭家窝铺村出租地比一般地减产25%。工价低的地区雇工榜青，工价高的往外招青，以搞富农剥削。朝阳郭家窝铺村有7户雇工榜青，如王丕荣雇半个活务14亩8分青，收益相当于“大加一”的高利贷；敖汉海力王府村王发租给钱发60亩地，对半分粮，钱发还得另外给王发耕种土地，干了一年只分一石粮。随着有些农民的转业，土地租佃关系势必增多，必须在农村认真贯彻土地租佃政策，按扶助贫困农民，限制富农剥削的原则，对地主、旧富农、懒汉不允其将土地出租，要从劳动中改造；对有妇女劳动力要出租户，可根据条件组织其参加互助组。地租应采用“死租活给”。租额：一般地区不应超过常产的20%；人多地少和棉产区不应超过常产的25%—30%；地多人少地区不应超过常产的10%—15%。种经济、多产作物亦应按大田常产规定。但在具体执行中，应经过充分酝酿，不得有任何强制。对一些特殊户（如老弱残疾户），在双方自愿下，可适当照顾，并应提倡订三年至五年租佃合同，以促租入户对土地耕作积极性。

## （三）关于雇佣劳动问题

由于我们在党内批判了党员的富农思想，贯彻农村经济发展方向，很多雇工党员解雇长活参加领导互助合作运动，影响农村一般雇佣劳动亦在减少。6个村调查：1951年有43户雇长工，12户雇半个活，11户雇月工，167户雇短工，雇工的占总户数15.6%。1952年则有18户雇长工，11户雇半个活，15户雇月工，137户雇短工，雇工的占总户数的12.2%，比1951年减少了28.7%。丰宁南岗子村组织起来占总户数85%，就没有一户雇工的；反之，敖汉海力王府村组织起来占总户数的25.7%，雇工的就有72户。雇主一般的是：单干的富裕户，缺少劳动力户，前者较多，后者较少。卖工户一般是：有劳动力的贫困户，劳动力有剩余户。雇工的方式，少数的是公开雇长工，一般的是怕雇长工“显眼”，别人说“剥削”，采取隐蔽方式，这是今天农村雇佣劳动的特点：（1）解雇长工改雇月工或短工。6个村1951年雇长工的占雇工户18.4%，月工占5%，短工占76.6%。1952年雇长工的减至占雇工户10%，月工增至占%6，短工增至占83.9%。喀喇沁旗大西沟门村去年有5户雇长工，1户雇月工，今年雇长工的减至1户，月工增至4户。（2）带雇工入互助组。凌源宋杖子、兴隆花石两村，今年就有10户带长工或“半拉子”的参加互助组，占雇长工、“半拉子”户数70%。（3）雇“半拉子”当整工使用。兴隆花石、朝阳郭家窝铺两村，7户雇半个活的，就有5户是当整工使用。如花石村高田花300斤米雇18岁的王小秃，是按“半拉子”给工资，实际竟干整人活。（4）以土地做工资，变相雇工。地多的敖汉海力王府村今年9户雇长活中，就有5户是以“带动生产”为名给一部分土地种，不要地租，即顶工资。陈广立以30亩地雇彭四，彭给陈干了一年只挣900斤粮食，比长工累，工价低50%左右。雇工工资：一般的是掌握在雇主手，短工每天7斤半原粮，长工（10个月），一千三四百斤原粮，比伪满时低一倍到一倍半。雇工在政治权利上：一般的是准许参加政治活动，特殊情况误一两个工不扣工资。也有的雇主，送给雇工些青菜、破烂衣服等，拉拢雇工，防止其向工作人员反映意见。敖汉海力王府村李把它还给雇工娶个瞎媳妇。

雇佣劳动虽有减少，但仍占总户数12.2%，它阻碍农村经济发展方向的贯彻。如朝阳郭家窝铺村有54户雇工的，他们以为“雇工能解决劳力不足”，而不愿参加互助组。10户贫困户因出卖劳动力，也影响了对土地的耕作，不仅不能上升且在下降。雇工因工资低，没有劳动积极性，40%的雇工户少打了粮食。今后领导上应积极领导互助合作运动，扶助贫困农民，给剩余劳动力找适当出路，缩小雇使劳动地盘。并认真贯彻雇佣劳动政策，根据地区情况，可按雇工劳动价值适当的提高工资。不准懒汉户雇工，强制其劳动。并加强雇工劳动保护，因劳动致伤（如车压、割手、牲口踢、砸脚等），不仅不能扣工资，雇主要负担全部医疗费。注意童工的身体健康，雇主不得使其负担过重过累的劳动，以免影响其发育，同时雇主也不得让雇工做额外劳动（如牛、羊官下地干重活等）。在“五一”劳动节、10月1日国庆节、阴历五月节、八月节、除夕应放假，使雇工休息，并要适当改善雇工生活。

## （四）土地买卖关系问题

土地是农民的“命根子”，非在迫不得已不能出卖。据朝阳郭家窝铺、凌源宋杖子、丰宁南岗子、兴隆花石、喀喇沁旗大西沟门5个村调查：1949年到1952年有65户出卖土地125亩2分5，79户买入土地135亩5分。其中1952年较少，只有3个村有土地买卖关系，出卖土地占总卖地数的12%。出卖土地的户57%的是贫农，其余的是中农、旧富农、地主等。买入土地户58.2%的是中农，其余的是贫农、旧富农等。买卖土地的原因：是因饥荒、还陈债（土地改革前的）、婚丧、病残、移民、转业、互相调剂、无力耕作、烟民、懒汉等。买地的多数是为要地顶债；少数的是因劳动力多地少的富裕户，互助调剂等。地价：土质较好的朝阳郭家窝铺村每亩一千多斤原粮；土质一般的喀喇沁旗大西沟门村每亩七八百斤原粮；土质较坏的丰宁南岗子村每亩四五百斤原粮，都相等于两三年产量，比伪满时低一倍左右。买卖的方式：一般的是双方直接讲，中间用来人（地经纪）的很少，大部分没有向政府登记税契。土地买卖虽少，但它已说明土地开始向富裕户手中集中，贫困户失去土地，影响经济上升。朝阳郭家窝铺村有5户是因出卖土地变成了贫困户，如田桂以2亩地还了欠阎秀明的陈债之后，每年要出卖60多个短工，而阎秀明因增加土地，每年要雇些短工，多打的粮食又放高利贷。

今后应认真贯彻土地买卖政策，正当买卖的经政府审查后登记税契，非正当的要予以限制。并大力开展互助合作运动，搞好信贷，扶助贫困农民搞好生产，对其所欠陈债应在不影响其生活、生产下分期偿还，不能使其出卖土地。对移出户已重新分得土地者，可将其地收回归政府，如未分配土地者，土地即仍归其本人处理。

## （五）区村领导问题

据6个村典型调查看，在区村领导上存在的问题是较多的，并且较严重，首先是在某些党员干部中较普遍的存在着资本主义思想与右倾思想。如6个村总计有党员干部242名，其中雇工者22名，放债者12名，出租者3名，搞投机商业者1名。但也由于工作的开展，经济恢复发展与合作互助运动推行的程度不同，问题的轻重亦有所差异。例如敖汉旗海力王府村，系工作薄弱，合作互助较差经济发展缓慢的灾村，有党员干部46名，1951年雇工者16名（其中雇长工者9名，雇“半拉子”1名，雇月工2名，雇短工在60日以上者4名），1952年雇工者仍有15名（其中雇长工者2名，“半拉子”1名，月工4名，雇短工在60日以上者8名）。出租土地者3名，放债者2名。喀喇沁旗大西沟门村，系一般村，党员干部52名，雇短工者2名，放债者6名。而凌源宋杖子村，虽经济上升较快，但互助合作运动开展较好，党员干部22名，雇工者1名，放债者1名；朝阳郭家窝铺村19名党员干部，只5名参加互助组，敖汉海力王府村，46名党员干部中，18名参加互助组，喀喇沁旗大西沟门村52名党员干部，30名参加互助组，余均在单干，而兴隆花石村，虽然72名党员干部均参加了互助组，但多数不在组内干活，实际上在单干着；且有的在互助组内进行不等价交换，占别人便宜，如大西沟门村30名参加互助组的党员干部中，这样做的就有9名，甚至有个别带长工入组的。在富农思想侵蚀下，有些党员干部，产生了政治厌倦，不愿过组织生活，要求换肩，个别思想蜕化分子，要求退党，如朝阳郭家窝铺村，有15名党员干部，有7名要求换肩。海力王府村，党员王贵怕误工曾几次公开要求退党，并有4名党员自1949年入党，到现在未缴一次党费，只过几次组织生活，并说：“快把这个党员取消吧！”同村党员李世旺怕受训误工，就装病，今年夏天让他的小牛馆替他参加党支部大会；同村党员刘凤山，全家三口人都有劳动力，并有足够的畜力，连续雇长工三年，并在青黄不接之际，囤粮不向外借，待机“别出”（即用贱价买困难户物品），按其剥削量与时间，已构成新式富农成分。兴隆花石村有3名干部贪污，5名搞不正当男女关系。就所调查的3个村看来，党员村干部经济上升一般是较快的，加上阶级意识模糊，对农村的困难户，则表现不够关心，并有的歧视困难户，说他们“懒馋”，政府扶助贫困户，他们气忿的说：“填不满的穷坑。”甚而有的干部不愿发放政府贷给或救济的粮款，嫌麻烦说：“政府不救济也饿不死！”有的区领导上对农村自发发展着的资本主义倾向，熟视无睹，任其泛滥；对合作互助运动不积极具体领导，只是一般的号召，有的区干部见着村干部问一句：“你们那村的互助组垮了没有？”就算完事；对农村高利贷的流行，搞投机商业等，也不加过问；对农村某些干部群众歧视困难户，不但听之任之，反而有的也跟着消极批评，喊：“困难户没法治！”表现某些区级干部右倾思想仍很严重。干部中的强迫命令思想仍很严重，如朝阳郭家窝铺村，在今年春季扩大棉田时，不宣传政策，而盲目机械的执行扩大棉田任务，群众有的认识不足，而村长、支书就动员了2付犁杖，在村上拿了200斤棉子，硬给3户老乡种了5亩半棉花。宋海荣等17户有49亩地已种上大田，苗已长一寸多高，也被村干部强迫种上棉花。有的植棉员看农民不愿种棉花，就坐在地头上监督。由于强迫命令盲目扩大棉田的结果，所种棉花，因劳力与粪肥不足，技术未赶上去，而减少了35万斤原粮的收入，引起群众不满。该村有的户织了点土布，被区干部李春荣、郝才2人发现，就由王佩荣等5家搜出一些土布和已裁成的衣服片，拿到村长家放了一个月才还回；其他像肥田粉按亩推销，一次交款，使得困难户郭福想卖檩木交款，银行的储蓄票，订阅报纸，均按户均摊，报纸放在闾长家里，各户还看不着，群众看此为“负担”，在其他几村亦有类似现象。所以发生这些强迫命令的原因是：干部缺乏群众观点，县、区布置工作时，没有交清任务和交代政策界限及工作方法与工作作风。因此下边干部多是只知道这样做，为什么这样做，就不清楚了。结果在工作中就产生了强迫命令。

在领导方法与工作方法上：在区的领导上，多是工作组的形式进行工作，一般对部门工作则照顾很差；但也有不少部门工作干部，对中心工作不加过问。总之“单打一”的工作方法，还没有改变过来。而村上则为分片负责的领导方法，但缺乏互相通气，互相检查。对一般号召具体指导典型示范的工作方法，据调查看，尚未被干部所运用，因而工作一般化，同时由于干部不善于发挥各种组织力量，发扬民主来完成工作。对村干部则形成“鞭打快牛”，谁积极就净找谁工作。区领导上是：工作布置的多，检查的少，会议开的多，问题解决的少，具体组织工作少。

今后意见：

从上述情况看，农村的领导和部分党员、干部在思想作风以及在执行政策等方面，是存有严重缺点的。其根本原因是：对村干的政治思想教育不够；在布置工作时，没有和工作任务一道，同时把政策界限和工作作风同时指示给下级干部。此外，工作中缺乏调查研究，不善于及时总结推广经验，以典型示范的工作方法，教会所有干部具体的工作办法，以提高干部政策水平工作能力。为提高区、村领导应注意做好下面几项工作：

1. 加强对农村党员的政治思想教育：

（1）各县在今冬整党训练中，要特别着重贯彻东北局农村工作会议指出“今后党在农村的方针任务”，使所有农村党员明确农村经济发展方向，积极参加领导好互助合作，搞好爱国增产。同时要关心对困难户的教育，耐心教育改造劳动不好的困难农民，领导勤劳生产而缺乏计划的组织起来的困难户，搞好生产，使他们生活亦较快的走向富裕。

（2）搞好经常性的教育，把党员在整党后的工作积极性巩固下来。各区党委要坚持对支部的教育制度，以党员的基本知识，农村经济发展方向，党在农村的基本方针和政策，增产经验，及各地模范党员事迹为内容，由区委分工负责，结合党员干部中实际存在的问题，进行讲解。开展批评表扬，解决党员干部中常发生的问题，提高党员、村干部的政策水平与工作效率。

2．改进区的领导方法：

（1）首先领导上要改变在过去工作中，工作布置多，深入检查少，一般号召多，具体组织工作少的老一套一般化的工作作风，以身作则，深入农村，搞好典型，通过典型示范方法，教会区、村干部中心工作和部门工作结合的工作方法，县、区领导在布置工作时，即须明确的把工作的主次分清，并扭转某些干部认为做中心工作就不能做部门工作的错误思想，部门工作要服从中心工作，参加作中心工作的干部，一定要首先完成中心工作，在不妨碍中心工作的情况下来完成部门工作。县、区各部门在布置工作时，应指出如何在完成中心工作的前提下，把部门工作搞好的方法。

（2）教会村干部分工工作，改变村干部中的忙闲不均现象。区、村领导要通过党、团支部、村妇女联合会及村人民代表大会等组织力量，来完成各项工作。

1952年12月

# 辽西省三个村调查的概要总结

8月中至9月中这一个月的期间；省委派出3个组分别到辽中县的黄西村，义县的红墙村，昌北县的黑城子村进行了调查，现将调查的结果概要地加以总结，供作研究之用。为了研究的方便，也将每个村的材料作为附件。

## 第一部分　三个村的概况及其经济的发展

以工作论，三个村各为其县的上等村；以经济现状论，除红墙村为县的中等村外，余皆为县的上等村。三个村共1132户，5892人，耕地2292垧，耕畜661头，胶皮车、铁车、花轮车225辆（附表）。

三个村基本情况表

<table>
<tr><th colspan="3" rowspan="2">项目</th><th colspan="2">年度</th></tr>
<tr><th>1951年</th><th>1952年</th></tr>
<tr><td colspan="3">户数</td><td>1115</td><td>1132</td></tr>
<tr><td rowspan="2">人口</td><td colspan="2">男</td><td>2932</td><td>2968</td></tr>
<tr><td colspan="2">女</td><td>2919</td><td>2924</td></tr>
<tr><td colspan="3">劳力</td><td>1300</td><td>1376</td></tr>
<tr><td colspan="3">耕地面积(垧)</td><td>2258.28</td><td>2291.98</td></tr>
<tr><td colspan="3">房屋</td><td>2781</td><td>2984</td></tr>
<tr><td rowspan="9">耕畜(头)</td><td rowspan="2">马</td><td>能用</td><td>115</td><td>124</td></tr>
<tr><td>不能用</td><td>7</td><td>13</td></tr>
<tr><td rowspan="2">骡</td><td>能用</td><td>73</td><td>83</td></tr>
<tr><td>不能用</td><td>15</td><td>13</td></tr>
<tr><td rowspan="2">牛</td><td>能用</td><td>99</td><td>87</td></tr>
<tr><td>不能用</td><td>7</td><td>16</td></tr>
<tr><td rowspan="2">驴</td><td>能用</td><td>305</td><td>318</td></tr>
<tr><td>不能用</td><td>9</td><td>7</td></tr>
<tr><td colspan="2">计</td><td>630</td><td>661</td></tr>
</table>

续表

| 项目 | | 年度 | |
|---|---|---|---|
| | | 1951 年 | 1952 年 |
| 车辆(台) | 花铁 | 170 | 211 |
| | 胶皮 | 15 | 14 |
| 农具 | 木犁 | 513 | 339 |
| | 耰耙 | 44 | 43 |
| | 喷雾器 | 50 | 113 |
| | 综合号 | | 10 |
| | 新农具 | | 1 |
| | 双轮犁 | | 23 |

今年耕地面积较去年稍有微少的扩大，计扩大1.47%，农业总产量（折高粱计算）较去年略有增加，计增加7.28%（全省则是减少情况，这三个村不能代表一般，黄西村去年受水灾，今年则丰收，红墙村今年植棉突出增加，棉花虽然减产，但其折合粮食部分毕竟是增加了），单位面积产量，有的作物增加，有的未增，有的则减少，以谷子增加最多，为67%，这主要是今年的谷子少灾害，特殊地丰收，其次为棉花，增加19.4%（全省是减少情况），高粮突出地减产，较去年减30%以上（全省计算则更坏）。

**三个村几种主要作物的耕作面积与产量表**

| 类别 | | 年别 | | | |
|---|---|---|---|---|---|
| | | 1951 年 | 1952 年 | 上升 | 下升 |
| 总耕地面积(垧) | | 2258.38 | 2291.98 | 1.48 | |
| 总产量(公斤) | | 4524716 | 4854039 | 7.28 | |
| 高粱 | 播种面积 | 817.56 | 931.89 | | |
| | 占总地% | 36.2 | 40.9 | | |
| | 单位产量 | 1564 | 1201 | | 30.2 |
| 苞米 | 播种面积 | 38.09 | 61.96 | | |
| | 占总地% | 1.69 | 2.8 | | |
| | 单位产量 | 1700 | 1700 | | |
| 大豆 | 播种面积 | 313.98 | 247.89 | | |
| | 占总地% | 13.9 | 10.84 | | |
| | 单位产量 | 1350 | 1265 | | 6.7 |

续表

| 类别 | | 年别 | | | |
|---|---|---|---|---|---|
| | | 1951年 | 1952年 | 上升 | 下升 |
| 谷子 | 播种面积 | 251.43 | 292.56 | | |
| | 占总地% | 11.14 | 12.34 | | |
| | 单位产量 | 1490 | 2393 | 67 | |
| 棉花 | 播种面积 | 422.34 | 409.1 | | |
| | 占总地% | 18.7 | 17.8 | | |
| | 单位产量 | 571 | 682 | 19.4 | |
| 洋麻 | 播种面积 | 103.81 | 47.3 | | |
| | 占总地% | 4.95 | 2.07 | | |
| | 单位产量 | 875 | 950 | 8.57 | |
| 其他 | 播种面积 | 311.13 | 301.16 | | |
| | 占总地% | 13.73 | 13.14 | | |

今年的农业生产虽施肥多、产蹚多，但因天旱不雨，严重的蜜虫灾害，给了农作物以很大损害，收成大减。

关于副业生产的发展：今年三个村副业生产的突出之点是占农民副业收入之大宗的养猪养鸡不够发展，这主要是今年缺粮的影响，“人还没吃的，哪来粮食多养猪鸡”。

耕畜总头数略有增加，增加1.7%。其中骡马数较去年增加10%，而牛驴数则较去年减少2.2%，这就是说，耕畜的质量也有提高（附表）。

| 年别 | 项目 | | |
|---|---|---|---|
| | 骡马 | 牛驴 | 合计 |
| 1951年 | 188 | 404 | 592 |
| 1952年 | 207 | 395 | 602 |
| 增减% | +10 | −2.2 | +1.7 |

车辆台数增加了5. 2%，其中皆系花轮车与铁车，胶皮车则有减少（附表）。

| 年别 | 项目 | | |
|---|---|---|---|
| | 铁车、花轮车 | 胶皮车 | 合计 |
| 1951年 | 199 | 15 | 214 |
| 1952年 | 211 | 14 | 225 |
| 增减% | +6 | | +5.2 |

其他农具方面的新变化是：近一来增加了一些新农具与改良农具。

总观上述，得出结论：三个村今年的经济情况有发展，但因天灾影响，其发展是不迅速的。

# 第二部分　三个村农业生产的互助合作运动

## 一、今年的农业生产互助合作运动，出现了许多新情况

（一）组织起来的户数、土地、劳力、耕畜及车辆较去年大大增加：去年组织起来的户数占总户数的57.7%；而今年则是79.2%。去年组织起来的户数占土地的69%，劳动力的73.7%，牲口的74.5%，车辆的78.9%；而今年则各为81.5%，87.3%，82.1%，83.1%。三个村中以黄西村为最好，其组织起来的户数达86.1%，土地的85.4%，劳动力的92.6%，耕畜车辆的100%，凡自己有车马的单干户已没有了。这就是说，除了无耕畜靠雇套子的户与因无劳力而出租土地或与人分种地的户及因参军而享受包耕的户以外，全村都已组织起来。

（二）互助组的形式有迅速地提高：将组织起来的户数做为100，1951年各种类型的互助组所占比例是：插犋组为72.5%，三大季组为18.2%，常年互助组为9.3%。今年则是：插犋组占24.2%，三大季组为24%，常年互助组为42.8%。这说明参加常年互助组的户数为最多，占了第一位，插犋组已迅速下降。辽中黄西村在这点上也较突出，插犋组已减至占组织起来户数的1.4%，三大季组占28.5，常年互助组占44%。由于互助组形式的提高，组织已大减，去年三个村共有209个互助组，今年则减至142个。

（三）互助组内部得到了巩固，基本上克服了过去那种“春插、夏散、秋垮台”的现象。

（四）出现了农业生产合作社这一当前互助合作的高级形式：三个村共出现了3个农业生产合作社（黑城子没有，黄西村2个），1个为县试办，2个为农民自发组织（动员改组时农民坚决不改，结果坚持了下来）。3个合作社占3个村户数的9%。其中辽中的黄西村较为突出，参加农业生产合作社的户数已占全村户数的27%（全村330户）。

（五）与互助合作发展的同时，即是单干户与雇套子户的迅速减少。单干户由去年占三个村总户数4.2%的比例降到了今年的1.9%，雇套子户由去年占总户数的19.7%的比例降到5.3%。

组织起来的情况附表：

**三个村土地经营方式及生产资料、劳畜力占有情况表**

| 项目 | | 年别 | |
| --- | --- | --- | --- |
| | | 1951年 | 1952年 |
| 总数 | 户数 | 1115 | 1132 |
| | 劳力 | 1300 | 1376 |
| | 土地(垧) | 2285.28 | 2291.98 |
| | 牲口 | 630 | 661 |
| | 车辆 | 214 | 225 |

续表

| 项目 | | | 年别 | |
|---|---|---|---|---|
| | | | 1951年 | 1952年 |
| 组织起来数 | 户数 | 数目 | 664 | 897 |
| | | % | 57.7 | 79.2 |
| | 劳力 | 数目 | 958 | 1198 |
| | | % | 73.3 | 78.3 |
| | 土地 | 数目 | 1559.29 | 1869.44 |
| | | % | 69 | 81.5 |
| | 牲口 | 数目 | 470 | 543 |
| | | % | 74.5 | 82.1 |
| | 车辆 | 数目 | 169 | 187 |
| | | % | 78.9 | 83.1 |
| 插犋组 | | 组数 | | 58 |
| | | 户数 | 467 | 217 |
| | | 占组织户数% | 72.5 | 24.2 |
| 三大季互助组 | | 组数 | | 39 |
| | | 户数 | 117 | 215 |
| | | 占组织户数% | 18.2 | 24 |
| 常年互助组 | | 组数 | | 45 |
| | | 户数 | 60 | 384 |
| | | 占组织户数% | 9.3 | 42.8 |
| 农业生产合作社 | | 组数 | | 3 |
| | | 户数 | | 81 |
| | | 占组织户数% | | 9 |
| 单干 | | 户数 | 47 | 22 |
| | | 占总户数% | 4.2 | 1.9 |
| 雇佣 | | 户数 | 220 | 61 |
| | | 占总户数% | 19.7 | 5.3 |
| 包耕 | | 户数 | 23 | 23 |
| | | 占总户数% | 2.2 | 2.2 |
| 其他 | | 户数 | 181 | 129 |
| | | 占总户数% | 16.2 | 11.4 |

（六）在农民的思想方面忠有了许多新的变化。这个变化的突出特点是绝大多数农民从几年来的劳动互助中已亲身体验到了其好处，并觉察到了党坚决地引导他们走合作互助的道路。因此广大农民对参加互助、搞好互助的信心更加增强。“单干吃不开”“剥削可耻”“雇工道不长”等等思想已经在绝大多数农民中树立。

这将是农村中两条道路——互助合作道路与资本主义道路——斗争中，互助合作方面的一个不小的胜利。

获得上述成绩主要是各级党的组织加强了对互助合作运动的领导，对农民群众广泛地进行了两条道路斗争与社会主义远景的教育，并在具体组织领导方面跟了上去。村级党的组织对党在农村实行“组织起来”政策的贯彻起了极其重要的作用，这表现在村党支部的领导下党员、团员与村干、劳动模范等积极地参加并领导了各种类型的互助组织，并有许多人做出了好的样子。如此，即使今年的互助合作运动面貌一新。

## 二、农业生产合作社一般办的比较成功。其优越性的初步显示，已在农民群众中造成了好的影响，对如何办好农业生产合作社已取得了初步经验

两个村的三个合作社均办的比较成功。县试办的社又较自发组织起来的社办得好。因此，今秋有大量的农民要求入社，两个村的农民目前要求入社者即达260余户，如加原有入社户数将占两个村总户数的50%。

农业生产合作社显示了优越性，以县试办的胡玉玺社为准，有如下诸点：

第一、种地较一般户适时：耕地施肥面积较一般互助组高30%，达100%，每垧施肥量较一般组多1.5万左右斤，每垧达9万斤，铲蹚上大田较一般组多一遍，为五铲五蹚，棉田多两遍为七铲七蹚。

第二、因土地较集中统一经营，可以适地适种，改变了个体农民的那种“一块地种几样庄稼”的现象，因此就可能使地尽其力。同时因土地较集中连片，也即给使用马拉农具创造了条件。

第三、因劳力的集中与统一调度就可能使人尽其能，并可抽出适当人力常年不间断地进行副业生产。社员说：“能行风者行风，能行雨者行雨”，原是木匠手艺者，土地改革时分得土地，因土地缠身就得种地，但种不甚好，这些人参加了合作社后，即抽出来专在社内作木匠活，扎笤箒匠则专扎笤帚，能赶大车者成为老把，能喂马者专管喂马，并有专人饲养猪、鸭。总之，使个人专长能够发挥。

专抽出去一部分人常年不断地进行副业生产，搞编织、养猪鸭、跑运输，增加了社内收入。该社从2月到9月初，副业生产收入达3000万元，折粮6万斤，夏锄期间吃粮的困难，即是用副业收入解决的。这种各施其专长与常年不间断地进行副业生产，在一般的互助组与个体农民中间是很难办到的。

第四、因财力较为集中，就可能对土地有较多的投资。胡玉玺社的土地占全村土地的11.7%，而其使用的科学农药、肥料是：鱼藤精129瓶，占全村使用总数的88.2%；减乳剂718斤，占全村使用的18.8%，王铜占全村使用数的36.6%，赛力散占12.8%，硫安占21.3%，

骨粉占100%。如此，种子全部进行了消毒，捕灭了棉花的蜜虫，保证了丰产。

第五、单位产量上平均较一般组户为高。举几种主要作物：小麦每垧高550斤，为2050斤，高粱高1000斤，为4000—5000斤，棉花高500斤，为3000斤。

第六、合作社生产较为迅速地提高，使社员的生活也有较为迅速地提高。胡玉玺社的45户中原成分是贫雇农者占68.7%（全村比例是56.6%），今年秋收后将有89%（全村是70%）的人过着中农的生活，11%的人过着贫农生活（全村是30%）。这就是说，贫雇农成分的社员较贫雇农成分的非社员生活上升较快。

第七、因劳动集中，便利了对社员进行集体主义教育，又因生产合作社与上级联系较一般互助组为密切，得到教育的机会也较多，故一般社员农民比较一般非社员农民接触新事物较多，思想进步较快。

总之，农业生产合作社经过了几个季节的生产，已显示了其地尽其力，人尽其能，财尽其用，副业常年不间断的进行，单位面积产量较一般互助组及个体农民为高，社员生活较一般非社员农民上升为快，社员农民较一般非社员农民思想进步为快的优越性。这些已为农民所共见。

但这仅仅是初步的显示，不算突出，这主要是因为马拉机还未能使用，其主要原因是贷放太晚。马拉机的充分利用，耕作方法的改良，将给农业生产合作社带来更大的优越性。

办好农业生产合作社取得那些具体经验，归纳如下诸条：

第一、组织农业生产合作社须有一定的组织（互助组织）基础与思想（农民在经济上政治上有组织合作社的要求）基础：

根据已办合作社之经验，参加合作社的成员，不一定都是经过插犋组三大季一常年互助一生产合作社的过程，如胡玉玺合作社的成员是：原以雇套子种地者2户，单干者2户，参加插犋者11户，三大季互助组者19户，常年互助者11户（2个组）。这说明了：实际的发展过程是交错的。但又说明了：组织一个生产合作社，特别在组织的初期，必须有一两个常年互助组为其组织的核心，否则不易办好。

其次，在思想方面，举办一件事情，其所参加的人常常各怀着不同的思想动机，农业生产合作社的举办也是如此。有的是因为在互助组不好处而加入，有的是为经济上的利益，有的是具有较高的政治觉悟“为响应党的号召，走新路与旧路作斗争”……。根据胡玉玺社的经验，组织农业生产合作社以最低有一半左右的人具有一定政治觉悟为宜，这是合作社的核心人物与积极分子。由此可见，社员入社之初不一定都具有政治觉悟（估计今后合作社的发展仍会有一部分是跟着走的）。但必须有一定数量的具有一定的政治觉悟分子为其核心，否则合作社也同样不易办好。

第二、要使合作社求得巩固与发展首先是搞好合作社的生产。为此必须：

甲、合作社的生产应根据条件的可能，全面的发展。所谓全面，就是说不仅要搞好农业生产（为主），而且要尽量发展社内的副业生产，如养猪、养牛、养鸡鸭、搞运输、编织等等。只有这样才会多方的增加合作社的财产与社员个人的收入。

乙、要作好合作社的生产计划。农业生产合作社与副业生产均需有全年计划，计划中载明种多少地，种什么，施肥多少，追肥若干，铲蹚几遍，采取些什么新的技术，打多少粮食，收多少棉花、蔬菜等等……在副业生产方面，要载明搞那种副业，收入多少等等。如此全年即有了奋斗目标。为了保证全年计划的实现，不使落空，还必须订立季节计划与十余天或几天的短期计划。

丙、要搞好劳力的支配，合理的使用劳力。根据生产的需要，订出劳力支配计划。劳力支配计划最好要有全年的，季节的，三五天的。计划中包括分工，多少人种地，多少人搞副业，多少人饲管耕畜等等。

经验证明：使劳动力充分发挥其效力的根本办法之一是：对农业生产的耕种、铲蹚等采取定质、定量、定时、固定地段包干制；对副业生产采取定质、定量、定时的记件制；其他事业方面（如喂马、用车、物品保管等）采取专事专人的负责制。胡玉玺社在未采取这些制度之前，铲蹚地是“长短一根，粗细一条”，“苗留不正，草铲不净”，锄草是“只听唠嗑，不见刀动”，用牲畜是“十四匹骡十个打了背胜”，一切物品无人管理。这些制度建立之后这种混乱情形即得到了迅速地改变。

丁、要尽可能地不断地采用新的技术，如马拉机的使用，耕作方法的改良，科学农药、化学肥料的采取，优良品种的推广等等。

戊、土地连片以适合马拉机的使用，是搞好生产的一个重要条件。

第三、要正确的处理合作社内集体利益与个人利益的关系问题：

照顾社员个人利益的办法是：(1) 每户留给适当的园子地，以解决其家庭吃用的蔬菜（但不宜过多，否则会影响社员在社内的劳动），耕种园地所需畜力由合作社供给。(2) 社内留出专用牲畜（牛或驴）专门供给社员家庭推碾拉磨用。(3) 帮助社员解决其他方面的困难，如缺口粮问题等等。总之，合作社应尽可能地增加社员及其家庭的福利，这是问题的一方面。

问题的另一方面是同社员妨碍社内集体利益的现象进行斗争。如有的社员家中租了部分土地，正是社内突击铲蹚之时而回到了自己家中莳弄所租之地，这显然违背了社内集体利益；还有的社员劳动态度不好，不爱护公物，不关心社内经济的发展等，这即是社员个人利益与社内集体利益的关系问题。

经验证明：正确地处理社内集体利益与社员个体利益的原则应是：整体利益与个人利益正确结合的原则，应是公（社内）私（社员个人）兼顾的原则，是社员利益服从社内集体利益的原则。社员要想使自己得到最大利益首先是大家同心协力，勤恳操劳搞好社内的生产，社内的生产有大的发展，社员个人才可能有较多的收入，个人家庭中经营的副业生产也才能发展，“水涨船才能高”，因为每个社员家庭的基本的生产资料如土地、车马、农具以及劳动力都加入了合作社。举例：如果因大家不好好劳动，社内谷物收得少，社员们也自然也会少分，粮食少了还不够人吃，怎能多养猪鸡。

经验证明：为了有效的教育社员必须建立一些奖励与批评制度，甚至处罚制度。

第四、搞好收获物的分配，是巩固合作社条件之一，是刺激社员劳动积极性的根本办法之一：今年小麦的分配证明了这一点。为搞好分配必须：(1) 正确地确定土地与劳力的分配原则（因牲口与主要农具已折价归公，故畜力农具分红即不存在）；(2) 贯彻多劳多得的原则。

第五、民主管理是办好生产合作社的一个基本管理原则之一。三个社的情况是在这一点上做的还不够，社的领导者还有些家长式的作风，社员对社的态度还不够十分积极，“叫干啥干啥”“只管干活不管其他”。

第六、农业生产合作社的组织过程与发展过程贯串有两条道路的斗争：

在组织胡玉玺农业生产合作社时，出现了这么一种斗争形式：有车马的富裕户，要求加入合作社，但企图将无车马的困难户排斥在外，企图将合作社变为一个“富裕者”的组织，以从事一种剥削发展其经济。该村党的组织向这种倾向进行了斗争，结果未得逞。最近几日仍有一部分人，以中农为主企图单独地建立一个“富裕者”的合作社，但因为有少量车马的贫农与下中农的不支持而以失败告终。这种斗争形式还比较地隐蔽，还未能被多数区村干部与农民群众所认识。

此外农业生产合作社的顺利成立与顺利发展，使社外一部分群众产生了对合作社的嫉妒心理，这种嫉妒心理曾经产生了对合作社的一种破坏情绪。如胡玉玺的“巴克夏”猪种曾被人用刀扎过两次。

这些事件说明：农业生产合作社的发展不是很顺利的，而是存在着尖锐的斗争，正确地认识与正确地对待这个问题才能使合作社经济正常的发展，而不为“富裕者”所控制及坏分子所破坏。

这种斗争在社内的表现就是不断地对社员的资本主义思想的改造。因此必须搞好对社员的政治教育、阶级教育与生产教育。加强社员的集体主义思想。

第七、必须建立一些必要的管理制度：最主要的是生产责任制度，其次是财物会计制度、会议制度、奖励制度等，三个合作社都建立了一些简单的制度。

第八、必须有坚强的领导与国家的扶助：

首先是村一级的领导：如黄西村党支部集中了相当一批党员干部，计党员2名（支部书记与副书记），团员6名（占全村团员的1/3），省县劳模4名（共计5名）来办重点合作社，因此保证了对合作社的领导。经验证明：这种办法是对的，是办好合作社的具体条件之一。

但只有村级领导是不够的，因他们的水平究竟有着许多的限制，特别对农业生产合作社这一新问题。在这方面上级党的及时指导有决定的意义。如何办合作社之经验的交流，县委派人常驻指导对合作社的成立与发展有决定的作用。生产计划的制订，责任制度的建立，打头制度的取消等等这些重要的改进都是在上级及时指导下进行的。假设无此，必办不好。

国家直接或通过供销合作社贷给农业生产合作社以新式农具、科学农药、化学肥料等等，这种经济上的扶助增加了农业生产合作社的经济力量。

农业生产合作社对送人来省学习驾驶马拉机和学简单的新式会计，很感满意。这种训练干部上的扶植非常重要，特别是技术干部。

第九、与供销合作社“结合合同”的订立，对生产合作社生产增加了很多便利。截至8月份止三个社由供销社供应的生产资料一项即达5000余万元，推销农副业产品达3000余万元，这就使生产合作社少操作了买卖必需品的心，集中力量与生产，同时“结合合同”的签订，促使了生产合作社生产计划性的增强。

第十、最后一条经验是对农业生产合作社的改组问题：由于今春组织农业生产合作社方面的冒进，坚决主张改组的方针是对的，现在也证明：自发组织而又未改组的合作社问题是较多的，其中又主要是政治领导问题，在这方面或无保证（如黄西村范玉秀社一个党员也没有），或是混进来了一些坏分子（红墙村合作社共有男社员 8 名，其中有 2 名是被管制分子，1 名是蒋伪军士官，1 名是谍报组长）。今后应尽量避免自发。但是另一方面，这些社的生产一般还搞得较好，较优于一般互助组，这也说明：对待自发的农业生产合作社（今后还可能会出现），如其成员坚决不愿改组时，也不可用强迫命令的办法使其改组，而今春这种强迫命令的作法是存在的，这同样造成了一些坏的影响。

## 三、互助合作运动发展中的若干问题

第一、关于明年农业生产合作社的发展方针问题：

由于今年农业生产合作社一般试办的比较成功，目前有不少的农民群众要求入社，黄西、红墙两村农民要求入社情况，上面已曾提到，这里再把辽中县的若干情况概略的提一提：辽中全县现有 9 个合作社，142 户，据这 9 个社报告，目前已有 500 左右户要求入社，这就是说，如果如数吸收，这些社的户数平均将会扩大三倍。据区委书记在一个会上的自报，今秋要新组织 60 个合作社，七区一个区自报要组织 27 个社。发现几个村有的农民已集体积肥沤粪，卖驴买马以便组织合作社。有的农民向县机关工作人员讨底：“允许不允许组织合作社，自己组织起来是否还会给改组。”有的说：“先组织起来再说，不叫合作社，叫互助组也可以，叫黑社（他们以政府不准为黑）也可。”出头组织者已发现有几起是较富裕的中农。这一方面说明了农民群众迫切要求组织；一方面说明有某种程度的混乱。

在这种情况下对发展合作社应采取甚么方针？我们认为：方针的一方面应是有着较严格的控制；另一方面又不要有保守倾向。一般来讲，还是试办的方针，这个试办一般的要使区级能接触到生产合作社这一问题，今年因是县试办，区级很少接触，因此，区级一般对生产合作社问题还是毫无经验，明年再如此，则势必影响着将来农业生产合作社的发展，故试办一般应达到区。但目前有的区已有数个农业生产合作社，并办得比较好，类似这样的地方则应采取重点发展的方针。归结一句：今秋明春对发展农业生产合作社的方针应视各地不同情况采取重点试办与重点发展的方针。

第二、关于加入农业生产合作社，耕畜折价归社公有，畜价按入社土地均摊问题：

我省绝大多数的合作社均是采取这一办法。这一办法的好处是：(1) 实际上耕畜即变为社员的入社基金，一开始即使社内有了较多的公有财产；(2) 实际上等于大家平均入耕畜，省去了耕畜按股分红的麻烦；(3) 因此也更易贯彻多劳多得的分配原则。

如果采取耕畜入股分红办法，似不适合我省具体情况，我省的特点是：（甲）人多，因此劳动力较便宜；（乙）地少，因此地价较贵，这从租额上即会看出；（丙）耕畜少，因此耕畜较贵。在这个特点之下，（甲）土地分红目前一般不能少于产量的 30%；（乙）假若耕畜入股分红一个马也不能少于产量的 20%；（丙）如此剩下来的归劳动力，则分得不足 50%。这就是一个严重的问题。因此，还应提倡入社耕畜折价归社内公有，畜价按入社土地均摊办法。

但这样可能产生另一个问题，即影响农民不积极养马。为了防止这一点，可用如下办法解决：（甲）入社耕畜价格要计算公道，不使有马户吃亏；（乙）尽量使有马户得到现钱或其他必需物品，不要拖欠；（丙）如有拖欠应根据拖欠时间长短酌加适当利息；（丁）进行教育提高养马户的觉悟。

第三、有劳力者困难户的入社问题：

在某些地方出现了这么一种情况：有车有马的单干户不愿意入社，贫困者也不愿意入社。有车马单干户不愿入社是他们觉得入社还不如单干强，有劳力无车马的贫困户有心入社，但顾虑入社拿钱太多（一是因为牲口按地均摊本来需钱就多；二是有一部分社加大了入社费），更会使自己造成困难。这个问题需要解决，否则就等于排斥困难户入社。按地摊耕畜钱如何办？（甲）在两方自愿原则下要发扬有耕畜与无耕畜者互助，有耕畜者入社时将需要找回之钱给无车马困难户垫交，作为双方的借贷，今年有许多地方即是用此办法解决的。为了使有马户也有利可图，由无马户根据借贷时间长短给以低微利息。（乙）银行、农村信用社贷款给无马入社的贫困户，这就等于扶植了困难户的生产与支持了互助合作运动。同时也减少了有马户的垫交部分，使有马户更加安心。

至于对无原则地加大入社费，如有的合作社企图将去年买的马重新合价（这样提高了马价，因今年买马者增多，马价较去年为贵），作为新社员入社时拿耕畜钱的标准，显然是不合理，因这里包裹着因马的供求关系所发生的价格上的变动。

第四、对待不愿意参加合作社农民的态度问题：

一般互助合作的发展曾发生过歧视单干户与排斥单干户的问题。目前在农业生产合作社发展迅速的村出现了歧视暂时还不愿意参加农业生产合作社的农民的现象。同样应该明确：对这些人不应该歧视；对其中困难者，还应给以适当的扶植与救济。

第五、对待地主与旧富农问题：

问题的提出：有的村明年将有90%以上的农民加入生产合作社（如辽中黄西村）。

在这种情况下许不许地主、旧富农入合作社的问题应加以考虑。考虑这个问题的出发点：如何对我们更有利。

如不准其中的一部分入社，则势必发生这种现象，“地富在一起组织”，这就不易对其监管。

研究的结果是对他们采取分化的政策为好。地主不准参加，对旧富农则根据其表现分别对待，有条件的可以入社，如：（甲）土地改革后劳动满三年；（乙）土地改革后一贯遵守政府法令；（丙）自己诚心要求入社；（丁）入社后不致引起对合作社的破坏；（戊）全体社员同意经区批准者可以入社。入社后未恢复公民权以前（最好按条件恢复），在社内没有选举权与被选权，更不得当领导人。至于分红则与社员相同。对剩下来的地主、富农其不能单独生产时，则分别用组织“特殊小组”的办法使其能够进行生产，以利监管。

第六、土地换段问题：

农业生产合作社普遍要求政府协助进行土地调整，使土地连片，以利马拉机的使用。这是一个必须解决的问题，土地分布状况的“满天星”是不利于马拉机推广的。

根据已进行土地换段合作社的经验，土地换段必须：

（甲）有政府的工作人员出头帮助与进行动员，说明利害，扫除一些社员与非社员的思想顾虑，社员的思想一般比较好打通，非社员则困难些，他们主要是顾虑土地好坏、远近、槎口、粪底不相当，个别中农则顾虑“红契”“白契”地的问题。换地的过程不论对社员与非社员均是个教育过程，不能用草率暴躁的办法。

（乙）必须是社员非社员双方均自愿。

（丙）必须遵行两利原则。换时主要是照常年产量与土地等级，在产量上找齐，地级亦应尽量相当，尽量作到“粮平地平”；并照顾土地投资。切不可偏向一方，如有的合作社将坏地换入好地的作法是错误的。

（丁）社内土地的集中点以社员土地较多的地区为宜，这样调整面会小些。

土地换段后，社内的土地关系即较前有了变动，再加有的合作社规定“社员退社时，从社内的土地边缘抽取其土地，不得在当中抽取”，这样社员即没有明显的私有土地了，社员只能提出自己有多少产量的地，而不能说明那块土地是自己的，因此私有土地观念也较前薄弱了。这是一个新的变化。

第七、关于对一般互助组的领导问题：

今年对试办的农业生产合作社，县委领导是抓得很紧的，这是非常正确的。对互助组的领导一般也较去年抓得紧，所以今年的互助组有很大的发展与提高，并基本上贯彻了自愿互利原则。但互助组中存在着很多毛病，也主要是领导方面的毛病，举几个例子：

1. 互助组中原中农成分者过多，如黄西村30个互助组中有18个组长是中农，占了互助组长的6/10，这些中农多是有车马有力量，就是说谁的经济力量较优越谁就当组长，不仅如此，还有2个组是富农当组长。而这个村是县委派人常驻的村，可见其严重性。

2. 有雇活入互助组者，如红墙村富裕中农吴耀臣自己不在组干活，而雇人入组换工，旧富农赵成也用此办法换工，自己在家经营粉坊。

3. 还存在着形式的互助组。红墙村富裕中农部广恩等搞假互助组，实际不互助。石广福组名义上是常年互助组，实际上组长是开会组长，干活则不在一块。

4. 有的富裕中农搞互助是为了临时利用困难户，利用完了，即行拆台。如红墙村富广成4垧5亩地，一个劳动力，地莳弄不过来，又想盖房子，就吸收了3户靠雇套子的户搞互助组，房子盖好了，地铲完了，就退了组，摔开了困难户。

上述这些说明了问题的严重性，说明了资本主义因素对互助组的侵蚀，因此对一般互助组的领导仍不可忽视，仍需注意加强，千万不可因集中注意领导农业生产合作社而放松对互助组的领导，因为这还是目前最大量的东西。而某些地方已表现有忽视对其领导的倾向。

第八、关于互助组中耕畜公有的问题：

今年互助组中耕畜公有有新的发展，红墙、黑城子两村共有112个互助组，其中有29个互助组的耕畜是组内公有，占互助组总数的1/4强。且全系常年互助组，占2个村常年互助组的100%，就是说，常年互助组均是耕畜公有的组。公有耕畜的户数，占2个村总户数的30%强，可见其数量之多。

这一现象的造成是因为：（甲）辽西的特点是人多地少，从生产上看，不需每户有一个耕畜，因而伙养畜有其历史的习惯，特别是土地改革以后，地富耕畜的分配，伙养耕畜更有些发展；（乙）近一两年来农民生产有些许发展，有许多雇套子户感到雇套子有些不合适，基于其生产上的需要，共同伙养耕畜搞互助；（丙）某些地区领导上的提倡，将原组中的私有耕畜折价变为组内公有，畜价按地均摊，确定专人饲养，草料按地均摊。

耕畜公有对互助组的好处是多的：（1）免掉了雇套子户的雇套、招青。土地铲蹚遍数增加，铲蹚比较平衡，过去靠雇套子的户因雇套花钱很多，很难作到多铲多蹚；（2）没有人畜换工的麻烦，少纠纷，便于有计划地使用畜力，因而互助组容易巩固。因为耕畜公有，组员中加强了经济联系；（3）农闲时，便于集体搞副业；（4）便于以驴换马等等。

但对耕畜公有不能盲目提倡，像昌北黑城子村那样不根据经济发展情况与农民生产需要片面地宣传私有组的矛盾与不易巩固；片面地宣传耕畜公有可以合买大骡马，结果因买耕畜（特别是变买骡马）使原来耕畜户负债过多，增加了他们的困难。

凡已耕畜公有的组，最应注意者是将耕畜喂好用好，这一点最好的经验是固定专人负责。否则耕畜会喂瘦、用垮。

第九、关于在农村进行社会主义远景教育问题：

无疑，社会主义远景教育对推动组织起来起了极大的作用。

但在进行宣传教育时常常是“宣传远景，脱离近景”，“楼上楼下、电灯电话、喝牛奶、吃面包”在农村流传很广，但对当前互助合作道路与资本主义道路斗争中的实际问题则宣传教育不足，对远景要靠组织起来、努力劳动来争取其实现的宣传教育亦不足，所以农村中又流传一句话，所谓“等社会”，因此在农民中产生了一些消极情绪，表现在不积极添置农具，车坏了也不修理等等。

第十、互助合作运动的发展，农民更感到党领导的重要，没有党员的生产合作社与互助组要求村支部派党员进行领导的现象日益增多，但农村党跟不上这种形势。农村党一年多以来未进行发展。根据当前情况，目前在农村发展一批互助合作运动中合乎入党条件的先进分子入党很是必要。农村青年团的数量也不多，也需要加以发展。

# 第三部分　三个村阶级关系的新变化

## 一、关于农民阶级成分的变化

农村阶级变化表（一）

| 现成分 | 原成分 | | | | | | | | | | | | | |
|---|---|---|---|---|---|---|---|---|---|---|---|---|---|---|
| | 合计 | | 雇农 | | 贫农 | | 中农 | | 富裕中农 | | 富农 | | 地主 | |
| | 户 | % | 户 | % | 户 | % | 户 | % | 户 | % | 户 | % | 户 | % |
| | 1116 | 100 | 216 | 19.3 | 387 | 34.7 | 386 | 34.6 | 35 | 3.1 | 68 | 6.7 | 24 | 2.2 |
| 合计 | 1132 | 100 | 219 | 100 | 389 | 100 | 391 | 100 | 35 | 100 | 72 | 100 | 26 | 100 |
| 雇农 | 16 | 1.4 | 13 | 6.0 | 1 | 0.4 | 1 | 0.2 | | | | | 1 | 3.2 |
| 贫农 | 271 | 24.4 | 92 | 42.0 | 126 | 32.3 | 31 | 7.9 | | | 14 | 19.4 | 8 | 30.7 |

续表

| 现成分 | 原成分 | | | | | | | | | | | | | |
|---|---|---|---|---|---|---|---|---|---|---|---|---|---|---|
| | 合计 | | 雇农 | | 贫农 | | 中农 | | 富裕中农 | | 富农 | | 地主 | |
| | 户 | % | 户 | % | 户 | % | 户 | % | 户 | % | 户 | % | 户 | % |
| | 1116 | 100 | 216 | 19.3 | 387 | 34.7 | 386 | 34.6 | 35 | 3.1 | 68 | 6.7 | 24 | 2.2 |
| 中农 | 735 | 65 | 107 | 48.8 | 236 | 60.7 | 311 | 79.7 | 14 | 40.0 | 52 | 72.2 | 15 | 57.7 |
| 富裕中农 | 100 | 8.7 | 4 | 1.9 | 22 | 5.6 | 45 | 11.5 | 21 | 60.0 | 6 | 8.4 | 2 | 7.4 |
| 新富农 | 1 | 6.1 | | | | | 1 | 0.3 | | | | | | |
| 其他 | 9 | 0.8 | 3 | 1.3 | 4 | 1.0 | 2 | 0.5 | | | | | | |

**农村阶级变化表（二）**

| 原成分 | 户数及百分比 | | 年别 | | |
|---|---|---|---|---|---|
| | | | 1950年 | 1951年 | 1952年 |
| 合计 | 户 | 1116 | 1110 | 1108 | 1132 |
| | % | 100 | 100 | 100 | 100 |
| 雇农 | 户 | 216 | 24 | 16 | 16 |
| | % | 19.3 | 2.2 | 1.4 | 1.4 |
| 贫农 | 户 | 387 | 486 | 370 | 271 |
| | % | 34.7 | 43.7 | 33.3 | 24.2 |
| 中农 | 户 | 386 | 547 | 638 | 735 |
| | % | 34.6 | 49.2 | 57.5 | 65 |
| 富裕中农 | 户 | 35 | 53 | 84 | 100 |
| | % | 3.1 | 4.8 | 7.8 | 8.7 |
| 新富农 | 户 | | | | 1 |
| | % | | | | 0.1 |
| 富农 | 户 | 68 | | | |
| | % | 6.2 | | | |
| 地主 | 户 | 24 | | | |
| | % | 2.2 | | | |
| 其他 | 户 | | | | 9 |
| | % | | | | 0.7 |

上表说明：

甲、3个村已有73.7%的农民过着中农生活（去年7个村的统计是65.3%），其中富裕中农占8.7%。

乙、有24.2%的农民仍过着贫农生活（去年7个村统计是33.3%）。

丙、雇农成分者占1.4%（去年27村统计为1.4%）。

丁、3个村有新富农1户，占户数的1‰，此户富农去年即已存在，不是今年的新发展。

## 二、关于雇佣关系的变化

| 阶层雇出入 | | | 年别 | |
|---|---|---|---|---|
| | | | 1951年 | 1952年 |
| 合计 | 雇出 | 长 | 9 | 9 |
| | | 短 | 6 | 4 |
| | 雇入 | 长 | 19 | 8.5 |
| | | 短 | 14 | 3 |
| 雇农 | 雇出 | 长 | 4 | 4 |
| | | 短 | 2 | |
| | 雇入 | 长 | 1 | 0.5 |
| | | 短 | | |
| 贫农 | 雇出 | 长 | 5 | 3 |
| | | 短 | 3 | 3 |
| | 雇入 | 长 | 1 | 3 |
| | | 短 | 1 | |
| 中农 | 雇出 | 长 | | 2 |
| | | 短 | 1 | 1 |
| | 雇入 | 长 | 12 | 4 |
| | | 短 | 13 | 3 |
| 富裕中农 | 雇出 | 长 | | |
| | | 短 | | |
| | 雇入 | 长 | 2 | |
| | | 短 | | |

续表

| 阶层雇出入 | | | 年别 | |
|---|---|---|---|---|
| | | | 1951年 | 1952年 |
| 富农 | 雇出 | 长 | | |
| | | 短 | | |
| | 雇入 | 长 | 3 | 1 |
| | | 短 | | |
| 地主 | 雇出 | 长 | | |
| | | 短 | | |
| | 雇入 | 长 | | |
| | | 短 | | |

由上表看，雇佣关系较去年减少，出雇长工（半年以上）数去年9个今年仍是9个，短工（月工）由去年的6个减少至今年的4个。雇入长工数由去年的19个减至今年的8个半，短工数由去年的14个减至今年的3个。

## 三、关于土地买卖

| 项目 | | | 年别 | |
|---|---|---|---|---|
| | | | 1951年 | 1952年 |
| 合计 | 买入 | 户数 | 26 | 10 |
| | | 地数 | 2.1 | 26 |
| | 卖出 | 户数 | 25 | 7 |
| | | 地数 | 9.8 | 2.3 |
| 总户数 | | | 1115 | 1132 |
| 土地垧数 | | | 2258.28 | 2291.98 |
| 雇农 | 买入 | 户数 | 2 | |
| | | 地数 | 0.52 | |
| | 卖出 | 户数 | 7 | |
| | | 地数 | 3.01 | |

续表

| 项目 | | | 年别 | |
| --- | --- | --- | --- | --- |
| | | | 1951 年 | 1952 年 |
| 贫农 | 买入 | 户数 | 9 | 1 |
| | | 地数 | 3.91 | 9.9 |
| | 卖出 | 户数 | 8 | 1 |
| | | 地数 | 4.2 | 9.9 |
| 中农 | 买入 | 户数 | 13 | 8 |
| | | 地数 | 5.09 | 15.4 |
| | 卖出 | 户数 | 9 | 4 |
| | | 地数 | 2.4 | 9.4 |
| 富裕中农 | 买入 | 户数 | 1 | 1 |
| | | 地数 | 1.22 | 0.7 |
| | 卖出 | 户数 | | |
| | | 地数 | | |
| 富农 | 买入 | 户数 | 1 | |
| | | 地数 | 0.36 | |
| | 卖出 | 户数 | 1 | 1 |
| | | 地数 | 0.4 | 3 |
| 地主 | 买入 | 户数 | | |
| | | 地数 | | |
| | 卖出 | 户数 | | |
| | | 地数 | | |

说明：1.卖地主要原因：(1)孤寡不能劳动，生活困难者 4 户；(2)迁移者 4 户；(3)转业者 3 户；(4)还旧债者 4 户；(5)年成不好，受灾难者 4 户；(6)地远耕作不便者 4 户；(7)其他 2 户。

2.买地主要原因：人强马壮生活富裕。

由上表看，土地买卖现象，今年较去年已显著减少，去年卖地户计 25 户，卖出土地 9 垧 8 亩，今年卖地者 7 户，土地2.3垧，户数较去年减少了 3/5，土地减少近 4/5，今春在农村进行社会主义远景教育后，土地买卖已基本停止。

# 四、关于租佃

各阶层农民租佃情况表

| 项目 | | | 年别 | |
|---|---|---|---|---|
| | | | 1951年 | 1952年 |
| 合计 | 租入 | 户数 | 94 | 32 |
| | | 地数 | 103.99 | 107.66 |
| | 租出 | 户数 | 104 | 108 |
| | | 地数 | 104.59 | 119.94 |
| 全村总户数 | | | 1115 | 1132 |
| 土地垧数 | | | 225828 | 2291.98 |
| 雇农 | 租入 | 户数 | 16 | 11 |
| | | 地数 | 18.25 | 9.92 |
| | 租出 | 户数 | 28 | 23 |
| | | 地数 | 24.73 | 24.66 |
| 贫农 | 租入 | 户数 | 26 | 50 |
| | | 地数 | 30.03 | 45.61 |
| | 租出 | 户数 | 41 | 40 |
| | | 地数 | 45.68 | 49.87 |
| 中农 | 租入 | 户数 | 45 | 53 |
| | | 地数 | 51.61 | 42.9 |
| | 租出 | 户数 | 26 | 29 |
| | | 地数 | 31.45 | 35.86 |
| 富裕中农 | 租入 | 户数 | 3 | |
| | | 地数 | 3.4 | |
| | 租出 | 户数 | | 2 |
| | | 地数 | | 0.92 |
| 富农 | 租入 | 户数 | 3 | 8 |
| | | 地数 | 1.7 | 9.23 |
| | 租出 | 户数 | 8 | 11 |
| | | 地数 | 6.73 | 8.63 |

续表

| 项目 | | | 年别 | |
| --- | --- | --- | --- | --- |
| | | | 1951年 | 1952年 |
| 地主 | 租入 | 户数 | | |
| | | 地数 | | |
| | 租出 | 户数 | 1 | 3 |
| | | 地数 | 0.5 | 1.51 |

说明：1. 1952年出租原因：①公教职员和投入工厂者26户；②地多劳力少莳弄不过来者20户；③地还耕种不便者4户；④孤寡无劳力者10户；⑤抗活出租者4户；⑥迁移者5户；⑦伪官吏不从事劳动者1户。

2. 租入的原因使劳、畜力充裕。

3. 租佃形式大体有两种：一是死租；一是分收。

今年租出租入土地的户有些发展，地数也稍有增加，这主要是一部分农村人口继续转移至城市的关系。

## 五、关于借贷关系

### 甲、农村借贷关系较去年有些发展

附红墙、黑城子两村借贷情况表。

**各阶层农民借贷情况表**

| 项目 | | 年别 | | | |
| --- | --- | --- | --- | --- | --- |
| | | 1951年 | | 1952年 | |
| 总户数 | | 799 | | 802 | |
| 借出入 | | 借入 | 借出 | 借入 | 借出 |
| 雇农 | 户数 | 117 | 15 | 29 | 14 |
| | 粮数 | 46896 | 23275 | 32953 | 15610 |
| 贫农 | 户数 | 58 | 23 | 51 | 30 |
| | 粮数 | 73399 | 30275 | 52127 | 60911 |
| 中农 | 户数 | 29 | 34 | 51 | 60 |
| | 粮数 | 33847 | 57015 | 47474 | 69084 |
| 富裕中农 | 户数 | | 1 | 1 | 4 |
| | 粮数 | | 666 | 126 | 1166 |

续表

| 项目 | | 年别 | | | |
| --- | --- | --- | --- | --- | --- |
| | | 1951 年 | | 1952 年 | |
| 富农 | 户数 | 6 | 6 | 8 | 4 |
| | 粮数 | 5000 | 9450 | 11440 | 9830 |
| 地主 | 户数 | | | | 1 |
| | 粮数 | | | | 84 |
| 合计 | 户数 | 210 | 79 | 140 | 113 |
| | 粮数 | 159142 | 120676 | 144120 | 156701 |

### 乙、农村信贷中有组织的、有领导的部分增加，以黄西村为例

该村目前的借贷关系存在着四种形式，第一种是国家银行的借贷款，这主要是科学农药、肥料等生产资料（新式农具未计）与部分现金等；第二种是农业生产合作社与互助组之间的互相借贷，主要是在今年缺粮期间的粮食串换；第三种是通过供销社与信用合作社的借贷；第四种是农民之间的自由借贷。第一种已占全村总出借额（总出借额共折款 12200 余万元）的 66%，第二种形式占16.18%，第三种占12.79%，第四种占 5%强。

丙、由于社会主义远景的教育，由于借贷中有组织有领导的成分增加，一般的说高利贷敛迹，借贷利息钱利一般不超过月利三分，个别还有超过的，粮利一般的不超过春借一斗秋还斗半。利率在 3 个村看，一般是北高（如昌北黑城子村）南低。

综观上述五个方面与今年劳动互助组的发展情况，可知：农村不是向着两极方向发展。农村发展方面的资本主义倾向已不像去年那么嚣张。这是问题的一方面。

问题的另一方面是农村资本主义发展采取着更加隐蔽与更加多样的形式，这具体表现在：

1. 在农业生产互助合作部分中已提到的：农村“富裕者”企图单独成立农业生产合作社，以发展其经济，企图进行一种剥削；农业生产合作社发展中对困难户的排斥；“富裕者”的雇工入组换工，自己不参加劳动；互助组被“富裕者”的利用；部分“富裕者”搞假互助，以掩人耳目，实际在单独发展自己的经济等等。

2. 在雇佣方面的化整为零：名为人畜换工，实为带地抗活；名为“月工”，实为长工等等。

3. 土地买卖或土地典当方面的“死地活说”（即实际是卖出而说是无限期的典当）；“明租暗当”等。

4. 借贷方面的“明说无息，实际有息”“明说息低，实际息高”。有的地方向外“抬猪”利率很高，抬猪方法有“老估堆”“毛斤折粮”，利息一般在十分左右。

5. 商业投机活动方面的批青（一般十分利以上）；高价卖粮（一般高出国营牌价一倍）；不合理的粮食折换（高粱与小麦一斗顶一斗）；低价买猪，高价卖肉等等。

（以上实例均见各典型调查）

这说明了农村两条道路的斗争，在各方面仍是表现得很尖锐，因此必须全面地去领导进行这种斗争。

# 第四部分　关于供销社

## 一、三个村均有供销社，其供销业务有很大的发展

**供销额逐年变化比较表（一）**

单位：千元　　　　年　月　日

| 年别 | 项目 | 类别 | | |
|---|---|---|---|---|
| | | 总计 | 供应 | 推销 |
| 1950年 | 金额 | 926486 | 484148 | 442338 |
| | 占总计额% | | 52.3 | 47.7 |
| | 指数 | 100 | 100 | 100 |
| 1951年 | 金额 | 3029477 | 1230010 | 1799467 |
| | 占总计额% | | 40.6 | 59.4 |
| | 指数 | 326.9 | 254.1 | 406.8 |
| 1952年 | 金额 | 2196485 | 1364118 | 832367 |
| | 占总计额% | | 62.1 | 37.9 |
| | 指数 | 236.1 | 281.7 | 188.1 |

由上表看，1952年上半年的供销额即超过了1950年全年供销额的136%，为1951年全年供销额72.5%，说明了农村供销社的供销业务有较迅速地发展。

**生产、生活资料供应比较表（二）**

单位：千元　　　　年　月　日

| 年别 | 项目 | 类别 | | |
|---|---|---|---|---|
| | | 总计 | 生产资料 | 生活资料 |
| 1950年 | 金额 | 4484148 | 18984 | 465164 |
| | 占总计额% | | 3.9 | 96.1 |
| | 指数 | 100 | 100 | 100 |
| 1951年 | 金额 | 1230010 | 228138 | 1001872 |
| | 占总计额% | | 18.5 | 81.5 |
| | 指数 | 254.1 | 120.1 | 215.4 |

续表

| 年别 | 项目 | 类别 | | |
|---|---|---|---|---|
| | | 总计 | 生产资料 | 生活资料 |
| 1952年（至第二季度末） | 金额 | 1364118 | 491676 | 872441 |
| | 占总计额% | | 36 | 64 |
| | 指数 | 281.7 | 259.5 | 187.5 |

由上表看：在供销农民生产、生活资料方面，生产资料的比重迅速上升，较1950年提高了一倍半，较1951年提高了一倍。供应生产资料的比例，已由1950年的3.9%，1951年的18.5%，上升到现在的36%。这是一个好的现象。

**资金调查统计表（三）**

单位：千元　　　　年　月　日

| 年别 | 项目 | 类别 | | | |
|---|---|---|---|---|---|
| | | 资金 | | | 其中股金 |
| | | 总计 | 流动 | 固定 | |
| 1950年 | 金额 | 45071 | 36059 | 9012 | 19227 |
| | 占总金额% | | 80.1 | 19.9 | 42.6 |
| | 指数 | 100 | 100 | 100 | 100 |
| 1951年 | 金额 | 125243 | 82385 | 42858 | 62309 |
| | 占总金额% | | 65.8 | 34.2 | 49.7 |
| | 指数 | 277.8 | 228.4 | 407.5 | 324 |
| 1952年（至第二季度末） | 金额 | 207.138 | 146.005 | 61.123 | 99.206 |
| | 占总金额% | | 70.5 | 29.5 | 47.8 |
| | 指数 | 459.5 | 410.4 | 677.7 | 515.9 |

由上表看：合作社的资金较1950年扩大了359.5%，较1951年扩大了65.3%。

**社员调查统计表**

| 年别 | 项目 | | | |
|---|---|---|---|---|
| | 全社范围人口总数 | 社员数 | 社员占人口% | 指数 |
| 1950年 | 14931 | 2969 | 19.8 | 100 |
| 1951年 | 19029 | 4455 | 23.4 | 150 |
| 1952年（至二季度末） | 18924 | 6527 | 34.5 | 219.8 |

由上表看：目前社员占全社范围人口总数的34.5%。

商品种类已有不少的增加，由1951年的150左右种，增加到目前的400左右种。过去那种“农村小铺”的状态一去不复返了。

国营商业与合作社目前在农村的供销额约占农村总供销额的75%—80%。合作社已经成为农村经济不可缺少的重要组成部分。

这个发展主要是在国营经济扶植下满足了社员农民部分生产、生活资料需要的结果。

## 二、供销社存在着一些什么主要问题

在业务经营方面：

第一、还满足不了社员农民的需要。从其所占供销比重上即已看出这个问题，若从发展来看则还相差相当远。其原因是：甲、基层合作社对农民购买力的情况很少调查研究，基层社干部的主要精力完全集中在所办合作社商店上（办好商店是对的），根本忽视对社员群众在供销方面的组织工作与宣传工作。乙、有的合作社在作“估计计划”时，有意识的留给自由市场30%—40%的供销额，对这一部分缺乏占领精神，就是说在思想上表现对私商斗争劲头不足。这一部分商品大多是农具与一些土、副产品。对旧农具供应的忽视这是相当普遍的。

第二、存在着严重的资本主义经营思想与经营方法。

具体表现在：甲、所以不愿意经营农具等生产资料是因为生产资料销货慢、利润低，不如生活资料赚钱多，生活资料的毛利多在10%以上，而农具等生产资料则一般没有这么大利；乙、重视了利润稳当、手续方便大宗的农副产品，对于利薄，手续较繁的副产品则不积极组织推销，因此副业生产的发展受到了一定的影响；丙、任意抬高商品出卖价格：商品的出售不是按照国营的牌价或上级社所规定的合理价格出售，而是看商品缺不缺，群众购买踊跃与否，随意定价，火柴供不应求了就可以由1150元一包提到1500元，红糖在自己村缺货了就可以由7500元一斤提到8000元等；丁、为了营利进行偷漏税的活动：如黄西村社至沈阳买酒200瓶，偷税，为税局察觉扣留；戊、盲目经营：因没有调查，就不会有较确实的计划，因此进销货物很盲目，非积压即供应不上。盲目的扩大摊子装饰门面，费去很多资金；己、做买卖，站栏柜、坐等收购，不是积极主动地为社员群众服务的观点与方法；庚、对为生产服务为促进农业合作的观念不明确：如认为与互助组订“结合合同”，是“大伯子背兄弟媳妇过河”，费力不讨好，“订合同一定沾包”“订不订都是一样，要买不订也得买，不买，订了也白搭”等等的论调；辛、套用国家大批资金，扩大自己业务，违背国家财经制度，如黑城子村社曾占用棉花公司收购款1500万元，今年二季度上级社拨来900万元调剂粮款，过期占用一个月才缴回，借口给国营公司推销的冷货卖不掉（实际已卖掉），占用国营百货公司款1000万元。干部说：“如果不沾便宜，谁干此事！”所举这些，说明着问题是如何的严重。

第三、社务搞得很差。

表现在社员的发展上：3个社的社员目前仅占其所辖人口的34%，而且社员的分布还很不平衡，大体靠近社址的村与社址所在村社员数约占全村人口的60%左右，其他离社址较远村约占20%—30%，有的村只占10%左右。

为什么社员发展如此之慢？甲、干部单纯地搞业务，忽视对群众的组织工作。乙、认为合作社搞得差不多了，“已经成为一个像样的买卖了”“有国营的商品赊欠不发展社员也可以了”（黄西村社第一、二季度用自己资金办货的总金额，只占进货总值的34%，其余66%是国营赊欠），把发展社员简单的只是为了扩大股金。丙、农民群众认为“入社不入社都一样买货”“货物较过去多了，优先不优先没有啥了”，至于分红吗？“分点红不顶啥事”。丁、离社较远的农民不来此买卖，入不入社更不吃紧。

最主要的原因是供销社的干部忽视对这一工作的组织，缺少积极的态度与办法。

表现在民主管理上：监事理事不明自己职责，起不到应有的作用；社员代表没有定期的会议，开也起不到代表会议的作用；社员大会从未召开过，有的连代表会也从未召开过，有的社新主任到职数月还有的理事和监事不知道；有的社主任从不知道本社有多少社员，社员有意见没处提……。可见民主管理之差。

社务的不开展，等于把供销合作社的工作丢了一半。同时也影响了业务的继续开展。

基层社干部的出身复杂与合作社资本主义的经营思想和方法是分不开的，与社务的不发展、民主管理很差分不开的。红墙子村社 14 个干部中有 7 个是旧商人与旧店员出身，黄西村社 7 个理事中（均是脱离生产在社内工作）有 4 名曾任过私商、国民党警察、伪满职员的。他们的思想在未经过改造以前必然存在着严重的资本主义经营思想，根本忽视对社员群众的联系。

产生上述各种现象的原因和上级联社的领导是分不开的。以辽中县社为例：县联社采取的经营方针即是：“搞大的、挣钱的、省劲的、不愿经营小的、零星的、不赚钱或赚钱少的。”认为“有钱就是大爷”。为了赚取利润，扩大资金竟用欺骗国家的鄙卑手段：代国家收购洋麻，将三等麻当为二等，为避免国家查出则将坏麻外面包上好麻，趁国家检查员不在将次等麻打上上等戳记。用青麻绳子打洋麻捆。与欺骗国家同时，即是必然欺骗农民，表现在压低洋麻等级上。县社就是如此经营，如何能克服下级社的资本主义经营思想与经营方法？

县社很少关心合作社的民主管理，下级社怎样重视？

村中党支部对供销社少领导（支部委员同志多不摸供销社工作），区委对供销社的工作也很少过问，对产生上述现象均有关系。

为了克服上述缺点，必须上下级社同时树立一种正确的经营思想；与继续加强业务工作的同时，必须切实注意社务方面的工作，加强基层社的民主管理。为此，上级社必须加强对基层社的领导；必须加强党对基层合作社工作的领导（主要是区委一级，事实证明村支部领导基层社存在着许多困难），继续向基层社派一些好的党员或团员干部（过去曾派了一些）；必须在增产节约运动中，在农村整党中同时对基层社的干部思想进行适当地的整顿。

为了满足农民供销的需要，还可根据经济区划，在农村适当地发展一些新的供销社。

## 三、关于供销社与农业生产合作社订立结合合同问题

从供销的观点来看，这是目前农村中出现的一种新的供销形式，因均是初步试行订立，经验还不多，但从黄西村供销社与胡玉玺生产合作社所订合同 4 个月的执行情况来看，这种供销形式，较优越于目前农村存在的诸种供销形式。今后不但应在供销社与农业生产合作社之间推广这种结合合同，而且供销社也可与（1）较大的户数较多的；（2）生产计划性比较强的；（3）组内成员觉悟较高有与供销社订立结合合同要求的互助组订立结合合同。

随着农业生产合作社与互助组的发展与提高，随着供销社供销能力的增强，为推广这种结合合同创造了条件。

1952年10月5日

# 1953 年
# 东北农村调查汇集
# 第一辑

# 前　言

为了便于各领导机关和农村工作同志们掌握实际情况，我们编辑了《东北农村调查汇集》，共分两辑：第一辑是我们于 1953 年 10 月在松江省双城县、吉林省永吉县、辽东省盖平县九个村的农村调查资料编成的；在同一时期内东北各省也进行了农村调查，第二辑就是汇集吉林、黑龙江、热河、辽西四个省的调查材料编成的。

这些资料较为集中地反映了东北农村经济及其他方面的主要情况，很好的掌握和研究这些情况，对进一步在农村推行互助合作运动，深入贯彻党在过渡时期的总路线，提高农业生产力，提高农业工作干部的领导水平，将会有一定的帮助。各地定期有计划地进行农村调查工作，以便及时掌握农村变化着的新情况，正确贯彻党在农村中的各项政策，教育提高干部是重要的。毛主席早就教导我们说："……实际工作者须随时去了解变化着的情况，这是任何国家的共产党也不能依靠别人预备的。所以，一切实际工作者必须向下做调查。"（《毛泽东选集》，北京第一版第八一一页）

这个资料是在 1953 年 10 月总路线教育尚未开始时调查的，并因整理时间短促，其中可能有不少不妥或错误之处，希同志们及时提出意见。

编者

1954 年 3 月

# 中共中央东北局农村工作部<br>关于松江、吉林和辽东九个村的调查报告

从10月中旬开始，我们在各地党委协助下，在松江省双城县的农丰、田茂、进步三村，吉林省永吉县新兴、新安、新造三村和辽东省盖平县四台子、官屯、北李屯三村，分别地进行了一个多月的调查，双城是老区，永吉、盖平都是解放较晚地区。9个村当中，1个先进村，5个一般村（其中2个在当地属中上等），3个薄弱村。从东北全区来看，调查中的多数村工作水平偏低。

## 一、农业经济的发展状况和阶级变化

在农业生产的互助合作和供销、信用合作方面：

农业生产互助合作：9个村组织起来的户数占总农户的63.5%，比去年增加6.5%，其中双城三村占总农户的80.2%，永吉三村占57.6%，盖平三村占40.6%。其中有5个农业生产合作社，入社农民占总农户的3.5%；69个常年组占组织起来农户的31.8%；57个三大季组占32.3%；147个临时组占30.5%。5个农业生产合作社4个试办成功，有1个没办好。4个农业生产合作社都显著地多打了粮食，并在政府扶助或社员集资之下，增添了生产资料，积肥较多，副业收入较大，不仅今年收获好且为明年生产做了较好的准备，因而在广大农民当中树立了鲜明的旗帜。

供销合作：9个村都有比较巩固的基础，组织了平均78.2%的农民，资金较去年增加了12%，供销额增加了9%。农民生产、生活资料及产品推销的70%以上都通过合作社。另有10%左右直接销售于国营商业。资本主义商业在这些农村里的活动已被基本排除，剩下来的多是集、镇或农民中间的投机小贩或手工作坊，其经营比重，在双城三村不到10%，在永吉和盖平数村约占20%左右。其余为农民中间的互相串换。

信用合作：4个村的供销合作社设有信用部，吸收存款9800万元。在国家银行支持之下，3个季度贷出粮食7万斤，豆饼8.3万斤，耕马35匹，大车19辆，种子21500斤，马料14200斤，化学肥料700斤，谷草6万斤。对发展农业生产，扶助贫困农民，巩固互助合作，打击高利贷等方面，均起到一定作用。

在农业生产方面：耕地面积较伪满增加4.4%。1953年歉收，单位产量平均为2867斤，低于去年17.7%，但较伪满最高年产量仍超过10%左右。

商品粮和工业原料作物面积亦有增加。各村大豆、小麦、棉、麻、甜菜等作物面积都在40%以上，盖平三村，棉田略有减少，果树面积逐年增大。

副业生产亦有发展，6个村的统计，农民副业收入平均占总收入的9.9%，较去年增加1.6%。

在农业生产资料方面：9个村耕畜、车辆、农具总的看都有增加，计耕畜1972匹（头），较去年增加83匹（头）；车辆531台，增加51台；农具2090件，增加54件。其中四台子、新造两村因去年执行政策与互助合作运动中有若干偏差，部分农民的互助合作积极性和个体生产的积极性都受到一些挫伤；耕畜略有减少，计1953年479匹（头），较去年减少25匹（头），双城田茂村部分农户将马变牛，因而骡马略有减少，耕牛增加，去年骡马共计212匹，今年减少为209匹，去年只有16头牛拉犁种地，今年增至46头。但凡好组、好社车马农具皆有显著增长，且拥有各类新式农具。另外由于农民进入工、矿者逐年增多，9个村劳动力都有减少。

因各村领导与互助合作的强弱不同，在农业技术改革和农产品的收获量方面亦有显著不同。8个村推广肇源丰产经验的面积平均为14.3%。每垧平均多打5斗至1石粮，其中农丰村推广面积达总耕地的43%，每垧平均多打粮食1石5斗左右。其中小麦最高者每垧打10石，高粱20石，谷子15石。因此，有效地教育了农民，并为明年继续推广创造了有利条件，也证明在目前情况下，农业生产仍有很大潜力。成功地推广了4套马拉农具。每垧增产30%左右。在农业技术的改革上，目前中心问题是总结农民已有经验，教育农民并抓紧冬季积肥工作。

农民购买力：8个村平均较去年提高12.2%，计去年每人平均为54万元，今年为60万元，用于购买生产资料者占30%，较去年增加7%左右。

与农业经济发展同时，阶级关系亦有新的变化。9个村平均中农占总农户的69%，其中富裕中农占总农户的15.4%，贫农占29.4%，新富农占1.2%，雇农占0.3%，其中先进村（双城农丰村）中农平均占总农户的78.5%，较1950年增加13.3%，其中富裕中农占总农户的23.7%，较1950年增加16.4%，贫农占21.5%，较1950年减少13.3%。5个一般村，中农占总农户69.3%，较1950年增加11.1%，其中富裕中农占16.8%，较1950年增加9.8%，贫农占28.5%，较1950年减少11.5%，新富农占1.2%，雇农占0.2%。3个薄弱村，中农占总农户的64.1%，较1950年增加8.1%，其中富裕中农占10.2%，较1950年增加5.7%，贫农占33.7%，较1950年减少9.1%，新富农占1.7%，较1950年增加1.2%，雇农占0.5%。

中农：在生活上吃得饱，穿得暖，共同的思想是："这点底子挺薄，打的不易，弄下去一半会爬不起来，还得使劲干。"多数参加了互助合作并勤劳积极，但害怕搞冒了伤家底。

富裕中农：生产资料齐全，吃穿有余，多数也参加在互助合作组织当中，有66.9%的户并无剥削，只有33.1%有轻微剥削。他们大部经由互助合作发家，成为走新道路的富裕农民，有的成为互助合作中的骨干分子。这类人在互助合作较强的村为数较多。另有相当部分因互助组未能适时提高，不能满足其扩大生产的愿望，在组内表现摇摆不定。还有少数单干的富裕中农，一心走旧道路，力求挣脱任何束缚限制，公开或隐蔽地在发展剥削经营。有人把这些人叫做走旧道路的"排头"。

贫农：在生活上也较过去提高。绝大多数没有车马，除在好组和合作社里的以外，耕作多不应时，缺粪，每垧地少打1石到1石5斗粮，多数够吃不够穿。缺粮户占9个村总农户的7%左右。因此，不仅经济地位低下，在多数村里，政治上也受歧视。入组时有困难，在互助组里受排斥，思想上表现消极、悲观，有些人因长期贫困、憋气，有急躁情绪。

雇农：是极少数。8户当中，4户是外来的，没有土地，其余都以卖月工、零工为主要收入，自耕少量土地。

新富农：9个村共36户，其中19户已连续剥削三年以上，较为定型。多数雇用大量零工经营土地，兼放高利贷，少数拴胶皮车拉脚、兼营商业。有些人开始不以农业为重，投机、剥削、赚钱多、“来的快”。因而有些农民对他们还很羡慕。吉林有的同志说：“哪个村有新富农，哪里也就树起了一根小小的‘旗杆’。”他们与互助合作尖锐对立，对党和人民政府猜疑、戒备。时常拉拢少数落后的富裕中农，制造舆论，散放对党和人民政府的不满情绪。

从以上可以看出：(1) 在农村经济的发展当中，起主导作用的是在社会主义性质的国营经济的支持和党与人民政府领导之下的农业生产和供销、信用的互助合作运动。这一连动的发展变化，影响与决定着农村中各种经济成分和各个方面的发展变化；(2) 农业生产合作社的出现，为个体分散的小农经济向大家富裕的新道路发展中，树立了鲜明的旗帜，带动着大量的带有社会主义萌芽性质的劳动互助组织的发展和提高，并组成为发展农业生产的基本部队；(3) 小农经济盲目的向资本主义发展的自发趋势较前亦有滋长。富农经济虽然数量不大，但在农民中间还发生着一定的影响或吸引力；(4) 因此，在这些村里，同样可以看出：当前农村经济发展中的主要矛盾是党所领导的互助合作运动和小农经济的自发趋势之间的矛盾。矛盾的主要方面或主导力量是党所领导的互助合作运动。但不能忽视，小农经济的自发趋势既有“排头”，又有“旗杆”，旧道路也不是一句空话。

## 二、关于互助合作运动的发展变化

9个村互助合作和供销、信用合作都有发展和提高。其中工作较强的先进村——双城农丰村全村农民都参加了互助合作。一个农业生产合作社，组织了农户的7.9%，11个常年组，组织了农民76.3%；其余是3个三大季组和一个临时组。最近3个组准备建社，已经酝酿成熟。

5个农业生产合作社，4个社都因土地、耕畜集体使用，在耕作先后上没有争执，领导骨干较强，顺利地进行了技术改革，从而显著地多打了粮食。3个社的产量平均高于本屯互助组20%以上。其中农丰村马吉贵合作社每垧平均多打1石5斗粮。扣除公粮、明年人吃、马料、种子、公积金外，每个劳动日分得35斤粮。每人平均做了160个劳动日。在社员当中除少数去年有剥削收入的富裕户、劳力特弱或误工太多者外，收入都多于往年。社员欢喜，社外农民羡慕。加以在政府支持或社员集资之下，有的换了好车好马，多少不同都使用了新式农具，因而在广大群众中发生了深刻的影响。有的互助组跃跃欲试，有些农民直接要求入社。一些农民的疑虑，逐渐解除。原以为合作就是“社会”“平均”或“归大堆”的人，现在也开始托底。因此有效地带动了互助组，加上供销、信用合作的开展，自发势力大大消减。少数迷恋于剥削经营的富裕农民已开始呼唤不灵，自己也觉极不体面。但3个较好的合作社也还存在一些问题：计划性差，窝工较多，在组织劳动上的包工办法还不够合理，在计算劳动上，有平均主义的现象。政治工作制度没有建立起来，生产经营和财会制度上都存在若干混乱现象。占有土地、生产资料较多与较少的社员在劳动果实的分配上，还存在一些矛盾。永吉郭长春社，推广肇源经验贪多冒进，庄稼莳弄的不好，产量平常，但不低于一般互助组。盖平新生合作社，经营不善，收成低于一般农民，每个劳动日只分8200元，秋后7户退出，3户犹豫，只有4个党员还在坚持，在群众中造成不良的影响。

互助组，在1953年生产当中也受到很大的考验和锻炼，多数常年组在雨多草厚的情况下，实行了分帮、勤轮、快划、快蹚的方法，做到比较两利公平，耕作质量和收获量多数也比单干户好。另方面，互助组也和组内、外的自发势力进行了激烈的斗争。组外富裕农民高价雇工，划蹚迅速，对互助组影响很大。多数组适时地调整了工价，加强了对组员的教育，因而巩固下来。但有的小组，因工作没有跟上，贫困户退出卖工，富裕户退出单干。在有的组里个别富裕农民拉拢少数贫困组员，拖出去自成小组实际上是变相雇佣劳力。有的在组内“胡搅蛮缠”“要尖抢头”，而插组时排斥贫困农民，入组后在耕作上把贫困农民轮在后面的现象，在一些领导不强的互助组里还是较为普遍的，部分互助组因而“散花”“裂纹”。

有些富裕中农，虽借互助发展起来，但由于领导没有跟上，互助组没有得到适时的提高，日益觉得在组内不能满足扩大生产的愿望。有的在组内是三心二意，有的就干脆退出单干或混在和单干相差无几的低级组里，干的“欢”，发展快，“铺派”越来越大。而越是这样，对互助组的侵蚀、瓦解作用也就越加增强。在5个一般村里，这种情况都开始显现，在这里互助合作运动虽有一定基础，但还需大力进行发展、提高，首先把基础较好的互助组适时地提高成为农业生产合作社，并进一步整顿加强各类互助组，才能巩固、发展已有的阵地和自己的主导地位。3个薄弱村因互助合作基础微弱，必须进行踏实的工作，搞好样子，大力提高低级组，才能扭转落后局面。

在互助合作的领导上，存在的问题是：除农丰村外，程度不同都有自流的偏向。对于合作社多是少数“专家包办”，还没有列为县、区党委主要的经常的工作议题。另外，对组、社的领导都有若干脱离群众的做法，如“要办都要大”“要搞就高级”，对低级组、旧习惯，不是采取逐步改造、提高的方法，而一律要求繁琐的人马换工、事事互助等等。因此，只有认真克服这些缺点，才能顺利地把互助合作运动加速地推向前进。

供销合作社一年来都在不同的程度上克服了压等压价、贪污浪费和单纯追求利润的偏向，进一步地得到提高。对农民生产、生活资料的供应数量较前增多，商品品种一般的都增加了一百多种，和社员群众的联系，和上级社及国营商业的关系都较前更加密切。存在的问题是：在几个村社的领导干部当中都存在着程度不同的保守落后思想。群众观点不强，机关、官办作风滋长，脱离支部领导。不调查社员需要，不重视计划，不接受先进经验，经营水平很低，多数赔钱，时常脱销。除此以外，克服县、区党委只管生产不管供销，或程度不同的轻商观点，加强领导，才能提高基层供销社领导及工作人员的思想觉悟和业务能力。

4个村的信用合作组织，都是今年新办，虽然经验不足，但都在群众中建立了一定的威信。目前存在的主要问题是：区、村领导对信用合作的重要意义认识不足，放松领导，必要的支持和宣传是不够的，群众还有若干顾虑。4个供销社的信用部因业务小而赔钱。对方针、政策还不明确。在吸收存款当中，单纯面向富裕农户，而不依靠广大农民；放款中则有平均主义的缺点。因此信用合作是农村合作化较为薄弱的一环。私人借贷一般发死，高利贷还在活跃。已有的信用合作组织，还需认真加以巩固、提高。其余5个村则需进行发展、建设。开始创办可推广在组、社内部建立信用小组的方法，有条件也可直接建立信用合作社。

## 三、基层领导状况

3个区委、9个村8个支部经过整党、推广肇源经验和学习中央三大文件之后，领导工作皆有改进。强迫命令和违法乱纪的现象基本上得到纠正。对互助合作的领导较前加强，注意学习生产技术，因而和群众的联系较前更加密切。在进行农业生产合作化当中，工作较强的先进支部，如双城农丰村支部，在工作领导上不仅常年抓住了生产中心和互助合作，并且开始学会了群众路线的工作方法。这就是：骨干带头、参加、领导生产；搞好样子、推动一般；培养积极分子，带领群众；和老农商量，学习生产技术等等。在领导农业生产中注意了互助合作、技术增产和思想教育三者的结合。这样，就使互助合作运动，占领了巩固的阵地，社会主义因素在迅速增长，资本主义因素则在逐渐消减，证明小农经济的自发趋势或资本主义倾向，是可以扭转、限制和克服的。

5个一般村的支部在工作领导上，亦有提高。但自夏锄以来都显露了自流的现象，虽程度不同，却是工作中的主要偏向。在小农经济的自发势力滋长的情况下，自流是受“拥护”并且“合法”的。自流开来，有些农民就颂扬“日子得过”。自发势力不仅从外部侵蚀着少数的党员干部，在有的支部里边，已有少数党员因家庭牵扯，不积极参加互助合作，阶级觉悟、界线、方向逐渐模糊起来，个别分子开始蜕化、变质，因而使党的战斗、团结力量，松弛涣散下来。多数党员，整党后思想觉悟进一步得到提高，在互助合作当中积极肯干，但在紧张的生产当中，所受教育复少，因而也有些人因为组内矛盾、困难未能适时得到解决而苦闷、消极下来。在这里可以清楚地看到：小农经济的自发势力侵蚀着党的基层领导并促其自流，而自流又恰是自发势力的保护者。

3个薄弱村，1个是没有党的支部，政权不纯；2个是一向工作基础落后、骨干力量单薄，而共同都是长期放弃领导所致。

但不管在一般村或薄弱村，多数的骨干党员都有一定的政治觉悟。在互助组、青年、妇女组织当中，都有相当数量的积极分子，而多数农民都有互助合作的积极性。当前的中心问题是加强领导，克服自流的偏向。

8个村支部共同的问题是：缺乏正常的集体领导制度和党内生活，批评自我批评不开展，有事党、政、青、妇一揽子，党员和群众代表、积极分子溶化在一起，发展下去，支部的堡垒作用，将更加削弱。

8个支部在工作中的改进、提高与工作中存在的偏向和县区党委的领导是分不开的。县、区党委在一年当中，紧紧的掌握了生产中心，领导广大农民与自然灾害作斗争，在发展提高互助合作和技术增产方面，都培养了先进的典型和旗帜，这是基本的方面。

存在的问题是：在客观上：骨干少，流动大，新成分多；在农业生产当中自然灾害较多，苦于应付，都加重了领导工作的困难，也是造成“抓点扔面”的原因之一。在主观方面则是：在领导思想上，尚未清楚明确地看到当前农村中的主要矛盾是党所领导的合作化运动与小农经济的自发趋势之间的矛盾。因而对巩固、提高互助合作，特别是对发展农业生产合作社的工作和限制富农剥削等政策的贯彻，都缺乏更加清醒的自觉性。在思想领导上多偏重于比较零碎的或个别的具体政策教育，对去年整党与冬季工作中所已进行的方向、前途教育未能认真贯彻，因而使农村互助合作运动缺乏更加积极的思想动力。对于支部工作，在思想建设和组织建设方面，都有放松，对整党成果没有进行应有的巩固工作，党不管党的现象依然存在。同时，有的县、区还满足于整党当中所给予党员的思想教育，对自发势力对基层组织的侵蚀，缺乏警惕。由此可以得出经验，为要推行农村合作化，发展农业生产，使广大农民更加富裕并为国家增产更多的商品粮食，决定的因素是发挥党的领导作用。

党在过渡时期的总路线总任务的宣传教育工作，在这些地方已经开始，每个人的心路都更加明亮起来，加上一年来艰苦工作的丰富经验，我们相信，3个县和所属区、村工作，将会大大提高一步。

1953年12月

# 松江省双城县第七区
# 农丰、田茂、进步三个村的调查

农丰、田茂、进步3个村属于双城第七区，是平原农产区。农丰村农业户316户，是全区先进村之一，田茂村434户代表一般，进步村321户是一个薄弱村。全区17个村，计先进村2个，一般村11个，薄弱村4个。

我们协同县委、区委的同志分3个组在3个村进行了一个月的调查，只了解了一些粗略的概况，写在下面供参考。

3个村共同的情况是：

3个村都是在1948年完成土地改革的，在解放战争中广大农民积极参军参战，1950年完成经济的恢复并进入新的发展阶段，开展了热烈地抗美援朝运动和爱国增产运动，并进行了“镇反”、贯彻婚姻法等社会改革。1953年秋季完成普选。

1951年在3个村里，都开展了热烈的爱国增产运动，农民经济进一步得到发展。与农业生产的互助合作的发展同时，自由单干雇工、放债、土地买卖、租佃等自发趋势的表现，亦开始抬头。党员中亦有雇工、放债者。

1952年在爱国增产运动、发展互助合作、进行两条道路教育等工作的基础上，获得了丰收。在城市中进行“三反”“五反”之后，在这里也开展反对“党内右倾”的教育。但在铲蹚、积肥和秋翻地当中都有严重的强迫命令现象。春、夏购粮当中，也发生若干偏差，秋后互助合作运动中搞大组，集体喂马，并在群众中流行着“三马一车是富农”“带牛犋就是剥削”“五年进社会”“不参加互助就是死路”等错讲、错解的言传。部分农民，首先是富裕农民卖掉一些车马，缩小生产，有的农民在冒进中受到经济损失，一般农民的互助合作积极性和个体生产的积极性都受到一些挫伤。冬季整党、征粮、购粮、训民兵、训组长、扫盲等直到贯彻婚姻法，“五多”现象也较严重。

这些偏向经过整党、民主补课，东北局农村工作会议精神得以贯彻之后，大体上得到纠正，特别在中央公布三大文件之后，结合生产，在这里进行了反“五多”、反冒进、反对强迫命令和违法乱纪的斗争，推广了肇源领导农业生产的经验和做法，强调了向广大农民进行政策宣传。今年一年当中在这3个村里“五多”、冒进和强迫命令等偏向基本上都得到纠正，党员、干部政策水平得到提高，互助合作得到发展，推广了肇源经验，改进了农村工作的领导作风和工作方法，农业技术有所改进，密切了党与农民的联系。但在农业生产上因受灾减产约二成。

3个村不同的特点是：

农丰村：全村普遍组织起来，一个农业生产合作社试办成功，互助合作占居优势，推广肇源经验多打了粮食，贫困户少，农民各阶层发展比较平衡，支部领导强，群众觉悟高，生产情绪饱满旺盛。

田茂村：互助合作组织了大部农民，低级组多，农业技术有若干改进，受灾较重收获量平常，中农占居多数，扶助贫困农民的政策执行较差，纠正冒进之后发生自流现象，支部领导较弱。

进步村：互助合作薄弱，没有榜样，工作自流，农业技术没有明显改进，阶级开始分化，群众思想比较混乱，支部领导薄弱。

3个村的具体情况如下：

# 一、农业生产技术改革和生产力状况

## （一）农业生产和农业技术改革

农丰村：全村耕地1014垧（每垧平均级数是28.4级），过去三年来都获丰收，单位面积产量逐年提高。计伪满1943年每垧平均自然粮2400斤；1950年2800斤；1951年3000斤；1952年3200斤；1953年受灾减产平均每垧2800斤。

1953年在436垧土地上推广了肇源经验，占全村耕地面积的43%。小麦三苗眼平均每均打1800斤，最高4000斤；高粱种拐子苗平均4800斤，最高8000斤；大豆"可垄贯"平均2800斤，最高4000斤；谷子宽播间苗平均4000斤，最高4800斤；苞米平均4000斤，最高5200斤。

推广的方法是：首先由骨干带领老农查弓口，数楼子，称穗头，以本村实例找出多打少打粮食的原因，并在街道上用土培珑，教育群众。农民刘锡臣在种小麦时坚持老法耕种，而后看别人麦子出的齐长的好，后悔不已，谷子间苗时，自请妇女干部帮助组织妇女先间，吃饭时给黏豆包带白糖。由于用新法多打了粮食，大大地教育了农民，他们反映："瞧好吧，明年不用组织，谁也不用旧法子了。"很多坚持老法种地的农民都很后悔。

但1953年雨水太多，点种技术不好，苗荒间一垧谷子需三四十个工，合2石多粮，农民感到成本太高，明年需改进。今年挂锄期积肥少，对明年推行新耕作法还有限制，1953年冬除应很好总结经验外更多地积肥还是很要紧的。

1953年推广两套马拉农具，技术指导做得好，都多打了粮，受到农民欢迎。在推行新耕作法当中，还存在和群众商量不够的缺点，有时对农民干涉过多，有打乱社、组的生产计划的现象，如先种那块后种那块等。

总的看农业生产是有领导的，有互助合作做依靠，推行了技术改革，农业生产将逐步获得提高。

田茂村：全村耕地1515垧（每垧平均级数是27.6级），过去三年也都获丰收，单位面积产量逐年提高。计伪满1939年每垧平均2400斤；1950年2600斤；1951年3000斤；1952年2781斤；1953年部分土地受雹灾2444斤。

在技术改革上，也有改进。在春旱、夏涝、秋干、雹打、虫吃的情况下，全村由于采取新的耕作方法，获得高额产量的土地15.3垧，谷子平均每垧打4000斤，高粱4000斤，苞米4000

斤。因此在群众中开始引起了一些思想变化，为 1954 年继续推广肇源经验，创造了有利条件。

总的看在农业生产的领导上是自流的，全村缺乏统一领导，四屯工作较强，但还不够经常。

进步村：全村耕地 1192 垧（每垧平均级数是28.3级），伪满最高单位面积产量 2613 斤；1950 年 2256 斤；1951 年 2412 斤；1952 年 2236 斤，1953 年 1912 斤。

1953 年春天也进行了推广肇源经验的工作，谷子一般的都宽播了，种大豆使用了点葫芦，有些谷子间了苗，受害不重，获得高额产量的地有12.2垧，小麦平均每垧打 2500 斤，谷子 4000 斤，大豆 3060 斤，高粱 3500 斤。在部分农民中间也有良好影响，如："官家研究的这法不错真能多打粮"，但有相当部分农民粪少信心不高。

在单位面积产量上，农丰最高，田茂遭雹灾次之，进步虽土地与农丰相差不多，但产量次于田茂。今年平均每垧农丰较田茂多打 356 斤，比进步多打 880 斤。进步村向称土壮民肥，但因在生产上没有领导放任自流，产量提高不明显，由此可见放任自流的偏向，是发展农业生产的最大障碍。

从 3 个村的农业生产和技术改革当中也可看出：

（1）在农具不变的情况下，农业生产仍有很大潜力可以发挥。

（2）用肇源的方法，结合当地丰产经验，在现有耕作技术的基础上提高一步是发展农业潜力的有效方法，并已获得广大农民的拥护。

（3）使用新式马拉农具，采用深耕平作密植的方法业已试办成功，应继续进行推广工作。

（4）当前中心问题是总结群众已有体验教育群众，为 1954 年进一步推广做好准备工作，在物资准备中粪肥最为紧要。

## （二）农业生产力状况

3 个村在劳力、耕畜、车辆、农具上的变化：

**农丰村**

| 年度 | 劳力 | 耕畜（马骡） | 大车 | | | 农具 | | | | |
|---|---|---|---|---|---|---|---|---|---|---|
| | | | 计 | 花轮 | 胶轮 | 计 | 犁杖 | 耕耙 | 新农具 | 铲蹚机 |
| 1952 年 | 320 | 202 | 52 | 52 | | 112 | 60 | 52 | | |
| 1953 年 | 270 | 179 | 43 | 42 | 1 | 122 | 52 | 54 | 2 套 | 14 台 |

**田茂村**

| 年度 | 劳力 | 耕畜 | | | | 大车 | | | 农具 | | |
|---|---|---|---|---|---|---|---|---|---|---|---|
| | | 计 | 马骡 | 牛 | 驴 | 计 | 花轮 | 胶轮 | 计 | 犁杖 | 铲蹚机 |
| 1952 年 | 429 | 234 | 212 | 16 | 6 | 66 | 65 | 1 | 65 | 65 | |
| 1953 年 | 399.5 | 266 | 209 | 44 | 13 | 80 | 79 | 1 | 80 | 74 | 6 台 |

**进步村**

| 年度 | 劳力 | 耕畜 | | | 大车 | | | | 农具 | |
|---|---|---|---|---|---|---|---|---|---|---|
| | | 计 | 马骡 | 牛 | 计 | 花轮 | 胶轮 | 计 | 犁杖 | 铲蹚机 |
| 1952 年 | 325.5 | 186 | 179 | 7 | 59 | 58 | 1 | 120 | 120 | |
| 1953 年 | 307.5 | 219 | 206 | 13 | 65 | 62 | 3 | 141 | 135 | 6 台 |

从上表和调查当中可以看出：

(1) 劳力逐年减少。劳力减少原因以进步村为例：

1. 自 1950 年以来，青年农民进入城市、工矿或参加工作者数量增多，52 人。

2. 参军者 10 人。

3. 老年农民衰老死亡 28 人。以上三项共计 90 人。

4. 新生劳力 14 个，青年多不务农田，小学毕业之后，除升学者外，多流入城市，劳力后备减少。

1953 年农丰村每劳力平均负担土地3.8垧，田茂村3.59垧，进步村3.5垧，在当地耕作情况下，一个劳力种 3 垧地，较为适合，因妇女参加农业劳动者，逐渐增多，目前劳力大体够用，但如劳力继续外流，耕种现有土地将有困难。

(2) 耕畜没有显著增加，两村且略有减少。其原因主要是 1952 年购粮冒进、以及宣传政策中的错讲错解的影响。转业搬家的人也卖掉了部分耕畜但为数很少。目前的情况是：

1. 养马消耗较大，土地不足 3 垧的农户，养马不合算。

2. 有马户土地、劳力、畜力相适应，再无多买的必要。

3. 按土地、劳力、需要耕畜者，有些户紧一紧能买，但不愿买，有的想买买不起。

4. 配马站人工受精马坐驹太少，马的繁殖率低。

5. 耕畜负担较多，如代耕、跑车牌子（义务工）、义务动员等。

6. 互助合作中存在问题。集体喂马消耗大，人马换工干垫一年草料，好坏马不能将就，总之有马户感觉养马没有利。

3 个村牛都有增加，部分农民酝酿把马变成牛，原因是：

1. 牛吃的轻，能造粪，也能种地。

2. 养牛不跑车牌子，代耕摊半拉。

3. 集体喂马不要牛，搞插犋不用人马换工。

4. 农民中流传，到社会主义，马归公牛不要。

5. 有钱放债别人说剥削，养牛当副业一样得利钱。

田茂四屯农民关廷正，把 2 匹马都卖了，现喂牛 14 头。1952 年该村用牛犋种地只有 4 副犋，1953 年 13 副。

在 1953 年生产当中，农丰村每个耕畜平均负担土地5.7垧，田茂村6.4垧，进步村5.2垧。根据老农座谈：几年来因为耕畜不足，穰楂地只能趟两遍，每垧少打粮 5 斗到 6 斗，地里荒，特别费人力，每村都缺三四十匹耕畜，按一般耕作要求，每个耕畜以负担 5 垧土地为宜。

根据田茂四屯支部研究在该屯 216 户农民当中，目前耕畜增减的动态是：

1. 酝酿买马的有 8 户，现已买进 1 匹。计划买牛的 30 户（多数买牛搞副业）。

2. 酝酿卖马 17 户（已卖 2 匹，出村 1 匹）。

3. 酝酿马变牛的 15 户（10 户已变者不在内）。

4. 需要马，有钱买，但不买的有 20 户。

因为卖马的多买的少，各村都实行了封锁，除伤病坏马外，卖给本村可以，不许卖给外村。田茂村农民马喜发今春把马卖给保胜村，村干部告到区政府，又判回来，村干帮助在本村找到买主。

（3）土地问题：在新情况下土地问题也有些新的变化。土地买卖、租佃的情况很少，土地变动不大。但进入工矿或流入城市的农民增多了，劳力减少了，土地就显得多起来。这些人走了之后，除了那些家中还有劳力或自靠亲友耕种者外，相当部分是交村政府代管。村公有地加这些代管地农丰村 105 垧，田茂村79.6垧，进步村41.8垧。因为人们都不愿种，1953 年春是由村支部、政府派给互助组耕种的。这些地很少上粪，大部分种得很坏，农丰有的一垧甜菜只收了两车。现在人们都喊土地发“臭”，有人倒打“赔送”别人也不种。这种地逐年还要增多，但劳力又逐年减少。据七区政府估计这种地 1954 年全区将有千余垧，全县将有万垧以上。为什么会发生此种状况？

1. 劳力减少，畜力不足。

2. 推广肇源经验多打粮不增税。

3. 多种地在互助组内别人不干，雇工经营自由发展已受到一定的限制。

4. 多种地就得雇工、多养马，雇工没把握，养马多显山露水。同时在社会风气上也有很大改变，买房置地为儿孙打“前程”的老传统淡薄起来了，现在是供儿女上学，学技术“出息”了比啥都强。

从上述各项情况来看，劳力减少，耕畜在薄弱村有增加，其他两村减少，牛普遍增多，土地发“臭”，如不采取适当措施，这种趋势还要发展下去。无疑这种情况或趋势，对农业生产力的进一步提高，对发展农业生产是不利的。

在 3 个村里或一村之内，情况亦有不同：

农丰村：全村组织起来，个人单干、自由发展的经营方法受到限制，因而三马户减少，半马户或一马户逐年增加，农业生产合作社劳力虽不算强，但劳动效率提高，农副业生产的经营皆优于互助组，今年有马户增加 6 户，马数未增，质量提高，增加钢轴车 4 台，新式马拉农具 1 套，铲蹚机 4 台。几个较好的常年组马匹、车辆亦有增加。全村各组共增加新农具 1 套，铲蹚机 14 台。说明只有认真提高互助合作，生产力才能不断地获得发展。在多数互助组内，正确解决人马换工办法，不使有车马的农户吃亏，继续提高各类互助组，把常年组提高为合作社，则是增加车辆马匹的基本方法。

田茂村：纠正冒进之后，有自流的偏向。在互助合作组织里，继续加强思想教育还是很重要的。互助合作工作，不能得到认真的改进和提高，生产力的提高是要受到一定的限制的。

进步村：几年来，车马都有增加，但这是集中在少数富裕农民的手里，三马户增加到 12 户，四马户增加到 2 户，二马户 29 户，无马户占总农户的56.1%。从数目字上看全村车马增多了，但相当部分车马并不用于农业生产，而投入拉脚搞副业等。从农业生产上看虽少数人产量不低，但全村总产量是低于一般村的。说明用自由竞争的旧的方法或道路，生产资料亦可增加，但集中在少数人手中，多数人仍处于贫困的境地，实际生产力并未提高。在这类村必须认真发展互助合作，搞样子打基础，以便同单干农民进行竞赛。

因此，在目前情况下，为了提高农业生产力，在3个村共同都要做的是：

1. 从多方面教育农民，从积极方面提高爱国增产热情，继续制止盲目流入城市，在小学校当中，亦应加强爱祖国爱劳动的教育。加强互助合作组织，发挥劳力潜力。

2. 积极改进提高互助合作组织，改进提高各类互助组，有计划的发展合作社。在组社内部克服妨害有车马户积极性的一些做法。

3. 加强政策教育，继续打消部分农民的思想顾虑和某些糊涂思想。适当照顾个体生产的积极性，正确贯彻党的社会政策。

4. 减轻有马户负担，提高配马技术，允许本地马交配，提高耕马的繁殖率。

# 二、阶级变化和各阶层农民生产生活状况

## （一）阶级变化

**农丰村**

| 年度 | 阶层 | | | | | | | | | |
|---|---|---|---|---|---|---|---|---|---|---|
| | 雇农 | | 贫农 | | 中农 | | 富农 | | 地主 | |
| | 户数 | % | 户数 | % | 户数 | % | 户数 | % | 户数 | % |
| 土改前 | 167 | 52.8 | 59 | 18.7 | 76 | 24.1 | 2 | 0.6 | 12 | 3.8 |
| 土改完成时 | | | 117 | 37.0 | 199 | 63.0 | | | | |
| 1950年 | | | 110 | 34.8 | 206 | 65.2 | | | | |
| 1953年 | | | 68 | 21.5 | 248 | 78.5 | | | | |

注：中农中1950年包括富裕中农23户占7.3%。1953年包括75户，占23.7%。

田茂村

| 年度 | 阶层 | | | | | | | | | |
| --- | --- | --- | --- | --- | --- | --- | --- | --- | --- | --- |
| | 雇农 | | 贫农 | | 中农 | | 富农 | | 地主 | |
| | 户数 | % | 户数 | % | 户数 | % | 户数 | % | 户数 | % |
| 土改前 | 191 | 44.0 | 78 | 18.0 | 129 | 29.7 | 12 | 2.8 | 24 | 5.5 |
| 土改完成时 | | | 219 | 50.0 | 215 | 49.5 | | | | |
| 1950 年 | | | 174 | 40.0 | 260 | 60.0 | | | | |
| 1953 年 | | | 120 | 27.6 | 314 | 72.4 | | | | |

注：中农中 1950 年包括富裕中农 33 户占 12.7%。1953 年包括 58 户，占 18.4%。

进步村

| 年度 | 阶层 | | | | | | | | | |
| --- | --- | --- | --- | --- | --- | --- | --- | --- | --- | --- |
| | 雇农 | | 贫农 | | 中农 | | 富农 | | 地主 | |
| | 户数 | % | 户数 | % | 户数 | % | 户数 | % | 户数 | % |
| 土改前 | 150 | 46.7 | 62 | 19.3 | 76 | 23.7 | 16 | 4.9 | 17 | 5.3 |
| 土改完成时 | 2 | 0.5 | 222 | 69.2 | 97 | 30.2 | | | | |
| 1950 年 | 3 | 0.9 | 167 | 52.0 | 151 | 47.0 | | | | |
| 1953 年 | 3 | 0.9 | 127 | 39.5 | 187 | 58.3 | 4 | 1.2 | | |

注：中农中 1950 年包括富裕中农 16 户，占 17.6%。1953 年包括 33 户，占 10.6%。

在 3 个村平均 1953 年雇农 3 户，占0.2%；贫农 315 户，占29.4%；中农 749 户，占70%，其中富裕中农 166 户，占15.5%；富农 4 户，占0.4%。自 1950 年以来，下降农民为数很少，计 3 个村共 33 户，占3.1%，内计中农 32 户，富裕中农 1 户。

## （二）各阶层农民的生产生活状况

中农：不但户数人口占居农民的大多数，且占有绝大部分土地、劳力、耕畜、车辆和农具。在 3 个村 1071 户当中，中农 749 户，为总农户的 70%。计占有劳力76.7%，土地78.8%，耕畜94.1%，大车 90%以上，余粮的79.7%，商品粮的78.9%，农民总购买力的83.5%。

自 1950 年以来，虽然大部中农在经济上仍属于原有地位，但他们的生活皆有提高，表现在：

1. 粮食够吃，忙铲忙割时吃黏豆包，年节有“饺锅”。

2. 按时换季，有铺有盖，青年男女学生，能穿上干部服、球鞋。

3. 自己有房，不透风漏雨，但房子不足，有的住半间房，一铺火炕。

在冒进纠正之后，他们心中托底，大部都有扩大再生产的要求，生产积极，勤劳朴素。根据典型调查，在他们的余粮余资当中，1952年有89.1%用于日常生活，10.9%投资于生产；1953年是80.2%用于生活，19.8%投资于生产。他们大部参加了互助合作，并成为农业生产的主体。有互助合作的积极性，但害怕冒进，怕伤家底子。如说：

“不使劲干是不行啊，这个底子不易打，弄下去一半会儿起不来。”

“底子薄，往下一沉也就完了，还得抓家底子。”

“养个马，担惊受怕，整不好瞎半拉家业。”

“爹有娘有，不如怀揣自有。”

在田茂三屯和进步村，由于互助合作没有适时得到提高，他们觉得苦闷：“新道路不着人稀罕，旧道路又不行走，咋办好呢?”他们对富裕农民单干发家，有些人很羡慕；对互助合作怀疑，“看起来还得自己干，咋组织也不如人家”。认为组织起来是拉帮贫困户。

富裕中农：在中农当中的富裕中农占总农户的15.5%，占有劳力的29.7%，占有土地37.1%，占有耕畜38.6%，大车44%，余粮的35.7%，商品粮的24.1%，购买力最强，去年平均每人是63万元，今年是62万元。在生活上吃穿有余，油盐酱菜常年不缺，并经常改善生活。他们在土地改革以前，在3个村166户当中，是雇农的有63户，贫农31户，中农64户，富农7户，地主1户。土地改革、互助合作及我党各项发展生产的政策是促使他们上升的根本因素。在他们本身，从166户富裕中农来看：

1. 人强马壮、劳动好、劳力多者有74户，占44.4%。
2. 劳力车马平常，但善于经营，会调算、日子过的细的41户占24.2%。
3. 有手工业、工薪或其他收入者23户，占14%。
4. 雇工放债、会捣登有轻微剥削者28户，占16%。

从他们的经营上看，在农丰村75户富裕中农当中：

1. 参加互助合作，勤劳生产发家者，41户，占54.6%。
2. 勤劳单干发家者23户，占30%。
3. 勤劳、捣登剥削发家的11户，占14.6%。

在田茂村58户富裕中农当中：

1. 参加互助合作勤劳生产发家的12户，占20.7%。
2. 勤劳单干发家的34户，占58.6%。
3. 勤劳放债雇工捣登的12户，占20.7%。

进步村富裕中农户数33户，几乎全是单干发家的。从这里可以看出，在互助合作较好的村子里，富裕中农较多，他们绝大多数并无剥削。

中农不仅是农业生产的主体，在党、政、青、妇等组织当中，也占绝对多数，3个村统计如下：

| 项目 | 阶层 | | | | | | |
|---|---|---|---|---|---|---|---|
| | 合计 | 富裕中农 | | 中农 | | 贫农 | |
| | 人数 | 人数 | % | 人数 | % | 人数 | % |
| 合计 | 229 | 63 | 27.5 | 130 | 56.7 | 36 | 15.8 |
| 党员 | 41 | 10 | 24.4 | 19 | 46.3 | 12 | 29.3 |
| 村政府委员 | 30 | 5 | 16.6 | 17 | 56.7 | 8 | 26.7 |
| 人民代表 | 34 | 12 | 35.2 | 19 | 55.8 | 3 | 9.0 |
| 青年团 | 34 | 7 | 20.6 | 21 | 61.7 | 6 | 17.7 |
| 妇女干部 | 22 | 7 | 31.8 | 12 | 54.5 | 3 | 13.7 |
| 互助组长 | 68 | 22 | 32.2 | 42 | 63.5 | 4 | 4.3 |

富裕中农当中一部分是长期在互助组里，勤劳生产，有的已参加农业生产合作社，生产工作都积极，有些已成为骨干。这是合作化、走新道路的富裕中农。证明这些人虽然富裕，但是可以团结教育，并引向互助合作发展道路的。对他们实行排斥、打击，或使之吃亏的做法都是不对的。富裕中农的主要思想是：

“不管说啥还是富裕好，过好了总比过穷强，还是得干哪！”

“任着撇了，也不叫它缺了，过的充足花钱不受憋。”

“管你啥道路反正不走穷道路。”

因此，生产积极、勤劳苦干，但其中尚有一部分表现：“往前探着走”“不敢迈大步”“组织得紧，就进组，不强迫就在外边坦和几天”“空气一平和就雇点零工，放点钱，一紧就往回抽”。哭穷怕露富，对互助合作“大组不如小组，小组不如单干！”其中有些人是摇摆得很厉害的。少数人则一心走旧道路，成为走旧道的富裕中农。他们时常怀疑：“为什么共产党不叫发财了呢！”“为什么非讲平乎不行”。“有顾虑到底走那一步上”，“到‘社会’咋个归（大堆）法？”他们像神经衰弱一样的神经质，经不起风言草动。如有人向他们说：“旧脑筋还想走旧道路！”“没看见土地改革把攒起来的都斗了吗？”等等就撤劲、发愁，有的喝酒，称白面吃一顿，但过几天还是照样干。这一部分人，在冒进纠正之后基本稳定下来，但多采取观望态度，在生产上维持现状，在典型调查中看出，他们积蓄较多，其收入用于生活者1952年占86.8%，投资生产仅13.2%，1953年用于生活占84.2%，用于生产投资仅15.8%，两年来都少于中农。

贫农：由于互助合作和扶助贫困农民政策的贯彻，贫农的户数逐年都有减少。现在的户数3个村平均是30%，占有劳力的22.1%，土地的20%，耕畜的4.4%，车辆的3.7%，除了有些小农具外，大农具几乎一点没有。他们的购买力很低，去年每人平均是34万元，今年是32万元，商品粮较少占全部商品粮的19.7%。但他们在生活上较解放前和恢复时期亦有提高。一般的情况是：

1. 年吃年用紧紧巴巴，稍有亏空。

2. 男的能换季，妇女小孩破衣烂衫，缺铺少盖。

3. 房屋缺，窟窿眼睛，无力修补，不少人占半间房一铺火炕。

4. 小病小灾、死人、娶妻，就得拉饥荒，有些人常年背债。

其中缺粮户在农丰村占总户数的5.5%，田茂7.6%，进步9.4%。

他们所以长期停留在贫农地位原因是：

1. 孤寡病残及丧失劳力者有84户，占26.6%。

2. 劳力弱或人口多，劳力少者有97户，占30.7%。

3. 婚丧疾病或遭其他事故者有55户，占17.4%。

4. 家底子空，债务多者有44户，占14%。

5. 瞎捣登失利，或不会经营的15户，占4.8%。

6. 好吃懒做的懒汉有20户，占6.5%。

他们在生产生活上困难多：

"吃饭一桌子，睡觉一炕头，干活一个人，咋整也不行。"

"种地没粪，明知是胡混，没法治。"

"想撵人家算撵不上啦。"

"越有越挣越穷越'蹭'干活也没劲。"

他们必须依靠互助合作，坚决主张公平合理，但自己说话不算，别人瞧不起，有时明知有马户找便宜，也不说怕伤了和气，给"小鞋穿"。

要求借贷活跃起来，要求政府贷钱买马，积极要求扩大再生产。

新富农：只进步村有4户。他们在总农户当中占0.4%，占有劳力0.9%，土地1.1%，耕畜1.5%，大车2.2%，农具2.2%，商品粮占全部商品粮的2.8%，余粮的3.6%，购买力去年每人是61万元，今年是60万元。他们所以能够发展成为新富农，除有的具有富裕中农的特点外，主要是发展了剥削经营，在4户当中：雇短工一年都在140个以上，共计790个。2户放债共540万元。

他们和党所领导的互助合作尖锐对立，但有的利用互助组变相雇佣劳动力。进步村由于互助合作薄弱，农民觉悟低，对他们的剥削经营，有很大的方便条件，他们制造舆论，放空气糟贬互助合作，骂贫困户"参加互助组受穷不等天亮""那帮小子最没良心，日子能过了，叫工夫都不来了""你们把地主富农也斗了也分了，人家不是也过起来了吗""穷小子们到啥时候也好不了"，他们都已连续剥削三年，并成为农民的资本主义倾向的领袖。

# 三、关于农村合作化问题

## （一）互助合作

3个村组织起来的户数占总农户80.2%，其中合作社占3.1%，常年组占48.5%，三大季组占34.2%，临时组占14.2%。3个村的具体情况分述如下：

农丰村：全村除非农业户外，全部都参加了互助合作组织，全村计有316户，农业生产合作社一个，共25户占总农户的7.9%，土地车马租用，地分四等，马分三等，没有摊子欠债微少，主任骨干常年带头干活。1953年因实行新耕作法，全社产量高于社外，每垧平均比社外高616斤。群众称赞，社员拥护，完全试办成功。每个劳动日可分粮45斤。这个合作社，在全村是：推行技术改革、增产粮食的模范，又是先进生产力的代表，为全村互助合作运动和农业生产树立了鲜明的旗帜。在今年生产当中，起了很大的推动作用。

目前试办中存在的主要问题是：也是个别少数同志插手，区委集体研究较少。

全村有11个常年组，组织农民241户，占76.3%，3个三大季组共41户占12.9%，还有1个低级组，共4户占1.3%。夏锄以前有6个常年组集体喂马，因困难太多，3个组各户牵回自喂，多数组都实行了人马换工，劳动记工办法多是死定活评，在夏锄中部分小帮或小组轮铲，一般的都没有扔地。多数组是去年冒进时组成的大组，基础不固，但由于县工作组和支部领导抓的紧，还都巩固下来，其中有4个组由大化小，有一个分为3个，有3个都分为2个。

在这里，互助合作已有比较巩固的基础，群众大部分已放弃单干、自由发展旧道路，有些人虽想单干，但已很困难，最低限度也得搞个低级组，否则种不了地，舆论是“这年头单干是吃不开啦”。

田茂村：去年原有常年组4个，三大季组7个，低级组21个。去年挂锄后冒进，全村组织起来，当时组成14个大组，7个集体喂马组。1953年大组散了9个，尚余5个113户，占总农户的36.8%，另外有9个三大季组105户，占34.2%，16个低级组89户占29%。从全年过程来看组织起来307户，占全村总农户70.7%。集体喂马部分农民受到损失。

进步村：1952年上半年原有三大季组3个，秋收后搞2个大型组，集体喂马，今年夏锄时为了给牲口赚草料，搞副业集体卖工，但把组员土地荒了，因而散了花。现在全村尚有3个常年组31户占9.9%，11个三大季组145户占46%，低级组马插犋人不换工8个51户，占16.2%，算起来也占总农户72.2%。大型组垮台之后在农民当中留下很坏的影响，富农和富裕中农大放空气，在群众中原有的互助合作积极性受到了挫伤。

经过整党、备耕的整顿工作和一年的工作，3个村互助合作较去年都有提高。

3个村在支部和积极分子的思想上，共同的还存在着一些束缚和限制，影响着互助合作的进一步提高和发展，影响着互助合作运动的健康发展。表现在：

1. 搞常年组就必须集体喂马。

2. 要显示优越性，就得搞大型组。

3. 要互助一律要人马换工。

4. 不搞大型组就不能培养合作社。

关于大型组反映好处是：1. 人多力大车马充足，能调得开。2. 三大硬角五合手，人材能凑起来。3. 全村组数减少便于领导能响应号召。4. 有管委会不致小组长一人包办。5. 能发动妇女，多了愿意干。坏处是：1. 人太多，地也多窝工发懒，活计容易乱套。2. 两利问题不好整，清工结账很困难。3. 一般的骨干领导不了。4. 浪费大。雇记账先生，点灯耗油，油瓶倒了没人扶，东西糟损大。5. 矛盾多教育不便，开会叫不齐，一个人一个心眼。

实际上，领导骨干强经验多是可以大一点的，如果具备上述条件，费同样的力气就不如办成农业生产合作社。

关于集体喂马，根据反映好处是：1. 使用方便，说套就套干活齐刷。2. 省心不受累，不用各家自喂。3. 牲口能多出活。坏处是：1. 浪费大，净吃豆饼硬料，比各家自喂多费1/3到1倍。2. 草料拿不齐，大伙打咭咭。3. 喂的瘦，牲口在一块吃的多，草料不充足。4. 好坏马不能担待，老马抢不着料。5. 有马户自家使用不方便："有马不服个人管了。"6. 在组外影响农民买马的积极性。

在集体生产的组织当中，集体喂无疑是有好处的，但适合于土地统一经营的合作社，互助组没有统一的财政，实行起来，困难很多，弊多利少。副支书方永春的父亲说："把我的摇钱树差一点喂倒了，在一块喂半年，磨都拉不动，牵回来碎米糟糠喂了几个月牵都牵不动了。"因此，除准备来年转社的以外，在互助组内一般不应坚持并且不应提倡。

关于人马换工，在这3个村所实行的人马换工办法是：人工马工一顶一，人是老十分或死定活评，马大部不分等，马干活不管多少一天算1个工，原来规定三季清工找钱，但绝大多数都拖拉到现在，还没有找清。这种办法两头都喊吃亏，无马户欠马工钱一下子拿不出来，有马户给无马户干活不积极。大部分互助组都因此打咭咭。

有马户反映：给别人种地干活自己得垫办一年的草料。到秋还不给钱，给了也是"远水不解近渴"。

无马户反映：有马户磨洋工找便宜，干活不多工不少，因此不敢多攒粪，不能多翻地、蹚地，拉黄土、压碾子，推磨都要工，到秋后一大块钱还不起。"共产党提倡什么事都好，就是人马换工坑穷人。"

共同的反映是：不如死牛犋。一垧地20万元，贫困户春秋两季打，零拿轻快有马户能得到草料，现得利。死牛犋有多少粪也给拉，平常用牲口不要工钱，不麻烦不乱账两头放心。

经研究这种人马换工办法必须改进。办法是：马分等次，干活定量，春天预付一点草料，其他两季找清，在有基础的常年组可以推行。三大季组或低级组里群众采取死定活添办法（多蹚一遍加一遍的钱或工）。或马背地的办法，好马多背，次马少背，好马多得报酬，次马少得，马工不记账两头都愿意，虽然低级，也是应当允许的。

人马换工的概念，现在和恢复时期已有不同。有马户多数并不是土地多、劳力少，特别需要以马工换得人工的。而不少无马户是劳力不强、不多，有些户不仅需要找出马工，还要找出人工。

除了这些突出的问题外，还有一些老问题和新问题。老问题是：在互助组的领导上不够民主，人强马壮的户说了算；贫困户没有发言权。在轮作上，存在不公平的现象，贫困农民吃亏，组内工价低，忙铲时贫困户要出去卖工夫等等。新问题是：推广肇源经验之后，用人工增加了，小工工价和轮铲问题更加突出。

所有这一切都必须用群众路线的工作方法去解决：

1. 一切应当为了多打粮食，打破在形式上转圈子和束缚，把增产节约，反对铺张浪费的思想贯彻到互助合作当中去，提倡"过日子"反对"讲排场"。

2. 在一般的互助组内不否定群众的旧习惯，在"死牛犋""马背地"的基础上提高一步。不把领导精力浪费在复杂的人马换工办法上。着重以提高耕作技术为内容，组织集体劳动。

3. 支部有对象地分工培养骨干，提高老骨干培养新的积极分子。

4. 党团员、村干部在组内带头保证两利公平，不扣不找，按时清工找价，认真使贫困组员的土地和大家的土地一样做到耕作应时。

5. 好的常年组有骨干有基础，应适时提高为农业生产合作社。

6. 大力发动妇女，参加间苗锄草，实行同工同酬，工价做到公平合理。

如何整顿互助组？

1. 总结经验教训，解除思想束缚。

2. 根据实际情况，进行适当地组织调整，如适当地精简或扩大。

3. 改选或建立管委会，改选个别失掉组员信仰的组长。

4. 清工找账，确定今后两利办法。

5. 训练骨干。

如何训练骨干？

1. 训练的对象：首先是区村干部，因多数不会领导。

2. 训练的方法：双城去年采取县负责，结合区分片训练，采取边学边做，在一村里搞收效较大。

3. 训练的内容：总结经验教训为主，进行政策、前途教育，并进行技术教育。

## （二）供销合作

3个村供销合作社，几年来随着工农业生产的发展，农民购买力的提高，供销业务均有发展。田茂社经营较好，进步社一般，农丰社最差。3个社现有社员7547人，占应入社人口的87.3%。资金31000万元，较1951年增加52.2%。供销额71亿元，增加22.7%，占农村供销总额的80%左右，减少了私商的中间剥削，有力地打击了投机商贩占领了农村市场，大体上是解决了农民生产、生活上的需要。

一年来经过整党和思想建设，提高了合作社职工的思想觉悟，克服了过去单纯追求盈利和贪污浪费的偏向，经营管理也有某些改进，财会制度较前健全，经营商品品种有些增多，职工的服务态度有了转变。但对为工农业生产服务的任务认识不足，存在着不同程度的保守落后思想，经营管理跟不上农村经济发展的需要，主要表现在以下几方面：

（1）不了解群众需要，商品经常脱销。甚至群众日常所必需的豆油、食盐也时有脱销现象。不重视计划单凭主观估计，认为计划可有可无，有也是白添麻烦作用不大。

（2）不积极推销农副产品，组织供应被动。对采购工作很少向群众宣传，怕麻烦则不收零粮。供应上是看货架子进货。采买员是三不办，一不办麻烦的，二不办零星的，三不办不好运输的。并有名牌货思想。

（3）人浮于事潜力不能发挥，摊子大、损失浪费大、制度乱、赔钱现象严重。以农丰社来看，业务人员只占50%，每人每日平均工作量仅27万元，费用率高达15.9%，损耗率1.3%。600种商品账实不符的即有232种，未决损失约900万元，截至三季度赔钱1100多万元。

（4）不依靠党政、职工、群众，有孤立主义思想。有的供销社主任与党支部闹对立，认为党政不懂业务。缺乏民主管理制度，不重视合理化建议，既无社员小组，也无社员代表，谁是监事，合作社主任都不知道，群众反映“合作社是官家的买卖”。

(5) 政治工作薄弱，职工思想觉悟跟不上工作的发展。农丰社主任间互不团结闹宗派，工作很少商量。副主任对政治副职的职权认识不清，他说：“政治工作就是加强四防，掌握原则性，领导农民走向共产主义。”有的干部闹工薪闹岗位，不安心工作，学习制度也不经常，干部工作情绪不够饱满。

几点意见：

(1) 要批判保守落后的经营思想和经营方式，反复教育合作社干部，使其明确为工农业生产服务的方针。

(2) 加强调查研究了解群众需要，搞好计划改善经营管理。要发动职工民主讨论计划，把完成计划变成每个职工的经常任务，及时总结经验。建立制度逐步推行经济核算制扩大供销业务。

(3) 健全民主管理制度，密切联系群众。要与生产、信用合作取得密切配合；要把理、监事会建立起来，取得群众的拥护；依靠职工发动劳动竞赛，搞好民主管理是办好合作社的关键。

(4) 加强党政对合作社的领导。加强合作社职工的理论及业务学习，来提高思想觉悟及业务能力。同时县社要加强对基层社的具体领导，每年利用淡季有计划的对主任、会计等进行轮训逐步提高合作社干部的质量。

## (三) 信用合作

3个村一个供销社设信用部，农丰社信用部是在1952年末建立的。现有存款7519万元，放款12300万元，一年来调济了口粮4.3万斤，贷出豆饼8.3万斤，马19匹，车19台，种子21500斤，肥料700斤，谷草6万斤。对发展农业生产，扶助贫困农民，巩固互助合作组织，打击高利贷，均起了一定的作用。存在的问题是：

(1) 对贷款方针不够明确，大额贷款多一些，回收成问题。春耕时贷出大额贷款1900余万元，至今只收回480万元，影响了资金周转，在资金不足的情况下，不能使更多贫困户得到扶助。

(2) 未做到多种多样吸收存款。存款业务只开展了存实折现取现，存现取现两种办法。

(3) 存款业务小，赔钱。三个季度盈余60万元，而工薪开支一项即需630万元，亏损570万元，因之信用部自负盈亏的规定未能执行。

几点意见：

(1) 信用部在目前资金不足的情况下，应以小额的贷款为宜，要与国家农贷有所区别，以免资金少贷款面窄。同时也要防止平均主义与形式主义的偏向。

(2) 要抓住旺季开展多种多样存款业务，吸收余粮余资，组织可能的副业生产改进放款工作。只有开展了业务才能扭转赔钱现象，才能巩固信用组织。

(3) 要在党政的领导下，结合中心工作开展信用业务，做好宣传教育工作，讲清政策，提高群众对信用部的认识。同时要与供销社密切结合，只有这样才能开展信用工作。

# 四、基层领导

区委和3个村在领导作风和方法上都有进步。和过去显著不同的是：强迫命令基本上纠正了，违法乱纪的现象没有了，开群众大会很少，都注意领导农业生产，对农民态度和蔼，和群众关系较前密切。这是从上面反对官僚主义、主观主义、急躁冒进，“五多”并进行了整党、普选等工作的直接结果。

3个村基层领导的状况，各有不同。农丰较好，田茂四屯接近农丰，三屯放任自流，进步村一向薄弱，支部和村政权还没有学会领导农业生产。

农丰村支部和村政府工作的基本情况是；

1. 常年以领导农业生产为中心，抓的紧，有内容，有依靠，能发现问题，解决问题。春耕后再没有和农业生产并列的中心工作。抓得紧表现在全体支委、政府委员和青年、妇女组织都团结在支部的周围，分工领导互助组、合作社，农忙时经常碰头开会，解决问题，推动生产。有内容表现在今年推广了肇源经验，不空喊，抓技术。有依靠是全村组织起来合作社、大组，整装好抓。

2. 领导农业生产着重地抓了三个方面：

互助合作——不仅支委、政府委员、分工领导，并把党员都分布在各个互助组和合作社里，经常召开组长会，研究工作进度，交换经验，提出问题，讨论解决办法。遇有组长不能解决，支部、村长一齐去解决。全村互助组在夏锄中巩固下来，一般的都没有扔地。

技术改革——在指导站的帮助下，在春耕当中，推行了新耕作法，小麦三苗眼，谷子宽播，高粱拐子苗，豆子“可垄贯”等。夏锄中组织了妇女间苗，适时铲蹚，提高了作业质量，部分土地追了肥，挂锄期间发动了积肥工作。今年虽然灾害多，用新耕作法种的土地，都多打了粮，群众拥护，领导信心增强。

政策思想教育——在巩固互助合作，技术改革当中，注意抓思想，作教育，在春耕前结合民主补课，进行了政策教育，提高了农民的生产积极性，克服了推行新耕作法的各种顾虑，夏锄中进行了爱国增产的宣传鼓动，抓紧互助合作的两利教育。群众生产积极性经常保持高涨热烈。

3. 支部和村政府在领导生产当中，采取了群众路线的工作方法：

(1) 领导骨干，党员、干部带头示范，参加生产，领导生产。上级号召的事，自己先做，然后再领导群众去做。不然的话，群众就说：“好事为啥你们不先干?”干部能够带头，自己说话也有力气。因为实际参加生产过程，参加组、社，就能够及时发现问题，也能找出解决具体问题的具体方法。

在今年推广肇源经验当中，在秋翻地当中，无不如此。支书、副支书、合作社主任劳动好，能带头，领导威信都比较高。

(2) 搞点做样子，利用先进，推动一般。在全村互助组当中，支部抓紧金义铎、韩树森2个组，在技术改革、抓紧农时、两利关系、扶助贫困组员方面都走在前面，有时就组织参观。

对全村互助组都起到推动作用。

(3) 培养运用积极分子，用以带领群众。在支部周围团结和培养着一批积极分子，他们当中有互助组长，有青年，有妇女，也有生产有经验的农民，运用他们去带领群众搞好小组。这些积极分子有些是党员的培养对象，多数在群众中有威信。

(4) 开始注意有事和群众商量。推广肇源经验之后，在生产中注意和老农商量，向老农学习技术，每个季节都召集老农座谈会，召开点种的人、蹚地老板、打头的等开座谈会，研究生产技术。在领导生产当中，逐步地克服了为完成任务不择手段的强迫命令做法。

4. 目前领导上存在的问题是：

(1) 党、政不分，一揽子，支委会小组会开的少。有事党、政、青、妇、互助组长会，常常把党的支部，党员溶化到一般群众代表、积极分子中间去，支部的堡垒作用逐渐削弱。

(2) 对供销、信贷合作放松领导。只管生产，不问供销，对供销社、信用部工作情况不了解，提意见抓不住问题，供销社工作得不到支持，业务困难很多，工作开展很慢，促使供销社的领导骨干孤立、单干，只对上级社负责，不向支部汇报工作，不和支部研究改进工作办法。

(3) 党内缺乏批评自我批评，在领导骨干开始有不团结的萌芽。

(4) 在领导互助合作中，贪大，贪高级，形式主义等思想偏向，仍未消除，还不善于倾听群众意见，未巩固提高互助合作，如集体喂马问题很多，骨干不强的大型组不愿主动化小，对各类互助组一律要求人马换工等等。

5. 农丰村支部领导提高一步的中心问题是加强支部工作，根据一年来的工作实践，总结经验教训，巩固已有优良作风和群众路线的工作方法，并克服上述缺点偏向。

田茂村四屯，有与农丰类似之处，但积极分子较少，和群众联系较差。在整个支部领导上应克服自满偏向，首先教育干部、党员，使能积极参加生产，领导互助合作，克服发展互助合作的思想障碍，明确稳步前进的方针、政策，学习农丰村走群众路线的工作方法。

进步村的现状是：支部、政府领导工作薄弱，党的政策不能与广大群众见面。自流，自发势力比较嚣张，生产资料趋向集中，阶级开始分化。农民之间不够团结。

怎样改变薄弱的局面？

1. 派得力干部，加强领导，提高正气，压倒邪气，扭转自流的无政府状态。

2. 培养积极分子，培养党员对象，做长期打算，加强党的领导力量。

3. 稳步发展互助合作，搞好样子，以便逐步推进。

# 吉林省永吉县第十区新兴、新安、新造三个村的经济调查报告

为了摸清一来农村经济、互助合作运动及基层领导的新情况、新问题，我们协同吉林省委在永吉县十区（该区为解放较晚地区）。新兴、新安、新造三个村，进行了一个多月的调查。

新兴村是区委的重点之一，合作互助占主导地位，并出现了2个农业生产合作社，办得成功，鲜明有力，经济发展的快，技术改革有成绩。新安村互助合作有基础，经济发展比较快。新造村互助合作基础弱，经济发展迟缓。

三个村虽程度不同但共同的是：支部领导弱，青年、妇女组织不健全；合作互助除新兴村外，缺乏较鲜明有力的好样子，供销社程度不同皆赔账，部分富裕户思想不够正常，小农经济盲目自发的资本主义势力在滋长，贫农经济上升较慢，新富农多数定型。

## 一、农业的发展和经济与阶级关系变化情况

（一）农、副业生产和农民购买力的发展提高状况：商品粮与工业原料作物有显著增加。耕地面积1953年为4645.11垧，较1943年增加8.6%；1950年总产量较1943年提高25.49%，单位面积产量提高15.62%，1952年总产量较1943年提高38.42%，较1950年提高10.6%，单位面积产量为2787斤，较1943年提高20.62%，较1950年提高4.3%，这里说明，1950年恢复时期已结束，并开始进入新的发展时期；1953年虽在各种灾害侵袭下（高粱、谷子减产），但总产量较1943年仍高24.23%，较1952年降低11.3%，单位面积产量为2348斤，仍高于1943年1.6%，但仍低于1952年15.8%。发展最快的新兴村，1950年总产量超过1943年1.25%，单位面积产量超过3.85%；1952年总产量较1943年提高30.27%，单位面积产量提高22.97%；1953年总产量较1943年仍高33.07%，单位面积产量仍高14.84%。新造村除1950年单位面积产量较1943年提高35.1%，高于新兴村外，1952年、1953年既低于新兴又低于新安。

商品粮和工业原料作物面积逐年增加，主要是大豆和亚麻。1953年大豆面积1502.77垧，较1943年增加18.4%，较1950年增加19%，较1952年增加12.66%；1953年亚麻面积181垧，较1943年增加59.6%，较1952年增加52.1%。

随着农业生产的发展，副业生产也有发展。这三个村农民普遍养猪、喂鸡、部分户拉脚。新兴、新安两村1952年副业生产收入占农民总收入的4.8%，1953年则占8.85%，较1952年提高57.8%，农民收入逐年增多。购买力不断提高。1953年三个村总购买力为324421万余元，较1952年提高26.1%，每人平均405939元，较1952年提高26.2%。

（二）在土地改革基础上，上级领导下，由于贯彻了毛主席指示“组织起来发展生产”的方针，因而农业生产力在不断的增长着。三个村总的情况是：耕畜、车辆逐年增加，劳力虽有减少但与耕地基本适应，新农具增加，旧农具略有减少，部分农民由于对技术改革有错觉，有少种地多打粮的思想，因而撂荒地是增加趋势。

耕畜：在土地改革至1951年期间增加较为显著。由934头（匹）增到1070头（匹），其中耕牛增加较多，骡马增加较少，其质量有所提高。新兴村1953年马180匹，骡子83.5匹，牛129头，马较土地改革时增加41匹，骡7匹，牛46头；新安村骡、马增加是波浪式的，1951年超过1943年1匹，1952年少于1943年18匹（牛驴超过1943年48头），1953年则超过1943年6匹。新造村耕畜总数虽已超过1943年，但其中马减少15匹，牛却超过1.9倍；另外三村幼畜增多，1953年有小马驹132匹，骡子26匹，牛197头，较1952年马增67匹，骡子减少3匹，牛增104头。三村每匹耕马平均负担4.5垧，牛3垧；劳动力在1952年较1951年减少133个（新安村减少51个，其原因是1951年收成较差，有些农民流入城市），按现有男整、半劳力平均负担耕地2.85垧，多的3垧（新造），少的2.67垧（新安），劳力大体够用。

三个村车辆、农具，1953年较1952年增加11.8%，其中胶皮车增加34.1%，花轮车增加39.3%，铁车变化不大。1952年只有7台综合号铲蹚机，1953年增到74台，马拉农具2套，1954年将再增加4套，由于新农具增加，旧农具（犁、耧）减少44件，这在新兴村为最显著。撂荒地1952年有1.75垧，1953年增到30.36垧，其中有2.39垧已废耕。

（三）技术改革工作，3个村在组织起来的基础上，由于贯彻了普遍宣传重点推广的方针，在支部领导和技术推广站协助下，结合了当地多打粮的办法，均做了不少工作，有一定成绩（较好的是新兴村）。其表现：①耕作方法有了显著改变。大豆由原茁豆普遍改为羊拉稀；谷子一犁扣改为翻后耧。新兴村宽播大豆、高粱、谷子660.16垧，占总耕地面积的41.37%，其中新农具播种118.1垧，占7.4%，翻后耧面积占总耕地面积的39.1%。新安村翻后耧面积35垧，到秋后只剩下支书1垧地，村长1条珑，劳模2亩谷子。新造村虽宽播153.5垧，其中谷子87垧，夏锄即刮掉68垧，大豆39.7垧，刮掉7垧；高粱35.8垧，刮掉28垧。②凡是宽播合理密植的，一般比旧作法多打了粮。根据对新兴村9户典型调查，平均每城多打1石粮，并出现高于一般的高产地75垧。新安村支书颜德江一垧豆子约打12石，较当地一般产量多打一倍多。③由于多打了粮，群众对技术增产有了认识和要求，他们说：“用老办法不行了。”赵成信旧作法一垧豆子只打2800斤，他说：“来年政府不号召，我也要用新作法。”普遍认为化学肥料好，都说：“那玩艺追上，两天后庄稼就青蔖蔖的，真是好东西。”特别是新兴村农民要求新农具、铲蹚机为最迫切。④由于耕作法的改变，需要劳力增多，进一步巩固提高了互助合作，并吸收了85%的妇女劳力参加了农业生产。一般农民舆论是：“肇源经验是多打粮的好办法，就是今年雨水过多，干的有些冒高。”

存在问题：①有的互助组，不顾条件与可能，如李洪林组全组31垧地全部宽播，除撂荒1垧2亩外，其余也都减产。②高粱拐子苗，在当地垄底较仄的情况下，是不宜推广的。群众认为“那叫瞎扯”。③认真系统地总结增产经验和群众的体验来教育群众。为此，①在组织起来基础上继续贯彻普遍宣传重点推广的方针，并按季做好技术表演，组织参观，以推动全面；②根据具体情况，量力而行，制止高粱留拐子苗的作法。我们和农民商量的结果：1954年宽播大豆面积可达50%，谷子15%—20%，高粱做到等距全苗；③进一步发挥技术员和小组的作用，并做好来年的具体技术推广工作。

（四）随着3个村合作互助运动的发展，阶级关系也有了新的变化，总的情况是：中农占农村中多数，富裕中农逐年增多，贫农占一定数量的比重，3个村均出现了新富农。三村上升的户占总农户的59.48%，最快的是新兴村占69.34%，较慢的是新造村占42.8%。各阶层分述如下：

中农（包括富裕中农）——占三个村总农户的64.44%（新兴占65.9%；新安占64.9%；新造占62.4%），占总人口的75.1%（其中41.6%系原贫雇农上升的，有46.6%是原中农经济地位未动，但生活有提高，有11.8%为被斗地、富上升的）。中农占总耕地面积的72.3%，三个村租入土地498垧中，即占87.3%，实耕地面积占87%；车辆占73.6%，主要农具占86.2%，耕畜占87.7%，老幼牲畜占87.3%，劳动力（男）占73.93%；占总购买力86.6%，平均每人456315元，较1952年提高23.6%。

中农除在户数上占多数外，在政府和各种政治组织中也占多数，三个村110名人民代表中，中农占75.5%，在32名政府委员中占87.5%；三个村支部53名党员中中农占60.3%。一般中农生活够吃，按时换季，有铺有盖，房子够住，部分新盖和翻盖了房子。生产积极、勤劳、俭朴，大部有添车买马、增补农具、扩大再生产、参加合作互助、提高技术、多打粮的要求。少数中农的思想是：行动谨慎小心，“站在当腰看两头”，“往前迈步挺小心”。既留心富裕户的动静，也观察贫农的颜色，羡慕富裕户，有的农民舆论：“北头崔岫岩，南头满青山（富中），叫人看着真眼馋!”

富裕中农——三个村有164户，占总农户13.1%，占总人口23.4%，1953年较1951年增加115.7%。新兴村93户占21.28%；新安村32户占8.3%；新造村39户占8.9%。他们占总耕地面积的22.9%，租入土地占自有耕地8.28%，占总租入土地的18.5%，占耕畜29.8%，占老幼牲畜32.9%，占车辆28%，占主要农具37%，占劳力（男）23.4%；占总购买力的38.4%，平均每人626420元，较1952年提高24.8%。在富裕中农中，只有部分生活高于一般中农，而没有剥削行为者有57户占34.7%，多数是参加了合作互助富裕的，已成为积极分子；有轻微剥削的89户占54.2%；剥削收入占15%以上但还未超过25者，有18户占11.1%。他们生产资料齐全，生活除自用外，粮资有余。经营一般有六个方面：①耕种自有土地；②租入部分土地（有相当数量是白捡地种）；③大部雇用零工或季节工；④拴胶胶皮车拉脚；⑤小部分的倒卖牲口从中取利，兼放相当数量的高利贷；⑥养母猪和肥猪。他们思想疑虑较多，对党的各种政策感觉最灵敏，目前部分户的顾虑是：①怕说富，改成分；②怕“社会”（平均）；③怕购粮（方法不当）；④怕互助合作紧（强迫命令）。在整党后和夏锄前，有部分富裕户说“共产党摆的道趁光溜赶快走，别等‘拉疤’咯脚也得走”，有些人曾一度参加了互助合作；在纠正冒进出现自流情况下，部分富裕中农认为合作互助空气缓和下来，社、组内极力争取单干、胡扰乱缠，有的说：“互助组没个好，像人家王桂（新富农）单干把地莳弄的背背整整的，互助组的地都扔啦!”（事实上多数组并未荒地）他们认为互助合作受约束，限制他们自由发展。要求有四点：工作少来点；会议少开点；少限制点；让他们多发展点。

这里说明在富裕中农中，有相当部分是走旧道路的代表人物，我们除积极搞好互助合作，逐步吸收他们参加外，并针对其不正确的思想和缺点进行恰如其分的批评教育。目前应防止二种偏向：一是迁就放任，对其不做工作，这是不对的，但在目前恰是主要的一面；二是粗暴的打击，这显然也是错误的。

新富农——三个村有25户占总农户的1.99%，占总人口的2.98%，较1951年增加18户。新兴村12户占2.75%，新安村6户占1.56%，新造村7户占1.6%。他们占有耕地2.7%，租入土地占总租地面积的2.64%，占耕畜4.2%，老幼牲畜2.3%，占车辆2.1%，占农具的4.3%，占劳力2.3%。他们户数虽少，但影响颇大，为数较多的富裕中农，管他们叫"小咽咽"。省里有的同志把他们叫做走旧道的"旗杆"。三个村新富农定型较多，在25户中连续三年剥削的10户，占40%，连续两年剥削的9户，占36%，剥削一年的4户，占16%（其中原系地主者3户，旧富农3户，原雇农5户，中农9户）。其原因：①土地改革斗争不够彻底；②支部领导弱；③互助合作基础弱，有机可趁。其经营是：化整为零，租地、大量雇短工或季节工。如新富农王庆和自有土地10垧，租入8.5垧，雇季节工，养跑腿子计为顶三个半长工，胶皮车2辆；暗中放高利贷。新兴村3户新富农放76石粮和80万元，占该村全年放粮总数的48.4%。又如新富农李财1950年借给贫农张纯有粮12石，现已将张的5亩1分地、一间半房子滚到手；并搞投机商业。如张玉林趁合作社缺缸，乘机贩卖，另到蛟河开铺子做买卖。他们针对党的政策和政府法令、干部作风、互助合作及贫农弱点进行破坏活动。有的新富农抓住个别互助组弱点宣传："还是人家互助组真是省工出活，谷子就铲两遍，真优越！"李永说："合作社没有互助组好，互助组没有单干好。"在宣传私人借贷条例时，他们以扶助贫困农民为名说："咱们多咱也响应政府的号召，人嘛！谁不愿意进步嘛？"有的趁不让撂荒地，便抓住劳力少、无牲畜户种不上地的困难，白捡地雇工经营。他们对贫农除排斥打击外，并加以污辱谩骂，王庆和以借半斗小米为条件，换取贫农姜涛磕一个头。并在群众中散布他的"旗杆"优越性，10月买胶皮车缺400万元，在村里一张罗就凑齐了，他说："还是咱有人情。"他们希望互助组、合作社垮台，便于雇工、放债，有发展余地。

贫农——三个村412户占总农户的32.74%，占总人口的20.97%（新兴村127户占29.06%，新安村219户占33.5%，新造村156户占35.2%），占总耕地面积的20.7%，出租地占自有地20.4%，占出租土地总数的40.1%；他们仅有勉强能使的耕畜，占总数的8.1%，占车辆6.6%，平均20户一台车，主要农具占0.96%，平均每3户一件；占总购买力的10.22%，平均每人259642元，较1952年提高18.6%。贫农生活比过去大有提高，但占有生产资料少而劣，上升较慢，多数仍是紧紧巴巴，换季不应时，铺盖不齐全，有部分户一遇婚丧疾病即连年背债并有破产的危险。三个村缺粮户有82户，占总农户6.6%强（新兴村占1.6%，新安村占8.3%，新造村占9.9%）。部分贫困农民受排斥，政治地位不够高：①入互助组受排斥；②组内轮作不应时；③社会舆论受歧视；④部分党员干部阶级观点模糊，不加区别乱批评。因此，有少数贫困农民生产、生活困难多，生产积极性不够高，要求转业到工厂。他们要求：①已参加互助组的，要求党和政府帮助搞好，解决生产困难，轮作及时合理。没参加互助组的要求组织起来，参加农业生产合作社。②要求党员干部不要小看他们和不加区别乱戴"二流子""懒汉"帽子。③要求农贷、信贷或预购粮食时予以扶助。④部分户由于求借不着，痛恨富裕户，有一种急躁和平均的思想；在生产上小事不过瘾，大事无力办，往往是两头落空，有时闹的很苦恼。

上述看出：有相当数量的村干部阶级观点模糊，警惕性不够高，一般陷于自流。为此，首先在区、村干部党员中继续深入宣传总路线教育结合当前政策教育，正确认识小农经济盲目的自发势力的危害性，贯彻积极领导稳步前进的方针搞好农业生产合作互助和供销合作、信用合作。对个别新富农违法恶劣者应给予适当的打击，从而教育提高群众觉悟。其次端正在支部与村干部中，存在对贫困农民不正确的认识，并具体分析研究他们贫困的原因，提出切实可行的扶助办法，同时扭转在社会中存在讽刺、打击、污蔑贫困户的舆论；支部党员具体分工帮助计划生产并吸收他们入组，在互助合作中，贯彻两利轮作制度，掌握既不使贫困农民吃亏，又不伤害中农利益的政策。通过农贷、信贷的扶助解决其生产、生活之困难；对二流子加强教育，从劳动中改造。

三个村在经过两条道路教育和合作互助运动中，群众觉悟进一步提高，思想教育方面作了很多工作，有一定成绩，但也存在一些问题：

两个时期：①整党后，5 月前，有少变个别的党员和积极分子在向群众宣传时有错讲错解如："个人租地就是小资产，死亡道路，资本路线，组织起来才许可租地。"在两条道路宣传上，"一条是光明道路就是组织起来，一条是'拉疤'道就是单干"；有的说："单干是资产阶级思想，到多咱也吃不开，到'社会'也得把他扔在外边。"有的富裕户说："这个道是早走晚走，早晚必走，晚走不如早走好。"新兴村支书曾警告新富农李荣华走资本道路，李即请合作社主任帮助组织互助组。在这种情况下，全村农户组织起来占总农户的81.9%，其中有 4 个公有组。②五六月间，区委在半拉山村进行政策补课试点之后，各村分别宣传了政策，基本上消除了部分农民思想顾虑，但又偏重于社会政策教育，放松了对农民的前途和两条道路的教育。片面地讲："单干自由，借贷自由，雇工自由，允许租地，土地买卖随便等。"有的说"冒进是错误，现在不兴搞公有"，在这种思想支配下，用粗暴简单的方法拆散了四个公有组，其结果是有利于新富农和自发势力的滋长，不利于合作互助运动的发展。这时有少数的富裕农民的舆论："共产党松劲了，现在是八仙过海各显其能的时候了，管的不紧日子'得过'啦！"

在农民思想上，还有若干问题模糊不清：对组织起来提高技术，多打粮食大家富裕和什么是社会主义，怎样到社会主义；对限制富农剥削与允许其存在和对扶助贫困农民，改造二流子，强制地主旧富农从劳动中改造；对允许农业生产合作社在必要时雇佣技术工及农忙时雇用少量短工与大量雇佣短工季节工；对合资添车买马与把中农车马作价归公；对"组员租地入组其自有土地与租入地之总数，凡不超过本人劳动力所能耕作土地 1 倍"，误解为"不超过本人耕作土地一倍"；对积极搞好信贷工作、限制高利贷活动；对允许单干与积极组织吸收贫困农民入组；对季节副业与商业投机；对强迫命令与积极领导等都认识不清。

产生上述问题的原因：①县、区对"三反""五反""整党"后农村出现的新情况与特点，认识不明确，因此，未能把思想领导贯彻政策提到首要地位当作经常性工作，有组织有步骤的去进行；②县、区主要干部直接与群众见面交待政策做的不够，同时对区、村干部的具体指导和估计不足；③工作布置后也缺乏系统地检查，致使问题不能及时发现解决。根据上述情况，意见是：①有组织有步骤地宣传党在过渡时期总路线总任务，并结合当地情况交清各项具体政策；②主要干部与广大群众直接见面；③加强各项工作的检查，及时发现解决问题从而提高干部领导水平与群众认识，推动合作互助运动健康的发展。

## 二、互助合作运动情况

合作互助：三个村组织起来的农户数占总农户的57.6%，较1952年增加7.3%，其中有农业生产合作社2个，占组织起来总农户的5.3%，单干户占总农户的42.4%，较1952年减少7.3%。合作互助在农民经济中处于主导地位，但由于工作基础不同三个村的情况是：

新兴村组织起来占全村总农户的60.4%，较1952年增加22.3%，其中2个合作社占组织起来农户的13.5%，常年组占25.9%，较1952年减少9.4%，季节组占34.5%，较1952年增加11.2%，临时组占26.1%，较1952年减少15.1%。单干户占39.6%，较1952年减少22.3%。

新安村组织起来占56.1%，较1952年增加2.4%，常年组占组织起来农户的23.6%，较1952年增加0.7%，季节组占46.8%，较1952年增加0.5%，临时组占29.6%，较1952年减少1.2%。单干户占总农户的43.9%，较1952年减少2.4%。

新造村组织起来占总农户的52%，较1952年减少8%，常年组占组织起来农户的13.9%，较1952年增加0.2%，季节组占43.1%，较1952年减少3.8%，临时组占43%，较1952年增加3.6%。单干户占48%，较1952年增加8%。

县、区联合试办较成功的农业生产合作社2个（吴纯纲社、郭长春社），共38户，210人，马16匹、骡8匹、牛7头，胶皮车4台，铁车、花轮车各2台，新农具2套，铲蹚机11台；2社内有村干部2名，党员1名，团员7名。

两个社的经济基础不同：吴纯纲社经济条件好；郭长春社岗、洼地多，贫困户多，经济条件较差。两社由于土地统一经营，提高了技术，使用了新农具，顺利地推广肇源经验，大部做到了合理密植。如吴纯纲社大田作物81垧3亩，平均每垧产量2975斤。比当地一般产量多627斤，超过常年产量26%；每个劳动日分得20多斤，在22户中有14户超过入社前收入，有5户未超过，其原因：①去年有租地；②劳动日少；③投资少；另有3户去年未入组。社员崔林（中农）今年除粮食、种籽、耕畜草料外，分得9820斤，与社外相同条件的崔宪相比，多得2450斤。社内群众除了吴惠恩，吴永江（富裕中农）外其他社员满意，思想巩固。又如郭长春社，虽由于自然灾害的侵袭，每个劳动日只分5.1斤粮，社员们说："不入合作还分不到这么多呢！"情绪仍很高，没有人提出退社，因为他们在一年生产，特别是和自然作斗争当中，逐步体会到合作社的好处。

社外一般群众认为，吴纯纲社力量大经济条件足，分红多，比单干强，但有些人说："合作社虽不错就是干活太累。"对郭长春社今年虽分红少但都羡慕，本村、外村特别是贫困农民反映说"那才真叫有骨头，白手起家"，"领导贫困农民干的有了本钱啦"！

另外部分单干富裕户，尤其是新富农，他们讥讽合作社。如在追肥时，合作社的地里施硫安，次日正值天下雨很多硫安被冲到河里去了，富农看到即讽刺说："合作社真行，河里（合理）施肥。"他们看到合作社使新农具耕地，便说："合作社明年该吃面包啦！"因今夏阴雨连绵，草苗齐长，合作社的地和单干同样草多苗荒，他们说："合作社地里怎么不长草呢?"

两社存在的问题：首先是县、区缺乏经常的检查和具体及时的指导（分配时县委去人试点），同时，区委除了正、副区书外，其他干部对办社生疏缺乏经验；其次盲目地宽播，郭长春社有4垧地颗粒未收；再次，支部过问少，政治工作弱，财务制度不健全，委员多，作用小。

各类型互助组在农业生产上的各个方面均显示了一定的优越性。在春耕期间选播了良种、耕作细致适时，推广了肇源经验，增加了施肥面积；夏秋各种作物虽遭到雨涝、虫、雹、霜害侵袭，草苗齐长，谷粒晚实，但产量并不低于个体农民，有的组还创造了高额产量。

各类型互助组的几种互利形式：

1. 包工：①按活计件包工。这种作法较合理，能发挥劳动力的积极性。但在执行上由于经验不足，标准工订得不够切合实际，又加今年夏季雨多，许多组员因费工多而争吵，均未坚持下来。②季节按地包工。根据全组土地荒、净，需工多少，评出若干等，由全组劳力分别包工，组员认为：第一根据地荒、净连边作业避免挪地窝工；第二解决了先产后产、雨前雨后、省工费工的矛盾；第三可加速耕作进度。这种作法，虽为当地群众所接受，但省、费工按地负担不易发挥劳动力的生产积极性。

2. 评工记分：①少数组作到按劳力强弱、技术高低、作活多少、轻重、好坏就地进行评分记工。②多数按时间（四气活）记工不评分即"老十分"。这种做法不能充分发挥劳动力的积极性。③工顶工。这种作法多数在临时组。

3. 人畜工比价：新安、新兴两个村普遍执行牲畜不分强弱（草料在内）一比一，新造村亦不分牲畜强弱（草料在内）十五分。在人、马工比价上后者比前者较合理，但不根据牲畜强弱不能刺激养好牲畜的积极性。

4. 耕作：①根据作物不同，洼地、穰楂地、荒、净按排耕作。此种多数，比较合理。②地多的先划部分，地少的包了，最后再产剩余部分，这对富裕户有利，其他户不利。③先划贫困户或地少的，这是少数。

5. 牛犋有二种形式：①借犋、无牲口户向富裕户小份子借牛，个别借大牲口。多数三大季缴三四斗租子，如有牛犊时给雇人放免缴租子，但不准喂瘦，多数有亲朋关系，崔家窝棚屯18户无牲口户，有8户借牛犋，占无牲畜户的44%。②极少数的，用好地换牛犋。如新安村高正德有2.52垧土地，自种7亩2分，用1垧8好地换富裕中农李万信牛犋（种土，蹚二遍，拉到家）。

存在的几个问题：

1. 支部缺乏正常的领导。新兴村春季有点冒，进入夏锄就放任自流。新安、新造两个村一般陷于自流。如新兴村支书、正副村长领导的3个互助组在夏锄中散花，他们说："自己搞的组都垮啦！还有脸去管别组呢?"因而也放弃了对其他互助组的领导。

2. 部分互助组排斥贫困户入组及组内轮作不两利。如新造村3户贫困农民要求入张文库组被拒绝，新安村刘景扬因欠富农工资11万元，不给蹚地，逼得刘爷俩到市场上卖工夫还工钱，致使2垧地未蹚上少打4石粮。另外，贫困农民在组内如不存工即不给蹚地，普遍铲蹚不应时。

3. 多数常年组雇季节工或零工划地。新兴村6个常年组就有3个组雇季节工，相当于6个长工，新造村3个组雇季节工等于3个长工，新安村2个组雇短工175个。

产生上述问题主要是支部、党员对组织起来走大家富裕的道路认识更不够明确。为此，应对干部加强党在过渡时期的总路线教育，从而提高支部党员社会主义觉悟，搞好互助合作成为支部、党员自觉的政治任务。（一）为办好合作社带动互助组：首先是区、村干部学会办好社和领导好组的主要政策和方法；系统地总结老社经营管理经验和建社经验，有计划地训练区村干部，使其学会领导合作社的本领；三个村在1954年有3个组（李洪林、赵成全、刘玉山组）具有办社条件；区委和支部要加强合作社的政治思想工作的领导。（二）在各种类型互助组中重点培养作好样子，按季分段通过检查总结工作及时发现问题解决问题，取得经验推动一般。要吸收或组织贫困农民入社入组，切实解决其生产、生活困难和轮作上存在的不合理现象。

三个村都有供销社，一年来，在供应生产资料、推销农副产品上均起了相当的作用，新安村较好，新兴村一般，新造村问题多。

目前存在的主要问题是：为生产服务的经营思想不够明确，经营管理水平低，主要表现在：①三个社一二三季度赔2487万元，新安村社卖钱额平均每人每天395692元，仅为了实行卡片制增加人员3人左右，人浮于事的现象较普遍，开支大；②手续过分繁杂，服务态度不够好。农民说，"四个步骤"（看货、开票、交款、取货）太麻烦，有时三问一不答；③不了解群众生产需要。因此，在生产资料供应上普遍脱销，如锄头、铁锹、白粗布等供应均不及时。造成购买力外流，如一拉溪社（集镇）交易额逐季下降，一季度占社会交易额74.9%，二季占69.3%，三季占50.2%，私商的营业额则相对增加；④责任心不强、损耗大。如一拉溪供销社，三个季度收粮220万斤即损失17000斤，其中霉烂的就有6000斤。

一年来区、村对供销工作抓的较少，缺乏有组织的深入检查，霉烂6000斤粮食都不知道；合作社是群众性的经济组织，但缺乏严格的民主管理制度，也未定期向社员公布账目。为扭转这一局面，区村党的领导必须加强对供销工作的领导，进一步明确为生产服务的思想，总结已有经验提高经营管理水平，扩大业务简化手续，健全严格的民主管理制度。

三个村都有信贷部，今年存款2286万元，其中新安村1666万元，新兴村260万元，如新造村360万元。一年来工作有发展，在活跃农村经济，扶助贫困农民生产、生活，打击高利贷活动上均起了一定的作用。新安村共贷出马料14250斤、口粮5280斤，并帮助农民添购了16匹马，新兴、新造两村贷出788万元也解决了部分户的种子、马料困难。首先，巩固了互助组。如李殿有组正在种地时死马一匹，眼看小组要散花，经信贷部贷款买了一头牛，小组又坚持下去了；其次，促使私人借贷降低了利息。如富裕中农刘殿举将2石大豆存信贷部2.5分利息；再次，群众对信贷部开始有了良好的印象。

存在问题，从两方面来说：一方面信贷部工作本身①不是靠吸收广大群众游资开展业务。如新兴村260万元完全是党、团员带头存款；②贷款对象贫农比重少，中农占60.2%，其中富裕中农占20.1%；贫农仅占39.8%；③主动依靠党政不够。另一方面，正由于信贷工作薄弱，三个村高利贷暗中相当活跃。据调查，新兴村私人借贷计粮食416石，新安村318石，新造村415石，计1149石。其特点是：（1）富裕户容易借，贫困户难借。如新富农王庆和买胶皮车缺400万元，在村里一张罗就凑齐了；贫困农民裴德明，因老婆死无钱买棺材，求借无门，将全部家底子卖光了。(2) 非法利息多，合法利息少。新安村三分利占10%，四分利占66%，五分以上占10.6%，无利息占12.4%。(3) 放粮多、放现款少。新安村在88户放粮户中，只有103户放钱753万元。信贷工作是农村合作化中最薄弱的一环。为此，加强现有信贷部的领导，明确依靠广大群众办好信贷工作的思想，和阶级路线及贷款用途。使农村信贷工作随着农村经济的发展，迅速的开展起来，逐步消灭高利贷的活动，占领农村阵地。

## 三、区村领导情况

区委会的组织虽健全，六名委员都是经过整党以后提起来的，他们的特点是：工作积极热情肯干，但政治、文化水平较低，工作办法较少。经过整党和两条道路的教育、推广肇源经验、贯彻中央颁布的三大文件，反对强迫命令、主观主义，改进提高区委领导水平以来，在区委的集体领导下，组织区委与区干部学习了各地的一区委领导经验，结合检查了1953年区委的领导，从而提出改进方法，经半年来的努力，区委领导已有相当改进，表现在：

(一) 健全了区委会集体领导与分工负责制度。纠正了过去一揽子，少数人包办的缺点，区委委员也有了较明确的分工，全区较大问题，集体研究，区委会决定；

(二) 中心工作较明确，每季或每月，通过召开区委扩大会议，讨论计划全区工作，推动各部门为中心工作服务。如妇委在夏锄时，提出发动训练妇女学习间苗技术，全区训练4200名，并发动5400名妇女参加了间苗。又如宣委，通过宣传网进行政策、时事宣传，据6月至9月的统计，传授7次，其中政策时事4次，当前工作3次，另有技术8次，受到教育的达3454名，从而教育了群众，推动了工作；

(三) 建立了重点村，并开始注意了点面结合的工作方法。全区19个行政村，以半拉山、新兴村为区重点村。他们从春到秋，按季分段，通过试点或技术表演，组织观摩等工作方法推动工作。如春季推广肇源经验，区书、区长在半拉山、新兴村结合当地多打粮的真人实事，组织参观教育农民。又如播种时，在新兴村王金奎互助组进行试种表演；4月份在半拉山村范德山互助组进行了小包工试点，组织了传授，扭转了部分组员“天黑日头转，早晚三顿饭，多干不多挣，傻子才能往前干”的思想，因而巩固提高了互助合作组织；

(四) 建立了学习制度，注意了对区干部的政治思想领导。今年7月份区委建立了业余党校，学习政策、时事、文化、农业技术。每月有三天回区集中学习；区委对区干部有组织的进行了思想教育，展开批评，表扬好的干部。

区委领导上存在的问题：

1. 从区委领导一年工作中看来，抓生产、技术多，抓互助合作、供销、信贷少。特别是加强支部思想和组织建设巩固整党成果，通过支部具体研究互助合作抓的更少，他们很少注意研究党内及群众思想，看不到小农经济盲目自发地趋势对党的侵蚀所产生的右倾情绪认识不足。

2. 各部门对中心工作的认识，目前存在三个情况：①中心明确并能通过部门运用组织力量为中心服务，这是少数的；②直跟中心工作跑，放弃部门工作，这是多数的；③对中心工作不够明确，因而，行动起来只顾部门业务，放弃了中心工作，这是个别的。

3. 工作布置多，检查总结少。因此不能及时发现问题，帮助支部具体分析和及时解决问题，从而提高支书、支委领导水平做的不够。

改进区委领导的几点意见：(1) 学习总路线提高区委思想水平，加强农村支部思想、组织建设工作，并明确支部的中心任务就是一往直前地领导农民推行农业合作化，提高技术发展生产；(2) 在加强区委集体领导下，统一安排工作，进一步解决各部门为中心工作服务的问题；(3) 区委在进行工作时，一般应有：①召开区委会或区委扩大会，研究上级党委决议指示，分析本区情况，订出切实可行的计划和要求；②区委按季分段向支部布置工作方法：一个是召开支委干部会议，另一个是区委委员分工向支部传达，同时，区委委员要具体帮助支委研究区委决议，分析情况提出工作计划、要求、进度、方法，从而培养提高支书、支委领导水平；③通过各个组织，直接和群众见面，讲清任务目的，交清政策，区委并要具体帮助支部试点，做好样子，吸取经验指导工作；④有计划有重点组织检查，发现问题及时解决，推动工作；⑤当每一个工作到结尾时，帮助支委做简要工作总结；为提高区委领导水平适应合作互助运动发展的需要，应坚持区委业余党校与日常学习制度；县委召开会议时除研究工作外，应组织一两次专题学习报告，或研究区委领导，从而提高区委思想水平和工作能力。

三个支部现有党员53名，整党后进一步地提高了觉悟，明确了农村经济发展的方向。因此，党员多数参加合作互助；违法乱纪与强迫命令已基本纠正，党群关系较前密切了，新兴村支部在区委帮助下开始学会了点面结合的工作方法。

三个支部共同存在的问题：三个支部中有部分党员由于自己经济地位改变受自发势力侵蚀，加之支部思想教育工作跟不上，因此，有些主要党员干部思想开始有了变化。新兴村支书赵成全（现富裕中农）为了自己拉脚挣钱，放弃互助组的领导在夏锄时散花，他说，“什么互助不互助，多打粮就行”，但觉得本身是支部书记不领导互助组又觉得不对，想另组织一个，他弟弟给他算了一笔账，“在互助组内种一春地车马才挣50万元，组散花后自己拉脚三趟就挣100万元”，他想这也对呀！从此，再重新组织互助组的信念也打消了。村长韩德生在互助组里因分亚麻款，组员主张按劳动日分（合理），他主张按劳动力（他劳动日少），争吵不下因此互助组散花。前任支书马庆，现已发展成为新富农思想变质不工作（未处理）。新安村长刘玉山（现富裕中农），他常说：“贫困农民一样分地连粪也不上，这些穷痞子脑袋真难剃。”我们在新安村召开贫困农民座谈时，他们说：“现在富裕户挺起腰，贫困户搭拉下头，有些党员干部随着人家走。”其次支部对互助合作缺乏经常的研究和领导。新试办两个农业生产合作社，支书、村长很少去了解帮助解决问题，一般互助组里存在着轮作次序不合理或排斥贫困农民入组等问题，支部很少过问。再次支委缺乏集体领导和分工负责制度。

产生上述问题的客观原因是区委干部变动较大，新成员多，水平较低，缺乏支部建设的理论与经验，加之行政活动多，依靠支部通过支部做好工作的思想还不够十分明确，因此，出现党不管党的现象。为此，首先应加强支部思想建设，建立健全支委集体领导与分工负责制；其次进一步明确干部工作的任务是搞好合作互助发展生产是农村支部工作首要任务；最后，依靠支部加强各部门工作的领导，推动运用组织力量。

# 辽东省盖平县第二区四台子、东官屯、北李屯三个村的调查

## 一、经济发展情况

### （一）几年来三个村经济有了很大发展

这三个村都在盖平城南距城四十余里，靠近芦屯火车站，是平原特产区，其中四台子工作基础较好，东官屯次之，在全县占中上等，北李屯是工作薄弱村，三个村土质相差不多，该地特点是人多地少，耕畜少而集中，特产比重大，商品经济活跃。

三个村共有552户，3082口人，4963.8亩旱田和1018.84亩果园，平均每人占有土地1.61亩，共有男劳力471.5个，女劳力516个，每个男劳力负担10.5亩旱田，共有耕畜151头，其中牛21头，马9匹，骡35匹，驴86头，若都按大牲畜计算（即牛折0.8、驴折0.5匹）每匹耕畜负担47.7亩地（果园在外），有畜户占总农户的17.9%。如牲畜公有组的组员均算有畜户则为33.15%。在农产品总值之中棉花、苹果两项即占60.7%。副业收入为农业收入的20.32%。三个村平均商品率苹果不在内还占农产总值的34.3%。因当地粮食少，三个村还须买进食粮374611斤。平均每人为89.1斤。

三个村几年来生产均有很大发展。单位面积产量逐年提高，今年因灾虽比去年稍有减产，但每亩高粱仍产594斤，超过常年产量70%，也超过伪满最高水平，其中四台子超过伪满最高水平50%，北李超过38.7%。农民生产投资比去年有所增加，三个村圈粪增加22%，化学肥料增加48%；果树株数增加14.7%，副业方面，养猪增加25%。农民购买力比去年有显著提高，三个村平均提高20.7%。其中投资生产方面增长了30.5%，用于一般生活方面的增长了10.1%，用于文化生活方面增长11.1%。农民日用品需要的数量质量也起了一定的变化，如斜纹布的购买量比去年增长10%，毛线比1951年增长4倍，胶鞋增长60%。暖水瓶也有增加。在文化方面，小学生数目此1948年增加114%。随着经济发展农村阶级关系也起了很大变化，1948年贫农占三个村总户数58.2%，贫农占多数；1953年则贫农仅为21.6%，中农（包括富裕中农）占67.1%，中农已占大多数。

由于三个村党的领导工作强弱不同，影响其经济发展结果亦有不同。从生产方面看，四台子及北李两村自然条件差不多，但因四台子支部强，互助合作基础较好，今年并推广了肇源经验；而北李则没有支部，对生产领导自流，互助合作没有占上风，只有一个常年组，耕作技术

落后，结果两村产量有很大差别：四台子高粱单位面积产量高于北李15.3%，棉花高 24%；其次从农民家底子上看，四台子比北李增长的快，四台子购买力比去年提高 25%，北李仅提高 15.8%；再从阶级变化情况看，四台子近两年富裕中农出现较少，全村 39 户富裕中农之中，1951、1952 两年出现的仅有 6 户，而北李 24 户富裕中农之中，1951、1952 两年出现的就占 103 户，并出现了 4 户新富农，但一般中农家底子增长慢于四台子。

以上情况可以看出，农村经济发展得快、慢，普遍上升还是两极分化，是和技术增产与互助合作工作好坏是有着重大关系的，而决定的关键，在于党的领导。

此外，如从发展农村经济的角度上看，关于技术增产、防灾保产；掌握价格政策、作好供销工作；增加畜力；活跃农村金融；适当调整减轻杂负担等五个问题的适当解决，是促进农村经济进一步发展当中的主要问题，兹将这些问题分述如下：

（1）改进农业技术问题

今年该地以四台子村为重点，采取县区 5—6 人常年驻在的指导方法，根据省、县所提“深耕早翻、精选良种、等距密植、抗灾保苗、多下底粪、分期追肥”的口号在全村总面积百 17.7%的土地上，进行了技术改革。有 60%的高粱进行了密植，将原来的一尺二——尺三寸株距缩至八九寸，有 56%土地实行了三犁下种，克服了过去顶地挤地的粗糙现象，春旱时发动了挑水浇地，棉籽普遍精选并实行温汤浸种，开展了挖粪源运动，一般地每亩比去年增加了 5 堆底粪，丰产田增加 16 堆，高粱作到两期追肥，谷子实行了间苗，地里插干谷草把子，将蛾诱去产卵，以便捕杀，因此提高了产量。如吴玉堂、韩起莲的高粱每亩打 921 斤，比去年丰收年还多打 251 斤，提高37.5%，比用老办法种的高粱产量最高的还多打 9%，比当地平均产量提高 50%。全村平均单位面积产量比同样自然条件的留业村高出9.9%，老乡裴芝兰起早偷着用旧办法种高粱，被干部看见说劝之下，用四垄实行了密植，到秋每垄多打了 6 斤粮，他逢人便讲：“我现在是偷着乐。”一般群众反映都好。看来推广新耕作法，只要搞得适当，是会博得群众拥护的。另外改进技术当中有些机械般用外地经验，要求过高；在推广方法上有些强硬和包办代替；在技术措施上有的做得不当，有的追肥过多，如全村有 65%的棉田，每亩追了 40—60 斤硫安，70%的高粱追肥 40—70 斤。造成部分作物贪青、翻秸。有的种地过早，造成伤苗。一律要求精选棉种、谷子间梅花（5 棵留一堆）、挑水浇地、除野草（消灭蚜虫寄主）等这都是不妥当的。有的妇女因选种磨破手指，有的互助组选种、挑水工资如今未结清，并增加成本很多。县所派之沈科长，花股长工作越过支部，直接督察，群众不满意，给他们起名一个叫“催的紧”，一个叫“管的宽”，因此推广新耕作法是可行的，但必须克服机械、要求高、强迫包办的毛病，而代之以从当地情况出发的、逐步的、自愿的方法则无不成功。

但薄弱村北李屯由于放松生产领导，耕作技术仍然停留在落后的水平上，耕作质量粗糙，翻地仅占 30%，顶地挤地等粗糙作法却占 70%，很多土地只铲蹚一遍。因此好、坏村的产量相差悬殊。农民家底子赶不上四台子。这说明提高技术的好坏是关系到农村经济的发展快慢，同时关系到大多数农民的普遍上升的重大问题。

（2）向自然灾害作斗争的问题

此地 1950 年棉花丰收，每亩平均 250 斤。1952 年高粱丰收，每亩 706 斤，此外每年因受到不同灾害的侵袭，均未达到这个水平。1948 年高粱起蜜虫减产一半。1951、1952 两年连遭棉蜜，减三四成，1953年春旱秋涝，谷子又遭夜盗虫灾，吃光一半。此地最有历史性的灾害是春旱、棉蜜。这些灾害威胁着农民的生产及生活，一遇灾年，群众生产生活立即降低；一旦丰收立即上升。例如1953年购买力比1952年增长了25%，即因1952年全面丰收。他们反映“共产党来了啥也不怕，就怕年头不济”，因此灾害问题也是对农民有着普遍性影响的一个大问题，在该地应在棉田防春旱、防虫上多想办法。如提倡顶浆打垄、保翻早翻、供应足够农药，特别是鱼藤精，教育农民以多种防灾保产知识，是会收到一定效果的。

（3）价格政策和供销问题

在价格政策方面该地棉粮比价问题较大，1951年前，群众抢种棉花，反映“一亩棉二亩田”，从此以后棉价年年下降，从1951年的一（一斤二等一级籽棉）比6.23斤（二等高粱）降到今年的一比4.83斤，四台子村比1951年增产了27660斤籽棉，农民不但未因此增加收入，反而因棉价降低减少收入相当于11万斤高粱。同时棉花成本较高，每亩640810元，每亩高粱仅为260340元，而其一亩所得的毛收入都是60万元左右，又兼验收棉花时存在普遍压等现象，农民对此相当不满，口出怨言，普遍反映“棉粮不比价”，种棉不如种高粱，村干部每年动员种棉如同“拜年”，三个村棉田面积已比1952年缩小28.4%，明年还有缩小的趋势。因此必须适当调整棉花价格，使种棉纯收益与种高粱相适应，并须改进收棉制度，以维持原来种棉面积。苹果价格则与此相反，1950年以前价格较低，一斤为七八百元，加以不会莳弄则大肆砍伐，发生腐烂病任其蔓延，果树大大减少，1950年后提高为每斤1000元，果树大为增加，全县由1949年135万棵增到1953年的189万棵。至于育苗的数量增加更快，只芦屯16个村统计育苗5000棵，大有盲目发展之势。今后苹果价格适当稳定，不应再上涨，并提倡果树上山，以保持大田面积。其次肥猪与糠的问题，去年收猪每斤毛猪2500元，而一斤糠500元，和高粱价格相仿，养猪赔本，有的忍痛杀死母猪，冷水河一村杀死100口。今夏猪价虽提到3200元，但私商则可出3400元以上高价收购，加以合作社不下乡，而私商下乡，并将路途消耗及盘费给以减轻，因而合作社收不上来，猪价糠价不断波动，农民对此也是不满的，既影响供应又打击农民养猪情绪，影响到农民的造粪。

在整个工农比价方面，该地1950年工业品指数高于农产品3.84%。而1952年则农特产品高于工业品9.77%，因此农民满意。但小农具特别是铁器和农药价格均比1950年上涨，据了解，铧、锄、镰、马掌、镐、鱼藤精却涨了很多，农民希望再贱一些。

同时许多干部和农民都流露出一些与工人对立的情绪，如说“工人七天一改善，我们种地连打浆糊都没白面”，工人生活好，农民生活差，说国家“重工轻农”，因此年轻的子女都在积极向工厂或学校方面去。当然以上这种情绪是有其片面性的，但我们必须进行教育。

在供销方面主要是豆饼、细粮供应不足。农民对此不满，并且影响生产，豆饼仅够需要量的60%。每来一次则统计牲口与猪数，造成群众不满，普遍发生黑市；糠也不足；谷草较贵，每斤500元左右；白面供应过少，群众意见较大，年节能给一次，至多每人2斤，平时打浆糊、病人吃面汤都买不到。其次是推销方面群众的杂果（杏子、桃等）不给推销，土产收购手续过繁，验等交货不在一处，分等过细，标准过严，如当地规定的苹果有叶磨、枝磨、把擦、搁窝、干疤、虫口、屁股歪等14条验果标准，群众反映“比挑姑爷还细”。

总之从上述情况我们可以看出价格和供销问题掌握的如何，确实是刺激与障碍农业生产的重大问题。而且这种价值法则的支配作用比政治动员的效果有时来得锐敏，特别看出农民比土改时更加多从经济上算账，土改后的政治劲头越来越减弱。因此它提醒我们作农村工作的同志，必须学会适当的运用价值法则去领导小农经济，使供销工作紧紧为发展生产服务，当然除解决必要的实际工作外对农民落后方面还须进行政治教育。

(4) 耕畜问题

耕畜问题也是该地发展农业生产一个较大的问题：三个村土地改革时伙分的牲畜，逐渐由大变小，由多变少，到1950年以后才逐渐增长，但三个村情况不同，北李已超过1948年52.5%，东官屯尚差8.5%，而四台子一直减少，比1950年尚少33.3%，三个村比1948年总共还少4.1%。这就障碍着精耕细作水平。其原因：互助合作贪大冒进，私畜作价归公；有的村干部提出消灭牛犋，这都是有影响的；但地少占用不过来，草料贵，使养马户仍感无利可图，还是主要原因。今后在这个地区必须有领导的解决牲畜问题，其方法：第一，在自愿原则下逐步改造牛犋关系，使牛犋主和牛犋户都有利可图；第二，有条件提倡小伙养牲畜；第三，有条件地承认牲口公有组；第四，适当解决上述政策障碍，发动农民购买牲畜。

(5) 活跃农村金融，适当调整杂负担问题

据该地借贷情况看，四台子、东官屯两村统计私人借贷为8764万元，其中高利贷比重很大，占私人借贷总额的54%。普通为钱利五分，高者大加一。目前放债户有三怕，一怕露富、透风，因而村外活跃村内发死。二怕法定利低，因而高利贷活跃，低利发死。三怕不保险，因而富与富活跃，贫富之间发死，贫户感觉求借无门。其次在农贷发放上有平均主义偏向，其原因是农贷本身不尽切合农民需要，农民迫切需要硫安、豆饼、食粮，而贷来的是骨粉、过磷酸石灰，贫户不要只好推给富户。有的则仍按土地改革当时成分办事，结果是富户在组、社并未少得贷款。这样金融、信贷工作跟不上，也是障碍农业发展中的一个问题，今后一方面应该进一步发挥农贷作用，克服平均分配，应该按户贷的（如粮食、种子）和应该按组按社贷的（如大件农具）要分开，更主要的一方面是积极开展借贷合作工作，以吸收余资，打击高利贷，扶助贫困农民。

另外农民还觉得杂负担重一些，如军属代耕粮、民办学校教师薪水、修建学校、通讯员工资、村办公用灯池、春节演剧等几项的统计即占公粮的31.2%（四台子），其中最重的是军属代耕粮。此外劳力负担也多，如每夜民兵值班一村5—6人维持治安，此外看铁路的每晚4人，每人半夜，每个劳力6天即轮班一次。应该适当调整减轻这些负担。从该地发展农村经济上看，据这次调查研究，是存在着上面五个较大的问题，这些问题解决得好，则直接有利农村经济的发展，否则就成为障碍，是充分值得注意的。

## （二）农村各阶层各有不同要求，应高度发挥他们互助合作的积极性，适当照顾个体积极性

(1) 中农。户数占三个村总农户的55%，耕畜占36.3%，土地占52.6%，占有农村资金的15.8%。他们出卖农产品占农村出卖农产品总额的51.9%，他们是农村生产大军，他们只愁“家底不厚”因而有扩大再生产的要求，普遍要求提高技术与组织起来。对于生产投资或消费

他们只能充分满足一头，平均每户每年只能有20万元成为扩大再生产（逐年增加部分）的投资，因此他们除种地以外，还搞些养猪、种果、编筐、开豆腐坊、挑海等“外项”，搞些副业增加收入。他们是新旧道路斗争中的中间力量，在好村特别是在四台子村在“红旗”合作社的影响下，一心一意走互助合作道路，羡慕红旗社人多力气大、牲畜壮、人团结、省心、多打粮。在薄弱村北李屯则倾向老路，羡慕新富农刘日林能捣登、运气好、来财快。恨自己本钱小、运气坏、没本事。一个农村组织起来是否占上风，决定性的关键在于我党能否把他们团结争取到互助合作的道路上来。因此中农是我党在农村里争取团结的主要力量。

（2）富裕中农。户数占总农户的21.1%，劳力占27.6%，土地占29.7%，牲畜占56.1%，占有农村余资的84.2%（四台子）。他们人强马壮、家底厚、余资多，近年愈益明显地形成为农村一个富裕的阶层。他们之中一部分（估计占本阶层的14%）参加了互助组或生产合作社，如四台子的贾荣宽、丁德启等。该地多数是单干的（占其本阶层86%），这些人是个体经营的能手，多数劳动好、算计周到、靠种自己地、再租点地、捎牛犋、栽果树、拴胶皮车拉脚、养猪、部分人兼放少量高利贷和商业活动。“他们是个体经济的代表，是站在十字路口的“排头”。他们对政策感觉最锐敏，行动特别谨慎，看政策的风声迈步。在互助合作自流的地方，如北李屯，都是富余户活动的场所，他们非常放肆的追逐着新富农的榜样，力求剥削，排斥困难户。在互助合作较好的村，特别是有盲目冒进影响限制过死时，他们就缩小生产，甚至发生苦闷。如四台子、东官屯，某些村干部，今春整党后，回村民主补课会上检讨说：“杀猪卖肉也是投机倒把。”有的村干部则宣传不许个人租地，租就集体租。雇人必须家中劳力有病死亡才准许，致使四台子租佃、雇工有些停止。因而他们感到思想苦闷，行动受惊，满心想发展，又怕露富，怕说剥削，他们又反映，“新道路没修好，旧道路交堵死了”“使我们没路可走”。北李的刘凤阳、李恩堂2户把屯里的房子卖掉，到自己地当中盖新房，周围栽上果树，他们说“将来到‘社会’房前房后是私有财产”。当然他们之中也有故意大吵大叫的，如苑光明修房子化500万元，还放有高利贷1000来万元，也吵吵“限制过死”。再一部分人身在常年组、合作社，钱放高利贷，人走新道钱走旧道，认为这样“又不透风，又保险，人财两不误”。

根据以上几种情况，对想走旧道路的，和人在组社又想进行剥削的，应给以教育与斗争；对于本身并未真正受到过分限制因想走旧道而大吵大叫的应给以批评；真正限制过死如四台子某些现象应给以适当解决；至于其感觉经济没出路而苦闷的，主要还是表扬走新道路的人，作为样子，说明走韩恩、杨显廷的道路也是能够致富的。以引导他们走合作化的道路，并给其余资找出路，如投资合作社、信用部、栽果树、发展副业等等。

（3）贫农和雇农。户数占总农户的22.6%，劳力占20.6%，牲畜占3.6%，欠债总额之中他们占82.7%。他们在经济上有困难，政治上受歧视。除勉强种自己地外，要出卖短工、卖菜、挑海、跑车板搞些小“来项”补助生活。雇农5户之中有3户地少，2户系外来渔民，专靠作零工为生，其他条件和贫农差不多。贫雇农的生活、生产只能勉强维持一头，经济上受富户排斥、剥削；政治上受富户歧视。插组时富找富，把他们甩在外面。提出“要互助就得有三大件（即必须有车马好劳力）”，雇牛犋必须是钱快、饭好、人“顶对”；互助组里轮作次序排在最后面。他们积极拥护互助合作，但他们之中仅有31%在互助组，有69%被排斥到互助组外“单干”。据调查：其停滞原因不外底子空、受天灾、欠债多、孤寡无劳力等，好吃懒作只是个别的。他们对政策的意见：第一，农贷有平均主义的偏向，限期过短不缓手脚；第二，互助组内强调按季齐工，贫户急需工钱买粮，不解近渴；有的组规定不许出组卖工，他们受别；第三，村干部对他们一方面在救济时对真正二流子和好劳动力不分，一方面又说他们都是好吃懒作。惹起多方面不满。近年借贷、雇佣、租佃犯“死症”也受到一定影响，今后对扶助贫困户主要是教育村干部克服歧视和好坏不分思想，并做好下列工作：第一，农贷不应平均发放，适当满足其要求；第二，有领导帮助其入组，又须防止“硬加寨子”现象；第三，逐步改进牛犋关系和互助组内轮作、齐工找价、出组卖工等制度，不应过死规定。

(4) 新富农。占3个村户数的1.3%，共7户。占有土地1.6%，牲畜4%。新富农数量不大，影响不小，一般不雇长工，有的不大定型，富农经济活动是隐蔽的或利用合法形式反限制，部分脱离了农业领域。其具体活动有如下几种：

第一，搞商业投机，远途贩运（跑天津）苹果，从中取利。如北李屯刘日新等骗取国家购销证，甚至套买公营果园树苗、合作社硫安，转手营利；第二，放高利贷。多者放1000万，钱利五分，甚至在本村放点低利作掩护，大量高利贷放到望海寨；第三，化整为零雇短工，多者达280个；第四，带长工入组，大量租地；第五，开牛犋铺（专靠牛犋为主的）。他们有的还钻进政权进行捣乱，如北李屯新富农刘广元当上了村财粮委员，贪污公款作本投机。他们在工作自流的北李屯，则大肆活跃，为一般农民所羡慕，成为旧道路的带头人。但在工作较好的四台子村，他们是提心吊胆，偷偷摸摸地发展。我们政策方面的缺点是一方面是限制过死，一方面是束手无策。对雇工、典当、租佃等合法方面限制过死；对商业投机、高利贷等非法活动束手无策，甚至让步过多，如省还规定“五分利不算高利贷，七八分私不举官不究”。区村干部对新富农有一部分认识不足麻木不仁（多数），有的大惊小怪。

我们对待新富农必须贯彻东北局农村工作会议精神，限制其剥削，主要是靠大力搞好互助合作运动、发展信贷、搞好供销，事实证明这方面搞好了，富农出现自然少，并缩小其活动阵地，这是主要方面。

其次对于雇用点短工、租佃、借贷，只要是法律允许的则不应扣得太死、乱说剥削、乱扣帽子、作些打草惊蛇的小事。当然对个别严重非法的商业投机、高利贷等可在其完全孤立的条件下，给以打击。

总之农村各阶层虽然有其不同的政治、经济要求，而发展生产则是统一的要求。部分农民思想目前虽有若干苦闷，只要我们充分进行新旧道路的教育，大力搞好互助合作运动，即可解决其中的大部分问题。而且这在互助合作没占优势的地区，尤为关键。另一方面，正确执行社会政策，适当照顾他们个体积极性，也是必要的。可以使他们不致缩小生产，当然其中部分富裕户，因我们政策不能使其进行无限制剥削而发生苦闷的，则是个长期教育问题。对于蓄意进行无限制剥削的则应不断斗争。

## 二、互助合作运动情况和问题

甲、四台子、东官屯是二区互助合作运动较好的村，北李是下中等村。该三个村自1948

年强迫联大组失败后，一直到1951年底基本上没有互助组。1952年县、区、村领导开始重视互助合作工作，又经过整党，因而使互助合作运动有了发展和提高。

1953年四台子出现了2个农业生产合作社。红旗社办的成功堪称样子，推广新耕作法40%以上，每亩地比单干上粪多20%，上化学肥料多25%，铲蹚多一遍，深耕多一寸多，每亩地高粱比全村平均产量高109斤、棉花50斤；社外群众认为“社里是工夫勤、庄稼好、收入多、前途大，咱们比不了”。带动着全村的互助合作运动前进。

互助组的户数与组数有显著增加：参加互助合作户数比1952年增15.7%，组数增7.7%，1951年类似临时组1个，占农户1%，1952年常年组2个、三大季组4个、临时组18个，共占农户25.2%，1953年有社2个、常年组6个、季节组7个、临时组11个，共占农户40.6%。组织起来的情绪，在半数的屯里占了上风，参加互助组的农民正在摆脱着牛犋关系。提高了耕作质量：四台子翻地56.3%，大部分趟了三遍，土粪比往年多20%，化学肥料多48%。常年组与社耕畜都是公有，畜力最硬。5个组实行了评分计件。因此单位产量普遍提高，互助合作好的村尤为显著，四台子村比北李村每亩高粱多产80斤、每亩棉花多产35斤，因此群众对互助合作运动开始有了认识，领导上初步有了些经验。

以上是互助合作运动的主要方面。但还存在许多问题，表现在：群众走新道路情绪不够饱满，一个社没办好，初级组占62%；夏散现象严重：春组织起来农户56.8%，夏则剩31%，秋为40.6%，打完场开始解体，牛犋关系占60%；发展太不平衡；全区没有组、社的有6个村，没常年组的10个村，有一般常年组15个村，互助合作较好只8个村（四台子、官屯在内）。由此可看到该地的互助合作运动总的特点是：过去互助合作运动开展较晚（比北满），近两年来互助合作运动较前跃进了一步，取得了一些成绩，但因基础薄弱和领导跟不上，所以呈现出不够巩固不够平衡的现象。兹详述于下：

（一）农民走新道路的积极情绪未占优势：据四台子3个典型组（常、季、临各一）29户的分析可分三种情况。第一，真正体会到互助合作的好处，从心目中愿走新道路的9名，占31%，且多是骨干和贫农，又有些孤立。第二，本身需要组织起来，但又不相信组织起来能办好，顾虑多端的12名，占41%，他们认为“单干真自由，能卖工、能叫工、能挑扁担、能跑车板、雇牛犋也不难、不开会少麻烦、不别扭、没人管，你看多太和”。第三，从心目中反对互助合作，可是又怕说落后“剥削”，而不得不入组的8户，占28%，他们身在新道路，心想旧道路，并常抓住互助合作的缺点加以扩大讽刺，如说“互助比合作好，单干比合作强”“互助好合作好互助合作一地草”。社外的单干农民，贫农想入组没人要，中农与富中倾向于后两种情绪，甚至有的公开反对互助合作，如苑纯盛顶村长说：“我们单干走旧道路，不是不犯枪毙吗?”向单干、向剥削方面学习的情绪，在北李屯则占统治地位。

另一方面盲目冒进的残余仍有若干影响。由于整党前后一部分干部错误的宣传如“单干是死路一条，是走华盛顿的道路”“只许大伙高一丈，不许个人高八尺”“不许带一点租地入组”“组织起来消灭带牛犋户”等，加上片面的执行政策，因而引起了农民的顾虑，春天全村一跃成立100个牲口公有组，多数侵犯了中农利益，当时人心惶惶，有一天芦屯市上有32台车马往外出卖，后经县区几次纠正才基本解决；但农民的混乱思想仍有残余，他们仍认为“早互助晚互助早晚得互助”“不互不行”，有的富裕中农，仍然不积极发展，反映“新道路没修好，旧道路堵死了”。

（二）互助合作组织还不够巩固：

（1）首先表现在新生社搞的不好，产量不高，每个劳动日才分8211元。7户坚决出社说：“过年活龙叫唤、棒打死我也不干了。”主要原因是：14名社员中只有3个庄稼人，还不会调算，商人、会计、筐匠、码头工人、豆腐匠、木匠、二八月庄稼人共计11名，一半来自去年大组，一半来自单干。因而夏锄比一般组落后了7天，群众说：“哪块地草高哪块地是社的。”分配比例也不当，地竟得56.1％，劳力才得43.9％。给群众影响较坏，群众讽刺说：“优越性没有了！”“带头的吃亏了。”

（2）常年组存在三个问题：一是劳动效率不够高：如刘贵忱组6个劳动力一天才铲六七亩地，比单干少产两三亩。原因是计划差，每天晚下地早回来，少干一个钟头活；分工调扇搞的不好；劳动日评分等级距离过近。二是组员们感到常年组受拘束，太死板，孩子老婆用不上；不给现钱还不许出组卖工；啥事都得“互”，如集体选棉籽，会太多“扛不了”。三是过分的带头多，成本过高有赔本的现象，如刘贵忱组打水上骨粉等每亩地多出10万资本，产量并不太多，刘薛氏6亩地赔了81万。一般常年组和季节组的问题是农副结合不够。

（3）初级组大量存在。该地特点是：地少人多，畜力集中，地段零星，作物复杂，因此有单干的可罢，矛盾又较多，这就是初级组大量存在的条件。目前初级组主要的问题是：不够定型、骨干弱、互利差、觉悟低、领导少。

①不够定型，呈现着春插、夏散、秋梢恢复、冬垮台的现象：春天在一起的36个组226户，夏天22个组88户，秋天23个组138户，打完场趋于散花，其原因是该地种地打场必得五六户才够局式须在一起，间苗、除草、打杈、捡棉花等活都能单干，因此在互助组还没有显示出比单干优越的时候，这种趋势是一种必然的；领导的缺点就在于没从生产需要出发解决这个问题。

②骨干弱、觉悟低、领导少：据统计在23名组长中，当两年组长的只7名，其余16名全是头一年，并有3个组因组长不干而没组长；受过两次训练的只6名，受过一次训练的17名；劳动好的11个，劳动一般或弱的5个，懒的7个；组员觉悟低（见思想部分）。村干部对低级组领导较少，三个村6名支书共包6个组结果垮了4个；并认为：“临时组没法整，就得垮下。”

③互利差是互助组中主要问题，尤其初级组较严重。除畜力问题外，主要有如下几个问题：第一，组内外工资与齐工找价问题，组内工资春、夏为18000元，秋为23000元，组外夏多2000、秋少3000，虽然差别不大，但组外给现钱还供饭，组内吃自己，并等到一季才能结账，因此劳力强的组员愿出组卖工。今后应由区级统一掌握，逐渐使组内外实际工资趋向一致。第二，劳力评分问题，有18个组老十分，5个组评分或计件。缺点一是过分繁琐，每晚评上两个钟头是“真要命”；二是评分距离小。从已有经验上看应普遍推广季订段评和地头评分，允许老十分，提倡有条件的计件，防止天天开会，逐渐的改变差别小的毛病。第三，轮流问题，该地一种是车户说了算，把困难户排在后边；另一种是土地站队办法，这种办法在一定程度上照顾了作物的生育情况，但忽视了劳力多少之间的互利问题，同时也不一定合乎作物生育情况的需要；第三种是按作物生育情况和劳力多少两个条件来论，比较合理。因此应推广第三

种办法，有条件的提倡包工的办法。第四，人畜比价问题：畜价过低（详见改造牛犋关系）。

④互助组内自发趋势活动较为严重，特别是北李屯表现更为严重，如刘广里有300棵果树，土地占组内1/3，超过本身劳力1倍以上，刘日太新富农带半个长工入组自己不干活，组长也雇了2个月工，组内大量叫短工。较普遍的是富找富、硬战硬、排挤贫困户的现象，北李93.4％的贫农没有入组。据三个村统计：合作社贫农占6.2％，中农占59.4％，富中占34.4％；常年组贫农占13.1％，中农占66.6％，富中占1.8％；初级组雇农占0.8％，贫农占2.0％，中农占50.6％，富中占27％，富农占1.6％；单干的雇农占1.3％，贫农占24.8％，中农占54.8％，富中占17.8％，富农占1.3％。如吴德新虽然在干部帮助下入组，但两月即被清除，裴芝兰联不上组，找不着牛犋用镐头刨地。

（三）牛犋关系大量存在：牛犋关系是旧社会遗留的一种习惯，三个村1951年前除自有牲畜外都是牛犋关系，1952年纯牛犋关系降为74.8％，1953年降为59.4％，现在的牛犋关系有以下几种形式：第一，牛犋铺：以经营牛犋为主只一户；第二，以种自己地为主，但所捎的地数均超过自己的地数有61户，其中独犋的17户，插犋的44户；第三，互助组外捎一部分牛犋；第四，打点的。他们共同的特点是：第一，价钱不合理，先上打租或先拿一半租；第二，车户揽大量土地，耕作时尽量拖拉很不及时；第三，耕作数量少质量差，只种地蹚两遍（有的一遍），拉地打场和送粪；至于挑楂子、拉土、秋翻地及家庭零活等均不在内；第四，有牲口就有权，轮作次序是：先自己，二钱赶趟，三人“顶对”，四亲友，五一般，六困难；第五，必须“吃和气饭”要有酒有肉，否则“地里见”。这种牛犋关系严重地妨碍了生产与互助合作运动的发展，必须逐步加以改造。

（1）把牛犋关系变为常年包干的定质定量定价的办法，即基本上改变了牛犋关系的五个特点又简而易行，比如第一，铲蹚三遍达不到以其他活补上；第二，耕作要及时，车户按小组计划办事；第三，轮作服从小组；第四，不在地户家吃饭或不过分强调吃好的；第五，给一半草料垫半金，实在给不起的可以到秋给，也可用工来顶。

（2）变为人畜换工的关系有14个组，人畜能互相换工，是按日计算、按垧除工或按时间除工，该地问题是畜工过低，该地耕畜与草料很贵，习惯上是两个人工顶一个畜工，但现在只人十分畜七八分，据计算养马户无利可图，因此影响了买马的积极性。

（3）变为临时计件办法，是按具体作业实行临时的定质定量定价的办法，如：蹚地一亩质量要求三寸三，须畜工2.3分为3450元，人工0.9％为1638元，共5088元。领导上曾普遍推广，但因这种办法过于繁琐，多数农民不接受。在领导不断努力坚持下，只有2个组作了。

（4）小伙养牲口，只官屯有一个组共6户，每3家一个，在两处喂、统一使用，这种办法是群众固有的形式，完全克服了牛犋关系的缺点。

（5）公有组（详见后）。

以上办法根据农民接受程度，可适当采用，总的应从牛犋关系的五个特点，加以逐步改造，防止单纯从形式上去改造的办法，因此应大量的推广定质定量、及时耕作、民主轮流、在家吃饭、正确掌握价格的常年包干和人畜换工的办法，提倡小伙养，有条件的承认牲口公有组和计件制，并允许牛犋关系的存在。

（四）关于牲口公有组问题：三个村去年办了7个，多数失败，1953年接受了去年的教训，在区村领导下办的较好。翻地80%，全部三铲三蹚；2个组使用了铲蹚机，3个组作到了深耕一犁，结冻前全部覆完垄，因而每亩高粱比全村平均产量多36%，棉花比全村平均产量多9%。耕作应时、轮流民主、多攒了粪，碾米、接医、接客等亦很仗义。同时比牛犋省钱，公有组每亩地负担5万到9.4万元，互助组做到上述情况就得9.7万到12万元。春天8个常年组，真正坚持下来的都是这6个公有组。47户组员中有38户基本满意。但还存在着问题和困难：首先是有6户富裕中农不满意；其次是车夫不好找，如车夫不好则喂不好牲口；其三是集资困难，出资者对没出资者意见很多，有的的确是出不起，有3户因出不起而要出组；其四是牲口公有便须要强的领导，但有的组领导跟不上。

对公有组的态度，我们认为即不能一概加以否认，也不能盲目提倡。如果在不伤害中农利益、组员完全自愿、有好的车夫与领导骨干和基础等情况下，是应该允许的，并应加以领导。但不改组则问题很大，势必垮台的，则可慎重的加以改组，但应防止硬改。

（五）领导赶不上运动的发展需要。表现在：第一是抓技术多、抓互助合作少，训练骨干只一次。其次是存在着时紧时松不经常、缺乏按季按段系统的领导，表现在整党前后抓的紧，夏天“整党劲过了”抓的松了，便形成互助组自流发展，产生春插夏散，秋天有的恢复、有的垮台的现象。事实证明抓得紧的这种现象是可以改变的。其三是相当一部分区村干部对互助合作还很生疏，不会解决实际问题。二区28名干部中会搞互助合作的6名（会搞社的2名），敢作互助组工作的9名，其余13名（有1名是区委）根本不敢做互助合作工作，一个区干部培养半年“辅导组”结果垮了，经验没摸出来，垮的原因也不知道。

乙、在上述情况下今后此地应该大力的巩固互助合作工作，在巩固的基础上加以有阵地的发展。所谓巩固主要是试办好农业生产合作社，巩固常年组，作好样子，以带动初级组的发展与提高，大力改造牛犋关系。所谓有阵地的发展是逐步的把多数农民吸收到互助合作组织中来，特别是互助合作发展弱的地方，应积极的有阵地的发展，逐渐达到使互助合作占绝对优势。为此必须：（1）大力的进行远景及新道路的教育，正确的全面的贯彻政策，克服消极情绪；（2）领导要逐渐系统起来；（3）按季检查评比，以及总结等；（4）抓住各个时期农民的主要顾虑，互助合作的主要问题，深入研究解决组内具体问题；（5）大力展开培养样子运动；（6）训练区、村干部逐渐学会领导互助合作工作，贯彻领导互助合作要从生产需要出发，从群众现状出发，克服脱离群众的工作作风，并按季训练组长；（7）农村支部，要把互助合作当成常年的首要任务。

# 三、关于区村领导问题

## （一）区领导

1. 盖平二区的领导特点是：新成分多、调动大、熟习业务的少。在32名区干部中一年来就调动了8名，其中有3名区委委员。在现在6名区委委员中只2名在该区工作一年。对党的政策较明白的、能领导农业生产的干部，只区副书记和3名区委，1名委员根本不懂农村工作，一般干部都是叫干啥就干啥，躲着合作社走。

2. 下半年领导有所改进：整个区里工作从前是一般化领导，任务平列，干部分兵把口。学习中央三大文件后，有了显著的改进。首先是开始运用了重点示范的领导方法，全区39村分成6片，包括了6个干部，区书任区长。其次是区干部的工作开始深入了，如：帮助群众打场、检查增产节约情况、具体掌握了粮食产量，群众议论："今年可不是操手干部了。"其三是在干部思想上，经过学习邓子恢同志报告后，基本上克服了某些人认为区里工薪少、没礼拜、太累、太土、而要转业的思想。其四是干部生活也有初步改善，6名干部享受常年补助，修理了办公室。

3. 几个问题：首先是顾点失面、工作发展不平衡。反五多后形成了长期蹲点情况很不灵通，区长一年驻了2个村，副区书只在四台子，因此，区委不知道全区情况，不知到底有多少互助组，但对薄弱村——北李村县区不常去，去了也是走马观花不过两宿，结果该村是单位产量低，组织起来少，阶级开始分化。其次是区干部做具体工作多，总结工作少，妨害着区干的提高，他们恐怕村工作搞不好，干部一回来就紧撵下去，一般汇报时间只两小时到半天，没有定期会议、汇报、研究学习等制度，区里下通知常有"星夜回区"字样。结果光做具体工作不加总结，得不到学习与提高，经验也推广不下去，干部不得休息。其三是中心突出了，但部门作用不大。全区39个村还缺少8名妇女干部，妇联也没法管，因区书在一村蹲了一年未管过全区青年工作，区长只搞生产对行政抓的少，因此，部门意见很多。

4. 今后意见：要注意改善薄弱村工作，解决工作极不平衡现象，推广五、十制，搞好点面结合，发挥各组织作用都为中心工作服好务。

## （二）村的领导

整党后党内的右倾思想有所减少，过去有放高利贷、搞商业投机、雇长工，现在没有了，过去单干的，今春都入组了。"五多"的现象大为减少，从尚有"五多"残余的四台子村也可以证明这个问题：

| 项目 | | 时间 | |
|---|---|---|---|
| | | 反五多前(1—5月) | 反五多后(6—10月) |
| 会议 | 群众会 | 19次 | 5次 |
| | 干部与支部扩大会 | 39次 | 19次 |
| | 屯会 | 21次 | 17次 |
| | 常年组会 | 88次 | 16次 |
| 委员会 | | 7 | 3 |
| 表格文件 | | 81 | 36 |

续表

| 项目 | | 时间 | |
|---|---|---|---|
| | | 反五多前(1—5月) | 反五多后(6—10月) |
| 兼职 | 十一职 | 1 | 除支书外，每个干部只一二职。 |
| | 二—七职 | 14 | |
| | 不兼 | 10 | |
| 误工 | 支书村长 | 76 | 30 |
| | 一般委员 | 15 | 7 |
| | 常年组长 | 5 | 0 |

其他村则更为明显。农业生产则成为了农村压倒一切的中心任务。干部深入了，除北李村村长外都参加了生产，误工少了，官屯支书邵中奎1952年误工7个月，今年只误2个月，有些干部带头搞好样子带领群众生产，群众比较满意。

开始创造了经验，如四台子大体上作到了“参加生产、作好样子、推广出去、领导一般”。村长在抗旱中每天挑90担水，妇女主任刘桂兰一天担70担水并带头选种。残废的荣军（组织委员）苑兴业还坚持压洋井，并搞好了自己的“红旗社”。他们作好了样子须用以下办法向外推广：（1）干部分片包干，支书、村长分头包合作社与常年组，一般干部把一般组都分工包干；（2）作好了样子组织参观，间苗前后参观了三次，使全体妇女学会了等距间苗的新技术，使农民相信了新技术；（3）开展红旗竞赛运动，按季按段进行了评比；（4）运用了广播筒、黑板报、顺口溜等向外宣传，并对典型例子有批评有表扬；（5）深入实际解决具体问题，如推广小包工解决妇女参加生产困难等。这是主要的方面。但出现以下几个问题值得注意：

1. 党员与村干部的消极思想在滋长。首先是很多党员认为“整党劲过了”，东官屯前任支书邵玉山靠短工种地，已成为新富农，四台子支部党员中有2名出组，5名不起作用，并唉声叹气说：“光说带头光荣，人家吃大米咱们还是吃高粱米。”日子富了，自己根本不做党的工作，并向支书说：“咱们出去哪月不挣两三百分，干这损种事咧！”邵村长张罗退社并与姜副村长商量如何存苹果准备冬季倒卖。北李屯在12名委员中有1名新富农化名放高利贷，大搞商业投机，有9名有富农思想。其次是很多人认为当干部吃亏，认为“除了开会、误工、带头，得不着啥好处，还受三头气”，认为当干部就得“叫群众拉下，十个有十个当穷了的”，因而有想换肩不愿当干部的情绪，北李90%干部等普选。第三是还有部分干部党员不安心农业生产，姜支书说：“要不当支书到船上哪月不弄三四百分。”宣传委员罗廷明说：“要不当这分经理哪月编筐不剩它100万。”党员朱显忠会去鞍山因技术不行而回察，苑兴业想到城市当个徒工，认为：“最少也对付260分，还有劳保。”四台子在20名干部、党员中就有7名不安心农业生产。第四是因此就只是参加生产不领导生产了，据东官屯统计在23名党、团员和委员以上干部中，参加生产领导生产的只3个，起一点作用的2个，不起作用的12个，根本不领导的6个。有些干部借口参加生产推开一切，一次区里到东官屯布置秋收增产计划，有11个组中有8个组没有传达，并对组员说：“区上来问就说开过会了。”

2. 个别村里还存在要求高、一步齐、强迫命令的残余，如：四台子村在抗旱播种中，“不管自愿不自愿”都要统一浇地，“不管浇着没浇着都平均按地出工钱”，挖粪源时要求过高，把墙根都挖倒了，群众极为不满。要求一律集体粒选棉种，干部按门按户检查，有一个妇女没干活，就站在她的房顶上喊：“有一个油头粉面的不干活，东门出、西门磨。”崔为镇组10个妇女选了2个月才选完，3个妇女把手指头都磨破了，村长老婆把棉籽放在炕上纳鞋帮，看检查的来了就假装选种。所有这些是和县区领导分不开的，县里沈科长在村里住了半年什么都管，群众送外号叫“管的宽”，花股长住了一年紧扣干部和群众，群众送外号叫“催的紧”。另一个原因就是旧办法没去掉，新办法没学好。

3. 北李屯干部成分不纯，村长刘纯厚是不参加生产的二八月庄稼人，包庇地富。委员刘月刚是抽大烟要大钱的坏分子。全村的富户都怕他“揭富”，认为“得罪君子不得罪小人”，工作态度上有9名委员是“两面光”“不踩烂泥”的，有一个卫生委员“吃里爬外”。工作多数不负责任，还是“八大委员、七大不管，村长一人大包大揽，有事开会，会后算完，光管杂事不管生产”。生产和互助合作陷于自流状态。

4. 少数干部生活困难，三个村共有4个。东官屯一个村就有3个，支书1951年到1952年带头种棉花和误工太多而赔了200多万元，去年没还起，今年又滚到370万元了。四台子支书因误工而欠外债200多万元。他们悲观，有的打算卖地，有的打算转业，有的是没招儿干愁。

今后要向党员干部进行总路线总任务教育，克服党内右倾思想与党不管党的现象，支部应把生产和互助合作工作当着支部的突出的中心任务，解决五多残余，教给新的办法，推广“参加生产，领导生产，做出样子，推广出去，领导一般”的经验。薄弱村要派得力干部帮助具体整顿，使之赶上去，并解决少数村干部的生活困难。

# 1953 年
# 东北农村调查汇集
# 第二辑

# 前　言

为了便于各领导机关和农村工作同志们掌握实际情况，我们编辑了《东北农村调查汇集》，共分两辑：第一辑是我们于1953年10月在松江省双城县、吉林省永吉县、辽东省盖平县9个村的农村调查资料编成的；在同一时期内东北各省也进行了农村调查，第二辑就是汇集吉林、黑龙江、热河、辽西四个省的调查材料编成的。

这些资料较为集中地反映了东北农村经济及其他方面的主要情况，很好的掌握和研究这些情况，对进一步在农村推行互助合作运动，深入贯彻党在过渡时期的总路线，提高农业生产力，提高农村工作干部的领导水平，将会有一定的帮助。各地定期有计划地进行农村调查工作，以便及时掌握农村变化着的新情况，正确贯彻党在农村中的各项政策，教育提高干部是重要的。毛主席早就教导我们说："……实际工作者须随时去了解变化着的情况，这是任何国家的共产党也不能依靠别人预备的。所以，一切实际工作者必须向下做调查。"（《毛泽东选集》，北京第一版，第811页）

这个资料是在1953年10月总路线教育尚未开始时调查的，并因整理时间短促，其中可能有不少不妥或错误之处，希同志们及时提出意见。

编者

1954年3月

# 中共中央东北局农村工作部<br>关于各省二十六个村调查的汇报纪要

各省于10月上旬左右相继组织了345名干部，分别在10个县的26个村（老区15个村，半老区11个村）先进村6个，一般村11个，薄弱村9个，其中以棉田为主的特产村4个，进行了月余调查。这次规模较大的农村经济调查，对摸清农村之底，作到心中有数，更好的在农村工作中贯彻党在过渡时期的总路线总任务是有一定作用的。兹将几个问题初步归纳，以供领导农村工作的同志参考：

## 一、经济发展基本情况

26个村互助合作运动均有新的发展，组织起来农户已占总农户的72.3%，较1952年提高了7.9%，并出现了17个农业生产合作社占总农户的4.1%，一般是北满、老区和先进村基础较雄厚；南满、新区和薄弱村由于开展较晚，客观条件不同基础则较差。据北满9个村统计组织起来户数为总农户的87.4%，合作社占组织起来户数12.6%，常年组占24.3%，季节组占38.4%，临时组占24.7%；据南满11个村统计组织起来占总农户64%，合作社占组织起来户数9%，常年组占21.9%，季节组占24.1%，临时组占44.9%。据调查热河省先进村小西牛簸罗组织起来占总农户82.2%，而薄弱村北洼子则仅占35.4%。互助合作的质量也有很大提高：参加常年组的户数较1952年增加2.8%，三大季组较1952年减少0.3%，临时组减少6.1%，单干户减少7.9%。特别是农业生产合作社，不仅参加户数较1952年有很大增加，而且由于有14个合作社试办成功，显著的增加了社员收入，给农民树立了鲜明的旗帜。这一切都标志着农业互助合作运动已进入了新的发展时期。

供销合作同样有很大发展和提高，据5个供销社调查，供销额逐年增加，以1951年为100推算，1952年则增至231.2，1953年为258.9。据热河小西牛簸罗等3个村调查（包括一小集镇），供应额由1952年67%增至74%，私商由35%降为26%；推销额由1952年65%增至82%，私商由39.5%降为7.2%（余为农民间的互相串换）。

信用合作在国家银行支持下有一定的开展，5个信用组织吸收了7665万元资金，贷出现款20441万元。据热河大西牛菠罗村信用社调查，吸收社员占总人口53%，存款1905万元，扶植农民买入大车17台、马8匹、牛12头，解决种子1300多斤，吃粮3万多斤，买猪50多头及大批牲畜饲料、肥料，在扶助贫困农民推动农副业生产、巩固互助合作、打击高利贷剥削上都起了一定作用。

由于互助合作运动的开展，供销、信贷工作的扶助，使得农副业生产得到了迅速的发展，

1953年耕地面积为16812.6垧，较1949年增加15.7%，较1950年增加8.5%，单位面积产量1953年为1332公斤，超过1943年9.1%，且商品粮的播种面积逐年增加，龙江、吉林、松江的7个村统计：1953年大豆、小麦占总耕地面积56.9%，较1950年增加3.5%。而热河、辽西、辽东的4个特产村，棉田则略有减少，高粱、谷子稍有增加，1952年这4个村的棉田占总耕地面积的47.2%，1953年则占耕地面积的31.8%。同时由于群众生活水平普遍提高，26个村的杂粮、蔬菜面积亦随之均有增加。

26个村的副业收入，1953年占总收入的11%，较1952年增加1.1%。猪鸡等饲养业皆有增加，特别是特产区由于作坊增加，养猪亦随之有了很大发展，而个别地区因价格失调则略有减少；养牛已超过伪满最高水平。辽西、热河两省养羊虽逐年有所增加，但仍未恢复到伪满水平。

由于农副业的发展，粮价上提，国家工业产品减价，负担逐年减轻，农民收入增加，因而购买力亦逐年有所提高。据18个村统计：1953年每人平均购买力为505000元，较1952年提高20.5%，投资于购置生产资料的比重亦有增加，1952年用于生产资料的开支占购买力的11.3%，而1953年则增至16.2%。特别是农业生产合作社的生产资料增长速度较快，不仅超过单干农民，也超过了互助组，合作社的耕畜、车辆、农具不但数量较多，而且质量也较好。生产资料总的增长情况是：耕畜、胶皮车、花轮车、新农具与改良农具增加，铁车减少，但因地区以及工作基础不同，具体变化也有所不同。南满人多地少，每个劳力平均2.1垧，骡马虽未恢复伪满最高水平，但1953年较1950年平均增加12.2%；北满每个劳力平均5.1垧，劳力微有不足，只要认真组织生产互助，发动男女半劳力参加，可基本适应，骡、马1953年已超过伪满39.3%。松江个别村因在执行政策上有某些缺点，致使耕畜稍有减少。

由于农业生产力的提高，农村经济的迅速发展，阶级关系同样也有新的变化：贫农逐年减少，中农逐年增多并已占农民中的大多数，两年来富裕中农显著增多，新富农在北满较1952年略有减少，在南满特产区则略有增加，总的看来虽然数量不大，但在农民中间影响不小。26个村统计：中农占70.9%（其中富裕中农15.5%），贫农占25.2%。但由于各地工作基础不同，各阶层比重亦有所不同：

| 村别 | 成分 | | | | | |
|---|---|---|---|---|---|---|
| | 雇农 | 贫农 | 中农 | 富裕中农 | 富农 | 其他 |
| 先进村 | 0.3% | 21.6% | 57.0% | 19.1% | 0.8% | 1.2% |
| 一般村 | 1.2% | 27.7% | 55.1% | 15.8% | 1.2% | 1.2% |
| 薄弱村 | 2.1% | 27.4% | 53.2% | 13.8% | 2.3% | 1.2% |
| 特产地区 | 1.2% | 18.7% | 62.4% | 13.8% | 2.4% | 1.5% |
| 总平均 | 1.2% | 25.2% | 55.4% | 15.5% | 1.5% | 1.2% |

中农已在农村占多数，勤劳生产，占有生产资料并逐年增多，他们要求：组织起来进一步扩大再生产。在政治上占有一定地位，政府委员、人民代表中占多数。

在富裕中农中，除在农业生产合作社与互助组当中的积极肯干一心走新道路的，和那些迷恋于自由发展个体经营扩大剥削走旧道路的以外，还有相当部分因当地互助组没有得到应有的提高，不能满足他们扩大生产的愿望，因而抱有一种观望态度。他们认为入互助组伸不开腰，有的说："互助组我不参加，合作社拉不下。"

新富农：继续剥削两年以上的占89.1%，其中有相当部分已较为定型，但在先进村因合作化发展比较充分，为数较少，有的因雇工、放债皆受到严格限制，因而放弃剥削，有的新富农，暗中剥削，投机取巧，受到舆论斥责，新的道德风气，开始对他们发生一种压力，使之处于鬼鬼祟祟，极不光荣的地位。但在薄弱村他们就趾高气扬，公开声明："刀按脖子也不参加互助组。"他们的剥削方式主要是：雇工（克扣工资、打骂、甚至还有逼死雇工的事件发生）、放高利贷、兼营粮贩、投机倒把。并到处宣嚷："共产党号召多打粮食，我打粮也不少，还互助干啥?!"企图瓦解互助合作组织。

# 二、互助合作运动的几个问题

从互助合作运动的开展情况来看，大体可分为三种类型村：第一类村：互助合作占绝对优势的有 6 个村，特点是大多数农民都参加了互助合作组织，特别是出现了农业生产合作社，个别村基本上达到了合作化，或常年组季节组占优势，自发势力受到了限制。第二类村：互助合作优势不够巩固的有 12 个村，特点是大多数农民参加了互助组，但由于农业生产合作社或常年组的样子不够鲜明有力，因此新道路的优越性，在农民心目中尚不十分巩固，自发势力虽受到一定限制但仍在组内活动，特别是村支部有时放弃领导，互助合作组织就呈现涣散状态。第三类村：互助合作基础差的 8 个村，特点是临时组较多，没有树立起样子，富农较多，有的已成为旗杆，活动猖狂，部分群众有羡慕富农倾向单干的情绪，贫困农民受歧视，阶级开始有分化。这些情况说明了整个互助合作运动已有很大的发展，农业生产合作社的旗帜受到了广大群众的拥护。合作化村的出现，体现着互助合作运动进入了新时期，但还要清楚的看到互助合作的发展却处在不平衡的状态，尚存在着薄弱村和大量临时组，必须注意分别研究予以提高。

试办了 17 个农业生产合作社，其中有 14 个社办成功，收入超过了当地好的常年组，只有 3 个社办的较差。由于土地工具集体使用，打破了保守思想，推行了新耕作法，使用了新农具，分工分业充分的发挥了男女老少甚至残废人的生产能力，充分地表现了集体生产的优越性。如在自然灾害严重侵袭下，有的地方也超过当地一般互助组的收入。热河赵宾合作社在受灾情况下，每亩平均产量为 413 斤，比 1952 年（丰收）增产 17%，超过当地互助组65.8%，超过单干农民80.7%。蛟河新发合作社，耕种 11 垧水旱田，普遍地实行了新耕作法，总产量超过去年42.8%，特别是水稻产量每垧比互助组多收入 5050 斤，比单干农民多收 7250 斤，每劳动日分标准粮 60 斤，较社内的富裕户王玉山去年收入增加 2955 斤。因而社员们欢欣鼓舞，同时也给社外农民极深刻的印象，解除了农民的疑虑，提高了群众对集体经营优越性的认识，羡慕向往合作社，正如他们自己所说："过去怕集体，现在奔集体。"许多互助组先挂号申请办社，合作社附近农民纷纷要求"社里开门"，原来感到在互助组施展不开的富裕户，受到实际教育后也进一步明确了方向，同时也有力地打击了小农经济资本主义自发势力。有的说："有了合作社我们就得少闹两年。"但合作社仍然存在着一些问题：（1）3 个社办得较差，有的因受灾而减产，但主要的是因为建社基础差，经营管理不当，缺乏领导核心等。因而有的群众说："互助组比合作社强。"这里提出了注意加强对基础差的社领导。(2) 农业生产合作社内的新旧思想斗争表现在：建社初期有的强找强排斥困难户，富裕户入社一脚门里一脚门外，在经营方针上富裕户主张大摆摊子开粉坊、磨坊，甚至经营商业，在分配中强调土地分红多，这应值得注意和防止的。(3) 部分存在着窝工和不爱护公共财产浪费现象。克山县贺志才社27人因铲地排队就用20分钟；热河郑森、丁荣两社买18把铁锹没到半年坏了15把，有的社员说"要是自己的两年也坏不了"；有的社仍然存在债务多、浪费大、分红少的问题。(4) 有的社未建立政治工作，缺乏政治思想领导，不爱护公物、平均主义、不团结等思想仍在社内作怪。

由于生产合作社试办成功，带动了互助组的新发展。高级组逐渐发展巩固，低级组、单干农民较前减少。目前季节组奔常年组，常年组奔合作社，因而使互助组出现了新的情况，比单干户也显示了它的优越性。首先是以互助组为基础，推广了肇源经验，贯彻了技术增产，在旱、涝、雹、霜等各种灾害侵袭下，产量并不低于往年，如桦南同合村在57%的土地上推行了肇源丰产经验，单位面积产量比1952年提高了3%。并发动了妇女参加组内各项劳动，较好的组使用了马拉农具，一般组也增添了铲蹚机，因而提高了生产力。在农闲季节里组织了副业生产，互助组积累了少量的公共财产，开始注意和供销合作社订立结合合同。其次是加强了小组的民主管理和简单的生产计划，较大的组建立了管理委员会，下设生产小组，委员进行了分工，因而组织也较前更为严密。多数常年组并根据情况制订了全年、季节、小段生产计划，逐渐养成了组员计划生产的习惯，特别是两利问题，日益趋于合理，一般均根据人畜力多少的具体情况确定了使全体组员（贫农、中农）满意的人畜换工比价，在轮作制度上也有显著的改进，一般是以劳力为主，适当照顾到牲畜占有、作物生长情况，小帮勤轮的合理办法，克服了过去只按牲畜、土地或劳力的片面作法和排大尾巴队或抓阄的不合理现象，并开始运用个别谈话、竞赛等方法进行了政治工作，从而巩固了互助组，这就给今后发展农业生产合作社奠定了基础。

互助合作与资本主义自发势力的斗争，充满着农村的各个角落，而且日趋尖锐，在先进村自发趋势虽然受到了经济上政治上的限制，但斗争表现得却更为尖锐，方式也更加隐蔽，利用各种合法的方式进行多种活动，向合作社、互助组内部侵蚀。主要的是：富与富互助，甩掉困难户，在组内沾尖取巧，利用互利政策变两利为一利；在轮作上先铲先收，换工中压低人工资提高马工价，个别困难户甚至在组内挨骂，变互助关系为雇佣关系，大量租入土地入组，专以马工换人工或出钱叫工，自己出外搞商业投机，组织假互助组明互助暗揽套子或榜青。拉拢亲友出组单干，瓦解互助合作组织。在薄弱村自发趋势则更为猖狂，而且多在组外活动，如辽西省梨树县小城子村吴家园子有2台胶皮车，9匹骡马，雇2个长工还放高利贷，邻近村人人皆知，许多群众表示羡慕，有的说："要想发财就得学吴家园子。"富裕户毫无拘束的雇工、放高利贷、搞商业投机、囤积粮食、出租牛马、雇人开加工作坊、出高价拉拢贫困户瓦解互助组。一般中农单干多，如辽西省义县树林子村已出现22户新富农，占农户5%，互助合作运动较1952年下降24%，单干户占总农户的42%，无马户占40%。这些薄弱村不仅组织起来数量少，而且质量较低，满足不了农民扩大再生产的要求，因而小农经济资本主义自发势力较比活跃。必须提醒区、村干部的警惕性，使之善于领导与自发趋势作斗争，切实执行贯彻"依靠贫农和中农巩固联盟，发展互助合作，限制富农剥削”的阶级路线，划清中、贫农两利关系和资本主义剥削的界限，有分别的采取调解、斗争与限制的方法，切实解决互助组内的两利问题，加强培养合作社、互助组的样子以推进互助合作运动不断前进。

供销合作在扶植农业生产，调整供求关系等方面皆做了很多工作，基本上占领了农村商业阵地。据榆树县光明村调查，商品流通中的各种经济比重，国营经济占22.9%，合作社占72.6%，私商占4.5%，经营方针上有所改进，按季供给了农民生产及生活资料，及时的推销了土副产品，并注意了与农业互助合作组织订立结合合同，有的社创造了“捎包下乡、送货到门”的工作方法和征求农民意见的制度，很受欢迎，因而合作社已成为交流城乡物资的主要组织形式，所以基本上切断了城乡资本主义的联系。但仍存在着问题：重生活资料轻生产资料的单纯盈利观点未彻底纠正；供应生产资料计划保守，满足不了农民扩大再生产需要；缺乏调查研究，心中无数，季节生产、生活必需品经常脱销，特别在清产核资后，小手小脚不敢进货现象更加普遍。正因为供销工作有这些缺点，私商就乘机活动，购猪中曾有一度价格失调私商则大肆抢购，利用合作社放假、货物品种少等时机，以及向农民赊货的办法来夺取阵地，这些问题直至现在仍未引起区、村领导干部的注意，工作中重农轻商，对供销合作缺乏具体的领导。目前应提醒我们，加强对供销合作的领导，提高基层干部的思想业务水平，以适应整个合作化运动发展的需要。

信用合作也有开展，目前已有信用组织5个，虽然初办，但在扶植生产、巩固互助合作运动上也发挥了一定的作用。问题是缺乏全面深入的宣传贯彻信用合作的方针、政策。有的强迫入股，使农民发生错觉和顾虑。同时在贷款中阶级观点不明确，单纯强调偿还能力，贫困农民得不到扶植，将贷款贷给富裕户跑运输、作买卖，助长了小农自发趋势的滋长，因而私人借贷公开的发死、暗中的活跃，低利的停滞、高利的活跃。从整个合作化运动来看，信用工作仍是当前合作化运动中最薄弱的一环。为了促进农业生产，推进农业合作化运动，除巩固提高现有信用社（部）外，还应在国家银行扶植下发展和建立各种信用组织，同时注意合理地私人借贷，以低消灭高利贷。

## 三、支部领导状况

26个村党的组织和党员，经过整党、推广肇源经验、贯彻中央三大文件等一系列思想的、政策的、领导方法等教育，支部领导都有改进，党员的阶级觉悟亦有提高。对互助合作领导较前加强，注意学习农业技术，改进了工作方法，克服了不以生产为中心的偏向，因而与群众关系较前更加密切。因各村工作基础不同，改进情况也有所不同。在工作较好的先进村支部，在领导互助合作运动中，有重点、有分工，能深入了解情况和及时的解决问题，使互助合作组织得到了巩固和发展，并树立起鲜明有力的农业生产合作社或常年组的旗帜，互助合作大家富裕的空气，已占统治地位，农民盲目的资本主义自发趋势，受到限制。支部在进行工作中，还善于根据本村具体情况发挥各个组织的作用，克服了工作一来就是党、政、青、妇、武外加互助组长的一揽子会现象。此外，党的组织生活一般的还能定期召开，也能展开一些批评与自我批评，并能针对群众思想情况，主动的进行教育，在农业技术改革上也取得了一定的成绩。

一般村，支部会不够定期，少数支委（支书、村长）工作多而乱，不善于运用和发挥所有组织和党员干部的积极性，工作一来，就是一揽乱会，把党员溶化到一般群众代表积极分子中间去。互助合作运动有发展，但农民自发的资本主义趋势也有滋长，同时对党的组织和党员发生着不同程度的侵蚀作用。据5个村支部的统计，在82名党员中，新富农7人，放债、雇工有剥削行为的13人。个别的如榆树三合村，11个政府委员中新富农占4名，村长是新富农，这些人对党所领导的互助合作运动，公开或隐蔽的抗拒，甚至破坏，村长杨万才曾说："合作社垮台，我们还能多干几年。"

薄弱村，可分三种：第一种，个别的支部、村政权变质。义县七区树林子村，全村新富农22户，占全村总户数的5%。整党前党员21名，现有10名，其中新富农3名，支书刘凤山、村长兼组织委员吴世玉都是新富农。由于党政被新富农操纵，党的政策和政府法令亦无法得到正确贯彻。如：在普选提候选人中，这些干部不但未动，另提出一个吸大烟的商人和一个刑期未满的坏分子。1951年向区委报告"八六八趟"，为了完成秋翻地工作，支书、村长下令停止运输、打场。发展互助合作组织，支部便搞"突击周"，村长并向区委报告已成立一个合作社，区委未加了解，便发给战勤马一匹，实际支书据为己有。支书、村长常在会上骂贫困户，发放农贷时，村长在会上讲："大家核计核计，看能不能还得起，还不起的别找麻烦。"好多贫困农民不敢要贷款，国家贷款落到这些干部和富裕的农户手中，这些人则利用国家经济扶助来发展资本主义的经营。在纠正冒进时，支书向群众讲："党可允许单干雇工了，大家随便吧！"第二种，组织不纯、工作乱，部分党员立场不稳，个别的出身不纯。如梨树县海青窝堡支部8名党员，支书劝党员买地，自己赌钱，组织委员是国民党谍报员，宣传委员曾放跑两名有罪的富农，村长搞不正当的男女关系，5名党员不起作用。因此，支部在群众中无威信，互助合作运动无人领导，自发趋势在逐渐抬头。第三种，是因领导跟不上，这种占多数，县区对支部缺乏指导，党员积极分子虽有积极热情，但由于缺乏教育，有的逐渐消沉，个别的朝旧道路上走。

这次调查看出，除克山县有计划的加强薄弱村工作并获得一定成效外，其他一般的县、区工作领导，是去先进村（重点）多，去一般村少，正如有的农民说："县干部没有影，区干部留个踪，村干部闹轰轰。"至于薄弱村则去的更少，因之致使薄弱村工作长期无人过问，这是农村工作中的一个漏洞。克山县经验证明，只要认真加强薄弱村领导，是完全可以也可能扭转落后局面的。对于先进村也应经常注意，巩固现有成绩，提高现有水平，对一般村必须有计划予以提高。

一年来在县、区领导上，进一步明确了以生产为压倒一切的中心，并抓紧了技术，试办了农业生产合作社。但对供销、信贷抓的少，因此，在靠近小城镇的村子，投机小贩开始显露活跃，不少村高利贷逐渐抬头。

经过整党，在农村进行两条道路教育后，农民奔"社会"的空气曾一度高涨，但县区领导，对由于农村经济发展所引起的新情况，缺乏清醒的了解，加以部分地区一般的反冒进，政策宣传不全面，致使一般村与薄弱村农民盲目的自发的资本主义倾向得以滋长，部分党员和党的组织，受到一定程度的侵蚀，有的开始失去了战斗堡垒和群众先锋的作用。这些事实，再一次告诉我们，毛主席所指示"严重问题是教育农民"的重要意义。因此，在领导农村工作中，必须时时的保持清醒的头脑，经常的不倦的用明白易懂而他们所能接受的道理去教育他们，任何放弃教育这一工作，都是有害的。

1953 年 12 月

# 目前农村经济、农村工作发展中的新情况和新问题

——黑龙江省白城、克山、海伦、肇源四县九个村的农村经济、农村工作调查报告

为了进一步了解当前农村经济发展的新情况和新问题，以提高领导，改进农村工作，贯彻总路线，逐步实现党对农业的社会主义改造。按照每年的惯例，我们在1953年11月，组织118人分别在白城、克山、海伦、肇源等四县九个村进行了农村调查——即白城县的岭下（先进）村、胜利（中上）村、建政（薄弱）村；克山县的民利（先进）村、兴华（中下）村、民权（薄弱）村；海伦县的双泉（一般）村、双发（中下）村；肇源县的立功（一般）村。共计2个先进村，5个一般村（内1个中上村，2个一般村，2个中下村），两个薄弱村。此比例数从全省工作基础估计偏低。兹将调查9个村的主要情况和主要问题分述于下（其中有的材料是9个村的，有的是几个村的）。做领导上了解、掌握农村情况、研究制订政策的参考。

## 一、关于农村经济发展和阶级变化

### （一）迅速发展着的农村经济

九个村的基本情况是：1776户，9094口人，男劳力1979个，女劳力1343个，耕地6573垧，除白城、肇源两县的4个村是砂土或黄砂土质外，其余5个村均为黑土和油黑土，耕畜2021头（匹）（马1312匹、牛463头、驴246头），车388台（其中胶皮车18台、木车11台），犁、耬1139件，新农具84件，综合号铲蹚机16台。九个村均于1948年（土地改革前后）建立党支部，有党员152名，还有团支部9个，团员201名。经1948年土地改革后5个年头的农业生产恢复与发展，九个村经济发展是迅速的（薄弱村较迟缓）。从以下几方面来说明：

1. 农、副业生产有了很大发展，但是潜在力量仍然很大。据岭下、胜利、兴华、建政4个村统计，耕地如以1943年2619垧为100%，1950年为106%，1953年为120%。总产量（胜利、建政、民权、岭下）以1943年（标准粮）为100%，则1950年为118.9%，1953年为187.9%（此比例数字高于全省一般情况）。从单位面积产量上看：亦以1943年（自然粮）为100%，则1950年为108%，1953年为141.8%（此比例数字高于全省一般情况）。从而可以看出，耕地面积、总产量和单位面积产量均是逐年增长的。几个村农业生产共同的特点是：过去耕作粗放，由于组织起来，改进技术，现在逐步走向精耕细作；过去是“吊儿郎当混大荒，不上粪也打粮”，现在是“不上粪瞎胡混”；战前（指解放战争前，即1943年，下简称战前）上

粪面积仅占17.39%，1953年占54.33%（6个村统计），比战前增加两倍多。其次是劳力少、背地多，平均每劳力匀3垧多地，白城地区匀5垧以上，有的持10垧之多。这说明，如果组织的好，充分发挥劳、畜力作用，特别是提高技术，深耕细作，无疑地将进一步提高农业生产力，多打粮食。

副业生产，一般均有条件，据白城3个村看，家庭副业（肉、蛋类）约占4/10，运输业约占2/10，其他约占4/10。从农、副业收入比重看，一般村副业占10%的样子，好的村占20%。从各阶层收入比较看，（岭下村）中农和富裕中农的副业收入占副业总收入的89.9%，贫农只占8.2%，说明贫农搞副业的少，收入少。当前存在的主要问题是对“就地取材，多产多销，组织起来，贯穿全年”的要求贯彻不够，多数人把副业看做可有可无，少数人有重副业轻农业情绪。猪的出产很大，平均每家都养两三口，问题是缺好猪种或没有猪种，群众说“黄鼠狼子下窦楚子，一辈不如一辈”“老母猪守寡”。牧畜业发展前途很大，岭下村战前197只羊，1953年已达834只，农民普遍反映：“养牛养羊繁殖快，本钱小，利大，好饲养，能解决急需。”问题是羊的来源少，有钱买不到，农民说“草甸子甩手无边，水草都好，就是缺羊群”；牛——一般的还好买，唯白城一带较缺，供不应求。今后党在领导农业生产的同时，必须大力发展牧畜业，以供应人民肉食和国家工业原料。

2. 农业生产资料有很大增长。据岭下、胜利、兴华、建政4个村统计：①耕畜：马——以1943年290匹为100%，1950年为98.97%（岭下村为104.9%），1953年为126.5%。牛——以1943年53头为100%，1950年为164.1%，1953年为313.2%。驴——以1943年143头为100%，1950年为155.94%，1953年为166.44%（而岭下村为92.3%）。表明随着农村经济的发展，耕畜数量增多，质量提高，先进村马多驴少，薄弱村畜力增加较迟缓。②农具：1950年有新农具2件，1953年为89件（岭下村占49件），剧增44倍半。旧农具——以战前317件为100%，1950年为120.5%，1953年为140.3%，而先进（岭下）村由于互助合作的发展，旧犁、耧比战前减少3.08%，新农具和改良农具增加49件；薄弱（建政）村旧农具比战前增加65%。说明先进和薄弱村新旧农具增减的不同。车——以战前134台为100，则1950年为120.1%，1953年为147%。木车（大轱辘车是质量最劣的木轮车）——以战前6台为100%，1950年为250%，1953年为183%（全在薄弱村）。上述情况说明：主要的生产资料其数量不断增加，质量不断提高，其规律是——从少到多，由次变强，旧的逐渐淘汰，新的年年增长，农民由不相信（新农具）到怀疑、喜爱。薄弱村是旧农具增多，新农具少，大农具不多，小农具多，恰与先进村相反。

3. 农村商品粮逐年增多。调查的九个村除双发村商品粮未达到战前水平（战前占总产量48.4%，1953年占43.6%，因战前生产集中，“出荷”粮多，广大人民生活恶化；战前经济作物与园艺作物少，故商品粮未及战前）外，其余8个村均超过战前水平。从商品粮逐年增多看（岭下、建政）：1950年商品粮占总产量30.3%，1952年占31.4%，1953年占53.9%（此比例数因白城今年空前丰收故高于全省一般情况）。余粮户数占总户数93.25%，占农户96.45%（岭下、民权、兴华等三村统计）。余粮数（岭下、胜利、立功三村统计）1948年余粮占总产量31.18%，1950年占19.65%（因旱灾），1952年占31.64%，1953年占41.63%（此比例数亦稍高于全省一般情况）。从各阶层商品粮逐年增长看（岭下、建政）：贫农1950年平均每户商品粮为2.1石，1953年为五石；中农1950年平均每户商品粮为5.5石，1953年为13.7石。说明农民商品粮和余粮是逐年增多的。岭下村计划买粮时，农民卖粮占总产量的53%，占余粮的99.3%；建政村由于教育工作进行差些，卖粮占总产量的43%，占余粮80%左右。

4. 随着农村经济的发展，农民购买力逐年提高。据岭下、胜利、建政3个村购买力调查：

| 年度 | 购买力总值(千元) | % | 每人平均购买力(千元) | % |
|---|---|---|---|---|
| 1950年 | 652963 | 100 | 266.8 | 100 |
| 1952年 | 1092396 | 167.3 | 436.6 | 163.6 |
| 1953年 | 1797444 | 275.28 | 703.5 | 263.6 |

从各阶层购买力情况看，如以岭下村为例，贫农1953年每人购买力比1950年增加237%（低于三个村平均数），中农每人平均购买力比1950年增加336%（高于三个村平均数）。从购买实物看：胜利村——1950年每人平均买布21尺，1952年每人平均26尺，1953年每人平均34尺；全村近三年做了180床褥子和401床新被，平均每户3.3床；买秋衣（即绒衣）207件，球鞋148双，棉大衣75件。目前农村青年男女很多人都身穿干部服、花棉袄，脖系花围巾，里面衬球衣、球裤，冬天身披棉大衣，晚间手持电筒。有的老太太说："这几年——冬有棉、夏有单，上炕有吃的，下炕有烧的；头两年——人家（指地主）吃好的、穿好的，点的明堂蜡烛，咱们连点灯油都没有，要再到社会（社会主义）那就更好过了……"形容新社会一般劳动人民生活上升的愉快情感。

农村购买力提高的另一个原因，是几年来工业产品价格逐渐下降，农业产品价格逐渐提高。

## （二）阶级变化的新情况

随着农村经济的发展，特别是党的各项政策的贯彻实施和农业生产互助合作运动的发展，农村新的阶级关系已有了显著变化。就九个村的调查分析，目前农村阶级变化的基本特点是：中农和富裕中农逐渐增多，贫农雇农逐年减少，在一般村和薄弱村有新富农，但数量很小，总的看，农村经济发展不是趋向两极，而是向大家富裕、集体发展的方向正常发展。其中速度较快的是中农特别是富裕中农户数日益增多。工作做好了，贫农亦可迅速上升，新富农和雇农可以没有。

几年来各阶层的变化情况是：

| 年份 | | 1943年 | 1950年 | 1953年 |
|---|---|---|---|---|
| 雇农 | 户数 | 624 | 16 | 22 |
| | % | 39.92 | 1.57 | 1.24 |
| 贫农 | 户数 | 492 | 384 | 358 |
| | % | 31.48 | 37.55 | 20.16 |

续表

| 年份 | | 1943 年 | 1950 年 | 1953 年 |
|---|---|---|---|---|
| 中农 | 一般中农户数 | 271 | 564 | 948 |
| | % | 17.34 | 55.13 | 53.37 |
| | 富裕中农户数 | | 39 | 399 |
| | % | | 3.81 | 22.47 |
| | 计户数 | 271 | 603 | 1347 |
| | % | 17.34 | 58.94 | 75.84 |
| 富农 | 户数 | 81 | 6 | 21 |
| | % | 5.18 | 0.57 | 1.18 |
| 地主 | 户数 | 92 | | |
| | % | 5.89 | | |
| 其他 | 户数 | 3 | 14 | 28 |
| | % | 0.19 | 1.37 | 1.58 |
| 合计 | 户数 | 1563 | 1023 | 1776 |
| | % | 100 | 100 | 100 |
| 备考 | | 8 个村统计 | 6 个村统计 | 9 个村统计 |

从而可以看出，经过 1948 年土地改革后几年来的生产恢复与发展，农村中农化的程度逐年增加，特别是先进村经济发展正常、迅速。1953 年调查的 9 个村子：

中农：占75.84%（注：1952 年另 5 个村调查，中农占71.65%，1953 年比 1952 年增加4.19%），其中中农最多的是胜利村（中上村，经济条件好），中农占86.5%，其中富裕中农占中农阶层的48.2%。中农最少的是海伦双发（中下）村，中农占68.01%，其中富裕中农占16.59%，比先进村（富裕中农）几乎少三倍。9 个村富裕中农占总户数的22.47%，占中农阶层的29.62%。

贫农：9 个村平均占20.16%（注：1952 年另 5 个村调查，贫农占21.7%，1953 年比 1952 年减少1.54%），其中贫农最多的双发村占30.36%（街边子，城市贫民新搬去的多），贫农最少的胜利村占11.36%。

新富农：平均占1.18%（注：1952 年另 5 个村调查，新富农占3.03%，1953 年比 1952 年减少1.85%，其中先进村——岭下、民利村（主要是党的领导强，互助合作搞的好），没有新富农；薄弱村——民权村新富农占2.54%。

雇农：平均占1.24%（注：1952 年另 5 个村调查，雇农占2.56%，1953 年比 1952 年减少1.32%），其中岭下村没有雇农，民利村只 1 户，最多民权村（薄弱村）雇农 11 户，占总户数3.99%。

这些情况，一方面说明农村经济的普遍发展，即使是薄弱村，中农亦占 70%左右，且逐年增多；另方面也说明不同工作基础的村子经济发展的不平衡。它表明——如果党在农村的领导和各种工作能适应当前农村经济的发展而不断加强与提高，不仅可以促进农村经济的迅速上升，而且可以减少以至避免农村资本主义的自发趋势和新富农的发生与发展。下面分述一下各阶层的具体情况：

1. 中农情况：九个村中农（包括富裕中农）1347户，占总户数的75.84%，人口（8个村统计，缺民利村下同）占80.52%，劳力占79.46%，土地占82.58%，耕畜占88.07%，车占87.82%，农具占88.3%，余粮（3个村统计）占92.7%，购买力（3个村统计）占88.58%。中农不仅在经济上占绝对优势，在政治上参加农村政权的人数也多。如：9个村中的5个村87名人民代表，中农和富裕中农（下简称中农）占86.2%，政府委员中农占89.59%，党员中农占90.48%，团员中农占94.7%。

整个中农阶层中，富裕中农已占相当比重（9个村平均占总户数22.47%，占中农阶层的29.62%），他们的财富占有程度已形成或正在形成一个相当有力量的富裕阶层，且增长速度很快，据白城县3个村调查统计，富裕中农1950年20户，1952年58户，1953年127户，较1950年增加635%，较1952年增加219%。富裕中农人口占总人口的33.5%，土地占40.76%，劳力占34.28%，耕畜占40.7%，车占40.97%，农具占48.52%，余粮占41.43%。他们土地比贫农多1.2倍，耕畜多3.5倍，购买力多1.2倍，每户平均余粮17.3石（标准粮，每石600斤）。富裕中农一般特点是：生产资料齐备，质量最好，人强马壮，土地好，打粮多；生活好，顾虑多；屯中有权威，余粮余资多（胜利村富裕中农余粮余资均占全村70%以上），来财路多，一般有轻微剥削，"沾尖取巧"多；多数劳动好，单干多（薄弱村）。白城地区富裕中农牛、羊多，驴少马多。他们的富裕程度，已引起当前农村多数人的羡慕，特别是一般中农往往踏着他们的脚步前进，把他们当做自己发展地活的榜样，叫他们是走新道路的"打头的"。他们（富裕中农）过日子会计算，善于经营农、副业，"几把扇子扇"，一般是"四路进财"：一路是种地打粮；二路是羊下羔、牛下犊；三路是拉脚或搞副业；四路是放粮放钱（有的放到信用部）吃利息。因此他们在村中为人处事上，有些表现洋洋得意，夸张自己的罢干，有的富裕中农（单干）在城里买袋子白面叫农业生产合作社的车给捎回来，显示自己的富足，但是谁在说他"富裕"，他却发烦、心跳。

目前中农特别是富裕中农可分"左""中""右"三种类型来研究，属于左的较多，他们听信党的话，响应党的号召，积极参加与搞好互助合作，并在这条道路上渐加富裕，他们反映"在这条（互助合作）道上一直走到底"，"不搞互助组不能发展"，"不搞合作社不能到'社会'"，这是中农和富裕中农的基本方面；属于右的是一部分人，带有相当剥削成分的单干户和某些"翅膀硬了，要出组单干"的，或在低级组的中农，他们想走资本主义道路，说"旧路顺撇"，互助组、合作社"伸不开腰"，"一提合作社就脑袋疼，多咱没有不单干的，我就不单干了"，"不按我脑袋我算不入社"，"你们搞合作化，我搞胶皮化"。宣扬单干有四大好处：第一粮食没少打；第二老婆孩子往地里一哄，都能伸上手；第三自由——说走抬屁股就走，没人管；第四我场早打完了，早搞副业。因此他们不愿听会，开会很少到场，一听讲"生产"，讲"组织"就"痉痉"鼻子，唉声叹气，少数发牢骚，说："搬到僻静地方去（指偏僻落后村、屯），那块一半年不搞合作社。"主张政府"不要多管他们"，"最好是自由发展"，他们在经营思想上，专看“有油，没油”，表现重资本轻劳动，重副业（或牧业）轻农业。说“母牛下母牛，三年五个头，比啥都有油”，家有余粮余资很少出借，找机会乘人之危“打快拳”“捞一把”。有的农民说他们“不走正道”，发“偏财”。这就是一部分富裕中农留恋旧道路，实际上他们已成为当前农村自发资本主义趋势的带头人，也反映了当前农村党所领导的互助合作运动和小农经济自发资本主义趋势的矛盾日益明显；属于中间的是相当多的一部分，他们是身在组社心在外，想单干又犹豫不决，脚踏两只船——一心二意，正在十字路口上左右观望，背后议论“剥削又害怕，入组又‘憋屈’，单干又可耻……”，表现看风驶船，说组织起来是“国策”，“人随王法草随风”……如果互助合作搞的好，他们就会在互助合作的道路上发展，否则他就要单干。这些人一般的特点是没主意，有顾虑。个别少数富裕中农对发展方向不明确，有苦闷和维持现状的消极情绪，认为“将来你的也是我的，我的也是你的”，“早晚得来个‘共产’”。建政村富裕中农范子玉怕“树大招风”，往外放粮不愿借给本村人，规定借粮要保守“秘密”，夜晚取粮，怕马多没用，说“骡马‘反群’时没给它找对象（即不给找种马）”，有的苦闷，挥霍浪费，一个劳力买两身皮袄，两双透明胶底皮鞋，穿不了锁在柜里。建政村高万举把马卖掉，买了一口棺材，这些思想在薄弱村又多于一般村和先进村。产生这种思想的原因，主要方面是小农的自发趋势，另一方面也是我们某些政策在执行中尚有偏差所致。如岭下村 1952 年秋和 1953 年春，农业生产合作社社员做一样的衣服，穿一样的裤叉，一样的球鞋；村干部拉街基，准备修马路，盖洋楼，1953 年春建社时，规定起早“敲钟为令——姜太公钓鱼，愿入社就来，不愿入不来”，结果大部分来了（当然有酝酿）；正在这时候又搞牧畜入社，群众一度杀羊，有的杀出羊羔来；碰巧业务部门又来搞羊的人工授精，盖羊圈，全村羊都要集中到一起“授精”，有些群众以为这算“归大堆”了，后来经过政策补课，取消了这种做法，群众才明白“羊没受惊（精），人受惊了”。当时造成某些农民的思想混乱。

中农和富裕中农拥护什么，反对什么呢？①拥护“共产党和毛主席领导的好”。他们的绝大多数是由过去的雇贫农来的，感谢政府给他们的好处，“翻了身，小日子过的火炭红，忘不了毛主席……”。但是他们对再发展问题，要求给指出明确、具体方向，对一般的社会主义宣传感到不解渴，少数主张“放手发展”，他们说最好是“八仙过海，各显其能”。他们之中有人歧视贫困户，“一样翻的身，他为什么穷”，“小组垮台都怨贫困户，没马还穷捣乱”，“都是我们的血本把你们养肥的”。②拥护“增产不增税”的政策。“多打粮，不多纳税，少打粮政府还减免”；反对别人说他们“富裕”，厌烦开会。③经教育后，多数拥护国家总路线和计划买粮，赞成合作化，积极卖余粮。他们满意政府几年来发放的农贷和救济粮扶助了生产的发展。④拥护粮价提高，物价平稳。因此丰收后除极少数表示“到顶了”“够过了”以外，绝大多数有扩大再生产的要求。

一般中农都有畜力，劳动好，政治上有地位，生产生活基本没有困难，平均每户余粮11.6石。他们当前普遍的、最大的要求是“搞好互助合作，多打粮”，因此丰收后积极添车买马，卖驴卖牛买好马。归结起来，一般中农的基本要求是：①积极主张办好合作社和互助组，要“撵上去（指富裕户）”，怕“小组散花”。②要求添车买马增农具，主张以农业为主。③要求抽出人去搞副业，发展牧畜业，羡慕富裕户“牛、羊成群”。④要求马保险，他们说“我们家底薄，马死当日穷”，“死一匹马就掘去半拉家底”。他们思想顾虑少，只是有少数人由于年龄渐老，表示再发展的信心不足，个别的“向后看”，说“比过去强一百套了，不求大富大贵，对付个年吃年用就行”。但是绝大多数还是满怀信心的往前发展。

目前中农——主要是部分富裕中农的自发趋势一般表现是：①在经营方向和经营思想上是“快门来财”的方针，因此重资本轻劳动，不重视农业，囤粮待价，放粮，放债，招瓜青，开作坊，份养猪，并随时利用自己经济上的优势，进行“批青”、倒买倒卖等商业投机的活动，甚至乘人之危，损人利己。②在互助合作上，是极力争取单干，认为互助组受“拘束”，“施展不开”。搞假互助组实际单干，可量多种地、找工资，以“招养跑腿”为名变相雇活，农忙大量雇短工，如海伦县双泉、双发两村，中农租入土地占全村出租总数的73.1％。有的很少参加组内劳动，以畜力换人工种地，高价出租牛犋，自己出去搞运输业，或以互助组名义搞副业，赚钱“独吞”。③在政治上对党和政府表示“疏远”“不快”“猜疑”“戒备”，说“共产党好是好，就是‘挡道（指单干）’”，不让“八仙过海，各显其能”，看不起屯中的党员干部，讽刺讥笑。少数人开会很少到场，或者叫小孩去，即使到会也不愿发言，厌烦开会，厌烦听生产，厌烦听组织起来，厌烦听社会主义，厌烦贫困户。④在阶级感情上，歧视或责骂贫困户，说“政府道那么多，就没把贫困户治好”，“饿死几个也没人心疼……”。从调查的9个村看，工作先进村由于党的领导强，互助合作占绝对优势，新富农不仅绝迹，也有力地限制了一些农民的自发势力的发展，如少数富裕中农一有投机倒把等剥削行为，马上引起广大农民社会道德舆论上的抵制，轻者说他们一声“×大哥走差道了”“这事干的不好，何必有哭有笑呢”，重者叫他们“马贩子”“不走正道”“人尖子”“旧道路”。岭下村农民给他们起外号叫“四大经济”：大行大市的赵经济（贩牛贩马干大的）；偷偷摸摸的何经济（党员不敢明干）；缩头缩脑的李经济（又想干又害怕）；赵木匠学经济（跟人家学会了倒腾经济）。这些讽刺性的舆论对他们压力很大。反之，薄弱村由于党的领导作用不够，互助合作组织较涣散，对富农限制不够，因此自发趋势也就不断滋长，特别是新富农的出现，数量小、影响大。因此薄弱村自发趋势占上风，“有市场”。这一事实表明——既不是小农经济不可改造，又不是自发趋势不可克服，“旧道路”是赛不过党所领导的互助合作运动的，关键是党的领导，搞好互助合作。否则放弃领导或领导不力都是小农自发资本主义趋势的乐园。

根据上述中农阶层调查，党在领导其扩大再生产的中心问题是抓积极因素。为此必须强调党的领导，强调提高农民社会主义觉悟，强调搞好互助合作，使他们沿着“互助合作、多打粮食、大家富裕”的道路前进。并随时利用当地互助合作的优越性，宣传新旧道路的实际利弊和社会主义美好远景，以不断巩固和壮大党在农村的社会主义阵地。解决他们“生产发展了，要单干”和重资本轻劳动、重副业轻农业的思想情绪，使他们能按着党所指引的——在首先搞好农业扩大再生产的基础上，有条件地积极搞好副业和发展牧畜业，并引导其余粮、余资投入供销、信用合作事业。这些问题不解决，他们就有走差道的危险，会发生非“左”即右的情绪，不是不敢发展，就是不知道往哪发展，这是中农的特点，党要注意引导它向互助合作道路上发展。

2. 贫困农民情况：9个村贫农占总数的20.16％，雇农占1.24％，计贫、雇农占总户数的21.4％。几年来贫困农民总的发展规律是逐年减少，即使经济没上升的，现在生活也比前几年的贫、雇农生活高的多，绝大多数够吃够穿。据白城县3个村统计，缺粮户占总户数的4.06％，占贫、雇农（不包括非农业户）的20.8％。没畜力的贫农占33.7％。从贫农逐年减少速度看：1948 年贫农占总户数的64.3%，1950 年占39.9%，1952 年占 29%，1953 年占16.7%。雇农，据 8 个村（缺民利村）统计，1952 年雇农 15 户，1953 年 21 户（比 1952 年略有增加），主要原因是后搬来户增多，因没土地而出雇。据雇农最多的民权、兴华两个村统计，1953 年雇农 17 户中有 7 户是后搬来的，有 5 户是地少、劳力多或没畜力的，有 5 户是跑腿。一般村是雇农逐年减少，有的先进村已没有了雇农。看趋势，今后雇农一般的不会增多，少数地区可能因为特殊情况（如新搬去户、薄弱村）有所增加。因此，雇农的出现与停滞，完全可以随着工作的发展而减少。

现在 9 个村20.16%的贫农：人口（8 个村统计，下同）占16.3%，土地占15.04%，劳力占17.53%，畜力占8.74%，车占5.4%，农具占5.84%，购买力（3 个村统计）占17.91%，余粮（3 个村统计）占5.8%。贫农平均每人匀地0.8垧，每 2 户匀一头耕畜，每3.8户匀一台车，虽然由于党贯彻了依靠贫雇农的政策，提高了贫雇农的政治地位，但由于农村中仍有歧视贫农的现象。因此，贫雇农在经济上是全村最差的，政治地位照顾不够。人民代表只占全村代表总数的9.2%。

目前贫农一般的特点是：没畜力的不多，马少、牛驴多（或次马多），农具少，质量坏；劳力不强，背地多；种地少、家中病人多；干活人少，吃饭人多；家底空、债务多；年成虽好，打粮不多；生活较低、政治上地位差，受歧视的多。贫农思想反映是：满意党和政府的政策，感激共产党和毛主席对他们的照顾和关怀，说“这个国家没有一点不好的地方”，“毛主席才真正是咱们的救命恩人”，“一辈子也忘不了共产党”，“这几年要不是共产党领导，不知造哪步天地去了”，类似感恩不尽的语言是整个贫农阶层绝大多数的反映，靠近党，羡慕富裕生活。但是由于他们本身困难较多，还有一部分贫农有“自馁”“发愁”的情绪，劳力少、弱，有的晃晃荡荡，背不动一斗米，踩格子从这条垄视到那条垄上，铲地眼睛看不见苗，有的不敢见太阳，有的向着太阳干活（背影看不真），有的趴在垄上用手摸，薅细的留粗的，走道跟不上牛、上不去车。据 4 个村现有 141 户贫、雇农的调查统计，家中常有病人的 19 户，有残废的 14 户，年老的 27 户，计 60 户（共同特点是劳力两个不顶一个），占总户数的8.96%，占贫雇农户数的42.5%。建政村贫农阶层 29 个劳力中，有 15 个是半拉子；眼睛不好使而影响劳动的 5 个；瘤子 2 个，计占贫农劳力的 83%。他们说“黄鼠狼子单咬病鸭子”，“一步撵不上，步步撵不上”，“咱们是耗子尾巴上的疖子，没多大脓水”，有的表示自卑，少数有单纯依赖救济思想。

贫农的要求是：①要求帮助他们解决畜力，并实行马保险。②要求入组、入社，搞好组、社，合理解决轮作和人马换工比价。③要求限制高利贷，并要求信用部“救人救个活”，胜利村有的贫农想借钱买个驴，信贷部只借给五斗米。④要求政治上有地位，说“合作社好是好，和人家说话用鼻子‘哼’”，有些人乱给贫困户起外号“武大郎（人熊）、羊（杨）扒子、瞎刘……”。⑤少数鳏寡孤独和劳力少身体弱的及家里常有病人的要求政府或社会上予以照顾和救济。但是嘴里不好意思说，“有一点办法也不能麻烦政府和干部”，希望帮助他们想法把地种上，个别的要求减免公粮。我们认为这些要求都是中肯的、恰当的，必须积极的具体的帮助他们搞好生产，过好日子，使他们尽早的摆脱贫困，这已成为当前农村经济发展中不可忽视的一个重要工作。经验证明，如果我们能够经常的关注与积极的做好这一工作，现有的贫农是可以逐步上升的。反之，如果我们在这一方面不重视、不积极，势必造成贫困农民继续停滞和贫困。因为现在的贫农成员中，有40%以上的人是老、弱、病、残废和缺劳力的，这和前几年的贫农大不相同，因此必须强调具体领导，贯彻“贫农和中农的巩固联盟”政策，特别是紧紧依靠农村党员干部和广大农民来解决这一问题。具体方针和作法应是：①一般应坚决贯彻生产自救，分别对象予以社会互济，政府扶助的方针。也就是在生产自救基础上，发动群众出主意，想办法，政府适当扶助，这是基本原则。②积极吸收贫困农民入组入社是使贫困农民迅速摆脱贫困的基本方法，在对少数老、弱、残废的贫困农民，主要是靠社、组带他们，发动农民采取十个和尚夹一个秃子的办法（当然不是抽肥补瘦），按其可能给他们在社、组内找些适当的活计做，使他们尽早摆脱贫困，得以上升。为此，必须大力加强党内外的教育，在社会上形成扶助贫困农民上升是光荣的道德风气。③政府予以适当救济、扶助，社会公粮减免对他们还应适当放宽一些。国家银行和信用部要帮助他们买上畜力和主要生产资料，促其迅速上升。④村政权应吸收一定的贫困农民参加，注意征求并尊重他们的意见。⑤教育少数贫困农民勤劳生产，鼓励他们生产自救和自立更生，克服单纯依赖政府救济的消极情绪。

3．新富农情况：9个村新富农占总户数1.18%，人口（8个村统计，下同）占1.11%，劳力占1.19%，耕畜占2.76%，土地占2.05%，车占2.51%，农具占2.98%，余粮（3个村统计）占1.08%，购买力占1.57%。

目前新富农剥削的特点是多头剥削，公开和隐蔽剥削相结合：(1) 连年雇长工，农忙大量叫短工，有的公开雇，有的以“扶助亲属、同居为名”，有的以“扶助贫困户”或“招养跑腿”为名进行变相剥削。(2) 囤粮、高利放粮、放钱，一般五分利，少数八分，以至大加一的利。方法，以外村亲戚家“转放”，晚间取粮，或以“小份子”为名出借，海伦双泉、双发两村，有3户已变成农村高利贷者，如双发村王景春，1948年借出2石苞米，四分利一年一折，现已滚成15.8石，他共贷出28石粮和100余万元现款，年可收息10余石粮。称高利贷是“铁杆庄稼”，不满政府借贷政策。(3) 投机倒把，群众叫他们“马贩子”，建政村有两户以此为主要经营，贾炳忠三年倒26匹马，每匹都赚钱几十万元。(4) 开粉坊，大秤进，小秤出，别的地方100斤土豆换8斤粉条，他是5斤半，光吱嘴，不干活，擎好汉子股、多分红，在外扬风开粉坊是“为人民服务”。(5) 搞假互助组，不两利，高价出租牛犋。新富农在政治上一般均有较高地位。建政（薄弱）村的3户新富农都是党员，且是支书、副村长和屯长，有的是供销社理事、红旗组长、人民代表、村政府委员，据统计，6个村15户新富农中，是党员干部（人民代表以上）的8名，其中党员3名，占新富农的20%，占党员的2.86%，说明资本主义对农村基层党的某些组织和党员侵蚀很严重。胜利村党支部副书记在新富农家吃一顿饭，回来就批评党员“不给粉坊服务（粉坊是新富农开的）”，群众说：“咱们副支书叫人家（指新富农）两块白面饼就给打蒙了……”由于新富农剥削充满着商人的投机取巧、欺骗利诱、无孔不入等手段，引起农村绝大多数农民的鄙视，叫他们“高草”“白脸曹操”“炕上狸猫坐地虎”“马贩子”等等，说“少和他们打交道，这些人（指新富农）手腕长，鬼道，扁的也能说圆了”，表示提高警惕，不受他们的熏染。从9个村调查情况看，在党的领导强、组织起来占绝对优势的岭下村、民利村，避免了新富农的出现，有的始终没定型，如果工作跟上，它是不会而且应该不定型，但是工作先进村并没有阻挡了某些富裕中农的正常发展，只不过是互助合作的富裕代替了单干的富裕，因此他们满意的说“要不是入社，我早就雇活剥削人了”，“合作社多打了粮，发展了副业和牧畜业”。这一事实表明：工作做好了，新富农可以避免和减少，而且应该减少和避免。但另一方面，在私有制允许存在的革命现阶段，农村新富农的出现和有某些发展是可能的，问题是党的领导要限制和逐步消灭富农剥削，克服目前农村新富农发展缺乏限制或限制不够——对隐蔽剥削麻痹，对公开剥削有某种程度的置之不理的自流倾向，“这是主要方面。所说“限制富农剥削”，主要是从经济上采取积极发展社会主义因素，加强互助合作运动（包括生产、供销、信用）的领导，多打粮食，增加收入，和新富农在经济上实行竞赛，在政治上采取说服教育的方法，并根据不同情节进行不同方式的斗争，在宣传上与社会舆论上造成旧道路走不通，不光彩；并从各方面加以限制，如限制高利贷，反对延长雇工、劳动工时，反对投机倒把、工资过低、高价出租牛犋等剥削现象。并用种种事实向农民宣传社会主义道路的优越性，壮大党在农村社会主义的经济阵地，一步一步地缩小和消灭资本主义因素的活动范围。

## 二、农村合作化运动的新发展

首先，在农业互助合作方面，由于经过学习和贯彻中央三大文件、农村整党、走新道路的教育、政策补课、推行肇源新耕作法，使今年的互助合作运动在各个地区均有不同程度的提高，特别是由于农业生产合作社试办的成功，就更加有力地带动了互助组的发展。因此，从调查中看，互助合作运动的发展一般是正常的，巩固的，确实经受起自然灾害和农民自发资本主义倾向的双重考验。据调查 9 个村中 5 个村（白城县岭下村——先进村，胜利村——中上等村，肇源县立功村、海伦县双泉村——均为中等村，克山县民权村——薄弱村）统计，两年中组织起来的情况是：

| 年代 | | | 1952 年 | | | | | 1953 年 | | | | |
|---|---|---|---|---|---|---|---|---|---|---|---|---|
| 项目 | | | 组数 | 户数 | 劳力 | 畜力 | 耕地 | 组数 | 户数 | 劳力 | 畜力 | 耕地 |
| 总计 | | | 109 | 905 | 1055 | 10625 | 463887 | 98 | 945 | 1126 | 1162 | 5039.68 |
| 组织起来 | 计 | 数 | 109 | 804 | 976 | 987.5 | 4204.45 | 98 | 862 | 1043 | 1073 | 4716.57 |
| | | % | 100 | 88.84 | 92.51 | 92.94 | 90.64 | 100 | 91.22 | 93.46 | 92.34 | 93.59 |
| | 生产合作社 | 数 | 1 | 19 | 22 | 15 | 110.94 | 8 | 157 | 179 | 165 | 855.79 |
| | | % | 0.89 | 2.36 | 2.26 | 1.52 | 2.64 | 8.16 | 18.21 | 17.16 | 15.37 | 18.14 |
| | 常年组 | 数 | 24 | 239 | 309.5 | 28.4 | 1235.7 | 22 | 210 | 281.5 | 252 | 1184.47 |
| | | % | 24.11 | 29.73 | 31.71 | 28.76 | 29.39 | 22.45 | 24.36 | 26.99 | 23.49 | 25.11 |
| | 三大季组 | 数 | 45 | 315 | 386.5 | 428.5 | 1765.25 | 38 | 296 | 350 | 424 | 1699.73 |
| | | % | 40.18 | 39.18 | 39.6 | 43.39 | 41.99 | 38.78 | 34.34 | 33.56 | 39.52 | 36.04 |
| | 临时组 | 数 | 39 | 231 | 258 | 260 | 1092.499 | 30 | 199 | 222.5 | 232 | 976.582 |
| | | % | 34.82 | 28.73 | 26.43 | 26.33 | 25.98 | 30.61 | 23.09 | 22.29 | 21.62 | 20.71 |

续表

| 年代 | | | 1952年 | | | | | 1953年 | | | | |
|---|---|---|---|---|---|---|---|---|---|---|---|---|
| 项目 | | | 组数 | 户数 | 劳力 | 畜力 | 耕地 | 组数 | 户数 | 劳力 | 畜力 | 耕地 |
| 单干 | 计 | 数 | | 101 | 79 | 75 | 434.42 | | 83 | 73 | 89 | 323.11 |
| | | % | | 11.16 | 7.49 | 7.06 | 9.36 | | 8.78 | 6.54 | 7.66 | 6.41 |
| | 独犋 | 数 | | 24 | 30 | 47 | 149.98 | | 38 | 43.5 | 72 | 209.13 |
| | | % | | 23.76 | 37.97 | 62.67 | 34.52 | | 45.78 | 59.6 | 80.9 | 64.72 |
| | 无牛犋 | 数 | | 77 | 49 | 28 | 284.44 | | 45 | 29.5 | 17 | 113.98 |
| | | % | | 76.24 | 62.03 | 37.33 | 65.48 | | 54.22 | 40.4 | 19.1 | 35.28 |

注：1.此表为5个村统计：岭下、胜利、民权、立功、双泉。

2.组织起来户数占5个村1017户（总户）的84.76%；单干户占总户数的8.16%；非农业户（72户）占7.08%。

但由于地区和工作基础的不同，互助合作发展的进度也不同，先进村（白城岭下、克山民利两村统计数，全省偏高）：农业生产合作社占36.4%，常年组占31.7%，季节组占27.3%，临时组占4.6%，无单干户（民利村已无临时组）；一般村（海伦双泉、克山兴华、肇源立功3个村统计，可代表全省）：农业生产合作社占5.6%，常年组占28.3%，季节组占45.3%，临时组占20.8%，单干户36户，占组织起来农户9.2%（其中兴华村无单干户）；薄弱村（克山民权、白城建政两村统计，全省偏低）：无农业生产合作社，常年组占2.27%，季节组占50.93%，临时组占46.8%，单干户71户，占组织起来农户19.7%。总之，先进村互助合作是占绝对优势，一般村占主导地位，薄弱村则落后一步。

互助合作运动几年来迅速的发展，特别是农业生产合作社的出现和发展，不仅使农民多打了粮食、提高了生活，受到了广大农民群众的拥护和信任，而且已成为改造小农经济、避免农村阶级分化、引导农民逐步过渡到社会主义的基本形式。因此互助合作运动已进入了新的历史阶段。但另一方面，随着农村经济的逐年发展和农民生活的迅速上升，党领导的互助合作运动和小农经济的自发资本主义倾向已成为农村中的主要矛盾，这一矛盾的斗争日益明显，日益尖锐化，因而在互助合作运动中又出现了一些新的问题。

其次，供销、信用工作有很大发展和提高，从白城县胜利、肇源县立功、海伦县双发等4个村供销、信用调查看：供销社基本上起到了供应农民生产生活资料，推销了农民农副产品的作用，因此扩大了城乡物资交流，基本上占领了农村商业阵地，减少了商人中间剥削。但有些供销社尚有资本主义经营思想，表现重生活轻生产的单纯营利观点及损失浪费严重、盲目经营等缺点。信贷工作在吸收农村游资，扶助农业生产，帮助贫困农民解决生产生活上的困难，活跃农村经济，打击高利贷，促进互助合作等方面起到了一定作用；但在贯彻执行政策方针上仍有毛病，有贷款对象不明确和分散使用以及存款面窄的现象，区村领导重视不够，因此信用工作是农村合作化最弱一环。现把农村合作化的主要成就和问题分述于下：

## (一) 农业生产合作社有了新的发展

1. 社数增多，试办成功，显示了集体经营的优越性：从调查的 9 个村中的 5 个村（肇源立功村，白城岭下村、胜利村，克山民利村，海伦双发村）看来，农业生产合作社（以下简称社）有了新的发展，社数逐年增多，1952 年只克山民利、白城岭下两村有 2 个社，1953 年 5 个村共试办了 10 个社，现共有 12 个社（其中肇源立功村 1 个，白城岭下村 4 个，胜利村 1 个，克山民利村 4 个，海伦双发村 2 个）。2 个老社和 10 个新社经过一年的集体生产和巩固提高，均多打了粮食，增加了社员的收入，证明了试办的成功。表现在经营方针上“摊子小，债务少”，坚持了“以农业为主”；表现在生产上“提高了技术，打粮多，分红多”。如白城县岭下村的 4 个社，上粪施肥占耕地面积 96%，克山民利村的 4 个社，上粪施肥占耕地面积 80%，其中杨显亭社上粪施肥达 130%。并作到了选种和种子消毒，发挥新农具作用，推行等距宽播等新技术。春耕一般动手早、结束快，在今年雨多地荒的情况下，作到了二铲二蹚和部分地三铲三蹚，并作到了新纪录地间苗与部分谷子、大豆疏苗，因此社内打粮多，社员分红多。如民利村杨显亭社今年共产自然粮836.4石，每垧平均5.14石，超过本村每垧产量的 13%；每个社员平均分自然粮 24 石 6 斗 3 升，全社 26 户仅 1 户少于去年收入，其余 25 户均超过去年的收入。因此影响本村 19 户农民坚决要求入社。同村 1953 年新试办的贺志财社也同样多打了粮食，全社 28 户除 4 户相等或略少于去年收入外，余 24 户均超过去年在组内的收入。白城岭下村永久社今年打粮 634 石（5 垧土豆，3 亩树栽子在外），每垧产量 5 石 3 斗 7，比本村一般互助组每垧产量提高 22%。因此全社 11 户贫农有 10 户今年上升为中农，并有 5 户中农上升为富裕中农。社员说：“往外撵也不出社。”同时赵玉文社由于今年打粮多已消灭了贫农，社员说：“入合作社是摆脱贫困、大家富裕的唯一道路。”其余 8 个社多数超出社外互助组的收入，少数和组的收入相等。总之，都显示了程度不同的优越性。

农业生产合作社之所以多打了粮食，显示了集体生产的优越性，主要是由于作到了：第一，合理的组织劳动和正确的计算劳动。备耕时期各社都经过整顿和建立了适合生产需要的劳动组织，明确分工确定责任制，根据劳力、耕畜、农具与技术高低，划分常年或季节的生产队。双泉村两个社春耕时根据活计的需要把男女劳力编成扣地、耲地、零活等生产队；夏锄时又改为铲地、趟地等生产队，因此减少了旷工、窝工，并发挥了妇女和半劳力的作用。民利村杨显亭社并试行了常年定产，季节包工，把土地割分给生产队，确定了耕作区，大大提高了社员的劳动积极性，如春耕播麦定为 290 个劳动日完成，结果只用 170 个劳动日就完成了。岭下村的 4 个社妇女参加生产突出，在夏锄秋收时期曾有 75 名妇女下地，占 4 个社妇女劳力 92%。劳动日计算方法有三种：一种是个人计件（一个人可以做了的活）；二种是小组集体包工（两三个人可以做的活）；三种是死分活评。这三种形式有的社根据活计的需要和不同而同时并存。不管哪种形式，只要社内运用的好，就能提高社员劳动积极性。白城胜利村朱学强社零活个人计件，十天时间完成了半月活计；赵玉文社割地采取按垧包工、按垄评分的办法；克山杨显亭社由于实行了合理的“按劳取酬”，争取了全年活计的主动性，因而在不影响社内生产的条件下，照顾了社员家庭的扒炕、抹墙、托坯、垒仓等活计，社员感到满意。第二，不断的进行社会主义远景教育，提高了社员的社会主义思想觉悟。社内的政治思想教育工作一般经常，社领导分工由副主任做政治工作，党团员实行分工包干，结合着每一时期的生产，以活人活事进行宣传和新的社会制度的对比等，教育社员积极生产、爱国、爱社和勤俭办社，克服了人在社内心在外的动荡、怀疑态度，提高了劳动热情。如白城永久社夏锄产地时，社领导提出口号："多铲一垧地，多打五石粮，社内多打粮，社员多分粮！"鼓舞了社员少歇工说："误工扔了地，社内少打粮，自己也少分粮。"同时，为了使社员劳动团结，树立榜样，社内还有较经常的民主生活会、光荣榜、红旗竞赛、评比奖励模范、表扬好人好事等群众性鼓动形式，对提高社员觉悟和劳动积极性均起很大作用。

由于一年中经过一系列的思想教育，社员的社会主义觉悟有很大提高，加之秋后多打了粮食，劳动成果显著，贯彻了以劳力分红为主的原则，生产资料取得了合理的代价，因此社员的爱国主义思想觉悟高涨。突出表现在卖粮多支持国家工业建设上，如白城岭下村4个社，卖给国家的粮，占粮食总产量的52%，其中永久社占55%。社员说："留下吃粮、种子，把剩余粮食全部卖给国家，支持国家工业建设，走向社会主义。"因此社内每垧地一般的都比社外互助组多卖2石左右的余粮。第三，严密财务管理，确定各项必要制度，减少了损失浪费。12个社在财务管理的特点上一般的是"账目清楚，手续明白，开支小，浪费少，社员满意"。作到了账目日清月结，定期公布，并规定了民主审批开支、凭据下账，现金与账目分别负责管理等制度。因此保证了社员分红多，生活好。

2. 前途美好，吸引力大，广大农民信仰社、羡慕社、要求入社。由于农业生产合作社试办的成功，多打了粮食显示了优越性，确实成为吸引广大农民前进的目标。农业生产合作社不仅在集体经营、多打粮食等方面显示出它的优越性，而且培植了社员的新的道德，社员在生产上劳动团结，在经济上能互通有无、条件充足的好社还帮助了社外群众的生产，影响颇好。如白城岭下村赵玉文社曾帮助71岁的老年单身莳弄1垧3亩地，打了5石3斗粮，老年单身受感动的说："没有合作社，我都得没饭吃，全靠合作社，今年才多打了粮。"永久社帮助困难户李长发莳弄了2垧4亩地，打了10石粮，李说："共产党是我救命的恩人！"社外一般农民反映说："合作社生产带劲，人多干活齐整，使新农具多打粮食，把我们馋的直叭嗒嘴。"不仅有些农民信仰社、羡慕社，而且有很多农民积极要求入社，肇源立功村有的中农托社员帮助介绍入社，克山民利村刘中海组有3户要求入社，并说："入社地莳弄的合情合理，多打粮食。"目前看来，12个社由于生产效果较好，1954年都会有不同程度的扩大。这就充分证明：办好农业生产合作社既带动了互助组的大发展，又吸引广大农民积极走组织起来奔向社会主义，最后彻底摆脱贫困。

另方面，这些社还均存在一些程度不同的问题，就是：第一，缺乏民主办社的空气，存在主任包办、理事不管、社员不敢提意见、理事不团结和主任家长制等缺点。海伦两社主任不和理事商量事情，社员理事都不满意。克山常绍山社理事不团结，社员给编成顺口溜："常主的硬，张主的软，小赵贵跟着舔，瞎杨熊大不管，家长制的老东家。"白城胜利社社员说："主任代替包办，理事说了不算，社员是消极不干。"朱学强社常以抠社员思想，开除社籍威胁社员。第二，少数社由于对社员的教育不够经常或方法不当，因而社员的觉悟未能得到普遍提高，所以还有个别觉悟低的社员受了社外富裕户自发的资本主义倾向的影响，认为"在社内受拘束、不自由，不如出社多种地、叫短工自由”。也有的社员思想动荡，甚至有退社打算，如白城朱学强社有7户社员一脚门里一脚门外，反映说“日日不稳，月月不安的想退社”。第三，少数社领导上计划不周，劳动组织仍不够严密，有“用着大帮赶，用不着自行散”的松懈现象，因此旷工、窝工现象还程度不同的存在着。有的社领导心中无数，“老牛赶山，老汉推车，一推到底”的领导方法，加之劳动组织不严，旷工、窝工现象随之出现，如克山贺志财社，夏锄58天误工290个，张占贵社无故误工321个，白城永久社每季误工150—200个。并产生了“磨洋工，混大帮”的现象。第四，农具物品保管缺乏专人负责，存在较多的损失浪费现象。克山张占贵社新农具乱扔乱放，双轮一铧犁作了小孩们的推车玩具。白城民主社一年中有7匹骡马掉驹，并死了四匹耕马，淹死一头驴，“爬窝”一匹马。因此社员反映说“合作社好像野鸡房子，破烂摊，纯粹拿钱砸鸭子脑袋，把钱扔在水皮上都不响”“合作社倒是好道，就怕没好领导走不好……”。第五，账目手续尚待进一步改进，真正做到“有人负责，民主监督，明确制度，及时总结”。有的社会计责任心不强，劳动日账目混乱。白城朱学强社全年支出2000多万元，还欠供销社三四百万元，社员都不知道干啥花了。

上述问题是须要随着社的提高而改进，今冬须要有领导的通过冬季分配总结、冬季副业及作好明年生产准备过程中加以整顿，对社员进行总路线的教育、民主办社的教育、个人利益与集体利益一致性的教育，提高社员爱国、爱社和社会主义觉悟；民主检查总结一年来的生产，评选模范，奖励优良的社员，在此基础上进行民主改选理事会，把社提高一步，作好计划，整顿组织进行生产。

## （二）互助组在不断进步与提高

从九个村的调查情况看，一年来互助组确有很大进步与提高，基本上是稳步、健康地向前发展，因此在先进村与一般村基本上扭转了“冬季散伙，春季现插，户数乱串”的不稳定现象，而且随着范围的扩大组数减少在内容上更加充实。首先，提高耕作技术，改革耕作方法的空气日益浓厚，特别是由于今年“普遍宣传，重点推广”了肇源的丰产经验，提高了农民对技术增产的认识和信心。多数农民认为只有改进技术才能增加单位面积产量多打粮食；认识到若想搞好技术增产同时必须搞好互助组，没有互助组的保证是不能够充分发挥技术作用的。因此做到了提高技术与巩固互助组织相结合。

其次，两利、轮作制度渐趋合理，人、马、农具的工资差额大有改进。一般的互助组都纠正了马工工资过高，车工工资过低以及人、马换工不两利的不合理现象，部分组坚持实行常年或季节的人、马换工工票制，账目清楚，并能按时清工结账，找工还账，较好的常年组还贯彻了同工同酬，充分发挥了妇女和半劳力的作用。常年组和较好的季节组并能根据生产需要统一领导，灵活分帮，作到“勤轮、快轮、轮的合理”，因此基本上解决了雨前雨后先划后划的矛盾。

再次，组长逐年固定，领导水平逐年不断提高。较好的常年组和季节组年年变更领导的现象大有减少，有部分的组仿效了生产合作社的经营管理方法，加之县、区党委重视领导，定期训练，因此使组的领导水平逐年不断的得到提高，许多组长能够根据组内存在的问题进行耐心恰当的解决。另外，互助组和供销、信贷方面的关系也日趋密切。

上述是互助组工作基本主要的一方面，而另一方面，还存在着程度不同的缺点和新的问题：

首先，对互助组的领导上存在一般化和放任自流现象。从去冬反盲目冒进和今春反“五多”之后，强调部分区村干部单纯的搞农业生产为主，把搞好生产和巩固提高互助组对立起来，认为搞中心就没办法巩固提高互助组，所以产生了抓生产多，抓互助组少，特别是在每个主要季节抓整顿提高不够。群众反映说“春天大帮赶，夏天蹲个点，秋天大不管，正对单干户心坎，散就散”“领导自流，咱们自由”“春大插，秋小插，冬不插”“春插种地，夏插蹚，秋插拉地，冬插送公粮……”。政策补课后部分村干部出现了右的放任自流倾向，片面的宣传“组织起来，自找对象，不管狼猫狸猫抓住耗子是好猫（意思是不管咋干不扔地就行）”。加之反“五多”以后村干部转向了参加生产，对互助组的具体领导减少，因此秋收时期互助组散花现象严重。

其次，经过整党教育后，剥削人可耻、忘本等舆论确成为一种新的风气，少数新富变相钻入互助组内，在组内多种地叫短工，以马工换人工剥削贫困户，瓦解互助组。向群众宣扬互助组是“走马门楼挂纱灯，外边红来里边空”“入组不自由，不能发财等”。同时还利用乘贫困户之危，农闲时借钱农忙时还工；并在组内搞投机倒把，倒卖牲畜，使之互助组不易巩固。

最后，三马一车人力够用的富裕中农在组内保存独犋单干，农忙时出钱雇短工，不与组内发生互助。他们认为“组内不得施展，随时随地都打算出组单干”。认为这年头是“拉平，等贫困户，穷光荣，富损种，二流子等平等”。兴华村11个互助组中有14付独犋的。

## （三）供销合作社的作用加强阵地扩大

从调查的克山县民利、白城县胜利、肇源县立功、海伦县双发等4个村供销合作社看来，几年来在供销业务活动上有如下成绩和作用：

1. 供应了农民生产生活资料，推销了农副产品，满足了农民日益增长的供销需要，扩大了城乡物资交流，基本上占领了农村商业阵地，减少了商人中间剥削，因之贯彻了为国家、为社员、为生产服务的方针。据三个社（少双发村）统计，1953年完成供销任务493802万元，其中供应额为268959万元，平均占供销总额54.4%；推销额为224843万元，占供销总额45.6%。供应额中生活资料占供应额80%，生产资料占20%；推销额中农产品占推销额80.8%，土副产品占19.2%。三个社除立功社外，1953年均完成或超额完成了供销计划。

随着生产的发展，人民供销需要的增长，供销合作社业务也不断扩大。以胜利、民利两村为例：胜利村1950年平均每人供销需要为51.8万元（购买力为30万元），1952年每一人供销需要为50.34万元（因有灾上涨慢，购买力为42万元），民利村每人为96万元；1953年胜利村每人平均为95.22万元（购买力为85.9万元），民利村为134.2万元，1953年较1952年提高为29.5%—80%。两村是适应着这种情况，在供销业务上是不断的上增，基本上满足了人民的供应需要。1952年胜利村平均满足42.15万元，占每人供销需要83.73%；1953年满足85.99万元，占90.3%；民利村1952年平均满足69.7%万元，占72.6%，1953年满足107.38万元，占

80%。

由于合作社供销业务不断的发展，就使供销合作社在国营经济领导下，基本上占领了农村商业阵地，国营商业和供销合作社在整个供销的比例上逐年提高，而私商在供销比例上却逐年下降。如白城县胜利村1950年国营和合作社供销比重是91.2%，私商占8.8%，1952年国营和合作社占94.2%，私商占5.8%，1953年国营和合作社占98%，私商占2%；民利村1952年国营占13.6%，合作社占76.2%，私商占10.2%，1953年国营占13.91%，合作社占80%，私商占6.09%。因之，大大减少了私商对农民的中间剥削，贯彻了供销合作社为国家、为社员、为生产服务的方针。

2. 初步改善了经营管理，开展了政治工作。首先，计划加强了，由于按季进行计划，初步克服了供不应求和供过于求的现象。白城胜利村社在计划方面创造了：①查找历史材料；②深入群众调查研究，每季进行上、中、下三类户进行典型调查，按人口推算群众供销需要；③通过理事会在群众中提出主要商品订货单。通过以上方法订出计划草稿，然后在理事会上讨论通过，在执行中每十天检查一次，再不断的修改。这样作的效果良好，减少了积压和脱销现象。同时创造了与生产合作社、互助组、信用部订立结合合同的经验。

其次，社内开展了政治工作，不断进行政治业务学习，使职工觉悟逐渐提高，为人民服务的事业心逐渐加强，并在这一基础上开展了爱国主义的劳动竞赛，大大鼓舞了合作社干部的工作积极性。白城胜利村社由于开展了红旗竞赛，实行“月评季奖”，结果，大大提高了合作社干部的积极性。内部分成供应、收购、下乡等三个组，每组订出自己的计划，最后创造了“拨货计价，实物负责制”的办法，使损失浪费现象大大减少。

3. 逐步密切了供销社与群众的关系，群众感到供销社是他们生活中的一件不可缺少的大事，因此，参加供销社的社员也逐年增多。据4个村统计共有社员7222名，占总人口68.9%，最多的民利村占90%，最少的立功村占50.32%；平均较1949年或1950年提高了15.5%，最多的胜利村提高了64.1%，最少的双发村提高了22.8%；股金也随之增加，据4个村统计，共有股金17189万元（不包括资金），资金较1949年或1950年增了87.5%。

另一方面，目前还存在几个急需解决的主要问题：

1. 资本主义的经营思想很浓厚，主要表现在：

①计划性差，盲目性大。社会主义性质的供销合作社的计划性是区别于资本主义商业的显著标志，不少供销社的干部对这一点认识不足，因此在作计划时不是采取调查研究来自群众的方法，而是脱离实际的主观估计，结果造成积压、脱销，完不成计划。如海伦双发村社二季度过端午节时，食盐、豆油、酒、好花布脱销半月余，现在青粗布、靰鞡、皮帽子又产生了脱销；克山民利村社四季度盲目采购24双光面的红棉皮鞋，每双22万元，进货后月余时间只卖了一双（还是错卖了价码，一双15万元，否则没人买），积压了23双。因此，计划是计划，业务是业务，计划起不到指导业务的作用，订了计划也完不成。

完不成计划的原因是由于供销合作社与各方面的合同制（或结合合同）未搞好，因此，一般村社与农业生产互助合作组织、信用合作组织的结合合同均没被利用，有些经验也未能推广。至于和国营公司订立业务合同还不是本着短小精悍、如期完成的原则，而是数量大、时间长，造成到期完不成、双方面受损失的结果。

②缺乏为生产服务的观点，存有重生活轻生产，重粮食轻土产以及单纯营利观点。从生产资料供应上和土副产品推销上看，都是逐年下降。如双发村1952年生产资料占供应额12%（绝大部分是豆饼），1953年仅占6%。供销社收购的土副产品很少，而大部分土副产品流入自由市场。反之供销社则存在着“不快不卖，不赚钱不卖，怕麻烦，怕利小”等思想，因此经营酒、烟等消耗品或副食品占较大比重，据1953年10个月的统计，共7611.7万元，占10个月供应额16.5%，虽然这些品种也需要，但这充分说明了供销社在经营思想的毛病。

③账目不清，手续混乱，无人负责，损失浪费现象严重。9个村共同存在着：账目不符，结算不清，库存、赔赚、损耗不清；业务上无人负责，损失浪费现象严重，如鸡蛋生蛆、老鼠在白糖箱子“絮窝”、粮食霉烂、绳头子被雨浇烂、商品减量过多、收买的骨头到处乱扔，甚至立功村把卖货款被老鼠盗去1斤多（已挖出18万多元），因此群众非常不满，为合作社编套嗑：“鸡蛋生虫绳头烂，猪叼骨头满当院，小孩捡去卖了好几遍，支书看着不顺眼，收拾收拾埋在南沟沿。”

2. 资金小，债务大，赊欠多，使用不合理。克山民利村社共有资金6061万元，固定资金3336万元，占总资金55.04%，流动资金2725万元，占44.96%，1952年自营供销计划为16.64亿元。如按资金周转15次计算需要资金1.107亿元，尚缺资金8345万元。

该社赊欠7350万元，超过自有流动资金269%，其中把国家的资金赊出去4625万元，因为资金小，外欠收不回来，欠国营、上级社资金逐年增加，1952年欠国营与上级社资金2.1192亿元，1953年增加到2.6485亿元，超过自有流动资金871.9%。同时忽视加速自有流动资金周转，结果使资金使用不合理。

3. 政治工作薄弱，干部事业心不强。由于供销社缺乏经常系统的思想工作，干部学习差，爱国主义竞赛不经常，因之某些干部工作不负责，关系不协调，思想混乱等现象均程度不同的存在，且有家长制领导作风和个别社男女关系不正当等。加之对依靠群众办好合作社的思想认识不足，社员代表会、理事会也不能按期召开。因此影响搞好社的工作。

今后应从下列四方面求得改进：

1. 克服社内干部的资本主义经营思想与经营方式，进一步认真贯彻为国家、为社员、为生产服务的方针；加强生产资料的供应和土副产品的推销工作，克服单纯营利观点；加强计划性，克服盲目性。

2. 从思想上加强为群众负责为人民事业负责的教育，从组织上建立和健全必要的制度，杜绝损失浪费现象。因此必须继续清理账目，确定专责制。

3. 积极迅速的收回拖欠，尽量减少占用国家资金，合理使用社内自有资金，使国家资金用于建设事业，禁止今后再产生赊账现象。

4. 上级社与当地党政领导应向社内干部进行总路线教育，使社内干部认真学习总路线并以总路线为武器来检查总结社的工作，以提高干部的政治思想，树立为人民服务的高度事业心，提高工作积极性，克服存在缺点。

## （四）信贷合作起了一定作用

调查的9个村有4个村（克山民利、白城胜利、肇源立功、海伦双发）的供销合作社附设了信用部（以下简称部），这4个部在吸收农民余粮余资，解决贫困农民生产生活困难，扶助生产，打击高利贷，活跃农村经济，促进农业合作化方面起了一定作用。

4个部共吸收存款7331.2万元，贷出12931.2万元（包括银行支持的信用贷款5600万元），解决了237户（缺胜利村）生产生活上的部分困难。据不完全统计这些贷款解决了：种子29575斤，马料41088斤，吃粮28040斤（以上数字缺立功村）；另据民利、胜利两村统计：解决了大车14台、马19匹、牛6头、驴25头。

信用组织起作用，信用工作开展较好的地区，基本上消灭了高利贷，一般私人借贷逐渐通过信用部，据克山民利村调查，1952年放债户43户，放粮135石，现款250万元，今年只剩31户放粮85石，放款520万元。

但还存在许多问题，主要是：领导自流，阵地狭小，作用不显著，贷放政策有偏差，贷款不集中，零星分散，手续繁琐。

调查的4个部均无专人负责，长期自流状态未获解决，在业务上是阵地小，存款少，作用不显著，仅有295户存款，占4个村总户数的14.5%，平均每部存款额为2503万元，多者4200万元，少者只1201万元。因之对扶助生产作用不大，高利贷仍甚猖狂。如海伦双发村信用部所属的双泉村，1953年借粮34162斤，现款1722万元，五分利息以上的占35%，大加一以上利息57%。杨家屯杨树江因借高利贷多，利滚利还不起，急的病死了。可见目前信用合作工作确是整个农村互助合作中最薄弱的一环，它落后于生产发展的需要，这就给高利贷者造成空隙。

贷款政策有偏差，对象不当，不集中，零星分散，扶助贫困农民发展生产不够。如白城胜利村1953年信用部放款64户，金额1331万元，其中借给中农和富裕中农45户占70.3%，贫农9户占14%，金额11万元占8.64%，还有1户新富农借到27.5万元。富裕中农和新富农（也有少数一般中农）借款多为开粉坊，拉脚捣登经济，到前方看军人，以及生活挥霍等不正当之用。

贷款手续繁多。一般借款要经过七道手续：向组长申请；请求合作社理事做证明；把手续交给信贷员；信贷员下乡私访（调查），考查清楚报告主任；提请副村长审查批准转交正村长；最后村长盖印才能借到款。群众反映很坏。

今后随着农村经济和整个合作化的迅速发展，信用合作工作必须同时加强，以适应农业合作化的需要，有力地打击高利贷者。

## 三、技术改革与肇源丰产经验

就调查中的白城岭下、胜利，海伦双泉、双发，克山民利、兴华，肇源立功7个村不完整的材料看，基本上可以了解到技术增产的一个面貌，7个村共同情况是：几年来随着广大群众生产积极性的不断增长和互助合作运动的迅速发展，技术改革也是从少到多，从粗到细，从盲目到自觉，由低级到高级的发展着。其过程是：遵循着先进农业科学和农民固有经验相结合；新耕作方法和旧耕作方法相结合；外地成功经验和本地实际情况相结合的规律逐渐前进。特别是肇源丰产经验的出现和推广，给技术增产开辟了新的方向，充实了新的内容；使广大农民群众由怀疑到信赖并积极施用新技术，因此开始改变了群众在耕作方法上的“北大荒，吊儿郎当，种在地上收在天上，稀里胡涂也打粮”的粗糙作法和落后习惯，以及“增产到顶”“不种千垧地，难打万石粮”的保守思想。农业增产的潜在力量在开始发挥。

## （一）推广肇源丰产经验前后在政策技术方面取得主要的成绩

1. 由于改进了技术，多打了粮食，树立了样子。以1953年为例：6个村共施底粪2998.4垧，占耕地面积54.33％，4个村共施细肥拌种1006垧，占耕地24.4％；3个村拌赛力散消毒396.43垧，占耕地14.6％；两个村大豆拌根瘤菌64.1％，占20％；风筛选种子很普遍，较好的互助组和农业生产合作社并作到了部分的穗选、粒选和有留种田等。

不仅上粪施肥，选种消毒，整地等增多增细，同时新的耕作法也增多，5个村宽播密植1796.38垧，占四大作物面积53.3％；兴华、民利两村有平播和三苗眼小麦共673.77垧，占两村小麦面积90.6％，两个村夏锄时期间苗151.99垧，占耕地面积8％；3个村疏苗267.8垧，占8.4％，追肥68垧4亩，占2.34％。

上述的结果，提高了单位面积产量，多打了粮食。5个村统计创造出平均可比当地产量高出20％的丰产田249.18垧，占5.1％。其中如兴华村在今年多灾的情况下，每垧产量比去年增加标准粮2斗7升，双泉村有13垧谷子平均每垧产量13.2石2，超过当地一般产量65％；5.3垧大豆每垧产量9.7石，超过当地一般产量61％。这不仅使农民多打了粮食，而且为农业增产上树立了良好榜样。进一步也为动员农民多售余粮，支援国家社会主义工业建设创造了有利条件。

2. 使广大农民在技术实践中受到了一次深刻的思想教育，提高了认识，加强了信心，激发了施用技术的热情。除春耕时期通过各种形式大张旗鼓的宣传肇源丰产经验，对群众进行了广泛的教育外，特别又经过了夏锄间苗和秋收中多打了粮食的实践教育，使广大农民提高了对肇源新经验的认识，加强和激发了施用技术的信心与热情。目前男女群众一般的认识和反映是；“肇源经验确实能多打粮食，有了肇源经验在生产上就找到了窍门，有了奔头。”而突出的是经过实践证明后，进一步启发了农民认识到农业生产上的增产可能性和潜在力量，消除了某些“不种千垧地，难打万石粮”的保守思想。并发挥了群众的创造性。如克山兴华村在春耕播种时改造了五种适当增加株数的宽播农具，其中种小麦加宽苗眼的农具54件；宽播耲耙30件；增宽苗眼的点葫芦46件。另外，还改造了洋灰磙等多种小型工具。所有这些，就为进一步推广新耕作法奠定了充分的物质基础。

3. 由于肇源经验的出现，使农村工作干部深入田间生产过程，提高了群众路线的工作方法。肇源经验的本身，就是一种群众路线的工作方法，为搞好这一经验的推广，农村工作干部就必须深入田间，深入生产过程，依靠群众，从实践中教育群众，才能切实搞好推广工作。此点，据群众反映，一般的农村工作干部都程度不同的作到了。如兴华村，区村干部在春耕、夏锄时期曾组织了三次共达600人的田间技术参观，收效甚大，启发了参观的农民认识到土地不能多打粮食的原因主要是由于技术不高，上粪施肥少，耕作粗糙，以及缺苗、断条、苗窄浪费了地力所造成的；进一步提高了群众的认识。同时各地还都通过群众性的红旗竞赛评比推动技术改革的前进，如据调查中的民利等 3 个村的统计，就有 14 面流动红旗，通过红旗竞赛运动，按季按段的进行评比，树立榜样，带动了群众。另外还有少数村运用了“一点多面，连环参观，巡回检查，具体指导”等领导方法。总之，这一切，都使农村工作干部深入生产、依靠群众，提高了群众路线的工作方法。

4. 丰富了互助合作内容，促进了互助合作的巩固与发展。由于肇源丰产经验改进技术本身的要求，7 个村中一般的组、社都建立了技术研究组织，逐步提高了组、社成员钻研农业技术的热情，提高了技术水平，改进了田间作业质量。互助合作进一步严密，发挥了妇女和半劳力的劳动效能。为进一步切实发挥和搞好肇源经验的推广，就必须有巩固的互助合作组织相适应，因此一年中推广肇源经验的事实证明，对巩固提高互助合作组织起了相当作用。

## （二）存在的缺点和问题

1. 推广外地成功经验和本地实际情况结合的不够，产生了脱离实际的毛病。如白城岭下村是沙石土质，黏性很小，农民固有的习惯是垄幅1.25－1.8尺，而且土质不同。但在推广肇源经验中未能根据这一实际情况适宜地运用，而同样要求“播幅四五寸，留拐子苗，拐的越宽越好”，结果影响中耕，障碍幼苗生育。群众反映“宽播谷子，老少七辈，大的一尺，小的半寸”“拐子苗拐进去啦，纯粹糟践人”等等。该村心合农业生产合作社宽播高粱 7 垧，打 18 石 1 斗，比一般作法减产一倍；民主农业生产合作社宽播的谷子每垧地也减产1.7石。因此，费工不少而少打了粮，引起群众不满。上述教训说明，虽然经验是成功的，但若不根据地区差别因地制宜的进行推广，就会降低成功经验的效用，使群众失掉信心，给予今后进一步推广增加更多的困难。因此今后需要进一步学习肇源经验的实质，根据当地土壤、气候等实际情况，找出减产原因，具体运用，使肇源经验和农民固结合起来，并在实践中加以发挥。

2. 基层领导上存在着贪多、贪大的急躁冒进情绪，影响了推广方针的正确贯彻。7 个村中比较普遍地未能认真贯彻省委提出的“普遍宣传，重点推广”的方针，区村干部在村里把这一方针变为“普遍宣传‘全面’推广”的贪多冒进口号，结果宽播多、间苗少，群众力所不及。如白城岭下村，谷子、高粱全部宽播，但因无力全部间苗，造成苗荒，减低了产量。群众反映“督促秋翻地，宽播不等距（不间苗），糊里胡涂混下去，区里县里报成绩”“这个作法没把握，明年坚决不干了”。并由于宽播多植的密，群众无力全部间苗，所以在夏锄中产生了比较普遍地“勒”苗、“挤”苗、“压”苗等劳民伤财的消极情绪。

另外有少数村干部还产生了强迫命令作风，引起群众增加了顾虑。如海伦双发村农民怕间苗缩小了谷子面积，现在马草不足，到外地去买，花钱很多，群众反映：“多种谷子间不过来苗，怕官家不让，现在缺马草受憋。”村中配合推广肇源经验推广的改良农具和化学肥料，村支书向农民宣布：“上级分配给一定数字，谁不要也不行。”结果群众反映：“这是官家要钱花，花了钱就免了灾……”把好事变成坏事，和领导意图适得其反。今后县区党委必须通过总结当地推广肇源经验中的教训，教育基层干部充分地认识到贪多、贪大、急躁冒进和强迫命令的危害性，以及所造成的不良后果，进一步认真地贯彻“普遍宣传，重点推广”的正确方针，做好肇源经验的推广工作。

3. 少数干部不懂技术，盲目指导，技术起了反作用，危害农业生产。有些农村工作干部和技术指导站干部的技术水平很低，甚至不懂技术进行盲目指导。如海伦双发村，区干部向农民宣传新耕作法时农民问："到底什么是新耕作法？"区干部的回答是："我是听别人讲的，详细的不知道是怎回事。"由于干部不懂技术不能进行正确指导，农民用盐水拌赛力散，把骨粉点在地头上，并用硫安拌谷种，影响了农药的作用，有害于作物的生长。立功村技术指导站干部指导李向山组用新农具播大豆覆土五寸厚，谷子深播一寸，结果造成"粉种""烂芽"，早种10天，晚出半月，缺苗断条，少打了粮，农民不满。今后基层干部特别是技术指导站的干部，要认真学习技术，掌握技术知识，进行正确的技术指导工作，以有利技术的提高与发挥。

4. 少数组、社培养新纪录地不计成本，盲目投资，造成亏本损益，影响不好。如白城岭下村心合农业生产合作社一垧新纪录高粱上粪肥等共投资276万元，核高粱9.86石，实产量1.8石，赔2.09石。农民认为"是给上级培养的丰产田""样子地"。肇源立功村李向山小组一垧一亩新纪录谷子，需要的人工除外，共投资210万元，谷子实产9.6石，值176万元，亏本34万元。群众反映新纪录是："本大利小，出多入少，来年无法再搞。"很显明，这种不计成本，盲目投资结果，不仅使农民亏本，而且未能起到良好的示范作用，达不到预期效果，反变成了消极的东西。今后必须在计算成本的前提下稳慎的培养，达到示范有利，农民欢迎。

5. 领导上坚持常年贯彻不够，有先紧后松的毛病，影响了技术推广运动的健康发展。

7个村在备耕时期，对肇源丰产经验都大张旗鼓的宣传，并集训了干部和群众，但入夏以来就逐渐放松了领导，秋季则更甚，因此影响了运动的常年健康发展。如兴华村在夏锄追肥时期做了一台追肥车，但因村干部未大力发动群众充分利用，结果搁置未使，白搭钱。群众反映："花了12万，做个斗子车，追肥没使用，留给组长出门坐。"也有的群众讽刺干部对技术增产的领导是"兔子撂蹶子没后劲""春天肇源经验是'菜冒'（指会会都讲），夏天追肥没做到，发来农具不好使，还得自己来改造"。今后必须坚持贯彻常年的领导，按季分段抓关键，深入群众依靠群众把技术推广形成群众性的运动，并使之健康发展。

## （三）对几个具体问题的研究与看法

1. 各种作物发展趋向：经济作物（大豆、小麦、亚麻等）大量增加，粮谷作物（高粱、苞米、谷子）相对减少，这是全省绝大多数地区所共有的情况。

据调查中研究，原因有两方面：一方面经济作物价格上涨比重大，粮谷作物价格上涨比重小；另方面经济作物出钱多，经营省工，收成早，粮谷作物出钱少，经营费工，收成晚。据海伦调查今年种亚麻每垧收入400万元，相当2.8垧粮谷作物收入。有的群众6垧地计划明年种2垧亚麻。种大豆1952年每垧收入1436600元，超出每垧高粱收入325000元，超出每垧苞米收入295000元。今年每垧大豆收入1656900元，超出每垧高粱收入567000元，超出每垧苞米收入1085000元。因此群众中种苞米"够吃够用"不准备出卖；高粱、谷子也是维持现有面积。这种趋向，对于国家所提倡的增加粮食作物面积，保持现有经济作物面积的种植计划是不相切合的。因此，今后必须根据国家计划通过预购合同、价格政策、改进技术等办法，把小农生产逐步纳入国家计划轨道。

2. 秋翻地的技术指导问题：7个村的农民都对秋翻地有意见，白城岭下村1952年秋翻地71垧，今年较普遍减产，农民反映："秋天少翻不了，春天少种不了，夏天少扔不了，冬天多打不了。"今年该村一垧没翻。海伦双泉村秋翻地减了产，如刘洪恩种一垧秋翻地苞米只打四石，减产一倍多，农民讽刺说："秋翻地的苞米一兜能装十二个棒（指棒小的意思）。"今年很少有人搞秋翻。究其原因：最基本的是技术指导不当，翻地质量粗糙。具体的有四方面：①没坚持逐年加深的原则，翻起的生土过多群众反映"秋翻地冷浆""小苗不爱长"；②翻地时间晚，没随翻地随耙连续作业，并且深浅不匀"支楞八撬"造成干旱；③夸大了秋翻地的作用，把秋翻地看成是万能，未能与施以足够的肥料相结合；④技术的相关性没有正确掌握，错误的把豆科作物和禾本科作物同论。如播大豆植株密、土坏肥沃、幼苗徒长，枝叶繁茂，霉花落角。应当肯定：秋翻地是从根本上改革农业耕作法使用新式农具提高地力多打粮食过渡到农业机械化的坚定不移的方向，而且搞好的地方，农民确实欢迎接受，但对于目前在秋翻地的技术指导上，所产生的这些问题必须引起足够重视。因此，今后对于秋翻地必须认真掌握技术，坚持宁肯少搞、坚决搞好的原则。并注意使好新式农具节省农民翻地成本，在农具使用权方面可以推广租贷结合的办法。

3. 关于新纪录地问题：7个村都有数量不同的新纪录地（在叫法上还称为丰产田），农民对此已有几年来的习惯，新纪录地所起的作用不仅是产量高，增加农民收入，更重要的还在于它能吸收广大农民提高改革技术的热情，为增产树立典范，吸取经验。但在培植和经营方法上亟待改进：①集体搞新纪录地在肇源最普遍，立功村牛官窝堡屯李向山小组集体搞新纪录地12.8垧，占全组耕地面积17.8垧，这是一种高级做法。互助组一般都缺乏常年集体经营经验和适应的组织基础，集体搞新纪录地会形成互不负责，轮作在后，加工不细，结果产量不突出起不到所应起的作用。这种搞法今后在好的常年组内搞少量可行，在一般互助组内不宜提倡。②把新纪录地培植在互助组内少数组员的土地上，为组员个人所有，这是当前较普遍的做法。这种做法农民易于接受，且多数起到所应起的作用。今后在互助组内应普遍提倡。但应改进其只培植一种作物并放在个别户的土地上的做法，会使个别户获利过多，多数户不满。今后最好能够在此基础上，根据新纪录地的土质好坏，民主评定固定产量，超产按工分红的办法或采用每种作物都植有少量的新纪录地，并把它分类的种植在多数户最好的土地上，这样可以达到大家互相加工，互相获利，示范面宽的目的。

# 四、基层党的领导问题

## （一）情况与特点

白城县岭下、胜利、建政村，克山县民利、兴华、民权村，肇源县立功村均有党的支部（少海伦双发、双泉村），一般都是五六年基础，共有党员84名（5个村的数字）。各村经济的迅速上升和发展，是与基层党的直接领导分不开的。

根据7个村的调查，首先给我们的最强烈印象，是基层党的领导，无论是先进村、一般村或薄弱村都大大的提高和前进了。其所以这样，是因为这一年来我们党在农村进行了伟大的整党运动、政策补课，特别是中共中央关于互助合作运动的决议，和关于春耕生产给各级党委的指示，人民日报社论《领导农业生产的关键所在》等文件的颁发，并组织了学习和积极的贯彻，反对了“五多”，明确了以生产为压倒一切的中心任务。所有这一切都极大的提高了党员干部的思想水平，有力的促进了领导的提高。

这一年来，基层党的领导的提高，对党在农村工作是有着极其重要的作用的，基层党已开始和更加巩固地明确了农村党最基本最中心的任务——领导与搞好农业生产，搞好互助合作运动，引导农民走新道路。大大克服和摆脱了“五多”，集中了思想和精力搞好农业生产互助合作运动。

由于改变了干部应接不暇，疲于奔忙的“五多”状况，从而干部才有了可能和真正的保障，作到了参加生产、领导生产。这样以来，很多干部的生活都是很好的。基层领导就更能及时准确的发现生产中的问题，就更加有力的推动生产工作的前进。因而其情绪是十分高涨，其家庭也非常满意。

基层党在领导农业生产上也初步积累了一些经验，先进村已初步获得了领导农业生产合作社的经验，一般的都学会了比较适当的安排全村工作。

上述各点便是区别于过去的一个很显明的新情况。

其次一年来的新情况，向我们表明，各类村在党的领导下都在前进着，已无容置疑，但其发展的不平衡性是愈加鲜明的，且各类村都有不同的特点，因此各类村的进步与提高的程度及其要求也就自然是各不相同的。这是今后领导必须十分清楚准确掌握的重要问题。

全省薄弱村约占10％—15％。根据我们调查，各类村的领导特点简述于下：

1. 先进村（克山民利村，白城岭下村）的特点是：党的组织战斗力和领导骨干的组织能力较强；紧紧的抓住了生产中心任务；有力的领导了互助合作运动，重视政治思想教育工作和开展思想斗争；积累了一些办法和经验，同时还面临着许多新问题，因此更有力的显示其先进作用，必须进一步提高全面思想，及时提出解决经济政治工作中的新问题及其办法和经验。否则就会迟迟停滞不前。

2. 一般村（克山兴华村、白城胜利村、肇源立功村）的特点是：各种组织较为健全，明确了生产中心任务，一般的领导了互助合作运动，个别时期有自流倾向，特别是对供销信用由于缺乏经验办法或缺乏全面思想更很少领导研究；党的堡垒作用显示不够；一部分主要干部责任心不强，工作中形式主义，一般化较多，思想教育工作薄弱。

3. 薄弱村（克山民权、白城建政村）的特点是：经济在发展上升，群众觉悟有一定提高，拥护共产党，并要求和愿意县区去人帮助。但工作落后了一步，农业生产粗糙，经济上升较为迟缓，阶级分化有两极趋势，资本主义自发势力多，互助合作运动基础弱，形式低，最主要之点是党的基层组织散漫无力，领导存在很多问题。这类村问题是亟须解决的。

再次是今年领导上的新情况新问题带有普遍性的就是抓生产多，抓互助合作少，特别是对供销、信用合作抓得更少；抓技术增产多，抓思想教育少，尤其是党内思想教育更为薄弱。从这7个村看，整党、政策补课纠正急躁冒进后，程度不同的存在着相当普遍的自流倾向。自发的资本主义不断的袭击和侵蚀着农村党的组织和基层干部，党的战斗力亟须迅速提高。

## （二）一年来村的领导有很大提高

1. 克服了“五多”，党支部已明确并切实把农业生产当作了压倒一切的中心任务。

调查的这7个村中，基本上已经克服了“五多”现象，生产是农村压倒一切的中心任务在基层干部中已经明确，并切实的加以贯彻，取得很好的成效。如岭下村一年中为研究领导搞好农业生产，曾召开了21次支委会，认真的学习和研究了中央三个文件精神，积极的组织贯彻；季节各项生产一般都有计划、布置、检查等。

今年夏锄在阴雨连绵、草苗齐长紧张的情况下，岭下村群众提出：“天不容空，非扔地不可！”支书纪凤志曾两次三番帮助新建社调配劳动力，解决了调不开扇、窝工旷工的现象。

总之，党中央所指示的精神，和党的生产政策在农村是得到了正确的贯彻，由于克服了“五多”，明确和抓紧了生产中心任务，所以有力的战胜了今年雨勤地荒的紧张情况，保证和争取了今年的丰收，多打了粮食，同时使得基层领导大大减少了被动、忙乱，而分清了主次轻重缓急。

2. 领导了互助合作运动。先进村农业生产合作社已成为多数，岭下村基本上已合作化，有74%的农户参加了合作社。3个一般村已出现农业生产合作社。薄弱村互助组也有一定基础和进步。这是一年来基层领导的结果。以先进的岭下村为例，已初步学习和摸索了领导合作社的经验：(1) 党支部经常研究并推动组织依靠党员的骨干作用办好合作社。建社初期部分群众卖车、扒房子、搬家，出走思想极度混乱。党员这时与群众个别交心，交政策，并用行动影响，所以群众说“党员也不傻，他们为啥这样干”，因而思想波动最大的包金才等人也干起来。建社后张德林等5名社员对打多少粮食怎么分法没底，便有些动摇，和社主任常打仗，企图搅黄。但支部书记等5名党员研究了社员思想，进行了教育，结果不但动摇的没出社，而已出社的赵玉堂又请求入社，还把亲戚带进社来。(2) 教育帮助社主任领导好理事会是办好社的关键。8名社主任都是党支委，支委会决议，支委都分头在理事会中贯彻。支委曾提出“理事要公正、民主、带头生产、要有计划、经常总结经验”等等，七家子社这样作了，所以割地时省180多个工。(3) 培养和发挥积极分子作用，4个社共培养20多名积极分子。(4) 支委专有一人负责对妇女的领导，中耕锄草时，大力发动妇女下地，党员干部家属带头，结果影响了9年没下过地的何淑琴也参加了锄草。由于这一切，今年比较起来合作社比互助组都多打了粮食，增加了收入，经受住了今年雨勤地荒的考验。

搞好互助合作运动，特别是办好合作社是搞好各项工作的最重要的基础，是提高农业生产力最好的组织保证，因此基层党学会和掌握办好合作社的经验是很重要的。

3. 整党、政策补课提高了党员群众的觉悟，稳定了群众生产情绪，提高了农民扩大再生产的积极性。兴华村春耕前部分群众和党员对党的政策有某些误解，如说“一个劳力不能超过六垧地，谁超过就是剥削”，因此很多人准备少种地，并有些人打算卖马。但经过进行政策补课和解决了小组两利问题，提高了群众觉悟，全村又多种了21垧地，买进了10匹马，不仅消除了疑虑，且情绪更加高涨了。

4. 积累了一些领导方法和经验。

(1) 参加生产领导生产：带头作样子，用行动感动群众，实际帮助群众解决问题，大大推动了生产。如民立村支部副书记杨显亭首先发动自己社先种，结果影响了全村普遍开犁。在夏锄间苗时，开始群众不接受，4名支委亲自带头间苗，具体指导妇女间苗技术，推动了全村间苗疏苗162.13垧，群众贾喜财原来不相信，看干部带头干他说，“要不好他们也不能干哪”，结果自己的谷子、豆子也都间了。

(2) 推动组织、统一行动。各村一般的都注意了发挥各种组织的作用，布置工作时一般都是召开党团员干部扩大会，统一布置，以统一行动。如兴华村还初步的建立了领导和推动各种组织工作的制度：①党支部责成专人参加青年团、妇女会召开的会议，听取工作情况，帮助布置中心工作；②规定青年团7天到半月向党支部汇报一次团的工作；③吸收各种组织的主要干部参加支委会，讨论研究工作。

(3) 贯彻政策，说服教育。在较好的村工作中都注意贯彻党的政策，因而多数党员都自觉的参加和搞好互助组合作社。扶助贫困农民在多数村都得到了进一步的贯彻，兴华村12户没耕畜，有5户贷到了耕畜。这就大大的扶助了贫农经济的上升。同时该村对富农投机倒把牟取高利还加以限制。再如岭下村支委的主要工作方法之一是靠说服教育。夏锄时社员思想混乱，一不安心生产要出社，旷工的很多，有扔地危险，支委会便想法解决，召集社员大会进行教育，找可心人个别交谈，用自己行动感动等。他们的主要经验是：在生产中随时随地宣传，用真人实事进行对比，通过读报组、演剧进行宣传教育；社内发扬民主，开展批评相互教育等办法。

(4) 树立样子，组织参观。这是推动工作教育农民的最有效的方法，根据他们经验，首先是树立好典型样子，事事先走一步，或某一件工作有显著成绩，有推动作用，就可组织参观。今年由春到秋，民利村共组织了7次，参观人数达160人，兴华村组织了5次，共600人参加，作用很大，它不仅可以打破群众的保守思想，还可启发群众的创造性，并能大大推动工作。如谷连发参加技术表演后说：“宣传一冬半春也不跟看这一遍呀!”参观后很多人都积极行动起来了。经验证明，有好样子，或者仅是某一点好，而有准备的组织参观，规模愈大，效果愈大，影响愈广。应大力提倡。

(5) 发动竞赛，定期评比。是鼓励生产情绪、推动生产运动的最好方法。这点各村都普遍运用了。一般都评比三四次，最多的有评7次的。评比后大大推动了生产运动。如民利村秋季评比只有1个合作社翻秋翻地3垧，评比后有4个社翻了32垧，情绪非常饱满，农民王凤祥说：“这股劲比什么都大。”

(6) 宣传表扬好人好事。有些村抓住了这个方法，在生产各个季节宣传表扬了各方面的好人好事，有力的推动了生产工作。

(7) 分工包干，大家负责。基本上是支委在哪个屯或行政组就包干哪个屯或组，有的则是党员包互助组，支委包自然屯。他们的经验表明这样做：第一，能及时发现问题，解决问题；第二，能克服互相依赖的消极思想；第三，能激发主动创造精神和大家负责、不甘落后，如说：“恐怕自己包干的屯落到后边。”

（8）深入检查，具体帮助。一般的都是正、副支书和村长与文书经常深入到各屯各组了解和发现问题，检查工作，给小组以具体帮助。有的村是几个主要干部分工轮流到各屯、组检查，一个人2天，有时则是通过会议等检查工作。这样配合起来就使得工作抓得准，指导有力量。

这就是几个村一年来积累的经验和方法。

## （三）目前基层领导存在的几个问题

1. 自流倾向相当普遍严重，因而小农自发资本主义趋势得以发展，并日益显著。这种自流表现在：（1）对互助含作放松或放弃领导，轻视和不愿领导低级组，对小组存在严重问题不闻不问，任其散花垮台，又不去整顿恢复，这在一般村特别是薄弱村则更严重些。如建政村到现在已找不到一个定型组了；对供销信用合作经济没有或很少领导。群众说“领导放任自流，咱们有自由”“村长单干，我们也解放了”。（2）这种自流倾向既助长了自发趋势的发展，因之搞投机倒把、雇工带入组内，大量叫短工，抬粮放债，占尖取巧，排挤贫困户，要出组单干个人发财的思想行动有某种发展，没人过问和限制。如兴华村支部书记把带长工入组看成是“不怕啥，不能出大的事故”。有人说“两月不宣传新道路就要走旧道”。（3）因此，思想斗争工作抓的不紧，或根本没抓。群众对富农剥削和自发资本主义趋势虽有某些抵制，但也确实有不少人是赞扬和羡慕，还未觉得是可耻的行为，应加以鄙视或放弃，相反有发展和日益抬头。

2. 政治思想工作仍很薄弱。主要是缺乏经常的思想教育工作，常常是任务来了讲讲，零打碎敲，不系统，内容也很枯燥，如说“中心工作忙，捎带讲几句”或“讲什么，去年大张旗鼓宣传的，群众比咱们都明白”。有些地方，如胜利村还常常是“老翻身教育”，谁一有毛病就讲“你房子是哪来的，地是哪来的”等等。缺乏对不良的思想行为进行批判。

3. 各类村领导不平衡性日益明显，薄弱村问题确实严重。目前全省大约有10％－15％的薄弱村，以此次调查的两个薄弱村为例，这些村的主要问题是基层党的组织涣散无力，或有少数不纯分子混进党内，至于多数则是领导干部没有或缺少办法和经验，县、区领导又很少根据各村不同情况分别具体要求布置工作和深入村里具体帮助不够所致，

这是领导最弱的环节，也是自发的资本主义趋势最多、最活跃的地方，因之党必须要注意解决此一问题。

4. 党的战斗力不强，堡垒作用显示不够。表现在：（1）少数党员受自发的资本主义趋势的侵蚀与影响，而产生右倾思想，阶级界限划不清，一少部分富农思想尚未消除，不乐意组织起来。如民立村姜大犁屯6名党员均不愿参加合作社，现在有4名党员单独或合伙都拴一台胶皮车拉脚，互助组长也不愿当了，说“干那玩艺呢，挺麻烦的”。胜利村副支部书记还让党员给新富农卢长宽粉坊服务。一部分带头不够，埋头生产不问政治；一部分有投机倒把、雇工、占尖取巧等不良行为。如根据4个村统计共有党员82名，投机倒把的有10名占12.2％，雇工的有4名占4.88％，取巧占便宜的11名占13.4％，放债的3名占3.66％，单干的3名占3.66％。个别党员已蜕化变质，成为农村的资本主义分子，如建政村两名党员已成富农。就是在先进村党内也有不少反映。如已出现投机倒把的“四大经济”，其中就有3名党员。因此有

时也很难说服群众，有些事看党员干不干。而这部分党员确实在工作上是不起带头作用的，因之影响很坏，村干部也“挠头”，说“没办法”，或认识不清，麻痹。由于党内思想教育不够，党内斗争没开展起来，对这些思想行为没有批判斗争，歪风邪气没有遭到应有打击。（2）相当一部分主要领导干部政策水平低，缺少办法，经不住考验，反冒进，则自流。或有的支部，如立功等村在干部、党内还有不团结的现象，互掐后台，如党员何振德看支委韩凤阁大组垮台了，拍手大笑：“哈哈！我可没沾包。”有的支部如胜利等村支委集体领导还不够，个别蜕化变质或不负责任。（3）对经济工作特别是供销信贷领导薄弱。（4）对各种组织推动和发挥应有作用不够。

这些问题都是带有普遍性的，由此我们即可看出党的组织战斗力是不够强的。党的组织堡垒作用上显示得很不够的。

## （四）进一步提高基层党的领导是贯彻好总路线总任务，搞好农村工作的保证

根据总路线总任务精神，和7个村的调查，村领导的现状，进一步提高基层党的领导，加强党的工作是贯彻总路线总任务、搞好互助合作运动、提高农村工作、发展农村经济的首要的带有决定意义的根本问题，因此，除了要巩固一年来新获得的成绩外，提出以下几点：

1. 采取有效而又适当的措施，大力的提高基层党的战斗力，高度发挥战斗的堡垒作用，是领导农村经济沿着健康道路发展的极其重要的保证。

首先必须提高主要领导干部的政策思想水平，认真的组织他们系统的、反复地学习党的总路线总任务，深透的领会其精神实质，并以此为武器搞好领导。对有些缺少具体办法的干部，县、区应通过和加强村干训练工作，或到村具体交给他们办法，具体帮助提高。对个别蜕化变质不负责任的，则撤离他们的工作岗位。强调支委集体领导，集体研究讨论工作，总结工作中的经验。全党团结，一心一意共同奋斗。克服自流倾向，严防急躁冒进。

其次是大力加强党内思想教育工作，开展党内思想斗争，树立与扶植正气，表扬党员的模范行动、优良事迹，批判富农思想行为，反对歪风邪气，以划清阶级界限，明确是非，提高党员阶级觉悟及政治思想水平，克服自发趋势的侵蚀。积极带头的贯彻党的政策。

再次对于党内有资本主义思想和资本主义分子要给予适当教育处分，直至清洗出党。而对于经过党的培养教育、有觉悟、具备党员条件的群众中的先进分子，要不断的吸收入党，以壮大和增强党的组织力量。

最后，薄弱村应重新进行整党，对个别组织不纯的，还应加以整顿。这是提高薄弱村领导的最根本的问题，此一工作县、区委应责成得力干部去搞。

2. 鉴于生产合作已成为先进村的多数，和一般村中的旗帜，因此先进村和一般村支部面临着的重要任务就是要加强领导好农业生产合作社，总结经验，使合作社切实成为吸引农民走社会主义道路的最好的组织。这在村支部领导上需要作很多事情的。这也是当前先进村和多数一般村党的领导上的新课题。

3. 必须经常有系统的、具体生动的向群众宣传党在过渡时期的总路线，加强政治思想工

作，转变教育工作的薄弱情况，以提高农民的社会主义思想觉悟，和支持国家社会主义工业化，进一步发展农业的积极性。

教育工作不仅是根本事业，也是当前非常尖锐的摆在党的面前的严重课题，和提高基层领导水平的重要环节，忽视农民中的政治工作是很危险的。必须使村干部懂得靠说服教育的工作方法，不断提高农民的社会主义思想觉悟，来推动和完成农村的一系列工作。

怎样加强呢？根据已有经验：①巩固与提高党的宣传网，切实发挥宣传网作用；②随时随地的经常宣传，形成习惯订立制度，每月至少要有一次村或屯的集会，系统的宣传；③加强读报工作；④运用其他文娱形式如演剧等，以及黑板报进行宣传工作；⑤加强生产中的宣传工作；⑥支部要切实把宣传教育工作当成经常任务之一，责成专人负责，定期研究讨论宣传教育工作。要注意形式与内容的生动和具体。

此外县、区必须加强对此一工作的领导。县委宣传部应定期搞好传授工作，与坚持对宣传员的培养提高工作。县、区主要负责干部下乡时必须亲自结合目前形势进行宣传。这是责无旁贷的。

4. 必须树立全面思想，加强对供销、信用经济工作的领导，正确地发挥政权作用和青年团、妇女会等组织作用。

5. 提高薄弱村的工作。

## （五）从基层领导看区委领导存在的问题

调查的这7个村，除2个薄弱村外都是县区重点村，因此问题就更带有代表性。而村的领导上所存在的问题是与区委领导分不开的。

根据胜利村的干部党员对区委的反映，归纳起来，是“要的多，给的少；常来常走多，切实解决问题少；走干部路线多，深入群众少；批评抠的多，耐心帮助少，听喜不听忧等”。此外搞先进村多，还未带动起一般村薄弱村，因而先进村是“跑平了道”，薄弱村则“一脚不踩”，或工作很多，未逐个解决，有很多问题都处于“半起半落”的状态。这种情况，往往造成村干部“消极”“苦恼”“照样学”“假汇报”。以上这些都是带有普遍性的现象。

这些情况说明了目前区的领导存在这样几个问题，即是：(1) 一揽子领导，发挥各个组织作用不够；(2) 干部学习不够，五十制没很好坚持，因之干部政策思想水平低，办法少，区委抓任务多，抓思想领导少；(3) 区委相当一部分干部缺乏依靠基层组织进行工作完成任务的思想观点，缺乏群众路线的工作方法，和不善于或不会作党、群工作。工作很少深入到群众中，了解情况，发现问题，总结经验，缺乏依靠群众、相信群众、启发群众觉悟、同群众商量、发挥群众智能积极性、组织群众力量完成任务；(4) 抓典型不够；(5) 说明了区委领导思想上不够全面，作风上不大切实。

因此为要提高基层党的领导，就必须使区委领导水平大大提高。怎样提高呢？(1) 改变一揽子领导，以生产为中心，充分发挥各种组织的作用和积极性，是提高区委领导的决定关键。一揽子领导是搞突击运动和工作任务的有效方法，但现在已进入建设时期，生产便是中心任务，这就是说，工作愈要求细致和深入，带有计划性，不能靠突击。因此转变一揽子领导，充分发挥各种组织作用就成为迫切需要解决的问题。而这个问题的解决，必须省县动手总结经验，具体帮助。此一问题解决了，区委领导将大大提高一步；(2) 加强区委干部的政策理论学习，提高区委干部政策思想水平、工作能力是提高区委领导的最根本一环。县委应加强领导；(3) 抓典型，总结经验，指导工作；(4) 依靠和推动基层组织，用群众路线方法进行和完成工作；(5) 加强工作计划性、思想全面性和作风的切实性。

# 五、关于薄弱村工作问题

## (一) 基本面貌

白城建政村、克山民权村共有423户，1965口人，男劳力444，女劳力292，实耕土地面积2136.94垧，耕畜507头（匹），非耕畜321头（匹）。两村有党员27名，团员49名，没建立供销、信用组织。

1943年两村耕地面积只1539.51垧，1953年已增加了72.7%。畜力1943年293头（匹），1953年增加了57.8%，主要生产工具，1943年174件，1953年为469件，增加了170%。由于几年来生产力不断的增长，商品粮增多，农民购买力上升，农民的物质生活逐年在改善。

两村阶级关系变化情形：土地改革以前的阶级情况是：两村为423户，雇农145户，贫农173户，中农72户，富农19户，地主14户。几年来在党的领导下，农村经济有了显著的恢复和发展，阶级有了极大的变化，现在雇农13户，贫农80户，中农245户，富裕中农64户，新富农10户，其他11户。这就是说中农和富裕中农已占两村总农户的73.05%，雇贫农占21.99%，新富农占2.36%，其他占2.6%。可见薄弱村的经济也在向前发展着，人民生活也在上升着。如与1952年所调查的肇源沿海村、克山工农村相较，建政、民权两村1953年中农阶层比沿海、工农村39.23%增多了34.28%。贫农32%减少了9.37%。

总之一年来由于经过了整党，政策补课，贯彻中央三大文件等一系列的重要措施，薄弱村工作有所改变，经济上升了，农民生活提高了，阶级变化了，中农已成为农村中绝大多数，参加生产组的户数多了些，干部强迫命令大为减少。但薄弱村仍存在以下严重问题：

## (二) 薄弱点

总的是："党的组织涣散无力，工作落后了一步，群众觉悟较低，思想顾虑多，经济上升比较缓慢，互助合作组织薄弱，形式低，新富农数量小，影响大，自发趋势严重，贫困户还占一定比重在村中受歧视。"根据建政、民权两村的调查和青冈七星村、兰西东兴村、北安东发村已有的材料看，有三种情况：

(1) 被极少数坏人或阶级异己分子掌权，尚无党团组织，或党团组织不纯，居于县、区偏僻分散的地区，长期无人过问，这是薄弱村中的极个别的。

（2）党的组织涣散无力，村领导干部思想作风问题严重，在群众中影响很坏，党的政策贯彻差，出了不少毛病，有些很严重，群众顾虑不小，区干部也去，但一走一过多，主要干部去的少，结果弄得很乱，反而感到扎手，这是薄弱村中的一部分。

（3）原工作基础就差，干部办法少，县区不经常去领导，工作落后了一大步，这是我省多数薄弱村的大体情况。

此外薄弱村有如下几个主要问题，应引起注意：

（1）在这里已有2.36%的新富农，被称之为旧道路“领道的”，有不少人看着他们干，如建政村1953年出现了新富农，民权村1950年出现了3户新富农，在这三年中，不但没减少而增长到7户。新富农的出现和未受到应有限制的发展并在一般农民中起很大的影响，互助合作组织弱，形式低，使我们在这两个村子里更加明白的看到今天农村的主要矛盾，社会主义因素的互助合作和小生产的资本主义自发势力的矛盾与斗争更加突出了。这两村自发趋势的主要表现：①单干的个体农民逐年增多，如：民权村两年来单干农民不下全村农户的31%，今年尚有发展。建政村1952年单干农民15户（其中有6户是迫不得已的贫困户），1953年为18户（其中有7户是贫困户），如富裕中农于子敬（党员），二马一骡一辆花轮车，种12垧地，自己出副犁杖，有铲趟机，爷俩干活，很下力，耕作细致、应时、粪肥多，不参加互助组，今年打53石粮，生活很好，但爱占便宜，公共事情不热心，怕耽误工退掉了副村长，对党有些疏远，并羡慕新富农说：“我要不当党员也和范长发差不多，好好干两年（?）也能撞上。”也有些混在和单干相差无几的低级组里，为所欲为，无马户给他干活，自己出去拉脚。②雇短工、叫零工，以拉帮亲属、贫困户为名进行公开雇用，在互助组内，实行变相剥削，马工换人工，往外租套子等情形愈加增多。③不以农业生产为主，搞粉坊、豆腐坊、油坊，甚至捣登牲畜，认为“这比种地来钱容易”，先进群众骂他们“不务正业”。④不愿卖余粮，建政村没完成计划买粮任务，有些富裕户仍存有不少余粮，投机等价。⑤轻视劳动，重资本，抬粮放债，如民权村私人借贷一般是五六分利，并说：“互相自愿多少利也不算高利贷。”⑥歧视贫困户，普遍认为贫困户是“好吃懒做”，“都是一样翻的身，你为什么那熊样，饿死没人心痛”，贫困户政治上没地位，两村政府委员中没有他们，村人民代表只有6名。⑦不愿参加政治活动，反对开会，故意尾欠公粮，如民权村1952、1953两年均有少数富裕中农和新富农尾欠公粮。

自发资本主义趋势腐蚀着党和政府的基层组织，使党的组织涣散无力，加之党员所受的教育很少，因而一部分党员阶级觉悟不高，发展资本主义的劲头很足，个别的已经开始变质。

（2）互助合作组织弱、形式低，尚无供销、信用合作组织，给农村自发资本主义的发展造成了空隙。两村组织起来农户占79%，其中季节组22个，参加户数占32%，临时组21个，占47%，单干的个体农民72户（其中有29户贫困户插不上组被迫单干），占21%。既没生产合作社，也没有真正的常年组，两个村几年来，互助合作基础都是十分薄弱，特别是供销信贷工作更加薄弱。影响了农村经济普遍而迅速上升。

（3）党的有些政策贯彻的差，甚至被曲解，群众觉悟低，顾虑多。如有干部讲“好好生产就是新道路”，在宣传对待富农政策上、扶助贫困户政策上均有偏差，使得群众对党的政策有怀疑，不够托底，如讲“这个国家饿不死穷人（这是对的），也不能大富大贵”，因此，建政村邓贵1953年吃了18斤白糖，37斤苹果，卖20多石粮几乎都用在生活上，做了三身皮大衣

(实际用不上)，买了500多尺布。高万选说，“共产党的天下说不定什么时候来个‘共产’”，因此想卖马。高万举把马卖了买口棺材等死。群众生产情绪不够正常，影响了扩大再生产的积极性。

(4) 存在歪风邪气，社会秩序较乱。个别的被斗地主，心怀不满，兴风作浪，少数坏人还进行活动。如民权村，有伪警察一名，伪劳工系长一名，伪官吏一名，和国民党有过关系的富农一名，他们均逃避了土地改革的斗争和镇压反革命运动，群众很愤恨，但现在仍没被管制。他们隐入该村集居一屯，拉拢十几名落后群众，造谣生事，破坏团结，对抗政府政策，如讲：“这个国家有早晨没晚上，尾欠点公粮有好处。”自1948年以来曾多次合谋向省、县诬告区村干部，其目的：恐吓干部对他们减少监督，并表现假积极，企图取得领导信任，篡夺村政权。再如：建政村有3户被斗恶霸地主，不好好劳动，有了钱就大吃大喝，谩骂干部，威胁群众，偷东西，供日本神，下神造谣，迷惑群众进行破坏。

## (三) 形成薄弱村的主要原因

(1) 党的组织涣散无力，成员不纯，个别骨干分子已走向蜕化变质，少部分党员资本主义思想严重。虽然多数党员本质是好的，但因长期受不到教育觉悟很低。民权、建政两村共有党员27名，从他们经济状况看：新富农3名，富裕中农16名，中农5名，贫农3名。其中有受留党察看处分的2名，长期未转正的候补党员3名。支部领导不健全，如：民权村全年只开过3次支委会还没到齐，既没开支部大会也没过小组生活会。杨殿生6个月没缴党费，甚至有些党员贪污公款，生活腐化。大体可分四种类型：①受资本主义思想侵蚀已蜕化变质和投机混入党的阶级异己分子5名，如像建政村支书贾炳中，副村长崔成章。②资本主义思想严重，对党疏远，不愿参加党的各种活动，甚至对党的某些政策公开反对，带头出组单干，个别人已提出不愿当党员，这样的有8名。③积极肯干，有搞好工作的愿望，对村中问题不满，但面临着重重困难，信心不足光是急躁、气愤，无人支持，不敢作斗争，有些苦闷，这样的有7名。④作用不大，思想保守，忙于自己生活，对党的工作、群众中问题不闻不问，有时在村中还起些坏的影响，有7名。

因此说民权、建政两村党的组织已失去了堡垒作用，大大妨碍了党的各种政策贯彻执行，而且在群众中已造成严重的不良影响。如群众反映“党员就是挡上挡下”，“不怕飞机大炮就怕党员汇报”。这是薄弱村形成的内在原因。

(2) 县、区长期缺乏具体领导，原工作基础很坏。偏僻分散，甚至没有党、团组织。尺权、律政两村是几年来的薄弱村，区委的领导一般的是要求布置多，派人具体帮助检查少；批评指责多，耐心教育少；切实的掌握薄弱村的全面情况，研究总结解决问题少。因此使得这些村子不能得到上级真正的了解，上级指示不能正确贯彻，下边情况不能及时反映。所以薄弱村的干部反映“问题都堆在一起了”。如：民权村1953年区长去过两次，第一次是路过停留，第二次是搞普选善后工作，只待了3天，区的一般干部一年去过4个，3名是布置临时任务，1名蹲在一个屯不深入工作还搞人家妇女，结果影响很坏。建政村群众反映说“没见过区书区长什么样”，来村的区干部“毛儿三光，吊儿郎当，‘屁’子留轰，蹶子溜星”，不受群众欢迎。

因此县、区领导对薄弱村的形成，是负有领导责任的，并见是造成薄弱的重要原因。

## （四）对改进提高薄弱村工作的意见

根据中央指示和我省薄弱村情况，薄弱村屯的存在不仅影响着农村经济发展的平衡，且是资本主义自发趋势自由泛滥的温床。几年来的经验证明：只要领导上重视薄弱村工作，能够经常地深入薄弱村工作，帮助解决具体问题，并通过实际工作来教育提高基层领导，并和当地干部、群众打成一片，不断鼓励他们前进，薄弱村的某些落后面貌是可以改变的。事实也证明，薄弱村的群众是热情的要求与等待我们去加强工作，问题在于县区领导应从哪些方面如何去加强薄弱村的工作。仅就已往的经验提出如下几点意见：

（1）提高薄弱村工作的关键是在于县、区经常加强薄弱村的领导；为此必须加强县、区领导上对薄弱村工作的重视。中央关于加强落后村工作的指示中指出：“农村工作发展上存在不平衡，是难免的，自然的，但安于不平衡，任落后者永远落后下去，则是错误的。某些县、区干部以为落后的责任不是由于自己的领导缺点，而是由于群众甘心落后，那更是错误的。从各种落后村的不同情况出发，抓住关键所在，耐心说服群众，扭转落后局面，使落后村的工作赶上前去，才是正确的。”特别是在总路线的光辉照耀下，必须把提高薄弱村的工作提到工作日程上来，当作农村工作中经常的不可缺少的一部分。既不长期放任，也不能操之过急，要有专人负责加强具体领导，定期有计划的检查总结，找出各类村的落后原因，研究改进薄弱的办法。通过会议、学习、座谈、个别谈话等办法，加强对干部的教育，并经常结合各个时期的生产中心有计划地组织力量深入薄弱村具体帮助领导，克服过去只愿搞好村、不愿到落后村的偏向。在工作作风上必须注意从实际情况出发，克服听喜不听忧的作风。布置工作任务时，应照顾地区的差别，对薄弱村的要求应适当放宽一些，否则就会脱离实际，欲速不达。

（2）培养领导核心，健全整顿基层组织，健全支部工作，加强党的政治教育和组织生活，培养骨干积极分子作领导干部，并经常的加强教育。特别是通过具体问题的解决，用典型示范的工作方法，耐心热忱的边作边教，提高领导教给办法。在布置工作时，应同时交清政策与做法，多听取他们的意见，不讥笑他们落后，又要帮助他们解决实际困难。不要对他们抱怨或批评过多，要在总结工作经验和研究问题中，指出不够的地方，同时指出咋样做才对，使干部头脑清醒，心悦诚服，有信心克服困难做好工作。对一般党员加强教育，根据可能分配给他们一定的工作，要求他们搞好自己的互助组，带头响应政府号召，贯彻党的政策，并健全党内的组织生活，开展批评与自我批评，提高党员觉悟，树立正气，提高党的战斗力。同时在群众中要发扬民主，健全与改造政权组织和群众组织，扩大组织力量。结合冬季普选清除篡夺政权的坏分子和个别坏干部，把广大人民信服的好干部选到政权里来，以巩固人民民主专政。在对薄弱村干部的处理时必须掌握以教育为主的方针，注意划清强迫命令与违法乱纪的界限，劣清责任，对那些本质好为完成任务而违反群众利益情节并不十分严重的，只要本人能正视错误，决心改正并保证不再重犯，应当做一般强迫命令作风处理，必要时当众检讨，向受屈者道歉，挽回党的影响，不再处理；对思想落后或没工作能力的，应教育提高和通过总结经验提高工作的方法，帮助教会办法；对极个别犯有各种罪行的违法乱纪分子，应查清情况，根据情节轻重予以严肃处理。

（3）加强政策思想领导，经常开展政策教育，讲清党在过渡时期的总路线总任务，讲清党的农村经济政策，进行合作化教育，具体解决互助组涣散、借贷发死、物资困难等问题，正确体现党在农村全面发展生产的政策，贯彻互助合作的自愿互利原则，激发农民扩大生产积极性。对有些薄弱村发现公粮减免等方面有偏差的地方，应通过教育适当纠正。从而不断地从思想上发动农民，提高与扩大其生产积极性。

（4）整顿提高互助合作组织，树立样子，培养典型，体现“组织起来，发展生产”的优越性和“积极领导，稳步前进”的方针。如组织小型参观、表演和到临近村屯参观好的组、社，以事实教育农民，激发他们搞好互助合作和采用新技术的积极性。切实帮助搞好自愿两利，并组织开展竞赛、评比。为了照顾薄弱村竞赛的广泛性，还可多提倡单项竞赛，以鼓励农民增产热忱。国家银行和信用部（社），应有计划的进行贷款，并着重扶助贫困农民生产的发展。

1953年12月

# 黑龙江省白城县岭下、胜利、建政三个村经济和阶级变化的调查报告

为了进一步了解当前农村经济发展的新情况和新问题，正确贯彻党在过渡时期总路线总任务，以提高农业生产，推进农村合作化运动，改进农村工作，我们在1953年11月，在白城县十区岭下、胜利、建政3个村进行了45天的经济调查。岭下村是白城县工作基础较好，党的支部领导较强，经济条件中等的村子；胜利村是工作中等，经济条件较好的村子；建政村是工作薄弱，经济条件中等的村子。计1个先进村，1个中等村，1个薄弱村。兹将这3个村经济和阶级变化情况整理于下，做研究制订政策的参考。

## 一、迅速发展着的农村经济

3个村的基本情况是：443户，2549口人，男劳力494.5个，女劳力373个，耕地2310垧，沙土地，耕畜579头（匹）（马252匹，牛89头，驴238头），大车132台，综合号铲蹚机13台。3个村均于1948年成立党支部，有党员52名，团支部3个，团员90名。经过1948年土地改革后5个年头的生产发展，3个村经济发展是迅速的（建政村较迟）。从以下几方面来说明：

1. 农、副业生产有了很大的发展，但是潜在力仍然很大。3个村都是沙土地，浮土少，“十年九旱”，地下最深不过五六尺就是圆石子，浅的半尺，一般一二尺，土地改革后耕地、总产量和单位面积产量逐年上升，特别是1953年获得了历史上第一次的大丰收。3个村战前（1943年）耕地是1736.87垧，如以此为100％，1948年为105.4％，1950年为112.8％，1952年为125％，1953年为133％。总产量：以1943年5158石（标准粮，每石600斤）为100％，则1948年为102.8％，1950年为105.4％，1952年为132％，1953年为198.1％，从单位面积产量上看：如以1943年3石（自然粮）为100％，则1948年为108.7％，1950年为97.8％（因旱灾太重），1952年为117.7％，1953年为166.5％。由此可以看出，耕地面积、总产量和单位面积产量除1950年遭重灾而不及1943年外，均是迅速的上升。当地农业生产有这样几个特点：①沙土地、石头多、地高，浮土少，怕旱不怕涝，雨后不存水，群众说：“多旱少旱年年旱，不是春旱就是秋旱。”这已成规律，因此，群众已积累一些抗旱办法：如“旱种多铲蹚”，“深种浅盖土”，“耧楂踩底格子种”，挖井浇地，“坐水种”。农民说“见苗三分喜”“抓住苗就不能扔到底”，表示战胜旱灾有信心。②三驴两马就能种地，“驴本钱小”，但是马种的地一垧能多打一石粮，因此，丰收后农民积极卖驴买马，如果组织的好，深耕细作，无疑的将进一步提高生产，多打粮食。③“劳力少，背地多，庄稼不容空”，平均每劳力背5垧地左右，有的

背10垧之多，但妇女和半劳力还没充分发挥，如果进一步组织，发起其应有效能，将更能加工细作，多打粮食。④上粪施肥日渐引起农民的重视，过去舆论“吊儿郎当混大荒，不上粪也打粮”，现在是“不上粪，瞎胡混”，岗地石子多，多上土粪，洼地上黄粪，可以改良土壤。现在与伪满比较，1943年3个村上粪面积占17.39%，1953年上粪面积占71.4%，比战前增加4倍多，群众说，“说起来真是宝地，就五寸深的土，上点粪就打七八石粮”，“要是再上好粪，加上工，雨水调和，还能多打”。⑤当地适合种高粱、苞米等多产作物，不适合种小麦，头几年种的最多的是高粱，次是谷子，苞米第三，明年高粱仍占第一，苞米将跃升到第二位，接近第一位。变化的原因除土质关系外，主要是价格的变化，农民说苞米“打的多，价钱高，省工”，谷子是“够人吃喂马就行”。小麦是“土浅、土干、早种不行，晚种上不来”，豆子是“打的少，得上好粪折合的也少（过去8两，现在7两）”。糜子是“乐意吃，不指卖”，杂粮是“不得不种”“不能不种”。经济作物仅有少量的青麻、线麻、麻子，主要是自用不出售，园艺作物（土豆、白菜等）亦然。

副业生产，3个村均有条件，来路多、销路广，问题是要适当结合，抓主要的，有组织地进行。从3个村几年来副业生产的收入看：1948年副业收入635.9石粮，占农业总收入的11.9%，1950年副业收入占农业收入的15.6%，1952年副业收入占11.2%，1953年估计可超过1952年的收入。其中肉、蛋收入约占4/10，运输约占2/10，其他约占4/10。从各阶层收入比较看，岭下村中农和富裕中农的副业收入占89.9%，贫农只占8.2%，说明贫农搞副业的少，收入少。猪的出产很大，平均每家都养两三口，问题是缺好猪种或没猪种，群众说“黄鼠狼子下窦楚子，一辈不如一辈”，“老母猪守寡”。

牧畜业在此地发展前途很大，特别是岭下村有甩手无边的天然牧场和地下水源，几年来牧畜发展是比较显著的，土地改革前该村只197只羊，1953年已达834只，23头牛。群众反映：“养牛养羊繁殖快，本钱小，利润大，好饲养，能解决急需。”因此，丰收后农民积极添买牛羊发展，并极大的吸引了周围农民发展牧畜业的好感。看样子数年后岭下村的牧畜业有可能超过农业收入。

2. 农业生产资料有很大增长：①耕畜：马——以1943年214匹为100%，1950年为92.5%（岭下村为104.9%），1953年为117.8%（岭下村为136%）。牛——以1943年30头为100%，1950年为123.3%，1953年为296.7%。驴——以1943年159头为100%，1950年为138.4%，1953年为149.7%（岭下村驴占战前的92.3%）。这就是说，随着农村经济的发展，此地驴要逐年减少，马要逐年增多，先进村已呈现这一发展规律。②农具：1950年有新农具2件，1953年增为67件（岭下村占49件），剧增33倍半。旧农具由战前的240件增到1950年的279件，1953年为351件，比战前增加46%。而岭下村由于互助合作的发展，旧犁、耰比战前减少3.08%，新农具和改良农具增加49件，薄弱村（建政）旧农具比战前增加65%，说明不同基础的村子农具增减的不同。车辆——如以战前98台为100%，则1950年为109%，1953年为134.7%。木车（蒙古大轱辘车）如以战前6台为100%，1950年为266%，1953年为183%（均在建政村），然而岭下、胜利村却没有了木车。这些情况说明：主要的生产数据其数量不断增加，质量不断提高，其规律大体是“从少到多，由弱变强，旧的逐渐淘汰，新的年年增加。群众由不相信新农具到怀疑、喜爱”，薄弱村是旧农具增多，新农具少，大农具不多，小农具多，而先进村恰恰与此相反。

3. 随着农村经济的发展，农村商品粮逐年增多。两个村（缺胜利村），1950 年商品粮占总产量的30.3%，1952 年占总产量31.45%，1953 年余粮占总产量的53.96%（注：此比例数高于全省一般情况）。从各阶层余粮逐年增长看：贫农 1950 年平均每户商品粮2.1石，1953 年余粮5.07石；中农（包括富裕中农）1950 年平均每户余商品粮5.53石，1953 年余粮13.7石，比 1950 年增加247.7%，说明农民余粮的逐年增多。岭下村 1953 年卖粮占总产量52.99%，占余粮的99.3%。建政村由于教育工作进行的差些，卖粮占总产量 43%，占余粮百分之八十几。

4. 供销、信贷的发展：3 个村 1950 年供销额中，国营占21.62%，供销社占65.58%，私商占 9.35%（岭下村私商占18.1%，国营占11.5%），农民间占3.45%。1952 年国营占32.24%，供销社占57.11%，私商占 5%，农民间占5.65%。1953 年国营占33.15%，供销社占58.6%，私商占2.78%，农民间占5.47%。这一比较说明：1950 年国营商业和私商所占比重是势均力敌的。1952 年就起了变化，并国营和合作社逐渐占绝对优势，私商供销额日渐缩小，农民间的自由交换稍有增加。从 3 个村供销总额上看，如以 1950 年 114240 万为 100%，则 1952 年为161.9%，1953 年为288.9%。目前供销社推行了“送货到门，就地换粮”办法颇受农民欢迎，反映极好。存在的主要问题是供销社为生产服务的方针还不够明确，“重生活资料，轻生产资料和农副产品的推销”，计划性不够，常有货物不全，供应不及时的现象。胜利村供销社 1949 年建社时只二十几种商品，现在两百多种仍远远满足不了要求。妇女反映“花布样数不多，也不来点新鲜的”；农民说：“镰刀、锄板子骑八百里地不铲屁股（质量不好之意）。”

3 个村有两个信用部，起一定作用。存的少，贷的多，目前信用合作中的主要问题是阵地狭小薄弱，方针不明，贷放政策有偏差，手续烦琐，如贷出不集中，有的富裕户贷去倒把或买肉，贫困户贷的少不解决问题。落后于农村经济的发展。

5. 各阶层购买力的提高：随着农村商品经济的发展，农民购买力显著提高，如以岭下村为例：

| 年度 | 购买力总值(千元) | 每人平均(千元) | 百分比 |
|---|---|---|---|
| 1950 年 | 157526 | 224.7 | 100 |
| 1952 年 | 329582 | 462.2 | 205.7 |
| 1953 年 | 545243 | 763.6 | 339.8 |

从各阶层购买力提高情况看：贫农 1950 年每人平均20.7万元，1952 年为38.5万元，1953 年为 49 万元（均低于平均数），中农 1950 年每人平均为22.7万元，1952 年为46.8万元，1953 年为76.7万元（均高于平均数）；富裕中农 1950 年每人平均为76.4万元，1953 年为84.2万元。这就是说 1953 年贫农每人购买力比 1950 年增加了 137%；中农每人比 1950 年增加了 236%，富裕中农每人比 1950 年增加了 10%。大体可代表 3 个村的情况，只是薄弱村各阶层平均购买力比先进村少一些。另胜利村：1950 年每人平均买布 21 尺；1952 年每人平均 26 尺；1953 年每人平均 34 尺。全村最近三年做了 180 床褥子和 401 床新被（每户平均3.3床），买秋衣（即绒衣）207 件，球鞋 148 双，棉大衣 75 身。目前农村青年男女一般的都身穿干部服，花棉袄，脖扎花围巾，里面衬秋衣、秋裤，冬天身披棉大衣，晚间出门手持电棒。老刘太太说：“这年

头——冬有棉、夏有单，上炕有吃的，下炕有烧的，头两年——人家（指地主）吃好的、穿好的、点的明堂蜡烛的，咱们连点灯油都没有，现在可太好了……要是再到社会（指社会主义），那就更好过了。”这充分说明新社会一般劳动人民生活上升的愉快情感。

# 二、阶级变化的新情况

## （一）各阶层的情况

随着农村经济的进一步发展，特别是党的各项政策的贯彻和互助合作的发展，农村新的阶级关系已有了显著变化，就 3 个村的调查分析，目前农村阶级变化的基本特点是：中农特别是富裕中农逐渐增多，贫农雇农逐年减少，一般村和薄弱村有新富农，数量小，影响大。总的看，农村阶级发展不是趋向两极，而是正常的向集体发展，大家富裕方向发展的。看情形，中农比贫农上升的快，先进村比薄弱村经济发展快。如岭下村，由于党的领导强，互助合作搞的好，经济发展正常，阶级分化极小，没有新富农，没有雇农，中农占80.84%（胜利村由于经济条件好，中农占86.5%），其中富裕中农占总农户的 30%。因此农民眼前实际影响单一（有富裕中农，没有新富农）。建政村由于党的领导不起作用，组织起来涣散、停滞，虽然中农占72.1%，但富裕中农只占12.24%，比先进村少一半以上，且贫困户多，贫农占24.49%（岭下村贫农占 15%），雇农占1.37%，对新富农（占2.04%）资本主义剥削限制不够。从先进村和薄弱村经济发展速度来比较，岭下村土地改革前是最穷的村子，经济条件不如建政村，但由于两村工作先进与薄弱之差，现在岭下村土地改革后贫雇中农上升的占 76%，建政村占58.8%，比岭下村差17.2%，现在岭下村中农和富裕中农占80.84%，建政村占72.1%，说明两个不同基础村子由于工作不同，影响经济发展的不平衡。3 个村阶级变化的现状是：土地改革前雇农 83 户，贫农 197 户，中农 116 户，富农 18 户，地主 27 户，其他 2 户。经过土地改革后几年来生产的发展，现在变为雇农 3 户（占0.68%），贫农 74 户（占16.7%），中农 228 户（占51.47%），富裕中农 127 户（占28.67%），中农和富裕中农相加是 355 户（占80.14%，富裕中农占中农阶层的35.77%），新富农 4 户（占0.9%），其他 7 户（占1.58%）。3 个村土地改革后阶级上升的占总户数77.43%，下降的占2.71%，停滞的占19.86%。

从这 3 个村各阶层的具体情况看：

中农情况——3 个村中农（包括富裕中农）355 户，占总户数80.14%，人口占83.29%，劳力占83.32%，土地占88.73%，耕畜占88.26%，车辆占81.94%，农具占92.6%，余粮占91.49%；中农不仅在经济上占绝对优势，参加政治活动的人数也比较多。这 3 个村共 67 名人民代表，中农和富裕中农（下简称中农）占86.57%；政府委员 18 名，中农占94.45%；党员 52 名，中农成分占92.31%；团员 90 名，中农成分占93.34%。兹分别叙述一下中农和富裕中农的情况：

1. 富裕中农：127 户，占总户数的28.67%，占中农阶层的35.77%（胜利村占40.8%），他们是由雇农22户、贫农41户、中农59户，旧地富5户而来的。这3个村富裕中农的增长速度是：1950年20户，1952年58户，1953年127户，为1950年的635%，为1952年的219%。富裕中农的富裕程度，已经或正在形成一个富裕阶层，3个村富裕中农人口占33.5%，土地占40.76%，劳力占34.28%，耕畜占40.67%，大车占40.97%，农具占48.52%，余粮占41.43%。他们生产、生活资料齐备，质量好，土地比贫农多3.15倍，耕畜多3.53倍，购买力多1.18倍，每户平均余粮17.3石（标准粮，每石600斤）。富裕中农一般特点是：劳畜力强、农具多、驴少马多、土地好、打粮多、生活好、顾虑多、屯中有权威、余粮余资多、牛羊成群、来财路多，一般有轻微剥削，沾尖取巧多，多数劳动好，单干多（薄弱村）。这不仅是富裕中农特点，有些也是一般中农的概貌。他们的富裕程度，已引起当前农村多数人的羡慕。他们（富裕中农）过日子会算，钻计，善于经营农副业，“几把扇子扇”。一般的经营特点是“四路进财”，有的还多，最少的是“三路”，所说“四路进财”：一路是种地打粮；二路是羊下羔、牛下犊；三路是拉脚，或搞副业；四路是放粮放钱（有的放到信用部）吃利息。但从目前富裕中农经营思想上来看，有相当一部分人（尤其是岭下村）把牧畜业或副业摆在很重要的地位，对农业不像前几年“劲头足”，有的买马是为了拉脚，他们说副业“来钱”“一本万利”“驴打滚的利”，有的雇工打场，自己去搞副业，说“养牛是60%的利”“养羊是100%的利”“养猪是40%的利”“四只羊能顶一垧地的收入”，因此积极往副业、牧畜业上投资。说“牧畜业旱涝保收”“铁杆庄稼”“农业是十年九旱……”。他们在村中为人处事上，有些表现扬扬得意，夸张自己的能干，说“犁杖挂房檐上也能吃三年”，有的富裕中农（单干）买一袋面粉叫农业生产合作社的车给捎回来，显示自己的富足。但是谁要说他们“富裕”，他却发烦、“心跳”。目前富裕中农中间，有一部分人已成为农村自发资本主义的带头人，他们用投机取巧，沾小便宜，捣登，叫短工等办法来发展自己。他们随时利用自己经济上的优势，沾尖取巧，有钱不往外借，也不存信用部，乘人危“打快拳”“掏一把”。如岭下村富裕中农赵永彬，买贫困户的房子值250万元，用150万元就买到手了；贫农赵国忠生病，富裕中农李长江为买他的牛去了4趟，价值150多万的牛，只给100万元，无奈何的卖给他。建政、胜利村少数富裕中农时有倒卖牛马的现象。因此引起一般人对他们表示不快或不满，说他们是“不走正道”“马贩子”，发“偏财”。岭下村八家子屯流传着“四大经济”：大行大市的赵经济（贩牛贩马，搞大的）；偷偷摸摸的何经济（是党员，不敢明干），缩头缩脑的李经济（又想干又害怕）；赵木匠学经济（跟人家学会了捣经济）。这是群众为反对他们而送给的讽刺性的外号，也说明农村新旧思想的斗争。

富裕中农拥护什么、反对什么呢？拥护：①拥护“共产党和毛主席领导的好”，他们绝大多数是由过去的雇、贫、中农来的，感谢政府给他们的好处，“翻了身，小日子过的火炭红”“忘不了毛主席”，这是基本的。但是他们对再发展问题要求党指给明确、具体方向。他们之中有人对贫困农民歧视，说“政府道那么多，就没把贫困户治好”“受穷的命，咋拉帮也不行，都是一样翻的身，你为什么那熊样，饿死也没人心疼”“小组垮台，都怨贫困户，既没马还穷捣乱”“都是我们的血本把你们（指贫困户）养肥的……”。②拥护“增产不增税”的农业税收政策，“多打粮，不多纳税，这个国家好”，但是他们厌烦开会，一听讲生产、讲组织就“痉痉”鼻子，“瞎鸡巴抓，找我开会干啥”，“不开会还不知道干”。③多数拥护国家计划买粮，他们没忘记前几年大旱灾政府发救济粮的好处，说前两年政府“成火车往这拉粮”“钱用麻袋装”。“这年头日子过的‘坦和’”，“国家计划买粮是为了咱们日子过的更好”。④拥护粮价提高，物价平稳。因此，丰收后除极少数表示“到顶了”“够过了”以外，绝大多数有扩大再生产的要求，特别是经过总路线宣传计划买粮，提高社会主义觉悟后，他们是“满劲”的发展，但是在如何发展这个问题上，他们有不同的见解和做法，有些人又自觉或不自觉的发展着资本主义。情况是：①有不少人不是先将余粮余资投入扩大农业再生产，而是“农业维持现状”，积极发展副业或牧畜业，轻视农业，重资本轻劳动。如岭下村富裕中农李永久，家有10头牛，16只羊，没马力，用牛、驴对付着种地，1953年丰收后卖30石粮，仍不准备买马，只是“打算往后”买个小骒马留着“殖生”。②部分富裕农民想走旧道。岭下村七家子屯有7名社员（富裕中农）在秋收前想出社单干，拴胶皮车拉脚，说在合作社“伸不开腰”；“你们先走（社会）我后撵，赶趟！”经总路线宣传教育和社内真正多打了粮，才不出社了。胜利村少数富裕中农说，“一提合作社我就脑袋疼，多咱有不单干的我就不单干啦”，“不按我脑袋我就不入社”，“合作社就是不管冷不管热”。有的问“不入社能不能到社会”，主张政府“不要多管他们”，“谁还不知道干”。有人说“政府真是操心不见老，心坎子挂‘笊篱’，多捞（劳），不组织地也扔不了”。有的单干户宣传单干有四大好处：第一“粮食没少打”；第二“老婆孩子往地一轰，都能伸上手”；第三“自由”，“说走抬屁股就走，没人管”；第四“我场早打完了早搞副业”。这就是一部分富裕中农留恋旧道路，想奔旧道，觉得“旧道顺撇”“新道蹩楞”。③少数人有些苦闷，对政策有疑虑，有的大吃大喝，维持现状，他们认为将来“你的也是我的，我的也是你的”。这在薄弱村又多于一般村和先进村。如建政村高万选说“在共产党的国家里，不定什么时候来个‘共产’”，“过年的猪早杀晚杀”，范子玉怕“树大招风”，往外放粮不愿借给本村人，即或借给还得夜间去取。怕马多没用，说：“骒马‘反群’我就没给它找对象（就是不给找种马）”。有的苦闷，大吃大喝，建政村邓贵1953年吃了18斤白糖，30多斤苹果，经常吃细粮，卖20多石粮几乎全部用到生活上，做3身皮大衣，买500多尺布，高万举把马卖掉，买了一口棺材。造成这些思想错觉的原因是：个别时期，有的政策在执行上有缺点。如岭下村1952年秋和1953年春是中农思想最不托底的时候，农业生产合作社做一样的衣服，穿一样裤衩，一样的球鞋；村干部拉街基，准备修马路，盖洋楼；1953年春建社开始时规定“起早敲钟为令——姜太公钓鱼，愿入社就来，不愿入社不来”，结果大部分来了（当然有酝酿）；正在这时候又搞牧畜业入社，群众一度杀羊，有的杀出羊羔来；碰巧业务部门又来搞羊的“人工授精”，在新合屯盖羊圈，全村羊都要集中到一起“授精”，有些群众以为这算归大堆了，后来取消了这种做法，群众才明白“羊没授惊（精），人受惊了”。就是这些具体事实给群众的印象最深，有的说“我一辈子也忘不了这些事”。另一方面原因是农民自发资本主义趋势的反映。

上述3个村的调查分析，党在领导中农扩大再生产的问题上，焦点是提高其社会主义觉悟，引导中农搞好互助合作，使他们沿着“互助合作，多打粮食，大家富裕”的道路前进，对他们应着重宣传新、旧道路的利弊和社会远景。解决他们“生产发展了，要单干”和重资本轻劳动，重副业轻农业，重牧畜轻农业的思想，使他们能按着党所指引的——在首先搞好农业扩大再生产的基础上，有条件地积极搞好副业和发展牧畜业。在解决部分富裕中农的思想顾虑问题上必须在大张旗鼓宣传过渡时期总路线的同时，注意消除少数富裕农民对社会主义和党在农村全面生产政策的某些疑虑与错觉，激发他们扩大生产的积极性。

2. 中农（不包括富裕中农）情况：228户，占3个村总户数的51.47%，占中农阶层的64.23%，他们是由雇农48户、贫农109户、中农42户、旧富农10户、地主19户而来的。他们占3个村人口的49.78%，土地占48%，劳力占49.04%，耕畜占47.58%，大车占40.97%，农具占44.08%，余粮占50.05%。他们生产工具较齐全，一般的有马，没马的有牛，没牛的有几头驴，他们劳动好，政治上有地位，打粮不算少，生产生活上基本没有困难，平均每户余粮11.6石（标准粮）。他们说种地是根本的，“多种地、多上粪、多打粮”是他们当前的、普遍的、最大的要求。因此他们感到马还是不硬实，特别是有10%左右的户刚从贫农上升为中农，物质生活还很简陋，“家底还很薄”，有的说：“80下还没一撇呢，这才那到那，早呢。”因此他们在丰收后一般的表现是，打粮除留够吃、用外，积极添车买马，卖驴买马，建政村中农已买进16匹马，6台大车，岭下村两家子屯16户中农有9户买马的。畜力够用的中农就积极发展牧畜业，买牛羊“殖生”，这一点和某些富裕中农相反，他们（中农）一般是先农业后牧畜业。中农的基本要求是：①积极主张办好合作社和互助组，撵上去（指富裕户）怕小组散花，胜利村黄喜贵说“今年铲地时小组散花了，自己没干过来，扔了半垧地，要不散组地都能莳弄上”；②要求添车买马，增农具，往“地”上用劲，“牛、驴都使絮烦了”，“没有马就发展慢”“马（比驴）种的地能多打一石粮”，要求买综合号铲蹚机；③要求抽出人去搞副业，发展牧畜业，羡慕富裕户的“牛羊成群”；④要求马保险，“如果马死了，就得下大酱（下降），几年也缓不过气来”，“死一匹马掘去半拉家底”。但他们当中有些人是看风驶船，“两头晃”。“人随王法草随风，人家往南走，咱们也不能往北飞”，“哪头硬随哪头”，有些事看富裕户（富裕中农）怎么办，他怎么办，他们的发展方向多数是：“人家头前有领着干的（指富裕党员干部），咱们就跟着走呗。”他们思想顾虑少于富裕中农。只是有少数人由于逐年渐老、体力不强壮的人表示“没太大脓水啦（到岁数了的意思），反正别人也拉不太远，可也超不过人家（指人强马壮的）”，“发展就是尽力而为吧”，“心想的挺好，可就是力量怕不行”，有的“向后看”，说“比过去强一百套了”“不求大富大贵”“不缺吃少穿、对付个年吃年用就行呗”。但是绝大多数中农还是满怀信心地往前发展，我们必须引导和帮助他们在扩大农业再生产的前提下求得进一步的发展。他们对农业生产和组织起来感兴趣，要充分运用这一积极因素，帮助他们搞好互助合作，多打粮食增加收入。另一方面富裕中农对他们的影响极大，好多人踏着富裕中农的脚步发展，当做自己活的方向，因此正确解决现有农村中某些富裕农民再发展的问题对他们有最现实的意义。当然我们不能把中农和富裕中农分开来领导，问题是解决富裕户再发展的问题，直接给一般中农树立了发展榜样。这是现时农村中“贫农奔中农，中农盼富裕——一层看一层”的规律。

3. 贫困农民情况：3个村贫农74户，占总户数的16.7%，是由雇农11户，贫农44户，中农10户，旧富农3户，地主6户而来的。3个村雇农3户（是由雇农1户，贫农1户，旧富农1户而来的），占总户数的0.68%。3个村几年来贫困农民的发展规律是逐渐减少，贫农没上升的现在生活也比前几年强，岭下村没有雇农。从3个村逐年减少速度来看：1948年贫农占总户数64.39%，1950年占39.95%，1952年占29.03%，1953年占16.7%。从1948年到现在，平均每年贫农减少9.54%。雇农，3个村1948年10户，1950年1户，1952年2户，1953年3

户（胜利村1户，建政村2户）。比1952年稍有增加。现在3个村16.7%的贫农人口占13.81%，土地占9.81%，劳力占14.96%，畜力占8.98%，大车占4.17%，农具占4.44%。他们（贫农）平均每人0.62垧地（中农每人0.84垧），每1.4户一匹耕畜（中农每户1.2头，且马多），74户贫农只6台车（每12.3户一辆）。3个村贫农人民代表占代表总数的8.9%。贫农一般的特点是：没畜力的不多（占贫农的33.7%），马少驴多（如建政村贫农养驴23头，占全村驴数41.1%），农具少质量坏，劳力不强，背地多；种地少、吃饭人多，家底空、债务重、病人多；年成虽好，打粮不多；生活较低、缺粮户不多（18户，占总户数4.06%）；政治上没地位，受歧视的多。3户雇农的情况是：胜利村的李玉民是后搬来的，没分到地，因盗窃国家器材蹲了一年监狱，今年出来以出雇劳力为生。建政村的2户有1户是从外地来串亲戚而落脚出雇的；另一户是由于家庭劳力有余，生活困难而出雇的，均带有偶然性。

目前贫农的经济情况和思想反映是：满意党和政府的政策，感激共产党和毛主席对他们的照顾和关怀，说“这个国家没有一点不好的地方”“毛主席才真正是咱们的救命恩人”，是“共产党的救济粮把我们救活的，一辈子也忘不了共产党”，“这几年要不是共产党领导，不知到哪步天地了”，胜利村刘玉春说：“政府贷给我一匹马，我坐窝就升起来了。”类似感恩不尽的语言是整个贫农阶层绝大多数的反映。因此他们一般还有撵上去的要求，羡慕富裕生活，但另一方面，由于主观和客观条件的限制，贫农中有的人有“自馁”“低气”“打不起精神”等忧愁现象。

据3个村现有77户贫雇农的调查统计，家中常年有病人的18户，有残废的13户，年老的26户，计57户（共同的特点是劳力两个不顶一个），占总户数的12.87%，占雇贫农阶层的74%。建政村贫农29个劳力中，有15个是半拉子，眼睛不好使而影响劳动的5个，瘸子2个，占总劳力的83%。他们每劳力4垧4亩地，负担六口人的吃穿。他们说“黄鼠狼子单咬病鸭子”“一步撵不上，步步撵不上”“咱们是耗子尾巴上的疖子，没多大脓水”，“癞蛤蟆想吃天鹅肉（想富裕），想的挺好，可是办不到”，有的表示自弃。但也有少数人有单纯依靠救济思想。

贫农的要求是：①要求帮助他们解决马力，并实行马保险；②要求入组入社，搞好组社。有的贫困户入组半天就散了，表示遗憾；③要求政治上有地位，如说“社好是好，就是穷人说了不算”“和人家说话用鼻子‘哼’”，有些人乱给贫困农民起外号：“武大狼（人熊）”“羊扒子”“瞎刘……”；④要求信用部“救人救个活”和限制高利贷，胜利村有的借信贷想买个驴，信用部只借给五斗米；⑤少数鳏寡孤独和劳力少弱不堪的和家里常有病人的要求政府照顾和救济，“帮助我们想法把地种上”，个别的要求“减免公粮”。这些要求都是中肯的、恰当的，我们必须具体地帮助与组织他们搞好生产、过好日子，使他们尽早的摆脱贫困已成为当前农村经济发展中不可忽视的一个重要方面。如果我们积极的经常的注意做好这一工作，现有的贫困农民是可以逐渐上升的；反之我们在这方面不积极，势必造成贫困农民继续停滞和下降。因为现在贫农的成员中，有半数之多的人是老、弱、病、残和缺劳力的，这和前几年的贫农不同，必须强调具体领导。解决办法必须是：坚决贯彻“贫农和中农的巩固联盟”的政策，紧紧依靠农村党员干部和广大农民来解决这一问题，加强党员教育，提高其阶级觉悟，使其在观点上和行动上成为扶助贫困农民迅速摆脱贫困的模范，在方法上最主要的是积极吸收贫困农民入组入社，贯彻两利原则，在对12%的老、弱、残废的贫困农民，主要是靠组、社“带”他们，按其可能给他们在组、社内找些适当的活计做，使其不致继续停滞和下降，最主要的还是帮助他们迅速上升；其次是政府应予适当救济；并在社会上形成发扬团结互助阶级友爱的风气，教育贫困农民勤劳生产；反对组、社内的不两利，找贫困户便宜，歧视贫困户的不平等现象；村政权应积极吸收一定的贫困农民参加，经常征求并尊重他们的意见；国家银行和信用社（部）应有计划地解决贫困农民马匹和主要生产资料问题。

4. 新富农情况：4户，占3个村总户数的0.9%，是由雇农1户，贫农1户，中农2户变来的。新富农人口占3个村的0.86%，劳力占1.01%，耕畜占1.73%，大车占2.78%，农具占2.96%，余粮占1.06%，工作先进（岭下）村由于互助合作占绝对优势，没出现新富农；胜利村1户和建政（薄弱）村3户新富农都是1953年新出现的。他们的剥削形式是公开和隐蔽相结合：①有1户以“扶助亲属”，2户以“养跑腿”为名，“年年不断跑腿”，1户大量叫短工；②投机倒把，倒买倒卖，群众叫他们是“马贩子”；③放高利贷，一般五分利，通过外村亲戚家“转放”，晚间天黑去取粮，群众说“范长发那年都得吃十石八石的粮利（息）”；④伙开粉坊，“大秤进，小秤出”，别的地方是100斤土豆换8斤粉条，他是5斤半。光支嘴，不干活，擎好汉子股，多分红，东走西去“为大家”，在外扬风开粉房是“为人民服务”；⑤“小组”内不两利，用大价钱出雇牛犋。一方面有些农民羡慕他们，也有些农民因他们投机取巧手段鄙视，叫他们“马贩子”“白脸曹操”，说“少和他们打交道”“这些人手腕长，鬼道，能说，会来，扁的也罢说圆了”，表示提高警惕，不受他们熏染。从3个村的情况看：党的领导强，组织起来占绝对优势的岭下村，避免了新富农的出现，但这并没有限制了岭下村某些富裕中农的正常发展，相反的他们却满意的说“要不是入社，我早雇活剥削人了”“合作社多打了粮”。这一事实表明：工作做好了，新富农可以减少甚至消灭，而且应该减少和逐步消灭富农剥削。因此领导上必须克服目前农村对新富农限制不够——对隐蔽剥削麻痹，对公开剥削置之不理的偏向。必须大力搞好互助合作，占领农村经济阵地；限制与逐步消灭富农剥削。

## （二）对农村经济上升和少数农民停滞下降原因的研究

1. 上升原因：①党在农村“组织起来，互助合作，多打粮食，大家富裕”的基本政策和各个时期生产政策的贯彻。诸如整党、新旧道路的教育，反冒进、反五多，明确以农业生产为农村压倒一切的中心任务等等，均对激发农民生产积极性和搞好组织起来，提高农业生产力起了极大的推动作用，特别是互助合作的发展，多打了粮食，抵制了自然灾害和剥削，如岭下村中农关振邦说：“我一连四年死了四匹马，如果不参加互助组和合作社早给人家扛大活去了。”刘清浪说：“我今年产地时候病了两个多月，不是参加合作社地非扔不可，今年在社内挣分13石多粮，这就是走新道路的好处。”3个村绝大多数的党员现在所以过着中农和富裕中农旳生活，最根本的原因就是他们听信党的话，明白党的政策，响应党的号召，走“组织起来”道路的结果。这是农村经济发展的最根本原因。②农业税负担的固定和粮价提高，物价平稳给农民带来了幸福。农民说“粮食多打了，公粮没增加，咱们要受灾，公粮还给免”“过去（伪满）是城市剥削乡村，工业剥削农业，与现在比是天地相隔”“不种麦子的吃面，不种棉花的穿绸缎，货物一天比一天贱，小日子几年就起来”“现在一石高粱换一匹大花旗布（宽面110尺），1948年1石5斗黄豆才换52尺家织窄面布”。类似例子到处都有，农民异常兴奋。③国家的扶助促进了农村经济的恢复与发展，3个村几年来共贷款55700多万元，折粮1916.5石，平均每户4石3斗多粮。农民反映：“旧社会谁管你死活，新社会国家帮助咱们发展，前几年要不是国家救命粮，早饿死了。”④农业和副业、牧畜业的结合，增加了农民的收入，农民逐渐把副业、牧业当做农业的继续，做为经济发展的来源之一。⑤经济发展快的户还因为他们“人强马壮”，勤俭，会计算。也有少数富裕户用投机、占便宜、叫短工、放高利贷等资本主义方法发展自己。有的富裕中农自述说：“过日子就得勤俭，插犋生产，孩子老婆都干，总得拿地为重，春起要调好槎口，夏天铲蹚要及时，呆着就捡粪，家里怎么紧，也要养几口猪……”

2. 少数农民经济停滞和下降的原因，除客观上因受天灾人祸等不可抗御的灾害外，主要是：①组织起来没搞好，或没参加组、社，贫困户处处吃亏，岭下村卞长太因小组轮作不合理，去年撂荒了一垧半地。赵国忠在组内多干15个工只给了一条麻袋做工资。富裕户是“轮作在先，吃亏在后”，贫困户是“吃亏在先，轮作在后”。因此，地莳弄不上，少打粮以至扔地。②信贷扶助工作有“零星”“平均”的毛病，而胜利、建政村又有“小型组不贷”“单干的不贷”的偏向。以致造成少数贫困农民卖驴、卖羊的现象。岭下村八家子有6户贫农就是因为求借无门把自己的羊一文不值半文的卖给了富裕户，而某些富裕户也就千方百计的巧买了贫困农民的财产。另从当前农村信贷方针上来研究，确定以“发展生产，活跃农村经济，打击高利贷”的方针是对的，但在放款对象上，应明确以扶助贫困农民生产为主，不宜单纯强调“额小，面广”，以致发生平均、分散的毛病。③区村对薄弱村、屯和贫困农民帮助不够，甚至故意“治治他们”，不理他们。④薄弱（建政）村地方负担多，村政府点灯油，纸张等花销按户摊，修学校也按户摊，没学生也得纳，贫农反映“小鱼串大鱼，早晚得串豁鼻子”。⑤农村干群中阶级友爱、团结互助的情感有些淡薄，除岭下村较好外，很少看到组社与贫困户间，富裕户与贫困户间融洽的阶级感情，因此主动的认真的扶助贫困农民是光荣的——尚未形成社会上的道德风气。特别是某些党员干部带头歧视贫困户，给他们“小鞋穿”。⑥个别少数的贫困农民不够勤劳。

## 三、对目前农村经济发展和阶级变化现状的分析

### （一）从两方面来正视现实

1. 从这3个调查材料看，农村呈现了新的面貌。表现在：①农业生产力的迅速增长，总产量比战前提高近一倍，单位面积产量为166，耕地为133，新农具增36倍，旧农具为146，耕畜为117，购买力为1950年的339.8，商品粮已占总产量的50%左右，余粮户占农户的73.32%，农民生活逐渐改善，文化日益发展。表现欣欣向荣的农村经济正在迅速发展；②农村已经基本中农化，中农和富裕中农占80.14%，他们是农村的主体，中心人物，无论在政治

上和经济上都占绝对优势，他们和16.7%的贫农已结成了巩固联盟，基本上是团结和互助的关系，表明农村新的阶级关系已形成；③农村合作化日益发展，89.6%的农户（缺建政村）在生产上已组织起来，互助合作占绝对优势，已成为广大农民集体发展走向富裕的现实方向。农村已有90%左右的农户参加了供销合作，胜利村少数农户已参加了信用合作。这在沟通城乡物资交流和促进农业生产、互助合作的发展上起了很大作用；④因此，开始引起了农民思想意识的变化，新人新事和新的社会道德风气在发生与发展（如组、社帮助孤独户种地等）。90%以上的农民拥护国家计划买粮。这些，就是当前农村经济发展的新情况，是基本方面。这是党在农村实行"组织起来"路线政策的胜利，是党领导农民的结果，是我国人民民主专政制度的优越性，也是6年来爱国增产运动的结果和各种工作配合的结果。

2. 另一方面还很不足，还存在若干缺点和问题，其中有些还很严重。表现在：①农业生产水平还落后于工业发展的需要，潜在力还没有充分发挥，特别是薄弱村、屯和初级组生产水平还很低，即使常年组和农业生产合作社，也还普遍存在窝工、浪费和粗糙现象，影响生产力的提高。3个村现在还有4.06%的缺粮户，加之农业生产的不稳定性，如遇天灾，即须救济。从副业和牧畜业发展看，也还满足不了现时的需求。农副和农牧结合方针贯彻还很不够，副业生产缺乏组织，多数人还没有真正把副业生产当成农业的继续，牧畜业发展有些自流。②农业互助合作还落后于农村经济的发展，互助组内的互利轮作等政策贯彻还很差，初级组尚未得到切实的加强，区、村对互助组的领导还有很大的自流偏向。许多区委同志对农业生产合作社还不熟悉，社的经营管理工作还跟不上，因此窝工浪费现象普遍。③农村供销、信用工作还很薄弱，资金不多，供销社为生产服务的方针不够明确，计划性差，常有供不应求和某些时期的脱销现象。特别信用合作薄弱，3个村只胜利村少部分人入了信用社（其余两个村没有），阵地狭小，方针不明，高利贷暗自活跃。④党在农村的政治工作落后于经济发展，资本主义的自发趋势随着农村经济的发展而有所发展。特别是薄弱村农民觉悟比先进村差一步，且疑虑较多，而先进村同样感到政治工作跟不上。⑤农村基层党的领导还落后于当前农村工作发展上的需要。党的战斗力不强、干部水平低，先进村主要表现在新工作面前缺乏办法（如领导合作社），少数党员滋长着资本主义思想，薄弱村党的领导自流，组织生活散漫，个别党员蜕化变质。据3个村76名党员统计，有投机倒把行为的10名（占13.15%），沾尖取巧的13名（占17.1%），雇工的3名（占3.95%，均在薄弱村），放债的3名（占3.95%），计29名，占党员总数的38.15%。表明整党后仍有少数党员中的资本主义思想随着农村经济的发展而有所发展，特别是薄弱村党内缺乏斗争，个别党员发展为新富农。⑥农村各种经济的结合不够。该地通行的只是供销社和行政组织订推销合同，结果是流于形式，不起作用，增加麻烦。

总起来看，现在的农村，比伪满好多了，比恢复时期又前进了一大步，特别是党在过渡时期总路线和总任务，给农民指出了光明而现实的道路，农民为了实现社会主义而欢欣鼓舞，这是新社会的新景象，是任何人所不能忽视的。但另方面，我们必须指出现在还十分不够，绝不可自满，要正视这一现实，如果只看到或偏于看到成就方面，就会发生错误。这是我们所有农村工作干部必须清楚的。

## （二）今后意见

从农村经济的发展与变化中，已经给我们农村工作领导上提出许多新的问题和要求，为了进一步研究和解决这些问题，我们认为今后——总的应在继续深入宣传贯彻党在过渡时期总路线总任务和贯彻“依靠贫农和中农的巩固联盟，逐步发展互助合作，限制富农剥削”这一政策，积极领导稳步发展农业合作化，以实现党对小农经济进行社会主义改造的任务。具体方针任务应当是：

1. 继续贯彻发展农业生产为主和农、副业与农牧结合的方针，迅速全面地发展农村经济，多打粮食，增加与扩大商品粮来源以适应国家工业建设和农民扩大生产，改善生活的需要。①农业方面，“组织起来，精耕细作，提高技术”是增产的主要方面，有条件地扩大耕地面积，提倡多种多产作物（如苞米、高粱）和油料作物，谷子和园艺作物维持原面积，有条件的可发展蔬菜，以供城市的需要。②副业应贯彻就地取材，多产多销，组织起来，贯穿全年的精神。强调提倡和具体领导，既要克服重副业轻农业，又要克服把副业看做可有可无的偏向，教育农民把副业当做正业的继续。国营商业和供销合作社应密切配合副业生产的发展，促进农村副业生产的开展。③牧畜业和饲养业，应加强领导，克服自流。增加牧畜数量，提高质量，加强防预保健，增加种畜，提高产品质量和畜产价格（如猪肉每斤5000余元，活猪每斤2600元，农民反映差价太大）。在牧畜业发达的地区可考虑征收一定税收，以刺激牧畜业的正常发展，贯彻合理负担，增加国家收入。农民私有牧畜没条件不宜过早搞合作化，今后应提倡组、社内集体发展牧畜。以保证牧畜业的健康发展，供应人民肉食，提供给国家轻工业的原料。④增加耕畜、农具的数量，提高质量，并供给农民必须的旧农具，以提高农业生产力。

2. 在积极领导，稳步前进的方针下，进一步发展农业合作化事业，是巩固和壮大党在农村社会主义阵地的重要关键。调查证明：目前农村的基本矛盾——依然是党所领导的互助合作运动和小农经济自发资本主义趋势的矛盾，而这一矛盾随着农村经济和互助合作运动的发展，不仅没有丝毫减弱，相反地却日益尖锐起来（当然主导方面是党领导的互助合作运动）。因此必须：①首先是搞好农业生产的互助合作，今年区级试办社大多数成功，不少互助组充实了内容，并通过总结农民走新道路的实际优越性，进一步宣传社会主义，巩固提高现有组、社，切实办好新社，带动互助组，认真培养骨干，克服目前互助合作运动中某种程度的自流倾向。尤其是薄弱村，如不加强互助合作的领导，薄弱村将变为农村自发发展资本主义的市场，因此我们必须主动占领。②供销合作，应明确为农业生产服务的方针，加强计划性，推广供销社与互助组（生产社）按季订供、产、销结合合同，并推行农业生产合作社和好的常年组与国家（通过供销社）订立预购粮食的合同。这样就把互助合作经济进一步纳入国家计划的轨道上来。此外，还要注意扩大供销社员和股金，这在发展了的农村经济，余粮和商品粮占相当比重的今天，吸收农民余粮余资投入社会主义性质的供销社或信贷社（部）是可能和必要的，这不仅是引导农民走社会主义道路的一个重要方面，也是进一步发展农村经济的重要方面之一。③信贷合作，主要是加强领导，端正政策，明确为生产服务，特别是扶助贫困农民发展生产为主的方针，有条件地积极吸收存粮存款，积极建立信用组织。

3．关于各阶层发展问题，必须贯彻“依靠贫农和中农的巩固联盟，逐步发展互助合作，限制富农剥削”这一政策。贫农，现在最主要的问题是他们本身困难多，上升慢。但事实证明：如果领导重视，工作做到了，贫困农民会日益摆脱贫困地位。办法一般应坚决贯彻生产自救，分别对象予以社会互济，政府扶持的方针。积极吸收贫困农民入组入社，分别是对老、弱、病、残的贫农，必须在社会上（主要是组、社）形成扶助贫困农民上升是光荣的道德风气。在尽可能的自救基础上，发动群众出主意、想办法；其次是救济，社会公粮减免对他们还应适当放宽一些；国家银行农贷、信贷机关应有计划的投放资金帮助他们添买畜力。提高贫农的政治地位；教育其勤劳生产，鼓励他们生产自救和自立更生的信心。中农和富裕中农扩大再生产的根本问题是提高其社会主义觉悟，搞好互助合作，主动消除部分富裕户的思想疑虑外，解决某些富裕农民的发展方向问题，使他们在互助合作的道路上，首先把余粮余资用到农业扩大再生产上，有条件的、适当的、也是积极的发展副业和牧畜业，教育少数富裕农民转变投机取巧、找贫困户便宜等资本主义思想活动，树立“组织起来，勤劳生产，多打粮食，大家富裕”的发展观念。新富农，目前主要偏向是限制不够或无人限制。今后必须从工作上和政策上限制富农剥削，搞好互助合作。看趋势，随着农村经济的发展和富裕中农的增多，某些村子（特别是薄弱村）有可能出现一些少量新的新富农。但这并不可怕，只要我们有预见，主动地，有组织地，特别是通过大张旗鼓地进行总路线的宣传教育，搞好合作化工作，会避免新富农的发生与发展。

4．加强党在农村的政治工作，提高基层党的领导，是目前农村经济日益发展的迫切需要。必须提高农民社会主义觉悟，增强基层党的战斗力，使政治工作和经济工作相结合，中央指示我们“如果党在农村各项的基本政策都能为干部所正确掌握，为群众所清楚体会，它就会变成伟大的物质力量，而加速农业生产的发展，所以正确贯彻党的政策，应做为每一个农村工作干部的首要任务”。我们必须经常地有计划地向广大农民进行宣传教育，特别是社会主义教育，克服小农经济患得患失的落后心理，加强思想领导，经常注意提高基层党的领导水平，布置工作同时交清政策和方法，广泛传播完成任务、执行政策、群众满意的工作经验。薄弱村要整顿党的基层组织，坚持教育为主，个别蜕化变质党员经教育不改者应动员其自动退党或清除出党。从而纯洁党的组织，提高党的战斗力，加强党在农村的政治领导。

此外，各阶层均对取消马保险有意见，特别农业生产合作社和现在的贫农与中农。希各级保险公司考虑。

目前农村有少数被斗地主、富农，由于过去管制不严，无人教育或过问，他们在农村中有时“捣乱”和“破坏”，应提高警惕，继续巩固人民民主专政，监督、改造那些没有恢复公民权的旧地主、富农和被管制的分子。

1953年12月

# 吉林省榆树县三个村经济调查的几个问题的综合

（1953 年 10 月 15 日—11 月 14 日）

10 月中旬至 11 月上旬到榆树县十一区三合村和十三区解放村、光明村作了经济调查，当时宣传党在过渡时期的总路线总任务与粮食统购统销工作还未传达到村。现将从经济调查中看到的几个主要问题综合如下：

3 个村（光明村 2 个屯不在内）共有 1045 户，6295 人，土地3106.78垧，男劳力 1230 个，每个劳力平均负担2.53垧。能用耕畜 736 匹（头），每匹负担4.22垧，车 199 台（其中胶车 6 台），每台车平均负担15.61垧。从 3 个村的自然条件来看：解放村、三合村土地肥沃，系黑土和黑油沙土壤，可代表上等土地，解放村靠松花江，有漫岗、旱涝保收；三合村有部分低洼土地。光明村系黑黄土，土质稍差，土地较多（每劳力平均3.47垧），可代表中等土地。3 个村均为平原地区，盛产大豆、高粱、谷子。从工作基础上看，3 个村都有党的支部。解放村工作基础较好，支部领导强，互助合作运动发展快，群众觉悟高，可代表全县上中等村。三合村工作基础属于中等，1952 年虽经整党，但搞的不透。光明村工作基础差，支部不健全、作用差，互助合作组织薄弱，是落后村。

## 一、农副业生产发展的情况和几个问题

### （一）农副业生产已有很大发展，农民生活有了显著提高

1. 农业生产，1950 年基本上达到了 1943 年的生产水平，并有部分作物超过 1943 年的水平。自 1950 年后农业生产已进入发展阶段，到 1952 年就大大超过 1943 年的生产水平。1953 年则因遭到内涝、虫、雹，特别是霜灾年景不好，减产很大，1953 年收成和 1952 年相比，三合村为七成八，解放村、光明村为七成四。

三个村历年总产量和三种主要作物单位面积产量对比表

| 项目 | | 年度 | | | | |
|---|---|---|---|---|---|---|
| | | 1943 年 | 1948 年 | 1950 年 | 1952 年 | 1953 年 |
| 总面积 | | 276448 | 272228 | 155162 | 297175 | 310678 |
| 总产量 | 数量 | 11817869 | 9103384 | 6432384 | 4458296 | 11459532 |
| | % | 100 | 77.03 | — | 122.34 | 96.97 |
| 大豆 | 面积% | 41.19 | 37.45 | 39.62 | 40.88 | 44.37 |
| | 单位产量 | 3031 | 2485 | 3113 | 3372 | 3049 |
| | % | 100 | 81.99 | 102.71 | 111.26 | 100.59 |
| 高粱 | 面积% | 21.51 | 22.19 | 16.34 | 18.45 | 18.91 |
| | 单位产量 | 3639 | 2842 | 3222 | 4266 | 2799 |
| | % | 100 | 78.1 | 88.54 | 117.23 | 76.92 |
| 谷子 | 面积% | 25.63 | 25.83 | 26.97 | 25.57 | 22.12 |
| | 单位产量 | 3543 | 2623 | 3618 | 4231 | 2185 |
| | % | 100 | 74.03 | 102.12 | 119.42 | 61.67 |

说明：

1.1950 年的总面积、总产量和作物面积单位产量为 2 个村的，三合村不在内。

2.总产量是各种作物，自然粮折为标准粮计算，为说明单位面积产量只以大豆、高粱、谷子三种主要物计算，其他杂粮园地等不在内。

3.单位：面积——垧，总产量和单位产量——斤，%——百分比。

2. 副业生产，3 个村均为平原地区，没有固定的大宗副业，主要是农家副业（如养鸡、鸭、鹅等）和卖零工、拉脚、编织、打鱼等，解放村约占总收入的 19%；三合、光明各占 10%左右。

3. 各阶层农民的生活和购买力。随着农业生产的发展，农民的收入日益增长，生活已有显著的提高。约有半数农民已有一些积累，70%以上的农民达到足衣足食，富裕中农年年可换新棉衣，一般中农每年可换棉衣面，贫农也能作到两年一新。

各阶层历年收入和购买力情况表

| 年份 | 项目 | 阶层 | | | |
|---|---|---|---|---|---|
| | | 贫农 | 中农 | 富裕中农 | 新富农 |
| 1952 年 | 每人平均总收入(元) | 762859 | 1139465 | 1672336 | 3327917 |
| | 每人平均购买力(元) | 263810 | 380727 | 640990 | 1135333 |
| 1953 年 | 每人平均总收入(元) | 800866 | 1155807 | 1639235 | 3495330 |
| | 每人平均购买力(元) | 221106 | 402396 | 601584 | 830116 |

4. 负担情况，各项负担逐年减少，特别是占农民负担很大比重的战勤负担，1952 年后基

本上没有了。

## （二）农业生产发展中的几个问题

1. 改进农业技术，结合本地丰产经验推广肇源经验问题。1950年后，农业生产进入了发展阶段。几年来在农业生产上抓住了改进农业技术，大力提高单位面积产量，收到了很大成效。主要的是施肥量与施肥面积增加，因地制宜推广了优良品种，深耕、铲蹚细致，不断的与自然灾害作斗争，实行了科学的或土法的种子消毒，减少了病虫害，因而在旧有的技术基础上发挥了地力，提高了单位面积产量。3个村在去冬今春都采取"普遍宣传、重点推广"，结合总结本地经验推广了肇源丰产经验。其主要的收获：在普遍方面：(1) 对广大农民进行了技术教育，推动了技术改革，真正全部按照技术措施做的虽极少，但根据群众接受程度做一两点的却很普遍。(2) 整地普遍也过去细致，种地增加了踩格子的人，旧习惯是4人种地，内1人踩格子，今年改为5—6人种地，2人踩格子。(3) 施肥量和追肥增加了。(4) 播种量适当的增加，保证了苗全，间苗地增多，谷子有80%间苗，其中有23%间两遍，高粱、大豆有15%间苗。1953年虽然在春季遭受雹、虫等灾，但缺苗断条的现象大大减少，群众反映"今年地种的比那年都好，苗也全，若和去年那样粮食就打老了"。(5) 更重要的是转变了区村干部的领导作风，开始深入田间，学习技术指导，采取组织参观、以点带面的领导方法。在重点推广典型示范方面，十三区全区今春宽播1360垧，丰产田保留了297垧，占全区耕地面积1.4%，追肥两遍的108垧。这些丰产田都多打了粮，一般能增产30%左右，少数的达到50%—100%。如高旗社有2垧6亩高粱实行平作，进行了间苗、追肥，每垧地平均打8500斤；解放社28垧大豆实行平作间苗，垄缩小，实行密植，每垧地平均产量4114斤，比当地产量高27%。但丰产田这样大面积的是极少，多数是分散零星不突出，示范的影响不大。群众反对的是：(1) 算细账——数棵称穗算的太"悬乎"，群众说："为什么今年没有打出1.8万斤呢？"由于丰产田不突出，群众产生怀疑和不满。(2) 三番五次的订计划，要求高，摊任务，太麻烦，不顶用，是形式主义。(3) 改良农具没有用，挖掘粪源的办法不实际。(4) 要求下种量太多，费种又费工。群众认为有用的是"整地细致，踩好格子"；实行"间苗保苗"，作到"苗齐苗全"；增加积肥合理追肥。对宽播密植认为谷子可以，但必须"粪肥人工跟上去"。从领导上检查，主要缺点是计划要求高，开始的作法要求急，省县提出的技术措施不完全切合实际，有的甚至有错误（如过多的增加播种量），有严重脱离实际的形式主义。从一年来推进改良农业技术的经验中，今后必须掌握以下几点：(1) 结合本地经验，推广先进的耕作方法，是在目前还是用旧农具的耕作条件下增产的主要方法。推广技术改革的办法必须是"普遍宣传，重点推广，因地制宜，量力而行"。小农经济耕作的落后性，每一件切合实际的技术改良也都会有若干产量的提高，但同时必须认识到正因为是在旧农具基础上，许多技术改革、增产粮食主要还是靠劳力的加工，小农经济投资扩大再生产的能力有限，这就不能要求过高，必须"量力而行"。由于农业生产的季节性、地域性及抗灾的有限性，在耕作方法上就不能是一样的，那种不问地域、不看条件的盲目推广是错误的。解放村西河南屯种豆子采用平顶香与小金黄两种品种土质适合，好处是早熟晚熟排开种，平顶香产量收获也很大。但在同村的马厂屯种平顶香就不行，因土质不适合，一村不同，全省全县更不同。所谓“推广什么、打击什么”这种提法和作法就是忽视农业的地域性和季节性。(2) 但同时必须看到先进的农具与科学技术逐年增加，现在数量虽还不大，但这是增产的方向，带根本性的问题，必须做好。今年3个社2个组使用了4套马拉农具，有增产有减产，究其原因除农具质量低以外，技术指导跟不上是根本原因。故使农民掌握技术，把已有成效的科学技术（如赛力散消毒、根瘤菌拌种、使用化学肥料）坚持下去，不断的加强对农民的技术教育，是改进农业技术的必须十分重视的工作。

2. 余粮余资的用途问题。现在农民的余粮余资的用途有很大的变化。1951年以前在农业恢复时期，生产资料不足，当时主要省吃俭用添车买马扩大再生产。目前基本生产工具与土地及耕作技术相适应，但农业生产进入发展，又与小农投资扩大再生产的能力相矛盾，就是有的富裕户用于旧的耕作法的投资有余，但没有国家扶持单靠个体经济扩大新的耕作技术（如马拉农具）的能力又不足。这就表现了小农经济扩大再生产能力的有限性。现在余粮余资的用途主要的是：(1) 富裕中农与中农用于新修与翻盖房子和基本建设的投资比重加大。三合村东北地屯1951、1953两年新修与翻盖房子用粮即达405石豆子。解放村1953年新修与翻盖房子达50间。许多都是新木材、玻璃窗，很讲究。新富农佟福堂修5间瓦房，木间壁，除木材用款外达3000余万，木材及用款折标准粮在160石粮左右。(2) 1952、1953两年牲畜数量增加速度慢，但质量提高，都是弱换强，增添好牲口。(3) 囤积粮食和放高利贷。从去年起私人借贷开始减少，变成隐蔽的活动。新富农和部分富裕中农大批囤积粮食。(4) 多数中农有了积蓄，备荒和积累资金。一般农民都采取逐年积累——存粮食的办法积累资金。这种存粮积累和囤粮放债是小农经济的自发趋势，成为国家粮食困难的基本原因。目前的统购统销不但解决粮食困难，而且是向自发的资本主义趋势作斗争、改造小农经济的重要步骤，但同时必须在统购粮食中应注意解决：(1) 如何帮助农民正当地积累资金的问题。因为农民进行修盖房子、增添生产资料的资金是经过数年积累而成。群众这种积累是合理的应该的。购粮中应鼓励农民作资金积累，以投资再生产和农民的基本建设，这就必须发展与改善农村信用工作，扭转过去钱行在农村储蓄中所发生的错误及其坏影响。应实际的帮助解决群众积累资金。(2) 明年生产资料的供应问题。在物资供应中特别注意生产资料的供应，目前缺乏将来又可供应之生产资料可采取订合同预购的办法，否则，群众将款浪费，增加明年的生产困难。

3. 供销合作问题。解放一村社，光明和新立两村合组一村社。

**解放村供销社几年来资金、供销额增长情况表**

| 年度 | 项目 | | | | | | |
|---|---|---|---|---|---|---|---|
| | 资金总额（千元） | 社员股金（千元） | 供应总额（万元） | 其中 | | 推销总额（万元） | 备注 |
| | | | | 生产资料% | 生活资料% | | |
| 1950年 | 29430 | 19288 | | | | | |
| 1951年 | 62915 | 21864 | 41606 | 5.8 | 94.2 | 56701 | |
| 1952年 | 109956 | 59508 | 49010 | 5.5 | 94.5 | 82435 | |
| 1953年 | 101198 | 61367 | 79583 | 9.0 | 91.0 | 81197 | |

根据光明村调查，在供销中各种经济成分所占比重为：国家商店占22.9%；供销社占

72.6%；私商占4.5%。供销社在供应农民生产、生活资料推销农村副产品、排除私商在农村的活动范围，促进农业发展起了巨大作用，成为农村贸易中的主要组织。但存在以下的问题：(1) 生产资料供应太少，不合乎需要，质量低，价格高，解放村社今年供应67种生产资料中有33种不适合需要，将唐山出的平作铡板用在高作土地当然不适合，是“外行”，又不向农民请教，强调统一经营（主要是县社），不善于与手工业结合，采取就地取材就地加工。目前又存在着不敢供应生产资料的思想。(2) 推销土副产品比重很小，主要是认为副业零星，不好做，缺乏积极组织群众副业生产的思想。收购活猪价格有问题——太低，城乡差价过大，影响发展养猪。(3) 资金积累慢，满足不了供销需要，机构大，人员多，有亏损。资金来源靠年年扩股，实际是摊派政治任务。

4. 无马户和贫困户土地潜力问题。无马户和贫困户约占有土地的15%左右，同样土地比中农产量约低12%—20%，主要原因：没牲畜、不上粪、铲蹚不及时，土地潜力不能发挥，贫困农民仍难上升。解决的办法，必须搞好互助合作，认真贯彻两利原则；切实帮助贫困农民解决生产上的困难。

5. 提高农业生产力的问题。在解放、三合两村，互助组中的马分过低，侵犯养马户利益，影响养马的积极性，对发展生产是不利的。

## 二、农村经济发展的两种趋势、阶级变化及各阶层间的关系

（一）阶级变化的情况和特点：解放、光明两个村两个阶段的阶级变化情况（三合因缺1950年未计在内）。土地改革——1950年贫农占32.61%，中农占52.34%，富裕中农占15.05%，上升面占57.69%，下降面占3.24%，停滞面占84.2%；1950—1953年，贫农占20.74%，中农占52.75%，富裕中农占24.75%，新富农占2.67%，上升面占29.43%，下降面占6.02%，停滞面占63.85%。从以上情况可以看出：土地改革——1950年上升面大，占57.55%，个别户下降，只占3.34%，部分户上升的较快，到1950年富裕中农占总户数的15.05%，1950年—1953年停滞面增大，上升面缩小，停滞面占64.55%，富裕中农增多，新富农出现，并有一部分贫困户仍然处于吃穿不足的贫农生活，占20.74%。其原因：1950年前，上升的多为土地改革时的雇贫农和中农，停滞是因为一部分土地改革时的雇贫农，虽分得了土地，但生产资料——主要是牲畜，仍很缺乏，底子空，生产有一定困难，产量不高；另一部分中农则因土地改革刚结束，起初生产情绪不够稳定，有的牲畜也不足，及负有陈债，1950年后停滞面增大，因为停滞绝大多数为中农，目前中农生产生活提高，家底子厚了，开始有了积蓄，车马强，生活也提高。如1950年前的中农，只能够吃够穿，现在的中农多有一些积蓄，吃穿也比过去显著提高。解放村东河南屯王继斌，土地改革到1950年直到现在均为中农，过去只够吃穿，现在每年都有点余富，每年棉单衣服大部都能换新，1951年还买入两间半房子，花9石大豆，典入土地7.3垧，花2石2斗大豆。但仍有占户数21%左右的贫农，大部分连年负债，生产能力低下，政治地位不高，若没有实际的扶持，再上升确有困难。

（二）随着农业生产与互助合作运动的发展以及在某种程度上的阶级分化，新富农的出现，

新的互助合作的道路与旧的资本主义的道路的斗争日趋尖锐。

1. 在三个村两种发展趋势的不同特点：

解放村：互助合作有基础，两个农业生产合作社显示了优越性，有了样子，方向教育深刻，合作化宣传普遍深入，富农剥削受到一定的限制，两种趋势斗争很尖锐，特点是：互助合作不断的发展，富农发展受到限制。

三合村：整党不透，互助合作有很大发展，有农业生产合作社1个，但优越性不明显，政策补课有偏向，自发趋势在滋长，在党内外和社内外与组内外两条道路的斗争明显、尖锐，新富农猖狂，社组内的富裕中农很动摇，要退组退社。

光明村：互助组织虽是大量存在，但大多数是低级的，互助合作没有样子，方向政策教育很少贯彻到屯，群众对合作化道路缺乏认识，个体积极性很高，自发趋势很强，富农剥削受不到应有的限制，有些自由泛滥。

2. 农村经济发展的两种趋势的特点：

几年来互助合作运动的开展，特别在1952、1953两年有了新的发展，各种类型的互助合作组织都有所提高。互助合作运动的普遍开展，对提高农业生产力、增产粮食、促进大多数农民普遍上升起了巨大的作用，互助合作组织已成为农村生产的主要组织形式。特别经过整党，普遍进行了发展方向的教育及宣传农村合作化，大大提高了群众觉悟和发展互助合作、农业生产的积极性，解放村、三合村建立了3个农业生产合作社。农业生产合作社成为农民发展方向的样子——走新道路的旗帜。农民十分关心社办的好坏与内部规矩，当时曾有力的推动了互助合作运动，使互助合作运动走上新的发展阶段。这是互助合作运动的主要方面，在互助合作运动的发展中，也出现和存在着许多新问题：在纠正冒进之后，又产生了放任自流的偏向；今年收成不太好，互助合作内部产生若干新的问题，未能及时解决，政治思想教育跟不上，有“分帮”“散伙”的情绪；中农成为组、社中的主要成员，已不满足于胜过一般单干，有更高的提高生产、增加收入、胜过富农经济的新要求；由于富农经济对小农经济的吸别，部分富裕中农开始动摇，要退组退社，滋长着单干情绪；富农经济渗入互助合作组织，隐蔽进行剥削，瓦解互助合作组织。这就表现了互助合作内部新旧思想斗争的尖锐。

资本主义发展趋势的结果——新富农的产生。中农成为农村的大多数，富裕中农增长到21.5%—25%，这样富农经济对小私有者的吸引力就很大，因为它就是在小农经济所固有的自发的基础上所发展起来的，是广大农民所熟悉的老路。这种自发的资本主义趋势是与党所领导的互助合作运动相对立的，随着农业生产与互助合作运动的发展，这种对立与斗争将日趋明显。

新富农的经营范围：多数租种土地，大量雇佣短工，高利抬粮放债，乘隙投机捣登，钻入互助合作组织，隐蔽剥削活动。在三合村并混入村政权，掌握领导，腐蚀着党、政权和互助合作组织。三个村的共同特点是：新富农的发家均是沿着过去旧富农的残酷剥削和投机取巧发展起来的，群众说他们是“无尖不取，太尖，太毒，剥削太重”。

三个村新富农的政治地位和思想情况有所不同，在解放村，由于互助合作运动的基础好，方向教育深入，群众政治觉悟较高，新富农发展受到限制。村干部说他们是“蹚着走”——积极生产，暗用劲，又不敢放手发展。新富农吕振均说：“到底叫我们怎么过法？”1953年春整党后有些害怕，政策补课后胆大了，大量囤积粮食，生活很好，4户新富农吃小灶（细粮，不断肉），“耳朵长”专打听消息，感觉无发展余地，尽量想冲破限制。在三合村，普选后村政府委员中有4个新富农，占30%，整党不透，政策补课有偏向，整党后有些害怕，剥削转入隐蔽，政策补课后有些嚣张，有的说“单干的路还没死，单干一年是一年，自在一天是一天”，钻入党、政权与互助组织散布富农思想影响。在光明村，政策不能贯彻，富农继续奔的劲头大，看不出受到多少限制。

3. 土地买卖、典当、租佃及雇工、私人借贷情况：

土地买卖典当：以1950年、1951年较多，1952年后就极少了。主要是怕“土地入社归公”“实行土地国有”，有卖无买。

土地租佃：数量较多，出租者多数为转业的搬家户和非农业户，但也有一部分因缺劳力或畜力而出租的，租入者多为新富农、富裕中农和部分劳畜力强的中农，这是目前自发的资本主义趋势——向前奔集中土地的主要形式。

雇工：新富农和部分富裕中农用工则采取化整为零，大量雇短工的形式。

私人借贷：借贷关系相当普遍。据不完全统计，三个村1953年借入折标准粮为569014斤（其中相当大的一大部分陈债积累下来的在内），借入者有267户，其中贫农102户，占38.2%，占借入粮37.11%，中农130户，占48.69%，占借入粮45.67%，富裕中农35户，占13.11%，占借入粮17.22%。用途：据三个村的统计，用于生产方面者占38.16%，用于生活方面者占45.81%，用于其他方面者占15.01%。利息：1951年多数为六七分，少数为五分，1953年解放村三分利占30%，四分利占50%，其余为五分利。三合、光明两村多数为五分利，部分为四分利或三分利。以解放村东河南屯为例说明借贷情况与特点：全屯负债户共30户，占全屯户数的46.9%，其中贫农10户，占现在贫农户数的76.9%，中农15户，占39.5%，富裕中农5户占41%。共欠债大豆72480斤（折标准粮为106590斤，其中大部分为陈债积累下来的），其中贫农占欠债的20.7%，中农占54.6%，富裕中农占22.9%。用途：用于买或翻盖房子等占52.5%，用于婚丧占21.5%，陈债占15.6%，因病负债占5.3%，用于生活占5.1%。其中贫农用于婚丧占贫农负债数的41.5%，陈债占8.3%，因病负债数占25.6%，用于生活占24.6%；中农用于买或翻盖房子等占中农负债数的61.8%，用于婚丧占13.5%，陈债占24.7%；富裕中农用于买或翻盖房子占其负债数76.8%，用于婚丧占23.2%。土地改革后年年不断债务的11户，占负债户的36.7%，其中贫农占63.6%，中农占36.4%。借入来源，由本屯借入占负债数的9.2%，由本村外屯借入占30%，由外地借入占60.8%。三个村目前借贷关系的特点：（1）放粮多，放款极少，放款亦折成粮，一般均以大豆为标准，借贷时间一般为5—8个月，很少有10个月的，实际上均等于高利贷，这样一般是本利两年平，若是当年本利不清，下年息变本，本又生息，则利息就更多了。因此，在目前物价稳定，粮价逐年提高的趋势下，“春借一斗，秋还斗半”的提法是否还适用，是值得研究的。因为它成为合法的，对限制高利贷，降低利率不好，但不积极发展信用合作，想以行政命令限制，也是限制不了的。（2）借贷方式：1952年后完全变为隐蔽，化整为零，放远不放近，不直接见面，多以“小份子”亲朋名义转借。（3）中农借入虽占相当比重，但主要多用于生产投资，修盖房子及临时性的急需，时间短，利息少，多为当年借当年还，其中有许多是有借出有借入，甚至借出多，借入少，基本上是属于串换性质的。当然也有少数下中农是由于婚、丧、病及天灾等原因而被迫借债。(4) 贫农借贷主要用于生活资料，补充吃穿，雇牛犋上打租，部分贫农是“年年借债，年年还不清，新债压陈债，债务累累”。这是贫困农民不能上升的主要原因之一。

农村的私人借贷，对活跃农村金融，扶持生产曾起过一定的积极作用，特别是中农之间的借贷；但另一方面，由于高利贷的普遍存在，促使阶级分化，对农业生产力的发展，则日益起到更大的破坏作用，成为富农经济（主要是小农经济的自发趋势）活动的重要阵地。而国家银行的贷款和信用合作的薄弱，则很难起到打击高利贷的作用。几年来国家银行的农贷多集中于生产资料（马拉农具、马匹及几次较大的事项）方面，缺少适合于农民的综合性贷款，又加片面的强调“保借保还”“专款专用”，致使最需要贷款的群众与急需事项，反而得不到贷款，因之，贫困农民受益不大。而信用合作工作还十分薄弱，这是农村三大合作最薄弱的一环，今后必须加强这一工作的领导。三合村在信贷部入股金 1615 万元，全年存款仅谷子 1500 斤。贷款给 151 户，计 11088293 元，合标准粮 22176 斤，与私人借贷（223202 斤）相比仅及 1/10。当前改善国家银行农贷工作，积极发展信用合作，与高利贷作斗争，以求逐步排除与肃清高利贷，引导私人余资向着有利于农业生产的方面发展，这是促进农业生产发展、扶助贫困农民上升、限制富农剥削与自发趋势作斗争，进行对农业社会主义改造的重要环节之一。另外，对许多贫困户陈债积累，几年来利超本高达数倍，它极大的破坏生产力，阻碍着贫困户上升，对此种利超本数倍及农村存在的高利贷应如何处理，可否采取停息付本或经教育自愿的降低利率办法，这确是一个值得慎重研究的问题。

（三）中农从 1950 年起已成为农村中的大多数，农村的中心人物，生产的主力军，互助合作组织的主要成员，农村中的实际当权者。三个村 1953 年，中农占总户数的75.5%（其中富裕中农占总户数23.44%，富裕中农占中农的31.05%），占人口的79.33%，占劳动力的79.27%，占有土地81.68%，占有能用耕畜88.86%，占有车辆88.44%。少数富裕中农开始租种土地，雇佣一部分短工，放粮放债，有了剥削，他们对新富农“力量足，活动灵，来路多，生活好”很“眼馋”，向旧道路走的劲头很大。一部分在互助合作组织中上升起来的富裕中农，一方面体验了互助合作的优越性，另方面也滋长着单干情绪，目前在组社中动摇的就是这部分人。大多数中农对互助合作则很积极，他们一般虽握有够用的生产资料，并无单独进行生产的条件，绝大多数都参加了各种类型的互助合作组织，对新富农有时也表现羡慕——“眼馋”，但自知力量不足；光明村，由于互助合作薄弱，一般中农还只知“添车买马奔单干”。部分下中农则仍然底子空，生产有一定的困难，经济地位不稳定，最怕“天灾病疫”，一旦亏空负债，极易破产下降。

（四）贫困户，解放村占总户数的20.3%，三合村占24.5%，光明村占21.9%。贫困农民的情况及如何扶助的办法：

1. 贫困原因：根据三合、解放两村 66 户贫困农民的调查，其贫困原因主要可分三种：第一种，劳动较好，没牲口，底子薄，土地产量不高，每年去了公粮和牛犋粮所剩不足吃穿，遇有婚、病、丧及自然灾害，出亏空，高利借贷，旧债未清，新债又来，为债务所累。属于这种类型者有 32 户，占48.5%；第二种，人口多劳力少，经营不善或瞎捣登，过日子不够节省，个别的好吃懒做，有 17 户，占25.75%；第三种，劳力弱或丧失劳力的鳏寡孤独，有 17 户，占25.75%。

2. 上升的困难。贫困农民在经济上，生产力仍然低下，生产资料不足，缺乏扩大再生产的能力，有的甚至维持再生产亦有很大困难，无畜力，粪肥少，铲蹚不及时，地力不能发挥，产量低，如不切实帮助解决困难，今后上升确有很大困难。

3. 扶持贫困户的情况及障碍。三个村的情况不同，在解放村，支部贯彻了扶持贫困农民的政策，贫困户都参加了互助组，一般做到了两利，基本上解决了生产上的困难，特别入农业生产合作社的贫困户，收入增多，逐渐可以上升；在三合、光明两村，贫困户基本上处于没人管的情况，仍然受排斥、歧视，主要的障碍是过分的强调贫困农民的缺点，说贫困户都是“好吃懒做，劳动不好，不会过日子”，实际这是富农思想影响的看法。有的公开提出“政府什么都好，就是扶助贫困户不好”，有的互助组公开表示“若有贫困户参加，就垮台”，1953年春整顿互助组时，多数贫困户留在组外没人要。

4. 扶助贫困户的办法及意见：(1) 扭转基层干部歧视贫困农民的倾向，建立扶助贫困农民的政策观点，吸收贫困户参加互助合作，认真做好两利；提倡互助合作内部的低利借贷，通过互助组有领导地帮助贫困农民解决生产和生活上的困难。为此，对全体组员必须进行社会主义教育，树立集体主义思想，发扬互助精神，共同搞好生产，同时也应注意加强贫困农民“勤劳生产”的教育与树立生产的信心，克服缺点。(2) 银行贷款必须切实注意扶持贫困农民生产，解决生产上的困难，应从实际出发，照顾贫困农民的具体情况，如无力贷马者，可酌情贷牛，在青黄不接时贷一部分食粮等，切实帮助贫困农民解决一些问题。(3) 对于许多贫困户所负很大的陈债，应通过教育和适当的办法，将高利改为低利偿还，但应注意做好对放粮户的教育工作。(4) 做好社会救济，选择一两个好村好社试办组内部互助互济工作。

# 三、互助合作运动

**三个村组织起来的情况表**

| 年份 | 项目 | 解放村 | 三合村 | 光明村 |
|---|---|---|---|---|
| 1952年 | 总户数% | 100 | 100 | 100 |
| | 组织起来% | 90.86 | 92.4 | 68.2 |
| | 农业生产合作社% | | | |
| | 常年组% | 51.03 | 13.39 | |
| | 季节组% | 11.08 | 13.39 | 11.02 |
| | 临时组% | 37.89 | 73.22 | 88.98 |

续表

| 年份 | 项目 | 解放村 | 三合村 | 光明村 |
| --- | --- | --- | --- | --- |
| 1953年 | 总户数% | 100 | 100 | 100 |
| | 组织起来% | 90.82 | 95.3 | 83.3 |
| | 农业生产合作社% | 12.18 | 8.3 | |
| | 常年组% | 43.52 | 21.13 | 7.64 |
| | 季节组% | 18.56 | 5.66 | 17.36 |
| | 临时组% | 25.65 | 64.91 | 75 |

说明：1. 三合、光明两村各缺两个屯的数字；

2. 组织起来为占总户数百分比，其中各类型组社为占组织起来百分比；

3. 单位均为百分比。

（一）农业生产合作社。解放村2个，三合村1个。解放村2个办的好；三合村1个办的一般，现在不太巩固。

1. 试办农业生产合作社所表现的优越性及收获表现在：（1）普遍或大部社员增加了收入。1953年产量，解放村的“解放”“高旗”两社超过一般组户，三合村刘树勋社也抵得上一般组户。解放村“解放”“高旗”两社，每个劳动日分粮30斤，平均一个劳力可分3450斤，最高分6900斤，社员增加了收入；只有个别有土地没劳力的比出租土地多得，不如自己雇牛犋。社员反映“不但分的多，而且分的全”，社外反映“社种地是没比的，产量也比我们高”。三合村刘树勋社77%的社员比参加组或单干增加了收入，只有少部分畜力多、劳力多、投资多、土地多的户或土地牲畜多劳力差的户不如参加组或单干。（2）能够充分发展生产力。首先是采用先进技术，使用马拉农具，提高了耕作技术，作到了平作密植，等距全苗，使用优良品种，多施底肥和追肥。解放村“解放”“高旗”两社，都使用了马拉农具，谷子间苗两次，大豆也间了一次苗，所以“解放”社的庄稼虽然受到了严重的雹灾与霜灾，其单位面积产量平均仍达3926斤，超过当地平均产量3817斤的2.9%，用新农具平作的一块大豆，单位产量达5000斤，“高旗”社的2.6垧平作高粱，单位面积产量达8500斤，成为当地最高纪录。三合村刘树勋社，用马拉农具秋翻与春翻共38垧，实行了平作、改垄、缩行，进行了宽播密植。全社土地100%施了底肥，部分土地追了肥；谷子全部间了苗，高粱、大豆有15%间了苗；高粱、大豆全部使用优良品种，高粱以高价向县营农场换的平顶香，豆子是小金黄。若正常年景会大大增产。其次是集体主义思想在增长，小农经济“顾前顾后”的思想有很大改变。社员非常关心社内一切事情，解放村“解放”“高旗”两社社员一到下雨阴天自动都到社，漫谈社内一些问题，社员思想上毫无顾虑，社员思想一股劲的努力增产，能够接受新的思想，这就给改进农业技术打下了思想基础，可以根据条件放手发展生产力。（3）集体劳动力量大，抗灾能力强，发挥妇女劳力的作用，改造懒汉。三合村刘树勋社，夏锄时草苗齐长，眼看荒地，全社动员，5天就将全社地铲出来了，社员劳动情绪很高，社员反映“今年比哪年都用工多，觉得累”，社外群众反映“社里劳动是没比的”。解放村的“解放”“高旗”两社，由于社的劳力多，干活猛，在雨勤草多的情况下，作到了及时铲蹚，没有感到劳力缺乏，社员普遍反映“今年如果是正常年头，一定打更多的粮食”，两个社有十几名妇女劳力和男劳力一块参加铲地。过去有些劳动较差的人也有了很大的转变，有的说“在社里干活斤是斤，两是两，不干不行，干的差一点也不行”。(4) 合作社的家底子已经建立了，种子已齐备，粪肥积的不少，草料也够明年半年用，给明年增产创造了条件，社员普遍增强了明年增产的信心。(5) 社干部有了办社经验，社员学会了使用新农具。

2. 一年来办社的基本经验：

(1) 有骨干、领导强，方针明确，管理民主，账目清楚，财务制度公开，是办好社的关键。解放村的“解放”“高旗”两社基本上作到了这些，因此，显示了优越性，很巩固。三合村刘树勋社干部较弱，内部不团结，思想教育差则很不巩固。

(2) 经营方针明确。合作社土地由分散经营走上统一经营时的最大困难，是生产资料少，底子空，这必须明确在办社之初尽量利用社员原有的生产资料，来进行生产的经营思想。若追求各方面的优越，换车马，摆排场就必然造成债务多、浪费大，分配少的现象。解放村的“解放”“高旗”两社，由于以农业生产为主的经营方针明确，两社一点债务也没有，只有一台综合号铲蹚机和少部分豆饼是贷款，分配时社内扣留的又少，所以社员普遍增加收入。三合村刘树勋社社员入社时，将全部牛与弱马卖后买强马，有的以前有一弱马换为半匹强马或一马腿，有的社员竟用高利抬粮买马入社，这样就增加了社员个人困难，减少了社员个人收入。

(3) 必须注意社员普遍增加收入。社员分红多少是决定社巩固与否的关键。解放村的“解放”“高旗”两社，由于社员普遍增加了收入，社就巩固。三合村的刘树勋社因一部分社员收入减少，表现动摇，准备退社，现在很不巩固。该社不能普遍增加收入的原因：①1953 年土地加工多，产量并未显著增加。②土地同一地级但地的基础不同，按统一比例分红，不加照顾不合理，这样，在建社之初必使土地基础好的富裕户吃亏。③劳力有余找不到出路，采取轮班作业，地多劳力少但有够用之畜力户吃亏。

(4) 政治思想教育。政治思想教育是巩固社的重要环节之一。解放村的“解放”“高旗”两社，由于支部政治课上的勤，互助合作搞的欢，社员的自发趋势思想影响及时得到批判，社员集体主义思想在增长，爱护公共财产思想也在增强，因而，表现社员团结，社内巩固，三合村刘树勋社则是得不到支部、村政权的支持，陷于孤立，又加小农经济的吸引，个别富裕中农“眼馋”单干“自由”，与富农相比，滋长着单干情绪，在社内散布着自发趋势的影响，现在很不巩固。

3. 巩固提高现有农业生产合作社应着重抓以下三个环节：

(1) 搞好经营管理，充分发挥管委会的作用，贯彻管理民主化，实行明确分工；逐步推行包工制，实行定额管理；在以农业为主的经营方针下，运用农闲积极开展副业生产，给剩余劳力找出路。根据“解放”“高旗”两社的情况，实行定额管理都未能贯彻，主要原因是：群众怕吃亏，有平均主义思想，社内怕包漏，缺乏经验，但目前都是采取“老十分”的办法，经常为评分争论，影响劳动效率的充分发挥，因缺乏经验，开始可采取用小包工，逐步推广，这是提高老社经营管理的基本内容。

(2) 稳步的推进技术改革，使合作社逐步学习与掌握技术，这是增产的关键。1953 年在技术上有很大改进，但存在的问题较多。合作社一方面接受技术快，另方面，有些地方应用不当，社员埋怨很大。如三合村1953年有些使用新农具的土地，播种太深，出苗慢，成熟晚，遭受了霜灾，社员反映很大，因此，技术必须跟上去。

（3）政治思想教育，根据当前社的情况，政治思想教育内容必须着重以下三点：首先加强社会主义的教育，反对富农经济的侵袭，加强对自发趋势的斗争是合作社进行政治教育的经常工作，目前合作社的特点：中农是主要成员，而且有相当数量的富裕中农，富裕户在社内开始动摇，企图找“歪门”准备退社单干，因之政治教育必须跟上去；其次，加强社员主人翁的思想教育，有的社员有“扛大活”思想，普遍的论调是入社“省心”，叫怎么干就怎么干，缺乏主人翁的思想，这是不爱护公共财产的思想根源；再次，加强“按劳取酬”、劳动光荣和劳动纪律教育，批判要尖思想，奠定实现劳动定额的思想基础，农业生产合作社1953年实行数次定额试验，都失败的原因就是思想不通。

4. 一年来试办农业生产合作社的事实证明：农业生产合作社的好坏和发展，是推动整个互助合作运动的重要关键之一。三合村刘树勋社不很巩固，对群众影响很大，社外群众反映说“这个社办不好垮了，这村三两年不会有合作社”，这证明合作社办的好，就能带动互助组，因之目前互助合作运动必须首先把社办好，但同时应认识到互助组的巩固和提高，又给建社创造了条件，忽视积极培养常年组为建社创造条件，当然也是错误的。

为准备村试办与今后发展农业生产合作社：

（1）对社外群众宣传问题。1953年和1952年不同，自流现象在好的村也开始萌芽，群众也说社好，但不愿走，其原因是：首先听不到互助合作优越性的宣传，散布空气的都是对社不满的人；其次群众有怕社现象，一怕入社憋的荒，二怕劳动太紧张，三怕不自由。因此，必须对社外群众广泛宣传合作社的优越性。

（2）培养与抓住骨干，合作社的干部除去在领导互助组、开办训练班和吸收参加现有合作社的重要会议、经常了解与学习合作社的经营管理基本工作外，根据合作社发展的进度有计划的培养一批社的会计极关重要，因为他关系到社的财务制度，劳动日的计算，收入的分配，资金的管理运用和社的计划性以及进行政治教育。他是社的“圣人”，目前农村文化低，就显着跟不上。现在农村有一些年龄较大（18岁）不能继续升学的高小毕业生，很可以经过选择，训练4—6月即可作农业生产合作社会计。

（3）为创造村试办社的条件，从现在就应作逐渐教会村干部学会办社，取得经验，目前在区试办中多数是直接领导，不是通过村支部，这对以后村试办社是不利的。

（二）互助组。一年来互助合作组织有了很大发展与提高，组织起来的数量增多了，质量也提高了。三个村1953年组织起来的户数占总户数的90.3%，比1952年增加了6.41%，其中常年组占28.22%，比1952年减少了3.39%。1953年互助合作运动发展有两个不同时期，从1952年冬到1953年春互助合作有很大发展，几乎全部农户都组织起来了，但有冒进，而且是大组多，常年组中的“车马租借制”很普遍，当时确实是形成互助合作运动的一个高潮，但到夏锄时草苗竞长，轮作制又解决的不好，经过政策补课，纠正冒进后，领导上放松了，结果原组织的常年组，有的变成了牛犋组，有的大组“名存实散”，目前在薄弱村互助合作又产生了放任自流的倾向，在解放村互助合作的发展较正常。一年来互助组中出现了一些新问题：

1. 两利中的问题：（1）车马租借制。1952年冬县委提出，1953年春三个村均有很多互助组搞车马租借制，并在三合村试点，三合村较多，后来经过纠正，只保留了一部分，一年来坚持下来的很少，只三合村 3 个，其办法是："租价死订，用工不限，固定报酬，铲蹚不固定，送粪不限制"，未坚持下来的都变为"马背地"，从一年来的实践过程中看，这种办法是弊多利少，少数坚持下来的，起到一定作用，施肥量增加了，有的多打了粮食，但有基本的缺点：多数变为马背地，打击了养马户，他们就对付租借制，办法：卖马或租地入组使马地找齐，有力量的户也不愿买马。(2) 轮作问题很多，有的组因轮作矛盾而采取"抓阄"分先后，这种笨而不合理的办法，必将影响产量使组垮台。

2. 互助组的新要求和内部斗争问题。互助组中的主要成员是中农，富裕中农也增多了，而且大多数掌握着组的领导。他们对互助合作有了新的更高的要求，现在已不满足于胜过一般中农的单干，而是要胜过富裕户，有些富裕中农对新富农单干"自由"很"眼馋"。因此，互助组内部的思想斗争也很尖锐，自发趋势经常在组内散布影响，对互助合作起着破坏作用，少数互助组有新富农混入组内，在组内进行隐蔽剥削，实际是为新富农所掌握的假互助组，所以今后互助合作组织必须经常地及时地对自发趋势展开批评与斗争，提高产量，发挥集体劳动的优越性，以胜过富农经济。

# 四、基层领导问题

(一) 村的领导问题。工作基础好的解放村主要特点：(1) 支部领导健全，起着农村的堡垒作用，村干部工作热情，有朝气，在群众中威信很高。各种组织都发挥了一定的作用。每个阶段工作任务，都经过支部讨论，作出计划，在干部中进行动员，然后村内各种组织——村政府委员会和其他各种委员会、青年团、妇女会和每个干部——村政委员、青年、妇女、党团员等就积极的活动起来，并有分工，各负专责，在本屯、组、社中负责领导生产，定期向支部作汇报。农村反"五多"以后，农闲季节，各委员还经常开会总结与研究工作，农忙季节，都参加生产并带头搞好自己参加的互助组。(2) 群众政治觉悟较高，方向明确。整党以后，支部在全村进行了普遍深入的前途、远景教育，群众都知道合作化，也愿意合作化，当正在进行经济调查时，很多农民提出："什么时候合作化，什么时候能集体化?"老年人就问："我能不能看见社会主义社会?"正因为如此，所以互助合作运动得到不断的发展与提高，互助合作组织中的骨干逐年增多，经验也越加丰富。秋收中即作了整顿互助合作的计划。领导互助合作的办法是采取按季抓关键，从生产中解决具体问题，逐步提高。领导方法：重点培养了两社、两组，经常总结经验，推动全村。1953 年夏锄草苗竞长，互助组员争先铲蹚，要散花，支部有重点的研究了大组划小组，排开先后，在好的组解决了轮作中的矛盾。现在支部委员都学会了合作社的经营管理。(3) 贯彻党的政策，加强政治思想领导，支部和党员经常的学习党的政策，并向群众进行宣传，1953 年春天曾一度发生过急躁冒进情绪，盲目的编大组，提出"典地就是剥削"，当时有的地户把典入的地退回了，所以当时全村盛传着"四大不准"，但很快的在端正政策教育中纠正了。之后，有些富裕户误解成"政策又变了""现在又四大自由了"，村干部听到以后，马上又向群众进行了解释，说明党的政策"提倡什么，允许什么，反对什么"，自发倾向又受到了批判，互助合作组织得到巩固，高利贷也大大减少。同时支部经常注意对互助组合作社内部的政治思想教育，及时的解决存在的问题，有的互助组长说“支部政治课上的勤”。

这类村约占全县20%，支部核心作用强，干部起模范作用，领导上并适当的给予表扬，以巩固其情绪，但也指出缺点，防止骄傲自满。

工作一般的三合村，最根本的问题是整党搞的不透，支部党员与村政府干部的内部不纯。部分党员尚未放弃剥削，走旧路的劲头很大。村政权虽是经过普选，但13个委员中就有4个是新富农，占据村长、财粮、调解等主要职务，极力散布富农的影响，对互助合作采取消极应付，直接间接的阻挠破坏，对贫困农民歧视、排斥，使党的政策得不到贯彻。当然多数党员、团员、干部是好的，互助合作运动还有一定的基础，一般群众对于党的政策还认识。但党内不纯，村政府为新富农盘据，侵蚀着党的组织，歪曲政策，因此，在这类村的中心问题是：加强党的教育，纯洁党的组织，改善政权的组成成分，发挥党与村政权在领导农业生产与互助合作运动中的作用，是根本性的问题。

工作落后的光明村，工作基础较差，支部作用不大，党在农村的各种政策得不到贯彻，广大农民对发展方向十分模糊，许多中农只知添车买马奔单干。群众觉悟很低，富农经济嚣张，自发的趋势很大，个体经济的积极性很高，互助合作组织相当薄弱。该村落后的基本原因：（1）支部软弱无力，不能形成领导核心。虽有14名党员，但党的组织作用和党员的模范作用都很差，支书、组织委员个人较好，但活动不起来，多数党员思想落后自私自利，甚至个别党员已经变质（如宣传委员），因而，党的政策不能贯彻，互助合作运动基本上是处于无人管的自流状态。（2）整党只是在训练班里一般的讲一讲，没有很好的进行民主补课，对党员教育不深不透；合作化集体化的远景根本没有宣传，群众不懂得什么叫合作化；普选中政治思想工作与民主教育很差，未能贯彻发动群众，就是投投票过去了。总之，在几次运动中都未很好的贯彻教育群众，提高党员干部及群众的觉悟，培养、提高基层干部，来从根本上提高与改善落后村的工作。（3）县区领导上对于搞好重点，1953年确下了很大的工夫，但对以点带面特别是对落后村缺乏有计划有系统的改造与提高。政治运动多是一轰而过，这就必然处于长期落后。对这类村今后的提高：首先，区村领导必须有计划有系统的经常的注意加强与提高落后村的工作，通过各项具体工作特别是生产及各种政治运动来有意识的改善落后村的工作；其次，该村落后主要表现在党的政策不能贯彻，群众觉悟低，发展方向不明确，自发的趋势大，因之必须通过当前党在过渡时期总路线总任务的宣传，推行合作化运动；再次，加强党的教育，提高觉悟，培养干部，特别是训练互助合作骨干，在党内展开反富农影响的斗争，清除蜕化变质分子，加强党支部在对农业社会主义改造中的作用，保证党的政策的正确贯彻是党组织工作的重要任务。

（二）区的领导问题。经过整党、推广肇源丰产经验、学习中央“农村工作指南”的三大文件及反“五多”之后，区的领导水平已有显著提高，领导作风亦有很大改进。初步学会了领导互助合作的经验，有的区干部学会了办农业生产合作社（榆树十一、十三区各有5名区干部学会领导办社，十一区有7个社，十三区有11个社）；区干部普遍重视和学习了农业技术，初步扭转了不懂农业技术的缺点；开始深入田间、深入生产过程领导生产；在工作方法上学会抓重点、找典型、组织参观，以点带面的领导方法；强迫命令的作风大大减少；采取分片领导，会议表报减少，注意深入重点，克服了到处跑、不深入的毛病。但区的领导还是比较弱的，需继续提高区干部的政策思想水平，加强对基层组织的领导。目前区级领导存在的主要问题是：(1) 开始重视了农业技术指导，减弱了政治思想领导，不注意了解与研究群众思想，不懂得从各阶级的动态看问题。(2) 区干部调动面大，新成员多，工作办法少，多数不能单独解决问题，有的很苦闷，有的不安心在农村工作。(3) 反“五多”实行分片领导后，产生只蹲点不管面，只到先进村、屯、组不管落后组；不善于通过支部运用组织进行工作，形成包办代替；只抓当前任务，部门工作不能发挥应有作用；(4) 反“五多”后，区干部深入了，农村“五多”确实减少，村干部有更多时间参加生产，但产生了区干部束手束脚，村干部不抓和放弃领导生产的现象。

# 热河省农村情况调查总结报告

为了更好地贯彻总路线，稳步地进行农业社会主义改造，增产粮食，省委组织了一次农村经济调查。主要是调查研究农业生产（包括畜牧业和林业）、互助合作、技术改革及群众思想等情况，并摸清热河各种地区特点及各种经济形态发展趋向，以及检查与贯彻政策及区村领导中存在的问题，以便依据此次调查，提出1954年农村工作与农业生产上的意见，并作为今后领导农村工作与农业生产的依据。调查地点是：承德（位于省西南部，代表省西、南部山地县、旗，经济情况一般，互助合作基础一般，是省领导的重点县之一），赤峰（位于省北部，可代表省北部地广人稀县、旗，互助合作基础较好，大片平地较多，便于使用马拉农具及水利灌溉，亦是省领导的重点县之一），朝阳（位于省东部，产棉区，经济情况较好，有80％以上的农户过中农生活，但互助合作基础差，资本主义自发势力较浓厚，亦是省领导的重点县之一）3个县。并选择其中7个典型村进行了调查。其中包括先进村1个，是赤峰县的小西牛波罗村，一般村4个，是赤峰北洼子、大西牛波罗和承德上台子、石洞子村，工作薄弱村2个，是朝阳郭家窝铺、承德北湾子村。先进村的特点是：村支部的领导强，能执行党的政策，生产好，互助合作运动开展的好（参加互助合作组织的农民占80％以上，质量也较高），社会主义因素较大，资本主义自发势力日益减弱，县、区干部常去，解决问题较及时。一般村的特点是：部分党员做工作，没有发挥支部领导作用，生产也有发展，但没先进村显著，互助合作已在生产上占优势，但领导上赶不上去，不断发生问题，村党员对资本主义自发势力认识不清。工作薄弱村的特点是：村党员普遍觉悟低（有的无有村支部），不起作用，互助合作工作薄弱，组织起来的农户还不到总农户50％，数量少、质量低，生产发展也较慢，资本主义自发势力浓厚，富裕农民在村里说了算，贫困农民受歧视，封建残余势力尚未肃清，在村中仍有活动，村政权软弱无力，县、区干部不常去，存在问题得不到及时解决。

所调查的7个村共1721户，8762口人，男劳动力2159名，女劳动力1874名。大牲畜1366头（其中骡马114头），耕地27405亩5分（其中水田7383亩），羊2348只，猪1925口，车154辆，新农具85台，犁杖599副，水车13台。

这7个村自土地改革后，农业生产力与生产量是逐年提高，到1952年即达到解放前最高水平，经过1953年的丰收又有了进一步的发展。从农业生产力的主要部分耕畜数量上看，1953年这7个村共有耕畜994头，比1952年增加24.5％；比1949年增加54.6％；比1943年增加6.1％。从粮食生产量上看，1953年这7个村共产粮6111112斤（每口人平均得粮768斤3两），比1952年增加11.5％；比1949年增加53.8％；比1943年增加49.3％。从粮食作物单位面积产量上看，1953年平均每亩产量为243斤8两，比1952年增加5.1％；比1949年增加42.6％；比1943年增加28.3％。

不仅是粮食生产量有所提高，畜牧业、林业和副业生产也逐年有所提高。如所调查的7个村，现有大牲畜1366头，超过1943年18.2％。在林业方面：石洞子等4个村封山造林3940

亩。在副业生产方面：这7个村1953年共收入原粮1601488斤，每人平均收入184斤原粮，比1952年增加5.3%，比1949年增加251.2%；比1943年增加52%。

不仅是生产发展了，互助合作组织在数量与质量上也比过去显著提高。这7个村1953年组织起来的农户占总农户67%，比1952年增加50%，其中常年组与三大季组户数占54.4%，比1952年增加78.7%。其中包括3个农业生产合作社（都在赤峰小西牛波罗村），共73户，占7个村组织起来农户6.3%，这3个社1953年农业总收入为605641斤5两粮食，除去还贷款、缴农业税、缴地租、扣除下年生产投资，下剩277553斤原粮，每个劳动日分得18斤7两原粮。这3个社在生产上显示的优越性是很突出的，1953年3个社每亩平均产量为413斤，超过1952年互助组时的17.3%（1952年年景比1953年还强），超所在村最好互助组的68.5%；超过所在村单干户平均每亩产量的87.7%。这3个社农业收入加上副业收入，比1952年互助组时增加24.5%。由于总收入的增加，在73户社员中，除7户社员因患病或因懒参加劳动少，收入不如1952年外，其他66户均比1952年收入多。由于这3个社生产搞的好，绝大部分社员收入增加，故在群众中的影响很好，公认为“大打头的”，“跟合作社学没错”。同村较好的王瑞珠互助组，则被公认为“二打头的”。现在王瑞珠等两个互助组，已准备转为农业生产合作社。

因为互助合作与农业生产的发展，农民生活比1952年又提高了一步。这七个村1952年秋收后至1953年秋收前，有68%的户过中农生活，这些中农户的劳动力占7个村总劳动力数70%；占有土地占7个村总土地数的77%；占有耕畜占88.8%；占有车辆占96%；占有农具占88.5%。已成为农村中的主要生产力量。由于1953年的丰收，推算由1953年秋收后，至1954年秋收前，将有73%的农户过中农生活（土地改革前这7个村有37.1%的户过中农生活，55%的户过贫雇农生活，1953年秋收后，这7个村过贫农生活的只占26.9%户）。

在购买力上：1953年6个村（不包括朝阳郭家窝铺村）共1363947506元；根据1953年丰收的情况推算1954年共为1713648033元，比1953年增加25.6%。

上边的情况说明：农业互助合作运动逐步发展，农村经济逐年上升，但从此次调查来看，还存在以下问题：

第一、互助合作运动发展的不平衡，如先进的小西牛波罗村，组织起来的农户达总农户82%，质量也高；一般村组织起来的农户达总农户70%左右；但工作薄弱的北湾子村组织起来的农户仅达35%，并且质量很低。

第二、目前农村中存在着资本主义自发势力，特别是在工作薄弱村与一般村是很严重的，当然即使在先进村也有资本主义自发势力。农村资本主义自发势力的主要表现是：雇大量短工、放高利贷、存粮惜售待价出卖，以及搞投机商业、歧视贫困农民、敌视互助合作运动，甚至有个别资本主义思想浓厚分子，和农村中的封建残余势力勾结在一起，打击农村党员与村干部中的积极分子，企图篡夺我村政权（朝阳郭家窝铺村在普选时因没掌握好，原村中工作较积极的支部书记与村长，被村中新富农吴凤祥（当过旧军队参谋长，去年当煤窑经理）打击下去，以便于其恣意的发展资本主义。如朝阳县郭家窝铺村绝大部分富裕中农雇用短工，不参加互助组，他们说：“雇工硬气，互助组找价是1万元钱，我给1.2万，三条腿蛤蟆找不到，两条腿人有的是，有钱就能把地莳弄出来。”他们歧视贫困户说：“这些人不是懒就是馋。”有的富裕户虽然也参加了互助组，但只用别人工，向外找价，不给别人做工，实际是变相雇工。并有的互助组，有畜户说了算，故意把牲畜工价抬高，而压低人工价（所调查的7个村有4个村互助组内工价比市价低），使没有畜力的贫困户吃亏。甚至有的互助组，因富裕户当权，竟拒绝贫困户参加互助组，说“贫困户不好领导”。

第三、由于互助合作运动发展不平衡及农村中资本主义自发势力的增长，特别是工作薄弱村中贫困农户经济上升是较迟缓的，其主要原因如下：

一、县、区领导上放松对工作薄弱村的领导，放松对支部党员的思想教育，致使农村党员缺乏共产主义觉悟，不了解党在农村的各项政策，停留在一般农民水平不能进行工作。有的区干部错误的认为工作薄弱村的党员、村干部、群众不好领导而不愿到工作薄弱村工作，去的工作干部则多是单纯对落后村党员、村干部进行批评，而很少帮助解决村里存在的具体问题，也未能耐心的教会村党员、干部工作方法。

二、在发放农业生产贷款与发放救济粮款上，没有贯彻扶助贫困农民的政策，甚至有的党员、村干部，克扣救济给贫困户的粮款，如石洞子村党员张文甫即把政府救济给该村困难户石佐山的30万元钱，克扣下17万元。该村向农民贷放牲畜时，村干部竟非法的硬叫贫困户找“保人”才贷给，致使有的贫困户因没有找到“保人”，即没有得到政府贷的牲畜；而自己有力量买得起牲畜的富裕户，反而得到政府贷的牲畜。

三、大西波罗村的信用社，吸收贫农存款多，但贷款少，吸收中农与富裕中农存款少，但贷款多，如该村富裕中农刘福增，家有余粮囤积不动，反向信用合作社借款50万元，贷猪两口。

四、一般村特别是工作薄弱村因为思想教育工作没有赶上去，其中不少农村党员和村干部，资本主义思想亦在滋长，其中严重的则和农村中的资本主义思想浓厚的富裕农民一样歧视贫困农民。如承德石洞子和北湾子两村有的党员和村干部，因为思想教育工作没有赶上去，觉悟很低，对贫困户抱歧视态度。

为了解决以上问题，搞好1954年农村工作与农业生产，提出以下意见：

一、以更大努力在农村贯彻党在过渡时期的总路线、总任务，贯彻对农业实行社会主义改造，特别是认真办好和发展农业生产合作社和互助组，搞好生产。信贷及供销合作，通过发展互助合作运动把农业生产提高一步，将小农经济进一步组织起来，防止农村中资本主义自发势力的增长。为此，首先必须加强对区委及农村支部党员的经常政治思想教育，使他们了解对农业实行社会主义改造，发展互助合作，增产粮食，是党在农村的基本任务；了解党在农村的各项政策，积极的向农民群众宣传，并正确贯彻执行，发挥区委及村支部的领导作用。具体办法：（一）区干部除坚持“五十制”的学习制度外，县要按季召开区、村主要干部（区委书记、区长、村支部书记、村长）会议，由县委以检查总结工作的方法对区、村干部进行教育，同时根据中央指定的文件（如农村工作指南）有系统的领导区、村主要干部进行学习，以便不断的提高区、村主要干部的政策水平与工作能力。如不便集中学习时，可由县委负责分片进行。其他区干部，可由各部门负责按季集训，村一般党员由区委分工负责，定期总结当前工作，进行社会主义及党的有关农村政策的教育，以便不断的提高党员的政治、政策水平。为使工作逐渐趋向平衡，除继续提高及巩固先进村，并积极扩大其影响，发挥其带头作用外，要特别注意加强对工作薄弱村的领导，派较强干部结合当前工作有计划的进行整顿，把党员群众的觉悟提高一步，并培养出领导骨干，培养出一两个较好互助组，把村中的封建残余势力肃清。经过整顿后，要注意经常教育。对村中主要党员干部及党员中个别错误严重，屡教不改，须加处分者，应经县委批准加以处理。根据典型县、区调查推算，全省约有15%左右的工作薄弱村，应有计划的解决其存在的问题，逐年做到减少或消灭工作薄弱村。

二、切实扶助贫困农民搞好生产，争取今后农村经济达到普遍发展。根据这7个村的调查，除有73%的农户过中农生活外，还有26.9%的农户过贫农生活，但其中有55.5%的农户，加上副业生产收入可以够吃，只是在生产上还有些困难，所余44.4%的过贫农生活户，是加上副业收入也不够吃的缺粮户，占7个村总农户的11.9%。为使有劳动力的贫困户，很快的把生产搞好走向富裕，使无劳动力的贫困户的生活安定下来，我们计划采取以下办法：（一）对有劳动力的贫困户，主要是领导其参加互助组或农业生产合作社；通过社会借贷、合作社、信用及国家贷款，解决其生产、生活困难，领导其搞好生产；对其中劳动不好的，要进行教育改造。（二）对无有劳动力或劳动力很缺的贫困户，可通过亲友互助互济解决；或由政府救济给粮、款。根据热河许多地区适合养羊的情况，如贷给无劳动力的贫困户一些羊，插组伙放繁殖之后，养羊的收入是可维持生活的。在自愿原则下，基础较好的较大一些的合作社如经社员同意亦可夹入一两户无劳动力的户，由合作社照顾其生活。

三、加强对农村供销、信用工作的领导。县、区委应按季研究讨论供销、信用工作，贯彻供销、信用工作为生产、为农民服务的方针与政策，纠正供销工作中的不了解群众需要，不敢进货形成脱销的偏向和单纯营利思想。根据供销信贷部门多是新干部并很分散的情况，故必须加强对干部政策与业务学习的领导。区委副书记除负责掌握农业互助合作工作外，还要负责掌握供销信贷工作。供销信贷部门的党员少时要参加所在区、村党的支部过组织生活，党员多时可单编支部或小组，接受区委和村支部的领导。为加强供销信贷部门的政治工作，供销社、信用社要由党委指定专人作政治工作，有副主任可由副主任负责政治工作。

四、在农业生产上，要继续贯彻以农业为主，农林畜牧相结合的全面发展方针。由实际调查中看，这一生产方针是适合热河情况的。几年来，以农业为主的方针是贯彻了，但对发展畜牧业和林业贯彻的则较差。今后要求各县、区委除讨论布置农业生产外，还必须讨论布置林业与畜牧业生产工作，并定期检查总结林业与畜牧业工作（一年至少要总结两次）。农业生产技术改革工作，对今年丰产起了很大作用，特别是合理密植、秋翻深耕、合理施肥和追肥，已为广大农民所接受，1954年应继续稳步的积极推广。

根据热河不同地区特点，领导生产的重点也应有所不同。在省北部草原辽阔，但风沙较多地区，除以畜牧业为主的翁牛特旗外，亦应大力发展畜牧业，多养马、牛、羊等牲畜，搞好饲养管理，主要是搭好圈棚，备足畜草，经心放牧；加强防疫，重点进行防疫注射，发现病畜，立即隔离，并向牲畜防疫部门报告，及时治疗；逐步解决缺乏种公畜问题，教育互助组合作社留种公畜，执行配种拿粮办法；有计划的增设配种站，逐步提高牲畜质量。为了防止风沙侵害农田，保持水土，还应有计划的组织农民，特别是领导组织起来的农民植树造林并封山育林。主要是植造防风林和护岸林。为了发展畜牧，应注意保护牧场，劝止农民群众滥开私有沙荒，并禁止农民开公有沙荒，以保护牧场并防止沙土南移损害农田。对草原辽阔、风沙较多地区的农业生产，应注意提高农业生产技术，提高单位面积产量，加强对固耕地的经营，有计划的减少轮耕地，使牧场适应畜牧的发展。在有条件发展灌溉水利的地区，应加强水利工作的指导。几年来热北虽有了施肥习惯，但还很不够，应注意扩展施肥面积，并号召农民精耕细作，克服过去耕作粗糙习惯。

在省西南部山地较多地区，主要是继续贯彻以农业生产为主，农林畜牧相结合的发展方针。在农业上主要是修好山地梯田，以保持水土提高地力；在林业上除搞好封山育林外，主要是大力发展果树（梨、苹果、核桃、栗子等）；在畜牧业上主要是发展羊（特别是山羊）、牛，此外，还可有计划的发展养鸡、养蜂等副业。总之，根据山区土地少人口多等特点，必须由多方面增加收入，才能使较贫困的山区经济较快的发展起来。

在省东部植棉较多地区，主要是加强生产上的计划性，进一步改进农业生产技术，特别是植棉技术，以提高单位面积产量。根据我省棉花连年发生蜜虫、红蜘蛛，特别是1953年棉花红铃虫为害甚巨的情况，今后必须加强棉花病虫害的防治工作（目前主要是除治棉花红铃虫）。在东部山地亦应和省西南部山区一样贯彻以农业为主农林畜牧相结合的全面发展方针。

1953年12月5日

# 辽西省关于梨树、义县六个村的经济调查总结

根据到梨树、义县2个县6个村的调查，其中义县开州、梨树小城子村为县的上中等村；梨树靠山屯、义县雷家屯村为一般村；梨树海青窝堡、义县树林子为工作薄弱村。6个村共有1855户，人口9823人，土地4143垧，劳力1812名。4个村有供销合作社，1个村有信贷社。

## 一、农村经济发展和阶级变化的情况

（一）农业生产的恢复阶段均已基本结束，并开始走向了一个新的发展时期：农业生产总值如以1943年（伪满时期）基数为100，1949年为83.2，1952年为89.3，1953年为123.7。农业生产总值的迅速增长的原因：

1. 经济作物种植面积比重逐年增加，粮谷作物面积逐年减少。梨树是高粱种植面积逐年减少，大豆逐年增加；义县是棉花种植逐年增加，1952年超过伪满1943年的23%，1953年虽略有减少，也超出伪满的最高水平。

2. 各种作物的单位面积产量逐年有所增加，6个村总的平均单位面积产量已大大超过了伪满最高水平，就以几种主要作物为例：如以1943年为100，高粱1949年为86.4，1952年为69.6（梨树受灾），1953年为135.9；谷子1949年为88.3，1952年为121，1953年为111（梨树受灾）；大豆1949年为93.2，1952年为77.7（梨树受灾），1953年为132.5；棉花1949年为120，1952年为123，1953年为133。总的看是一直增长的趋势，但不够稳定，也不平衡。

3. 耕地面积逐年扩大（主要是梨树），1953年六个村共有耕地4143垧，较1952年增加2.2%，较1943年增加7.8%。

随着农业生产的恢复和发展，生产资料也逐年增加，6个村统计1949年有骡马332头，驴牛652头；1953年骡马为366头，增加10.2%，牛驴为827头，增加28.4%。整个看来耕畜从土改后是一直增长的，但骡马仅为伪满时71.6%，牛驴则超过49%。这主要原因除战争中的损失外，还由于土改以后土地分散，农民力量单薄使用不起骡马。但在互助合作组织基础较好的村庄骡马的发展则已达到或接近伪满水平。在车辆的数量和质量上都有提高，1943年，6个村有胶车17台，花轮车273台，铁车66台；1949年胶车12台，花轮车157台，铁车50台。1953年胶车增到27台，比1943年增加58.8%；花轮车386台，比1943年增加41.3%；铁车41台，比1943年减少了38.8%。新农具几年来逐年增加，1952年有铲蹚机6台、喷雾器322台，到1953年铲蹚机增加了14台，喷雾器330台，并且在梨树的小城子义县的开州村较好的农业生产合作社购置了马拉机2套。旧式木犁亦有增加，1953年比1952年增加11%，比1943年增加57%。

改良与提高了农业技术，几年来推广了农业耕作技术的改革运动，尤其1953年推广了肇

源的丰产经验收到了良好的成绩。首先是增加了施肥，从来施肥少的梨树靠山屯、海青窝堡两村，1952年施肥面积达45%，1953年施肥面积达到49%，并增加2500斤化学肥料；义县3个村调查，1949年施肥面积占耕地面积的65%，1952年施肥面积达81%，1953年施肥面积达85%。单位面积施肥数量亦逐年增加，1952年共用硫安8.2万斤，1953年达23.3万斤。再是实行了适度密植，义县开州村棉花有125垧实行密植，高粱137垧株数较1952年增加10%—15%；在间苗上小城子村谷子有79.5%进行手间苗，追肥达播种面积的11.6%。

在进一步提高农业生产上还存在的主要问题是：个体的小农经济还占着优势，这种自给自足的小农经济生产特点是土地轮种有困难，骡马使用不开，饲养不起，改良与提高农业技术也受到限制，抵抗不住自然灾害，这就阻碍农业生产的全面发展和提高。再就是由于工业的发展，农村劳动力就必然有一部分转向城市，这就给农业生产带来了新的问题，据小城子村一个村调查土改后约占1/3的劳力流入城市，这就要求在农业生产上必须积极发展互助合作组织以提高劳动效率和广泛的发动妇女参加农业生产以补助农业劳动力的不足。

（二）副业生产发展也很迅速：

首先从6个村副业生产总值来看，如以1943年为100，1949年为69.1，1952年为116，1953年为145.9。在农副业比重上看，副业生产比重也是逐年扩大，1943年副业收入占14.3%，1949年占12.3%，1952年占18.1%，1953年占25.8%。从地区上看则发展很不平衡，义县由于有棉花、果树等特产和交通方便，距离锦市、阜新较近，在副业发展上较快，1953年超过1943年77%；梨树因系产粮区且交通不便，距城市较远副业发展较慢，1953年超过1943年的29.1%。从几种主要副业看发展也是不平衡的，并存在一些问题：

1. 养猪：义县3个村猪的生产量超过1943年的58%，增加的主要原因是：（1）特产较多耕作方法较细，种植作物施肥量大；（2）距城市较近，粉房业发达，饲料多，猪也随之增加；（3）销路广，且交通方便运输费用较轻。梨树3个村，1953年则少于1943年的12%，其中母猪尤甚，减少72.8%。主要原因是：（1）猪瘟每年发生，猪的死亡严重，打击了养猪的积极性；（2）成猪的收购价格贱，养猪感到无利，甚至有的亏本；（3）交通不方便，运输有困难。

2. 运输业的发展速度较快，梨树3个村调查由1943年5户发展到1953年45户，义县3个村调查由1951年5户增加到8户，发展的原因是运费高，收入多，并又相机搞一些投机性的活动。农村运输业的发展，是为发展城乡交流所必需，但就目前情况看，拴胶车的农户多数在跑起运输之后即无心经营土地，并和城市资本主义发生联系，兼搞投机商业，是发展资本主义的一大因素，因此今后应注意，将农村运输业也逐步引导走互助合作的道路。有条件的农业生产合作社在不影响搞好农业生产的原则下，可以兼搞运输业，以制止农村资本主义势力的发展。再就是国营运输公司应适当降低运费，改变现在运费过高的现象，以便节制农村运输业的盲目发展。

3. 粉坊迅速增加。义县雷家屯、树林子两个村，1951年有粉坊41个，到1952年增加到55个，1953年发展到76个。发展的原因是粉条销路快、利润大。但制粉消耗粮食，且经营粉坊的户多系富裕户，他们又与城市私商有托销关系，是发展资本主义的另一因素。因工矿区和城市的需要，粉条生产今后还不能减少，但必须：（1）为节约粮食的消耗应尽量提倡使用土豆、地瓜等代用原料；（2）为限制农村资本主义的发展，税率应适当提高并加强课税管理；

(3) 农村供销社与其订立购销合同或加工合同，逐步切断其与城乡资本主义的联系；(4) 农业生产合作社，在有条件下可经营粉坊副业，以增加收入和增加积肥。

(三) 随着农副业生产的恢复和发展，农村的购买力逐年提高。据6个村的调查1952年每人平均购买力为25.6万元作为100，在1953年为97.6（因是灾年），1954年为110.4。义县因是棉花、果树等特产区又是连年丰收，农民购买力则不但高于梨树，且增长迅速，如以1952年每人购买力为37.7万元作为100，1953年为156，1954年为204，整个购买情况则是生活资料比重大，生产资料比重小，文化用品方面增长很快。

(四) 随着农村的经济恢复和发展，农村的阶级关系有了新的变化。中农日益增加，并占农村的绝大多数；富裕阶层逐渐增多；新富农虽数量不大，但对农民影响却深，贫困农民逐渐减少。根据6个村调查：雇农占2.5%，贫农占23.9%，较之1952年减少，中农占69.3%，其中富裕中农占总农户的12.1%，新富农占2.5%，其他占1.8%。但因地区和经济条件有所不同，在棉花、果树等特产区的义县阶级变化较快，中农和富裕中农较多，富农比重也大。据义县开州、树林子、雷家3个村调查，中农占76.6%，其中富裕中农占农户的14.3%，新富农占2.8%，贫农占17.4%。在产粮地区的梨树县小城子、靠山屯、海青窝堡3个村调查，中农占61.8%，其中富裕中农占总农户的9.9%，新富农占2%，贫农占30.9%。在工作基础不同来看，工作较先进的2个村（党支部能起领导和推动各种工作的作用，互助合作基础较好），中农占77.45%，其中富裕中农占总农户的12.05%，新富农占2.015%，贫农占18.2%。2个工作薄弱村（其中一个是领导较少的，一个是资本主义发展较严重的村），中农占总农户的63.55%，其中富裕中农占13.45%，富农占3.05%，贫农占30.1%。

6个村总计上升农户占47.6%，下降农户占7%。上升下降的主在原因：上升的可分为三种情况：一种是参加互助合作发展了生产，占上升农户中的绝大多数，这些户多是原来的贫雇农；二种是土改时的佃中农或中农，因为人强马壮，有力独犋单干，改进了技术，发展了生产，其中有一小部分跑运输、搞粉坊，有余资放债批青等，走向了资本主义道路；三种是家里种地，外边进财（有职工或公教人员），收多支少，走向富裕。下降的原因：一种是底子空，劳力弱，没有畜力，工具不全，没有参加互助组，采取雇牛犋方式，有的虽参加互助组，但在组内受歧视，耕作不及时，粪肥不佳，单位产量不能提高，稍有灾害就减产，这约占下降户的40%左右；二种是人口多，劳力少，虽积极劳动，但收入少，消费大，入不抵出，或受债所累，约占20%；三种有的因天灾人祸，丧失劳力，或孤寡，以及外来户，占10%左右；四种是好吃懒作，二流子，但为数不多，约占下降户的10%；五种是对党的政策怀疑，生产不积极，维持现状，这是个别的，一般是旧中农。

各阶层的思想动向：

(1) 中农（包括富裕中农），他们不仅在经济上占优势，而在政治上也占优势，6个村62名党员，中农成分的占65%（富裕中农不在内），团员中占80%，政府委员中占82%，人民代表中占85%。

富裕中农：一般都有雄厚的生产资料，人强马壮，其中有一部分是经过走互助合作道路发展起来的，目前仍然在互助合作组织内，并有的成为领导骨干。另外很大一部分是单干发家，或是经过互助组富裕后跳出单干的，后者一般的都有轻微剥削，他们自发的趋向走资本主义道路，羡慕富农。除雇短工、放债外，还搞一些带有投机性的副业。在宣传两条道路农村发展方向后，有的虽然由于被大势所趋参加了互助合作，但在互助组内想说了算，生产要占先，提高马价，压低工资，达不到个人目的就拉马退组；在合作社内吃苦在后，得利在先，极力提倡来钱快的事，个人打算达不到时则胡搅蛮缠，以搅垮了合作社，达其退社的目的。

中农：一般是够吃够用，但在扩大再生产上有困难，经济基础并不巩固，一旦有意外灾害和事故，即有下降的危险，因此，有组织起来的要求，实际上也多参加了互助合作组织。但也有一小部分生产资料较齐全、劳力较强有能力单干的，是抱着徘徊观望的态度，见到互助组有好处也想参加，但又怕拉帮困难户、拴身子、不自由，不参加又怕都组织起来了叫不着工夫，地种不过来，甚至参加了互助组以后还二心不定，他们说“新道没修好，旧道堵死了”。

（2）贫农：一般是人多劳力少，生产资料缺乏，生产生活均有困难，他们迫切要求参加互助合作组织。但有许多顾虑：如工资不按市价变化，劳力吃亏；又不能自由卖工夫或清工找账不及时，生活困难解决不了；有车马户“财大气粗”，铲蹚抢先，怕自己耕作不及时；参加合作社怕纳不起股金，不纳股金又怕别的社员“瞧不起”“没钱说不上话去”。事实上由于有些地方在互助合作运动中存在排挤困难农民现象，因而造成有些贫困农民对互助合作组织确有“可望而不可及”之感。他们对互助合作运动领导的自流倾向很有意见，海青窝堡村贫农说：“别村反冒进，我们村为什么不反不进呢！”

雇农：依靠卖劳力为其生活主要来源，一般有两种情况：一种是劳力多土地少，缺少生产资料；另一种是土改后的逃荒户，没有土地种。这些人政治觉悟一般都低，社会上没地位，很少参加社会活动，对互助组不感兴趣。他们怕参加互助组收入不牢靠，生活问题解决不了，或以为自己没土地，参加组没人要，因之也就不积极去追求，但他们迫切要求政府在生产生活上予以扶助。

新富农：有两种情况：一种是较定型的约占2/3，他们决心走旧道路，表示“只要允许富农存在就单干到底”。采取的剥削方式是多种多样，一般是雇长工或大量短工，兼搞粉坊和跑运输，放债是“明三暗四”，有的在城市采取入股方式兼营工商业。另一种是不大定型，一般采取雇月工或临时工的办法，实际是雇佣关系说是“互助”，当我们积极宣传互助合作，感到风声紧，他们就急忙找贫雇农成立互助组，当领导稍一松劲，他们就一脚踢开贫雇农，去雇工单干，他们公开的要求政府给他们作主，“允许雇工，工资双方协商，允许土地大买大卖，税契给予方便，放债利率政府不应规定”等等。他们对互助合作运动，尤其是对合作社，是抱着敌对的态度，拉拢贫困社员出社给他扛活，看到社内一点小事，就大肆宣传说“入社挨累受憋”，挑拨积极分子与家庭的关系。海青窝堡村富农公开骂互助组长：“你他妈的，单搞这个，你要不搞组，社会还能晚到几年！”农村中两条道路的斗争是愈来愈尖锐了。

## 二、互助合作运动情况

6个村1952年组织起来的农户占总户数的60.7％，1953年为61.1％。在组织类型上1952年常年组占组织起来的7.5％，三大季组占20％，临时组为71.8％，农业生产合作社占0.8％，

1953年农业生产合作社占6.3%，常年组占10%，三大季组占12.7%，临时性组占71.13%。虽然一般的是数量发展，质量提高，但发展极不平衡，且不稳定。如工作较先进的开州村1952年组织起来占总户数的65.1%，1953年增加了5.7%，梨树县小城子村1952年为68%，而1953年减少了5%。在资本主义的自发势力发展严重的义县树林子村互助合作组织比重更是大大下降，1953年较1952年竟下降了12%。在地区较偏僻，工作较落后的雷家屯和海青窝堡村，由于长期缺乏领导，工作停滞不前，甚至连一个象样的互助组也没有建立起来，还多保持群众所固有的原始互助形式。

由于互助合作运动的发展，给农业生产上的技术改革开辟了广阔的道路，而技术改革又丰富了互助合作组织的内容，显示了互助合作的优越性。义县开州村在党支部的积极领导下，各组、社紧紧的抓住了改革技术，由春到秋坚持使用了新的耕作方法，提高了单位面积产量，全村得到了历史上从来没有的丰收，每均高粱平均6000斤，谷子3200斤，大豆3520斤。该村胜利农业生产合作社的各种作物单位面积产量，较建社前的1952年，棉花增加了59%，超过当地群众棉花每垧平均产量的一倍半，高粱增加8%，大豆增加了两倍多，苞米增产17%，谷子增产13%。一般农民在参加互助合作组织后的收入都比以前有所增加，全村101户贫雇农通过互助合作上升到中农和富裕中农的占72.3%，这种实际利益鼓舞着社、组员积极劳动，对组、社外群众也是一个有力的影响，使他们清楚的认识到互助合作的道路，尤其农业生产合作社是走的共同富裕的道路。但另一方面，在互助合作运动薄弱的村，资本主义自发势力也有了显著的抬头。如梨树靠山屯村有富裕中农李国太，三个大牲口，一台铁车，雇零工、放债；新富农杜喜恩，三个大牲口，一台铁车，一台胶车（拉脚）雇长工、放债，他们成为该村自发势力追随的目标，在该村附近农民中流行着“要想发财学习李国太，有力量再按杜喜恩那样来”，这种自发势力的滋长，对农民影响是相当大的，并直接破坏着互助合作运动的发展。义县树林子村村长吴世玉、劳模吴世印（均为新富农）假借互助组为名，将贫困户拉到组内，实际吴等不参加组内劳动，专以畜工换取人工，用互助掩盖其雇佣关系，且工资还低于市价，因而贫困农民对吴等互助组反映是“组内台湾，组外解放区”。梨树海青窝堡的富农公开骂互助组长，小城子村富农挑拨社员家庭关系，企图瓦解合作社组织，并经常制造破坏合作社的舆论。

从以上情况看，农村中社会主义因素的互助合作和小生产的资本主义自发势力的斗争是日趋尖锐，日趋明朗化了，对这个问题在广大区村干部来说还不是很清醒的，虽在1952年春开始进行了两条道路的教育，和冬季农村整党教育，资本主义思想受到了批判，互助合作运动有很大发展，但从领导上说抓住互助合作运动这一矛盾的主要方面加强领导的自觉性是很差的。在整党以后，虽然在部分地区曾产生过不同程度的盲目冒进偏向，但在领导互助合作运动总的情况看，放任自流相当严重的。如义县开州村由于农村整党在反剥削问题上党内外不分，引起群众思想上一度混乱，村干部产生了急躁情绪，支书和村长组织了35户的一个大互助组，并组织起来13个牲畜公有组，2个农业生产合作社，只剩下4户单干，认为这样就很快的合作化了，由于不顾及当地条件和违犯自愿原则，曾一度挫伤了农民生产积极性，全村当时卖掉了35头牲口，由春耕转入夏锄后，领导跟不上，又出现自流现象，互助组内发生耕作先后的矛盾，组内劳力窝工，耕畜饲养不善，组内不团结，组长领导不民主等一系列问题，没有及时解决，积极分子灰心丧气，互助组长辞职不干，互助组也相继解体。梨树小城子村1953年春耕时组织 11 个互助组到夏锄前后就散花了 10 个，办了 2 个农业生产合作社，一年区上只去了 3 次。二区靠山屯村 1952 年冬群众自发（未经批准）办了一个农业生产合作社。区委前后进行 4 次改组，群众不愿改组，区长威胁说："不听从领导，还要造反!"最后硬行改变为互助组，到秋后就散伙了。义县树林子村，整党后用大轰形式组织互助组，支书搞假社，村长搞假组，骗取了贷马后，一阵风就过去了，实际上并没有冒进，政策补课时也反冒进，支书（新富农）在大会上说："党允许单干了，大家自由吧!"因为领导上左右摇摆，自发势力趁机抬头，小城子村富裕中农吴国忠听到反冒进后说："我说走快了吧，走快不行。"根据以上情况看即有的村发生过冒进也是一时现象，有的村实际并不冒进，但也一般化的反冒进，就更加助长放任自流。所谓"春天统计数字，夏天报告问题，秋天找原因，冬天没有事"，正是反映了区村对互助合作运动的领导情况，当然这与省县领导也是有关系的。反冒进的另一个偏向是一般化的批判"大摊子"，因而盲目的收缩互助组、合作社的摊，或对互助组合作社经营副业限制过严，而未认识到由于农业生产的恢复和发展，互助合作组织就必须相应的增加新的生产内容，在有条件的情况下应积极的量力而行的发展畜牧业、运输、作坊等副业生产，以解决组、社劳力剩余问题和增加收入，不积极扩大生产就满足不了组、社员的要求，这也成为互助组、合作社涣散解体的原因之一。

供销合作社基本已占领了农村供销阵地，几年来供销额是逐年扩大，义县 1952 年国营、合作社商业占社会零售额67.8%，1953 年则占68.8%；梨树县国营、合作社商业比重 1952 年为72.8%，1953 年为79.6%。但在具体村各有不同，供销合作社所在的村子和有生产合作社的村国营、合作社商业比重就大，在资本主义自发势力比较严重的树林子村，由于私有运输业发展，因而在供销额上国营、合作社商业比重小，私商大。供销社对农民生活生产资料的供应是起了极大的作用，取得了农民信仰和拥护。虽然这种社会主义的经济因素是逐步由小到大，表现在经济区域的扩大，资金的增加，社员日益增多，供销额的不断增长。但仍赶不上农村经济发展的需要而且还存在许多问题：（1）为生产服务的观点不够明确，对生产资料供应不积极，手工业产品质量低，价格高不合规格要求。如靠山屯村农民要求辽阳铧子，八盘碾子炉的镰刀（距该村 8 里）买不到，而竟从克山运来，结果使不上，小城子村供销社的铁锹价虽低但质量不好，农民宁愿外出 70 里，花较贵价买铁锹；（2）对农村土副产品的推销不积极主动，国营、合作社商业间等级不一。如小城子合作社因差等积压大豆 11 万斤，使合作社 5 天没有收购；（3）牲畜饲料供应不及时（主要是豆饼和糠）在特产地区更为严重；（4）缺乏主动的根据农民的生产和生活需要，与生产社、互助组、社员订立结合合同，逐步引导农业纳入国家计划；（5）供销社内政治工作薄弱，党团员不起作用，某些干部工作脱离群众，业务水平低等。

信贷工作开展的较差，6 个村子的调查，只有义县开州一个村有信用社，由 1952 年 10 月建立以来，对生产的扶助起了一定的作用。如春耕时贷放出硫安、车辆及水利设备和粮食共达 1550 万元，解决了 67 户生产和生活上的困难，但存在以下几个问题：（1）股金少、力量弱，7 个村社员仅占人口的 8%，股金只有 1782 万元，约 90%的贷款是国家银行扶助的，因此信用社尚没有起到吸收农村余粮余资，扶助扩大生产，打击农村高利贷的积极作用；（2）信用社的基础不好，在动员入股时有强挤富裕户的偏向；（3）领导重视不够，信用业务不熟，对扶助贫困农民搞好生产的观点不明确，贷放对象有68.8%是中农，县、区领导对信贷工作认识不够，村支部不领导；（4）银行虽对信用社在经济上扶持，但在业务上没有具体指导，因而业务工作不能迅速开展。

总之农村的供销信用工作，在区村领导上重视不够，特别是信贷工作是薄弱一环，赶不上农村整个经济发展的需要，使高利贷有活动之机。

根据以上情况，通过互助合作道路，对小农经济实行社会主义改造不但是可能而且是必需。因此，今后必须加强对互助合作的领导，纠正对农村资本主义自发势力发展的熟视无睹和互助合作运动放任自流的倾向，同时在工作中也要注意防止急躁粗暴蛮干强迫命令现象的重复。加强党的政治工作和经济工作的紧密结合是克服自发趋势的基本方法，当前政治工作中心任务是反复深入的宣传党的总路线总任务，根据农民切身经验教育群众提高政治觉悟，引导走互助合作道路；经济工作就是毛主席所指示的四项主要经济工作，以农业生产互助合作为中心结合搞好供销、信用和计划购粮，为了战胜富农经济，扩大社会主义因素，使互助合作对农民的吸引力增强，目前农村首要任务要办好农业生产合作社，带动互助组的发展，因为互助组还是大多数，必须加强对互助组的领导，为建立合作社打好基础，树立起显明旗帜，把新道修好，把个体农民的生产积极性，提高为互助合作发展生产的积极性，逐渐以新道路代替旧道路，全体农村工作干部要在重点办社过程中，认真摸索经验，在为了逐步实现对农业的社会主义改造，必须加强提高农村支部的堡垒作用，就必须加强对党员的共产主义教育，深入批判党员干部中的资本主义思想，随时向党员敲起警钟，防止资本主义自发势力的侵蚀，并且具体帮助支部提高领导互助合作的能力，经常不断的注意总结推广支部领导互助合作经验，为互助合作运动继续大发展创造条件。

## 三、关于基层领导问题

6个村均有支部，共有党员62名，这些支部又都经过农村整党教育和新三反的斗争，及学习佟玉兰的工作作风之后，在领导思想上和领导作风上均有了很大转变。1953年的一年工作中，是以领导生产为中心环节，发展了互助合作组织，带动广大农民改进了技术，战胜了自然灾害，获得了丰收，突出的收获是领导作风开始深入实际，建立了重点工作，学会了用样子指导一般的工作方法，违法乱纪已基本制止，强迫命令作风大大减少，这就是1953年一年工作中的基本而且也是主要的成绩。

但由于上级领导存在某些偏差和缺点，并由于农业生产和农村工作的紧张繁忙，再加上干部流动性大，新成分增多，骨干力量少等客观原因，一年来在工作中也存在一些问题，工作的主要缺点是：

（1）在领导思想上，对当前农村的主要矛盾，即党所领导的互助合作运动和小农经济资本主义自发趋势的矛盾掌握不足。虽以领导生产为中心的思想较明确，但对巩固提高互助合作工作重大的政治和经济意义认识不足，所以对互助合作领导即缺乏积极的自觉性，对农村“四大自由”也不加适当限制，特别在反冒进后，更助长了基层干部的自流情绪，他们说“自流（不负责任）受批评，群众欢迎，冒进（强迫命令）受处分，群众解恨”，因此就“认可自流也不冒进”。所以1953年一年中不论在互助合作和执行社会政策上，自流倾向是主要的偏向。

（2）忽视农村的政治工作，迎合自发势力的自由发展，偏重于具体政策的宣传和技术的指导，忽视了农村经济发展方向及两条道路的宣传，不敢大胆的宣传互助合作的优越性，甚至对诬蔑或破坏互助合作的一些流言蜚语听之任之，不加驳斥批判。再加对“反五多”有错误理解，便连支部教育和组织整顿工作也停止进行了，宣传员都“下野了”，黑板报、读报组也不见了，结果是资本主义自发势力大肆活跃，缩小了农村社会主义思想阵地。

（3）整党以后，巩固成果的工作未跟上去，支部的工作仍处于自流状态，“党不管党”的现象依然存在，支部的组织生活不健全，纪律松弛，展不开批评与自我批评，所调查的6个支部除开州、靠山屯村一般的尚坚持了党的生活会议制度外，其他四村都没有坚持。如小城子村整党后到调查时止，有10个党员不缴党费，8个月中只开过3次支部大会，党员还到不齐；海青窝堡村6个月没开党的支部会。这就大大减弱了支部在农村的堡垒作用。

（4）由于县区级领导上，存在重视先进村，轻视一般村，放弃薄弱村的领导的缺点，使工作发展非常不平衡。据调查的6个村中有2个工作薄弱村，一是义县树林子村，其特点是生产恢复发展很快，但资本主义自发势力发展较严重，基层干部蜕化变质，工作不负责任，互助合作运动逐年下降，阶级分化现象严重。该村1952年冬整党前，10名党员中就有3名新富农成分（支书、村长（支委）和一个一般党员），2名富裕中农，4名中农，1名贫农，支部已被新富农掌握，在执行政策和完成工作任务上存在严重的假报告现象和严重的强迫命令作风，“四大自由”自由泛滥，互助合作组织不得发展，并逐年下降（全村组织起来的农户，1952年为70%，1953年降为58%），而资本主义的自发势力大肆发展，三年来全村发展成23户新富农（占总户数5%），这个村的基层组织即在1953年普选运动中也没有得到彻底解决。

另一个是梨树海青窝堡村，其特点是生产发展较慢，基层组织严重不纯，与群众关系恶化，该支部共有党员8名，支书政治落后，觉悟很低，劝党员买地，用扑克赌钱；组织委员出身是伪满雇员、二满洲谍报员，作风恶劣，因贪污曾被押；宣传委员，当过伪满国兵，立场不稳，放走了两名有罪恶事实的富农；其他党员中有一名富裕中农思想已变质，感到入党吃亏；两名和军属乱搞男女关系，有一名是伪满的翻译官。8名党员中不积极参加劳动的共5名，“共产党的国家卖国民党的药”。该村1953年由一个回乡工人组织一个常年互助组，村政府决定不给贷款，并说：“互助组区里管，村里贷款没有你们的份。”对军属包、代耕不负责任，普选也并没有解决这个问题，群众可心的人没有选上，群众说：“去了一个孙悟空，来了一个猴。”